# 中华后土文化·研究卷

中华后土文化丛书

主　编　叶　涛

副主编　刁统菊

本卷主编　刘　晨

山东大学出版社
SHANDONG UNIVERSITY PRESS
·济南·

万荣县人民政府委托项目、山东大学横向合作科研项目
“中华后土文化与万荣后土祠研究”(项目编号:12310013552101)
“中华后土文化图像艺术研究”(项目编号:12310013552203)

图书在版编目(CIP)数据

中华后土文化. 研究卷 / 叶涛主编;刘晨本卷主编.—济南:山东大学出版社,2024.3
ISBN 978-7-5607-8199-0

Ⅰ. ①中… Ⅱ. ①叶… ②刘… Ⅲ. ①中华文化—研究 Ⅳ. ①K203

中国国家版本馆 CIP 数据核字(2024)第 071011 号

策划编辑 傅 侃
责任编辑 傅 侃
封面设计 王 旭

中华后土文化·研究卷
ZHONGHUA HOUTU WENHUA · YANJIU JUAN

出版发行 山东大学出版社
社　　址 山东省济南市山大南路 20 号
邮政编码 250100
发行热线 (0531)88363008
经　　销 新华书店
印　　刷 东港股份有限公司
规　　格 720 毫米×1000 毫米 1/16
　　　　 29.5 印张 498 千字
版　　次 2024 年 3 月第 1 版
印　　次 2024 年 3 月第 1 次印刷
定　　价 120.00 元

# 中华后土文化 · 研究卷


**主　编**　刘　晨

**副主编**　李雁超

**参与校对者**　（按姓氏笔画排序）

于佳卉　于晓雨　王祖悦
陈　阳　陈慢慢　戴佳怡

# 中华后土文化研究的新起点
# (代序)

2021 年 10 月,山西省万荣县人民政府与山东大学签署《山东大学横向科研项目合同书》,正式启动了“中华后土文化与万荣后土祠研究”项目的调研工作。在此后两年半的时间里,项目组经历了新冠肺炎疫情防控的紧张岁月,也度过了 2023 年各项工作回归正常后忙碌的时光。在大家的共同努力下,作为结项成果的“中华后土文化丛书”终于要出版面世了,此时,作为项目的组织者,我的心情既兴奋不已又忐忑不安。

令人兴奋的是,在中华文明发展史上占有重要地位的后土文化,因为这个项目的实施,终于能够以比较系统、比较全面的面貌呈现在世人的面前。

“皇天后土”是国人对自然界的“天”和“地”最常用的称呼,这种将天地对应起来予以称呼的做法早在春秋战国时期就形成了。两千多年以来,后土及其相关的信仰和祭祀活动,始终贯穿于中华历史文明的漫漫长河中,成为国家祭祀与民间信仰、封建帝王与黎民百姓、华夏大地与海外华人社区共享的一种文化现象,也因此成为中华优秀传统文化的核心组成部分,被视作中华文明得以传承发展不可或缺的根脉。然而,与后土在中国历史文化发展中所占有的重要地位相比,关于后土文化的系统研究、对于后土文化的普及宣传就显得比较薄弱了。

这套“中华后土文化丛书”是对中国历代典籍中关于后土记录的系统整理,是对近代以来对于后土研究成果的总括性展示,主要集中在研究论著的选编、典籍史料的全面搜集与整理、后土文化传承与传播的历史与现状、后土文化核心传承地区的祠庙建筑与民俗信仰生活等方面,我们希望通过这套丛书的编纂与出版,能够对中华后土文化予以全方位的呈现。

我为这个项目所设定的学术目标是:为前人的研究做总结,为后代的学人打基础。恰恰是这个自我设定的目标,成为如今令我忐忑不安的原因。

首先,在项目启动后将近一年半的时间,由于新冠肺炎疫情防控的缘故,计划中的田野调查全部受到影响,这主要包括:对作为后土文化核心传承区的山西省万荣县后土文化的系统深入的调查,对后土文化在海内外传承与传播的面上的调查,对万荣后土祠经典建筑的历史挖掘与现状的系统测绘等。虽然在疫情期间和疫情之后有限的时间里,上述几个子课题的项目组成员对相关内容进行了力所能及的调查,但还是留下了一些无法弥补的遗憾。

其次,后土文化所包含的内容极其丰富,涉及的学术领域也非常广泛,对于后土文化的调查与研究属于多学科、跨领域的综合性学术工程。每当想到这些,我的心中就惴惴不安:我本人和项目组的成员个人的知识结构、调查能力和研究水平都有限,竟然敢于涉足如此重要的研究领域,敢于承担如此重要的研究项目,我们是不是太不自量力了?! 在项目进行的过程中,随着对后土文化了解的逐步深入,我们就更加清楚自己在学养和能力方面所存在的不足。当然,我们并没有知难而退,我们把这项工作当作一次难得的学习和提升自我的机会,尽最大努力去弥补我们的不足。

我此前曾经组织过几个类似的集体性研究项目,对于这类项目的调查和研究积累了一定的经验,也有过深刻的教训。作为后土文化研究这类集体合作的科研项目,好的内容策划和合适的参与者是取得成功的关键。

在项目内容的设计方面,根据后土文化所涉及的领域,我们分解研究内容,以子课题的形式展开调查与研究工作,这些子课题主要包括“中华后土文化研究综述”“中华后土文献的搜集与整理”“中华后土文化建筑概览”“中华后土文化文学资料的搜集、整理与研究”“万荣后土祠研究”“万荣后土文化调查与研究”,在2022年4月项目中期报告会之后,又增设了“中华后土文化图像艺术研究”专项课题,共计7个子课题。这也就是如今摆在我们面前的7卷9册的结项成果:《中华后土文化·研究卷》、《中华后土文化·史料卷》(上、中、下)、《中华后土文化·文学卷》、《中华后土文化·图像卷》、《中华后土文化·宫庙卷》、《中华后土文化·万荣后土祠卷》、《中华后土文化·万荣后土文化卷》。

在项目组成员的组成方面,根据项目内容的要求,一定要找专业对口、有能力做好研究工作、有责任心的学者承担任务,特别是选好合适的课题负责人是项目顺利完成最关键的一步。我们项目组的成员以中青年学者为主,“70后”“80后”甚至是“90后”承担起了重任,子课题的负责人(丛书各卷的主编)都是接受过严格的学术训练、责任心强、善于合作、乐于奉献的中青年学者,在项目结束和成果即将出版面世的时候,我对团队成员的工作十分满意,对于大家辛勤努力所取得的成果感到十分骄傲!

在项目调研和编纂写作的过程中,我们特别注意向在后土及其相关领域有所研究的专家学者学习和请教。为此,2022年6月至9月,我们组织了为期十三讲的“后土与中华文明”系列讲座,包括“后土与社、地母之关系初探”“后土图像遗存的流变与阐释”“女神的转向:后土与碧霞元君的形象叙事”“后土史料的搜集、整理与初步研究”“解读万荣后土祠”“南洋华人的后土信仰——民族意象与天人观念的在地诠释”“宋真宗东封西祀对后土信仰的影响”“《道藏》中的‘后土皇地祇’”“西汉国家祭祀中的后土祠”“日本华侨公墓与后土、土地神信仰——旅日华侨社会的历史和记忆之表象”“天下后土——后土文化的传播与影响”“后土文化的核心传承区——万荣县后土文化的调查与研究”“从国家祭祀到民间信仰——关于后土文化研究的几个问题”,主讲人主要是项目各子课题的负责人以及特邀的田天、刘云军、王琛发(马来西亚)、松尾恒一(日本)等对后土文化有深入研究的学者。同时,每一讲都邀请了国内外相关领域的知名学者作为与谈人。通过这种讲座汇报和与谈指导的形式,先后共有40余位学者为本项目的调查与研究出谋划策。

在两年半的时间里,我们项目组的全体成员,始终是以敬畏之心面对后土文化,是以严肃认真的态度、严谨规范的学风开展调查与研究工作,我们深知这套丛书一定会存在诸多不足甚至是错误,我们期待着学术界和社会各界对于这套丛书的批评指正。

中华后土文化研究能够得以立项,在此必须要特别感谢中共万荣县委和万荣县人民政府的主要领导们,他们充分认识到了后土文化在中国历史文明中占有的重要地位,迫切希望充分挖掘后土文化的历史价值和现实意义,并且希望在万荣县的政治经济和社会文化发展建设中发挥后土文化的功用。没有他们的大力支持,就不可能有这个项目的实施,更不可能在如此短促的时间里完成项目的调研和丛书的编纂工作,谢谢他们!

为前人的研究做总结,为后代的学人打基础,是我们这个项目的初衷。如今,作为合作项目的科研工作已经告一段落,作为结项成果的"中华后土文化丛书"也将出版面世,我们的项目可以结项了。但是,对于博大精深的中华后土文化的研究,这只能说是一个新的起点。我们期待着有更多的社会有识之士关注后土文化,期待着有更多的学界才俊投入到对于后土文化的深入研究中,期待着在中华后土文化这片沃土上结出更加辉煌灿烂的成果。

叶　涛

2024 年 3 月于东瀛旅次中

# 本卷编写说明

本卷主要选取、编辑与中华后土文化直接相关的研究成果中，具有较高学术水平和学术史价值的39篇代表性论文。

本卷的选文标准，以确保学术性为中心，兼顾学术史价值。早期的后土文化与后土祠研究不免存在论证粗糙、引文不清乃至妄下结论等问题，但其开创后土研究之功以及对后世研究的深远影响不容忽视，因此本卷对早期论著的选录标准较为宽松。21世纪之后，以后土（信仰、文化）和后土祠为题的学术论文在数量上急剧增加，其中不乏具有总结性和开创性的高水平专题研究，亦是本卷的主要选录对象。同时期的相关论文由于在中国学术期刊网上能够轻易查阅，本卷并未尽收，仅选录数篇学术水平较高的代表性论文，方便读者了解相关领域的研究现状，其意义在于全面展示后土文化与后土祠研究的整体面貌，不代表编者认同相关研究方法和结论。

本卷的编辑原则是：第一，尽量保持论著原貌呈现，仅在明确有字、词讹误的情况下加以修正；第二，考虑到不同作者的引文版本差异与本书编纂要求，对论文中所引文献的字词、断句等内容一般不予辨析校勘，仅调整注释体例以为统一；第三，部分中国港澳台地区及海外学者的论文中存在的用语习惯差异，在不影响语义传达的前提下，本卷一般不做改动。由于版面所限，部分文章中的图片、附录未能全部编排，请参看原出处期刊或著作。

需要说明的是，本卷对所选录论著内容，遵循以"研究主题"分类为主、以发表或撰写年代顺序为辅的排列顺序，首先按照主题将论著划分为"后土文化研究的形成与展开""土地崇拜与早期后土信仰的形成""后土国家祭祀与后土信仰的演变""宗教与民间信仰中的后土崇拜""中华后土文化的传承与影响"五大部分，各部分内再以成文年代顺序结合论述主题加以排列，并充分考虑各论著之间的关联性。

此外，考虑到相关研究成果数量过于庞大，对于部分存在于以国家祭祀、天地崇拜、神话、生死观等其他主题的研究当中而非专题论著的后土研究成果，本卷暂不广泛选录，仅选取少数重要内容录入，以作辅助阅读。除部分重要论文外，已收入其他著作或论文集出版的论文，本卷原则上不做过多收录。

# 综述:中华后土文化研究的历史与现状

后土文化是中华优秀传统文化的核心组成部分之一,历史悠久、内涵广博、影响深远。有关后土的讨论自古有之,早在东汉时期郑玄和王肃等人的论辩中,对后土的神圣性和神明形象、身份地位的探究就已经开始;20世纪以来,基于近现代学术立场的后土研究陆续起步,至21世纪初全面展开,至今取得了诸多成果,研究内容丰富,涉及范围广泛。同时,因为演进过程漫长,加之与传统文化,特别是土地信仰的关联密切,后土文化呈现出显著的复杂性与多样性,先行研究甚至在概念界定、涵盖范围、内容分类等基本层面,都尚未达成一致,相关认识也存在诸多争议,有待探究。

需要说明的是,在部分研究的论述中有着某种过于宽泛而模糊的后土认识,即将后土的所指范围扩大至几乎整个土地信仰和不加区分地将社、地母、土地公、城隍等与土地相关的信仰内容悉数纳入后土文化的范畴等情况。这种"广义"的后土认识固然有其渊源与合理性——毕竟后土文化植根于土地信仰,却既非确证无疑的历史真相,亦非普遍认可的一般共识,不应成为探讨后土研究的立论前提。事实上,无论早期文献中的相关记载,还是近代以来的实证性研究,大都反映出或证实了后土崇拜难以涵盖全部土地信仰、后土无法完全等同于其他土地神祇。[①]

后土明确的独立性,加之土地信仰研究本身过于庞大的体量和过于驳杂的内容,让我们有必要采取相对"狭义"的后土认识,也就是以后土概念具有明确的所指边界和独特内涵为前提,将整理和分析后土研究的范围收束至以后土为

① 近年来以社为中心的相关研究,多数认可后土与社并非"一事二名"、后土之祀与社祀存在明显区别等观点,后土虽植根于土地信仰,与社、地主、地母等土地神关联密切,但不可归于一类。参见凌纯声:《中国古代社之源流》,《民族学研究所集刊》1964年第17期;魏建震:《先秦社祀研究》,北京:人民出版社,2008年,第148—157页;史志龙:《先秦社祭研究》,武汉:武汉大学出版社,2023年,第129—144页;王永谦:《土地与城隍信仰》,北京:学苑出版社,1994年,第39—66页;杜正乾:《中国古代土地信仰研究》,四川大学博士学位论文,2005年,第14—44页。

直接对象或主要内容,以及内容与后土有具体关联的相关研究之内。即便如此,狭义的后土文化研究仍涉及考古、文献、历史、宗教信仰、政治、民俗、思想文化等诸多研究领域,其研究内容、视角以及方法的丰富性、多样性和复杂程度都是显而易见的。

## 一、后土文化研究的形成与展开

近代以前关于后土的讨论,主要集中于后土与社之关系等方面,从东汉郑玄、唐孔颖达对《尚书》《礼记》《周礼》等古典文献的注解开始,包括此后宋人陈祥道,清人秦蕙田、黄以周、孙诒让等人的论述和整理在内,后土因其时常与社互释而受到关注。其中,清人孙诒让在注释《周礼·春官·大宗伯》"王大封,则先告后土"一句时,整理出后土的三重意义,即"后土盖有三,一为大地之后土,即《左传》'履后土'是也;一为五祀之土神,即此经'告后土'是也;一为社,则因后土为社,遂通称社亦曰后土",至今仍是理解早期后土信仰的重要论断。[①] 不过,史志龙等学者也指出,这些讨论由于"材料的限制,只能对典籍的记载进行梳通,提出各自的见解,无法彻底厘清这些问题"[②]。当然,近年来学者们对包山楚简等出土文献中相关记载的利用,无疑有助于理解典籍中后土相关描述的模糊和暧昧等问题,但并不能代替或完全颠覆基于典籍记载的论证,后者仍是讨论早期后土问题时的主要依据。

从时间上看,沙畹(Édouard Chavannes)1900年在宗教史国际大会上宣读、次年刊登于《宗教史刊》第43卷,并在大幅增补、扩充后,作为专著《泰山:中国信仰专论》附论发表的《古代中国社神》(Le dieu du sol dans la Chine antique)一文,其中最后段落对后土的提及,应是已知近代学术研究中最早的后土相关讨论。沙畹并未试图区分后土、社以及地母,而是认为后土最初仅为人格化社神的别名,即"土地之王";天地对应信仰的形成推动了社作为"神灵化的土地"象征之义的确立,后土也因此衍生出土地女神也就是"地母"的身份。[③] 这种从传统土地信仰特别是社信仰出发的后土论述,延续了前述后土与社之关系的讨论,成为近代以来后土文化研究中长期存在的主要路径之一。

以后土为中心的专门研究,出现略迟于沙畹。1929年,时任南京古物保存

---

① 参见(清)孙诒让撰,王文锦、陈玉霞点校:《周礼正义》,北京:中华书局,1987年,第1417页。

② 史志龙:《先秦社祭研究》,武汉:武汉大学出版社,2023年,第129—131页。

③ 参见[法]沙畹:《古代中国社神》,卢梦雅译,《国际汉学》2015年第2期。

所所长卫聚贤发表《汉汾阴后土祠遗址的发现》一文，提出汉武帝所建后土祠遗址应在旧万泉县孤山附近阎子疙瘩的推测；在他的发起和策划下，董光忠、张蔚然等人于1930年尝试对阎子疙瘩进行发掘，发现汉砖、汉瓦、陶器及铜、铁、蚌、骨、琉璃等大小器物，后由董、张二人执笔完成报告《山西万泉县阎子疙瘩(即汉汾阴后土祠遗址)之发掘》。[①] 卫氏在此次考古策划和发掘活动中，针对汉代汾阴后土祠所在地这一问题，广泛梳理了有关汾阴后土国家祭祀的典籍记载，并结合历史地理、考古学等领域的知识加以考察分析，打开了新的研究路径。虽然如今看来，卫氏一文的论证过程和结论都未必站得住脚，却无疑创造了后土研究的近代学术先例。

这种以后土祠为对象、基于文献和考古的研究路径，在此后的后土研究中一直发挥着重要影响。1963年，王世仁发表《记后土祠庙貌碑》一文，对山西省万荣县庙前村后土祠所藏的一块金代初刻、明嘉靖及天启年间两度重刻的后土祠庙图石进行分析，根据碑阴刻《历朝立庙致祠实迹》和金代后土祭祀情况，推定庙图呈现的应为北宋所建汾阴后土祠。[②] 王氏参考宋代相关典籍和碑阴刻文著录的记载，结合与同时期的中岳庙、孔庙等祠庙建筑的比较，对庙图描述的后土祠宫庙建筑群的整体格局，各建筑的形制、风格、结构和功用进行了分析。该研究延续了前述卫氏开创的汾阴后土祠研究路径，对复原北宋汾阴后土祠的建筑格局乃至思考宋真宗亲祀后土时的祭祀场景等问题，都具有重要意义。

由此引发的对庙像图及其所呈现的汾阴后土祠建筑群的关注，到21世纪初出现了新的进展。车文明针对图中所示“坤柔之殿”前庭院中的一小一大两方台展开讨论，推定小方台为封石匮之坛，石匮即宋真宗祀后土时贮藏玉匮玉册的石匣；南面正中的大方台则为宋金祠庙建筑中几成定制的露台，有表演歌舞技艺和陈放供品两种以敬献神灵为目的的功能。[③] 傅熹年从建筑史的立场出发，对图中呈现的北宋后土祠建筑群的布局、形制等加以考证，通过比较后土祠与岱庙、孔庙等与国家祭祀相关的祠庙，对北宋国家最高一级祠庙宫观的建筑规制和规划设计特点进行论证，如主殿不在庙域或主殿院的几何中心、主殿院

---

① 参见卫聚贤：《汉汾阴后土祠遗址的发现》，《东方杂志》1929年第26卷19号；董光忠：《山西万泉县阎子疙瘩(即汉汾阴后土祠遗址)之发掘》，太原山西公立图书馆、美国华盛顿福利尔艺术陈列馆合刊，1932年；吴鹏程：《记卫聚贤在山西万泉西杜村汉代遗址的发掘》，《中国文物报》2017年9月22日。

② 参见王世仁：《记后土祠庙貌碑》，《考古》1963年第5期。

③ 参见车文明：《后土祠庙貌碑中两方台的考释》，《考古》2001年第4期。

四角对角线的交点多在正殿前月台前缘、正殿在主殿院中的位置不居中等。[①]后述李零、唐晓峰的研究中,也在附录中专门梳理了庙图石相关的内容。[②] 2012年,李文将庙像图中描述的建筑与现存庙前村后土祠加以对照,并对碑阴《历朝立庙致祠实迹》著录进行了点校和内容分析,并对既有研究进行了相应整理。[③]最近,梁韵彦、吕变庭通过考察庙像图刻画的宋真宗亲祀后土之仪式空间,深入探讨了"西祀"活动的仪式过程及其所反映的政教逻辑与礼教观念。[④]

卫氏关于汉汾阴后土祠所在地的疑问,也在21世纪初迎来了回应。李零、唐晓峰等人于2005年赴山西西南进行地理考察,对汾阴后土祠的地理沿革、山川形势、历代祭祀史、既有考古和碑刻发现进行了详尽的整理与考证,并结合实地考察对卫氏前述研究加以分析和批判,写成《汾阴后土祠的调查研究》一文。[⑤]文章指出,卫氏关于旧万泉县孤山为传说中之介山的主张可信,但孤山前阎子疙瘩遗址应是汉武帝祭祀汾阴临时歇脚的介山行宫,而汉汾阴后土祠遗址应在旧荣河县西南,今万荣县西黄河、汾水交汇处。另外,文中还对汾阴后土祠的国家祭祀活动进行了详尽考证,提出汉武帝创建后土祠与汾阴获鼎以及治理黄河水患密切关联,而后土祠遗址所在之脽丘(今庙前村附近)为春秋战国时期的魏国汾阴城,城西魏国墓地遭河流冲刷或为鼎彝频出的原因。该文的调查研究成果以及对相关文献、地理、考古碑刻资料的收集分析(整理为附录),既回应了前述研究中的关注,又为之后的后土研究提供了坚实的基础。

从卫聚贤开始的这一段研究发展历程,不仅打开了近现代学术视野下后土研究的重要路径,而且奠定了后土研究两个重要的立足点,即汾阴后土祠和后土国家祭祀,同时积累了丰富多样的研究成果和论证材料,以及利用考古、文献、地理、建筑史等多种研究方法的经验。上述学术史的传承还反映出汾阴后土祠在后土文化和信仰的形成和演进过程中的中心地位,其在后土国家祭祀和民间信仰研究中都是不可或缺的考察对象。此外,以考古和文献考证为基础的

---

① 参见傅熹年:《中国古代城市规划建筑群布局及建筑设计方法研究》上册,北京:中国建筑工业出版社,2001年,第42—44页。另参见孙养性、贾红艳:《从宋代庙貌图看后土祠在建筑史上的地位》,杨洪杰主编:《中华祭祖圣地万荣后土祠》,香港:银河出版社,2004年,第149页。

② 参见李零、唐晓峰:《汾阴后土祠的调查研究》,唐晓峰主编:《九州》第四辑,北京:商务印书馆,2007年,第65—70页。

③ 参见李文:《山西万荣县后土祠庙貌碑考略》,《山西档案》2012年第3期。

④ 参见梁韵彦、吕变庭:《真宗西祀的仪式空间与过程——以〈后土庙貌碑〉为中心的考察》,《宗教学研究》2023年第5期。

⑤ 参见李零、唐晓峰:《汾阴后土祠的调查研究》,唐晓峰主编:《九州》第四辑,北京:商务印书馆,2007年,第1—107页。

研究路径也让后土研究在一定程度上摆脱了以先秦典籍中的早期后土信仰为中心的视野和方法论制约，后土文化自身的独特性和多样性引起了学界关注。

新路径的开辟和传承，与同时期陆续兴起的后述各方向的研究，共同推动了后土研究的发展，特别是21世纪以来的繁荣局面。这也同时反映出，后土文化其实包含着诸多层面和内容，虽相互关联但也有所区分。然而，大量研究在探讨其中的某个具体内容时，却习惯性地将整个后土文化视为一体，极大模糊了后土本身的多样性和内部各主题间的边界。比如，将汉代以来国家祭祀对象的后土和先秦典籍中的土正句龙直接关联，或把民间信仰中的后土圣母等同于国家祭祀中的后土皇地祇，乃至提出汉武帝所祀之后土的性别归属等问题。如此理解，显然过分强调了后土文化的整体性和内部关联，而忽视了其中的多样性与复杂构造。

根据既有研究成果和相关资料可知，即便是相对“狭义”的后土文化，从信仰对象、执行群体和历史脉络上看，也至少包括三个主要内容：(1)先秦典籍和出土文献中的后土概念以及早期后土崇拜；(2)汉武帝创设汾阴后土祠与相关祭祀以来国家礼制中的后土祭祀和信仰；(3)宗教与民间信仰中冠以后土称谓的崇拜对象及其信仰。虽然这些内容密切关联又互相区分，但是不少研究却在充分强调关联性和整体性的同时，有意无意地忽略了三者在时间跨度、区域分布和内在逻辑等方面的显著差异和非连续性、非一致性。

这不仅会导致对不同时空条件下后土文化独特性和相互关联的误读，而且也将影响到对相应的后土祭祀和信仰活动各种表现的考察和分析。以上述漫长时期、广阔地域中形成复杂、多样的后土信仰为对象，相对“广义”的后土文化表现还应包括：以汾阴为中心的山西各地后土祠的成立过程、信仰传承、建筑和壁画的样式、戏剧和庙会活动，扩展至全国各地乃至海外的音乐、宝卷、丧葬等后土文化的发展与演变等内容。至今为止的研究对这些内容均有所触及并取得了不同层次的成果，同时也存在因上述“误读”而有必要重新讨论和修正的情况。

## 二、土地崇拜与早期后土信仰的形成

几乎所有的后土研究都试图从后土信仰的产生起笔，无论其研究对象和主题是否直接涉及早期后土信仰，这让以先秦时期后土概念及其信仰的形成过程为中心的早期后土研究备受关注，始终占据后土研究的核心议题地位。然而，不同研究对早期后土的认识却存在较大分歧，这固然与部分研究因论题限制造成理解的偏差有关，但学界对早期后土信仰中诸如产生背景、概念界定、神灵属性等主要议题并未形成一致见解，无疑才是症结所在。

## (一)早期后土信仰研究的展开

如前所述，基于先秦典籍记载的早期后土相关讨论，多见于古代社祀或土地崇拜研究之中，主要争议则在于后土是否就是社神或者社之别称，以及后土和社神究竟是自然神还是人格神。上文引述清人孙诒让之说，实则将后土的自然神、人格神及其与社同义这三种观点并列；沙畹则以后土为社之别称，并认为其人格神形象(句龙)的产生早于自然神(神灵化的土地)属性的产生，后世亦有与此同源的自然神先于人格神的属性论述。[①] 中国的近代学术研究中对早期后土的讨论未必与沙畹有关，已知较早的专题研究见于丁山先生写于1939年的《后土后稷神农蓐收考》一文，相似内容在其遗著《中国古代宗教与神话考》的“后土为社”一章中亦有详尽阐述。[②]

丁山先生着重从文字训诂等比较语言学的方法出发，综合利用甲骨文、金文材料和对传世文献的考察分析，尝试“把史前时代留下来的神话传说看成是‘民神杂糅’的材料”梳理神话传说中的史实，对古代神话进行系统清理和探究，[③]对后土等土地信仰诸神的全面考察也是其中的一部分。上述两篇长文的主要观点是：古代神话中与土地农耕相关的神农、蓐收、后稷诸神，皆由后土逐渐分化而成独立之神格；后土就是社母，初为原始地母神，后因社会中心由女性转移于男性，其神性也随之变为男性，“后土为社”也由此形成。长文的梳理从侧面反映出早期中国土地崇拜的繁荣和多样性，以及后土、社稷等相关信仰形象之间的复杂关联。

不过，就像刘宗迪对丁山先生神话研究的批判那样，文中片面而过度地倚

---

① 比如，詹鄞鑫在梳理古代神灵祭祀体系时，认为“祭土地五谷神必以古代圣人句龙和弃配享”，即社稷神既是土地五谷神又是古圣人神，但本质上应是自然神而非人鬼神。参见[法]沙畹：《古代中国社神》，卢梦雅译，《国际汉学》2015年第2期；詹鄞鑫：《神灵与祭祀：中国传统宗教综论》，南京：江苏古籍出版社，1992年，第62—64页。

② 按：丁山先生在世时《后土后稷神农蓐收考》一文似未公开，初以上、下二篇刊载于《文史》2001年第2、3期，后收入2005年出版、2015年再版的《古代神话与民族》一书；《中国古代宗教与神话考》一书1961年由龙门联合书局出版，2011年再版。参见丁山：《古代神话与民族》，北京：商务印书馆，2015年，第318—367页；丁山：《中国古代宗教与神话考》，上海：上海书店出版社，2011年，第32—49页。

③ 参见朱斌：《“耿介拔俗”的一代史学巨匠——丁山先生生平与学术》，《文史哲》2016年第5期。

重比较语言学，缺乏对具体历史语境的关注以致结论武断，难以经受时间考验。[①] 仅就文字训诂而言，李东峰、杨文燕也已指出《后土后稷神农蓐收考》中多有释义偏颇和过度解读的嫌疑，比如据"后"字推定后土为原始地母神，忽略了"君后"之义的存在；将后稷释义为"后＋稷"，而忽略了语法构成的基本规律等等。[②] 此外，文中实际上还预设了两个先验前提，即诸神自生成之初就皆为人格神和诸神产生的时间远早于文字记载，而这显然不能成立，由此推导而出的姜嫄为后土、后土为地母，以及后稷初为地母女神、因殷商社会的父系转向而"变为男性"等结论也就更为荒诞了。

当然，丁山先生的研究形成于20世纪前期，受制于当时的学术环境与视野而导致的缺陷，并不影响其对早期后土形象的整理之功。同时，两篇长文暴露出的某些问题，在此后的早期后土信仰讨论中依然反复出现，比如先入为主地将后土视为人鬼神，不加批判地、不顾及时间先后顺序地关联或互证典籍记载，不兼顾其他领域相关成果的考证等等。这些问题往往会模糊后土信仰的时代区分，或是过分推早后土的生成时间，忽略后土存在多重身份和信仰来源的可能，乃至将不同层面的后土形象混为一谈。

此后的很长时间里，对早期后土信仰的专门研究少有明确成果。直到21世纪初，山西省万荣县修复清代汾阴后土祠，并开始举办"后土圣母"公祭活动。2002—2003年，由万荣县地方志办公室薛文亮等人主编的《后土文化源流》《后土文化渊薮》两书对汾阴后土祠为中心的后土文化沿革进行了一定程度的介绍。[③] 2004年，"甲申年海峡两岸祭祀后土圣母大典"暨海峡两岸后土文化研究会在万荣举办，会上台湾地区学者萧登福发表报告并结稿为《后土与地母——试论地土诸神及地母信仰》一文；在此基础上，萧氏又加入台湾地母崇拜等内容写成《后土地母信仰研究》一书。[④]

其中，萧氏将后土信仰分为两套主要系统：一是代表"社"神及五行神的后土，二是代表整个大地的皇地祇后土。前者以"五帝五神"中的土正和"后土为

---

① 参见刘宗迪：《丁山的神话研究》，《民俗研究》2016年第6期。

② 参见李东峰、杨文燕：《上古神话研究中有关训诂学的几个问题——从丁山〈后土后稷神农蓐收考〉谈起》，《陕西师范大学继续教育学报》2006年第4期。

③ 参见陈振民、薛文亮主编：《后土文化源流》，万荣县地方志办公室、万荣县史志研究学会，2002年；薛文亮、王晓华主编：《后土文化渊薮》，万荣县地方志办公室、万荣县史志研究学会，2003年。

④ 参见萧登福：《后土与地母——试论地土诸神及地母信仰》，《运城学院学报》2005年第1期；萧登福：《后土地母信仰研究》，台北：新文丰出版公司，2015年。另外，该研讨会的部分成果也结集成书，参见杨洪基：《中华祭祖圣地万荣后土祠》，香港：银河出版社，2004年。

社”的社神崇拜为起源，发展出等级不同的土地神，如管理国社或里社的城隍、保护宅舍的土公、土母，以及执掌坟地的冥神后土。后者代表整个大地，始于汉武帝祭祀后土皇地祇，并被宋徽宗授予“承天效法厚德光大后土皇地祇”徽号，在道经中与地母神和地皇女娲相关联，楚文化中的幽都之主、道经中的三十六土皇也与之相近。

如此分析无疑基于对后土信仰复杂、多样性的整体认识，但其分类方法和规则却未必准确。比如其中将自然神与人鬼神归为一类，而与死后世界相关的神性却被一分为二，这显然缺乏合理性。更何况，无论“社”信仰衍生出的城隍、土公，还是道经中创造的地皇女娲、三十六土皇，这些后世出现的各种神灵与后土的关联，或者源自“后土为社”说的过度延伸，或者本就是为宣扬自身信仰的牵强附会，相关论据较为薄弱，不应不加怀疑和批判地轻易接受。

值得注意的是，包括丁、萧二人在内的后土信仰源流讨论中，都会强调“后”字含义对“后土”概念及其神性的关键影响。丁山先生从文字训诂出发，认为“后字之谊，本从毓义引申，其后毓字专用毓育二形”，虽然也有专称先王之义，但在后土、后稷中应是“大祖母”之义，故而后土便是地母，后稷则是女性化的地母之化身。[①] 萧登福则以传世典籍为依据，认为最初王者称“后”，后土与皇天相对即是天皇而地后，皇、后二者皆是统治者之称号，不应固定为女性神；直到天父地母、天阳地阴、乾坤之说成立，才出现地神为女性的联想。[②] 二人关于“后”字的讨论，恰好代表了早期后土信仰的两种主要研究方向。

## （二）出土文献中的“后”与“后土”

对早期特别是甲骨文、金文中的“后”字含义，近代以来王国维、郭沫若等先生都有所论及，至今围绕后、司、毓等字之间的关系与释义等方面仍有不同见解。本文因篇幅所限不做展开，仅以近年葛英会和王蕴智等人的梳理为参考：甲骨文中的“后”与“司”相同，为“王配之专字”；后世的“后”（皇后的后，非前后的后）为甲骨文中的“毓”，与“育”相同，既表生育又作为“君王之专称”；由于“后”“毓”二字古音相近，周以后多假借“后”以表先公先王，至春秋战国时期，王配再度习用“后”；原本引申为职掌、治理之意的“后”则被隶定为“司”。[③] 换言

① 参见丁山：《古代神话与民族》，北京：商务印书馆，2015年，第331—332、340页。

② 参见萧登福：《后土与地母——试论地土诸神及地母信仰》，《运城学院学报》2005年第1期。

③ 参见葛英会：《商代大鼎的司、后之争》，《殷都学刊》2012年第1期；王蕴智：《甲金文毓、后二字的用法及其关系》，《郑州大学学报》（哲学社会科学版）1991年第5期。

之，后土之“后”应如萧氏所言的与“皇”同义，而非“大祖母”之义。

与“后”字相比，先秦文献中“后土”的出现要晚得多。沈建华以“毓”“后”通假为根据，推定殷墟卜辞中数次出现的“在毓”即为在“后土”神庙祈求丰年等祭祀活动的省略，乃至后期卜辞中诸多相似的异体字均与后土相关。[①] 但由于已知卜辞中没有“后土”一词合文的直接证据，故而该说并未得到普遍承认。史志龙认为宗周钟铭文中有一句可释作“唯后配皇天”，“后”为“后土”的省略正合于皇天后土对文之例，故与皇天对举之后土可能出现于西周晚期。[②] 然而，此前学者多释为“我隹司(嗣)配皇天”，史氏亦未加以明确阐释，其说是否可信存疑。[③]

相比之下，春秋战国时期简帛中对后土的记载更为清晰。在包山简、望山简、天星观简等战国楚简中，都出现了写作“侯土”或“句土”的祭祀和崇拜对象，被认为就是典籍中的“后土”。其记载形式较为统一，大多如包山楚简中“赛祷太佩玉一环，侯土、司命、司祸各一少环，大水佩玉一环，二天子各一少环，峗山一玦”[④]一般，与太、司命、司祸、大水以及二天子、峗山等一起接受祭祀；从祭品上看，后土与司命、司祸地位相同，略低于太和大水。对这些记载，陈伟、刘信芳、杨华、晏昌贵、史志龙等简帛研究者均有论述且观点不尽相同：陈、杨等人认为后土与社乃异名而同实，晏氏强调后土初为人鬼神即共工之子，其后才与社神合流，刘氏认为后土乃是与人格神云中君对应的神灵化之土地神，史氏则比较诸楚简的记载，指出后土略低于太即天神“太一”，应是区别于社、代表“全载之大地”的自然神。[⑤]

虽然上述记载和研究在后土信仰的性质和含义上见解不一，但是毕竟证实了战国时期的楚文化中后土崇拜的存在，而且从太、大水、司命、司祸等并举诸神可知，后土不仅在祭祀活动中地位不低，而且确实具备神灵化之大地的自然神属性。不过，与传世典籍中的情况类似，简帛文献中的后土形象也并不统一。比如，上述楚简中还有“地主”和“宫地主”“宫后土”等祭祀对象的存在，后二者

---

① 参见沈建华：《释卜辞中的“后土”及其相关字》，中国古文字研究会、华南师范大学文学院编：《古文字研究》第二十六辑，北京：中华书局，2006年，第80—82页。

② 参见史志龙：《先秦社祭研究》，武汉：武汉大学出版社，2023年，第136页。

③ 参见杨绍萱：《宗周钟、散氏盘与毛公鼎所记载的西周历史》，《北京师范大学学报》(社会科学版)1961年第4期。

④ 湖北省荆沙铁路考古队：《包山楚简》，北京：文物出版社，1991年，第56页。

⑤ 参见陈伟：《包山楚简初探》，武汉：武汉大学出版社，1996年，第162—165页；杨华：《楚国礼仪制度研究》，武汉：湖北教育出版社，2017年，第277页；晏昌贵：《简帛数术与历史地理论集》，北京：商务印书馆，2010年，第189—190页；刘信芳：《包山楚简神名与〈九歌〉神祇》，《文学遗产》1993年第5期；史志龙：《先秦社祭研究》，武汉：武汉大学出版社，2023年，第131—137页。

基本同义，被认为是先秦五祀之神即“户、灶、中霤、门、行”中“中霤”神的别名，“地主”也因与后土和社都有相似之处，而被认为是涵盖范围更广的土地神总称。[①] 不过，这些观点中对后土的概念界定，较少考虑早期土地崇拜中各种信仰要素杂糅复合的情况，比如地主与后土、社之间就未必有明确的包含关系，很可能是你中有我、我中有你，主要在于祭祀的群体和对举的对象，比如宫后土会与中霤神同义，恐怕就是五行观念在国家祭祀和民间日常祭祀中的不同表现：五行土正与五祀中霤。区域差异也会造成理解的不同，比如地主在齐地就成了“八主”之一。

这种多样性还表现在属性与形象上。清华简《赤鹄之集汤之屋》中，也出现了“帝命后土为二陵屯，共居后之床下，其上刺后之体，是使后之身疴”等内容，讲述了后土受“天帝”指使对夏后行巫蛊之事，姚小鸥、卢翮认为这段表现出后土行为的人格化倾向，与传世文献中的身份、形象人格化同步，也和该“先秦小说”产生的战国时期土地崇拜的演变趋势相符合。[②] 值得注意的是，简帛中的后土无论更倾向于自然神还是人格化，其身份地位都居于天帝（太一）之下，这或许与此后“皇天后土”观念，乃至五行观念中后土为黄帝辅佐神等内容的形成不无关联。

## （三）传世典籍所见之后土的产生

与此同时，基于整理和解读传世典籍记载的早期后土信仰研究也陆续展开。尹虎彬在《浅谈后土与后土崇拜传统》一文中，指出将先秦后土等同于“大土、中央大社神”的既有解释难以成立，认为后土是宗教概念而非“中土”式的政治地理概念：后土是主管土地之神、社神，句龙和弃配祀社稷祭祀，构成了土地五谷之自然神的人格化；后土从最初即为女性神，根据在于后字从母、为阴，以及社神为土地神、早期皆为女性；后土神与社神的区别则在于，前者代表抽象的大地而后者为具体的土地神，所谓“社稷归社稷，五祀归五祀”。[③]

尹氏在“中国传统的宗教是以祭礼的形式为主”的基础上，将早期后土信仰纳入宗教学的研究范畴，深入探讨了后土崇拜的性质及神灵形象。不过，正如

---

① 参见陈伟：《包山楚简初探》，武汉：武汉大学出版社，1996 年，第 160 页；史志龙：《先秦社祭研究》，武汉：武汉大学出版社，2023 年，第 137—141 页。

② 参见姚小鸥、卢翮：《〈清华简·赤鹄〉篇与“后土”人格化》，《民俗研究》2013 年第 3 期；黄德宽：《清华简〈赤鹄之集汤之屋〉与先秦“小说”：略说清华简对先秦文学研究的价值》，《复旦学报》（社会科学版）2013 年第 4 期。

③ 参见尹虎彬：《浅谈后土与后土崇拜传统》，《青海社会科学》2012 年第 2 期。

文中提及，后土与社虽诸多相似，但同时也各有独特性和不同时代的各自表征。比如，后土与皇天对举，代表天下之全部大地这一点就并非社所能及，社祀的社会组织乃至仪式场所等政治属性也无法与后土相通。这其实关系到对《左传》中“后土为社”的理解这一传统问题，孔颖达疏已指出其意应是句龙等“后土之官”因掌土之功而被“祀之以配社之神”，并非后土与社同质的意思。[①] 魏建震在社祀研究中，也认为句龙是作为英雄神配享社祀而非社之神，后土之祀与社祀虽有关联却区别显著。[②] 可见，有关先秦时期后土与社关系尚存争议，而且还关系到对后土自然神、人鬼神的属性判定，不应视作已有定论的研究前提。

后土初为女性神之说同样有待推敲。除前述“后”字问题之外，早期的“天”并不与大地对举，故而“天父地母”观念未必早于后土，坤柔之说则产生更晚，后土与原始地母崇拜之间也未必直接关联。更何况，如果早期后土具有代表全部大地的自然神属性，那么也就意味着后土之神更可能是不辨男女的泛化神灵形象，在此性格与形象中也就不存在女性神与否的问题了。至于后土与地皇女娲的关联，虽有部分研究主张早期后土崇拜就和女娲神信仰产生了关联，但孙安邦、陆峰波等人已经指出，女娲形象迟至战国以后才初步形成，神话信仰更是直到唐代才基本确立，不应与先秦时期的后土信仰相关联。[③] 虽然孙、陆二人论证过程较为粗糙，但对女娲即后土之类见解的批判无疑是有效的。

有关早期后土信仰的争议还在于，先秦文献中的确存在与后土相关的不同记述，比如《左传》中就有“履后土而戴皇天”“土正曰后土”“句龙为后土”“后土为社”等用例，其意义不尽相同。韦正春在《中国古代“后土”形象的起源与嬗变》一文中，认为先秦文献中的后土分别被视作人名、官名和神名，但“最后又便成了‘社’”，并根据“社”本身形象的模糊性，推定“后土这一形象是混乱的，没有具体的描述，尚未定型，这是奴隶社会时期多神共祀的情况”。[④] 值得注意的是，将社作为后土演变的结果，一定程度上混淆了二者出现的先后顺序，以及先秦时期土地崇拜的复杂构造。

必须承认，由于文献遗存和各种记述的地域差异等客观条件限制，我们可能难以真正廓清早期后土信仰的全貌，不过这并不意味着我们不能利用已知线索做出合乎逻辑且最有可能的推测。已知文献和研究表明，“后土”一词的成立

---

① 参见李学勤主编：《十三经注疏 · 礼记正义》，北京：北京大学出版社，1999 年，第 1307—1308 页。

② 参见魏建震：《先秦社祀研究》，北京：人民出版社，2008 年，第 148—157 页。

③ 参见孙安邦、陆峰波：《女娲非后土浅见》，《运城学院学报》2009 年第 3 期。

④ 韦正春：《中国古代“后土”形象的起源与嬗变》，《天府新论》2020 年第 2 期。

应在春秋战国时期,相关信仰或祭祀活动则不会早于西周晚期,无疑晚于原始地母和社崇拜的出现。而且,“后土”很可能是在代指上天的“皇天”一词产生后才对应出现的后发概念。

翟奎凤在对早期“皇天后土”信仰形成过程及其祭祀表现的整体考察中,较为系统地梳理了“后土”概念和名称的产生及信仰成立过程,着重强调了后土与皇天对举的重要意义。① 翟氏指出,西周时期“皇天”就开始成为“超越时空的绝对至上神”,且不与土、地相对;相比之下,后土的出现明显更晚,古文《尚书》中公认晚出的《周书·武成》篇“底商之罪,告于皇天后土”应是“皇天后土”的最初用例;后土一词的成型更晚至春秋战国时期,如前述《左传》的记述,且“从总体上看,后土一出现即与皇天密切关联”;而“皇天后土”由此作为天地神灵而成立,或作为人格神监视人间,或在发誓或祈祷时代指无所不在的全体神灵,反映出天地信仰观念的形成。

翟氏通过详尽的文献整理肃清了后土可能产生的时期与生成原因,明确了天地观念和与“天”对举之大地的自然义、空间义对后土概念形成的关键影响。不过,翟氏文中主动排除了对五行观念中后土含义的探讨,但五行之土正的生成年代并不晚于皇天后土,因此二者之间的关联和互动也应加以关注。此外,文中还对西汉自武帝创设汾阴后土祠、甘泉泰畤祭祀天地到王莽恢复天地合祭的过程进行了梳理,认为这正是“皇天后土”在大一统国家祭祀活动中的实践与发展,对从先秦到汉初的后土信仰流传则未有关注。

综上,学界在早期后土信仰的生成、信仰属性及其与社之关系等问题上,至今也没有达成一致见解。其中,认为后土作为与皇天对举的、代表全部大地的抽象化自然神而成立的观点,比较符合根据已知文献记载的推测结果。而在其他方面,比如自然神后土与五行土正、共工之子等官名、人名之间有何关联,《礼记·月令》所载中央土“其神后土”是何性格等问题,则仍有较大研究空白,需要进一步考证。

## 三、后土国家祭祀与后土信仰的演变

相比自古以来广受关注的早期后土信仰,自汉代起成为后土文化重要内容的后土国家祭祀,虽然从沙畹和卫聚贤已有所触及,相关专门研究则直到21世纪初才陆续展开。卫氏考察汉武帝创立汾阴后土祠的相关记载,是为了推断汉

① 参见翟奎凤:《皇天后土:早期中国的天地信仰与祭祀》,《哲学与文化》2021年第12期。

汾阴后土祠遗址的所在地；沙畹等人对国家祭祀活动的触及，则意在讨论后土演化出"神灵化的土地"属性的时期和方式。在关于古代中国国家礼制和天地祭祀的大量研究中，后土国家祭祀作为重要内容也时常被纳入讨论范围，而对汉、唐、宋时期郊祀制度和国家礼制的研究几乎都会触及后土。[①] 然而，对后土国家祭祀特别是历代帝王亲祀汾阴后土祠的整理和专门研究，在前述李零、唐晓峰内容详尽的调查报告(2005 年)之前，却并不多见。

## (一)历代后土国家祭祀的整体梳理

樊淑敏在《祀地仪式的演化与万荣后土祭祀》一文中，认为后土祭祀源自上古的天地崇拜和包括社祀在内的土地祭祀，汉武帝始建后土祠并祀后土，则是受到"夏至日祭地祇于泽中方丘"传统和脽上获鼎的直接影响，并初步梳理了从传说中的黄帝亲祀以来汾阴后土祭祀的历史。[②] 不过，樊氏对上古土地祭祀的叙述主要集中于社祀，对社祀与后土祭祀、先秦天地崇拜与汉武帝亲祀后土之间的关联与异同等问题并未做出明确阐释。

李零、唐晓峰在调查报告中对汉代后土祠的创设及后土祭祀的兴起背景、过程以及此后的沿革历程，特别是汉(17 次)、唐(2 次)、宋(1 次)历代帝王亲祀汾阴后土祠的活动进行了详细梳理和考证。[③] 文中重点指出，文帝听从新垣平"临河求鼎"的劝告而"治庙汾阴南"，乃是"汉武帝立后土祠的先声"，武帝以汾阴为祭祀地点"一是平水患，二是合祥瑞"；成帝一度废止后土等诸祀"始行长安南北郊之祭"，后又恢复，至平帝时王莽改革礼制、再定南北郊之祭，武帝诸祀尽废。该报告的附录中，详细地整理了汾阴后土祠自创设以来的国家祭祀相关正史记载，包括历代帝王亲祀及明确派遣使者代祀的各次内容，是研究后土国家祭祀的重要成果，可惜此后的相关研究并未充分利用。

进入 21 世纪 10 年代以来，对后土祭祀历史的研究成果日趋丰富。萧登福在刊载于 2014 年的文章中也对"轩辕扫地坛"传说和汉武帝创设以来，历代帝王亲祀汾阴后土祠的经历及其前因后果进行了整理，并在正史记载之外加入了

---

① 相关研究汗牛充栋，此处仅列举一二。参见[日]金子修一：《古代中国与皇帝祭祀》，肖圣中等译，上海：复旦大学出版社，2017 年；甘怀真：《皇权、礼仪与经典诠释：中国古代政治史研究》，上海：华东师范大学出版社，2008 年；程曦：《汉代天地之祭与阴阳五行学说——读〈汉书·郊祀志〉偶得》，《史学史研究》2007 年第 2 期；丁建军、江云：《复古与革新的错位：对北宋天地分祭与合祭之争的再探讨》，《文史哲》2017 年第 5 期。

② 参见樊淑敏：《祀地仪式的演化与万荣后土祭祀》，《运城学院学报》2004 年第 1 期。

③ 参见李零、唐晓峰：《汾阴后土祠的调查研究》，唐晓峰主编：《九州》第四辑，北京：商务印书馆，2007 年，第 5—8、31—57 页。

诸多古代文学作品中讲述后土祭祀活动的内容，包括提及李峤《汾阴行》可能影响了唐玄宗亲祀后土的决定等。[①] 另外，文末还提到明清以来汾阴后土祠的衰败以及当代万荣后土祠的修复与保护。不过，该文虽以古代国家祭祀视角下的汾阴后土祠沿革为主线，但几乎回避了帝王所祀之后土是何神灵的问题。萧氏在次年出版的《后土地母信仰研究》中，还对历代王朝的祀地活动进行了梳理，不过并未明确区分其中的后土祭祀和其他地祇崇拜；另外，书中还对汾阴后土祠的主神是否为女性神以及后土与地母、女娲之关系等问题进行了考察，不过在相关史料的真实性和产生年代等方面未有合理批判，其结论的可信程度有待检讨。[②]

陆峰波以《资治通鉴》等史籍为主要依据，对历代帝王的后土祭祀进行了梳理，着重叙述了汉武帝、唐玄宗、宋真宗的亲祀活动，并根据"悉如封禅礼"等记载，主张帝王亲祀后土意在"为农祈谷""祈为百姓蒙丰年"，而不是有学者认为的"帝王不清楚所祭对象""乞求女娲保佑繁殖后代"等原因。[③] 陆文相比李、唐二人的报告，虽考证上较为粗糙，但问题意识却颇为相似：帝王亲赴汾阴祀后土，除天地祭祀等政治意图外，也包含着解决黄河泛滥、祈祷风调雨顺等现实考量。而这实际上意味着，帝王亲祀之后土，必然与封禅、郊祀中祭祀的抽象大地同质，更接近土地五谷之自然神，而非句龙等人格神抑或是人格化女神，这一点却并未受到足够重视。

围绕汾阴后土祠祭祀神灵的形象与性别问题，有学者主张其崇拜对象最初为共工之子句龙，战国时期阴阳五行学说的流行推动了后土为阴观念的出现，西汉末年王莽以高后配祀地祇推动了后土神的性别转向，至唐武则天当政时期祠中供奉"妇人塑像"，后土神灵也完成由男到女的转变。[④] 这种对后土神灵形象的梳理不无道理，但我们同样不应忽视以下因素，即早期后土信仰的多样性，国家祭祀中后土的抽象自然神属性，不同时期后土祭祀之间存在中断和转向的现实以及官方祭祀和民间信仰的区别与互动。而如果将时空体系中多样化的后土信仰和祭祀进行简单归结，就不免会模糊后土祭祀本身的连续性和独特性。

---

① 参见萧登福：《山西万荣后土祖祠的建立与演变及台湾地母信众的寻根之旅》，《应用语文学报》2014年第1期。该文后载入《后土地母信仰研究》一书第四章，台北：新文丰出版公司，2015年，第93—138页。

② 参见萧登福：《后土地母信仰研究》，台北：新文丰出版公司，2015年，第53—92、139—174页。

③ 参见陆峰波：《历代皇帝祀汾阴后土考》，《史志学刊》2015年第1期。

④ 参见李玉洁：《汾阴后土祠神灵形象演变探析》，《山西大学学报》（哲学社会科学版）2015年第4期。关于土地神性别转换问题的讨论，另参见龚维英：《土地神的性别衍变及其神格的沉沦》，《天府新论》1998年第1期。

## （二）汉代汾阴后土祠与后土国家祭祀的形成

近年来，有关后土祭祀的研究日趋丰富，除上述整体梳理外，对不同时期的汾阴祀后土和统治阶层的后土祭祀活动的考察都取得了一定的成果。后土祭祀在西汉、唐、北宋时期最为隆重，帝王亲赴汾阴祀后土则尤以汉武帝、唐玄宗、宋真宗三人影响最大，与当时的政治、社会乃至思想文化关联也最多，可以说是后土文化塑造的关键，相关研究也最多。其中，创设汾阴后土祠和后土国家祭祀的汉武帝时期最受关注。

田天在《秦汉国家祭祀史稿》一书中，对汉武帝时期各种祠庙和国家祭祀的创建进行了全面考察，其中第二章的“汾阴后土祠祭祀及其意义”一段，则专门对武帝创设后土祠并始祀后土的前因后果进行了梳理和分析。[①] 田氏基于前述诸研究成果认为：后土“最初可能仅是一种对地的美称”而非某一神祇；先秦时期开始与地神关联，并在关东诸国形成信仰和祭祀，但不被秦国和秦朝所重视；至汉初，后土“单纯作为最高的地神出现，主要功能是化育万物，以祈丰年”；武帝创设后土祠乃是为“与雍五畤所祭的上帝相配”，并在此后专门与甘泉泰畤相配，祭祀活动中也“秉承太一与后土”；泰畤与后土祠对举，也成为天地之祭的标准祭祀，在武帝死后依然发挥着重要影响。[②] 田氏还指出，后土祠的设立乃是现实意图（祈祷丰年）和政治意图（与太一对祭）的相合，这反映出后土在汉代祭祀中更接近于代表全部大地的土地自然神，几乎看不到人格神的形象，祭祀内容“如天礼”也说明后土与太一相同的抽象化自然神属性。

不过，田氏论述的出发点是她对汉武帝始祀太一的研究，这就导致后土是作为与太一对举或附属的存在被考察，其主体性和独特性未免会受到遮蔽。牛敬飞认为她夸大了汉武帝创立后土祭祀之功：秦朝未必没有国家级别的祭地礼，有关战国魏脽后土营的记载也说明先秦时期或已存在后土祭祀的原型；郊祀祭地也未必始于武帝，《汉书·郊祀志》就记载王莽之言，文帝时或许已经在渭阳五帝庙合祭“泰一”与“地祇”。[③] 牛氏批判中对文帝祀地祇的提及有进一步

---

① 参见田天：《秦汉国家祭祀史稿》（修订本），北京：生活·读书·新知三联书店，2023年，第147—158页。本书初版刊行于2015年。

② 在2022年“后土与中华文明”系列讲座（讲座内容将另行结集出版，后同）中，田天对书中观点有所修正，认为后土祠先于泰畤设立，或许并非与雍五畤相配，而是作为武帝尝试礼制改革的起点，如此也符合后土地位低于太一的信仰传统。

③ 参见牛敬飞：《被夸大的前郊祀时代——从〈秦汉国家祭祀史稿〉对史料的误用说起》，《清华大学学报》（哲学社会科学版）2017年第1期。

讨论的余地，比如李零也曾提到，文帝时新垣平因“脽上出鼎”建言祭祀汾阴，魏脽后土营也受到关注，这些背景对武帝创设后土祠应是有影响的。

在与田著同年刊载的论文中，向晋卫、穆葳对秦汉后土崇拜和汾阴后土祠的成立背景进行了探讨。① 文中认为汉武帝创建后土祠、始祀后土的原因主要有四方面：阴阳五行思想盛行，推动武帝将后土与太一对应使“天地之神从此完备”；宝鼎崇拜观念，正如“泗水捞鼎”汉画像反映的秦汉入河求鼎风气，推动武帝以后土祭祀作为汾阴出鼎的“回礼”；汾阴所在的河东地区的神圣性，正是武帝巡狩经过的重要祭祀中心；祭祀河神传统的延续，武帝时期整顿山川祭祀，以祀河传统归于汾阴后土祭祀。另外，文中还对汉成帝时一度中止甘泉与汾阴的祭祀，将其改为郊祀天地背后的儒家理论依据加以分析，并认为郊祀改制中将诸地神合称“皇地后祇”，后土之名则彻底归属中央黄帝之辅佐神，这一点对此后的后土祭祀产生了巨大影响。

阴阳五行或者进一步讲天地、阴阳对应的观念，以及汾阴获鼎的现实刺激，无疑是汾阴后土祠创建的重要乃至直接原因。但河东地区神圣性和祭祀山川河流习俗对后土祠是否存在影响、有何影响，则是缺乏证实或证伪根据的。相比之下，汾河汇入黄河处的历史地理意义可能更为重要，毕竟就事实而言，泗水泛滥和获鼎传说都与汉初黄河三次决口有关。武帝选择在河道宽阔、流速较缓的汾阴地区祭祀地神后土，也与其预防决堤、祈祷丰年的现实意图相符合。

2018 年第 3 期《世界宗教文化》推出后土文化专题，其中之一就是王木娘关于西汉国家祭祀中的“后土地祇”典故与礼制研究。② 王氏以《周礼》《史记》《汉书》《后汉书》等正史典籍的记载为主轴，同样从西汉国家祭祀的大背景出发，指出武帝祭祀改革的核心在于以太一为“至上的宇宙万物本源”，由此带来了甘泉泰畤及与之相对应的后土祠建设，其真正意图则是让“代表天、地的至高之神”都进入“国家祭祀之殿堂”，由此呈现出武帝“统一天下、以皇帝为中心的帝国建构与运行过程”。

王氏还通过整理汉代后土祭祀的礼制内容，揭示出王莽改制对后土祭祀和郊祀祭地礼在祭品、乐舞、祭坛形制等方面的深远影响，并主张“皇墬(地)后祇”“皇地祇”等郊祀礼中的地神称谓，乃是历代帝王为区别“一方社神之后土”而对“大地之母的后土”附加的别称。不过，正如“太一”与天帝、天神间存在微妙差

① 参见向晋卫、穆葳：《秦汉时期的后土崇拜——兼论汾阴后土祠的建置背景》，《南都学坛》2015 年第 1 期。

② 参见王木娘：《西汉国家祭祀中所见后土地祇之典与礼》，《世界宗教文化》2018 年第 3 期。

异一样，后土也有可能与初期郊祀天地中的地神有所区别，故而才有后土（皇墬后祇）和皇地祇两种类型的称谓。这事关汉武帝对神祇和祭祀体系的构建，不过对于汉代国家祭祀中的后土与地祇之关联和区别，至今并无研究真正触及。

姚媛媛在《论汉代的汾阴后土祭祀》一文中将汉初汾阴后土祠的治庙起源追溯至文帝，原因则归为"祠周鼎"，并认为武帝于汾阴设立后土祭祀，主要出于汾阴地理上距离长安较近、水陆交通便利，地形上位于汾黄交汇处、利于实现祭祀时的"泽中方丘"，以及宝鼎带来的祥瑞等原因。① 姚氏还认为，后土祭祀乃是"帝王的统治工具"，其成立与变迁是"皇权与神权相互利用、共同博弈的结果"，也标志着汉王朝祭祀体系的形成。文中关于汾阴地形、皇权统治等影响因素的提及有一定借鉴意义，对占据后土国家祭祀主要内容的汉代帝王亲赴汾阴祭祀后土的整理也较为系统。文中对后土神属性、文帝治庙与后土祠的关联、汉代"神权"的界定等问题的论述，仍有进一步讨论的余地。

对包括后土祭祀在内的武帝朝祀制改革的研究，还涉及祭祀文化的取向及其对后土神性的影响等问题。张伟认为武帝时期的祭祀改革虽由齐地方士主导，但有着"提升楚地祭祀文化地位的政治意图"，理由在于武帝"亲自提议将后土单独受祭"，而后土在周文化中只是"黄帝之佐"，在楚文化中则是"幽都的统治者"。② 对楚文化在汉代祭祀中的主导性早有学者主张，张氏将太一、后土等归为楚文化神灵也有其依据。③ 不过，春秋战国时期各地文化存在不容忽视的共性，毕竟从《左传》《鲁语》的记载来看，后土信仰显然通行于关东各国。

另外，以东汉王逸《楚辞章句》中对《招魂》篇的注释为依据，将后土视为楚地幽都之神，这种观点多见于墓葬相关的后土信仰研究中，而作为依据的其实只有"幽都，地下，后土所治也"和"土伯，后土之侯伯也"两句而已，更何况东汉后期的生死观相比于先秦已远远不同，王逸之说未必可信。④ 前述楚简记载也说明，后土在战国楚文化中同样呈现出与天（太）并举的地神性格，而并无显著的冥神性格。将当时的后土与楚辞中的"幽都""土伯"关联，恐怕是以东汉之后

① 参见姚媛媛：《论汉代的汾阴后土祭祀》，《运城学院学报》2020年第1期。

② 参见张伟：《汉武帝朝的郊祀改革与汉代祭祀文化取向》，《求索》2021年第4期。

③ 参见李长之：《司马迁之人格与风格　道教徒的诗人李白及其痛苦》，北京：商务印书馆，2013年，第16—17页。

④ 参见（宋）洪兴祖撰，黄灵庚点校：《楚辞补注》，上海：上海古籍出版社，2015年，第330页。

的冥界想象反推战国楚文化中后土神性的结果，是值得商榷的。①

汉代的后土国家祭祀次数最多且最为体系化，其中又以创建汾阴后土祠、始祀后土的汉武帝时期，一度废止汾阴祠祀、开创郊祀天地祭祀的汉成帝时期，推动郊祀制度改革、实现天地合祭制度化的王莽时期为核心。既有成果对包括东汉光武帝一次亲祀在内的汉代后土祭祀进行了较为全面而详尽的整理和考察，并在汾阴选址、祀后土的动因、神灵属性等诸多问题上进行了卓有成效的探讨，同时也存在诸多有待重新考察，或尚无明确分析的问题点，有必要继续推进研究的深入。

## （三）唐代后土祭祀与唐玄宗亲祀汾阴后土祠

光武帝刘秀亲祀后土之后，汾阴的后土国家祭祀经历了漫长的中断期，其间仅有前秦政权的苻坚曾于汾阴祭祀后土。进入唐代，随着国家礼制的重新确立与繁荣，日常吉礼中规定了“夏至日祀皇地祇于北郊”方丘坛，唐玄宗更曾两次亲赴汾阴祭祀后土。这不仅在一定程度上延续了汉代以来的后土祭祀传统，还对之后的后土祭祀与民间信仰层面的发展产生了深远影响。关于唐代后土祭祀的专门研究并不多，管见之下仅雷闻在《郊庙之外：隋唐国家祭祀与宗教》一书中的“后土”章节、王博《“一定之规”——论唐代后土祭祀的政治投射》等少数文章中有对唐代后土信仰和后土祭祀的考证。②

雷闻在对隋唐时期的国家祭祀与宗教信仰的全面考察中，对唐玄宗亲祀后土的背景、过程以及唐代的后土信仰进行了探讨，指出：西汉末年汾阴后土祭祀改为北郊祭地礼，是后土祠在儒家郊祀礼成立后试图摆脱神祠性质、向中央化发展的尝试；《旧唐书》《隋唐嘉话》等文献中的玄宗亲祀记载表明，汾阴后土祠在汉唐之间已作为地方性神祠延续，祠中则出现了以妇人像为后土神、梁山神像为配的民间信仰样式，在玄宗祭祀时因该样式不够严肃遭到局部调整，玄宗仪式本身虽与《大唐开元礼》中的“夏至祭方丘”礼相同，却是“使儒家祭祀与民

---

① 晏昌贵认为战国时楚地已有转入地下的神灵崇拜，后土与《楚辞》中的土伯、幽都之主关系待定；但其列举的告地策等随葬文书中，所用称谓多为“地下主”“土主”，与“地主”及“后土”存在明确区别。参见晏昌贵：《简帛数术与历史地理论集》，北京：商务印书馆，2010 年，第 189—192 页；关于早期中国生死观，参见余英时：《中国古代死后世界观的演变》，余英时著，沈志佳编：《中国思想传统及其现代变迁》，桂林：广西师范大学出版社，2014 年，第 23—25 页；刘增贵：《天堂与地狱：汉代的泰山信仰》，《大陆杂志》1997 年第 5 期；刘屹：《敬天与崇道：中古经教道教形成的思想史背景》，北京：中华书局，2005 年，第 80—85 页。

② 参见雷闻：《郊庙之外：隋唐国家祭祀与宗教》，北京：生活·读书·新知三联书店，2009 年，第 56—60 页；王博：《“一定之规”——论唐代后土祭祀的政治投射》，《世界宗教文化》2018 年第 3 期。

间神祠紧密结合”的“坛庙并举”，此后玄宗还专设机构负责后土祠的祭祀和管理以示重视。

雷氏对唐玄宗亲祀后土和隋唐郊祀地祇的考证，敏锐地注意到了国家祭祀的儒家礼制和汾阴后土祠的民间神祠两种性格的互动与区分，特别是对《旧唐书》“尝为妇人像”一句实则是后土祠在汉唐间的民间祭祀化，而非国家祭祀中自然神后土的人格化、女性神化这一点的准确解读。另外，雷氏还提到了唐代社会流行的“后土夫人”传说或与后土祠中的妇人像有关，中唐时期后土神逐渐向民间信仰的土地神转化，以至于《大唐郊祀录》中规定三品以上官员安葬时应有祭祀后土之祝文以“解土”，晚唐时期供奉后土夫人的扬州后土庙在节度使高骈的宣扬下兴盛等等。这无疑是对民间后土信仰始于明清等一般认知的修正。同样，雷氏指出唐代民间视后土为“一种无所不在的土地神”，这或许才是后土成为后世执掌坟墓之冥神的真正开始。不过，雷氏虽提及唐代国家祭祀中后土与皇地祇的微妙区别，却仅作“唐人基本上是将后土等同于皇地祇”而并未深究。

王博从国家礼制结合“王朝实际政治需求”的视角切入，分别从常规国家礼制和玄宗亲祀汾阴两个方面分析了唐代后土祭祀的政治意义。王氏也认为唐代的后土祭祀分为首都长安北郊方丘和山西汾阴后土祠后土两种，并且二者本为一体、遥相呼应，但前者多流于“有司摄事”的形式，汾阴后土祠一旦由皇帝亲祀则必然备受瞩目。对于前者，王氏全面整理了《大唐开元礼》中有后土受祀的所有仪式，包括吉礼、军礼、嘉礼、凶礼在内共二十条。其中，夏至日方丘祀皇地祇有“后土礼同”标注，中央与地方的社稷类仪式中后土与太社、太稷、后稷一同作为土神和谷神受祀，因“大唐土德”而兴起的夏土王日祀黄帝礼中，后土作为中央土正、黄帝辅佐而受祀。对于后者，王氏认为玄宗首次亲祀是借北巡并州、震慑边境之机，在张说和萧嵩的劝说下实现的，而二人说服玄宗的理由在于其一可复活重要礼制以便“绍斯坠典”，其二可祈祷平地、山区、水泽谷物丰熟和万民福气，由此极大地推动了唐代礼制的重建；九年后第二次亲祀，则是玄宗因“神明昭格，累年丰登”对后土神的“赛谢”，同时也是对新颁布国家礼典的一次亲自践行。

王氏的梳理和分析，较为全面地揭示了唐代后土祭祀的形态、演进过程与政治影响。当然，在皇地祇与后土的关系、后土夫人等民间信仰要素的影响等问题上，文中叙述也仍有进一步探讨的余地，关于后土在社稷类仪式和祀黄帝礼中的受祀背景，以及玄宗之外的唐代帝王对祭祀后土或皇地祇的态度等问题，也有待更加系统的史料整理与考证。

## （四）宋真宗西祀后土与北宋的后土祭祀

唐玄宗以后，帝王亲祀汾阴的后土祭祀再次中断。直到北宋时期，宋真宗先东赴泰山行“封禅大典”，又西赴汾阴亲祀后土，成为历代帝王中最后的泰山封禅和亲祀后土，也就是闻名后世的“东封西祀”。由于两次祭祀活动与北宋中期的政治形势、宋真宗本人的权威构建等问题密切相关，因此从北宋政治史、政治文化等视角出发的“东封西祀”研究十分丰富。其中，既有仝晰纲、迟少丽《宋真宗东封西祀浅论》、闫化川《论宋真宗时期的“东封西祀”》、何平立《宋真宗“东封西祀”略论》、宫磊《宋真宗封禅探究》、路育松《从天书封祀看宋真宗时期的忠节文化建设》等以“东封西祀”和“天书”为中心的政治、文化、礼制研究，在刘静贞、邓小南、久保田和男、陈峰、方诚峰、汪胜铎、胡小伟、张其凡等人关于北宋皇权、礼制、政教关系等问题的研究中，也都对封祀活动进行了着重探究。[①] 最近，刘云军在《内忧外患：东封西祀一场空》一书中，以“天书封祀”为中心，结合既有研究成果，对宋真宗朝的政治演进、礼制与权力的互动以及北宋的政治走向等问题进行了较为系统的探究。[②]

通过对上述成果的整理与考证，宋真宗泰山封禅和亲祀后土的具体过程和前因后果已经较为清晰，要言之，宋真宗本人对祥瑞的追求、寻求嫡子的意愿，最重要的是他依托帝王传统构建统治合法性的强烈意志，被认为是其“东封西祀”的核心前提。此外，有关北宋国家礼制的发展、道教势力等扩张等各方面因素的互动与综合，既有成果也已经给出了较为充分的论述。不过，这些以“东封西祀”为中心的政治史、政治文化研究，更重视礼制和祭祀活动背后的整个政治演进过程，关注的重点也主要集中在“天书”事件和泰山封禅，汾阴祀后土则作

---

① 参见仝晰纲、迟少丽：《宋真宗东封西祀浅论》，《山东师大学报》（社会科学版）1994 年第 4 期；闫化川：《论宋真宗时期的“东封西祀”》，山东大学硕士学位论文，2003 年；何平立：《宋真宗“东封西祀”略论》，《学术月刊》2005 年第 2 期；宫磊：《宋真宗封禅探究》，山东师范大学硕士学位论文，2007 年；路育松：《从天书封祀看宋真宗时期的忠节文化建设》，《清华大学学报》（哲学社会科学版）2008 年第 6 期；刘静贞：《北宋前期皇帝和他们的权力》，台北：稻乡出版社，1996 年，第 130 页；邓小南：《祖宗之法：北宋前期政治述略》（修订本），北京：生活·读书·新知三联书店，2014 年，第 324—329 页；[日]久保田和男：《宋代开封研究》，郭万平译，上海：上海古籍出版社，2010 年，第 262 页；陈峰等：《宋代治国理念及其实践研究》，北京：人民出版社，2015 年，第 66 页；方诚峰：《祥瑞与北宋徽宗朝的政治文化》，《中华文史论丛》2011 年第 4 期；汪胜铎：《宋代政教关系研究》，北京：人民出版社，2010 年，第 36 页；胡小伟：《“天书降神”新议——北宋与契丹的文化竞争》，《西北民族研究》2003 年第 1 期；张其凡：《宋代政治军事论稿》，合肥：安徽人民出版社，2009 年，第 144—196 页。

② 参见刘云军：《内忧外患：东封西祀一场空》，沈阳：辽宁人民出版社，2022 年。

为与封禅同构之存在被提及，具体分析并不充足。

以宋真宗亲祀汾阴后土祠为中心的专题研究，目前主要有陆峰波、姚媛媛、吕变庭和梁韵彦等人的成果。陆峰波以《续资治通鉴》的记载为主，从政治史视角出发对宋真宗的亲祀过程及其前因后果进行了简要梳理，并特别介绍了现存万荣后土祠、由真宗亲笔丹书的《汾阴二圣配飨之铭》碑的来历和内容。① 姚媛媛在《从宋真宗西祀汾阴看北宋汾阴后土祠地位》一文及硕士学位论文《宋真宗西祀汾阴研究》中，在归纳整理了主要研究成果的基础上，对"真宗西祀"的背景、过程及影响进行了全面考察。②

姚氏指出，与西祀相关的重修后土祠、规范国家礼制等举措，建立在北宋前期的政局稳定、政府注重农事等基础之上，而亲祀后土活动的本质乃是一场"神道设教"的祭祀活动，汾阴当地虽得到了大规模建设，但对国家而言实属劳民伤财。另外，姚氏还指出，从真宗到北宋末年是后土祭祀的重要发展期，后土祠正殿太宁宫重修，《政和五礼新仪》将真宗所置庆成军的后土祭祀纳入中祀诸礼，祠内宫庙建筑反复翻修扩建，徽宗时更加赐"承天效法厚德光大后土皇地祇"徽号，不仅进一步弥合了汾阴后土与国家礼制中皇地祇之间的微妙区别，民间祭祀也在此期间得到发展。③

吕变庭、梁韵彦则结合唐宋之际的礼制变迁，深入考证了真宗西祀的具体情况。④ 文中指出，宋真宗"东封西祀"其实是在仿效唐玄宗时期的国家祭祀活动，是盛唐礼制改革在宋初的延续；西祀最初遭到了孙奭以亲祀荒废已久，"事不经见"，且与北郊祭地礼意义重复为由的反对，但在真宗本人的推动以及祥瑞奏报、请祀活动的持续作用下最终得以实现。另外，从神像供奉和坛位布局来看，"汾阴后土之祀与北郊祭地，源自两种截然不同的神灵崇拜模式"，文中认为这反映出真宗朝廷将"古礼"与民间祠祀及道教信仰融合的特征，以便国家大礼更容易为地方士民所理解与接受；加上批准乡民自建祭祀祠庙，北宋王朝权威得以深入全国各地，并推动了国家祭祀对帝制国家王朝形象的宣传。

吕、梁二人的论文注意到了礼制塑造过程中的政治、社会等多方面因素，以

---

① 参见陆峰波：《宋真宗祀汾阴后土考》，《华北国土资源》2017 年第 5 期。

② 参见姚媛媛：《从宋真宗西祀汾阴看北宋汾阴后土祠地位》，《运城学院学报》2016 年第 2 期；姚媛媛：《宋真宗西祀汾阴研究》，西北大学硕士学位论文，2017 年。

③ 徽宗时期还正式恢复了国家礼制中的天地分祭，其中祭地（皇地祇）于北郊"方泽"等礼制规范，对此后特别是明清时期帝王祭地于地坛（方泽坛）影响深远。参见丁建军、江云：《复古与革新的错位：对北宋天地分祭与合祭之争的再探讨》，《文史哲》2017 年第 5 期。

④ 参见吕变庭、梁韵彦：《真宗西祀探微：兼及盛唐至宋初的礼制改革》，《社会科学》2021 年第 10 期。

及中央与地方的互动,国家礼制与民间祭祀、道教信仰的融合,并对诸多细节问题进行了细致考察。结合前述雷闻的研究可知,宋真宗的确大量仿效唐玄宗亲祀,并在尊重民间神祠性格、结合国家礼制等方面有所发展:玄宗时不过"内出锦绣衣服"装饰妇人像,真宗则"诏用皇后礼"处理后土衣冠。文中也揭示出,真宗朝廷虽"有意混淆民间后土崇拜与国家地神祭祀的概念",尊崇"后土圣母"与道教信仰元素,但后土祭祀仍是在殿前设坛,主祀之神也显然不是殿中人像化的后土圣母,而是国家礼制中的自然神后土地祇。

以帝王亲祀时代为中心的后土国家祭祀研究,至今已基本廓清了后土信仰从汉代与天(太一)对举、建立祠庙(汾阴后土祠)、帝王始祀,到经历郊祀改革、亲祀活动长期中断,再到唐宋时期两次短暂复兴、国家礼制中天地合祭与分祭的反复,最终进入官方汾阴祭祀衰退、统归首都北郊祭地礼的发展历程。除此之外,汪桂平还对女真民族在重大行动之前的祭祀天地习俗,金朝国家祭祀中一年两祭地神的独特礼制,以及清初满洲贵族对"皇天后土"极其尊奉的情况进行了考察。[①] 不过,这里的后土实际上回归到了前祭祀时代的原始含义,也就是与皇天对举、代表天地万物各方神灵的集合,其祭祀仪式也是"既有奏乐仪式的叩拜,也有刑白马乌牛的盟誓",其实是满族对北方诸民族原始宗教文化的继承。

上述研究在先秦后土信仰与汉代后土祭祀之间的关联与区别,后土祠选址汾阴的原因与影响,汉唐、唐宋之间帝王亲祀中断时期汾阴后土祠的发展情况,汾阴后土祠的民间神祠与儒家礼制性格之间的冲突与互动,后土与皇地祇之间的微妙异同等方面,仍然存在较多有待考证或未达成一致见解之处。对后土祭祀的早期信仰背景、不同时期国家祭祀的传承与演变、汾阴后土祭祀中的主祭对象性格等基本问题的认识,部分研究也依旧存在偏差,这无疑会影响到其论证过程和结论的准确性。

## 四、宗教与民间信仰中的后土崇拜

除历代帝王对后土的国家祭祀和信仰活动之外,汾阴周边乃至山西南部至少在唐代以前就已经出现了与后土密切关联的民间信仰活动;北宋时期道教地位上升,伴随着后土祭祀的复兴和发展,"后土皇地祇"也由此进入道教信仰体系甚至位列"四御",道教后土崇拜也在山西南部广泛流传;明清以来,官方汾阴

① 参见汪桂平:《试论清初满洲贵族的皇天后土信仰》,《世界宗教文化》2018年第3期。

后土祭祀衰退殆尽，汾阴后土祠也由此成为以民间祭祀为主的信仰场所和山西后土崇拜的中心。

正如前述雷闻和吕变庭、梁韵彦研究所揭示的那样，后土祠在汉武帝创建之时就带有一定的民间神祠性格，汉唐之际帝王亲祀的长期中断进一步推动了民间后土祭祀的发展，导致即便是在后土国家祭祀兴盛的唐宋时期，汾阴地区的民间后土崇拜也同样十分活跃，甚至唐玄宗和宋真宗都在亲祀时对当时的民间祭祀对象尊崇有加。与国家祭祀以土地五谷自然神为对象不同，宗教和民间信仰中的后土崇拜，大多是具有明确形象乃至社会身份的人格化神灵。有关民间后土祭祀最早的明确记载，一般认为是《旧唐书·礼仪志》中"先是，脽上有后土祠，尝为妇人塑像，则天时移河西梁山神塑像，就祠中配焉。至是，有司送梁山神像于祠外之别室，内出锦绣衣服，以上后土之神，乃更加装饰焉"一段，不过有部分研究直接将此处的"妇人塑像"视为国家祭祀中的后土，甚至将"则天时移河西梁山神塑像"理解为武则天下达命令迁移梁山神与后土配对，进而推导出国家礼制中的后土皇地祇为女性神等结论，这恐怕是对该段史料的误读，前述雷闻的解读显然更为合理。[①] 南北朝以来地方性"淫祀"流行，东晋穆帝时就有何琦撰《论修五岳祠》以批判各地的人格化山川崇拜为"非典之祠"、所祀之神为"淫昏之鬼"，[②]此处"后土之神"恐怕也是某种地方崇拜活动的延伸。

## （一）"后土夫人"传说与民间后土崇拜

当然，上述记载的确表明，至少到初唐为止，民间信仰中就已经出现女性形象的后土崇拜。武则天时梁山神迁入相配，进一步丰富了"后土女神"的人格化形象与社会关系；虽然玄宗又将梁山神迁至别处并以宫中服饰装扮神像，显示出官方"规训"民间崇拜以便配合国家礼制的意图，但是民间祭祀和崇拜活动在当时已经在汾阴地区展开无疑。由于文献和实物材料的缺乏，学界对唐代以前的民间后土崇拜何时兴起、怎样兴起等问题并无有效研究。不过有学者推测该"妇人塑像"所反映的后土女神崇拜，很可能与唐代开始流行的"后土夫人"传说关系密切。

据叶德均等人考证，关于后土夫人传说的记载主要包括传奇文学《后土夫

---

① 比如，廖咸惠对武则天与后土信仰的关系探讨就以该段记载为主要依据，认为是武则天推动了后土神的女性化和后土信仰的发展。参见廖咸惠：《唐宋时期南方后土信仰的演变——以扬州后土崇拜为例》，《汉学研究》1996年第2期。

② （梁）沈约：《宋书》，北京：中华书局，2000年，第325—326页。

人传》和讲唱文学《后土夫人变》,前者原出《异闻录》,已佚,后载于南宋《太平广记》"韦安道";后者应录于唐五代俗讲卷子,本文及宋代传本《后土词》皆佚,仅有存目。[①] 宋人黄休复《茅亭夜话》中记载,《后土夫人变》是唐末伪蜀僧人转写《后土夫人传》为讲唱"变文"的结果,张鹏认为这种百姓喜闻乐见的讲唱文学推动了后土夫人信仰的进一步传播。[②]

传说的主要内容是,后土夫人以"冥数"匹配而逼迫韦安道与之婚配,武则天得知此事后命人用方术压胜却被击破,后土夫人则令武后赏赐韦氏官职财物;至冥数合尽,后土夫人与韦安道诀别。[③] 张鹏指出,文中凸显出后土夫人超越皇权的威严与法力,而逼迫成婚之事又带有恶神色彩,宋代志怪文学中后土夫人却仍多以应求救济、惩恶扬善的正面形象出现。宋以后文人一般认为《后土夫人传》中的叙述涉嫌亵渎后土神,其原因则是唐代文人借此嘲讽武则天乱政,廖咸惠认为该文是对武则天时期的真实投射,带有明显的道德和政治意图,而士人以后土夫人讽刺武后,则是源自武后对后土的某种信仰关联。[④] 另外,廖氏还指出,唐宋之际扬州后土庙(现蕃釐观)的兴起,是淮南节度使高骈出于地方专权等政治意图而大力推动的结果,后土夫人信仰在南方的流传也与此有关。叶德均则指出,《后土夫人变》的内容或许较传奇更具亵渎意味。

张鹏将汉代国家祭祀中的后土信仰归纳为"汉武故事",从神话传说的视角对先秦至唐宋为止的后土崇拜进行了梳理,以此探讨后土夫人传说中蕴含的历史脉络、政治因素和宗教色彩,并认为后土"从汉代一个传统的国家祭祀对象,到唐宋在文人看来被亵渎的后土夫人,是信仰流变的一个表现",同时也反映出国家与民间对祭祀和神灵诠释的争夺。[⑤] 刘燕萍则从神话文本分析出发,对"后土夫人"和"华岳神女"故事中的人神婚进行了分析和阐释,指出其中共通的"高姿态神婚""补偿型婚姻"和"反抗巫术"等要素。[⑥]

由于原本散佚和相关材料不足等限制,实证性地完整还原唐五代时期的民间后土信仰和后土夫人崇拜或许是难以实现的。不过,既有研究大多将《旧唐

---

① 参见叶德均:《戏曲小说丛考》,北京:中华书局,1999年,第689—692页。

② 参见刘铭恕:《道家的"后土夫人变"》,《郑州大学学报》(社会科学版)1980年第4期;张鹏:《从汉武故事到民间崇祀:汉唐后土崇祀的变容》,《世界宗教文化》2018年第3期。

③ 参见(南宋)李昉等:《太平广记》,北京:中华书局,1961年,第2375—2379页。

④ 参见廖咸惠:《唐宋时期南方后土信仰的演变——以扬州后土崇拜为例》,《汉学研究》1996年第2期。

⑤ 参见张鹏:《从汉武故事到民间崇祀:汉唐后土崇祀的变容》,《世界宗教文化》2018年第3期。

⑥ 参见刘燕萍:《〈后土夫人〉与〈华岳神女〉中的人神婚》,《山西大学学报》(哲学社会科学版)2011年第3期。

书》中记载的“妇人塑像”，也就是“后土女神”不加辨析地等同于“后土夫人”，这其实是缺乏足够证据的，却并未受到应有的重视。

典籍和文学作品的记载之外，反映唐宋时期民间后土信仰的方式还包括如傩戏《坐后土》之类的艺术作品。赵逵夫考察山西曲沃发现的清宣统年间《扇鼓神谱》抄本，证实其原本应形成于宋真宗西祀时期，并对其中傩戏《坐后土》段落的脚本进行了复原。[①] 赵氏通过分析脚本的基本情节，认为剧中主角“后土娘娘”的神圣化是与“阴阳学说”联系在一起的，剧中的人物关系和情节发展则与“五行学说”息息相关；剧目和情节的发展还与当时的政治行为相关，比如明代出现的《五岳朝后土》剧目可能就和宋真宗于大中祥符四年(1011)二月西祀、四月尊五岳为帝有关；剧中出现的后土娘娘、无常娘娘和五位千岁(五郎为土王)也反映出民间后土信仰的女神化转向等问题。

## (二)道教后土信仰及其多元化展开

北宋以来，道教与政权结合愈发紧密，势力也逐渐上升。真宗西祀以后，道教元素也迅速进入后土信仰，融合了民间崇拜中后土女神与国家祭祀中地神的道教“后土皇地祇”或者说后土圣母，也很快形成并位列“四御”之一。不过，仅就管见而论，有关道教后土信仰的研究成果并不多，多数探讨道教神明体系的研究虽有提及，却几乎都不深入考察，究其原因或与后土在道教中的地位并非来自宗教内部发展，而是皇权施加等有关。[②]

赵毅、王彦辉在探讨土地神崇拜与道教发展史的关系问题时指出，后土位列“四御”是在宋真宗亲祀汾阴之后，与道教神位排列参照“人世间的权力结构”有关，后土作为“最高的土地神”列入四御，既与俗世以社稷为最高法权象征相呼应，也是玉皇大帝被尊为最高天神之后以后土对应玉帝的结果。[③] 文中还提到，热衷道教的宋徽宗于政和六年(1116)亲封后土“承天效法厚德光大后土皇地祇”徽号并规定礼仪同于玉皇，道教则因此将后土由“国社”请入神谱，尊为统御山神、河伯、土地、城隍、灶君的“四御”之一。由此可见，道教对宋代中后期的后土信仰影响之大，包括真宗西祀、徽宗赐徽号等恐怕都与道教关系密切。

然而，同样由于文献记载的有限，关于道教后土信仰的具体情况和发展脉

---

① 参见赵逵夫：《北宋傩戏〈坐后土〉研究》，《中华戏曲》1997年第1期。

② 在2022年“后土与中华文明”系列讲座中，李志鸿、姜守城二位老师提醒，后土作为“四御”之一地位过高，反而限制了其在道教信仰活动中所受崇拜的程度，以至于影响甚至不及中下等级的神仙。

③ 参见赵毅、王彦辉：《土地神崇拜与道教的形成》，《学习与探索》2000年第1期。

络难以完整廓清，道教如何影响民间后土崇拜、后土皇地祇在道教信仰和斋醮科仪中的地位等问题也有待进一步探究。相比之下，道教信仰对晋南地方后土崇拜的影响，则通过各地后土祠庙中的壁画、后土画像、建筑规制等艺术形式得到了一定程度的呈现和留存。其中最著名的应属今山西运城市芮城县的永乐宫三清殿壁画。永乐宫创建于元代，是全真教三大祖庭之一，其三清殿内壁画《朝元图》描绘了以八位主神为首的290位道教神仙"拜谒"三清的形象，规模宏大、画面精致。八位主神包括六男二女，二位女神被认为分别是西王母和后土皇地祇。

学界关于三清殿壁画的研究较为丰富，其中王逊、李德仁、景安宁、葛思康(Lennert Gesterkamp)、邓昭、耿纪朋等人都曾围绕《朝元图》中的神仙身份、谱系构造等问题进行过探讨。[①] 邓昭对东、西壁二位女神身份的辨析较为详细，在总结既有研究观点和论据的基础上，通过对随侍诸神、服饰、方位以及对应男神等方面的对比分析，指出东壁女神以五岳等地仙为随侍，身着震卦以象征东方阳气发生，坐下凤鸟(非三足乌)，背后赤地火焰珠纹样中有象征坤柔的兔子，方位上居于尊位，相对之东壁男主神着衮冕、十二章纹样，相较于统领星神、头戴坤卦的西壁女神，更可能是后土皇地祇。[②] 当然，邓氏主张的东壁后土论也有矛盾之处，尤其是西壁女神头戴之"坤"卦，无疑与象代表"坤柔"的地神后土更有关联性，因此关于二女神身份的争议很难得出定论。

类似的还有山西吕梁市汾阳田村圣母庙中的壁画主神问题。田村圣母庙与万荣的汾阴后土祠隔汾河相望，在地方信仰中也有较强的影响力。现存圣母殿内东、西、北三壁绘有描写圣母传说与生活图景的《迎驾图》《巡幸图》《赏宝图》《燕乐图》，其中主神圣母历来被认为是西王母。但武丽敏指出，汾阳地区后土信仰活跃，当地望春村留存的《建后土庙碑记》中已有汾阴后土祠的相关记载；圣母庙中保存的明嘉靖二十八年(1549)《重修田村神母庙碑记》中，将圣母描述为有功于民的"山川之精，水土之神"，如此神性无疑更近似于执掌大地的

① 参见王逊:《永乐宫三清殿壁画题材试探》,《文物》1963年8期;李德仁:《道与书画》,北京:人民美术出版社,1994年,第229页;Jing Anning, *Yongle Palace: The Transformation of the Daoist Pantheon during the Yuan Dynasty* (1260—1368), Doctoral dissertation, Princeton University, 1994, p.4288; Lennert Gesterkamp, *The Heavenly Court: Daoist Temple Painting in China, 1200—1400*, Brill, 2011;邓昭:《永乐宫三清殿壁画女主神身份辨析》,李凇主编:《山西寺观壁画新证》,北京:北京大学出版社,2011年,第33—64页;耿纪朋:《山西永乐宫三清殿〈朝元图〉壁画八位主尊新考》,《艺术探索》2017年第2期。

② 参见邓昭:《永乐宫三清殿壁画女主神身份辨析》,李凇主编:《山西寺观壁画新证》,北京:北京大学出版社,2011年,第33—57页。

后土圣母而非干涉生死的西王母；壁画内容更接近《后土夫人传》中的描述，画中出现的土地、城隍、河神等地祇形象也一般归后土管辖。[①] 另外，武氏认为壁画所反映出的后土圣母神性，的确也混杂了西王母崇拜中以应求送子为首的部分职能，而作为“人类之母”的女娲信仰要素也在明清以来山西的后土崇拜中有所投射。

## （三）明清以后山西民间后土信仰的传承与发展

唐宋乃至金元时期，官方祭祀依然在汾阴后土信仰中处于主导地位，即便是道教后土崇拜也深受国家影响。前述“后土女神”等民间后土崇拜虽已在山西南部兴起，并对汾阴后土祭祀造成了直接影响，但确实始终受制于国家管理和官方祭祀，未必就与后世流传的民间信仰直接关联。元、明以降，国家礼制中的祭地礼不再包括汾阴后土祭祀，而官方祭祀的衰退，则推动了民间后土信仰的繁荣和广泛流传，至今不息。

几乎与万荣后土祠重修、“后土圣母”公祭以及后土祠庙会等民间活动陆续恢复的同时，对民间后土信仰的探讨也陆续出现，尹虎彬、加俊、萧登福等人就不同地区、不同时代的后土崇拜、庙会活动、节日仪式等民间信仰活动展开研究。[②] 当然，从明清直到当代，汾阴后土祠所在的山西南部始终是民间后土信仰的核心地区，这里不仅至今仍有大量后土祠庙留存，一定程度上存在或复兴了相应的庙会和信仰活动，而且能够根据相关方志、建筑、碑刻等材料追溯其民间后土信仰自明清以来的传承和发展历程。

姚春敏通过整理和考察清代山西地方志中有关后土祠庙的相关记载，详细梳理了当时以汾阴为中心分布的后土祠庙与民间信仰活动，指出自明代以来晋南地区后土信仰的民间化趋势十分显著，并具体表现为原本存在于州县的后土祠庙开始向乡村转移，至清末甚至形成了“一个以‘河东’为中心的，半径约一百公里的后土信仰圈”。[③] 此外，姚氏还对有清一代后土信仰的发展进行了考察，认为后土在中央被视为“司掌坟土的冥神”，不过冥神后土的观念虽然在晋东

---

① 参见武丽敏：《汾阳圣母庙壁画主神考——兼论山西后土信仰的地方特色》，《文物世界》2010 年第 6 期。

② 参见尹虎彬：《民间叙事的神话范例：以后土信仰与民间口头叙事为例》，《民俗研究》2004 年第 3 期；加俊：《晋南万荣县后土祠俗民后土信仰调查研究》，西北民族大学硕士学位论文，2005 年；萧登福：《后土与地母——试论地土诸神及地母信仰》，《运城学院学报》2005 年第 1 期。

③ 参见姚春敏：《从方志看清代后土信仰分布的地域特征——以山西地方志为中心》，《兰州学刊》2011 年第 1 期。

南、晋北地区有一定分布，但是后土神在汾阴周边的信仰核心圈内却并无司掌坟土之职能；后土信仰在清代还出现了诸多变化，比如后土即女娲说在汾阴的流传，“后土是土地之妻”说在晋东南较为流行，内容还包括后土地位高导致土地爷是“妻管严”等。姚氏对清代山西后土信仰的地域分布，特别是“后土信仰圈”概念的论述，无疑为山西后土信仰的研究提供了重要的前提。

沈旸、布超、于娜从建筑史的研究视角出发，对山西境内现存的后土庙、圣母庙进行了详细的考察，整理和对比了各祠庙的所在位置和建筑布局类型，并对所供奉神祇、相关祭祀和信仰活动、保护现状等各方面内容进行了探析，是进一步研究当代山西后土信仰的重要资料。① 南茜、雒宁二人在各自硕士学位论文中，分别对运城檀道庙后土信仰、介休后土庙后土信仰进行了历史考证与现场调查，并提供了信仰研究的相关材料。②

加俊以硕士学位论文的研究为基础，从节日仪式的研究视角出发，对当代万荣后土祠的三月十八传统庙会进行了考察，详细介绍了后土祠庙会由周边“十村六社”轮流组织的历史、庙会筹备与举行的各项工作以及庙会祭祀活动中的具体内容等，指出祈年和求子是后土祠庙会的核心内容，这与庙会中具有全民性、平等性的“社戏”类型戏剧演出、庙会当中的商贸活动等内容一道，反映出后土祠庙会延续了古代春社的节日传统。③

郭俊红也通过历史梳理和现场调查相结合的方式，以2017年庙会调查为依据，对万荣后土祠的三月十八庙会进行了深入分析。④ 郭氏指出，后土祠庙会在近代一度繁荣，后历经长期中断，自2000年起由当地政府恢复主办；庙会活动的重点在于戏剧娱乐和商贸买卖，体现出官民分工协作的特点，仪式活动则包括官方仿古祭祀和民间自发进香、献礼以及拔花求子等主要内容，香客包括本地、太原和台湾地区几种类型；庙会管理较为混乱，内容也缺乏特色，甚至“名不符实”，这与当代的后土信仰相较于历史地位显著下降有关。

加俊、郭俊红等人对万荣后土祠庙会的调查和分析，对认识当代后土信仰的传承发展有着重要意义。同时，相关研究仍有扩大考察范围、补充田野调查案例的必要和可能，这也将有助于更加全面系统地理解包括“拔花求子”在内的

---

① 参见沈旸、布超、于娜：《山西后土庙建筑遗存探析》，《兰州理工大学学报》2011年第37卷。

② 参见南茜：《山西运城檀道庙后土信仰研究》，山西师范大学硕士学位论文，2012年；雒宁：《山西介休后土庙后土信仰研究》，山西师范大学硕士学位论文，第2014年。

③ 参见加俊：《节日仪式中的厚涂信仰与公共秩序——从后土祠农历三月十八传统庙会认识中国古代的春社传统》，《中北大学学报》（社会科学版）2013年第1期。

④ 参见郭俊红：《山西万荣后土祠庙会调查报告》，《世界宗教文化》2018年第3期。

当代后土信仰活动。

此外，亦有学者从晋中南后土信仰的整体演进过程出发，对后土民间崇拜的发展脉络、前因后果以及相关社会文化要素加以廓清。尉彦超以后土祭祀在明代出现的主导权官民转换为对象，利用和整理明清地方史志文献，对国家祭祀、传统土地崇拜、女娲信仰等各方面因素如何推动后土崇拜的民间化，明清民间后土信仰如何流变，又对当代后土民间活动有何影响等问题进行了探讨。① 尉氏认为，后土崇拜在民间兴盛的原因，在于有较好的社会基础，信仰内涵能够随时代而变化，以及基层社会组织变迁对祭祀民间化的推动；而后土民间信仰的繁荣，则带来了朝廷利用后土祭祀及其相关的里社组织强化对底层社会的控制，后土祭祀的神圣性和礼制规格也随着受众阶层和村社组织地位的下降而不断降低。

廖奇琦基于美术史研究的立场，从后土相关图像入手“探讨后土信仰在晋中南地区的发展、演变轨迹”。② 廖氏首先简要整理了国家祭祀中后土神性别和图像的变迁，特别是平阳府壁画和永乐宫三清殿壁画中后土女神形象的相关研究成果；其次对元明时期皇族参与的介休后土庙后土圣母雕像、汾阳田村圣母庙壁画等进行考察，揭示出元代以来官方祭祀管理的残余影响；再次，对民间神祠道观体系中的后土形象塑造加以探析，推定北宋傩戏《坐后土》中的人物关系描述弥补了元代以前后土及配祀神的图像缺失，对万荣后土祠、河津连伯村后土庙、汾阳上庙村太符观、临汾东羊后土庙等祠庙的建筑空间和后土形象、配祀等进行考察，揭示出民间后土信仰的随意性和功利性。

廖氏还认为，汾阴脽上的地理特征和历史上形成的祥瑞宝地性格，汉宋之间国家祭祀的影响，以及清代以来晋中南地区“后土信仰圈”的形成，共同推动了后土神性和人格化形象的历史变迁，国家信仰、皇族意志与民间崇拜的力量在流变过程中此消彼长。廖氏结合美术史研究方法，从后土图像流变的角度介入山西民间后土信仰的传承发展等问题，无疑提供了值得借鉴的研究思路。马婷在硕士学位论文中结合民俗文化研究视角，对山西后土祠庙的建筑性质和艺术风格进行了考察。③

总体来说，道教和民间信仰中的后土崇拜，一方面受到汉宋之间国家祭祀

---

① 参见尉彦超：《从“官方祭祀”到“民间信仰”——晋南后土崇拜流变》，《寻根》2019年第2期。

② 参见廖奇琦：《晋中南地区后土图像流变及原因述论》，《南京艺术学院学报》（美术与设计）2019年第4期；廖奇琦：《山西汾阳圣母庙壁画送子图像研究》，《荣宝斋》2009年第1期。

③ 参见马婷：《民俗文化视野下山西后土建筑艺术研究》，山西大学硕士学位论文，2019年。

带来的巨大影响，另一方面则与地方文化和诸多民间崇拜相融合，在以“祖庭”汾阴后土祠为中心的山西南部（晋中南）地区持续繁荣，也推动了包括戏剧、绘画、雕塑、建筑以及庙会活动在内的诸多信仰与社会文化活动的传承和发展，明清以来更是因为官方祭祀的衰退而占据主导地位，至今影响着晋中南地区的民间社会生活。前述研究对道教和民间后土信仰的考察与探究，一定程度上廓清了上述历史变迁和诸多信仰表象的真实样态，也揭示出依然有很多有待进一步考察和重新思考之处。

## 五、中华后土文化的传承与影响

以汾阴后土祠为中心形成的后土宗教、民间信仰和社会文化活动，不仅在汾阴周边的晋中南地区广泛流传，而且陆续在与晋南隔河相望的陕西、河南部分地区，河北的易县、涞水等地，扬州、江南以及闽台地区，乃至东亚和东南亚的华人华侨分布地区形成和发展出不同的信仰形态与内容，传承至今并持续发挥影响。这也正是后土文化作为中华民族共同历史文化记忆的重要表现和作为中华优秀传统文化的有力证明。

### （一）河北民间后土信仰与后土宝卷研究

陕西、河南沿黄河地区的后土信仰与隔河相望的晋南地区有着直接的关联，不过已知的研究中对这些地区的后土信仰缺乏足够关注，有待进一步探究。[①] 相比之下，河北易县、涞水以及河南部分地区的后土信仰则与晋南地区有所不同，呈现出独特的信仰体系和发展路径，突出表现为与无生老母信仰等民间佛道信仰的结合，以及围绕《后土宝卷》展开的后土崇拜和民俗文化活动。

河北易县、涞水两地的民间后土信仰不仅体系完整、崇拜活动丰富，而且一直存在着以参与地方性信仰、民俗活动为主的民间乐社、仪式音乐和宝卷唱诵的传承，得到了民族音乐学者和民俗学者们的重视和深入调查。

钟思第（Stephen Jones）、薛艺兵等人从20世纪八九十年代起关注冀中特别是涞水南高洛村的民间传统乐社“音乐会”，并发现当地保存的《后土皇帝宝卷》文本及相关后土宝卷在易县洪崖山周边地区广泛流传；在曹本冶主持、薛艺兵和张振涛等人参加的“河北省易县、涞水的后土崇拜与民间乐社”课题的支持

① 在2022年“后土与中华文明”系列讲座中，刁统菊老师对陕、豫两省分布的后土祠庙和相关信仰活动进行了整理和介绍。

下，由曹氏带领的香港中文大学师生研究组于1999年开始对易县、涞水当地的后土信仰、民间乐社以及各种后土宝卷展开实地调查与综合研究，取得了一系列相关成果。①

其中，曹氏带领的研究组成员们在1999年2月到5月进行了两次实地调查，对河北涿州小马村，涞水南高洛村，易县神石庄村、马头村、流井村的日常民俗活动，以及三月十五后土诞辰期间易县洪崖山后土庙的庙会、周边各村的后土祭祀活动进行了详细考察。② 在基于此次调查研究形成的论文中，曹、薛二人首先对冀中的后土信仰加以梳理和分析，认为后土信仰随着时代演进而衰退，至今"仅北方地区的河北、山西、甘肃等地仍保留着民间祭祀后土的活动"；通过梳理易县、涞水的历史地理因素对后土信仰的影响，指出两县相连的平原地带正是冀中地区后土崇拜的中心，其影响力以易县洪崖山后土庙为基点向东南方向放射，广及周边数百公里范围；推测当地后土信仰普及的原因，可能与此地先民据传为蚩尤一族的"黎民"，其首领正是后土句龙之父共工有关，同时也指出县志中到明代中叶为止都没有洪崖山后土庙的记载，可见传说未必可信。

文章在考察民间乐社的过程中指出，当地属于包括佛、道及民间各路神仙的多神信仰，但最受百姓重视的还是"灵异全能的后土奶奶"；当地曾以大寺为中心构成村社妙语体系，除公认为主庙的洪崖山后土庙（后山庙）外，大部分村社并无后土庙分布；当地的民间传统乐社历史有长有短，一般会代表村民执行神事仪式和民间婚丧仪式，重点服务于社区性祭拜的"坛祭"和地域性祭拜的"庙祭"；乐社以器乐曲、打击乐和唱诵曲为主要表演形式，用于在祭祀中引导、串联和表现仪式程序以使其完整化，通过创造环境气氛形成心理上的神圣空间，这也成为当地最为重视的"举行后土祭祀的音乐行为"。另外，薛艺兵还专门就两县民间乐社留存的《后土宝卷》展开调查，并着重对宝卷音乐结构进行了开拓性的论述，指出当地音乐会所藏宝卷中的"佛调"具有道教全真派统一的十方丛林经韵特征，曲牌则多为元代小令、明清俗曲中的流行内容。③

关于河北民间后土信仰的另一项研究成果，来自尹虎彬教授从民俗学角度出发的田野调查与系统研究。尹教授运用民俗学田野作业与文献学相结合的

---

① 参见尹虎彬：《河北民间后土地祇崇拜》，北京：学苑出版社，2015年，第231—233页；乔建中、薛艺兵主编：《民间鼓吹乐研究——首届中国民间鼓吹乐学术研讨会论文集》，济南：山东友谊出版社，1999年；薛艺兵：《神圣的娱乐：中国民间祭祀仪式及其音乐的人类学研究》，北京：宗教文化出版社，2003年。

② 参见曹本冶、薛艺兵：《河北易县、涞水两地的后土崇拜与民间乐社》，《中国音乐学》2000年第1期。

③ 参见薛艺兵：《河北易县、涞水的〈后土宝卷〉》，《音乐艺术》2000年第2期。

方法，在搜集整理相关古籍、碑刻、志书、史料的基础上，于2000年至2004年先后8次前往易、涞两县的各乡村，从事民间后土信仰、仪式活动和口头传统的采集作业，对洪崖山周围的历史庙碑、地方史志以及口述史进行了详尽的调查和整理，其中抄录《后土宝卷》7种，收集后土灵验传说100则(典型性文本45个)，考察多处民间后土庙，并记录了当地居民、民间文艺工作者的大量口述报告。①这些调查资料经过整理，与尹教授关于河北民间后土信仰的民俗学、民间文学、历史学、宗教学研究成果一起收入《河北民间后土地祇崇拜》一书，该书是对后土文化研究和民间信仰、宝卷等民俗学研究都有极大贡献的优秀著作。②

尹教授对易、涞两县民间后土崇拜的研究，以当地后土祠庙、乐社组织及其仪式、口头叙事文本，以及清代以来的民俗文献，特别是《后土宝卷》为考察对象和论据，指出当地自明清逐渐兴起并延续至今的后土崇拜是一种含有音乐仪式和神话成分的民间信仰活动；在当地的多神祭祀仪式中，后土处于信仰中心地位；后土宝卷表演和后土灵验叙事的核心内容，在于讲述后土故事以召唤作为神祇的后土，以其力量庇护共同体的众人。

关于冀中民间后土信仰，尹教授认为后土信仰的地方传统历经层累的文化积淀，广泛融合了多元的宗教和多神崇拜内容，所谓后土地祇既凝聚了敬天礼地的信仰根基，也满足了人们寻根问祖的需求；民间普遍存在“多神崇拜与一神独尊”的信仰模式，即神图中虽有百余佛道诸神，但只有一两个神是灵验而受到主要崇拜的，河北地方崇拜的后土神正是如此；当地民间后土崇拜主要有三个落脚点，即统合后土庙周边村落、形成一个信仰共同体的庙祭(庙会)，以各村落自有之后土神为膜拜对象的“坛祭”，以及求子、求福、求寿的个人膜拜。③

另外，尹教授还详细探析了作为当地民间宗教中心的洪崖山，指出当地庙宇归属多个宗教，而其中后土皇帝庙祭祀一位救过汉光武帝刘秀的女神，且此处为黄帝战胜蚩尤之处，这构成了后土灵验叙事的重要分歧点；根据当地流传的《后土宝卷》，后土庙会时第一炷香要请“后土老母”，之后要请庙宇群中的佛、道教神灵乃至灶公、灶母等家宅神。尹教授认为当代后土庙会背后的意义在于

---

① 参见尹虎彬：《河北民间后土地祇崇拜》，北京：学苑出版社，2015年，第28—29页。

② 另外，在该书出版之前，尹虎彬教授关于后土信仰的部分研究成果还以期刊论文的形式发表，除前述《浅谈后土与后土崇拜传统》《民间叙事的神话范例：以后土信仰与民间口头叙事为例》两篇论文之外，还有《河北民间表演宝卷与仪式语境研究》(《民族文学研究》2004年第3期)、《刘秀传说的信仰根基》(《民间文化论坛》2004年第4期)、《多神崇拜与一神独尊——河北民间后土地祇庙祭考》(《民族艺术》2014年第1期)、《传承论的民间信仰研究》(《西北民族研究》2014年第2期)等。

③ 参见尹虎彬：《多神崇拜与一神独尊——河北民间后土地祇庙祭考》，《民族艺术》2014年第1期。

变化，地方精英在传承发展庙祭传统的同时，也在积极结合神话理论重构传统、复杂化叙事、情节和角色关系，实际上是对民间传统文化的再利用以获取利益。

当然，在上述优秀成果的基础上，河北民间后土信仰研究仍有很多需要进一步探究的问题，比如以洪崖山后土庙为中心的冀中后土崇拜与以汾阴后土祠为中心的晋南后土信仰之间是何关系、历史上有无关联、当代又是否存在互动关系等等。冀中后土民间崇拜作为山西以外后土信仰的独特案例，理应纳入中华后土文化的整体框架中加以深入探讨。

## （二）后土信仰的传承发展与当代价值

通过此前的梳理可知，早期后土信仰、后土国家祭祀、山西内外的民间后土崇拜各有其独特的性格、时空差异和发展路径，这说明了后土信仰的多样性和复杂性。当然，相关研究同时也反映出后土信仰各方面之间存在着某种程度的共通性、内在关联与时空传承，这就使得从整体上思考和分析后土信仰的历史演进和当代影响有了必要性。前述萧登福、尹虎彬、李玉洁等人的研究就对后土信仰的整体发展脉络有所触及，而专门针对后土信仰的变迁和关联展开的研究成果并不多。

陈伟、樊淑丽以探讨信仰在维持古代社会“生态平衡”的作用为切入点，对后土信仰的历史变迁，特别是其中各种思想、宗教、民间崇拜的交替融合进行了分析。[①] 文中认为，后土最初是对土地自然崇拜而产生的“纯自然物”，此后在人格化的过程中出现了性别转换，但不应混同于女娲；宋代开始，后土神进入道教神仙系统，与宋真宗对玉皇大帝的塑造有关，而作为“四御”之一、总司大地的后土，与民间信仰中普遍存在的土地神显非一体；历代帝王对后土祭祀的高度重视，与维护宗法制度、维持社会稳定的儒家“和”文化意图密切相关。换言之，文中将后土信仰的嬗变归结为原始自然崇拜、儒家思想、佛道宗教信仰和民间信仰的交替与传承，并主张后土信仰等宗教活动有助于唤醒当代社会的道德和行为约束，是“避免生态进一步恶化的一剂良药”。陈、樊二人的论述清晰地揭示出后土信仰在演进过程中的多样性复合交替，也表明了从思想文化变迁的角度出发探讨后土信仰的研究可能。

李志鸿将后土信仰放在中国民间信仰的框架之中，对明清之际与各种民间信仰相结合以来、延伸至当代的南、北方后土民间信仰进行了长时段、广地域的

① 参见陈伟、樊淑丽：《后土信仰的嬗变及其生态意义》，《江西社会科学》2007年第5期。

考察分析。[①] 首先,李氏从无生老母信仰兴起并与各地佛、道、民间信仰的结合出发,指出相关民间信仰组织(道门)和"十二老母朝无生"等灵验、神话叙事在华北地区的广泛流传,并对河南地区无生老母崇拜中的后土老母、地母娘娘等后土信仰进行了个案调查;其次,结合先行研究对各版本《后土宝卷》的传承以及宣卷仪式的展开进行了探讨;再次,将南方民间教派中推崇的地母娘娘信仰和《地母经》及相关宝卷的流传也纳入后土民间信仰的体系当中,指出其在当代教门科仪创造和民间信仰传承转化中的意义。

李氏的研究,揭示出自明清至今民间后土信仰的一种真实的传承路径,即与无生老母信仰重合叠加,以宝卷叙事和宣卷仪式为活动内容,涵盖后土圣母、地母娘娘等多样化崇拜对象,遍及中国南北的流传和演变,佛教、道教以及民间宗教组织的互动与关联也发挥了重要作用。受本文启发,南北方即华北地区和闽台地区的"地母娘娘"是否同质、有无直接关联,《地母经》与《后土宝卷》之间有无区别,南方司掌坟土的"后土之神"与地母娘娘、无生老母信仰有无关联,这些并未得到充分讨论的问题也理应被纳入研究视野。

梁琛、赵芃着眼于后土信仰中蕴含的文化精粹、生态机理和文学艺术乃至旅游资源,揭示出自古至今后土信仰形成、发展、演变过程中彰显和实践的中华优秀传统文化,对土地的敬奉、热爱,以及由此生发出的文学艺术创作和地方文化积淀,主张对这些内容进行合理利用以便充分发挥后土信仰在当代社会中的政治、经济、文化、伦理和国际交流与合作的价值。[②] 像这样立足当下对后土信仰进行整体性反思,也不失为探析民间后土信仰传承发展的另一种路径,应是当代后土文化研究的方向之一。

## (三)后土文化在东亚、东南亚华人社会中的流传与影响

通过前述研究可知,以汾阴后土祠为中心的山西南部、陕西、河南等"后土信仰圈"和以易县洪崖山后土庙为中心的冀中、华北各地,有着关于后土的深厚历史、文化积淀和祭祀、民间崇拜传统,是承载后土文化传承发展的主要地区;唐代以来"后土夫人"传说广泛流传,也对江南乃至域外的文学艺术和信仰活动有所影响,扬州蕃釐观便是一例。[③] 除此之外的后土文化流传,则深受丧葬传统

① 参见李志鸿:《后土信仰与中国民间信仰》,《世界宗教文化》2018 年第 3 期。

② 梁琛、赵芃:《后土信仰的当代价值》,《世界宗教文化》2018 年第 3 期。

③ 另据林珊奴研究,越南李朝、陈朝时期,"后土夫人"作为祈雨保农的地神,曾得到王室和贵族的信奉和祭祀,由此可见后土夫人传说的流传之广。参见林珊奴:《越南后土夫人故事及其相关信仰研究》,《台东大学人文学院报》2012 年第 1 期。

中“解土”祭告后土、买地券中祭告皇天后土的影响，主要将后土视作司掌坟墓的冥神；或是将后土与地母相结合乃至混同，这种趋势在闽台地区较为普遍，前述萧登福和李志鸿等人的研究中对此已有论述。林仁昱通过对台湾地区奉祀“地母至尊”宫庙祭祀和信仰活动的考察，认为台湾的“地母至尊”信仰是以“天公地母”观念为基础，结合后土、女娲等地母神祇崇拜的多元化结果。①

根据这些研究中的调查和考证可知，在晋南周边“后土信仰圈”以外的民间后土崇拜与文化活动中，将后土女神与地母娘娘、女娲娘娘等女性地神相混同的认识是很普遍的，这与汉代以来的天地、阴阳对应观念以及大地生养万物的母性特征有关；同时，这些本质上以“地母”为核心的女性地神崇拜，往往会强调与南方地区乃至域外坟墓中的“后土之神”相互区别，认为后者其实是“护土”之神而非代表大地的“地母”。另外，各种娘娘、圣母等女性神祇，其实都与前述之无生老母信仰有着紧密关联，并且多以主祀神附加众多神格相近女神的“全神”形式存在。关于这些无生老母相关的“地母”类型后土信仰，仍需更加全面、时空范围更加广阔的调查和考证。

与闽台、港澳等中国南方地区的后土信仰接近，日本、马来西亚、柬埔寨等东亚、东南亚国家的华人、华侨社群中，也存在后土文化的传承与影响。王琛发指出，马来西亚、新加坡、越南等“南洋”地区的华人社群中流传的“后土崇拜”有两种形式：一是义冢范围内的所有先人葬地凡建造坟墓，依例须在墓旁安放后土神位；二是各地的神庙庙门前方一般放置大香炉，炉上铭“天地父母”以示对天父、地母的信仰。两种形式并不同质。②

关于阴宅安放后土，王氏认为其源自北宋徽宗赐徽号之后的道教后土皇地祇，本质上是将后土视为“坤”卦一切含义的总和，并指出明代已有穿圹下葬之前要“告后土”、掩圹复土之后要“祠后土”的丧葬仪式内容，下葬过程也成为死者回归后土的过程，人们通过参与他者的死亡仪式和纪念祭祀，不断在殡、葬、祭的循环中接触后土信仰，又通过自己的生前死后教育子孙后土的存在。另外，明代以来便有士人认为将后土作为尊祭亡魂的护佑神灵违反人间纲纪，王氏认为这导致南洋当地多有华人将后土转称为福德正神、土地等以为折中，其本质还是后土崇拜；不同籍贯的华人社群在义冢和坟墓设计上大致一致，但义

① 参见林仁昱：《台湾奉祀“地母至尊”宫庙考查及其信仰观念探析》，《兴大中文学报》2008年第23期。

② 参见王琛发：《南洋华人墓园的后土崇拜》，《中华礼仪》2012年第26期。王氏于2017年公益讲座时对该文有所修改，本文引自其讲义原稿并参考了王氏在2022年“后土与中华文明”系列讲座中的相关报告内容。

家当中供奉后土的习俗存在一定差异,应是各地后土信仰的本来区别所致。

罗杨在从人类学视角出发对柬埔寨华人华侨族群关系的研究当中,发现当地土地信仰和祖灵崇拜兴盛,包括兼具地域和祖先意义的"娘达"神、融合南洋本地文化的华人社群"伯公"信仰等,后土信仰则主要存在于华人或华柬混血群体的坟墓当中;后土神位一般位于坟墓正面左侧,或名为"土地之神",祭品既体现出中柬文化混合的特点,也出现了现代化和国际化转向;这些信仰活动与华人华侨在当地生活的跨文化沟通、自我塑造等有着复杂联系。[①] 同为南洋地区,罗氏关于柬埔寨华人土地崇拜和后土信仰的描述,与王氏关于新加坡、马来西亚华人的相关情况既有共通之处,又有其地域独特性。

华人华侨在日本的信仰活动与南洋有所不同。从17世纪起,就开始有华人旅居日本,在聚居地长崎形成了独特的华人社区和信仰、祭祀活动;近代以来,华侨主要聚居地转向神户和横滨等地,在当地形成南京町、中华街等华人社区,相应的义庄也随之出现。日本学者松尾恒一对各地华人华侨墓地的历史沿革与现状进行了全面调查,发现各地墓园普遍供奉后土神或土地神;其中,横滨"中华义庄"公墓区最里侧立有"本山后土之神"碑,神户"中华义庄"墓园中央位置立有"后土"碑,各墓园的个人坟墓内侧供奉"后土"碑的现象也十分普遍。[②] 另外,松尾氏还指出,各地的后土和土地崇拜有所区别,长崎的土神祭祀已融入地方民俗并流传至今,后土却并未被当地文化吸收,神户、京都的墓地构造及墓中的后土神位,与中国闽台地区的葬制接近又有所区别;神户和横滨的中华义庄在建立之初只是作为赴日华侨死后临时的安放之地,时人多有之后将棺椁送回家乡之愿,因此义庄中的后土之神碑,与坟墓中的后土神位的意义恐怕也有所不同。松尾氏的研究不仅初步廓清了日本华人社群丧葬祭祀中的后土、土地信仰,而且揭示出后土信仰在近代以来的赴日华人观念中可能具有的"故土"和中华文化本源的象征意义。在后土文化如何流传至日本、在日本又如何传承、演变等问题上,也有待后来学者基于松尾氏的调查成果继续探究。

总的来说,后土文化在山西"后土信仰圈"之外的中国,乃至海外各地有着共通又各具特色的传承和发展路径,不仅表明后土文化的多样性和复杂性,而且彰显出其作为中华优秀传统文化杰出代表的丰富性、普遍性和感染力。既有

① 参见罗杨:《柬埔寨华人的土地和祖灵信仰:从"关系主义"人类学视角的考察》,《华侨华人历史研究》2013年第1期。

② 参见[日]松尾恒一:《日本华侨公墓与后土、土地神信仰——旅日华侨社会的历史和记忆之表象》,《徐州工程学院学报》(社会科学版)2016年第2期。本文同时参考了松尾教授在2022年"后土与中华文明"系列讲座中的相关报告内容。

研究虽已在诸多方面进行了深入细致的探究，取得了不少优秀成果，但在后土文化的流传路径、传承和发展过程、影响范围、文化价值等方面仍有不少空白领域有待探讨，特别是在域外华人社群中的信仰和祭祀等方面，仅对东亚、东南亚地区有所调查，关于欧洲、北美华人社群的相关研究则缺乏中文研究成果，这理应成为后土文化研究的重要内容之一。

# 结　论

通过对近代以来的后土文化研究按照主题进行全面整理，并对各主题下相关研究的沿革、成果及不足之处分别加以分析，我们能够较为清楚地认识到后土研究的长期低迷和21世纪以来的跨越式发展，至今为止所积累的成果之丰富与深入，以及已有研究中依然存在着诸多空白和有待商榷之处。

后土文化的多样性与复杂性，不仅表现为漫长沿革、诸多发展阶段以及不同的主题内容，也事关研究史中很多争议或有待检讨之处的存在。那么，在对已有研究进行充分总结和检讨的基础上，后土研究也有望进一步发展和更新。根据本文考证，相关成果至少在三个关键层面为今后的各主题研究奠定了较为坚实的基础，并相应地揭示出了今后须补足的内容。

首先是研究材料的发现和整理。从近代学术性专门研究起步以来，后土研究中就一直有着重视出土文献、考古发掘、金石碑刻以及传世文献等研究材料的传统，近年来的研究也将战国简帛、敦煌文书、明清方志、随葬文书等多种史料，甚至壁画雕塑等艺术史料也都纳入了后土研究的视野之内。这不仅极大地补充了传世典籍对民间信仰等方面的记载，丰富了古代后土文化的真实形象，而且对重新思考诸多研究争议、开拓后土研究的新主题等等都有决定性意义。当然到目前为止，学界对后土相关文献，特别是经、史类以外的传世典籍，以及各类出土文献的收集整理并不充分，这理应成为今后研究的重点之一。

其次是研究概念的界定和理论框架的构建。虽然关于后土的神性、神灵形象等问题，各主题不同研究的观点差异极大，但多数研究普遍认同“后土”这一概念在产生之初就有着(或者兼具)代表“全部大地”的抽象自然神性格；参照古代社祀研究的成果，又可将后土与社，至少是后土之祀与社祀进行较为明确的区分；后土与民间意义上的土地、城隍等土地神也不可混为一谈，甚至从中国闽台地区和南洋华人社区的经验来看，后土与地母也有一定区别。加之最初强调过的时空区分，“后土”概念在各主题不同研究中的界定或许有了进一步精准化的可能。此外,在如何界定“早期后土信仰”“后土国家祭祀”“民间后土信仰”等相关概念,以及将后土相关概念定义为宗教概念还是政治概念等问题上的讨论,也初步明确了各主题下的理论构建方向。当然,这些概念界定和理论构建尚未形成完备的话语体系,仍有较大的讨论余地。

最后是多种研究方法的开拓。后土文化的多样复杂,决定了后土研究的包罗万象:与其他研究对象不同,后土文化所包含的议题涉及考古、历史、政治、社会、民俗、宗教等诸多研究领域,这不仅表现为研究主题的多样,同时也揭示出研究方法和研究视角多元化的必要。近代后土研究起步于考古学的进入,政治学、历史地理学在分析汾阴后土祠兴起的问题上已经并将继续发挥重要作用,而民俗学、宗教学乃至民间音乐、建筑史、艺术史则对民间后土信仰的研究影响巨大。如何充分而准确地利用目前已经开拓成形的研究方法,并将其进行有机结合,将是今后研究中的关键问题。

这样一来,部分议题虽在已有研究或其他相关讨论中触及,却并未形成完整论述的内容,有望随着研究材料的整理、概念的进一步明确以及研究方法的展开而成为值得期待的研究方向。比如,通过敦煌文书和买地券等宗教性随葬文书中对后土的记载,结合前述唐宋时期葬礼祭告后土以“解土”的礼制内容,或许可以对后土如何进入墓葬文化,并最终成为执掌坟土之神的过程提供更加合理和准确的解释。可以说,本文提到的有待探究的议题,很多都有望在今后得到推进,后土文化研究的局部突破和整体进步都值得期待。

刘　晨

2022年12月于济南历下

# 目　录

# 第一章

# 后土文化研究的形成与展开

# 汉汾阴后土祠遗址的发现

## ——附发掘计划

卫聚贤

汾阴后土祠是汉代祭地的所在地，由汉武帝元鼎四年(前 113)，至光武建武十八年(42)，在这一五五年间除特派有司与祭不计外，天子亲到汾阴后土祠与祭共十六次。天子既到过后土祠十六次，其后土祠之大，与后土祠附近天子的行宫从官的住所建筑物亦不在少数。假使我们能得到这个遗址发掘起来，当有大批古物存在。

后土祠遗址在什么地方?《汉书·武帝纪》元鼎四年立后土祠于汾阴脽上条下注:“如淳曰:‘脽者，河之东岸特堆掘，长四五里，广二里余，高十余丈，汾阴县治脽之上，后土祠在县西，汾在脽之北，西流与河合。’”据如淳所说，后土祠在汾阴县西，黄河东岸上。《荣河县志》说后土祠遗址沦入河中，现在庙前的后土祠系宋代所建筑。后土祠遗址既在荣河县西，沦入黄河中，所有古物早已流落东海，当无发掘的可能了。

汾阴系汉代所立县，到唐武德三年(620)将汾阴东介山附近划出置为万泉县，汾阴县仍保守原名，有峨嵋坡下地，至宋始改为荣河县;细审《封禅书》《郊祀志》《武帝纪》等所载，后土祠似在万泉不在荣河，这次西北考古，在万泉发现了后土祠的遗址。又推想到在汉武帝未立后土祠于汾阴时，汾阴旧有的民祠后土祠，为春秋时晋文公祠介子推的祠。兹分述于下:

# 一、介子推的隐地

## (一)介子推隐居的事实

介子推隐居的事实,据下列各书说:

《左传·僖公二十四年》:"晋侯赏从亡者,介子推不言禄,禄亦弗及,推曰:'献公子九人,唯君在矣,惠怀无亲,外内弃之,天未绝晋,必将有主,主晋祀者,非君而谁?天实置之,而二三子以为己力,不亦诬乎?窃人之财,犹为之盗,况贪天之功,以为己力乎?下义其罪,上赏其奸,上下相蒙,难与处矣!'其母曰:'盍亦求之,以死谁怼?'对曰:'尤而效之,罪又甚焉,且出怨言,不食其食。'其母曰:'亦使知之若何?'对曰:'言,身之文也,身将隐,焉用文之,是求显也。'其母曰:'能如是乎?与汝偕隐。'遂隐而死。晋侯求之不获,以绵上为之田。曰:'以志吾过,且旌善人。'"

《楚辞·惜往日》:"介子忠而立枯兮,文君寤而追求;封介山而为之禁兮,报大德之优游;思久故之亲身兮,因缟素而哭之。"《悲回风》:"求子推之所存兮,见伯夷之放迹。"

《庄子·盗跖》:"介子推至忠也,自割其股以食文公,文公后背之,子推怒而去,抱木而燔死。"

《史记·晋世家》:"文公元年春,秦送重耳至河,咎犯曰:'臣从君周旋天下,过亦多矣,臣犹知之,况于君乎?请从此去矣!'重耳曰:'若反国所不与子犯共者,河伯视之!'乃投璧河中,以与子犯盟;是时介子推从,在船中,乃笑曰:'天实开公子,而子犯以为己功,而要于君,固足羞也,吾不忍与同位。'乃自隐。渡河秦兵围令狐……赏从亡,未至隐者介子推,推亦不言禄,禄亦不及,推曰:'献公子九人,唯君在矣,惠怀无亲,内外弃之,天未绝晋,必将有主,主晋祀者,非君而谁?天实开之,二三子以为己力,不亦诬乎?窃人之财,犹曰是盗,况贪天之功,以为己力乎?下冒其罪,上赏其奸,上下相蒙,难与处矣!'其母曰:'盍亦求之,其死谁怼?'推曰:'尤而效之,罪有甚焉,且出怨言,不食其禄。'母曰:'亦使知之若何?'对曰:'言,身之文也,身欲隐,安用文之?文之,是求显也。'其母曰:'能如此乎?与汝偕隐,至死不复见。'介子推从者怜之,乃悬书公门曰:'龙欲上天,五蛇为辅,龙已升云,四蛇各入其宇,一蛇独怨,终不见处所。'文公出,见其书,曰:'此介子推也,吾方忧王室,未图其功。'使人召之,则亡,遂求所在,闻其入绵上山中，于是文公环绵上山中而封之，以为介推田，号曰介山。‘以记吾过，且旌善人。’”

## （二）介子推隐地一说在介休县

各书所载，介子推隐居于绵上山中，这绵上在什么地方？

《后汉书·周举传》：“举稍迁并州刺史，太原一郡旧俗，以介子推焚骸，有龙忌之禁，至其亡日，咸言神灵，不乐举火；由是士民，每冬中辄一月寒食，莫敢烟爨，老少不堪，岁多死者。举既到州，乃作吊书以置子推之庙，言盛冬去火残食，损民命，非贤者之意。以宣示愚民，使还温食，于是众惑稍解，风俗频革。”

《左传·僖公二十四年》绵上条下杜预注：“西河界休县南，有地名绵上。”

《后汉书·郡国志》：“太原郡……界休有界山，有绵上聚。”

《周举传》所载介子推的隐地太原郡，《郡国志》及杜预注，介子推的隐地在太原郡的界休县，界休晋改为介休，后介休县又分出灵石县，介庙划归灵石，介庙在今灵石县东四十余里，距纪时汽车站十里，庙在大林中，庙的创始不可考，庙中有宋碑。

据书籍所载，及庙宇所在，介子推的隐地在今山西灵石县。

## （三）介子推隐地一说在万泉县

《水经注》汾水条：“介山，文颖言‘在皮氏县东南，则可三十里’，乃非。今准此山，可高十余里，山上有神庙，庙侧有灵泉，祈祭之日，周而不耗，世亦谓之子推祠。扬雄《河东赋》曰：‘灵舆安步，周流容与，以览于介山，嗟文公而愍推兮！勤大禹于龙门。’晋《太康记》及《地道记》《永初记》并言子推所逃隐于是……”

《后汉书·郡国志》：“河东郡……汾阴有介山。”

《汉书·武帝纪》太初二年介山条注：“文颖曰：‘介山在河东皮氏县东南，其山特立，周七十里，高三十里。’”

《汉书·武帝纪》太初二年夏四月诏曰：“朕用事介山，祭后土，皆有光应……”

《汉书·扬雄传》：“其三月，将祭后土，上乃帅群臣，横大河，凑汾阴，既祭，行游介山，回安邑……雄作《河东赋》以劝，其辞曰：‘灵舆安步，周流容与，以览于介山，嗟文公而愍推兮！勤大禹于龙门。’”

汾阴至唐分出万泉县，介山划归万泉，万泉东南十里有柏林庙，庙西有双泉，依《水经注》所载，介子推祠庙侧有灵泉，是柏林庙即当日的介子推祠。

据书籍所载，庙宇所在，介子推的隐地又在今山西万泉县。

## (四)隐地在万泉县的可能

1.《史记·晋世家》说当咎犯渡河要文公时，介子推看见了就有隐居之心。既有隐居之心，当渡河后，处处应留意可隐之地，按“秦兵围令狐”，令狐在今猗氏县北坡上，距万泉县介山二三十里，举目可望，介子推当留意于此。若介休县绵山在晋都东北四百余里，非途次所经，当不知其地可隐而往彼。

2.《史记·晋世家》载晋文公归国年六十二，其从者介子推年与文公相等，计介子推之母年当在八十以上。晋都在今新绛县北二十五里史庄村东，距万泉县介山一百一十五里，距介休县绵山四百二十里。介子推年六十以上已属衰年，其母年八十以上，行步当不便利，不堪远往介休，当以万泉为是。

3.《大戴礼·卫将军》：“观于四方，不忘其亲；苟思其亲，不尽其乐，盖介山子然之行也。”《史记·仲尼弟子列传》：“孔子之所严事……介山子然，孔子皆后之，不并世。”依《大戴记》所载，介山子然的行为与介子推同，依扬雄《河东赋》所载，介子推隐居介山，是介山子然当是介子推。《列仙传》：“介子推者，姓王名光……”《广舆记》说介子推是晋临人，由此可推介之推姓王名光字子然，隐居介山，推诿不仕，号介之推。

4.介子推既为晋临人，从晋文公出游，其母当家居以待其子，介之推从文公归，路过临晋，其母从子入晋都，后文公赏不及介子推，母子二人始行归家，由新绛经汾城、稷山、万泉、猗氏到临晋，其路捷，途中闻文公使人追，故于途中入介山。况晋都西北有吕梁山，东北有霍山，东南有王屋析城，西南有稷山介山，介子推就近隐居，不宜远往介休绵山。

5.《史记·晋世家》说“环绵上山中而封之”，其山若为介休绵山，按《介休县志》说“绵山，东接沁源，南连灵石”，其山是绵延数百里的；若为万泉介山，文颖说“介山，高三十里，周七十里”，其山是很小的；数十里可“环封”，数百里是不可“环封”的。况当彼时介休地属赤狄、白狄所有，文公初归国，诸事不待整理，即以兵败狄人，环封绵山，在事实上是不可能的。

6.《左传》说：“以绵上为之田。”《史记·晋世家》说：“闻其入于绵上山中。”绵上系一地名，绵上的山乃为介子推所隐居的山，并不是入于绵山中。《山海经·中山经》：“霍山……又北五十二里曰合谷之山……又北三十五里曰阴山，多砺石文石，少水出焉。”《水经注》：“少水，即沁水也。”毕沅《山海经注》：“阴山即绵山，在山西祁县、沁县二县界。”在霍山北八十七里的阴山当即绵山。是介休之山，在前者为阴山，后者为绵山，并无绵上之名。绵上，据《左传》襄十三年“晋悼公蒐于绵上以治兵”，定六年“赵简子逆宋乐祁饮之酒于绵上”，顾炎武《日知录》对于前者说：“此必近国都之地。”对于后者说：“自宋如晋，其路岂出于西河界休县乎？其地当在翼城之境，以翼城有小绵山云。”按涑水之北，浍水、汾水之南，有土岭名峨嵋岭，东起翼城，西抵临晋，《山西省志》说：“峨嵋岭，东起绛县，西抵河滨。”是这峨嵋岭绵延很长，即为绵上。峨嵋岭上有两山，一名稷山，一名介山。是稷山介山为绵上山。介子推隐于绵上山中，当即峨嵋岭上之介山。

7.《史记·魏世家》说：“秦取魏平周。”《十三州志》说：“平周在介休县西五十里。”《战国策》《史记》所称之皋狼、蔺、离石等地均为赵邑。是以《汾阳县志》说：“灵石以南为魏地，自介休以北为赵地。”是当战国时赵魏之界，以介休为界，秦因之置界休县。自相传界休为介子推隐地后，因名思义，以界休当为介子推休息处，故晋代改界休为介休，又以后人多读《左传》，并以杜注为根据，故介子推隐地在介休之说，在一般人的脑筋中较为有力。

据以上的论证，介子推的隐地在万泉县介山，不在介休县的绵山。

## 二、汉汾阴后土祠的所在地

### （一）汾阴后土祠所在地的误会

汉汾阴后土祠的所在地，在《史记·封禅书》有一段，容易使人误会其遗址在今荣河县的，就是：

> 平言曰：“周鼎亡在泗水中，今河溢通泗，臣望东北汾阴直有金宝气，意周鼎其出乎？兆见不迎则不至。”于是上使使治庙汾阴南，临河，欲祠出周鼎……其夏六月中，汾阴巫锦为民祠魏脽后土营旁，见地如钩状，掊视得鼎……有司皆曰：“……鼎迁于夏商，周德衰，宋之社亡，鼎乃沦没，伏而不见。”

新垣平说“周鼎亡在泗水中”，有司说“宋之社亡，鼎乃沦没”，义易混合。“于是上使使治庙汾阴南，临河，欲祠出周鼎”，而“汾阴巫锦为民祠魏脽后土营旁，见地如钩状，掊视得鼎”，事实又易混合。是以容易使人误会汉文帝在汾阴南临河处所治之庙即后土祠。但细审新垣平的话，是新垣平埋鼎汾阴河岸。按他说：“周鼎亡在泗水中，今河溢通泗，臣望东北汾阴直有金宝气，意周鼎其出乎?”周鼎亡于泗水否？我们暂不要管它。但泗水在山东，汾阴在山西，虽是河溢通泗，而鼎决不能由山东黄河的下流而逆流到山西的黄河上流来。《汉书·武帝纪》:“元鼎元年……得鼎汾水上。”这就是新垣平埋鼎汾阴，以至汉武帝元鼎元年始发现，是以改元为“元鼎”。至于元鼎四年汾阴巫锦所得之鼎在魏脽上，不在汾水上，巫锦所得之鼎为另一鼎，而非新垣平所埋之鼎。是汉文帝“使使治庙汾阴南，临河”，与汉武帝于元鼎四年十一月立后土祠于汾阴脽上非一地。即汾阴后土祠的遗址不在临河处，而在脽上。

## (二)汾阴后土祠的所在地

《史记·封禅书》:“天子郊雍，议曰:‘今上帝朕亲郊，而后土无祀，则礼不答也。’有司与太史公、祠官宽舒议:‘天地牲角茧栗，今陛下亲祠后土，后土宜于泽中圜丘为五坛，坛一黄犊太牢具，已祠尽瘗，而从祠衣上黄。’于是天子遂东，始立后土祠汾阴脽丘，如宽舒等议(《汉书·郊祀志》作‘于是天子东幸汾阴，汾阴男子公孙滂等见汾旁有光如绛，上遂立后土祠于汾阴脽上’)。上亲望拜，如上帝礼。礼毕，天子遂至荥阳而还。”

《汉书·武帝纪》:“元鼎四年自夏阳东幸汾阴，十一月甲子立后土祠于汾阴脽上，礼毕，行幸荥阳，还。”

汾阴后土祠为公元前一一三年十一月所立，汾阴为今荣河万泉二县地，但脽丘在今荣河、万泉，是有研究的必要。《汉书·武帝纪》元鼎四年立后土祠条注:“如淳曰:‘脽者，河之东岸特堆掘，长四五里，广二里余，高十余丈，汾阴县治脽之上，后土祠在县西，汾在脽之北，西流与河合。’”据如淳所说，这脽丘在今荣河县西。但同条注:“颜师古曰:‘脽者，以其形高起如人尻脽，故以名云。’”是颜师古已注意到“脽”字的本训。按《封禅书》说“汾阴巫锦为民祠魏脽后土营旁”，又说“始立后土祠汾阴脽丘”。《汉书·郊祀志》始说“立后土祠于汾阴脽上”，按所谓“魏脽”，为晋所灭之魏，即《诗·魏风》之魏，有今荣河万泉地，战国时分晋之韩赵魏的魏，亦有今荣河万泉地，故称“魏脽”。“脽丘”当是其脽成丘，其脽丘当然甚高，至少在当日汾阴界内为最高之地，汾阴为今荣河万泉二县地，今荣河万泉二县最高地，首推万泉的孤山(即介山)。是汾阴脽丘即汾阴介山。

《汉书·武帝纪》太初二年:“三月行幸河东祠后土，夏四月诏曰:‘朕用事介山，祭后土，皆有光应……’”《扬雄传》:“其三月将祭后土，上乃帅群臣，横大河，凑汾阴，既祭，行游介山，回安邑……雄作《河东赋》以劝，其辞曰:‘灵舆安步，周流容与，以览于介山，嗟文公而愍推兮，勤大禹于龙门。’”按汉武帝祭后土而“用事介山”，汉成帝祭后土而“行游介山”，是后土祠不在介山上，当在介山附近。

兹次在西北考古，到山西万泉县南吴村药王庙西南柏林庙东南严子圪塔，有土岭高约五丈，沿边有阶形地层，上为平形，南北长东西窄，三百余亩，其西北角有乱石堆积，名曰“小山”。小山北有用人工开凿宽丈余之大坡道三，现已荒芜，遗迹尚可看见，相传其地有古寺遗址。余至其地，见四周崖壁上，露出破瓦残砖甚多，检视砖瓦上之花纹，知为汉代物，略加发掘，即得砖一方，残砖一块，又一残砖上有“千秋”二字。瓦二件，瓦当七八件，文为“长乐未央”，“宫宜子孙”（“孙”字右有一“丨”与“宫”字的“宫”左直画同，当为“宜”字，是即“宫宜子孙”。此瓦当前人尚未见到）。兹种砖瓦瓦当等运至南京古物保存所陈列，与研究砖瓦瓦当的《千甓亭古砖录》《秦汉瓦当文字》等书，及在各处搜得之汉砖及瓦当加以比较研究，确为西汉物。

## 三、后土祠即介子推祠

### （一）原有的后土祠

《史记·封禅书》：“六月中，汾阴巫锦为民祠魏脽后土营旁，见地如钩状，掊视得鼎……”《汉书·武帝纪》：“元鼎四年……六月得鼎后土祠旁。”是于元鼎四年六月在汾阴魏脽后土祠旁得鼎的。

《史记·封禅书》：“天子郊雍，议曰：‘今上帝朕亲郊，而后土无祀，则礼不答也。’有司与太史公祠官宽舒议……于是天子遂东，始立后土祠汾阴脽丘，如宽舒等议。上亲望拜如上帝礼，礼毕，天子遂至荥阳而还。”《汉书·武帝纪》：“元鼎四年自夏阳东幸汾阴，十一月甲子立后土祠于汾阴脽上，礼毕，行幸荥阳，还……”《郊祀志》王莽奏：“孝武帝祠雍曰：‘今上帝朕亲郊，而后土无祠，则礼不答也。’于是元鼎四年十一月丙子，始立后土祠于汾阴。”是于元鼎四年十一月在汾阴脽丘上立后土祠的。

当在元鼎四年十一月未立后土祠前，汾阴巫锦在汾阴魏脽后土祠（《史记·封禅书》作“后土营”，《汉书·武帝纪》作“后土祠”）建民祠而得鼎。是汉武帝未立后土祠于汾阴时，汾阴已有后土祠，汉武帝建筑后土祠于汾阴，汾阴始有国立的后土祠，不是“民祠”的后土祠。

《史记·封禅书》：“宽舒议：‘……后土宜于泽中圜丘……’天子曰：‘间者河溢，岁数不登，故巡祭后土，祈为百姓育谷。今岁丰庑未报，鼎曷为出哉？’”汉武帝立后土祠于汾阴,因为①年凶为百姓祈谷;②汾阴出宝鼎;③宽舒以为“宜于泽中圆丘”,文颖说“介山周七十里,高三十里”,正如“圆丘”。按《水经注》说:“介山……山上有神庙,庙侧有灵泉,祈祭之日,周而不耗,世亦谓之子推祠。”现灵石之介庙有宋碑云介子推能兴云雨。万泉柏林庙祠为风伯雨师(神像风伯为男,雨师为女,相传雨师为风伯妻。晋临县平宜村为风伯丈人家,风伯系旧历六月二十三日生,平宜村于每年六月二十三日到柏林庙焚香,云为伊姑夫祝生日;此与介子推为临晋人故事相同)。山中空气寒冷,遇水蒸气易于凝结,山之附近多云(现万泉孤山上有发云寺),天旱时雨量较多,民智未开,以降雨有神主司,介子推隐居中山,为人所重,以介子推之神灵当然有主司降雨之神格化。人民沿祠已久,汾阴后土祠旁出宝鼎,为汉武帝所注意,因于旧有的民祠后土祠旁新建大规模的国祠后土祠。是旧有的民祠后土祠即为介子推祠。

## (二)后土祠旁得鼎情形

《史记·封禅书》:“六月中,汾阴巫锦为民祠魏脽后土营旁,见地如钩状,掊视得鼎。鼎大异于众鼎,文镂无款识,怪之,言吏。吏告河东太守胜,胜以闻。天子使使验问巫得鼎无奸诈,乃以礼祠,迎鼎至甘泉,从行上荐之(《汉书·郊祀志》作‘从上行荐之’)至中山,曣䁑(《郊祀志》作‘晏温’)有黄云盖焉(《郊祀志》无‘盖’字),有麃过(《郊祀志》‘麃’作‘鹿’),上自射之,因以祭云。至长安,公卿大夫皆议请尊宝鼎,天子曰:‘间者河溢,岁数不登,故巡祭后土,祈为百姓育谷。今岁丰庑未报,鼎曷为出哉?’有司皆曰:‘闻昔泰帝兴神鼎一,一者一统天地,万物所系终也(《郊祀志》“终”作“象”);黄帝作宝鼎三,象天地人;禹收九牧之金铸九鼎(《郊祀志》此下有“象九州”三字),皆尝亨鬺。上帝鬼神遭圣则兴,鼎迁于夏商,周德衰,宋之社亡,鼎乃沦没,伏而不见。’(《郊祀志》于‘上帝鬼神’下作‘其空足曰鬲,飨承天祐,夏德衰鼎迁于殷,殷德衰鼎迁于周,周德衰鼎迁于秦,秦德衰,宋之社亡,鼎乃沦伏而不见’。)颂云:‘自堂组基,自羊组牛,鼐鼎及鼒,不吴不骜,胡考之休。’今鼎至甘泉,光润龙变,承休无疆,合兹中山,有黄白云降,盖若兽为符,路弓乘年(《郊祀志》‘年’作‘矢’),集获坛下,报祠大享。唯受命而帝者,心知其意,而合德焉。鼎宜见于祖祢,藏于帝廷,以合明应。制曰:‘可。’”《汉书·武帝纪》:“元鼎四年六月,得宝鼎后土祠旁。”

《汉书·郊祀志》:“张敞曰:‘昔宝鼎之出于汾脽也,河东太守以闻,诏曰:“朕巡祭后土,祈为百姓蒙丰年,今谷嗛未报,鼎焉为出哉?”’博问耆老,意旧藏与?诚欲考得事实也。有司验脽上非旧藏处,鼎大八尺一寸,高三尺六寸,殊异于众鼎。”

据《郊祀志》《封禅书》所载，“有司验脽上非旧藏处”，“天子使使验问巫，得鼎无奸诈”，真所谓“鼎曷为出哉”？《孟子》“前以士，后以大夫；前以三鼎，而后以五鼎”的记载推想，春秋战国人的祭祀，平民用一鼎，士用三鼎，大夫用五鼎，诸侯用七鼎，天子用九鼎；贫者用陶鼎，富者用铜鼎。介子推隐居介山被文公焚死，文公当以大夫之礼设祭，用五鼎，是以鼎高八尺一寸，宽三尺六寸，汾阴人巫锦得其一，余四鼎当尚在土中。其鼎说“文镂无款识”，按《左传》载“以志吾过，且旌善人”，是有一鼎上当有款识，记介子推从亡之苦，自己忧王室，未赏其功，如何对不起的一类话，是当然有的。

## （三）两汉天子祠后土的情形

《汉书·武帝纪》：“元鼎四年自夏阳东幸汾阴，十一月甲子立后土祠于汾阴脽上，礼毕，行幸荥阳还……元封四年，自代而还，幸河东，春三月祠后土，诏曰：‘朕躬祭后土，地祇见，光集于灵坛，一夜三烛；幸中都宫，殿上见光；其赦汾阴夏阳中都死罪以下。’（《郊祀志》：‘自西河归幸河东祠后土。’）……元封六年三月行幸河东祠后土，诏曰：‘朕礼首山，昆田出珍物，化或为黄金；祭后土，神光三烛，其赦汾阴殊死以下。’（《郊祀志》：‘幸汾阴祠后土。’）……太初二年三月行幸河东祠后土，夏四月诏曰：‘朕用事介山，祭后土，皆有光应，其赦汾阴安邑殊死以下。’……天汉元年三月行幸河东祠后土……”

《宣帝纪》：“神爵元年三月行幸河东祠后土，诏曰：‘……东济大河，天气清静，神鱼舞河……’（《郊祀志》：‘其三月幸河东祠后土，有神爵集，改元为神爵。’）五凤三年三月行幸河东，祠后土，诏曰：‘……郊上帝，祠后土，神光并见，或兴于谷，烛耀斋宫，十有余刻……’（《郊祀志》：‘春幸东祠后土。’）”

《元帝纪》：“初元四年三月行幸河东，祠后土，赦汾阴（《郊祀志》：‘元帝即位遵旧仪……又东至河东祠后土。’）……永光五年三月上幸河东，祠后土……建昭二年三月行幸河东，祠后土。”

《成帝纪》：“建始二年三月北宫井水溢出，辛丑，上始祠后土于北郊（《郊祀志》：‘成帝初即位，丞相匡衡御史大夫张谭奏言：“……汾阴则渡大川，有风波舟楫之危……河东后土之祠，宜可徙置长安……”’）永始三年太后诏有司复……汾阴后土（《郊祀志》：‘太后诏有司曰：“……定后土于汾阴，而神祇安之，飨国长久，子孙蕃滋……殆在徙南北郊，违先帝之制……其复……汾阴后土如故……”谷永说上曰：“……祠后土，还临河，当渡，疾风起波，船不可御。”’）……

永始四年三月行幸河东祠后土……元延二年三月行幸河东祠后土……元延四年三月行幸河东祠后土……绥和二年三月行幸河东祠后土……”

《郊祀志》:“哀帝即位,皇太后诏曰:‘……其复……汾阴后土祠如故。’上亦不能亲至,遣有司行事而礼祠焉……平帝元始五年大司马王莽奏言:‘……孝武皇帝祠雍曰:今上帝朕亲郊,而后土无祠,则礼不答也。于是元鼎四年十一月丙子,始立后土祠于汾阴……建始元年徙……河东后土于长安南北郊,永始元年三月以未有皇孙,复……河东祠,绥和二年以卒不获祐,复长安南北郊,建平三年惧孝哀皇帝之疾未瘳,复……汾阴祠……’”

《后汉书·光武纪》:“建武十八年三月……进幸蒲坂,祠后土……中元二年春正月辛未初立北郊,祀后土……”

东汉都洛阳去汾阴甚远,路多山岭,行走不便,故于中元二年将后土祠移于洛阳北郊,此后汾阴后土祠已成废祠了。

据上列所载,除第一次为十一月祭,末一次为正月祭外,都是以“三月”祭的。按《荆楚岁时记》:“去冬节一百五日,即有疾风甚雨,谓之寒食,禁火三日,造饧大麦粥。据历合在清明前二日,亦有去冬至一百六日者。”《山堂肆考》:“晋文公与介子绥俱亡,子绥割腓股以啖文公,文公复国,子绥独无所得,作龙蛇之歌而隐,文公求之不肯出,乃燔左右木,子绥抱木而死,文公哀之,令人三月五日不得举火,后人谓之禁烟,又谓之冷节,又曰热食。”

《左传·僖公二十四年》:“三月晋侯潜会秦伯于王城,己丑晦,公宫火。”己丑为三月的终日,是文公即位当在四月,周正四月为夏正二月,文公即位赏从亡者不及子推,子推隐居介山,文公求之不得,焚山而烧子推,当为夏正三月事,故《荆楚岁时记》说去冬至一百零五日,正为三月,《山堂肆考》载为三月五日。按万泉县东有土岭名曰界岭,是稷山介山以此为界(明碑尚作“界”字,今县志作“介”字),上有介庙祠药王,亦有介子推像,于每年三月三日迎神赛社,现为县立第二高级小学校地址。介子推祠在万泉孤山麓,后人以其东十五里有界岭,因于其地建介庙,地址虽误,而三月三日的迎神赛社其由来已久。两汉天子祠后土均在三月,当是因汾阴祠旧后土在三月故,而三月祠后土,正是以介子推死于三月而祠介子推。

## 四、发掘的计划

(一)得物估计

甲、当然得物(依已得计):

(1)汉砖;

(2)汉瓦;

(3)汉瓦当。

乙、预计所得:

(1)祭器;

(2)石刻;

(3)其他建筑物。

丙、进一步希望:

(1)晋文公所埋五鼎之四;

(2)春秋时代祭器;

(3)其他建筑物。

(二)发掘计划

甲、汉汾阴后土祠遗址发掘的费用

a.由南京至万泉,以二人计,往来路费及工作三个月费用约一千五百元。

b.地三百亩,每亩租洋六元计,约一千八百元。

c.每日工作七十人,每人工资五角计(不管吃),连赏洋每日作四十元计,计三个月工作,约三千六百元。

d.得物作一百箱计,箱绳钉草棉花纸等包装,每箱以三元计,约三百元。

e.由万泉运至陇海路会兴镇车站,计二百里,约三百元。

f.由陇海路经津浦路运至浦口,作八十担,依章作半价计,约二千四百元。

g.徐州上下车及渡江运至南京,每箱作五角计,约五十元。

共计需洋一万元。

乙、新石器时代遗址发掘的费用

新石器时代遗址,在山西万泉县、文水县、汾阳县、榆次县、阳曲县,河南洛阳县,发现的地方很多,已在《东方杂志》第二十六卷第四号上将十七年所调查的发表了。本年三月教育部派贤到西北考古,又在河南洛阳北邙山、陕西咸阳毕原,发现周秦汉古物遗址甚多,现正整理其稿另行发表。兹将各处遗址发掘的计划列下：

(1)山西万泉

a.由南京至万泉发掘人的往来路费，及工作三个月费用，因与汉汾阴后土祠遗址在一处可省略。

b.聘请地质学专家检查地层，月薪二百元工作三个月，连路费约八百元。

c.偏用测量一人，月薪一百元，工作二个月，连路费约三百元。

d.文庙西涧薛村西南、南涧村东北、秦王寨、黄家谷、北吴村枣堰、柏林庙后、南吴村药王庙前、袁家庄西沟东沟、荆淮村沟楞、荆村西南。共发掘十二处，每处平均作五百元计，约六千元。

e.得物作一百箱计，箱绳钉草棉花纸等包装，每箱以三元计，约三百元。

f.由万泉运至陇海路会兴镇车站，计二百里，约二百元。

g.由陇海路经津浦路运至浦口，作八十担，依章半价计，约二千四百元。

h.徐州上下车及渡江运至南京，每箱作五角计，约五十元。

共需洋一万元。

(2)山西太原

a.由南京至太原，以二人计，往来路费及工作三个月费用约一千五百元。

b.聘请地质专家及测量人员二人，工作费用约一千二百元。

c.文水上贤村工作一个月，约四千元。

d.汾水花枝村工作一个月，约四千元。

e.榆次长凝村工作半个月，约一千五百元

f.阳曲沙沟村工作半个月，约一千五百元。

g.运至太原车站，每处作二百元计，约八百元。

h.得物作一百五十箱计，箱绳钉草棉花纸等包装，每箱四元计，约六百元。

i.由正太路转平汉路，由汉口装轮船，作一百二十担，半价计，约四千八百元。

j.石庄汉口上下车，汉口南京上下轮船运至南京，每箱作一元计，约一百五十元。

共需洋二万元。

丙、周秦汉遗址

(1)河南洛阳

a.由南京往洛阳计三人，往来路费及工作四个月费用，约二千元。

b.发给发掘地皮价作五千元。

c.每日工作以百人计,每工人日以一元计,连赏洋每日需洋一百三十元计,三个月,约一万六千元。

d.得物作四百箱计,箱绳钉草棉花纸等包装,每箱以三元计,约一千二百元。

e.由洛阳运至南京,经陇海津浦路,半价作三百担计,约六千元。

f.徐州浦口上下车及渡江运至南京,每箱作五角计,约二百元。

共需洋三万元。

(2)陕西咸阳

a.由南京至咸阳,以二人计,往来路费及三个月工作费约二千元。

b.发给发掘地皮价作三千元计。

c.每日工作以一百人计,每日工资以一元计,每日需洋一百二十元,计三个月,约九千二百元。

d.得物作一百五十箱计,箱绳钉草棉花纸等包装,每箱以五元计,约七百五十元。

e.由咸阳运至灵宝车站,约五百里,约一千元。

f.由灵宝运至浦口,作一百二十担半价计,约三千六百元。

g.灵宝、徐州、浦口上下车及渡江至南京,每箱八角计,约一百五十元。

共需洋二万元。

以上山西万泉需洋二万元,山西太原需洋二万元,河南洛阳需洋三万元,陕西咸阳需洋二万元,共需洋九万元。

——上各处,估计略有不同,因各地生活程度及特殊情形而定。

南京古物保存所经费不多,仅足维持现状,无力发掘。如有学术团体,及好古专家,肯出资九万元,新石器时代及周秦与汉汾阴上祠遗址发掘的工作即可实现。

一九二九　六　十二　记于南京古物保存所

(原载《东方杂志》1929 年第 26 卷第 19 号,后收入清华大学国学研究院主编:《卫聚贤文存》,南京:江苏人民出版社,2021 年,有改动,图略)

# 记后土祠庙貌碑

王世仁

## 一

庙貌碑在山西万荣县(旧万泉、荣河合并)庙前村后土庙献殿前。庙前村西靠黄河,北距汾河口约5公里,东距荣河旧县约7.5公里,南距旧县(即宋鼎县,今为镇)约5公里。后土庙在村东高地,其规模甚大。后有秋风楼,为晋南名胜,楼中藏元大德十一年(1307)刻汉武帝秋风辞碑,与后土庙貌碑堪称双璧。

今之后土庙,已非碑上原物。因明万历间汾河决口南泛,故原庙已无存。清康熙间曾移地重建。至同治初黄河河道东移,庙又将倾,乃移建今地,始建于同治十二年(1873),主殿次年落成,光绪时继有兴建。但东部一小殿石柱上刻有“大明正德十年重立”,山门内石旗杆刻有“咸丰三年三月立”之文,尚难确定系所迁自原庙中之物,抑或拆用其他建筑之旧料。其余建筑,率为典型晚清做法。

碑高135厘米,宽106厘米。碑阴刻宋大中祥符四年(1101)以前“历朝立庙致祠实迹”,全文如下:

> 历朝立庙致祠实迹」轩辕氏祀地祇扫地为坛于脽上二帝八元有司三王方泽岁举」汉文帝十六年诏更以明年为元年治汾阴庙方士新垣平言周鼎在泗水中今河决通于泗而汾阴有金宝气意鼎出乎于是治庙汾」阴欲祀出鼎」武帝元狩二年郊雍帝曰今上帝亲郊而后土无祀则礼不答也于是东行汾阴见汾旁有光如□遂立后土祠于汾阴脽上亲拜如」上帝礼元鼎四年六月汾阴

民巫锦得大鼎于祠旁言于吏河东守滕胜以闻诏验问无诈乃以礼迎至甘泉荐之郊庙群臣皆贺冬」十二月上亲祀后土元封二年祀后土赐二县及杨民无出今年租赋元封四年三月祀后土诏曰朕躬祭后土光集灵坛一夜三烛」其赦汾阴元封六年三月行幸河东祀后土太初元年十二月祀后土二年三月幸河东祀后土有光应天汉元年三月幸河东祀后」土顾视帝京欣然中流赋诗宣帝神爵元年三月幸河东祀后土天气清朗神鱼舞河五凤元年三月幸河东祀后土甘露二年三」月幸河东祀后土神光耀烛斋宫元帝初元四年三月幸河东祀后土永光元年幸河东祀后土建昭二年幸河东祀后土」成帝建始元年冬罢汾阴祀二年三月始祀后土于北郊永始三年冬十月复汾阴祠初帝用匡衡议罢甘露泰畤其日大风坏甘露」竹宫折拔畤中树木十围以上百余帝异之以问刘向对曰家人尚不欲绝种祠况于国之神宝旧畤且其始立皆有神祇感应诚未」易动上意恨之又以久无继嗣白太后令诏有司复甘泉泰畤汾阴后土如故四年春正月帝如河东祀后土哀帝建平三年冬十」一月祀汾阴世祖建武十八年三月帝如河东祀后土」唐玄宗开元十一年二月祭后土于汾阴初上将幸晋阳张说言于上曰汾阴脽上有汉后土祠其礼久废陛下宜因巡幸修复之为农」祈谷上从之开元十二年冬十一月祀后土于汾阴脽上太史奏荣光出河休气四塞祥风绕坛日炀其光开元二十年冬十一月祀」后土于汾阴十二月帝还西京初萧嵩奏自祀后土以来年谷屡丰宜因还京赛祠上从之礼毕上为文刻石」宋真宗大中祥符四年春二月帝祭后土于汾阴大赦三月驻跸西京诏脽上后土庙宜上额为太宁正殿先是三年六月癸丑河中府」进士薛南等请祀后土七月辛丑群臣上表复请八月丁未朔诏以来年春有事于汾阴上曰冀民获丰穰于朕躬固无所惮戊申以」王旦兼汾阴大礼使王钦若为礼仪使陈尧叟为经度使李宗谔副之庚戌命翰林晁迥杨亿杜镐陈彭年王曾与礼院详定祀汾阴」仪注辛未内出脽上后土庙图命陈尧叟量加修饰九月甲午令宰臣王旦撰祀汾阴坛颂知枢密院王钦若撰朝觐坛颂十月甲子」晁迥上祀汾阴乐章十首十二月二十六日诏进蔬食群臣继请御常膳己巳帝制奉天庇民述以示王旦等四年正月帝习仪于崇」德殿丁酉奉天书发京师出潼关渡河次河中府甲寅以冯起为考制度使赵湘副之丁巳至宝鼎县奉祇宫有黄云随天书辇戊午」斋穆清殿庚申二鼓上乘金辂法驾继进至脽坛夹道设燎周以黄麾下杖辛酉上服衮冕登坛祀后土地祇奉天书于左次以太祖」太宗配侑亲封玉册玉匮少顷服通天绛纱乘辇至庙设登歌奠献司天监言黄气绕坛月重轮大角光明群臣拜舞称贺诏改奉祇」宫曰太宁壬戌御朝觐坛受朝贺大赦赐天下脯三日大宴群臣于

穆清殿御制汾阴二圣配飨建宝鼎为庆成军给复三年乙丑丁」谓而下以礼成献歌颂者四十二人付史馆丙寅制汾阴礼成诗赐百官四月甲至京师丁未制西巡还京歌己未诏脽上后土庙上」额为太宁正殿周设栏壬戌增葺宫庙六年八月丁丑参政丁谓上新修祀汾阴记五十卷诏褒之七年十一月壬辰陈尧叟上汾阴」补记三卷　以上俱见通鉴纲目及文献通考

碑文中脱损之字依《汉书·郊祀志》应补为“绛”。除轩辕、二帝、三王之说系讹衍附会者外，余文均见诸史乘无误；祀汾阴后土之史实叙述亦大致清楚。金元以后，再无帝王赴汾阴亲祀后土之举。明代以来纯为民祭，至清代新建之祠，则已为乡社之所，毫无原来之规制。

碑正面刻庙貌全图。额书“蒲州荣河县创立承天效法厚德光大后土皇地祇庙像图石”。图上左右角文如下：

太宁庙事迹载诸碑石者」详矣□无图以示远岂前」人之不思乎或力有所未」逮也前县宰陇西公洞达」百为周旋庶务以己之所」既见虞人之所未瞻慨然」叹曰远方之人无力可来」者何繇睹此崇胜耶纵或暂抵」

祠下比其返也如华胥之」一梦耳尚能记忆其详乎」因求兹石以刊厥像又得」今令尹清河公簿尉太原」公乐成其美协力助建自」此不问远迩傥获一本自」可焚香致敬如目击胜概」□公之所为其施博哉天」会□巳岁上元日丁亿题」

右侧上刻文“嘉靖丙辰岁秋七月吉日赐进士知荣河县事郓州侯郁重刻”，下刻文“守荣河县簿尉王修文前知荣河县事李舜元权知荣河县事张维同立石”，“天启三年正月吉日募化道人寻崇偕匠人贺益盛重刻”。

左侧下刻文“守河津县簿尉张永晖知河津县事蒙君益同施石”。

右侧又刻文“南北长七百三十二步东西阔三百二十步”。

据碑文可知，庙貌图系金天会间刻，明嘉靖、天启重刻。今图中有三座建筑题名处无字，当系重刻时已模糊，不易辨认之故。又碑阴之文末，称“俱见《通鉴纲目》及《文献通考》”，则可知该文系元明间补刻，或即为明代重刻图像时同时补刻。

上文天会年号下所缺之字，实关该碑之准确年代。按天会共十五年，三年为乙巳，十五年为丁巳。又按《金史·太宗本纪》载：天会五年，金将完颜娄室始陷河中府诸城。据此，则此碑断不可能为天会三年所立，应为天会十五年，故以丁巳为是。

## 二

按此碑为金初所立，而金代不专祀汾阴后土，只配位方丘，则可知此庙貌图所示之建筑最晚为北宋时物。又据《文献通考》卷二六载："开宝九年，徙庙稍南。"又《宋会要辑稿·礼二八》载："太宗太平兴国四年八月十三日诏重修后土庙，命河中府岁时致祭……用中祀礼……"则知汾阴后土祠自开宝九年至太平兴国四年间曾加修葺，而开宝九年徙移庙后，唐时庙状已大为改动。

《宋会要辑稿·礼二六》载："真宗景德三年十月二十四日，内出脽上后土庙图，令陈尧叟量加修饰。"同书《礼二八》载："景德四年正月十七日以……王化基乘跸诣后土庙致祭，用大祀礼。"则可知由太平兴国至景德间改中祀为大祀，曾修葺该庙，而规制当有扩大。又据《宋朝事实》卷一一载，大中祥符四年二月大祀后土以后，"三月，驻跸西京，陈尧叟、李宗谔来朝，奏曰：'……臣等自经度讫于礼成，凡土木工三百九十余万……'"则知大中祥符之祀后土，由三年八月令陈尧叟为经度使，至次年二月祀毕，中间半年光景，曾大兴土木工程，故庙貌当更扩大。此后北宋诸帝中，仅徽宗政和六年上尊号，而无复来亲祀者，故可断定此庙貌所描绘者为大中祥符时之状。其中之"宋真宗碑"楼，当系祀后土后所建。

《宋大诏令集》卷一一七载大中祥符四年四月乙未诏"脽上后土庙宜上额为太宁宫"；今碑阴引《文献通考》则谓"太宁正殿"。按今图碑中庙之各殿无太宁宫之名，只棂星门后之大门(即下三门)为"太宁庙"。或系明代重刻时原字模糊而刻工以意为之，或另有缘故。按今碑额所刻庙号全称，见于《宋大诏令集》卷一三七之政和六年诏。今图中大殿名坤柔，与碑阴引《文献通考》所载不合，或系政和间加上尊号时所改。揆诏文之义，颇强调"阴阳""母事"，故正殿也有可能改额为"坤柔"。

大中祥符四年四月诏后土庙"上额为太宁宫"，极易与同年二月诏改奉祇宫为太宁宫一事相混淆。今按《宋会要辑稿·礼二六》，则知奉祇宫为宝鼎县(宋名宝鼎，金改荣河)行宫，距庙尚有九里。行宫后改太宁宫，且亦加后土塑像，增大庙貌，然与后土祠实无关系。

庙北有坛，题名"旧轩辕扫地坛"。按《宋史·礼志》："……经度制置使诣脽上，筑坛如方丘，庙北古双柏旁有堆阜，即其地为之……"今图上之轩辕扫地坛在庙北，后有土阜，且其右（东）有二树并列（此非刻碑之偶然，试检全碑所刻树木，除此无并列者），则此坛即应为大中祥符时所筑之坛。但宋制方丘为“八角之成，重壝四面开门”，与碑上所刻者全然不同。是后来改筑，抑刻时以意为之，则有待进一步考证。

## 三

全图所示，为一完整之宋代大型祠庙建筑群。北临汾水，西靠黄河。庙在中部，坛在后部。前部正面棂星门三间，门外左右有上下马石及石狮各一。入门之左有一圆井，或系瘗坎。如是，则左右二单檐九脊方亭应为宰牲亭，此前面部分印为牺牲所。然据“大金承安重修中岳庙图”，下三门北亦有一圆井，名火池，应属燎炉之类，则图中圆井亦有为火池之可能，但因所设位置不同，还当以瘗坎可能性较大。

棂星门以内，正中为五间九脊大门，名“太宁庙”。内开三门，平面制度为宋元建筑常见者，今山西芮城永乐宫无极门即为此等制度。门侧有廊，左右各五间，中各夹一腰门。腰门三间，悬山顶，门为“断砌造”。廊两侧接角楼。角楼下为台，上为三间九脊小阁，下有平座。四角楼之制均同。

太宁庙北有幡杆二。其右（东）为宋真宗碑楼，三间二层，副阶周匝，上为重檐四注顶，中有平座，下又为重檐。其左（西）为唐明皇碑楼，三间，重檐四注顶。按宋真宗碑即大中祥符四年之“汾阴朝觐坛颂”，王钦若撰，唐明皇碑即开元二十一年“后土神祠碑”，张说撰。碑楼之侧各有二殿，一为勾连搭式，一为三间小殿，可能系享碑之祠所。

此院之北正对承天门，三间，四注顶。东亦以墙隔之，开二小门。门北之院，右（东）为“修庙记”碑楼，三间二层，九脊顶，副阶周匝。相对一楼名称模糊不辨。此“修庙记”碑或即前述景德三年修庙之碑。二楼之东西，各有一三间小殿，中有辘轳、井圈，当系井亭子。

再北，为延禧门，门三间，有廊，悬山顶，两端加二“挟屋”。两侧为宫墙，开二腰门。过延禧门后即为入正庙之前院。院右为“钟楼”，其制与“修庙记”碑楼同。对面一方亭，不知其为何用途。东西墙各有小门通至道院。

正庙门名“坤柔之门”，其制与承天门相同。左右各设围廊，为东、西、北之廊连接，围成廊院。廊设栅栏，只邻坤柔门之二间廊可通院内。东西侧廊伸出，与前廊成丁字相交，出山花，左名“二郎殿”，右名“判官殿”。此种处理颇为新奇。再左右即墙，设二小门。

廊院共二重。前部大殿名“坤柔之殿”，九间，重檐四注顶。下有高台基，设左右阶。殿西山引斜廊，围成内院。院内左右二方亭，正中有一台。殿前有一栅栏围绕之池。后殿名“寝殿”，为三间九脊殿，两山亦引斜廊。二殿之间连以廊房，成“工字殿”。

在此廊房之二侧，各有三小殿，各以廊子与正院东西廊相连。左面北部一殿名称模糊不辨，其下为“六丁殿”“五岳殿”；右面，由北至南为“五道殿”“六甲殿”“真武殿”。

廊院之北，及围墙与后部坛之部分隔开。围墙正中突起高台，其上为三间悬山小殿，名“配天”。后接一“工”字形高台，台上有亭。二者间亦以廊房相连成“工字殿”；此廊房下似亦为高台，台下可能有门洞以通往来。按《文献通考》卷七六载：“（真宗）分奠诸神，登鄈丘亭，望河、汾……”此亭或即鄈丘亭？

后部之坛，周围遍植树木。中有墙横隔为两院。墙上开棂星门，左右八字墙。前部左侧有一重檐方亭，名称不辨，似应为具服所。后部正中为坛，上建重檐九脊殿，副阶周匝。其左右各有配殿。

## 四

除上述诸项外，今此图碑尚有下列三点值得深入讨论：

（一）总观此庙，南方北圆。此种制度，殆为祠庙之性质所决定。按汾阴后土属坤（阴），以月象之，故坛城呈半月形。此种制度尚见于清代诸帝后陵。清祖北方，尚水德，属阴，故清陵宝城皆作半圆形，与明陵不同。北京天坛内外围墙均作南方北圆，系明嘉靖九年以前天地合祭之制，盖亦以北属阴，以圆象月，含祭地之义。

（二）庙中大殿前之庭院中有一台，作何功用，颇值得讨论。此种台亦见于金承安中岳庙图碑中，且位置相同，亦为南面正中设台阶。金中岳庙碑中称此台为“路台”。现考此台之功用，有以下三种可能。

第一，据《宋史·礼志》载，祀后土用玉册玉匮及金匮，置石匮中，“……更加盝顶石盖，然后封固如法，上为小坛，如方丘制，广厚皆五尺”。《宋会要辑稿·礼二八》载：“帝……登坛祀后土地祇，少顷乘辇谒后土庙……又至庭中视所封石匮。”则此台可能为封石匮之坛。但前述此坛广厚只五尺,今图中所示,似不止如此之小,故此种可能性不大。或大殿东西阶间之栅栏中所围者为此坛。仅系臆想,有待进一步研究。

第二,据《宋大诏令集》卷一一七,大中祥符四年四月诏:“(后土庙)本殿周设栏楯,民庶祈赛,止拜于庭中,官吏非祠祭,亦勿升殿。”则此台有可能为拜台。

第三,据《宋会要辑稿·礼二八》载:“帝……谒后土庙,设登歌奠献……”此台有可能为舞台。按“登歌”为祀乐中之较简者,此台不大,可以够舞者使用。当然宋代祠祀中之舞乐,已颇有主要是娱人者,如今旧万泉县桥上村宋天禧四年(1020)《河中府万泉县新建后土圣母碑记》中,即有景德二年(1005)修建舞亭之记录。此种舞亭,应即为元以后祠庙中之戏台。然亦有只有舞基而无亭者,在万荣县太朝村后稷庙即有元至元八年(1271)一块碑记可证。碑记云:“今有本庙自修建年深,虽经兵革,殿宇而在,既有舞基,自来不曾兴盖。今……创建修舞厅一座,刻立斯石矣。”既云“修建年深”,则庙可能在宋金即有。今大殿虽有元代题记,但结构手法颇类宋制,此庙大约为宋代创建。则此“自来不曾兴盖”之舞基,有可能仍存宋制。要之,宋代祠庙中,或有舞基,或有舞亭。今图中之台,即有可能为舞基,其功用主要是祠神。如是,则庭中左右方亭,或为奏乐之所。

此台或为拜台,或为舞基,仅提出以供深入研究者之参考。

(三)北宋崇尚祀祠,祠庙建筑甚多,建筑亦颇有一定规则。如前述景德三年(1006)曾“内出雕上后土庙图”,可能当时祠庙制度盖由朝廷规定。又如《宋朝事实》卷七载宋太宗时筑上清太平宫,“初宫成,真君忽降言,谓王龟从等曰:‘汝奉诏修宫……何为不开日月华门,不画八小殿壁……’”,而此宫“一如真君豫言之制”。今图中有棂星门(即日月华门),有八座小殿,其制或近于上清太平宫。又如文献中宋代祠庙大殿皆设左右阶,此图大殿亦然,当为一种定制。更可注意者,此图与金承安五年(1200)重修中岳庙图碑中之中岳庙极为类似,如棂星门、工字殿、四角楼、斜廊、路台等,莫不符合。金代建筑多承宋制,中岳庙之大修建在宋大中祥符五年(1012),金代重修当不致大改原貌。此二庙性质类似,祀级相同,想来制度亦同。《中国营造学社汇刊》6卷4期,刘敦桢先生考金中岳庙图,博引文献,谓“宋金间我国祠庙的平面配置,不难得到一个具体概念”。有此后土庙图相证,则此言诚是。而更可进一步言者,则祠庙配置之制,至少在北宋初已有定制。此外,如以今曲阜孔庙制度与此图比较,不难看出在总平面之配置方面也颇有相似处。故《中国营造学社汇刊》6卷1期,梁思成先生论孔庙之年代,谓宋天禧二年(1018)大修孔庙,而“后世孔庙之规模即自此时起”,所言也很正确。要之,宋代祠庙,特别是属于国家祭祀之祠庙,大抵已有定制,而后土祠当属第一等之大祠庙。观此图,将有助于对宋代东京各大祠观及五岳四渎等诸大祠庙貌之了解。

(原载于《考古》1963年第5期,后收入王世仁《当代中国建筑史家十书 王世仁中国建筑史论选集》,沈阳:辽宁美术出版社,2012年,有改动,图略)

# 后土祠庙貌碑中两方台的考释

车文明

山西万荣县宝井乡庙前村后土庙内存有金天会十五年刻，明嘉靖、天启年间重刻《蒲州荣河县创立承天效法厚德光大后土皇地祇庙像图石》碑一通（简称《后土祠庙貌碑》），方形，高 140 厘米、宽 110 厘米。此碑初刻于金初，反映的是北宋时后土祠的面貌，具有珍贵的文物考古价值。王世仁先生在《考古》1963 年第 5 期发表《记后土祠庙貌碑》一文，对此碑进行了详尽精深的考释。然而，对碑中正殿"坤柔之殿"前庭院中一小一大两方台的解释则认为"有待进一步研究"[①]。我们于 20 世纪 90 年代对该庙进行了两次考察，对碑中两方台也有了新的认识，不揣浅陋，写出本文，以求专家批评。

汾阴后土祠是宋以前朝廷祭祀后土皇地祇的本庙，始建于汉武帝元鼎四年。《汉书·郊祀志上》记载，武帝郊雍，曰："今上帝朕亲郊，而后土无祀，则礼不答也。"有司建议："今陛下亲祠后土，后土宜于泽中圜丘为五坛……于是天子东幸汾阴。汾阴男子公孙滂洋等见汾旁有光如绛，上遂立后土祠于汾阴脽上。"

此后，汉、唐、宋先后有 7 位皇帝共 17 次到汾阴亲祀后土。分别是：汉武帝于元封四年三月、元封六年三月、太初二年三月、天汉元年三月，共 4 次；汉宣帝于神爵元年三月、五凤元年三月，共 2 次；汉元帝于元初四年三月、永光五年三月、建昭二年三月，共 3 次；汉成帝于永始元年三月、元延二年三月、元延四年三月、绥和二年三月，共 4 次；光武帝于建武十八年三月，共 1 次；唐玄宗于开元十一年二月、开元二十年十一月，共 2 次；宋真宗于大中祥符四年二月，共 1 次。

---

① 王世仁：《记后土祠庙貌碑》，《考古》1963 年第 5 期。

以上分别见载于《汉书》《后汉书》《旧唐书》《新唐书》《宋史》各本纪及《通志》《续通志》，每次祭典都十分隆重。金、元以后，无帝王亲祀汾阴之举。明代以来基本为民祭。经数次迁建（最后一次为同治九年），现在的后土庙已非碑上原物了，建筑也残缺不全，仅存正献殿、秋风楼、戏台、三门等。秋风楼内藏有元世祖至元八年刻汉武帝《秋风辞》碑一通，与《后土祠庙貌碑》堪称双璧。

《后土祠庙貌碑》碑图坤柔之殿东西阶间栅栏所围之小方台，王世仁先生称之为“殿前有一栅栏围绕之池”。后又推测其可能为“封石匮之坛”，但说“仅系臆想，有待进一步研究”。[①] 其实此坛正是封石匮之坛，而非池子。

石匮是帝王祀后土时贮藏玉匮玉册的石匣，先于庙中庭院选定地点，挖好土坑（周以砖砌），以待玉匮。玉匮是放玉册的玉匣。玉册是玉制的简册，上书册文，即祭告祝词。宋真宗大中祥符四年祀后土时的册文是：“维大中祥符四年，岁次辛亥二月乙巳朔，十七日辛酉，嗣天子臣某，敢昭告于后土地祇；……皇伯考太祖皇帝、皇考太宗皇帝侑神作主。尚飨。”[②]凡 205 字。祭祀时，皇帝于方丘之上宣读祝词，祭祀结束后，亲自将玉册放入玉匮之中，以金绳（以金涂绳）缠绕三道封固；之后太尉捧着玉匮来到庙中庭院，将玉匮放入石匮中，再以金绳缠绕三道封固，上加“天下同文”印；稍后，待皇帝亲谒庙，省视石匮之后再加盖顶石，最后以土封之，“上为小丘，如方丘状，广厚皆五尺”。[③]

封石匮之制以前仅用于封禅，称作“封石礛”。宋真宗时郊祀昊天上帝与后土皇地祇亦用此制。《宋会要辑稿・礼二五至六〇》记载：

> （真宗景德）三年八月九日，详定所又请造正座玉册玉匮一副，配座玉册金匮二副及金绳金泥，如禅祭社首之制。其配座金匮通礼藏于太庙坎室，欲依东封例，更不凿动壁庙……于殿前栏楯之下，皇帝板位之西，奉安石匮，以藏玉册……亦请如陈尧叟议于正殿直南安置，仍别设栏楯遮护。[④]

而祀汾阴后土，大多数仪式、制度亦如封禅礼，当然更沿袭北郊方丘祭后土皇地祇之礼。因此，郊祀封石匮之制被用于汾阴祀后土之仪是很自然的。况且，此项记载与庙貌碑中所绘栅栏围绕方丘的方位、形制完全一致。再看汾阴祀后土时的情况：

---

① 王世仁：《记后土祠庙貌碑》，《考古》1963 年第 5 期。

② 《宋史》卷一〇四礼志七，北京：中华书局，1985 年，第 2536 页。

③ 《宋史》卷一〇四礼志七，北京：中华书局，1985 年，第 2535—2537 页。

④ （清）徐松辑：《宋会要辑稿》第 1 册，北京：中华书局，1957 年，第 984—985 页。

(真宗大中祥符四年正月)八日详定所言,后土庙开石匮瘗坎,望令于祀前七日内择日穿土,从之。[①]

(二月十六日)是夜二鼓,帝……自县至脽坛。……翌日,帝服衮冕登坛祀后土地祇,奉天书于右次,以太祖、太宗配侑。亲封玉册正座于玉匮,配座于金匮。摄太尉奉之以降,置玉匮于殿庭石匮,将作监领徒封固。帝还次少顷,改服通天冠、绛袍,乘辇谒后土庙。设《登歌》奠献,遣官分奠庙内诸神。又至庭中视所封石匮,即时还奉祇宫。[②]

由此可知,栅栏围绕之方丘应为封石匮之所。

封匮小方丘前又有一较大方台,南面正中出台阶。对此台,王世仁先生作了三种推测,即或封石匮之台或拜台或舞台。其实,此台应为露台,因之露天而立,故名。露台形状一般为方形,多用砖石建成,亦有率土为之者。露台之名始见于《史记·孝文本纪》:

孝文帝从代来,即位二十三年,宫室苑囿狗马服御无所增益,有不便,辄弛以利民。尝欲作露台,召匠计之,直百金。上曰:"百金,中民十家之产,吾奉先帝宫室,常恐羞之,何以台为。"[③]

露台源于远古帝王观察天文星象、妖祥灾异的灵台(即《诗经·大雅》中之"灵台"),孕育于汉、唐时宫廷寺庙中用于招仙降神的露天台榭,形成于唐、五代(那时专门或主要用作表演的露台出现了),鼎盛于宋、金时期,衰落于元代,在戏剧舞台发展史上占有重要地位。它是表演场所由"撂地为场"的平地到在它之上加顶盖后又砌墙的舞亭、舞楼之间的过渡形态。宋、金时,祠庙中建露台者很多,几成定制。宋代孟元老《东京梦华录》卷八载,宣和时,汴京万胜门外有神保观,俗称二郎神,传说六月二十四日为神祇诞辰,"天晓诸司及诸行百姓献送甚多,其社火呈于露台之上"。河南登封中岳庙金承安五年刻《大金承安重修中岳庙图》碑中,正殿前庭院中亦有方形台一座,上有榜题曰"路台"。山西芮城县博物馆藏金泰和三年《岳庙新修露台记》碑一方,也提到露台。《山右石刻丛编》卷二四中《后土庙重修记》碑载,乡宁县后土庙始建于金大定二十五年,此时"移建于兹,修崇正殿,傍列诸神,露砌三门,无不毕备"。这里的"露砌"即指露台。

---

① (清)徐松辑:《宋会要辑稿》第1册,北京:中华书局,1957年,第1043页。

② (清)徐松辑:《宋会要辑稿》第1册,北京:中华书局,1957年,第1044页。

③ (汉)司马迁:《史记》卷十,北京:中华书局,1952年,第433页。

公元1296年重修时称露台为“醮台露砌”。[①]

露台有表演歌舞技艺和陈放供品两种功能，目的都是敬献神灵，所以要面对神殿。前述芮城县《岳庙新修露台记》云：

> [凡]有时祭月享，当奏音其上，用荐庶羞。今以卑隘，不克行列□人，乐失其备。……董公讳章，世居其邑，……创用砖石，增大其基，募工匠□□□费五百余贯。……台崇七尺五寸，方广二十四步……迩者方□厥功。……□牲陈皿者，得以展□仪，流宫泛羽者，□奏其雅。[②]

宋代吴自牧《梦粱录》卷一“八日祠出圣诞”记载临安钱塘门外霍山张真君行祠：“凡邦国有祷，士民有告，感通即应。”故在圣诞之辰，“都城内外，诣庙献送繁盛”，其中有各种“珍异宝器珠玉殿亭”“盘龙走凤，精细靴鞋，制作精巧的诸色巾帽”“奇花异果，珍禽水族，精巧面作，诸色鍮石”等，“并呈于露台之上”。[③] 这些都是陈献祭品。《西湖老人繁胜录》载此庙露台上酌献“妓乐社火”。[④] 这是敬献歌舞技艺。可见，庙貌碑中的大方台是露台，从功能上讲，它既是拜台，也是舞台。

（原载《考古》2001年第4期，有改动，图略）

---

① （清）胡聘之：《山右石刻丛编》卷二八《后土庙重修记》，太原：山西人民出版社，1988年。

② 王新英辑校：《全金石刻文辑校》，长春：吉林文史出版社，2012年，第445—446页。

③ （宋）吴自牧：《梦粱录》，杭州：浙江人民出版社，1984年，第7页。

④ （宋）西湖老人：《西湖老人繁胜录》，北京：中国文史出版社，1999年，第4页。

# 汾阴后土祠的调查研究

李　零　唐晓峰

汉武帝以来的西汉祠畤，前后加起来，总数有七百多个，其中地位最高，名气最大的，要数甘泉泰畤（祭天）、汾阴后土祠（祭地）和雍五畤（祭五帝）。这三大祠，雍五畤在陕西凤翔县，地面上已渺无踪迹，至今没有找到；甘泉泰畤在陕西淳化县，虽有石鼓石熊，残砖剩瓦和高大废墟，但武帝以后，无人祭祀；旧的塌了新的盖，屡废屡兴，两千多年来，还保持着祭祀的，只有山西万荣县的汾阴后土祠。今存后土祠虽是清代建筑，但早期遗址必在附近，不会太远。它究竟在万荣县的庙前村一带，还是像有些学者推断，是在它东面的孤山附近，过去曾有争论。2002 年 5 月 17—24 日，我们在山西西南进行地理考察，对这一问题做过一点调查，回来查阅资料，整理印象，对问题有一个大致判断。这里把有关情况和我们的想法介绍一下，供大家参考。[①]

## 一、山西万荣县的地理沿革

汾阴后土祠在今山西万荣县境内。现在的万荣县是 1954 年由旧荣河、万泉两县合并而成，荣河在西，万泉在东。[②]

旧荣河县，前身是战国魏汾阴邑，秦汉、魏晋南北朝、隋代和唐代初年，绝大

① 本文是李零与唐晓峰共同调查、共同讨论的结果。文章由李零搜集资料、执笔写成。文中的地图由北京大学历史地理研究中心马保春同学绘制。写作过程中，得到中国建筑技术设计院建筑历史研究所钟晓青先生的指点和帮助。（编者按：收录时图略。）

② 参见万荣县志编纂委员会：《万泉、荣河县志》，内部印刷，1999 年。

多数时间都叫汾阴县。汾阴是因其地在汾水之南而得名。汉文帝十六年(前164)曾在此修庙,祠河求鼎。汉武帝踵其事,在此设立后土祠,竟两次获鼎,元鼎元年(前116)是一次,四年(前113)是又一次,皆以获鼎为祥瑞。开元十一年(723),唐玄宗效元鼎故事,在此重祭后土,之前也有两件铜鼎出土,故把汾阴县改名为宝鼎县。[①] 大中祥符四年(1011),宋真宗也到汾阴祭后土,又把宝鼎县改名为荣河县。[②] "荣河",即"荣光出河"的简称,"荣光出河",见《宋书·符瑞志上》、今本《竹书纪年》卷上和《路史·后纪·陶唐氏》等书,[③]来源是尧舜禅让的符瑞传说。这类故事不仅见于汉代纬书(如《尚书中候·握河纪》),也流行于魏晋以来的很多作品。据说,尧舜禅让之前,修坛河洛,择吉沉璧,求《河图》《洛书》之出,有所谓"荣光出河,休气四塞"。后来讲符瑞的人,把这个典故用得很滥,荣河荣河,不绝于口,干脆使用简称。如《陈书·高祖本纪》"是以文武之佐,磻溪蕴其玉璜;尧舜之臣,荣河镂其金版",梁简文帝《大法颂并序》"荣河耻其祥润,汾阴陋其晖影"(《全梁文》卷一三),"荣河"就是简称,而且在用法上,已经和地名差不多,等于说"荣光所出之河"。唐玄宗祭后土,太史也用"荣光出河"拍马,等于说,玄宗有尧舜之德。[④] 宋真宗为什么要把唐宝鼎县改名为荣河县?原因就在,这样的话,皇帝都爱听,用于汾阴,非常吉利。[⑤] 他们三个,唐玄宗学汉武帝,宋真宗学唐玄宗,"宝鼎"和"荣河"都是取其祥瑞之义。县名本身反映了祭祀传统的延续。

旧万泉县,在战国秦汉和魏晋南北朝时属于汾阴县。唐武德三年(620),始分出,为万泉县。县城建于北魏道武帝天赐元年(404)修建的薛通城故址。薛

---

① 《旧唐书·玄宗本纪》:"(十一年春二月)壬子,祠后土于汾阴之脽上……改汾阴为宝鼎县。"《旧唐书·礼仪志四》记唐玄宗第一次祭后土在开元十一年二月十六日,曰:"先是,脽上有后土祠,尝为妇人塑像,则天时移河西梁山神塑像,就祠中配焉。至是,有司送梁山神像于祠外之别室,内出锦绣衣服,以上后土之神,乃更加装饰焉。又于祠堂院外设坛,如皇地祇之制。及所司起作,获宝鼎三枚以献,十一年二月,上亲祠于坛上,亦如方丘仪。礼毕,诏改汾阴为宝鼎。"《元和郡县图志》:"宝鼎县……本汉汾阴也,属河东郡。……开元十一年,改为宝鼎县。"

② 《元丰九域志》卷三:"大中祥符四年改宝鼎县为荣河,隶庆成军。"

③ 今本《竹书纪年》卷上所述全同《宋书·符瑞志上》,或说前者是抄袭后者,其实不一定。因为这类传说在汉代非常流行,取材多端,不自一途。

④ 《通典》卷四五:"开元十一年,玄宗自东都将还西京,便幸并州。至十二年二月二十二日,祠后土于汾阴脽上。太史奏:'荣光出河,休气四塞,祥风绕坛,日扬其光。'"唐吕温《河出荣光赋》(《全唐文》卷六二五)还把"荣光出河"倒过来讲。

⑤ 《读史方舆纪要》卷四一于荣河县下记:"开元十一年,获宝鼎,因改县曰宝鼎。宋祥符三年,又改为荣河县,又置庆成军。"案:真宗祭后土在大中祥符四年二月,到达宝鼎的具体日期有丙辰(十二日)、丁巳(十三日)二说,壬戌(十八日)始建宝鼎为庆成军,改县即在其时,这里当从《元封九域志》,顾氏作"三年"误。

通城是邑人薛通(薛氏是汾阴世族)为防赫连勃勃东侵,筑城自保而修建,位置在孤山的北面,是一座依托山势修建的军事性城堡。孤山在旧万泉县境的南面而偏西。万泉县之所以叫万泉县,就是以孤山之上多泉水而名。①

寻找后土祠,有两个地点值得注意,一是庙前村一带,一是孤山附近。

庙前村在旧万荣县西南汾水和黄河交汇的地方,北距河口约4.5公里,正好在今后土庙的南面。庙前村叫庙前村,主要就是因为它在今后土庙的前方(古以南为前)。庙前村和今后土庙西侧,是战国秦汉以来的汾阴古城,北、西、南三面已没入黄河,只有东墙留在岸上。庙前村南约3.5公里,是唐宝鼎县和宋荣河县所在,过去叫宝鼎镇,现在叫宝井村,唐城和宋城也都在黄河岸边。1921年,为避水患,才把荣河县迁到庙前村以东约7公里现在叫荣河镇的地方。② 过去,一般都认为,汉代的后土祠,唐宋的后土祠,位置是在庙前村一带。

孤山是在旧荣河县以东的旧万泉县境内。唐以来的万泉县,县治在今万泉乡,过去也叫古城镇。它离旧荣河县约31公里,比较远,位置正好在孤山的北面。孤山东南的山麓有个叫阎子疙瘩的地点,1930年由卫聚贤倡导,董光忠等人曾在这一地点试掘,发现过汉代宫殿遗址。由于遗址是在旧万泉县,而不在旧荣河县,卫聚贤推测,这一遗址才是真正的汾阴后土祠(详见下第五、第六节),他的说法对不对,下面会进行讨论。

现在的万荣县是1954年的新县城,县城是设在解店镇(即飞云楼所在),南距旧万泉县城约6.5公里,位置在旧万泉县城的北面而略向西偏。

这是两县的地理沿革,以及境内古城与山川形势的大致关系。

## 二、山川形势与河道变迁

在上节的描述中,我们已经提到,汾、河为荣河之胜,孤山为万泉之胜,这一

---

① 《元和郡县图志》:"万泉县,上。东北至州一百二十里,本汉汾阴县地,属河东郡。又薛通城者,后魏道武帝天赐元年,赫连勃勃僭号夏,侵河外,于时有县人薛通,率宗族千余家,西去汉汾阴县城八十里筑城自固,因名之。武德三年,于薛通故城置万泉县,属泰州。县东谷中有井泉,因名万泉。"

② 杨富斗《山西万荣县发现古城遗址》(《考古》1959年第4期,第205页)说庙前村北距河口约1.5公里,南至宝井村(唐宝鼎县、宋荣河县)约4公里,东至荣河镇约7.5公里。王世仁《记后土祠庙貌碑》(《考古》1963年第5期,第273—277页)说庙前村北距河口5公里,南距宝井村亦5公里。二文所记略有不同,这里的距离是马保春同学根据《山西省地图集》(上海:中华印刷厂,1973年,1∶250000)按直线距离测算。关于1921年的荣河之迁,张柳星《重修荣河县志叙》(民国石印本,1935)说:"荣邑旧城向在宝鼎镇,距此廿五里,左眉岭,右大河,系隋开皇时创建,迄今垂数千年,河身日高,县城日低,潮湿倾圮,不胜修理。民初纪元,群议迁徙,逮至十年,始迁于此。"(《万泉、荣河县志》,第254页)。又张去疾《范公池歌》序也说"荣河县治西门内地势洼下,一遇淫雨,即成泽国"。

地理特点还值得做进一步分析。

## (一)汾、河的形势

1.汾水。自山西北部和中部，沿吕梁、太岳二山间的河谷南注，自侯马转向，绕吕梁山的南端和峨嵋岭的北麓西行，经新绛、稷山、河津三县，进入万荣县的西部(即旧荣河县境)，然后再东南流，入于黄河。①

2.黄河。夹陕、晋二省南流，出龙门而始宽。古汾阴之地，在黄河东岸，汾水入河处。它的北面是河津县(古皮氏县)的禹门口(东岸是龙门山，西岸是梁山)，东面是万荣县(旧万泉县)的孤山，西面隔河相望是陕西韩城县(古夏阳县)的梁山，南面是临猗县(古猗氏县)和永济县(古蒲坂县)。永济县的蒲津渡，是山西通往陕西的主要渡口，对面为陕西大荔县的朝邑镇(古临晋)，是传统祭河的地方。②

## (二)河道变迁与城址、祠址的变迁

汾阴古城是在庙前村的西北，为什么唐迁宝鼎(宋称荣河)，要搬到庙前村的南面，民国移治荣河镇，要搬到庙前村的东面？原因很简单，是为了避水患。同样，后土祠的位置变动，也与河道变迁有关。汉祠在哪里？没于水中，还是仍在岸上？这个问题还有待调查。唐祠在什么地方，我们也不知道。《文献通考·郊社考九》说："汾阴后土，汉武帝元鼎中所立脽上祠，宣帝、元帝、成帝、后汉光武、唐玄宗皆亲祭。是后，旷其礼。开宝九年，徙庙稍南，是年，始遣使致祭。"开宝九年是宋太祖在位的最后一年(976)，和太平兴国元年是同一年。我们只知道，宋后土祠是在唐后土祠的南面。另外，我们从金《后土庙像图碑》(下简称《庙图碑》)看，宋金后土祠还是位于汾、河二水交汇处。明清后土祠似乎也距河口不远。③ 金代的后土祠，曾发生火灾，秋风亭被焚，只剩废墟。④ 元明重

---

① 参见《水经注·河水四》"(河水)又南过皮氏县西""又南出龙门口，汾水从东来注之""又南过汾阴县西""又南过蒲坂县西"四条的有关描述。

② 参见《水经注·汾水》"(汾水)又南过临汾县东""又屈从县南西流""又西过长修县南""又西过皮氏县南""又西至汾阴县北，西注入河"五条的有关描述。

③ (明)乔宇《汾阴祠记》："去祠三百步许，是为汾河。"(收入上引《万泉、荣河县志》，第626页)案：乔宇(1457—1524)，明孝宗和武宗时的名臣，《明史》有传，传世文集有《乔庄简公集》。

④ 宋金郏丘亭，后改名秋风亭。(金)曹之谦《题秋风亭故基》诗："危亭冠雉雄，飞构何崔嵬。一夕堕劫火，变化成烟灰。颓基翳蓬蒿，坏道封苔莓。萧条古城上，空有秋风来。"(《全金诗》卷一三〇)他所看到的"秋风亭故基"，就是被焚毁的秋风亭。

建，最初仍叫“秋风亭”，后改称“秋风楼”。[①] 明万历年间，汾水冲岸，庙宇倾圮。[②] 清代，黄河三决，庙亦三度被淹，不断移地重建，最后落在庙前村北的今址。[③] 城的移徙和祠的移徙，都能反映河道的变迁。河道变化，总趋势是，汾水不断从北向南摆动（或扩展）[④]，黄河不断从西向东摆动（或扩展），迫使城向南向东搬迁，但祠虽屡迁，并不远徙，即使有所移动，也总在汾、河二水交汇的那个夹角里，否则也就失去了它原来的祭祀意义（这类祠址和它们依托的山川形势有固定关系）。

## （三）脽丘的位置

脽丘，也叫郲丘或葵丘。古人说后土祠是位于这个小丘之上，并把丘上之地称为“脽上”或“脽壤”。“脽”的意思，是人的尾椎。“脽丘”是一道土岗，好像人的尾椎。“郲丘”或“葵丘”，颜师古说，恐是当代方言的异称。[⑤] 脽丘这个地点，它的位置在哪里？地形什么样？范围有多大？古人只有简短描述。第一是如淳说，第二是郦道元说，大体相同。他们都说这是贴着汾水南岸和河水东岸的一条土岗，南北长四五里，东西宽约二里，高约十丈，如果按汉尺一尺长 23.1 厘米计算，就是长 1663—2079 米（今 3—4 里），宽约 832 米（今约 1.5 里），高 20—30 米（原文“十余丈”，10 丈是 23.1 米，15 丈是 34.65 米）。[⑥]

---

① 元明清三代，不断有人来此登临赋诗，看来不久又重修。此亭，明人犹称“秋风亭”（如明祝颢《登秋风亭》），但不久就改称“秋风楼”。这一名称一直延续到清代和民国。

② 参见（清）戴儒珍：《迁建汾阴祠记》，《万泉、荣河县志》，第 638 页。

③ 荣河东岸的黄河三决，一次是在顺治十二年（1655），一次是在康熙元年（1662），一次是在同治元年（1862）。今后土祠是同治九年（1870）知县戴儒珍在阎村村北高阜上重建（参见《万泉、荣河县志》，第 470 页）。关于顺治十二年的决口，可参见（清）潘国华：《重建汾阴后土祠记》，《万泉、荣河县志》，第 628—629 页；关于康熙元年的决口，可参见（清）陈觐圣：《后土庙自康熙元年河决被冲修志有感》诗，《万泉、荣河县志》，第 662 页；关于同治十二年的决口，可参见（清）戴儒珍：《迁建汾阴祠记》，《万泉、荣河县志》，第 638 页。

④ 参见水利部黄河水利委员会《黄河水利史述要》编写组：《黄河水利史述要》，北京：水利电力出版社，1984 年，第 17 页。

⑤ 《汉书·郊祀志》“上遂立后土祠于汾阴脽上”，师古曰：“二说皆是也。脽者，以其形高起如人尻脽，故以名云。一说此临汾水之上，地本名郲，音与葵同，彼乡人呼葵音如谁，故转而为脽字耳，故《汉旧仪》云葵上。”

⑥ 《汉书·武帝纪》“上遂立后土祠于汾阴脽上”，如淳曰：“脽者，河之东岸特堆掘，长四五里，广二里余，高十余丈，汾阴县治脽之上，后土祠在县西，汾在脽之北，西流与河合。”郦道元《水经注·汾水》“又西至汾阴县北，西注于河”条曾描写脽丘的位置和范围，也说“水南有长阜，背汾带河，阜长四五里，广二里余，高十丈。汾水历其阴，西入河，《汉书》谓之汾阴脽”。

### (四)孤山的形势

孤山,古称介山(也叫"汾山")。一般理解,"孤""介"的意思,都是形容此山孤耸独峙。这种说法比较有道理,因为它是峨嵋岭以南,与稷山邻近,拔地突起、不与它山相连的一座孤山。[①] 但还有一个可能,它是相当于古人所说的"介丘",即禅地的小山,如古人常把社首叫"介丘"。[②]《汉书·武帝纪》引汉武帝太初二年诏,曰"朕用事介山,祭后土","用事"是祭祀的意思。看来,武帝祭后土,也顺便祭介山。两者的确有关系。《汉书·扬雄传》记汉成帝元延二年(前11)祠后土,[③]说"其三月,将祭后土,上乃帅群臣横大河,湊汾阴。既祭,行游介山……",也是把汾阴和介山联系在一起。又文颖曰:"介山在河东皮氏县东南。其山特立,周七十里,高三十里。"(《水经注·汾水》"又西过皮氏县南"条引)他说的介山,从方位看,只能是汉汾阴县的介山。《汉书·地理志》和《续汉书·郡国志》也说河东郡汾阴有介山。可见这个介山就是旧万泉县的介山,而与介休的绵山无关。[④]

## 三、历代的祭祀活动

古代祭祀后土是属于郊祀。郊祀,按先秦礼书记载,本来是在国都四郊,祭天圜丘在南郊,祭地方丘在北郊。汉初仍如此。但汉武帝的郊祀不一样。它是一种与"五年一巡狩"的封禅活动相配,活动半径达200公里,远距离、大范围的

---

① 《水经注·汾水》"又西过皮氏县南"条:"文颖曰:介山在河东皮氏县东南。其山特立。"《清史稿·地理志·山西》"万泉",注:"……东:介山,其西峰孤山。城南山阴暖泉。……"《读史方舆纪要》卷四一说孤山"在县西南十里,一名介山,以亭然孤峙,不接他山也"。案:介山又名汾山,见《水经注·汾水》"又西过皮氏县南"条;又名孤山,见《太平寰宇记》卷四六。

② "介丘",或说是大山,或说是小山(读如"芥")。如《史记·司马相如传》:"钦哉,符瑞臻兹,犹以为薄,不敢道封禅。盖周跃鱼陨杭,休之以燎,微夫斯之为符也,以登介丘,不亦恧乎!"《集解》引《汉书音义》曰:"介,大;丘,山也。言周以白鱼为瑞,登太山封禅,不亦惭乎!"就是以为大山;扬雄《法言·吾子》:"升东岳而知众山之峛崺也,况介丘乎!浮沧海而知江河之恶沱也,况枯泽乎!"宋咸注:"介,小也。"就是以为小山。古书常以"介丘"与"梁父"并举,如《晋书·礼志下》:"登介丘,履梁父。"唐代封禅泰山,也把行禅礼的社首山称为介丘,并把社首坛称为介丘坛,见《旧唐书·礼仪志三》。介山或有这类含义。

③ 扬雄《河东赋》是写于汉成帝的哪一年,王先谦《汉书补注》曾有所讨论,定为元延二年。《西汉会要》卷一〇也把《汉书·扬雄传》的这段话编入元延二年。

④ 《唐十道志》:"河东道名山曰介山,其山高三十里,周七十里,汉武帝用事介山,即此。后周保定初,韦孝宽筑城于玉壁以北,齐人至境上,会废,孝宽使汾水以南傍介山、稷山诸村皆纵火,齐人以为军营,将兵自固。版筑遂集。所谓介山,亦即此山也。或又讹为绵山。西半隅有栏泉,南麓有双泉。又有桃花洞,其东谷有暖泉,流为东谷涧。"

祭祀活动，祭天在甘泉，祭地在汾阴，祭五帝在雍，都远离长安。[①] 这三大祠，雍五畤是袭用周秦故祠（原有四畤，惟增北畤祭黑帝），甘泉泰畤是利用秦代宫苑而扩建，建于故“匈奴祭天处”，只有后土祠是前无古人的全新创造。

## （一）后土祠的兴立

后土祠是用来祭地的，也用来祭河。秦代祭河，本来在临晋（在今山西大荔县东南朝邑镇的西北），叫河水祠，后世也叫河渎祠或河渎庙。唐开元十五年（727）迁河渎祠于黄河对岸的蒲州（在今山西永济县西的蒲州镇），仍在黄河转弯处。[②] 这是传统的祭河地点。汉武帝选中汾阴作为祭祀地点，有两个考虑，一是平水患，二是合祥瑞。他在汾阴正式立祠是元鼎四年（前113）。这以前，汉文帝十六年（前164）已在此修庙，祠河求鼎。这些活动都和水患有关。文、武二帝时，黄河曾多次决口。[③] 文帝治庙，是从新垣平议，其事在河决酸枣之后四年。汉初盛传，秦亡而周鼎没泗水，而汾阴多出鼎彝。新垣平，赵人，可能对此早有所闻，他说“周鼎亡在泗水中，今河溢通泗，臣望东北汾阴直有金宝气，意周鼎其出乎？兆见不迎则不至”，以为河决是因鼎没，鼎出才能河平，劝文帝治庙汾阴南，临河求鼎。这是汉武帝立后土祠的先声。但周鼎没于泗，不可能逆流而上，汾阴所出者，乃魏墓所藏（详见下第六节）。新垣平的气神之说（伪称“宝玉气”“金宝气”），当然是编造。平谋败伏诛，但临河求鼎之说却深获武帝之心。元光三年，河决瓠子，通于淮、泗，使他再次把求鼎与塞河联系到一起（这种说法在汉代影响很大，东汉画像石上常见的泗水捞鼎图，就是其反映）。前116年，武帝得鼎于汾水（应即脽上），视为祥瑞，因此改元，称元鼎元年。这件事更刺激了武帝的想法。后三年，乃从司马谈和宽舒之议，在汾阴设后土祠，从此频繁祭祀后土。上有此好，当年夏天，供事后土祠的巫锦就在祠外发现了一件大鼎，也被视为祥瑞（应是当地人为了迎合武帝而制造的祥瑞），送往甘泉宫，供人朝拜。可见立祠和出鼎有直接关系。

---

① 扬雄《河东赋》“谒汾阴于东郊”，师古曰：“京师之东，故曰东郊也。”可见当时是以汾阴比东郊。案：这三大祠，祭祀对象大体同于明清的天坛、地坛和历代帝王庙。

② 黄河在蒲坂和朝邑之间经常摆动，蒲津渡（宋称大庆关）时在河东，时在河西。参见《黄河水利史述要》编写组：《黄河水利史述要》，郑州：黄河水利出版社，2003年，第17页。

③ 如：(1)文帝十二年（前168），“文帝十二年冬，河决东郡”（《汉书·武帝纪》），“孝文时，河决酸枣，东溃金堤”（《史记·河渠书》）；(2)武帝建元三年（前138），“河水溢于平原，大饥，人相食”（《汉书·武帝纪》）；(3)武帝元光三年（前132），“三年春，河水徙，从顿丘东南流入勃海”（《汉书·武帝纪》）；(4)武帝元光三年（前132），“夏五月，河水决濮阳，泛郡十六”（《汉书·武帝纪》），“今天子元光之中，河决于瓠子，东南注巨野，通于淮、泗”（《史记·河渠书》）。

## (二)汉代的祭祀活动

史载天子亲祭17次,包括:

1.西汉

(1)武帝。凡五祭后土:元鼎四年(前113)、元封四年(前107)、元封六年(前105)、太初二年(前103)和天汉元年(前100)。其中元鼎四年和元封四年,中间隔五年;太初二年和天汉元年,中间隔两年;其他只隔一年。

(2)昭帝。年幼,不亲巡,无记录。

(3)宣帝。初即位,亦为幼主,非宗庙之祀不出,即位12年,始祭后土,凡两次:神爵元年(前61)和五凤三年(前55),中间隔5年。

(4)元帝。遵旧仪,凡五祭后土:初元四年(前45)、永光元年(前43)、永光三年(前41)、永光五年(前39)和建昭二年(前37),都是隔年祭祀。

(5)成帝。初,从匡衡、张谭议,罢武帝诸祠,行长安南北郊之祭,即位19年,以无继嗣故,又复武帝诸祠,凡四祭后土:永始四年(前13)、元延二年(前11)、元延四年(前9)和绥和二年(前7),也是隔年祭祀。

(6)哀帝。成帝崩,曾罢武帝诸祠,复长安南北郊之祭。但哀帝即位后不久,又罢长安南北郊之祭,尽复武帝诸祠。哀帝多病,不亲祭,惟遣有司致祭。

(7)平帝。从王莽议,彻底废除武帝诸祠,行长安南北郊之祭。

2.东汉

唯光武帝建武十八年(42),进幸蒲坂,祠后土,推测也在汾阴。①

## (三)唐代的祭祀活动

史载天子亲祭三次,即唐玄宗开元十一年(723)、十二年(724)和二十年(732)。祭祀地点在宝鼎县。玄宗祭祀前,宫内原有后土像,是作妇人塑像,武则天时还把河对岸梁山祠的神像移此,置于别室配焉。②

## (四)宋代的祭祀活动

史书记载,宋代祭后土,天子遣官致祭,主要有三次,即宋太祖开宝九年

---

① 以上,见《史记·封禅书》,《汉书》的《武帝纪》《昭帝纪》《宣帝纪》《元帝纪》《成帝纪》《哀帝纪》《平帝纪》《地理志》《郊祀志》,《后汉书》的《光武帝纪》《文苑列传》。

② 以上,十一年祭,见两《唐书》的《玄宗本纪》《旧唐书·礼仪志四》和《册府元龟》卷三三;十二年祭,见《通典》卷四五和《文献通考·郊社考九》。这也可能是同一次祭祀的两种不同记载。

(976)一次，宋真宗景德四年(1007)一次，宋真宗大中祥符元年(1008)一次，这些祭祀是真宗亲祭的准备。他祭后土，只有一次，是在大中祥符四年(1011)，仪式非常隆重。宋代史料对这一活动有详细记录(可以精确到天)。活动酝酿于三年(1010)的下半年，正式进行是在四年的正月到三月(仪式是在二月十七日，但往返颇费时日)。是年，真宗改宝鼎县为荣河县，置庆成军，增葺宫室，宫内设后土圣母像。①

### (五)宋以后的祭祀活动

宋以后，天子不亲祭，但金章宗(1190—1208 年在位)和元世祖(1260—1294 年在位)皆遣官致祭。② 明清以来降为民祠，乃乡社之所。③

案：明乔宇《汾阴祠记》"登谒后皇，翠冠翟裳"④，曾提到明代的后土圣母像。今后土庙中仍供奉着类似的神像。

上述祭祀活动，自西汉中期到清代末年，历时两千多年，光是天子亲祀，就有 21 次。⑤

## 四、历代发现和金石铭刻(附：艺文著录)

这类发现和金石铭刻有：

(1)铜鼎。汉武帝元鼎元年(前 116)，"得鼎汾水上"(《汉书·武帝纪》)。

案：此鼎非当时之鼎(若为当时之鼎，不会视为神异)，据下第六节，当是战国魏国墓地出土的铜鼎。

---

① 以上，见《宋史》的《真宗本纪》《礼志七》，以及《文献通考·郊社考九》，《续资治通鉴》卷二六、二九，《庙图碑》录《通鉴纲目》《文献通考》。

② 参见万荣县志编纂委员会：《万泉、荣河县志》，内部印刷，1991 年，第 470 页。

③ 后土庙附近的乡民在庙中举行祭祀活动，宋代就有记载。如：《宋会要辑稿·礼二八》："(大中祥符四年四月)五日，诏汾阴后土坛令官吏守奉，勿令人至其上。十六日，诏脽上后土庙宜令本殿周设栏楯，民庶祈赛，上拜于庭中，官吏非祠祭，亦勿升殿。""六年四月六日，庆成军言：'太宁宫请自清明至四月八日天庆节三元各五日，并听士庶焚香。'从之。"案：今俗以农历三月十八日和十月五日为庙会大祭日。

④ 万荣县志编纂委员会：《万泉、荣河县志》，内部印刷，1991 年，第 626 页。

⑤ 下引《庙图碑》"历朝立庙致祭实迹"对历代祭祀有描述，王世仁《记后土祠庙貌碑》说它"除轩辕、二帝、三王之说系讹衍附会者外，余文均见诸史乘无误"，但经核实，其记事多误，如：(1)以后土祠立于元狩二年冬十月"行幸雍，祠五畤"后；(2)误增"汉武帝元封二年祀后土"；(3)误增"太初元年十二月祀后土"；(4)"五凤元年三月幸河东祀后土"是"五凤三年三月幸河东祀后土"之误；(5)误增"甘露二年三月，幸河东，祀后土"；(6)汉元帝五祭后土，此碑漏掉永光三年和五年事；(7)汉成帝四祭后土，此碑漏掉元延二年、四年和绥和二年事；(8)误增"哀帝建平三年冬十一月祀汾阴"；(9)漏唐玄宗开元十一年事。

(2)铜鼎。汉武帝元鼎四年(前 113),“其夏六月中,汾阴巫锦为民祠魏脽后土营旁,见地如钩状,掊视得鼎。鼎大异于众鼎,文镂无款识”(《史记·封禅书》);“昔宝鼎之出于汾脽也,河东太守以闻,诏曰:‘朕巡祭后土,祈为百姓蒙丰年,今谷嗛未报,鼎焉为出哉?’博问耆老,意旧藏与?诚欲考得事实也。有司验脽上非旧藏处,鼎大八尺一寸,高三尺六寸,殊异于众鼎……”(《汉书·郊祀志下》)。

案:这是一件有花纹无铭文的大鼎,按汉尺一尺长 23.1 厘米计算,径约 187 厘米,高约 83 厘米,在出土发现中非常罕见,据下第六节,估计也是战国魏国墓地出土的铜鼎。

(3)铜鼎。唐玄宗开元十一年(723),有两种说法,一种是出了三件,一种是出了两件。[①]

案:有可能是战国魏鼎,或秦汉魏晋时期的鼎。

(4)汉砖。唐玄宗开元十一年(723),“又获古砖,长九寸,篆书‘千秋万岁’字及‘长乐未央’字”(《唐会要》卷一〇上)。

案:“千秋万岁”“长乐未央”,都是汉宫砖瓦铭文的流行用语,不仅陕西出土,山西也出土。《三辅黄图》卷三:“万岁宫,武帝造。汾阴有万岁宫。宣帝元康四年幸万岁宫,神爵翔集,以元康五年为神爵纪元。”《河水四》“又南过汾阴县西”条:“汉宣帝神爵元年,幸万岁宫,东济大河,而神鱼舞矣。”这很明显是汉代的宫室用砖,或许就是万岁宫的用砖。

(5)张说《后土神祠碑铭》。碑铭很短,唐玄宗开元十一年(723),命兵部尚书张说撰(收入《全唐文》卷二三一),但前有御序(收入《全唐文》卷四一),很长。碑亡。

案:《庙图碑》于承天门外西侧画碑楼,上题“唐明皇碑”,疑即此碑。[②]

(6)宋《汾阴二圣配飨之铭碑》。宋真宗大中祥符四年(1011)刻,俗称“萧墙碑”。原在后土庙内,清顺治十二年(1655),黄河东侵,祠被水淹,曾移此碑,置之荣河县城(在今宝井村)内察院东。1931 年,黄河东侵,荣河县城被淹,碑亦沉沦。1951 年,荣河县修建轧花厂,将碑帽砸碎作石料,留下中间的篆字碑额,使

---

① 《旧唐书·礼仪志四》:“先是,脽上有后土祠,尝为妇人塑像,则天时移河西梁山神塑像,就祠中配焉。至是,有司送梁山神像于祠外之别室,内出锦绣衣服,以上后土之神,乃更加装饰焉。又于祠堂院外设坛,如皇地祇之制。及所司起作,获宝鼎三枚以献,十一年二月,上亲祠于坛上,亦如方丘仪。”《唐会要》卷一〇上:“初,有司奏修坛,掘地获古铜鼎二,其大者容四升,小者容一升,色皆青。”

② 参见王世仁:《记后土祠庙貌碑》,《考古》1963 年第 5 期。

石碑遭到破坏。1963年,经勘探,始从泥沙中挖出,移入今后土祠内,收入碑廊保护。[①]

案:《庙图碑》于承天门外东侧画碑楼,上题"宋真宗碑",疑即此碑。[②] 或者楼中还有宋真宗《河渎显圣灵源公赞》、宋真宗《西海广润王赞》等碑(详下)。

(7)宋真宗祭后土玉册。大中祥符四年(1011)刻铭瘗埋,埋藏地点应在《庙图碑》所画"阴柔之殿"前的栅栏内。文曰:"维大中祥符四年,岁次辛亥,二月乙巳朔,十七日辛酉,嗣天子臣某,敢昭告于后土地祇:恭惟位配穹旻,化敷品汇。瞻言分壤,是宅景灵。备礼亲祠,抑惟令典。肇启皇宋,混一方舆,祖祢绍隆,承平兹久。眇躬缵嗣,励翼靡遑,厚德资生,绵区允穆,清宁孚祐,戴履蒙休。申锡宝符,震以珍物,虔遵时迈,已建天封。明察礼均,有所未答,栉沐祇事,用致其恭。夷夏骏奔,瑄牲以荐,肃然郊上,对越坤元。式祈年丰,楙昭政本,兆民乐育,百福蕃滋,介祉无疆,敢忘祇畏。恭以琮币、牺牲、粢盛、庶品,备兹瘗礼。皇伯考太祖皇帝、皇考太宗皇帝侑神作主。尚飨。"(《宋史·礼志七》)

案:册文形式同于大中祥符元年(1008)宋真宗禅社首玉册,目前尚未发现,但说不定哪一天会出土。

(8)金《后土庙像图碑》。[③] 此碑是明天启三年(1623)翻刻嘉靖三十五年(1556)碑,嘉靖三十五年碑又是据金天会十五年(1137)碑重刻,碑名全称是《蒲州荣河县创立承天效法厚德光大后土皇地祇庙像图》,"蒲州荣河县创立承天效法厚德光大后土皇地祇庙",是宋后土庙的原名。[④] 碑的正面是庙像图,背面是"历朝立庙致祭实迹"。此图有两点值得注意。第一,它可以大致反映宋金后土庙的基本布局;第二,它把庙的北端画在汾、河二水交汇处,这足以说明,宋金时期的庙址应在今庙前村以北,傅熹年先生的复原图也表现出这一点。明代的后土庙,其实也离水边很近。[⑤] 故今后土庙反而是南移的结果。

---

① 山西省考古研究所:《山西碑碣》,太原:山西人民出版社,1997年,第172—181页。参见樊晋宝:《〈汾阴二圣配飨铭〉碑文注释》,《后土》2001年第4期。

② 王世仁《记后土祠庙貌碑》说此"宋真宗碑"是指大中祥符四年王钦若撰《汾阴朝觐坛颂》,恐非。

③ 参见王世仁:《记后土祠庙貌碑》,《考古》1963年第5期。案:王文只有碑图的拓本和摹本;碑阴的拓本,参见山西省考古研究所:《山西碑碣》,太原:山西人民出版社,1997年,第182—184页。

④ 王世仁先生指出,今碑额所刻庙号全称见于《宋大诏令集》卷一三七之政和六年诏,是宋代原来的名称。参见王世仁:《记后土祠庙貌碑》,《考古》1963年第5期。

⑤ (明)乔宇《汾阴祠记》:"去祠三百步许,是为汾河,重湍驶涛,自河津而来。河之滨,见卧有崇碑,埋有穹龟,去流惟跬步,拂而观之,乃宋真宗西封文也。相与恻感,遂鸠隶人培土而深,贯木而旋,系绳而引,使依于祠所,庶几不忘。"(《万泉、荣河县志》,第626页)。案:"宋真宗西封文",是记真宗祭华山事。真宗祭后土前曾西行祭华山。乔宇文说明,明后土祠仍距河口不远。

案:此碑,王世仁先生简称“后土祠庙貌碑”。他指出,“此图与金承安五年重修中岳庙图碑中之中岳庙极为类似”。王先生提到的“金承安五年重修中岳庙图碑”,碑额原名是“大金承安重修中岳庙图”。此碑碑阴所录《通鉴纲目》《文献通考》提到大中祥符三年八月“辛未,内出《脽上后土庙图》,命陈尧叟量加修饰”,也是称为“脽上后土庙图”。可见当时最普通的叫法是“庙图”。下文简称《庙图碑》。

(9)元代和清代的《秋风辞》刻石。有元大德十一年(1307)刻楷书《秋风辞》和清同治十三年刻篆书《秋风辞》两种,现藏秋风楼的二层和三层。[①]

案:我们推测,明清时期的“秋风楼”,前身即金元时期的“秋风亭”,而金元时期的“秋风亭”,前身即宋代的郏丘亭。明清时期的“秋风楼”,金元时期的“秋风亭”,都是取名于汉武帝《秋风辞》,碑刻本身正与这一名称相配。这可能是金元以来改名。我们推测,《庙图碑》上的大亭就是宋代的郏丘亭。今秋风楼在后土庙的最后,正与此亭相当。

(10)郘黛编钟。据说“出山西荣河县后土祠旁河岸中。同治初年,岸圮,出古器甚夥,长安贾人雷姓获郘钟大小十二器,皆同文”(《愙斋集古录》卷一,第7页)。[②]

案:同治元年(1862),黄河于荣河东岸决口,淹后土庙。这套编钟可能即出于其前后。“郘黛”,魏郘锜的后人。这套编钟是春秋晚期的魏器,出土后,曾归英兰坡、潘祖寅所有。“十二器”,现知有十三件,十件在上海博物馆,一件在台北故宫博物院,一件在大英博物馆,一件只有拓片,下落不明。

(11)齐仲之子黝镈。旧称齐子仲姜镈、齐侯镈、黛镈等等。据说“同治庚午岁四月,山西荣河县后土祠旁河岸圮出土”(《攀古楼彝器款识》卷二,第1页),“寻氏得之,后归潘伯寅”(《缀遗斋彝器款识考释》卷二,第27页)。50年代,此器由上海博物馆调拨中国历史博物馆收藏。[③]

案:这是一件春秋中晚期的齐器,葬于魏国。“同治庚午岁”为1870年,即今后土庙落成之年。这是现存铭文最长的钟镈之一,铭文有172字(外加重文二,合文一),它与上郘黛钟也有可能是一墓所出,犹曾侯乙编钟与楚王酓章镈同虡。

---

① 山西省考古研究所:《山西碑碣》,太原:山西人民出版社,1997年,第270—271页。

② 中国社会科学院考古研究所编:《殷周金文集成》第1册,北京:中华书局,1984年,第225—237页。

③ 中国社会科学院考古研究所编:《殷周金文集成》第1册,北京:中华书局,1984年,第271页。

(12)古铜印。“初淳熙十四年春,有聂事愿者获古印,其文曰‘皇帝车驾奉祀汾阴之宝’。吴琚以献于朝,诏藏天章阁,下工部考核,乃铜也。按《汾阴记》:‘封金匮石匮,用“受命宝”及“天下同文宝”。’此宝不见于记载,朝论疑之,卒不加赏云。”(《文献通考·王礼考十一》)

案:《汾阴记》,即下陈尧叟《汾阴奉祀记》。宋工部考核,疑点有二,一是此宝是天子用印,非金则玉,而此印是铜印;二是《汾阴记》没有著录这类印文。但《汾阴记》所记为宋印,此印也可能是唐印。当然,唐代是否真有此类铜印,还有待证实。

# 附:艺文著录

(1)汉武帝《郊祀歌·景星》。见《汉书·礼乐志》等书,佚。《汉书·武帝纪》:“(元鼎四年夏)六月,得宝鼎后土祠旁。秋,马生渥洼水中,作《宝鼎》《天马之歌》。”

(2)汉武帝《秋风辞》。见《文选》卷四五等书,存。或说出自《汉书》,或说出自《汉武故事》。序曰:“上行幸河东,祠后土,顾视帝京,欣然中流,与群臣饮燕,上欢甚,乃自作《秋风辞》曰……”云。

案:汉武帝亲幸河东祭后土都在春三月,而不在秋,此诗或出依托。逯钦立先生说,元鼎四年夏六月巫锦获鼎后,武帝或有汾阴之行,乃猜测之辞,无法证实,见逯氏《先秦魏晋南北朝诗》(北京:中华书局,1983年,上册),第94—95页。

(3)扬雄《河东赋》。见《汉书·扬雄传》,存。

(4)《玄宗开元十一年祭皇地祇于汾阴乐章》。见《旧唐书·音乐志》,凡十一首,佚。

(5)《汾阴后土故事》三卷(自汉至唐)。见《崇文总目》卷二、《宋史·艺文志》。《宋志》注“不知作者”,佚。

案:《宋会要辑稿·礼二八》之四二至四三载大中祥符三年八月一日下宰臣诏,提到“先是召王旦等曰:‘谓朕览史书,见汾阴祠后土事,亦古礼也。’因敕陈彭年等检讨历代祀汾阴及废后土祠事”,其书或出陈彭年等人。

(6)宋真宗《汾阴二圣配飨铭》。见《宋会要辑稿·礼二八》之五二、《续资治通鉴》卷二九、《庙图碑》录《通鉴纲目》《文献通考》,即上《汾阴二圣配飨之铭碑》,存。

(7)宋真宗《河渎显圣灵源公赞》。见《宋会要辑稿·礼二八》之五二,佚。

(8)宋真宗《西海广润王赞》。见《宋会要辑稿·礼二八》之五二，佚。

(9)宋真宗《汾阴礼成诗》。见《庙图碑》录《通鉴纲目》《文献通考》，佚。

(10)宋真宗《西巡还京歌》。见《庙图碑》录《通鉴纲目》《文献通考》，佚。

(11)王旦《祀汾阴坛颂》。见《宋会要辑稿·礼二八》之四六、五二，为碑刻，文见上引《万泉、荣河县志》，第617—620页，存。

(12)宋王钦若《朝觐坛颂》。见《宋会要辑稿·礼二八》之四六、五二，亦碑刻，佚。

(13)宋陈尧叟《亲谒后土庙颂》。见《宋会要辑稿·礼二八》之四六、五二，亦碑刻，佚。

案：《宋史·陈尧叟传》作《亲谒太宁庙颂》，"太宁庙"即大中祥符四年四月十六日宋真宗为后土庙起的新名。

(14)宋陈尧叟《汾阴奉祀记》三卷。见《续资治通鉴》卷三一，佚。

(15)宋陈尧叟《汾阴补记》三卷。见《庙图碑》录《通鉴纲目》《文献通考》，佚。

(16)丁谓等《大中祥符祀汾阴记》五十卷。见《郡斋读书志》卷八、《宋史·艺文志》《文献通考·经籍考十四》《续资治通鉴》卷三一，佚。

案：《郡斋读书志》曰："右皇朝丁谓撰。大中祥符三年八月，降祀汾阴御札，至明年春礼成。四年，诏与陈彭年编次事迹仪注，逾二年，成书上之。"

(17)宋丁谓《大中祥符祀汾阴祥瑞赞》五卷。见《宋史·艺文志》，佚。

(18)宋杨照《重修太宁庙记》。文见上引《万泉、宋河县志》，第620—621页，存。

(19)宋师德《汾阴大礼颂》。见《宋史·师德传》，佚。

(20)宋晁迥等撰《祀汾阴十首》。见《文献通考·乐考》，佚。

## 五、读卫聚贤《汉汾阴后土祠遗址的发现》和董光忠《山西万泉县阎子疙瘩(即汉汾阴后土祠遗址)之发掘》

西方的考古学，最初往往与探险和寻宝有关。他们的探险和寻宝很多都是根据古典作品和《圣经》的描写，按书上的记载去找，可能找到，可能找不到。有些著名发掘就是因此而起，比如英、法和德国在土耳其、伊拉克、伊朗等地的发掘就是如此，典型代表是谢里曼的特洛伊发掘。我们的考古学比较年轻，20世纪上半叶，也有类似经历。比如，1930年卫聚贤发起的山西万泉县阎子疙瘩汉代遗址的发掘就是如此。[①]

卫聚贤为什么要发起和策划这一发掘？而且是选择在万泉县的孤山附近进行发掘？原因可能很多，但关键有一条，他是旧万泉县北吴村人。其地在唐以前，一直属于汾阴县，即脽丘的所在地。卫氏是在自己的家乡，按照《史》《汉》记载寻找后土祠，而且一找，还真的就发现了汉代的遗址。《汉汾阴后土祠遗址的发现》就是他寻找后土祠和发掘后土祠的设想和计划，下简称《发现》。[②]

《发现》一文包括四部分：

（一）"介子推的隐地"。他先讨论介子推。介子推是山西历史上的名人，据说逃隐于介山。介山见于古书，向有二说：一说在介休，即绵山；一说即上面提到的万泉孤山。他的结论是，汉武帝到过的介山肯定在万泉，而不在介休，此山才是介子推隐居的介山。

（二）"汉汾阴后土祠的所在地"。是讨论汾阴后土祠在什么地方，即旧荣河县还是旧万泉县，作者认为，古书所见脽丘应是一高起之地，而汉汾阴境内的最高处当属介山，介山应即脽丘。他在"山西万泉县南吴村药王庙西南柏林庙东南严子疙瘩"，即阎子疙瘩，发现断崖上有不少汉代砖瓦，其中包括带"千秋"铭文的汉砖和带"宫宜子孙""长乐未央"铭文的瓦当，这更坚定了他的想法：汉汾阴后土祠肯定是在旧万泉县的孤山。

（三）"后土祠即介子推祠"。作者又回到文章开头的话题，他说介子推是死在三月，万泉、稷山交界处的介庙有三月三日举行迎神赛会的习俗，而汉祭后土也在三月，可见后土祠就是介子推祠。

（四）"发掘的计划"。包括在山西万泉、山西太原、河南洛阳、陕西咸阳四处发掘，共需经费九万元，其中万泉占一万元。卫氏设想，此次发现，除汉代砖瓦为"当然得物"，铜器石刻和其他汉代建筑物为"预计所得"，还有"进一步希望"，是挖出春秋铜器，其中甚至包括"晋文公所埋五鼎之四"（此说近于幻想），以及这一时期的其他建筑物。

文后有年款，是1929年6月12日写于南京古物保存所。

《山西万泉县阎子疙瘩（即汉汾阴后土祠遗址）之发掘》，是根据卫氏设想，于次年在山西万泉县阎子疙瘩进行发掘，嗣后写成的发掘报告。报告用中英文双语发表，中文从书口的右边翻页，英文从书口的左边翻页，图版按英文顺序

---

① 1950年，徐旭生先生在河南登封、禹县、偃师寻找夏墟也带有同样的性质。

② 参见卫聚贤：《汉汾阴后土祠遗址的发现——附发掘计划》，《东方杂志》第26卷19号，1929年10月10日。

走。下简称《发掘》。[①]

中文部分，书前有山西省立（封面作“公立”）图书馆馆长柯璜的序言。然后是著者的简短声明，说明这一发掘是由卫聚贤论证和策划，请看《发现》一文云。

正文分四部分，第一至第三部分是由董光忠执笔，第四部分是由张蔚然执笔：

（一）“山西万泉县阎子疙瘩（即汉汾阴后土祠遗址）之发掘”。主要是讲发掘之缘起和发掘之经过，甚短。发掘缘起，是1930年卫聚贤从南京到北京与美国华盛顿弗利尔美术馆陈列部主任毕士博（C. W. Bishop）商定，由弗利尔美术馆出资，山西省立图书馆负责组织考古团进行发掘。双方签约，规定发掘标本归山西省立图书馆，发掘报告由两家署名，用中英文双语发表，发掘经费和出版经费由美方负责。考古团由四人组成：董光忠（来自山西省立图书馆，毕士博在中国的代理人）、张蔚然（来自“中央研究院”历史语言研究所考古组）、聂光甫（来自山西省立图书馆）和卫聚贤（来自南京古物保存所），万泉县县长魏日靖、西杜村村长吴克明协助。发掘始于1930年10月30日，终于同年11月8日，共挖探沟十条，其中包括南北纵沟五条、东西横沟四条、斜沟一条以及探沟旁出的探坑四个，属于试掘性质。

（二）“掘获物门类”。是对出土物的说明，主要包括汉砖、汉瓦、陶器等大件器物，以及铜、铁、蚌、骨、琉璃等不同材质的小件器物。其中“铜器类”为耳环和五铢钱，没有图版或插图。汉砖有“千秋”“□岁”铭，瓦当有“长生无极”“宫宜子孙”和“长乐未央”铭。

（三）“各坑掘获物器物数目统计表（附统计表例言）”。即出土器物登记表，只有一页。

（四）“遗址附近之地形及地质”。是对孤山地理、地质的描述，并附地图说明。作者说，此山周长60里，山高300米[两句中间，英文还多出一句：and it occupies an area of some 300 square li(thirty-five square miles)，即“占地约300平方里（35平方英里）”]，[②]西南峭突，东北坡缓，特别是东南一隅，山势平缓，为

① 董光忠：《山西万泉县阎子疙瘩（即汉汾阴后土祠遗址）之发掘》，山西公立图书馆和美国华盛顿福利尔艺术陈列馆合刊，1932年。案：“美国华盛顿福利尔艺术陈列馆”，即 Freer Gallery of Art of Washington D. C.，今多译为“华盛顿弗利尔美术馆”。

② 《水经注・汾水》“又西过皮氏县南”条曾描写此山：“文颖曰：介山在河东皮氏县东南。其山特立，周七十里，高三十里。颖言在皮氏县东南则可，高三十里，乃非也。今准此山，可高十余里。”案：“周七十里”，与此说相近，但“高三十里”或“高十余里”则不合。疑所记或为上山路程，非高度也。

山尾，按堪舆家的说法，是宜于修建宫殿和祭坛的地点。① 遗址即位于此处的多层台地上。

英文部分，与中文略同，但前面多出一篇长达 20 页的介绍：Prefatory Note on the Worship of Earth in Ancient China（《序说：中国古代的土地崇拜》），是毕士博写给英文读者看的。上述四节的顺序也不一样，张文（第四节）在前，董文（第一至三节）在后。

全书包括图版 19 幅（14 幅是黑白照片，5 幅是线图），地图 3 幅，遗址（发掘部分）平面图一幅，插图一幅。

这次发掘的出土物，后来是归山西省立图书馆。山西省立图书馆，1933 年改为民众教育馆，后来又改称山西省立太原博物馆，即山西省博物馆的前身。当年，这批文物曾于该馆的文庙陈列室展出。②

上述作品，《发现》的最大可取之处，就是它对与汾阴后土祠有关的介山给予了极大关注。其贡献主要有两点，一是论定汉武帝所到介山非介休介山而是万泉介山，二是指出阎子疙瘩遗址是汉代的宫殿遗址。但此文把万泉介山说成是脽丘和后土祠所在，把后土祠说成是介子推祠，据下所论，却并不可信。《发掘》一书记录的发掘，是在卫氏的设想下进行，它对遗址性质的判定也不可取，但发掘对象与汉武帝祭后土有关，这对我们的研究仍有参考价值。

## 六、汾阴古城之调查和庙前村魏国墓地的发掘

探索汾阴后土祠，关键有三，一是确定古汾阴城的位置，二是确定古脽丘的位置，三是寻找汉后土祠本身的遗物。

（一）我们先说第一点。首先，我们可以肯定，历代文献讲后土祠都是说它在汾阴。上面说过，汾阴古城，战国秦汉也好，魏晋南北朝也好，隋代和唐初也好，肯定是在汾、河二水交汇处；唐代的宝鼎县和宋元明清的荣河县也都在黄河

① 地图三上标有大片新石器遗址。它们主要位于孤山东北（药王庙的西北和东南）和正南（水母庙南）的山麓。这次发掘后，1931 年 4 月，由国立北平大学女子师范研究所、山西省立图书馆和美国弗利尔美术馆合作，卫聚贤（代表国立北平大学女子师范研究所）和董光忠（代表弗利尔美术馆）还在孤山东北的荆村瓦渣斜进行过考古发掘。参见董光忠：《本校与山西图书馆、美国福利尔艺术陈列馆发掘山西万泉石器时代遗址之经过》，《师大月刊》1933 年 3 期。案：1993 年李零在华盛顿弗利尔-赛克勒美术馆的图书馆曾发现董氏的报告手稿。

② 参见［日］水野清一、日比野丈夫：《山西古迹志》，孙安邦等译，太原：山西古籍出版社，1993 年，第 11、16—18 页。

岸边。现在,据山西省考古工作者调查,汾阴古城是在今后土庙和庙前村的西侧,只有东墙的北段和东北角还留在岸上,北、西、南三面均已没入水中,保留面积还有3000—4000平方米。东墙残长约750米,北段高15—42米、宽约7—9米不等,夯层厚8厘米,夯窝直径5.5厘米;东南角"看去不很明显"。城址遗物有陶片、砖瓦、瓦当、箭头等物,年代是在战国到西汉。其中有汉典型的云纹瓦当和带"长生无极"铭文的瓦当(注意:这种铭文也见于1930年万泉阎子疙瘩汉宫殿遗址出土的瓦当)。① 也有学者认为,古城可以早到春秋时期,②即与庙前村的魏国墓地大致为同一时期。其上下限的时间范围还可以讨论。但凭这一发现,我们可以肯定,早期的汾阴肯定是在这一带。

(二)脽丘,按古书记载,是在汾、河二水交汇处,现在还在黄河东岸。50年代,考古工作者到当地调查,说此丘是一道高约30米的土岗。当时,村民说,30—40年前,它东西长5—6里,南北宽2—3里,后来因河道东移,南段3—4里已没入水中,剩下的部分只有2里长。③ 我们在第二节提到,按汉代的说法计算,脽丘的大小是:长合今3—4里,宽合今1.5里,高合今20—30米。它比村民所说10—20年代人们看到的要小一点,但比50年代看到的要大一点。他们的回忆不一定可靠。这道土岗,汉代叫"魏脽"(《史记·封禅书》),当与它在魏汾阴城附近有关。我们要想确定汉后土祠在什么地方,有一点不能忘记,就是这一地点是个历代多出鼎彝的地方,汉武帝、唐玄宗祭后土,都是迎合这种祥瑞。

脽丘为什么多出鼎彝?请参见上文第四节。④ 它们很多都是因河水冲刷暴露于断崖,显然和脽丘所在的地形有关。1958年3月,当地船工在黄河边距河底30多米高的断崖(贾家崖)发现有铜器露出,当时拣到铜鼎、罍、鬲等二十余件。山西省文物管理委员会获知这一情况后,派人清理了残余部分,证实这是一座墓葬,编号为58M1。它就是后来庙前墓地发掘的先声。⑤ 另外,1961年,因河水冲刷,贾家崖被河水冲塌,这里还出土过错金鸟书的吴国铜器:王子于戈。⑥

庙前墓地,50—60年代,山西省文物管理委员会做过全面调查、钻探,并有

---

① 参见杨富斗:《山西万荣县发现古城遗址》,《考古》1959年第4期。

② 参见陶正刚:《山西境内东周古城址调查》,《晋文化研究座谈会纪要》,太原:山西人民出版社,1985年,第32—36页。

③ 参见杨富斗:《山西万荣县发现古城遗址》,《考古》1959年第4期。

④ 关于汾阴出鼎和庙前墓地的关系,李零已有所讨论,见其所著《中国方术续考》,北京:中华书局,2006年,第134—136页。

⑤ 参见杨富斗:《山西万荣县庙前村的战国墓》,《文物参考资料》1958年第12期。

⑥ 参见张颔:《万荣出土错金鸟书戈铭文考释》,《文物》1962年第4、5期。

三次发掘(1958、1961 和 1962 年)。他们发现,脽丘的地势是东北高亢,西南低缓,墓地分布其上,略小于这道土岗,面积有 25 万平方米,贾家崖一带,断崖上暴露墓葬甚多,就是历代多出鼎彝的地方。整个墓地,墓地中部和斜口村西北,墓葬最密集。这批墓葬主要是春秋战国墓,年代最早是上面提到的 58M1。它们早可早到春秋晚期之初,晚可晚到战国中期,战国中期以后一度废弃,西汉中期又被利用,多数是春秋战国墓,少数是汉墓。①

上述发现说明,汾阴这个地方,城、墓、祠三者之间有密切关系。春秋战国时期,汾阴古城和庙前墓地彼此相邻,城里是住活人的地方,墓地是埋死人的地方,两者一左一右,相互匹配。而西汉中期,大约正好在武帝前后,这里的居民似乎突然增加,城邑是利用原来的城邑,墓地是利用原来的墓地。当时的人在这一带兴屋起坟,很容易发现铜器。汉代的后土祠是和出鼎有关,它的位置应该就在这一带,庙前墓地是间接证明。

(三)汉代的汾阴城是沿袭秦代和战国时期的汾阴城,但后土祠的正式建立却是在汉武帝元鼎四年,大致与庙前墓地中的汉墓是同一时期。汉汾阴城在什么地方?汉后土祠在什么地方?现在还没有直接证据。但我们在第四节中提到唐玄宗开元十一年祭后土,"又获古砖,长九寸,篆书'千秋万岁'字及'长乐未央'字"(《唐会要》卷十上),汉汾阴城也出土过带"长生无极"铭文的西汉瓦当。这些都是寻找汉代宫殿的重要线索。

总结上述发现,我们认为,既然汾阴古城在黄河岸边,唐宝鼎县和宋荣河县皆沿其地而易其名,仍在附近,唐宋以来的后土祠,与城相随,一脉相承,也在这一带,我们相信,汉代的后土祠不可能在其他地方,也一定就在附近。

## 七、我们的调查

我们的调查,是由国家社会科学基金委员会、山西省文物局大力支持,太原师范学院派车,该校网络中心主任董靖保陪同,同行有中国社会科学院文学所的赵丽雅先生,以及北京大学城市环境系的两位研究生,马保春和王辉,连同司机,一共七人。

下面摘自李零的调查日记。

5 月 16 日夜,同赵丽雅乘火车去太原。17 日晨到达,与先到太原师范

① 正式报告尚未发表,目前比较详细的介绍,见山西省考古研究所:《万荣庙前东周墓发掘收获》,《三晋考古》第一辑,太原:山西人民出版社,1994 年,第 218—250 页。

学院的唐晓峰会合,他的两个学生已在身边。上午,去山西省考古所座谈,参观所内的发掘标本。然后,去山西省博物馆,除院里有一点石刻,没有文物展览。下午,上路,先去平遥古城,再去镇国寺,最后到霍州,宿霍州市财政局招待所。18日,参观霍州署、兴唐寺和霍山中镇庙,继往洪洞,参观广圣寺,看水神庙壁画,访永凝堡和坊堆的西周遗址,宿临汾市;19日,经临汾、襄汾、新绛,到稷山和河津一游。稷山,参观金墓博物馆,看青龙寺壁画。河津,看禹门口。然后去万荣,本来打算沿黄河东岸走,因为堵车,被迫绕道从柴家、里望走。下午到达万荣,住商贸大厦,旅馆对面是飞云楼。参观飞云楼,见万荣县文物旅游局局长孙养幸,听他介绍情况,得《万泉、荣河县志》和后土祠《庙图碑》拓片,以及后土祠和秋风楼的说明书。

20日,早起,天阴下雨,再到飞云楼会孙局长。孙局长在开会,暂时无法谈话。先在院内参观,看薛儆墓石椁。然后登楼照相。飞云楼的匾额是1952年所书,落款仍作"万泉县"。会后,孙局长派小贾、小孙为向导,南行,一同去孤山。

先到万泉乡,寻找"西社村"。因为在北京准备不够,很多地理方位都不清楚,只好临时打听。赵丽雅在孙局长写的《卫氏故里考》中读到,阎子疙瘩是在一个叫"西社村"的地方。我们就先打听"西社村"。万泉乡在孤山的北面。小贾、小孙说,你们要了解"西社村"在哪里,最好是找当地老人而且是有知识的老人问。经介绍,我们拜访了一位退休老师,此人名叫屈殿魁。他给我们讲孤山的形势,介绍孤山周围的村落分布。经他指点,卫聚贤的故里是在孤山东侧的北吴村,北吴村的南面还有南吴村;我们找的"西社村",其实是"西杜村"之误,和吴村分南北相似,它也分东西,我们要找西杜村,先要找到东杜村。谢过屈老师,我们往外走,南望孤山,灰灰蒙蒙,天公不作美,雨中摄孤山,很不理想。照相后,去荆村,路旁有小屋,小屋旁立有保护标志,旁边是个土疙瘩,村人谓即瓦渣斜,当年董光忠等人在此发掘,在考古学史上有纪念意义。出荆村,再往东南走,至皇甫乡。问路,谓向南走,不意走错,又返回皇甫乡,再问路,才知道应走另一条路。路上,黄色的麦田和绿色的树丛相间,风景很好。左绕右绕,终于到达东杜村。东杜村与西杜村,中间有一道南北向的壕沟,连接两村的路是一道土梁,比较窄。刚刚下过雨,司机担心塌陷,众遂下车而行。进西杜村,被村民围观。问阎子疙瘩在什么地方,都说不知道,没人听说过。我们问,村里还有没有老人知道,谁听说过吴村的卫聚贤,也没人知道。这个村是以吴姓为大姓。有人说，村里最有知识的是尹老师。于是，找尹老师。我们进一个院子打听，说不是尹老师家，唐晓峰和赵丽雅扭头就走。李零在院中解手，留在后面，出门前，顺便打听，女主人靠窗而立，说不知道，但问话间，有人在屋里搭讪，不断驳斥女主人，原来是此家的男主人。他说他知道这些事。唐晓峰和赵丽雅问尹老师，无功而返，他们没有想到，反而是这个农民知道情况。此人叫吴振江，自告奋勇，愿意给我们带路。我们从村西头出村，先西行，再北折，路边到处可见汉代的砖瓦。最后爬上一座高塬。他说，到了，你们说的"阎子疙瘩"，我们叫"阎疙瘩"，现在是村里的墓地，俗名"陵园"，还有一种叫法是"上甘岭"(当是50年代以来的新名)，并指着北面的另一个塬说，那座塬上有个"祖先碑"，有一个叫吴璋的人埋在那里。当年，卫聚贤到此发掘，是1930年，即72年前。那时，即便是10岁的小孩，活到现在也82岁，老人是见不到了。吴振江也是耳闻于先人。

遗址在孤山的东南脚，西北遥对孤山上的柏林庙，所见砖瓦与1930年的发现相符，纹饰同于未央宫和甘泉宫所出。

我们终于找到了阎子疙瘩。登临四望，细雨绵绵，大家都很激动。唐晓峰"望气"，斩钉截铁说，此遗址必非后土祠，而是汉武帝祭后土临时歇脚的行宫(或可称为"介山宫")。大家都赞同这一看法。看来，这个遗址还没有引起考古学界的足够重视，今后，还应做进一步调查，遗址保护的问题也应呼吁一下。

从阎子疙瘩回来，时间紧，放弃去北吴村调查(老人都已作古，估计很难访到当年的情况)，返回万荣县吃午饭。然后去庙前村看后土祠。路上有不少水坑，颠颠簸簸。

后土祠，东依黄河，北带汾水，人还没到，远远已见秋风楼。车开到庙垣东北隅，有小门正对秋风楼的右侧。大家从此小门入。接待者十分热心，售当地出版的《后土》杂志和碑刻拓片，入库看《秋风辞刻石》和《后土庙像图碑》，然后在院内拍摄。

今后土庙是一长院，北门不开，只能从门缝向外窥看。前院有树，地面有点潮湿，后院比较敞亮，也比较干燥。正殿和秋风楼间是一大空场，有一群小孩正在跳舞，秋风楼有三层，第一层，一进门，可见"扫地坛"三字，下面有放供物的石龛，左右两旁是楼梯。登楼，观《秋风辞》刻石，极目远眺，左前河滩十分宽阔，远处有星星点点的白色，是羊在吃草。黄河的河道很远，汾水蜿蜒，流入其中。整个颜色，或黄或绿，昏昏蒙蒙。左侧是韩城县，据说可见司马迁祠,但睁大眼睛看,还是看不清。

出秋风楼,继续颠簸,经临猗,去永济。晚上到永济,宿黄河宾馆(原名莺莺饭店)。

21日,上午参观万固寺和普救寺。然后,去蒲州城和蒲津渡,看黄河铁牛。下午去运城,看关帝庙、运城市博物馆、盐池博物馆。最后到夏县,宿国贸宾馆,名字很阔,条件极差(被褥、毛巾都很脏)。22日,上午去夏县博物馆,找不到拿库房钥匙的人。然后,去东下冯遗址。然后去侯马,住凯悦宾馆。下午去山西省考古所的信息中心,看陶寺文物。23日,同夏商周断代工程的人一起参观曲村车马坑、陶寺城址和侯马工作站。下午4点半,乘火车回北京。

上述调查,时间过于仓促,资料准备很不充分,但沿途所过,山川形势,多所观察,归而读书,还是很有收获。

现在,对照今后土庙的平面图和剖面图,回想我们看到的建筑,讲一点粗糙的印象:

(1)大门。前有月台,后有戏台,大体相当《庙图碑》的棂星门或"太宁庙"门。

(2)道院。左右并列,大体相当《庙图碑》的"西道院"和"东道院"。但《庙图碑》的这两个院子是在外垣中点的两侧,这里则前置。

(3)旗杆。在院门内,《庙图碑》是放在"太宁庙"门后,位置大体对应。

(4)戏台。在旗杆后,左右并列,相当《庙图碑》的露台,两旁有廊庑。这一空间大体相当《庙图碑》主殿区内院的前庭。

(5)鼓楼和钟楼。在献殿前。《庙图碑》的钟楼和对面的建筑也在主殿的前方,但位置更为靠前,其实是在主殿区内院的前方,按此庙的位置讲,等于是在戏台的前面。

(6)献殿和正殿。它们大体相当《庙图碑》的"坤柔之殿"和"寝殿"。

(7)献殿、正殿两旁的建筑。左右有东西相对的两个配殿,左前和右前还有二祠,或即说明书上的"东西五虎配殿"。它们大体相当《庙图碑》的"□主""六一殿""五岳殿"和"五道殿""六甲殿""真武殿"。

(8)正殿后的空场和秋风楼。大体相当《庙图碑》的后院和我们推测为郯丘亭的建筑。

总体印象,今后土庙,主要是放大和突出了《庙图碑》的主殿区,而大大简化了它前面的院子。它在一定程度上保留了《庙图碑》的某些成分,但布局变化很大。

## 八、初步总结

（一）汾阴后土祠是汉代“三大祠”中硕果仅存、唯一保持祭祀的地点，唐宋时期的祭祀带有复古意味，延续了这一传统。其地位很高，从建筑设计看，要高出一般的岳庙、镇庙和渎、海庙，只有封禅泰山，才能与之相比。历史上，光天子亲祠就有21次。其中西汉最盛，有17次，唐代有3次，宋代有1次。天子派臣致祭或民间奉享，还不在其内。其著名天子，如汉武帝和汉光武帝，唐玄宗和宋真宗，都是历史上举行封禅大典的皇帝。它的历史价值和考古价值是毋庸置疑的。

（二）汾阴后土祠在今万荣县西黄河、汾水交汇处，即在旧荣河县的西南，地点与汉汾阴县城、唐宝鼎县城、宋荣河县城相邻，而不可能在其东面旧万泉县的孤山。

（三）汉代的汾、河二水，汾水的南岸较今靠北，河水的东岸较今靠西。我们应根据当地的地理形势和历史上的水患记录，进行地质和水文方面的调查。这会有助于了解上述城址和祠址的位置，以及其迁徙移动的规律。

（四）战国和汉代的汾阴古城是在今万荣县黄河东岸、汾水南岸的庙前村一带，确切地点是庙前村的西北，即旧荣河县的西南。这座古城，除东墙还残存在岸上，大部分都已没入黄河之中。唐宝鼎县和宋荣河县在庙前村南的宝井村，它们都在庙前村附近。唐万泉县在庙前村以东的万泉乡，即旧万泉县县城的位置，与历代的后土祠相距较远。1930年卫聚贤和董光忠等人在旧万泉县东南的阎子疙瘩发掘，他们发现的是另一处汉代遗址，而不是汉代的汾阴后土祠。

（五）汉后土祠在脽丘，脽丘在庙前村一带。这里是春秋战国魏国的汾阴城所在，城西有魏国墓地，历代多出鼎彝。汉武帝和唐玄宗获鼎，清代出土郘钟编钟、齐仲之子𬭚镈，多半都是因汾、河二水冲刷河岸，因此露头。汉祠的位置在什么地方，还有待调查，或已没入水中，或仍压在今后土祠下，还有可能在附近的其他地方。唐玄宗祭后土，曾在这一带发现过“千秋万岁”砖和“长乐未央”砖，可以证明这一带确有汉代宫室。唐祠的位置，可能较汉祠偏南，具体位置也有待调查。宋祠则更在唐祠以南。金元和明清时期的后土祠，是在庙前村的北面，位置也经常移动。

（六）卫聚贤、董光忠等人发掘的万泉县阎子疙瘩遗址不是汾阴后土祠，而是汉武帝祭祀汾阴临时歇脚的行宫，即介山宫，情况类似蒲坂的首山宫。这个遗址，虽然不是后土祠本身，但与后土祠有关，是属于同一时期的汉代建筑，而且从过去的调查和试掘看，规模可能比后土祠还大，今后应该进行深入调查，摸清其遗址范围和地层内涵，以便采取适当的保护措施，为将来的发掘做准备。

2004 年 7 月 17 日写于北京蓝旗营小区

附录一：汾阴后土祠的祭祀活动（略）

附录二：汾阴后土祠和孤山的地理位置（略）

附录三：金《后土庙像图碑》的布局和榜题（略）

（原载《九州》第四辑，北京：商务印书馆，2007 年。后收入李零：《我们的中国》第 2 编，北京：生活·读书·新知三联书店，2016 年，有改动，图略）

# 山西万荣县后土祠庙貌碑考略

李　文

万荣县荣河镇庙前村后土祠内现存《蒲州荣河县创立承天效法厚德光大后土皇地祇庙像图石》碑一通。碑方形，高 140 厘米，宽 110 厘米，刊刻于金天会十五年(1137)，明嘉靖三十五年(1556)、天启三年(1623)重刻，现存献殿东。该碑的存在为了解后土祠的变迁以及历代帝王祭祀后土提供了形象的资料。

## 一

碑阳线刻庙貌图，额书“蒲州荣河县创立承天效法厚德光大后土皇地祇庙像图石”。图之空白处刻有一些文字。左右角为：

> 太宁庙事迹载诸碑石者，详矣。□无图以示远，岂前人之不思乎，或有力所未逮也。前县宰陇西公洞达百为周旋庶务，以己之所既见，虞人之所未瞻，慨然叹曰：远方之人，无力可来者，何繇睹此崇胜耶？纵或暂抵祠下，比其返也，如华胥之一梦耳，尚能记忆其详乎？因求兹石以刊厥像。又得今令尹清河公、簿尉太原公乐成其美，协力助建，自此不问远迩，傥获一本，自可焚香致敬，如目击胜概矣，公之所为其施博哉。天会丁□岁上元日丁亿题。

右侧上部为：“嘉靖丙辰岁秋七月吉日赐进士知荣河县事郓州侯郁重刻。”

右侧下部为：“守荣河县簿尉王修文、前知荣河县事李舜元、权知荣河县事张维同立石。天启三年正月吉日，募化道人寻崇偕匠人贺益盛重刻。”

右侧又刻：“南北长七百三十二步，东西阔三百二十步。”

左侧为："守河津县簿尉张永晖、知河津县事蒙君益同施石。"

据碑上刻文可知，后土祠原名"太宁庙"，"南北长七百三十二步，东西阔三百二十步"。庙貌图为金天会丁□刻，明嘉靖丙辰（1556）、天启三年（1623）重刻。关于年号中所缺之字，是关乎此碑刊立的具体年代。王世仁先生在《记后土祠庙貌碑》中作了考证，认为："天会年号下所缺之字，实关该碑之准确年代。按天会共十五年，三年为乙巳，十五年为丁巳。又按《金史·太宗本纪》载：天会五年，金将完颜娄室始陷河中府诸城。据此碑断不可能为天会三年所立，应为天会十五年，故以丁巳为是。"王世仁先生还考证了刻文的时间，他从庙貌图中三座建筑题名处无字和碑阴最后所题"以上俱见《通鉴纲目》及《文献通考》"断定，文字"系元明间补刻，或即为明代重刻图像时同时补刻"。[①]

同时，刻文又言及了刻庙貌图的缘由："远方之人，无力可来者，何繇睹此崇胜耶？纵或暂抵祠下，比其返也，如华胥之一梦耳，尚能记忆其详乎？"以及发起人前县宰陇西公、助建人今令尹清河公、簿尉太原公，嘉靖、天启重刻时的献石人、立石人、刻石匠人。

## 二

碑首刻于金初，反映了北宋时后土祠为一完整的大型祠庙建筑群。据碑可知祠之北、西临汾河、黄河。轩辕黄帝扫地坛位于庙后。中轴线分别为棂星门、太宁庙、承天门、延禧门、坤柔之门、两方台、坤柔之殿、寝殿、配天及旧轩辕扫地坛，四角有角楼。整个建筑群南北长七百三十二步，东西阔三百二十步。

棂星门三间，门外左右各有一上下马石和石狮。

门内左右各有一宰牲亭，左另有一圆井。

棂星门以内，正中为五间歇山顶大门，名"太宁庙"。门两侧各有五间廊，中间各夹一三间角门。进入太宁庙，其左右各有一碑楼，三间二层，右为宋真宗碑楼，即王钦若于大中祥符四年（1011）所撰之《汾阴朝覲坛颂》，左为唐张说开元二十一年（733）撰的《后土神祠碑》。碑楼之侧各有二殿。进入承天门，院两侧各有碑楼，东为"修庙记"碑楼，三间二层，歇山顶，西边一楼名称模糊不清。再北为延禧门。过延禧门即为正庙之前院。院右为"钟楼"，其制与"修庙记"碑楼相同。对面一小楼，不知作何用。坤柔之门是正庙门，其制与承天门同。左右都设围廊，与东、西、北之廊相连，围成廊院。廊设栏杆。廊院共二重。前部大

---

① 参见王世仁：《记后土祠庙貌碑》，《考古》1963年第5期。

殿为“坤柔之殿”，即后土祠之正殿，九间，重檐歇山顶。下有高台基，设左右阶。殿西山引斜廊，围成内院。院内左右各有一小方亭，正中有一大一小两方台，大台为露台，南面正中出台阶。小台用栅栏围绕，为封石匮之所。[①] 后殿名“寝殿”，三间，歇山顶。西山出斜廊。在廊房两侧，各有三小殿，与正院东西廊相连。左面北部一殿名称不清，其下为“六丁殿”“五岳殿”，右面由北至南为“五道殿”“六甲殿”“真武殿”。廊院以北，围墙正中突起高台，上有一三间悬山顶小殿，即“配天”。围墙之外，“配天”殿以北，是“旧轩辕扫地坛”，周围遍植树木，中间以横墙分为前后两院。墙上开棂星门，八字墙。前院左侧有一重檐方亭，名称不清。后院正中为坛，上建一重檐歇山顶大殿，其左右有配殿。

今之后土祠，已非《蒲州荣河县创立承天效法厚德光大后土皇地祇庙像图石》所刻之原貌。明万历年间汾河决口南泛，原庙被淹。清康熙间移地重建。同治初年，黄河河道东移，乃移建今地，始建于同治十二年(1873)，主殿次年落成，光绪时又兴建。现存都是晚清建筑。祠南北长 240.81 米，东西宽 105.21 米，总占地 25268 平方米。由北向南分别是秋风楼、正殿、香厅、献殿、戏台、山门(兼戏台)、献殿两侧的东西五虎殿及秋风楼东侧的《萧墙碑》碑楼。2002 年万荣县政府投入巨资进行了维修，并在庙前平地新建了广场。秋风楼内藏有元世祖至元八年(1271)刻汉武帝《秋风辞》碑一通。

秋风楼，因汉武帝祭祀后土而写《秋风辞》碑藏于内而得名，建于一 16 米见方的砖石台基上。台基南面开门，门内正对墙上有一小龛，上题“扫地坛”。楼通高 33 米，共三层，面阔五间，十字歇山顶，四周回廊。檐下施斗栱。一、二层明间四门出顶。秋风楼东侧是一碑亭，内藏《汾阴二圣配飨之铭》碑(即《萧墙碑》)。该碑由 5 块石组成，高 2.52 米，通宽 7.14 米，是宋真宗于大中祥符四年亲祭后土时所作。正殿五间，面阔 18.8 米，深 11.7 米。硬山顶。六椽，五架梁对前后单步梁，用四柱。无斗栱。献殿亦为五间，硬山顶，面阔 17.4 米，明间 3.9 米，次间 3.37 米，深四椽 8.65 米。献殿和正殿中建一香厅，卷棚顶，阔 3.95 米，深 2.76 米。献殿的东西两侧，各有一座不大的配殿，即东西五虎殿，东五虎殿供奉五岳大帝，西五虎殿供奉三国时蜀国的五虎上将。中轴线上距献殿 61 米处是相连的二戏台。距二戏台 44 米是山门兼戏台。

三座戏台，呈品字形分布，故称品字台。南面山门兼戏台。山门重檐歇山

---

① 王世仁《记后土祠庙貌碑》一文对大台作了三种推测，即或封石匮或拜台或舞台；关于小台，王先生称“殿前有一栅栏围绕之池”，后又推测其可能是“封石匮之坛”。车文明在《后土祠庙貌碑中两方台的考释》(《考古》2001 年第 6 期)一文认为大台应为露台，即舞台；小台是封石匮之坛，而非池子。

顶，通面阔三间10米，进深两间10米。主体五架梁分心三柱，中设板门。北檐出廊，为戏台主要表演区。柱高1.75米处开榫眼，北檐平柱两旁又立二石柱，高1.75米，柱头开榫眼，左右山墙及山门分心墙上亦留榫眼，以备演出时插楞木，搭木板。山墙外又砌八字影壁。山门北44米处又有二连戏台，单层，硬山顶。二台间距2.40米(屋顶相连，下为通道)，面阔8.05米，进深6.90米，前四架梁对后单步梁三柱。[①] 角柱外砌八字影壁。西台匾题"歌舞楼"，上下场门门额分别书"古往""今来"；东台匾题书"春雪台"，上下场门门额分别书"镜花""水月"。东西两台石柱都题有楹联。东台前石柱为："前缓声后缓声善哉歌也，大垂手小垂手轩乎舞之。"西台前石柱为："空即色色即空我闻如是，画中人人中画于意云何。"后面内柱为："世事总归空何必以空为实事，人情都是戏不妨将戏作真情。"戏台前面的空地为观众区。

## 三

碑阴为《历朝立庙致祠实迹》，26行，行25字左右。记述从轩辕黄帝扫地为坛祭后土以来，历代皇帝亲历后土祠祭祀后土的情况。全文如下：

> 轩辕氏祀地祇，扫地为坛于脽上。二帝八元有司，三王方泽岁举。
>
> 汉文帝十六年，诏更以明年为元年治汾阴庙。方士新垣平言，周鼎在泗水中，今河决通于泗，而汾阴有金宝气，意鼎出乎。于是治庙汾阴，欲祀出鼎。
>
> 武帝元狩二年，郊雍，帝曰："今上帝亲郊，而后土无祀，则礼不答也。"于是东行汾阴，见汾旁有光如绛，遂立后土祠于汾阴脽上，亲拜如上帝礼。
>
> 元鼎四年六月，汾阴民巫锦得大鼎于祠旁，言于吏河东守滕胜，以闻诏验问无诈，乃以礼迎至甘泉，荐之郊庙，群臣皆贺。冬十二月，上亲祀后土。
>
> 元封二年，祀后土，赐二县及杨民无出今年租赋。
>
> 元封四年三月，祀后土，诏曰："朕躬祭后土，光集灵坛，一夜三烛，其赦汾阴。"
>
> 元封六年三月，行幸河东，祀后土。
>
> 太初元年十二月，祀后土。
>
> 二年三月，幸河东，祀后土，有光应。

---

① 参见车文明：《二十世纪戏曲文物的发现与曲学研究》，北京：文化艺术出版社，2001年，第192页。

天汉元年三月，幸河东，祀后土。顾视帝京，欣然中流，赋诗。

宣帝神爵元年三月，幸河东，祀后土，天气清朗，神鱼舞河。

五凤元年三月，幸河东，祀后土。

甘露二年三月，幸河东，祀后土，神光耀烛斋宫。

元帝初元四年三月，幸河东，祀后土。

永光元年，幸河东，祀后土。

建昭二年，幸河东，祀后土。

成帝建始元年冬，罢汾阴祀。二年三月，始祀后土于北郊。

永始三年冬十月，复汾阴祠。初，帝用匡衡议，罢甘露泰畤。其日大风坏甘露，竹宫折拔畤中树木十围以上百余。帝异之，以问刘向。对曰："家人尚不欲绝种祠，况于国之神宝旧畤，且其始立，皆有神祇感应。"诚未易动，上意恨之。又以久无继嗣，白太后令诏有司复甘泉泰畤，汾阴后土如故。

四年春正月，帝如河东祀后土。

哀帝建平三年冬十一月，祀汾阴。

世祖建武十八年三月，帝如河东，祀后土。

唐玄宗开元十一年二月，祭后土于汾阴。初，上将幸晋阳。张说言于上，曰："汾阴脽上有汉后土祠，其礼久废，陛下宜因巡幸修复之，为农祈谷。"上从之。

开元十二年冬十一月，祀后土于汾阴脽上。太史奏荣光出河，休气四塞，祥风绕坛，日炀其光。

开元二十年冬十一月，祀后土于汾阴。十二月，帝还西京。初，萧嵩奏："自祀后土以来，年谷屡丰，宜因还京赛祠。"上从之，礼毕，上为文刻石。

宋真宗大中祥符四年春二月，帝祭后土于汾阴，大赦。三月，驻跸西京，诏脽上后土庙宜上额为太宁正殿。先是三年六月癸丑，河中府进士薛南等请祀后土。七月辛丑，群臣上表，复请。八月丁未朔，诏以来年春有事于汾阴。上曰："冀民获丰穰，于朕躬固无所惮。"戊申，以王旦兼汾阴大礼使，王钦若为礼仪使，陈尧叟为经度使，李宗谔副之。庚戌，命翰林晁迥、杨亿、杜镐、陈彭年、王曾与礼院详定祀汾阴仪注。辛未，内出脽上后土庙图，命陈尧叟量加修饰。九月甲午，命宰臣王旦撰《祀汾阴坛颂》，知枢密院王钦若撰《朝觐坛颂》。十月甲子，晁迥上祀汾阴乐章十首。十二月二十六日，诏进蔬食，群臣继请御常膳。己巳，帝制奉天庇民述，以示王旦等。四年正月，帝习仪于崇德殿。丁酉，奉天书，发京师，出潼关，渡河，次河中府。甲寅，以冯起为考制度使，赵湘副之。丁巳，至宝鼎县奉祇宫，有黄云随天书辇。戊午，斋穆清殿。庚申二鼓，上乘金辂法驾，继进至脽坛，夹道设燎，周以黄麾下杖。辛酉，上服衮冕，登坛祀后土地祇。奉天书于左，次以太祖太宗配侑，亲封玉册玉匮。少顷，服通天绛纱，乘辇至庙，设登歌奠献。司天监言黄气绕坛，月重轮，大角光明。群臣拜舞称贺，诏改奉祇宫曰太宁。壬戌，御朝觐坛，受朝贺，大赦，赐天下脯三日，大宴群臣于穆清殿，御制《汾阴二圣配飨》，建宝鼎为庆成军给复三年。乙丑，丁谓而下，以礼成献歌颂者四十二人，付史馆。丙寅，制汾阴礼成诗赐百官。四月甲，至京师。丁未，制西巡还京歌。己未，诏脽上后土庙上额为太宁正殿，周设栏。壬戌，增葺宫庙。六年八月丁丑，参政丁谓上《新修祀汾阴记》五十卷，诏褒之。七年十一月壬辰，陈尧叟上《汾阴补记》三卷。　以上俱见《通鉴纲目》及《文献通考》。

碑文记述，后土祠始建于汉武帝元狩二年（前 121）。汉武帝并于元狩二年、元鼎四年（前 113）、元封二年（前 109）、四年（前 107）、六年（前 105）、太初元年（前 103）、二年（前 102）、天汉元年（前 100）共 8 次亲临祭祀，之后汉宣帝于神爵元年（前 61）、五凤元年（前 57）、甘露二年（前 52）共 3 次，汉元帝于初元四年（前 45）、永光元年（前 43）、建昭二年（前 37）共 3 次，汉成帝于永始四年（前 13），汉哀帝于建平三年（前 4），光武帝于建武十八年（42），唐玄宗于开元十一年（723）、十二年（724）、二十年（732）共 3 次，宋真宗于大中祥符四年（1011）亲临汾阴祭祀后土。

碑文的记载除《资治通鉴·汉纪十三》所记汉武帝太初元年十二月祀后土是在山东高里外，其余的大抵与《汉书》《后汉书》《资治通鉴》等史书中各本纪的记载相同。宋真宗以后，再也没有帝王亲临后土祠来祭祀后土，明代以来，后土的祭祀变为纯粹的民间祭祀。

综上，庙貌图碑为后世提供了比较翔实的史料，是研究后土祠的变迁和后土祭祀的重要依据。

一方面，庙貌图展示了北宋时后土祠的建筑风貌，和今天之后土祠相比，使得后人可以全面了解后土祠的历代变迁。后土祠始建于汉武帝元狩二年（前 121），“立后土祠于汾阴脽上”，即汉汾阴故城西北二里原汾河与黄河的交汇处。汉时的后土祠庙貌不得详知，唐开元间增修。《蒲州府志》记：“至开元修庙，规模壮丽，同于王室，号奉脽宫。宋开宝九年，徙庙，稍南。”[①]宋大中祥符三年，再次修祠，并进一步扩大，庙貌图所展示的规模应该就是此次扩建后的情况。

另一方面，碑文所记之历代帝王祭祀后土的情况。后土祭祀由来已久，传说始于轩辕黄帝，据庙貌图碑阴《历朝立庙致祠实迹》记载：“轩辕氏祀地祇扫地为坛于上，二帝八元有司，三王方泽岁举。”祠内故有祭祀的历史遗迹——扫地坛。秦汉以来，历代帝王皆祭后土，汾阴后土祠即为宋代以前朝廷祭祀后土的本庙。汉、唐、宋多位皇帝亲祀后土，金、元两代，再无帝王亲祀汾阴之举。明代以来基本为民祭。后土祭祀除了传说中的轩辕黄帝扫地为坛而祭外，直到汉武帝于元狩二年（前121）始建祠并亲临祭祀，才真正开始了帝王的祭祀。《汉书·郊祀志》载：

> 天子郊雍，曰：“今上帝朕亲郊，而后土无祀，则礼不答也。”有司与太史令谈、祠官宽舒议：“天地牲，角茧栗，今陛下亲祠后土，后土宜于泽中圜丘为五坛，坛一黄犊牢具。已祠尽瘗，而从祠衣上黄。”于是天子东幸汾阴。汾阴男子公孙滂洋等见汾旁有光如绛，上遂立后土祠于汾阴脽上，如宽舒等议。上亲望拜，如上帝礼。[②]

之后，汉宣帝、汉元帝、汉成帝、汉哀帝、光武帝、唐玄宗、宋真宗等帝王亲临祭祀。然由于后土祠所处较偏僻，给帝王祭祀带来了诸多不便，故金元时期就改为官祭，明代于京城建立天坛、地坛后，祭祀天地就不再到本庙，于是汾阴后土祠祭祀就变为民间祭祀。这样，后土祠似乎失去了原有的光辉，以致祠庙凋敝。2003年，万荣县政府举办了世界华人公祭后土圣母大典暨万荣首届后土旅游文化节，之后，每年举办一次，后土的祭祀似乎又有所恢复。

《历朝立庙致祠实迹》是研究后土祭祀的重要史料，不仅较客观地记述了历代帝王祭祀后土的情况，也为梳理历代后土的祭祀提供了非常直接的资料，从而了解后土祭祀的演变。

（原载《陕西档案》2012年第3期，图略）

---

① （清）乔光烈、周景柱纂修：《蒲州府志》，乾隆二十年刻本。

② （汉）班固：《汉书》，北京：中华书局，1997年，第1221—1222页。

# 真宗西祀的仪式空间与过程

## ——以《后土庙貌碑》为中心的考察

梁韵彦　吕变庭

《后土庙貌碑》的全称为"蒲州荣河县创立承天效法厚德光大后土皇地祇庙像图石"。该碑创制于金天会十五年(1137),重刻于明天启三年(1623),现存于山西省万荣县庙前村北的后土祠内。一般认为,庙貌碑反映了北宋时期汾阴后土庙的原貌。王世仁先生曾对该碑进行录文与临摹,并推测碑中所绘第五进院落的两处方形结构为"栅栏围绕之池"及"拜台"。① 2001年,车文明先生又通过对照《宋史》及《宋会要辑稿》所述真宗西祀时的场景,进一步明确这两处结构为"封石匮之坛",及陈放供品或敬献歌舞的"拜台"或"露台"。② 在这两处方形结构之外,庙貌碑所刻第九进院落中还有一坛,坛上建重檐九脊顶五开间殿,题记称之为"旧轩辕扫地坛",被认为是真宗西祀时所筑的祭坛。③ 这些地方,正是宋真宗祠后土时,举行奠献礼及奉安石匮等重要环节的场所。

20世纪80年代以来,北美人文社科研究对仪式空间的关注,逐渐影响到了国内的艺术史及宗教人类学的研究。源自不同信仰与民俗背景的思想观念,如何通过空间构成及仪式表演对人产生影响,成为当今人文社科研究中方兴未艾的话题。④《后土庙貌碑》是现存极少数能与正史文献相互印证的宋代礼制建筑

---

① 王世仁:《记后土祠庙貌碑》,《考古》1963年第5期。

② 车文明:《后土祠庙貌碑中两方台的考释》,《考古》2001年第4期。

③ 参见郭黛姮主编:《中国古代建筑史》第3卷,北京:中国建筑工业出版社,2009年,第161页。

④ 参见[美]巫鸿:《美术史中的"空间转向"——一个被忽略的学术潮流》,《"空间"的美术史》,上海:上海人民出版社,2018年,第7—12页。

图像史料。然而,目前对于该碑的研究多停留在图文互证的考据及具体建筑形制的复原阶段,尚缺乏对后土祭礼与建筑空间之互动关系,及相关人文思想与观念背景的考察。是故,本文尝试结合庙貌碑与相关历史文献,还原真宗西祀时的仪式空间与过程,探讨真宗一朝如何通过建筑形制与仪式表演,将帝制国家的意识形态向民众与外邦使臣传递。

## 一、真宗西祀的三大环节

大中祥符四年(1011),宋真宗西祀汾阴,在脽上后土庙举行皇地祇之祭。这一事件与泰山封禅、圣祖降临等系列活动一道,在“澶渊之盟”后,昭示着北宋的“太平”景象。汾阴后土庙初建于北宋太祖开宝九年(976),太宗太平兴国四年(979)重修;大中祥符三年(1010),真宗皇帝在西祀前又对庙宇进行了整饰。[①]现存《后土庙貌碑》所刻画的后土庙保留了北宋礼制建筑的大致特征,其布局亦能与史载北宋真宗皇帝亲祠后土的活动相对应。真宗西祀包含三个主要环节,即奠献之礼、奉安石匮、朝觐礼;其中前二者,皆在汾阴后土庙内进行。

### (一)奠献礼

奠献礼是后土大祀的中心环节。根据《后土庙貌碑》的刻画,汾阴后土庙有九进院落;其正殿为九开间,重檐庑殿顶的“坤柔之殿”。该殿处于后土庙的第五进院落,属全庙的中心区域,但真宗亲祀后土的核心环节,并未在这一区域进行。真宗皇帝在前往汾阴之前,曾命经度制置使陈尧叟先至汾阴脽上,在“庙北古双柏旁有堆阜”处,拟方丘之制,另筑祭坛,以作奠献。[②]

陈尧叟督造的这一祭坛,很可能就在庙貌碑表现的第九进院落中的“旧轩辕扫地坛”处。根据《太常因革礼》,该祭坛是一处露天结构,[③]与现存庙貌碑所见,筑有木构梁架的“旧轩辕扫地坛”,并不一致。但因为后土庙建于汾河与黄河的交汇处,庙貌碑所见,正殿以北适合筑造祭坛的地方,只有第九进院落的旧轩辕扫地坛处。且图中扫地坛两侧皆有树木形象,似在表现文献所述的“古柏”。真宗祠后土后,还曾“令官吏守奉”后土坛,并禁止乡民登坛;[④]因此,在金

① 郭黛姮主编:《中国古代建筑史》第3卷,北京:中国建筑工业出版社,2009年,第157页。

② (元)脱脱等:《宋史》卷一〇四,北京:中华书局,1977年,第2536页。

③ (宋)欧阳修等编:《太常因革礼》卷四四,上海:商务印书馆,1936年,第269页。

④ (清)徐松辑,刘琳等校点:《宋会要辑稿·礼二八》,上海:上海古籍出版社,2014年,第1294页。

代之初，该坛被夷为平地的可能性不大。是故，将“旧轩辕扫地坛”视为真宗举行奠献礼之处，应该说是有据可考的。而庙貌碑所绘轩辕扫地坛上所筑的殿阁，恐怕是在真宗西祀后，为保护祭坛遗址及相关遗物而修建的。

真宗祭祀后土时，会在坛上设虚位神座，祭祀后土皇地祇及其眷属，包括：诸方岳镇海渎、山林川泽、神州地祇等。① 举行奠献礼时，皇帝服衮冕登坛，“备三献，奉天书于神坐之左次，以太祖、太宗配侑”②。

## （二）奉安玉匮

奠献礼之后举行的奉安玉匮，重要性稍逊于奠献礼，却是在后土庙正殿前的中庭进行的。在院北祭坛进行奠献礼以后，真宗皇帝亲自将上呈后土神的玉册封于玉匮，既而交由中书侍郎、太尉等人，携至后土庙中庭，将玉匮封存于石匮，再瘗埋于坤柔之殿前。③ 其瘗埋石匮的地点，被认为是后土庙貌碑所绘第五进院落中设有栅栏围绕的方坛。庙貌碑显示，方坛南面还另设一方台，该结构很可能就是奉安石匮时举行“登歌奠献”的地方。寻常百姓在后土庙举行的赛会，很可能亦在此处进行。

皇帝庙祭一般由正门而入，由南向北，依次进入层层院落，以谒庙祭飨，然而真宗亲祀却没有按这一传统路径进行。因为奠献礼进行的地点是后土祠庙北面的祭坛，而三献之后进行的奉安石匮，却是在后土祠的正殿坤柔之殿前；所以真宗祠后土采取的，是一条由北向南的祭拜路径。真宗由祠庙北面的后门进入庙内。在奠献礼进行之前，皇帝甚至不愿意乘辇在庙南经过。对此，《宋史》记曰：“初，路出庙南，帝以未修谒，不欲乘舆辇过其前，令凿路由庙后至坛次。”④

值得注意的是，真宗在省视奉安石匮的仪式之前，还特意更换了服饰。在后土庙正殿以北的祭坛举行奠献礼时，皇帝“服衮冕登坛”；而在坤柔之殿前视封石匮时，真宗却“改服通天冠，绛纱袍”。⑤《周礼》有云：“王之吉服：祀昊天上帝，则服大裘而冕，祀五帝亦如之；享先王，上帝，则服大裘而冕，祀五帝亦如之；享先王，则衮冕。”⑥衮冕是等级略低于“大裘而冕”的帝王祭服。根据《宋史》的记载，在元丰改制以前的北宋国家祭祀中，皇帝“亲祠郊庙及朝会大礼”，以及

① （宋）欧阳修等编：《太常因革礼》卷四四，上海：商务印书馆，1936 版，第 270 页。
② （元）脱脱等：《宋史》卷一〇四，北京：中华书局，1977 年，第 2536 页。
③ （元）脱脱等：《宋史》卷一〇四，北京：中华书局，1977 年，第 2535—2536 页。
④ （元）脱脱等：《宋史》卷一〇四，北京：中华书局，1977 年，第 2536 页。
⑤ （元）脱脱等：《宋史》卷一〇四，北京：中华书局，1977 年，第 2536—2537 页。
⑥ 钱玄等注译：《周礼・春官宗伯第三》，长沙：岳麓书社，2001 年，第 199 页。

“祭社稷、朝日、夕月、风师、雨师”皆服衮冕。[①] 而通天冠与绛纱袍则是帝王出行及朝元会时所着的“盛装”。[②] 在封禅大礼中，真宗仅在銮驾往返的环节中穿着。[③] 真宗在谒庙及奉安石匮的时候，换上通天冠与绛纱袍，正暗示了在后土庙主殿前进行的奉安石匮仪式，其级别要低于在第九进院落另设祭坛举行的奠献礼。

## （三）朝觐礼

真宗谒庙以后，还有一个重要的环节，但这一环节并不在后土庙内举行，就是皇帝御奉祇宫前的朝觐坛，接受群臣、父老及外邦使臣的朝贺。奉祇宫建于宝鼎县内，是真宗亲祀汾阴时所驻的行宫。在后土大祭结束后，真宗回到宝鼎县，并择日在行宫前“御朝觐坛受朝贺，肆赦”。届时，“有司设宫架、仗卫，文武百官、诸军将校、州郡长吏、蕃夷酋长、四方进奉使（与）僧道、（耆）老等皆在列”；其后，真宗又会“宴群臣于穆清殿，父老于宫门”。[④]

朝觐坛的形制与真宗封禅泰山时所筑朝觐坛一致[⑤]，以此表现后土皇地祇之祭与封禅泰山的对等地位。真宗东封西祀的效仿对象，是唐明皇。然而，玄宗皇帝在汾阴祠后土后，虽有大赦天下，却并未筑坛接受使臣朝觐，唯有在泰山封禅时才行此大礼。

唐代自高宗时起，逐渐形成了“封礼—禅礼—朝觐”的国家典礼结构。[⑥] 唐明皇封禅泰山后，曾御朝觐之帐殿，接受文武百官、二王后、孔子后、岳牧举贤良、儒生，及诸方朝集使的朝贺，当时的外邦使臣包括：突厥颉利发，契丹王，奚王，昆仑、日本、新罗、靺鞨之侍子及使节，日南、西竺、雕题之酋长等人。[⑦] 玄宗皇帝正借此契机，再次强调其“接统千秋，承光五业”的正统王朝继承者身份；并向外宣告，李唐王室在武周及韦后之乱后，重新掌握了实权。

“澶渊之盟”后，真宗皇帝有了与唐玄宗相似的需要，希望借朝觐仪式展现天子威仪。根据刘静贞的研究，自灭石晋建国后，辽朝就有了争夺正统的野心；

---

① （元）脱脱等：《宋史》卷一五二，北京：中华书局，1977 年，第 3540、3542 页。

② （清）徐松辑，刘琳等校点：《宋会要辑稿·礼一四》，上海：上海古籍出版社，2014 年，第 771 页；（宋）吕大临、赵九成：《考古图续考古图考古图释文》卷八，北京：中华书局，1987 年，第 144 页。

③ （清）徐松辑，刘琳等校点：《宋会要辑稿·礼二二》，上海：上海古籍出版社，2014 年，第 1127 页。

④ （清）徐松辑，刘琳等校点：《宋会要辑稿·礼二八》，上海：上海古籍出版社，2014 年，第 1293 页。

⑤ （清）徐松辑，刘琳等校点：《宋会要辑稿·礼二八》，上海：上海古籍出版社，2014 年，第 1290 页。

⑥ 参见周善策：《封禅礼与唐代前半期吉礼的变革》，《历史研究》2015 年第 6 期。

⑦ （后晋）刘昫等：《旧唐书》卷二三，北京：中华书局，1975 年，第 900 页。

宋辽战争结束后，两国约定在国书中互称“皇帝”，这一现实直接打破了儒教国家“天无二日，民无二主”的传统观念；为此，王钦若建议宋真宗通过东封西祀等一系列活动，向“戎狄”展现“皇帝”作为“天子”的神职功能，在百姓及外邦的心目中重塑威权。[①] 在这样的背景下，西祀后的朝觐礼就有了特殊的意义，它一方面从仪式礼节的安排上，设置了外邦使臣对北宋皇帝的“朝觐”，明确真宗作为“天命之子”的神圣地位；另一方面，又从仪式结构上，继承了唐代传统，强调北宋王朝的正统地位。

真宗在崇饰后土庙后，另筑奉祇宫，并在其前筑坛举行朝觐礼。这一举动让帝王行宫与后土祠庙分离，却借此暗示了天地祭祀是北宋帝王的专利。外邦使臣与地方父老只能通过朝觐帝王获得后土的福泽，而无法直接参与到后土庙中举行的后土大祭。

## 二、仪式设计与空间布局背后的政教逻辑

真宗西祀时，在后土庙中进行的奠献礼与奉安石匮，是分别以坛祭和庙祭两种形式进行的。唐代武则天时，开始在汾阴后土的祭祀仪式中，同时用坛祭与庙祭两种形式祭祀后土，这一做法影响至玄宗朝。真宗西祀延续了玄宗亲祀汾阴时，因应民众宗教信仰而对古礼的诸多改革，使国家大礼更容易为地方士民所理解与接受。[②] 后土大礼中的“坛祭”与“庙祭”，正代表了国家祭祀与民间祠祀的两类神灵崇拜形式。

### （一）坛祭

儒家传统的祭地建筑“方丘”，是一种露天的方形祭坛。然而，汾阴后土庙是殿堂式建筑，且其中供奉着人格化的后土神。这一现实是唐宋两朝，皇帝在汾阴后土庙祭地，却要以方丘形制另筑祭坛祭祀的重要原因。

当然，这种做法并非北宋首创。从“古双柏旁有堆阜”的描述，以及“旧轩辕扫地坛”这一名称可以推测，真宗朝时的后土祭坛是在汾阴后土庙已有的一些遗址上修建的。事实上，在汾阴设坛祭地，是有典可据的。汉武帝于元鼎四年（前 113），至汾阴亲祠后土。出发前，祠官宽舒就曾建议“宜于泽中圜丘为五

① 参见刘静贞：《皇帝和他们的权力：北宋前期》，台北：稻乡出版社，1996 年，第 107—125 页。

② 参见吕变庭、梁韵彦：《真宗西祀探微：兼及盛唐至宋初的礼制改革》，《社会科学》2021 年第 10 期。

坛”;祭礼举行之后,朝廷又因为公孙滂洋等见汾旁有光,立后土祠于汾阴脽上。[①] 因为后土祠建于武帝亲祀以后,所以此时的坛祭与庙祭并不冲突。在西汉中期以后,国家祭祀系统中的自然神已有人格化的趋势;然而因为与礼不合,这类偶像崇拜遭到了当时士大夫们的非议。[②] 到了唐代,后土神人格化的形象逐渐普及,并随韦安道与后土夫人故事的流传[③],而广为人们所接受。玄宗皇帝亲祀前,后土祠中已供奉有作妇女形象的后土像。[④] 或者是为了缓和坛祭与庙祭、设像和设虚位神座两种祭祀方式间的矛盾,武则天时官方的汾阴后土祭祀,以及玄宗亲祠汾阴后土,都选择按照方丘之制,在“祠堂院外设坛”致祭。[⑤]

唐玄宗的做法为宋真宗所仿效,而这一决定与西祀活动在朝堂上所遭受的诸多非议有直接关系。根据吴丽娱先生的研究,汾阴后土神与儒教国家祭祀中的“皇地祇”并不完全相同,这一神祇很可能是在唐玄宗亲祀以后,才进入国家祭祀系统的。[⑥] 真宗西祀前,当时的龙图阁待制孙奭就曾多次上言,反对真宗亲祀。他曾指出,北郊祭地较之汾阴后土之祀更符合儒家礼典,因而没必要舍近求远。其奏疏曰:“古者圜丘方泽,所以郊祀天地,今南北郊是也。汉初承秦,唯立五畤以祀天,而后土无祀,故武帝立祠于汾阴。自元成以来,从公卿之议,遂徙汾阴后土于北郊。后之王者,多不祀汾阴。今陛下已建北郊,乃舍之而远祀汾阴。其不可三也。”[⑦]实际在大中祥符四年(1011)真宗亲祀后土之前,北郊祭地才是北宋朝廷认可的天地大祀。北宋立国,自宋太祖乾德元年(963)伊始,就下令沿袭唐制,在宫城北14里设方丘,祭后土皇地祇。[⑧] 根据《大唐开元礼》,在方丘祭地仪式举行之前,礼官会在坛上设“神座”以表现岳镇海渎、丘陵原诸神。[⑨] 这种设虚位神座象征天神地祇的手法源于古礼,符合儒家理念;而设坛壝

---

① (汉)班固撰,(唐)颜师古注:《汉书》卷二五,北京:中华书局,1962年,第1221—1222页。

② 吴丽娱主编:《礼与中国古代社会·隋唐五代宋元卷》,北京:中国社会科学出版社,2016年,第125页;(汉)班固撰,(唐)颜师古注:《汉书》卷二四,北京:中华书局,1962年,第928页。

③ (宋)李昉等编:《太平广记》卷二九九,北京:中华书局,1961年,第2375—2379页。

④ 参见李零:《我们的中国》第2编,北京:生活·读书·新知三联书店,2016年,第188页。

⑤ (后晋)刘昫等:《旧唐书》卷二九九,北京:中华书局,1975年,第928页。

⑥ 吴丽娱:《汉唐盛世的郊祀比较——试析玄宗朝国家祭祀中的道教化和神仙崇拜问题》,孙家洲、刘后滨编:《汉唐盛世的历史解读——汉唐盛世学术研讨会论文集》,北京:中国人民大学出版社,2009年,第27页。

⑦ (宋)孙奭:《谏幸汾阴》,(宋)吕祖谦编:《宋文鉴》卷四二,长春:吉林人民出版社,1998年,第416页。

⑧ (宋)李焘:《续资治通鉴长编》卷四,北京:中华书局,1979年,第101页。

⑨ (唐)萧嵩等撰,周佳、祖慧点校:《大唐开元礼》卷二九,杭州:浙江大学出版社,2016年,第257页。

于都城北郊祭地的方式则确立于王莽时期，其后为历代王朝所沿用。[①] 因此，以庙祭形式祭祀后土，实则不合帝制国家的礼制要求。

真宗西祀时，沿袭了北郊方丘的祭祀形式，在后土庙以北的第九进院落筑祭坛，又模拟方丘形制，以虚位神座供奉后土皇地祇、先代帝王、神州地祇、诸方岳镇海渎、丘陵原隰等神祇[②]。这一做法，一来遵循了儒家古礼的祭祀理念，使北宋王朝北郊祭地的传统得以延续；二来亦使国家大祀与民间祭祀后土祠的祈赛活动有所区别，在向百姓宣传帝制国家形象的同时，保证了王权对古礼中天地祭祀之仪式程序与仪式行为的垄断，并以此凸显朝廷威权的至高无上、不容僭越。

## （二）庙祭

真宗在后土庙正殿前举行的奉安石匮仪式，与封禅时封存玉册的环节相似。雍熙初，修葺前代泰山封禅基址时，就曾发现唐玄宗东封时祭皇地祇的玉册与苍璧。[③] 可以说，真宗封禅与西祀中瘗埋玉册的祭祀仪式，皆是仿效玄宗故事。玄宗封禅时，曾在昊天上帝神座前"封玉册"。[④] 然而，在《大唐开元礼》所录的后土礼中，却没有奉安玉册的环节，玄宗在后土神座前瘗埋的，只有玉帛与馔物。[⑤] 宋真宗在后土祭礼中增加了"奉安石匮"的环节，除了表现西祀祭后土与登封祭天的对偶之意外，亦是想要借此掩盖帝王亲祀汾阴后土庙，奠献礼却不在庙内正殿举行的尴尬局面。

虽然真宗仅在坤柔之殿前举行奉安石匮的仪式，但真宗西祀以前，后土庙的奠献礼却是在坤柔之殿的大殿内举行的。根据《太常因革礼》，太平兴国四年(979)八月，礼院将后土庙祭祀定为中祀。祭礼中使用祭器陈设与祭仪有明确规定，但远较帝王亲祀简单。据载，祭祀前一日，需"清扫庙之内外，整拂神座。设祭器笾豆、樽俎、簠簋于庙堂上，设币篚于樽所，设洗于东阶东南，罍在洗东，篚在洗西"；祭祀的时候"大祝以下先入，立于庭，北面。赞唱者曰再拜，在位官皆再拜，升自东阶，立于樽所。质明，赞礼者引祭官已下俱就门外立定。一刻顷，赞礼者引祭官已下入就位。赞礼曰再拜。在位者皆再拜。赞礼者进入初献

---

① 王木娘：《西汉国家祭祀中所见后土地祇之典与礼》，《世界宗教文化》2018年第3期。

② （宋）欧阳修等编：《太常因革礼》卷四四，上海：商务印书馆，1936年，第270页。

③ （清）徐松辑，刘琳等校点：《宋会要辑稿·礼二二》，上海：上海古籍出版社，2014年，第1121页。

④ （唐）萧嵩等撰，周佳、祖慧点校：《大唐开元礼》卷六三，杭州：浙江大学出版社，2016年，第480—481页。

⑤ （唐）萧嵩等撰，周佳、祖慧点校：《大唐开元礼》卷二九，杭州：浙江大学出版社，2016年，第262页。

之左。白有司谨具，请行事，退复位”。[①] 直到真宗景德四年(1007)，礼院将后土庙升为大祀，对汾阴后土神的奠献礼仍于后土庙的殿内及中庭举行。[②] 除了详定祭祀仪式之外，真宗朝的礼院在大中祥符二年(1008)正月，依皇后服制，为后土神修制了衣冠。[③] 由此可以明确，在大中祥符四年以前，当地士民所熟知的后土祭祀，是对人格化神祇进行的庙祭。

河中府地区长期以来对人格化后土神所进行的庙祭活动，很可能是真宗在坛祭之后，还要于后土祠的第五进院落举行奉安石匮活动的重要原因。与依照儒家礼典设置的方丘不同，汾阴后土庙内还供奉着“司命天尊”[④]“六丁”“六甲”等道教诸神[⑤]。在真宗西祀时，对这些神祇的奠献，被安排在三献礼之后，随奉安石匮的活动一同进行。至此，后土祠内供奉的诸多道教神祇，与儒教国家祭祀中的地祇诸神皆得到了祭飨，两者的差异与冲突亦在繁缛的皇家祭祀仪式中变得模糊；虽然等级差异明显，但儒家士人与地方士民对于后土地祇的不同信仰，在真宗亲祀这次国家大礼中同时获得了皇家的认可。

综上所述，真宗西祀时在后土庙另筑祭坛，对后土皇地祇进行奠献；而后再回到坤柔之殿前进行庙祭，这样的安排缓和了儒家古礼与民间祠祀间的对立与矛盾。唐宋之交，帝制国家的王朝礼制开始打破“礼不下庶人”的原则，向民间渗透，以约束地方士民。[⑥] 真宗西祀这一仪式过程与空间的编排及选择，正反映了唐宋之际“礼制下移”的趋势。国家大礼通过融合民间祠祀与道教信仰的诸多因素，以获得地方士民的接受与认同。与此同时，国家祭祀又通过继承源于古礼的祭祀传统，保持国家大祀与民间祠赛的区别，以此方式向民众宣示天地大祭属皇帝的专有特权。

## 三、后土祭礼所反映的礼教观念

传统中国的礼制包含“礼文”与“礼义”两个层面的内容。礼制文书所载的仪式过程及器用，是为“礼文”；仪式背后所蕴藏的儒家伦理及天人观念，是为“礼义”。作为国家大祀的后土祭礼也不例外，其背后蕴含的“礼义”，正体现了

---

① (宋)欧阳修等编：《太常因革礼》卷八二，北京：商务印书馆，1936年，第398页。

② 参见(宋)欧阳修等编：《太常因革礼》卷八二，北京：商务印书馆，1936年，第399页。

③ 参见(宋)欧阳修等编：《太常因革礼》卷八二，北京：商务印书馆，1936年，第399页。

④ (清)徐松辑，刘琳等校点：《宋会要辑稿·礼八二》，上海：上海古籍出版社，2014年，第1294页。

⑤ 郭黛姮主编：《中国古代建筑史》第3卷，北京：中国建筑工业出版社，2009年，第157—161页。

⑥ 参见王美华：《礼制下移与唐宋社会变迁》，北京：中国社会科学出版社，2015年，绪论，第2页。

儒教国家所要向民众宣扬的价值观念。古礼赋予后土祭祀的诸多“礼义”与真宗皇帝的执政理念吻合,这是真宗排除各方反对声音,执意亲祀汾阴后土庙的关键。借由后土大祀,真宗皇帝向天下传播了“孝悌”“节用”与“尊王”等相关理念。

## (一)孝悌

“孝悌”是帝王祭祀后土,要向民众传达的关键信息。《孝经》有言:“昔者明王,事父孝,故事天明;事母孝,故事地察;长幼顺,故上下治。天地明察,神明彰矣。”[①]其中“事地察”一句特指祭祀地神。在儒家的宇宙观念中,地祇孕育万物,是天下人的母亲,因此王者祭地,是“孝母”的表现。而祭祀后土时,真宗“以太祖、太宗配侑”,则正是对《孝经》所述“孝莫大于严父,严父莫大于配天”的实践。《孝经》的言辞,在《宋真宗大中祥符祀汾阴碑》《宋裴瑾创建后土庙碑记》[②]等言及真宗西祀的碑刻材料中屡屡被提及。由此可见,帝王祭祀皇地祇所寄寓的孝道观念,是为北宋官僚及地方文人所熟知的。事实上,《孝经》在北宋时期逐渐成为一本“童蒙读物”[③],得到了更广泛的传播。因此,真宗在西祀过程中祠后土,配祀太祖、太宗等一系列活动所传播的孝道观念,对于地方民众而言,是可以被理解的。

在祭礼本身以外,真宗皇帝亦借由西祀活动,向地方士民树立了君王礼敬地方父老的形象。西祀之前,河中府的父老们已经通过祥瑞奏报[④]、谒阙请祀[⑤]等诸多方式,促进了西祀活动的成功展开。在与他们的互动中,真宗西祀这一国家行为获得了“以河中父老再有陈请”的合理性依据。而在“蕃夷酋长”与“四方进奉使”之外,地方父老亦是朝觐礼的重要参与者。朝觐礼后,真宗还在宫门对其设宴款待。

对于儒教国家的统治者而言,以忠孝之道教化万民,是“天子”的职责,亦是其维护统治秩序的重要手段。而帝王以身作则敬重地方父老,对于崇扬“孝悌”有重要意义。对此,北宋中期的思想家李觏曾言道:“天子之尊且事他人为父

---

① 汪受宽译注:《孝经译注》,上海:上海古籍出版社,2007年,第72—73页。

② (清)马鉴等修,寻銮炜纂:《荣河县志》卷一一,《中国方志丛书》华北地区第421号,台北:成文出版社,1976年,第548—554、581—585页。

③ 陈壁生:《孝经学史》,上海:华东师范大学出版社,2015年,第297页。

④ (元)脱脱等:《宋史》卷六四,北京:中华书局,1977年,第1401—1403页。

⑤ (宋)李焘:《续资治通鉴长编》卷七三,北京:中华书局,1979年,第1673—1674页;卷七四“真宗大中祥符三年”,第1681页。

兄,天下之民敢遗其亲父亲兄乎?是一举而孝弟之风洋洋乎九州之外矣。”[①]对地方父老的礼遇,是儒教国家的传统。在西祀活动中,通过接受地方父老的朝拜,并施恩于这一人群,真宗皇帝成为遵循“孝悌”之道的楷模,并一举赢得了地方势力的支持。事实上,皇帝礼敬地方耆老,在宣扬“孝”道的同时,亦将权威赋予他们,使其能以“忠孝”为据约束同族子弟。以此为纽带,北宋朝廷的国族观念有效地由中央延伸至地方,在逐级传递的过程中保证了封建等级社会的基本秩序。

## (二)节用

礼之“节用”,强调的是一种适度原则,在祭祀中不尚奢华,而讲求适度与节制。《礼记·礼器》有云:“礼之大伦,以地广狭;礼之薄厚,与年之上下。是故年虽大杀,众不匡惧,则上之制礼也节矣。”[②]后代的荀子更直接将这种“节”的思想,与“富国”相连,在他看来“足国之道”在于“节用裕民”;而“礼”是“节用”的关键,因为“礼者,贵贱有等,长幼有差,贫富轻重皆有称者也”[③]。王者通过礼制节制各阶层人民的用度,一方面可促进资源的有效利用,保障国家“足用”;另一方面,亦可树立起天子的威权,保证从中央到地方的各级官民无僭越的想法与举动。入宋以后,在儒学复兴的背景下,礼制中强调“节用”的原则愈发获得认可。对于祭礼的本质,李觏云:“神者人之本也,不可以不事也,于是为之禘尝郊社,山川中霤,以修祭祀。丰杀有等,疏数有度,贵有常奉,贱有常守,贤者不敢过,不肖者不敢不及,此礼之大本也。”[④]祭祀所要遵循的原则是“有等”“有度”“有常”,因此其牺牲、服制、祭器、建筑要把握一定的尺度。

那礼之“节用”的尺度,需要如何厘定?后代的帝王,选择了将周代的礼乐制度作为“范式”。人类学家凯瑟琳·贝尔(Catherine Bell)认为:儒家的“礼”可视为一种人类对于质朴传统的追溯;因相信周礼蕴含着人类美德的缩影,后代的人们不断参照经典,重复着这些仪式。[⑤] 因周公编修的礼制节文,既能彰显上

① (宋)李觏著,王国轩点校:《李觏集》卷一三,北京:中华书局,2011 年,第 118 页。

② 胡平生、张萌译注:《礼记》,北京:中华书局,2017 年,第 444 页。

③ (战国)荀况著,(唐)杨倞注,耿芸标校:《荀子》卷六,上海:上海古籍出版社,2014 年,第 109 页。

④ (宋)李觏著,王国轩点校:《李觏集》卷二,北京:中华书局,2011 年,第 6—7 页。

⑤ Catherine Bell, *Ritual: Perspectives and Dimensions*, New York: Oxford University Press, 1997, p.147.

位者之“尊”，又不至于造成浪费，[1]所以被认为是后代的典范。后代帝王只要遵循这些规则，就可以获得儒家的认可。古礼的原则是不容违背的。然而，遵循古礼之“义”，很难体现在实际行动中；于是，仪式中的“复古”倾向，就成为天子恪守先王之礼的体现。

周代贵本尚质，因而古礼提倡“以素为贵者，至敬无文”[2]。后土庙貌碑庙北的“旧轩辕扫地坛”，其命名就源自这一祭祀理念。《礼记·礼器》云：“有以下为贵者：至敬不坛，扫地而祭。”[3]在这种观念驱使下，一些改变古礼的祭祀方式会被附会以“亡国之象”的骂名，如：“天子大社，必受霜露风雨，以达天地之气也。是故丧国之社屋之，不受天阳也。”[4]唐宋两代，国家祭祀活动中，对“坛祭”的执着，正是这种观念影响下的结果。除此之外，祭礼中帝王所着服饰，所用祭器，皆以古礼为本，不会因为时过境迁及国家丰足，而以奢华为尚；这之中有传承正统的意味，亦是“节用”的体现。

真宗西祀对于“节用”的强调，反映在祭礼中的复古倾向，包括对唐礼的沿袭，以及对坛祭的执着。当然，这种对“节用”的强调亦与其政治诉求相关。汾阴地处河中府，是北汉故地，当地的豪族世家多为隋唐贵族后裔。在此地举行国家大礼，并提倡礼之“节用”，有强调王朝正统及尊卑观念，警醒地方势力及邻国来使约束自身、防止僭越的含义。

## （三）尊王

帝制国家的统治者进行国家“大祀”，往往是希冀通过仪式表演传播王朝威仪，真宗亦然。因此，“尊王”才是国家祭祀活动中，帝王本身最为重要的诉求。后土大祭举行的场所——后土庙之建筑本身，最直观地体现了“尊王”的理念。

《礼记·礼器》云：“有以大为贵者：宫室之量，器皿之度，棺椁之厚，丘封之大。此以大为贵也。”[5]高大的宫室，是大多数无法直接参与祭祀典礼的普通民众，对于王权威仪最为直观的印象。《周礼》对于宫室级别，是以“数”为等差的，其文曰：“上公九命为伯，其国家、宫室、车旗、衣服、礼仪皆以九为节。侯伯七

---

① “先王因人之情而制之，以为贵贱等级，使贵者得以逞，贱者无所觎，则上下有体，而朝廷以尊；费用有节，而财力不乏。”参见（宋）李觏著，王国轩点校：《李觏集》卷一四，北京：中华书局，2011年，第123页。

② 王晖：《周代大礼返本归朴说》，《齐鲁学刊》1997年第5期。

③ 胡平生、张萌译注：《礼记》，北京：中华书局，2017年，第451页。

④ 胡平生、张萌译注：《礼记》，北京：中华书局，2017年，第486页。

⑤ 胡平生、张萌译注：《礼记》，北京：中华书局，2017年，第449页。

命,其国家、宫室、车旗、衣服、礼仪皆以七为节。”①在《营造法式》中,面阔九间的殿堂式屋宇,属大木作中最高的级别。② 后土庙九进院落的恢宏布局,及九开间、重檐庑殿顶的正殿,正反映了后土地祇被纳入国家“大祀”,所享有的最高级别祭祀规格。与之相比,重建于北宋崇宁元年(1102)的太原晋祠圣母殿,仅为一座面阔七间的重檐九脊顶建筑。③ 而大金承安五年(1200)所立的《大金承安重修中岳庙图》碑显示,河南登封中岳庙亦只有六进院落,其主殿“琉璃正殿”则为一座面阔七间的重檐庑殿顶殿堂。④ 因此,除西祀时作为行宫、形制未明的奉祇宫(西祀后改名太宁宫)正殿以外,汾阴后土庙很可能是北宋时期河中府及其周边地区,普通民众可以目睹的规格最高的祠庙建筑。甚至到了金章宗时期,仍因其祠庙庄严宏钜,被称为“海内祠庙之冠”。⑤ 这种直观的视觉体认,满足了一般民众对于帝王亲祀的想象,亦保证了帝王威权可随建筑物的存在而长时间地留存于地方民众心中。

然而,这样一座宏伟、高大的殿阁,其利用率却极低。大中祥符四年五月,真宗在亲祀汾阴回程的途中诏:“脽上后土庙,宜令本殿周设栏楯,民庶祈赛,止拜于庭中,官吏非祠祭亦勿升殿。”⑥真宗西祀时的主要仪式不在“坤柔之殿”举行;而西祀后,一般民众亦不允许登临。在这样的情况下,后土庙的主殿成为一座名副其实的纪念性建筑。其不允许士民使用的专属性质,在塑造后土皇地祇之神性的同时,亦宣告了帝王祭地的特权;高大的建筑本身,则成为一种帝王威权的象征。

## 四、结论

《后土庙貌碑》所刻画的汾阴后土庙,其布局与史籍记载的真宗亲祠后土活动相符。宋真宗亲祀后土的仪式分为三个主要环节。其中,“奠献礼”在后土庙第九进院落中的“旧轩辕扫地坛”处进行;其后举行的“奉安石匮”,在后土庙主

---

① 钱玄等注译:《周礼·春官宗伯第三》,长沙:岳麓书社,2001年,第198页。

② “法式”规定:殿身九至十一间的殿堂,用一等材。参见(宋)李诫撰,梁思成注释:《〈营造法式〉注释》第4卷,《梁思成全集》第7卷,北京:中国建筑工业出版社,2001年,第79页。

③ 郭黛姮主编:《中国古代建筑史》第3卷,北京:中国建筑工业出版社,2009年,第171页。

④ 郭黛姮主编:《中国古代建筑史》第3卷,北京:中国建筑工业出版社,2009年,第165页。

⑤ (清)马鉴等修,寻銮炜纂:《荣河县志》卷二,《中国方志丛书》华北地区第421号,台北:成文出版社,1976年,第101页。

⑥ (清)徐松辑,刘琳等校点:《宋会要辑稿·礼二八》,上海:上海古籍出版社,2014年,第1294页。

殿前的中庭举行;而“朝觐礼”,则在奉祇宫前的朝觐坛进行。这样的安排,使后土庙中面阔九间、重檐庑殿顶的“坤柔之殿”在很大程度上失去了原有的功能性意义,却因其高大恢宏的形象,在国家“大祀”中成为重要的视觉符号。通过祭祀仪式与礼制建筑的分离与结合,真宗皇帝借此调和了古礼与民间祠祀的矛盾;在西祀活动中,既彰显了“孝悌”之道,亦实现了“节用”与“尊王”二者间的平衡。通过在庙北另筑祭坛奠献后土,宋真宗延续了古礼倡导的国家祭祀传统,回应了儒家思想对于“节用”的诉求。而在“坤柔之殿”前举行的富有道教色彩的奉安石匮活动,则满足了皇帝本人及地方士民的信仰需要,使后土祠内供奉的诸多道教神祇,与儒教国家祭祀中的地祇诸神一道,得到了帝王的祭飨。西祀以后,后土庙中高大的“坤柔之殿”成为朝廷威权的象征,时刻节制着地方士民,并提醒着北境强邻:中原礼制法度庄严,宋王朝的威仪不容僭越。

真宗西祀的仪式过程与后土庙的空间营造,是一个反映北宋时期儒家礼制运行的绝佳案例。其仪式编排与空间构成皆以古礼为本,却巧妙地结合了民间祠祀及道教信仰的元素,既而以儒家“礼义”重新诠释。这种兼容并蓄,是北宋时期儒学思想推崇“合变时节”之实用主义[①]的体现。通过对祭祀仪式与建筑的折衷与调和,儒教国家的礼制观念得以从中央延伸至地方,为不同阶层的士民所理解与接受。

(原载《宗教学研究》2023 年第 5 期,图略)

① 参见漆侠:《宋学的发展和演变》,北京:人民出版社,石家庄:河北人民出版社,2011 年,第 282—303 页。

# 第二章

# 土地崇拜与早期后土信仰的形成

# 浅谈后土与后土崇拜传统

尹虎彬

弗雷泽在《金枝》中谈到宗教的界定问题。作者认为“宗教包含理论和实践两大部分，就是：对超人力量的信仰，以及讨其欢心、使其息怒的种种企图。这两者中，显然信仰在先，因为必须相信神的存在才会要取悦于神。但这种信仰如不导致相应的行动，那它仍然不是宗教而只是神学”[①]。如果不必用正统宗教的概念来使用宗教（religion）这个术语，我们可以使用祭礼（cult）来强调神话和仪式的交互作用，它是含有仪式和神话成分的现场活动。[②] 这种含有神话和仪式内容的有关制度，对有文献的周代来说保存于礼书中。《周礼》：“大宗伯之职，掌建邦之天神、人鬼、地示之礼，以佐王建保邦国。”[③]礼作为中国古代文化的核心，蕴含了古代神话与仪式的内容。荒古难稽的古代，人们笃信万物有灵，也即有神，后来这些自然神逐渐人格化，自然物的形象获得了人的形象，于是才有了天地神祇、生物神灵、人鬼和人神这些初步的观念分野。中国传统的宗教是以祭礼的形式为主的，神灵与祭祀为主要的研究对象也是显而易见的。

---

① [英]詹·乔·弗雷泽：《金枝》，徐玉新等译，刘魁立审校，北京：中国民间文艺出版社，1987年，第77页。

② G.Nagy, *Greek Mythology and Poetics*, Ithaca: Cornell University Press, 1992, p.10.

③ 李学勤主编：《十三经注疏·周礼注疏》上册，北京：北京大学出版社，1999年，第450页。

# 一、后土与后土祭祀

## (一)先秦载籍里的后土与后土祭祀

后土在河北易县、涞水一带的民间信仰中处于独尊的地位。关于后土的神话、后土崇拜和后土庙宇,以及冀中平原上的音乐会敬天地、礼神佛的宗旨等,都表明后土信仰的文化积淀很古老。民间流传的《后土宝卷》里有这样颂赞后土的词句:“承天效法,后土皇灵,五方五帝座中宫,妙法广无穷,四海神通,万物有灵生。”(《后土宝卷·举香赞》,李家坟本)宝卷主要反映民间宗教的内容,但不可否认,它也保留了一些古老的信仰和仪式的成分。如五方五帝即其一。古人习惯于把东西南北加上中央合称为五方。到战国时代,五行学说大盛,原先的四方与中央被称为五方。五行家将远古的五帝五色等,与五行、五方相配合。《礼记·月令》曰:“中央土,其日戊己,其帝黄帝,其神后土。”[①]有学者认为“后土”义为大土,即中央大社神,与卜辞中的“中商”又称“商土”正吻合。五方神正是由商代的四方神加中央神演变而来的。[②] 甲骨文中已有四方观念,四方加上中央即为五方。战国时代,五行说盛行,阴阳家以五行为框架将世间万物进行分类,遂将五帝、五神、五色、五声、五味等与五方、五材相配,组成了一个包罗万象的五行体系。五神即五方神,分别是五帝的辅佐,其中中央之神称为后土。但是,将后土解释为“大土、中央大社神”欠妥,“后”是“君”的意思,“后土”就是主管土地的神灵。“中商”的概念与“中央后土”概念之间似无关系,“中商”在甲骨文中指与四方国相对的商都,是个政治地理概念,而非宗教概念。又,商代有无四方神概念,学界尚无定论,甲骨文中只有四方风和四方神,那就是后世四方神的前身。在现存典籍中记载四方神最早的应是《山海经》的《海外经》和《大荒经》,但其中尚无中央神。

后土是社神,也就是土神。简单地说,后土就是主管土地的神,也就是土地之神。供奉土地之神的祭坛在古书中称为社,《礼记·郊特牲》说:“社祭土而主阴气也。”又说:“社所以神地之道也,地载万物,天垂象,取财于地,取法于天,是以尊天而亲地也。故教民美报焉。”甲骨文中,“社”字就作“土”,象征祭祀土地神的祭坛。

---

① 李学勤主编:《十三经注疏·周礼注疏》上册,北京:北京大学出版社,1999年,第515页。

② 参见詹鄞鑫:《神灵与祭祀:中国传统宗教综论》,南京:江苏古籍出版社,1992年,第42—43页。

周代文献中开始有称土地神为“社”，五谷神为“稷”。后土句龙与后稷柱或弃的说法，说明社稷神与古代英雄崇拜结合在一起。

《左传·昭公二十九年》载晋献子问史墨曰：“社稷五祀，谁氏之五官也？”史墨对曰：“少皞氏有四叔，曰重、曰该、曰修、曰熙，实能金、木及水。使重为句芒，该为蓐收，修及熙为玄冥，世不失职，遂济穷桑，此其三祀也。颛顼氏有子曰犁，为祝融；共工氏有子曰句龙，为后土，此其二祀也。后土为社；稷，田正也，有烈山氏之子曰柱为稷，自夏以上祀之。周弃亦为稷，自商以来祀之。”①

《国语·鲁语上》也说：“昔烈山氏之有天下也，其子曰柱，能殖百谷百蔬；夏之兴也，周弃继之，故祀以为稷。共工氏之伯九有也，其子后土，能平九土，故祀以为社。”②可见，古代祭祀社稷时以人神配食，是无疑的。共工氏之子因为能平九土，被尊为后土神。烈山氏即神农，是古代人对烈山氏造田开创农业的氏族祖先的追称。其子柱能殖百谷，所以成为姜姓氏族的稷神。弃是周民族农业的始祖，所以成为姬姓氏族的稷神。自然神人格化的结果，祭祀土地五谷神必须以古代圣人句龙和弃配享。这种变化造成社稷神具有两重性，既是土地五谷神又是古圣人。③

周代之社稷神已经成为国家的保护神。周代的社成为领主土地的象征。“溥天之下，莫非王土。”周王国的社以五色土象征中央和四方土地，诸侯国的土地以当方之色土为坛。《礼记·祭法》曰：“王为群姓立社，曰大社；王自为立社，曰王社。诸侯为百姓立社，曰国社；诸侯自为立社，曰侯社。大夫以下成群立社，曰置社。”④社神的功能由原始崇拜的赐佑“受年”转变为政治上的邦国保护神。天子封建诸侯，先祭告大社，诸侯封建为邦国，也先告后土。《周礼·大宗伯》：“王大封，则先告后土。”又《大祝》：“建邦国，先告后土。”社的军事意义也很突出，征伐告社献捷献俘等祭祀活动都是军事性质的。⑤

## （二）后土地祇作为崇拜对象的形象以及后土一词所指之身份

土地神原属自然神与自然崇拜的范畴。若从民族学角度看问题，中国历史上的土地神形象有土丘、石、树、树枝、木桩和人形偶像。其中最早的当是土丘，

① 李学勤主编：《十三经注疏·春秋左传正义》下册，北京：北京大学出版社，1999 年，第 1506—1512 页。

② 上海师范大学古籍整理组校点：《国语》，上海：上海古籍出版社，1978 年，第 166 页。

③ 参见詹鄞鑫：《神灵与祭祀：中国传统宗教综论》，南京：江苏古籍出版社，1992 年，第 63 页。

④ 王文锦译解：《礼记译解》，北京：中华书局，2001 年，第 673 页。

⑤ 参见詹鄞鑫：《神灵与祭祀：中国传统宗教综论》，南京：江苏古籍出版社，1992 年，第 64—65 页。

最晚的是人形偶像。早期的土地神为女性,晚期的则为男性,并配有妻室。[①]

考"后土"一词本义,应以女神为是。"后"字的本义,是指女性。在甲骨文与金文中,"后"字是女人的形状,有的还带有明显的双乳。王国维说:"后字皆从女或从母、从子,象产子之形。"[②]所以有人认为,"后"字的原始义,即为全族之尊母。"土"字从字义说:"土,吐也,能吐万物也。"[③]"所以生人者称母,生万物之母,可称土。"照《后汉书·隗嚣传》的说法,叫"地为母"。

"后"字甲骨文从人从子,像人产子之形,但其意并不在于母性,而在于繁衍后代;也就是说,"后"的本意指后代,王国维只是说其字形从女,也并没有说它就指女性或母性。古文献中,"后"固有两义,一是表示王后,一是表示国君。但在"后土"一词中,"后"肯定是取后一个意思,即君的意思。后土之化为女性,始于何时,本人没有考证,不过后土之女性化肯定与阴阳家的天阳对地阴的观念有关,这是毫无疑义的。《后汉书》的说法也仅仅是由天属阳地属阴的观念而来,并不意味着当时已有地母的观念了。

以人形偶像作为土地神形象是较晚时候产生的。后土死后,人们在祭祀社神时,就将他作为配神祀。社神是自然神,并无具体形象;后土则是人鬼,是人的形象。后世以人鬼为土地神,实际上是将人鬼信仰与土地信仰合二而一。[④]后土神或社神的造型,最初应该是聚土而成的土堆,即《诗经·大雅·文王》所谓"冢土",其实也就是祭坛,也就是后来社坛或社的前身,甲骨文的"土"字(也就是"社"字)就象征这样的土堆,后世文献中的所谓封、封坛,其实与社、冢土、社坛是一回事。有了祭坛,就有了祭祀和崇拜,有了仪式和庆典,因此,神的人格化就是不可避免的了,所谓以烈山之子柱为社或以禹为社,就是人格化的体现。而既然有了人格化,就自然会有人形神偶。

将后土神视为女神,在唐以前恐怕已经流行。中国古来便有"皇天后土"之说,加之天阳地阴之阴阳观念,视地祇为女神也是自然的。在唐代,全国各地纷纷建立后土夫人祠,供奉女神像。刘鼎卿《隋唐嘉话》卷下说:"后土祠,隔河与梁山相望。旧立山神像以配,座如妃匹焉。至开元中年,始别建室外而迁出之。"[⑤]这个祠就是汉武帝元鼎四年(前113)初建于汾阴脽上的,在黄河之东。唐代,后土夫人祠遍布全国,供奉女神像。《玉匣记》中定三月十八日为"后土娘

---

① 参见何星亮:《中国自然神与自然崇拜》,上海:上海三联书店,1992年,第120页。

② 王国维:《殷卜辞中所见先公先王续考》,《观堂集林》卷九,北京:中华书局,1959年,第441页。

③ (汉)刘熙:《释名·释天》,《四部丛刊》本。

④ 参见丁山:《后土后稷神农蓐收考》,《文史》2001年第3期。

⑤ (唐)刘𫗧撰,程毅中点校:《隋唐嘉话》,北京:中华书局,1979年,第51页。

娘的生日”。1942年,北京白云观规定旧历三月十八日在后土殿祭祀,这就是古老传统的继续。不过白云观称之为“后土皇帝”,而不是“后土娘娘”。后土作女像,又是一个大神,因而被称作“后土夫人”。扬州的后土祠,又名后土夫人祠,后土神像就是一妇人。洪迈《夷坚志》载后土神灵验的故事。《太平广记》卷二九〇引《妖乱志》,唐人小说《后土夫人传》,载后土夫人嫁韦郎的故事。另外,《太平广记》引《异闻录》也提到后土夫人。宋人徐铉《稽神录》卷一载扬州后土夫人显灵事。后土作妇人像,亦当本于天阳地阴、男阳女阴之观念。

《后土夫人变》见载于宋黄休复《茅亭客话》卷四中的《李聋传》。由其文可知此变文至迟在距北宋开宝(968—975)二十余年之前已成立,时当10世纪上半期。刘铭恕先生指出:“后土夫人是自汉代以来道家所信仰的神祇。其在唐代,仍有修行仙术者所迷信。”“它是一篇可以转唱的道家变文。”[①]关于其事,有叶德均先生《后土夫人变考》论之甚详。[②] 唐代有传奇《韦安道》。传奇讲后土夫人与韦安道之爱恋故事。[③] 宋人何薳《春渚纪闻》卷二记大观四年邵衍监临死,感神责其藏《后土夫人词》之事。[④]

由上引资料大概可以初步推断,后土神之“夫人”化是在唐代完成的,这一转变至关重要,也是本文的关键之一,本来应该多着些笔墨。这一节原本可以更展开些,梳理一下后土夫人在唐、宋等历代的变化。

### (三)“后土”之称始于春秋,其来历有人名、官名、神名等不同说法

《礼记·月令》曰:“中央土,其日戊己,其帝皇帝,其神后土。”《国语·鲁语上》曰:“昔烈山氏之有天下也,其子曰柱,能殖百谷百蔬;夏之兴也,周弃继之,故祀以为稷。共工氏之伯九有也,其子后土,能平九土,故祀以为社。”丁山认为后土、后稷,生既非王,死而称后者,若非因周人尊祖配天追尊“司徒”为“后稷”,而连带追尊“社神”为“后土”。他认为后土亦即官名司徒。其实,后土就是主管土之官,后就是君之义,明白得很,无需曲解。《左传·文公十八年》:“舜臣尧,举八恺,使主后土。”杜《注》:“后土,地官。”地官,《周官》正谓之司徒。故以官名考之,知后土即司徒。《传》曰“后土为社”,盖谓平水土之官,生为司徒,死则为

---

① 刘铭恕:《关于俗讲的几个问题》,《郑州大学学报》(社会科学版)1980年第9期。

② 参见叶德均:《戏曲小说丛考》,北京:中华书局,1986年,第689—690页。

③ 又名《后土夫人传》,《太平广记》卷二九九引自《异闻录》,文渊阁《四库全书》第1045册,第218—222页。

④ (宋)何薳著,张明华点校:《春渚纪闻》,北京:中华书局,1983年,第16页。

社神。[①]《周礼》之地官非杜预之地官，杜之地官，是主管土地的官，而《周礼》按天、地、春、夏、秋、冬安排官职，所谓地官并无实际意义，而只有形式上的作用。

上古有所谓“五行之官”，后流变为“五行之神”。后土即其中之一，为土地神祇。《左传》所说木正句芒、金正蓐收、水正玄冥、火正祝融和土正后土，金木水火土各正分别是当时这五个方面的专家，他们死后则祀为贵神。《左传·昭公二十九年》云：“故有五行之官，是谓五官。实列受氏姓，封为上公，祀为贵神。社稷五祀，是尊是奉。木正曰句芒，火正曰祝融，金正曰蓐收，水正曰玄冥，土正曰后土……献子曰：‘社稷五祀，谁氏之五官也？’对曰：‘少皞氏有四叔，曰重、曰该、曰修、曰熙，实能金、木及水。使重为句芒，该为蓐收，修及熙为玄冥，世不失职，遂济穷桑。此其三祀也。颛顼氏有子曰犁，为祝融；共工氏有子曰句龙，为后土，此其二祀也。后土为社；稷，田正也，有烈山氏之子曰柱为稷。自夏以上祀之。周弃亦为稷，自商以来祀之。’”[②]

可见，后土有三个层面的意义：一是官名，土正之名；二是司大地之神的后土；三是大地之神，即司大地之神与大地的自然神混淆为一。句龙死后，被人奉为社神，也被人奉为后土之神，但后土之神并非就是社神。后土跟社的区别在于：社是具体的土地神，而后土代表抽象的大地之神，即后土地祇。《左传》所谓“社稷五祀”，社稷归社稷，五祀归五祀。后土之神，是五祀之一。总之，大地之神后土，与社并非一回事。《史记·封禅书》：“《周官》曰：冬日至，祀天于南郊，迎长日之至；夏日至，祭地祇。”此地祇即大地之神后土。[③] 历代帝王，除祭社稷之外，还祭大地之神，也就是后土。社神是自然神，而后土的灵魂，则是人鬼。二者性质不同，但职能一样。人们逐渐将后土的灵魂与社神混淆为一，认为社神即后土。社神和后土(地神)基本相同。后土是整个大地的神灵，社是天子、诸侯、士大夫的土地神，主持一定范围内的土地。稷神是社神的另外一种看法，在农业社会文化中兴起。社稷也有配神，如禹死而为社，后稷死而为稷。这都是人格神。社、稷基本相同，所有的不同都是历史演变的结果。后土原本就是社，或者社的人格化，后人囿于名号，见经典中既有后土，又有社神，因此就将两者硬给分开了。

---

① 参见丁山：《后土后稷神农蓐收考》，《文史》2001年第3期。

② 李学勤主编：《十三经注疏·春秋左传正义》下册，北京：北京大学出版社，1999年，第1506—1512页。

③ (汉)司马迁：《史记》，北京：中华书局，1975年，第1357页。

## 二、后土与国家正祀

随着社会的发展，统一王朝出现了抽象化的大地之神，被尊为“后土皇（地）帝祇”。后土与天帝相对应，总司土地的国家大神，由皇帝专祀。但在地方，乡里村社仍奉祀地区性的土地神。这时土地神的地位已大大下降，自然崇拜的色彩已渐渐消失，转而具有多重社会职能的人格化也渐渐明显。

先秦的后土，并没有神像。作为国家正祀的祭祀，除了先王先圣之外，肯定都没有神像，只有民间淫祀才无论什么神都要有个模样。《礼记·王制》有“天子祭天地”之说。《周礼·大司乐》有祭祀地祇的记载：冬日至，祀天于圜丘；夏日至，祭地于方泽。[①]《周礼·大宗伯》记载“黄琮礼地”的祭祀方法。祭用黄琮、两圭，并且埋绘埋牲，祭于方泽或太折。据《史记·封禅书》记载：秦始皇行祠名山大川及八神。八神之中，“一曰天主，祠天齐”；“二曰地主，祠泰山梁父”。

汉代，祭祀后土被列为皇朝祀典，为历代帝王所沿袭。每三年皇帝都要到汾阴后土祠举行一次大祀。汉武帝刘彻东岳封禅，汾阴祀土，于元鼎四年（前113）扩建汾阴后土祠，定为国家祠庙，作为巡行之地。据《史记·封禅书》记载：汉武帝元鼎四年，天子云：“今上帝朕亲郊，而后土无祀，则礼不答也。”臣下乃议云：“今陛下亲祠后土，后土宜于泽中圜丘为五坛，坛一黄犊太牢具，已祠尽瘗，而从祠衣上黄。”[②]于是，武帝乃始立后土祠于河东汾阴，亲自拜望，如祭祀上帝礼。祭用黄犊，从祠者衣黄色，乃土与黄相对之故。祭品埋入地下，乃循古祭地之礼。汉成帝建始元年（前32），河东后土祠移至长安。永始元年（前16），复河东汾阴后土之祠。绥和二年（前8），又改于长安北郊祀后土。建平三年（前4）又改于汾阴祀后土。平帝元始五年，又改为长安北郊祀后土。武帝、元帝、成帝，都是五次祭祀后土。[③]

历代王朝祀后土，又多以皇后配祀。《文献通考》云汉平帝时祭北郊以高后配祀。[④]《后汉书·世祖本纪》云，光武帝中元元年（56），改薄太后为高皇后，配食地祇。曹魏、东晋、宋皆如此。以皇后配地祀，盖因“地为阴”之故。但隋以后国家祭祀后土，则以皇帝配祀了。[⑤]

---

① 李学勤主编：《十三经注疏·周礼注疏》下册，北京：北京大学出版社，1999年，第586页。
② （汉）司马迁：《史记》，北京：中华书局，1975年，第1357页。
③ （汉）班固：《汉书·郊祀志》，北京：中华书局，1965年，第3200页。
④ 参见（元）马端临：《文献通考》卷六九，北京：中华书局，1986年，第2130页。
⑤ 参见（唐）魏徵等：《隋书·礼仪志》，北京：中华书局，1973年，第105—284页。

唐代，玄宗李隆基于开元年间三次到汾阴后土祠，并扩建祠庙。《通典》第四十五卷载历代王朝祭祀后土的制度甚详。因此，本文不就此再做详细考证。

北宋真宗大中祥符四年(1011)皇帝驾幸汾阴泰宁宫，祠后土祇。宋徽宗封后土为“承天效法厚德光大后土皇地祇”[①]。金元之时，皇帝不再亲祀后土，只派官员祭祀。至明清时改由民间管理，以致汾阴后土庙越加凋零。明万历年间，因水患而两次迁建，现存建筑是清同治九年(1870)新选庙址重建。宋代，后土被道教列为“四御”尊神之一。南宋吕元素《道门定制》卷二注：“后土即朝廷祀皇地祇于方止是也。王者所尊合上帝为天父地母焉。”元明《三教源流搜神大全》卷一“后土皇地祇”称：“为阴地者，五方相乘，五气凝结，负载江海山林屋宇。故曰天阳地阴，天公地母也。《世略》所谓：土者，乃天地初判黄土也，故谓土母焉。”[②]

最早的后土祠当为山西万泉县汾阴后土祠。1929年卫聚贤发表《汉汾阴后土祠遗址的发现》一文。根据史料及考古发现指出，在汉武帝未立后土祠于汾阴时，汾阴已经有民祠后土祠，为春秋时晋文公祠介子推的祠。[③] 汉汾阴后土祠的遗址位于山西万泉县阎子疙瘩，周围有土岭、石碓以及人工开凿的坡道。该遗址为1930年挖掘，由董光忠撰写《山西万泉县阎子疙瘩(即汉汾阴后土祠遗址)之发掘》。[④] 报告详细描述了所发掘的新石器时代的陶罐等文物。卫聚贤根据考古和史料，认为后土祠即为介子推祠，因为祠旁出宝鼎，为汉武帝所注意，因于旧有的民祠后土祠旁边建大规模的国祠后土祠。他还认为两汉天子祠后土均在三月，当是因汾阴旧祠后土在三月故，而三月祠后土，正是以介子推死于三月而祠介子推。

今山西万荣县宝井乡庙前村即有后土祠，为晚清重修，庙内存有金天会十五年间刻，明嘉靖、天启年间重刻《蒲州荣河县创立承天效法厚德光大后土皇帝祇庙像图石》碑一通，碑阴刻宋大中祥符四年以前《历朝立庙致祠实迹》，记载汉、唐、宋先后有7位皇帝共17次到汾阴亲祀后土。以上史事分别见载于《汉书》《后汉书》《旧唐书》《新唐书》《宋史》各本纪以及《通志》《续通志》。

王世仁《记后土祠庙貌碑》对该碑进行了详尽精深的考释，认为碑文所记祈汾阴后土之史事叙述大致清楚。

---

① (元)脱脱：《宋史》，北京：中华书局，1975年，第398页。

② 胡孚琛主编：《中华道教大辞典》，北京：中国社会科学出版社，1998年，第1465页。

③ 参见卫聚贤：《汉汾阴后土祠遗址的发现》，《东方杂志》第26卷第19号，1929年。

④ 参见董光忠：《山西万泉县阎子疙瘩(即汉汾阴后土祠遗址)之发掘》，太原山西公立图书馆、美国华盛顿福利尔艺术陈列馆合刊，1932年。

金元以后再无皇帝赴汾阴亲祀后土之举。明代以后纯为民祭，至清代新建之祠，则已为乡社之所，毫无原来之规制。[①] 近来车文明《后土祠庙貌碑中两方台的考释》对碑中正殿“坤柔之殿”前庭中一大一小两方台做了考释，认为是露台，是表演场所由“撂地为场”的平地到在它之上方加顶盖后又砌墙的舞亭、舞楼之间的过渡形态。[②] 宋金时，祠庙中建露台者很多，几成定制。《西湖老人繁盛录》记载过岳庙露台上酌献“妓乐社火”之事即为旁证。

汾阴后土祠是宋代以前朝廷祭祀后土皇帝祇的本庙，开始建立于汉武帝元鼎四年，金代乔扆所撰《重立太宁宫碑》记载过去宋祥符四年春真宗皇帝驾幸汾阴太宁宫，祈后土事。该庙后来迁移地利处，于渭城之南修建太宁宫殿宇。靖康年间化为灰烬不存。皇统年间乃由乡民复修后土小庙一所，以为春秋祭祀。正隆年间亦有道士住持。这或许能说明后土庙在当地的变迁，金代以后逐渐为民祠。[③]

## 三、从国家正祀到民间祭祀

社稷在周代即被奉为国家主神，列入祀典，并作为国家政权的象征。秦汉时期春祈秋报的祭祀社神的传统有了进一步发展，形成了帝王之社、郡县之社和民间里社的三种层面的社祀形式，形成了官社与民社的区别。魏晋南北朝出现百家立社的形式，社日活动兴盛。唐宋社日达于全盛时期，元代以后渐次衰败。究其原因，一是自然崇拜为人格神和世俗神所逐渐替代；二是由于基层的里社制度瓦解，宗族势力的兴起，最为重要的是道教和佛教以及民间宗教的活跃，这些因素共同影响了本来比较单纯的古代社神祭祀活动。[④]

社神及其历史演化历史悠久。土地神来自上古社神。人们对它的崇拜可以追溯到三代。原始自然崇拜范畴的大地神，它的祭祀对象为土丘，所谓“方坛无屋”[⑤]。所谓“社”是上古以来的聚落或土地之神，后来演化为基层的组织。社最初指社坛，是代表土地的祭祀物。自元以降，一直作为地缘性祭祀组织的社，被升为纯粹地缘性的基层组织，作为民俗聚落的社。许多以社为单位，或以社庙为地点，以社神为祭祀对象而进行的活动，有可能但却不见得是传统意义上

---

① 参见王世仁：《记后土祠庙貌碑》，《考古》1963 年第 5 期。

② 参见车文明：《后土祠庙貌碑中两方台的考释》，《考古》2001 年第 4 期。

③ 乔扆：《重立太宁宫碑（正隆四年）全辽金文》，太原：山西古籍出版社，2001 年，第 1408 页。

④ 参见萧放：《社日与中国古代乡村社会》，《北京师范大学学报》（社会科学版）1998 年第 6 期。

⑤ （南朝宋）范晔：《后汉书》，北京：中华书局，1965 年，第 3200 页。

的春祈秋报的那个社祭。

明代初年，礼制规定社只应有社坛，后逐渐有了社庙。随着里甲制度瓦解，礼仪制度混乱，村村皆有土地庙，土地即里社之神。这显然不是当初的社神，里社之神并无庙宇和神像，只是坛上设神主。祭祀日期也有一定：二月初二。土地崇拜起源相同，但是民间化或地方化了。如江南的刘猛将，成为土地神，顶替了抽象化、正统化和制度化的土地神。[①] 乾隆《震泽县志》记载："自宋以来各村土地之神，即古里社之遗志，但称为侯王将军，且各指其人以实之，则虽正祀而亦为淫祠矣。"[②]后来的土地庙形同虚设，村民动土或报庙才到土地庙。明清华北的社与社火，或称社会，是广义的庙会之一种。明清华北的绝大多数社火是在春节到元宵节期间，特别是在元宵节举行。

明清以来，后土崇拜的仪式活动变成了民间的庙会。康熙《蒲州府记》记载："轩辕氏祀地祇扫地为坛于脽上，二帝八元有司，三王方泽岁举。"汾阴后土祠的庙期为每年的农历三月十八和十月十五，是春社和秋社的日子，特别是三月十八日传说是后土圣母娘娘的生日。后土祠附近各村社，都要闹社火，演锣鼓杂戏，以祭祀后土。秦晋豫各地的善男善女和求子祈福的人群以及看热闹的观众，摩肩接踵，云集圣地。

山西还有南朝所建介休后土庙。

另外，山西还有"后土圣庙大会"，流行于山西翼城县等地。翼城后土庙会期在农历三月十六日。民国《翼城县志》记载："四乡男女，多于是日进城谒庙，焚香求子，观剧，往来拥挤，道为之塞，……惟抬神人等系四外乡下丁壮，神轿上系铁顶，下垂石条重千余斤，每抬用壮丁二十余人，行不多路，往返抬运，谓之旋娘娘。随放随起，镇夜如是，至黎明神驾方进庙归殿。"[③]这种迎神驾会是民间后土祭祀活动的核心内容，在华北一带一直到清末民初仍然颇为流行。

（原载《青海社会科学》2012 年第 2 期，后经整理收入尹虎彬：《河北民间后土地祇崇拜》，北京：学苑出版社，2015 年，有改动）

① 赵世瑜：《狂欢与日常——明清以来的庙会与民间社会》，北京：生活·读书·新知三联书店，2002 年，第 230—235 页。

② 参见《震泽县志》卷六，清光绪重刊本。

③ 胡孚琛主编：《中华道教大辞典》，北京：中国社会科学出版社，1995 年，第 1519 页。

# 《清华简·赤鹄》篇与"后土"人格化

姚小鸥　卢　翮

《清华大学藏战国竹简》(三)《赤鹄之集汤之屋》[①]，具有浓厚的巫术色彩。该篇共十五支简，内容为：成汤射获一只停落在他屋顶上的赤鹄，令小臣烹作羹。成汤的妻子纴巟与小臣先后将羹偷尝，被成汤发现。小臣恐惧而逃走，受到成汤的诅咒晕倒于路。随后，小臣被"巫乌"拯救，并从"巫乌"处得知夏后身患重病，系天帝命"二黄蛇与二白兔"以及"后土"对其施以巫蛊所致。简文关于"后土"受天帝之命作祟致使夏后身染重病的描述，是"后土"具有人格化行为特征的早期文献材料。

《清华简·赤鹄》[②]全篇释文如下：

曰古有赤鹄，集于汤之屋，汤射之获之，乃命小臣曰："旨羹之，我其享之。"汤往□[③]。小臣既羹之，汤后妻纴巟谓小臣曰："尝我于尔羹。"小臣弗敢尝，曰："后其杀我。"纴巟谓小臣曰："尔不我尝，吾不亦杀尔？"小臣自堂下授纴巟羹。纴巟受小臣而尝之，乃昭然，四荒之外，无不见也；小臣受其余而尝之，亦昭然，四海之外，无不见也。汤返廷，小臣馈。汤怒曰："孰调

---

① 清华大学出土文献研究与保护中心编，李学勤主编：《清华大学藏战国竹简》(三)，上海：中西书局，2012年，第166—170页。"鹄"字原字形为"䧒"，有学者认为当读为"鸠"，本文暂从整理者意见，读为"鹄"。以下简称为《清华简·赤鹄》篇。

② 释文依据为李学勤主编：《清华大学藏战国竹简》(三)，上海：中西书局，2012年，第166—170页。

③ □为缺字，疑即汤往某地之地名。参见李学勤主编：《清华大学藏战国竹简》(三)，上海：中西书局，2012年，第168页，注释七。

吾羹?”小臣惧,乃逃于夏。汤乃□[①]之,小臣乃眛而寝于路,视而不能言。众乌将食之。巫乌曰:“是小臣也,不可食也。夏后有疾,将抚楚,于食其祭。”众乌乃讯巫乌曰:“夏后之疾如何?”巫乌乃言曰:“帝命二黄蛇与二白兔居后之寝室之栋,其下舍后疾,是使后疾疾而不知人。帝命后土为二陵屯,共居后之床下,其上刺后之体,是使后之身疴,不可及于席。”众乌乃往。巫乌乃歝小臣之喉胃,小臣乃起而行,至于夏后。夏后曰:“尔惟谁?”小臣曰:“我天巫。”夏后乃讯小臣曰:“如尔天巫,而知朕疾?”小臣曰:“我知之。”夏后曰:“朕疾如何?”小臣曰:“帝命二黄蛇与二白兔,居后之寝室之栋,其下舍后疾,是使后棼棼眩眩而不知人。帝命后土为二陵屯,共居后之床下,其上刺后之身,是使后昏乱甘心。后如撤屋,杀黄蛇与白兔,发地斩陵,后之疾其瘳。”夏后乃从小臣之言,撤屋,杀二黄蛇与一白兔,乃发地,有二陵廌(屯),乃斩之。其一白兔不得,是始为陴丁(当)诸屋,以御白兔。[②]

简文涉及“后土”作祟的描述,从第七支简开始。其中具体叙述“后土”参与巫蛊行为的两段简文翻译成白话为:

巫乌说:“帝命令两条黄蛇和两只白兔藏在夏后寝室的脊檩处,其气向下,使得夏后很快患了重病,昏乱得认不清楚身边的人。帝命后土,在夏后的床下隆起两道陵阜,其气向上直冲入夏后的体内,使得夏后身体剧痛,不敢碰触到席子。”

小臣说:“帝命两条黄蛇与两只白兔藏在你的寝室的脊檩处,其气向下使得您患病,并且使您头脑昏乱,认不清楚身边的人。帝命后土在您的床下隆起两道陵阜,其气向上直冲入您的身体,使得您昏乱迷惑,疾病愈来愈重。您如果拆掉房顶,杀掉黄蛇与白兔,挖开地面铲平陵阜,您的病痛就会痊愈。”夏后听从小臣的话,拆除屋顶,杀掉两条黄蛇与一只白兔,挖开地面,铲平了两个陵阜。其中有一只白兔没有被抓到,于是夏后就筑起了小墙遮挡屋子用以防御白兔。

以上引文中,“后土”听命于天帝,隆起陵阜,以气冲入夏后身体致使其患病的行为,与“后土”的人格化有重要关联,值得引起人们的注意。

“后土”人格化的过程,体现为“后土”身份的人格化、“后土”形象的人格化

---

① □为一残字,整理者指出该字从“示”,右有缺笔,疑与巫祝有关。参见李学勤主编:《清华大学藏战国竹简》(三),北京:中西书局,2012年,第169页。还有学者认为该字右旁疑为“教”字,当读为“祷”。

② 释文用通行字体。

以及“后土”行为的人格化。早期文献中关于“后土”行为人格化的记载较为稀少,《清华简·赤鹄》篇,填补了这方面材料缺乏的遗憾。

“后土”信仰发端于原始时期的土地崇拜,一般认为,它是传统土地神信仰的源头。清华简中,对“后土”身份人格化的描述,揭示了“后土”概念意指范围的某些变化过程。

最初人们把大地作为一个有灵性的自然体来崇拜。《周礼·春官·大宗伯》:“王大封,则先告后土。”郑玄注:“后土,土神也,黎所食者。”[①]《礼记·郊特牲》孔颖达疏:“‘地载万物’者,释地所以得神之由也。地之为德,以载万物为用故也。”[②]在历史发展过程中,“后土”的神格含义逐渐出现分化,既有与“皇天”对应的地祇后土,又有人格身份愈发具体的“社”神及代表五行神之一的“后土”。[③]

“后土”身份在文献中有多种说法。《山海经·海内经》:“祝融降处于江水,生共工,共工生术器,术器首方颠,是复土穰,以处江水。共工生后土,后土生噎鸣,噎鸣生岁十有二。”[④]《国语·鲁语》:“共工氏之伯九有也,其子曰后土,能平九土。”[⑤]或将“后土”理解为神职名称,曾被不同的人担任。《礼记·月令》云:“中央土,其曰戊己,其帝黄帝,其神后土。”郑玄注:“后土亦颛顼之子曰黎,兼为土官。”孔颖达疏:“按昭二十九年《左传》云‘颛顼氏有子,曰黎,为祝融。共工氏有子,曰句龙,为后土。’后土为土官。知此经,后土非句龙而为犁者,以句龙初为后土,后转为社,后土宫阙,犁则兼之。”[⑥]“后土”身份的歧义,正如郭沫若所言,“神话传说中人物,一人化为二人以上,一事化为二事以上,乃古今中外常有之事”[⑦]。

“后土”人格化所当具有的社会人际和亲缘关系的身份指标,在《清华简·赤鹄》篇中有所体现。简文中受帝命参与作祟的,除“后土”之外,还有“二黄蛇与二白兔”。此处关于黄蛇的记载,可与其他文献相参照。《山海经·大荒北经》:“大荒之中,有山名曰成都载天。有人珥两黄蛇,把两黄蛇,名曰夸父。后土生信,信生夸父。”[⑧]“夸父”的形象为耳朵上穿挂着两条黄蛇,手里把握着两条黄蛇,且为“后土”之孙。虽然《清华简·赤鹄》篇并未提及“后土”与“夸父”的

---

① 《周礼注疏》,(清)阮元校刻:《十三经注疏》,北京:中华书局,1980年,第764页。

② 《礼记正义》,(清)阮元校刻:《十三经注疏》,北京:中华书局,1980年,第1449页。

③ 参见萧登福:《后土与地母:试论土地诸神及地母信仰》,《运城学院学报》2005年第1期。

④ 袁珂校注:《山海经校注》,上海:上海古籍出版社,1980年,第471页。

⑤ 《国语》,上海:上海古籍出版社,1978年,第166页。

⑥ 《礼记正义》,(清)阮元校刻:《十三经注疏》,北京:中华书局,1980年,第1371—1372页。

⑦ 郭沫若:《中国古代社会研究》,北京:人民出版社,1954年,第200页。

⑧ 袁珂校注:《山海经校注》,上海:上海古籍出版社,1980年,第427页。

关系，也没有提到"二黄蛇"是否与《山海经》中"夸父"形象直接相关，但是"黄蛇"之黄色表明了其与大地并及"后土"的关系。[①]

"后土"形象的人格化同样有一个从抽象到具体，从象征物到人形的演变过程。《管子·轻重戊篇》："有虞之王，烧曾薮，斩群害，以为民利。封土为社，置木为闾，始民知礼也。"[②]陈梦家先生指出，在武丁卜辞中，土"作或，像土块之形。后世之社于地上立圜丘象之"[③]。人们把对土地的崇拜，投射到具体的"神性物体"上，是土地从"有灵观念"向人格化神过渡的一个阶段。[④] 尽管《清华简·赤鹄》篇中"后土"已有人格化的行为，但尚无造型的具体描述。以人形偶像作为"后土"崇拜的对象，出现时间相对较晚，东汉方有"土神"为"土偶人"造型的记载。《论衡·解除篇》："世间缮治宅舍，凿地掘土，功成作毕，解谢土神，名曰'解土'。为土偶人，以像鬼形，令巫祝延以解土神。已祭之后，心快意喜。谓鬼神解谢，殃祸除去。"[⑤]拥有具体人物造型和事迹的土地人格神形象，到《搜神记》中的"蒋子文"方才明晰。

有关"后土"身份人格化和形象人格化的记载在早期文献中较成系统，某些方面在《清华简·赤鹄》篇中得到进一步的印证。但关于"后土"人格化的一个重要指标——行为的人格化，人们的叙述通常较为笼统。究其原因，主要是文献有阙，无法对这一过程针对性地加以具体说明。《清华简·赤鹄》篇正提供了"后土"具有切实的人格化行为的材料。

《清华简·赤鹄》篇中对"后土"作祟的描述"帝命后土为二陵屯，共居后之床下，其上刺后之身"，是明显的"受命"而动的具体行为。从其与"帝"的关系来说，具有社会阶层意义。关于"后土"具有社会阶层意义的身份，在早期文献中可觅得其踪。20世纪出土的楚墓竹简，如江陵望山一号楚墓竹简、荆门包山楚墓竹简等，均有关于"后土"祭祀的简文。所祀神排列次序大致均为："太、后土、司命、大水……"依此等等，通过神祇祭祀的排位，可以看出天神、地祇等神格及其地位的高下。[⑥]《左传·昭公二十九年》孔颖达疏："刘炫云：'天子以下俱荷地德，皆当祭地，但名位有高下，祭之有等级。天子祭地，祭大地之神也；诸

---

① 参见汪晓云：《云神夸父神话叙事本源》，《民俗研究》2007年第1期。

② 戴望：《管子校正》，上海：上海书店，1986年，第414页。

③ 陈梦家：《殷墟卜辞综述》，北京：中华书局，1988年，第583页。

④ 鲁刚：《文化神话学》，北京：社会科学文献出版社，2009年，第1页。

⑤ （汉）王充：《论衡》，上海：上海人民出版社，1974年，第386页。

⑥ 参见汤漳平：《出土文献与〈楚辞·九歌〉》，北京：中国社会科学出版社，2004年，第123—132页。引用时本文核对了湖北省荆沙铁路考古队：《包山楚简》，北京：文物出版社，1991年，第34页。

侯不得祭地，使之祭社也。家又不得祭社，使祭中霤也。霤亦地神，所祭小，故变其名。’”[①]在《淮南子·天文训》中“后土”被视为辅佐之神：“中央土也。其帝黄帝，其佐后土，执绳而制四方。”[②]王逸《楚辞章句》注《楚辞·招魂》“魂兮归来！君无下此幽都些”：“幽都，地下后土所治也。地下幽冥，故称幽都。”王逸注“土伯九约，其角觺觺些”：“土伯，后土之侯伯也。……言地有土伯，执卫门户……”[③]可见在汉人的观念中，“后土”统辖冥府，在其权位之下有侯伯。《清华简·赤鹄》篇中“后土”的具体行为——臣服和听命于“天帝”，与传世文献可互相参证。

《清华简·赤鹄》篇“后土”人格化行为的具体表现，是其参与的巫祝活动，及对行为实施对象——“夏后”产生的严重负面后果，“使后之身疴蠚，不可及于席”并“昏乱甘心”。简文中，天帝不仅差使“后土”，还命令“二黄蛇与二白兔居后之寝室之栋”与“后土”共同对夏后施以巫蛊。弗雷泽在《金枝》中记述了通过接触某物来对某人或物施加影响的交感巫术，[④]“咒诅不仅用于加害个人，也可以用来祈神降殃于敌国”[⑤]。早期文献中不乏此类记载。秦《诅楚文》反映了秦国战前诅咒楚国企图使其败亡的巫祝活动。[⑥]《史记·封禅书》关于西汉太初元年西伐大宛，“丁夫人、洛阳虞初等以方祠诅匈奴、大宛”[⑦]，亦为类似记载。《清华简·赤鹄》篇中的咒诅和巫蛊术，与前述行为相一致。

《清华简·赤鹄》篇中“黄蛇”和“白兔”行“蛊”事，与它们在后世民俗观念中的灵怪意象亦相符合。《山海经·海内西经》：“开明东有巫彭、巫抵、巫阳、巫履、巫凡、巫相，夹窫窳之尸，皆操不死之药以距之。窫窳者，蛇身人面，贰负臣所杀也。”[⑧]“蛇身人面”反映了“巫者”与“蛇”意象的关联。

《抱朴子》曰：“兔寿千岁，满五百岁则色白。”晋桓温《贺白兔表》曰：“臣闻至德通玄，则祯祥降。灵和所感，则异物生。今白兔见于春谷县，皓质纯素，皦然殊观。”[⑨]瑞应图曰：“王者恩加耆老，则白兔见。”[⑩]由上皆可见“白兔”在古代人

---

① (唐)孔颖达：《春秋左传正义》，(清)阮元校刻：《十三经注疏》，北京：中华书局，1980年，第2123页。
② 何宁：《淮南子集释》，北京：中华书局，1998年，第186页。
③ 洪兴祖：《楚辞补注》，北京：中华书局，1983年，第201页。
④ 参见[英]詹姆斯·乔治·弗雷泽：《金枝》，赵昍译，西安：陕西师范大学出版社，2010年，第16页。
⑤ 詹鄞鑫：《神灵与祭祀：中国传统宗教综论》，南京：江苏古籍出版社，1992年，第451页。
⑥ 参见《郭沫若全集·考古编》第九卷，北京：科学出版社，1982年，第315页。
⑦ (汉)司马迁：《史记》，北京：中华书局，1959年，第483页。
⑧ 袁珂校注：《山海经校注》，上海：上海古籍出版社，1980年，第301页。
⑨ (唐)欧阳询，汪绍楹校：《艺文类聚》，上海：上海古籍出版社，1982年，第1650页。
⑩ (唐)欧阳询，汪绍楹校：《艺文类聚》，上海：上海古籍出版社，1982年，第1715页。

们的观念中是具有神秘色彩之物。“二黄蛇与二白兔”和“后土”隆起的陵阜，上下其气，发挥“巫蛊”的作用，致使“夏后”身患重病，神志不清。这使人们联想到早期土地神的某些行为。

中国古代早期具有完整人格神形象的土地神，也往往与巫祝行为相关。《搜神记》载：“蒋子文(者)，广陵人也，嗜酒好色，挑达无度。常自谓已骨清，死当为神。……谓曰：‘我当为此土地神……为我立祠。不尔，将有大咎！’是岁夏，大疫，……文又下巫祝：‘吾将大启佑孙氏，宜为我立祠。不尔，将使虫入人耳为灾。’俄而，小虫如尘虻，入耳皆死，医不能治。……又下巫祝：‘若不祀我，将又以大火为灾。’是岁，火灾大发，一日数十处。火及公宫。……”[①]由上述可知，直到六朝时期的一些文献记载中，土地神还不是主持公道，帮济百姓的“善神”，而是与《清华简·赤鹄》篇中的“后土”类似，系以巫蛊的手段威胁或加害他人者。

在后世文献中，土地神的行为和具体职责开始更多地受“神话道德化”的制约，不再仅凭不加约束的欲望和本能来支配。早期文献中做派跋扈的蒋子文，明代已经赋予其忠烈英勇的品格而被尊为“汉秣陵尉蒋忠烈公子文”[②]，在民间立庙奉祀。历代各类笔记小说、戏剧舞台上的土地神更多为善良、仁慈、护佑百姓的正义之神，一些人们心目中的英雄贤士，如关羽、韩愈、岳飞等也成为民间信奉的土地神。土地神这种伦理化、道德化、世俗化的演变，体现了人们在敬畏的神明身上投射了文明和道德的理想。

据考古学测定，“清华大学藏战国竹简”的年代为公元前305年(±30年)的战国时期。[③] 有关“后土”人格化的文献产生于这一时期绝非偶然，它反映了战国时期文化发展与变革的历史。从文献学角度来说，它是“后土”人格化早期形态的珍贵材料，在“后土”崇拜及土地神信仰的研究中具有重要意义。

(原载《民俗研究》2013年第3期)

---

① (晋)干宝：《搜神记》卷五，贵阳：贵州人民出版社1991年，第127—129页。

② (清)张廷玉等：《明史》，北京：中华书局，1974年，第1304页。

③ 李学勤主编：《清华大学藏战国竹简》(一)，北京：中西书局，2010年，前言，第3页。

# 中国古代“后土”形象的起源与嬗变

韦正春

中国古人对土地崇拜，形成中国特有的土地神祇——后土。后土形象经过缘起、衍生、嬗变以及成形等阶段，可将其划分为三个不同时期。在先秦时期，后土指的是人名、官名、神名，其形象尚未成形，在多数情况下以社祭出现，从以冢土、石、树等立社以及其不同职能来看，后土形象是混乱的。汉末至唐，后土与社分开祭祀，在政治与宗教的推动下，后土有性别之分，其塑像始有定形。唐宋之际，人们把后土与冥间挂钩，其成为掌管幽都的冥神，祭祀的意义无疑被放大，在丧礼仪式中下棺安置完毕后，闭塞圹门，负土成坟，先后都要祭典后土。宋徽宗亲自祭祀后土，并赐予“承天效法厚德光太后地祇”封号，加上道教对后土的改良和包装，使得后土成为与玉皇大帝相匹配的神祇，正所谓“天公地母”。此后，世俗相袭，后土形象出现两种不同的版本：一是官方所钦定的“后土娘娘”，列入道家的神仙谱系，成为民间定期祭祀的对象；二是经过百姓改造，成为农村土地庙社祭的“土地公公”与“土地婆婆”。

## 一、先秦至汉：后土的缘起

在先秦时期，关于后土的释名有三种不同的说法。首先，后土指的是人名。据《国语·鲁语上》云：“共工氏之伯九有也。其子曰后土，能平九土，故祀以为社。”[①]《礼记·祭法》将“伯”作“霸”，“九有”作“九州”，“九土”亦作“九州”。按此

① （战国）左丘明：《国语》，上海：上海古籍出版社，1983年，第116页。

说，共工应是某位氏族部落的首领，称霸九州，拥有九州的土地，其子名叫后土。贾逵注曰："共工，诸侯，炎帝之后，姜姓也。"[①]《淮南鸿烈解·天文训》亦记载："昔者共工与颛顼争为帝，怒而触不周之山。"[②]此是炎帝部落首领共工与黄帝部落首领颛顼发生战争的描述。《孟子·万章上》就记载共工战败，"流共工于幽州"[③]的说法，《尧典》亦因此说。《史记·五帝本纪》把共工、驩兜、三苗与鲧列为四凶之一，有"流共工于幽陵，以变北狄"[④]的描述。其次，后土指的是官名。据《左传·昭公二十九年》曰："共工氏有子曰句龙，为后土。"[⑤]《说文》云："后，继体君也，象人之形。从一口，发号者。君，后也。"[⑥]韦昭注："后，君也，使君土官，故曰后土也。"[⑦]另据《左传·文公十八年》有"舜臣尧，举八恺，使主后土，以揆百事，莫不时序，地平天成"。杜预注："后土，地官；禹作司空，平水土，即主地之官。"[⑧]《礼记·月令》亦云："其帝黄帝，其神后土。"郑氏注："后土，亦颛顼氏之子，曰犁，兼为土官。"[⑨]从上文可看出，句龙、禹、犁都担任过"后土"这个职衔，后土即指管理土地的官名。最后，释后土为神名。《周礼·大宗伯》云："王大封，则先告后土。""告"祭名，即用牲币祭祀。郑玄注曰："后土，社神也。"[⑩]《淮南子·氾论训》亦云："禹劳天下，而死为社。"高诱注云："劳天下，谓治水之功也，托祀于后土之神。"[⑪]古有功于民者逝后，为了纪念他，古人立社祭祀。据《礼记·祭法》说："夫圣王之制祀也，法施于民则祀之，以死勤民则祀之，以劳定国则祀之，能御大灾则祀之，能捍大患则祀之。"[⑫]后土由人名、官名、神名最后又变成了"社"，每逢遇祭，均以"社"祭出现。

在先秦时期，社有不同的形象。第一，封土为社。《诗经·大雅·生民》云："乃立冢土，戎丑攸行。"[⑬]传云："冢土，大社也。"《公羊传·僖公三十一年》"诸侯祭土"，何休注："土，谓社也。"《淮南子·齐俗训》曰："有虞氏之祀，其社用土。"

---

① (战国)左丘明:《国语》,上海:上海古籍出版社,1983年,第104页。
② 刘文典:《淮南鸿烈解》,北京:中华书局,1989年,第80页。
③ 方勇译注:《孟子》,北京:中华书局,2015年,第177页。
④ (汉)司马迁撰,韩兆琦评注:《史记》,长沙:岳麓书社,2011年,第6页。
⑤ 杨伯峻:《春秋左传注》,北京:中华书局,1981年,第1503页。
⑥ (汉)许慎:《说文解字》,北京:中华书局,1982年,第186页。
⑦ (战国)左丘明:《国语》,上海:上海古籍出版社,1983年,第166页。
⑧ 杨伯峻:《春秋左传注》,北京:中华书局,1981年,第638页。
⑨ 孙希旦撰,沈啸寰、王星贤点校:《礼记集解》,北京:中华书局,1989年,第461页。
⑩ 杨天宇:《周礼译注》,上海:上海古籍出版社,2004年,第284页。
⑪ 何宁:《淮南子集释》,北京:中华书局,1998年,第985页。
⑫ 孙希旦撰,沈啸寰、王星贤点校:《礼记集解》,北京:中华书局,1989年,第1204页。
⑬ 程俊英译注:《诗经译注》,上海:上海古籍出版社,1985年,第498页。

郭诱注："封土为社。"[①]为什么要"立土"为社呢？据《风俗通义·祀典》中说"社者，土地之主，土地广博，不可遍敬，故封土以为社而祀之，报功也"[②]。土地是繁衍生命的载体，是人类一切生存资料的来源，人们要依赖它才得以生存，促使人们感谢它。但有时候，人们看到土地像人类一样发怒，土地上的东西被震倒、毁坏，山崩地裂，河水倒流，使人们害怕。因此，人类怀着感恩和畏惧的心理，立土为社，祭祀之时，以"冢土"为祭。第二，封树为社。在原始社会，人神不分，人们相信万物有灵，极其崇拜大树、古树。人类会随着一代又一代繁衍生息，但树木的寿命悠长，就算遇到砍伐、毁坏，都会再次生长，强大的生命力和繁殖能力让人们羡慕与惊奇。与此同时，古人认为灵魂不朽，那些逝去的人会附在树上，以社为祭。《墨子·明鬼》说："必择林木之修茂者，立以为社。"[③]《尚书》逸篇云："太社，惟松；东社，惟柏；南社，惟梓；西社，惟栗；北社，惟槐。"[④]对于不同的方位和所立的社树有所不同，不同的朝代所立社树也有所不一。《论语·八佾》说："哀公问社于宰我。宰我对曰：'社，夏后氏以松，殷人以柏，周人以栗。'"[⑤]蔡邕《独断》卷上云："社神，盖共工氏之子句龙也，能平水土。帝颛顼之世举以为土正，天下赖其功。尧祠以为社。凡树社者，欲令万民加肃敬也。"[⑥]第三，以石为社。《周礼·春官·小宗伯》云："若大师，故封土以为社，而祀之，报功也。"郑玄注："社之主盖用石为之。"秦蕙田《通考·吉礼四十二》引丘濬曰："意者当时坛壝之上则树以本，而又以石为主。"[⑦]《吕氏春秋·贵直论》则直接说"(晋)围卫取曹，拔石社"[⑧]。《淮南子·齐俗训》亦云"殷人之礼，其社用石"，高诱注"以石为社主也"。[⑨] 古人以石立社亦是因石的本身属性与社会根源有着密切的关联。首先，人们通过观察大自然，发现石头的特征：坚固、不易腐朽，尽管受到风吹雨打、日晒雨淋，数百年过去了，依然存在，象征着生命的悠久和坚韧。其次，在青铜器出现之前，人类发展的初期，即原始社会时期，人类社会经历了旧石器、中古石器、新石器时代，延续了数百万年，石器是人们最初的主要生产工具。

---

① 何宁：《淮南子集释》，北京：中华书局，1998年，第788—789页。

② (汉)应劭撰，王利器点校：《风俗通义校注》，北京：中华书局，1981年，第354页。

③ 吴毓江撰，孙启治点校：《墨子校注》，北京：中华书局，1993年，第340页。

④ (北齐)魏收：《魏书》，北京：中华书局，1974年，第1226页。

⑤ 杨伯峻：《论语译注》，北京：中华书局，1958年，第30页。

⑥ (汉)蔡邕：《独断》，《四部丛刊》三编景明弘治本，第6页。

⑦ 杨天宇：《周礼译注》，上海：上海古籍出版社，2004年，第289页。

⑧ (战国)吕不韦门客编撰，关贤柱等译注：《吕氏春秋全译》，贵阳：贵州人民出版社，1997年，第858页。

⑨ 何宁：《淮南子集释》，北京：中华书局，1998年，第789页。

社的形象不一,且神职也各有不同。春秋战国后,出于政治的需要以及宗教的影响,社神的神性更加社会化,失去了最初对土地崇拜的自然属性,而添加了许多与社会事务直接相关的神性。首先,在农业方面,求助社神保佑风调雨顺、五谷丰登。《诗经·小雅·甫田》诗曰:“以我齐明,与我牺羊,以社以方。我田既臧,农夫之庆。琴瑟击鼓,以御田祖,以祈甘雨,以介我稷黍,以谷我女。”[①]《诗经·小雅·大田》之诗亦曰:“田祖有神,秉畀炎火。”[②]“田祖”就是先秦农业祭祀之神,亦称“农神”。其次,祈求社神禳灾除害。《左传·庄公二十五年》,记载因发生日蚀时要献币社祭的案例。如:“夏六月辛未,朔,日有食之,鼓、用牲于社。”[③]发生火灾时,也要社祭。如《左传·昭公十八年》:“郑子产为火故,大为社,祓禳于四方,振除火灾,礼也。”[④]“社”成为人们禳灾、祈福,面对难以解释的自然奇异现象,寻求心理庇护之所。最后,天子分社诸侯,出征或凯旋也要在社举行社礼。据《周礼·大祝》云:“建邦国,先告后土,用牲币。”[⑤]封建诸侯国,则先告祭后土,用牲和玉帛做祭品。大军出征前,先进行社祭,祈求凯旋,如《左传·定公四年》,“君以行,祓社,衅鼓祝奉以从,于是出境”[⑥]。胜利归来也要进行社祭,如《周礼·大祝》曰:“大师,宜于社;……及军归,献于礼。”[⑦]此外,《墨子·明鬼》记载了以社断案的封建迷信案例。

“社”是人类早期迷信与宗教的产物,兴盛于人类生产力水平较低时期,从以上的社祭对象和仪式可以看出,社从最初的自然崇拜到逐渐转入社会人伦,在“社祭”过程中形成了一定的仪式,这种仪式在政治和宗教的包装下,形成了上下有序、等级分明的“礼”。《礼记·祭法》曰:“王为群姓立社,曰大社。诸侯为百姓立社,曰国社。大夫以下成群立社,曰置社。”[⑧]在上古时期,政教一体,由“社祭”发展而来的“礼”,无异于宗教,它形成了一种尊卑有序、阶级划定、各司其职的“礼仪”,亦成为人们日常生活中的行为准则与规范。但是,它又与宗教有明显的区别,宗教是需要有具体的信仰,明确朝拜的对象,定期祭祀的日期,森严的戒律;而“社祭”是需要则祭,不需要则可不祭。中国古人相信神是实用的,在地上;西方人相信神在心里,在天上。《礼记·郊特牲》曰:“天子之社,祭

---

① 程俊英译注:《诗经译注》,上海:上海古籍出版社,1985年,第434页。
② 程俊英译注:《诗经译注》,上海:上海古籍出版社,1985年,第437页。
③ 杨伯峻:《春秋左传注》,北京:中华书局,1981年,第231—232页。
④ 杨伯峻:《春秋左传注》,北京:中华书局,1981年,第1535页。
⑤ 杨天宇:《周礼译注》,上海:上海古籍出版社,2004年,第365页。
⑥ 杨伯峻:《春秋左传注》,北京:中华书局,1981年,第1535页。
⑦ 杨天宇:《周礼译注》,上海:上海古籍出版社,2004年,第365页。
⑧ 孙希旦撰,沈啸寰、王星贤点校:《礼记集解》,北京:中华书局,1989年,第1201页。

畿内之地祇也。诸侯之社，祭一国之地祇也。州社，祭一州之地祇也。大夫以下，成群立社，亦各视其所居之地，以为神之所生而祭之者也。”[①]社祭的意识形态与活动为精英与民众、造就士人的贵族阶级与农民双方所共享。朱天顺先生说：“由土地崇拜发展起来的社神迷信，在民间有广泛的基础，分级社祭适合于维护以血缘为纽带的宗族制度和以封地为政治、经济统治单位的封建社会。”[②]由土地崇拜而兴起的社祭活动，在“社神”迷信的掩盖下，进行分“礼”社祭，从精神上麻醉民众，使得民众觉得这是神使为然，并得到统治阶级极力推广，且统治阶级的意识形态也渗透在这里面，说明这种“社祭”活动极有利于其统治。

从人名、官名、神名以及最后立“社”祭祀来看，后土这一形象是混乱的，没有具体的描述，尚未定形，这是奴隶社会时期多神共祀的情况。我们从立社祭祀来看，有冢土、树、石等，这些都是社的形象，也可以说是后土初期的形象。再从社的职能来看，有保佑庄稼、禳灾祈福、分封社稷、裁决断案等，后土也逐渐从人名、官名淡化，而神性因子逐渐浓厚，已不再是句龙、禹或是犁，成为另一个叫作后土的土地神祇。

## 二、汉末至唐：后土性别的转变

在先秦时期，后土作社为祭，祭祀后土亦祭祀社，而在多数情况下，后土即以社祭。汉以后，后土与社分开祭祀，社与稷，联合起来祭祀，称为社稷。汉代祭祀后土尤为兴盛。《史记·封禅书》云：“(天子)始立后土祠汾阴脽丘，如宽舒等议。上亲望拜，如上帝礼。”[③]在汉武帝时期，始立汾阴为后土祭祀地点，而且祭祀时间有专门的规定。《汉书·郊祀志》曰：“汾阳后土，三年亲郊祠，而泰山五年一修封。”[④]“(汉宣帝)幸河东，祀后土，赦天下。”[⑤]“(汉元帝)东至河东祠后土，西至雍祠五畤。”[⑥]建始元年，汉成帝刘骜把汾阳后土的神祠迁到长安设庙祭祀。从后土的祭祀仪式和皇权对其重视来看，其地位已经超出原始土地神祇崇拜。且从祭祀者的身份和地位看，它不仅仅是皇权的象征，更是男权意识的体现。从后土的官名、人名来看，有句龙、禹、犁等人，均指男性。再从他们逝后为

---

① 孙希旦撰，沈啸寰、王星贤点校：《礼记集解》，北京：中华书局1989年，第788页。

② 朱天顺：《中国古代宗教初探》，上海：上海人民出版社，1982年，第68—69页。

③ (汉)司马迁撰，韩兆琦评注：《史记》，长沙：岳麓书社，2011年，第406页。

④ (汉)班固：《汉书》，北京：中华书局，1964年，第1248页。

⑤ (汉)班固：《汉书》，北京：中华书局，1964年，第1252页。

⑥ (汉)班固：《汉书》，北京：中华书局，1964年，第1253页。

社,以社祭祀,以及社的性别来源考述,除上文所提到的句龙、禹、契外,还有烈山氏之子柱,周的弃为稷,死后尊为稷,联合起来祭祀即社稷,均指男性。在先秦时期,死后以社为祭尚未有女性的文献记载。由此可以推断出,社祭仪式的兴起与形成应在父系社会即父系氏族制形成之后。

但丁山先生认为后土即指女性。他据《周易·说卦传》云:"乾为天,为父;坤为地,为母。"又云:"乾,天也,故称乎父;坤,地也,故称呼母。"《说文》云:"坤,地也。从土申,土位在申也。"余谓申之言神也。坤从土申,犹言土神。且申社一声知转,土神为坤,即所谓"后土为社"矣。[①] 他认为:"以后土为例,当为原始农神,亦为女性;而所谓姜嫄者,以'土爰稼穑'为解,若非原始农神,当为'地母'。"[②]在战国时期,自阴阳五行说的发明,人们就认为,男主阳,女主阴,生命的起源始于阴阳。再从女性的特质上看:一是在原始社会分工初期,妇女采集食物,善于观察四季变化和植物的生长,有些学者就认为,"由采集植物,变为农业;故农业应为妇女所发明"[③]。二是人们把妇女身上的特性与土地联系起来,妇女能够生育就像土地能够繁衍生命、生长庄稼一样,便认为土地也是女性。"印度孟加拉之刚特人(Khonds)为求五谷丰穰,播种时,常以人牺献于'大地女神',而埋其骨肉之灰于田中。在菲律宾群岛中,亦有播粟前杀奴隶以献于'地母'之俗。"[④]像这种杀人祭地,以祈五谷丰登,在世界各个民族史上都有,宗教家称之为"原始催生术"。杀人祭"地母"则类似于中国古代的祈年于"社"。《礼记·月令》云:"(孟冬之月)天子乃祈来年于天宗,大割祠于公社。"[⑤]以"公社"对"天宗",象征着天父地母相对。

后土由男性神祇演变成女性神祇是在西汉后期。首先,《汉书·郊祀志》就有记载,"天事父,母事地"[⑥],又曰"天地合祭,先祖配天,先妣配地,其谊一也。天地合精,夫妇判合"[⑦]。《汉书·礼乐志》曰:"后土富媪,昭明三光。穆穆优游,嘉服上黄。"张晏曰:"媪,老母称也。坤为母,故称媪。海内安定,富媪之功耳。"[⑧]张注就有把后土定为女性的说法。《淮南子·说山训》云:"东家母死,其子哭之,不哀。西家子见之,归谓其母曰:'社何爱速死,吾必悲哭社。'"高注云:

---

① 参见丁山:《古代神话与民族》,北京:商务印书馆2005年,第280页。

② 丁山:《古代神话与民族》,北京:商务印书馆,2005年,第285页。

③ 丁山:《古代神话与民族》,北京:商务印书馆,2005年,第285页。

④ 丁山:《古代神话与民族》,北京:商务印书馆,2005年,第285页。

⑤ 孙希旦撰,沈啸寰、王星贤点校:《礼记集解》,北京:中华书局,1989年,第490页。

⑥ (汉)班固:《汉书》,北京:中华书局,1964年,第1268页。

⑦ (汉)班固:《汉书》,北京:中华书局,1964年,第1266页。

⑧ (汉)班固:《汉书》,北京:中华书局,1964年,第1504页。

“江淮谓母死为社，社读‘岁家谓公为阿社’之社。”[①]说明后土作为女性意识在汉时期就一直流传，只是慑于皇权与父权，后土官方的形象一直是作为男性意识留存。其次，外戚王莽为了谋夺汉室江山和取悦太后托古改制，“别祇地祇，位南面西上，高后配，西面北上”[②]。据梁代沈约《宋书·志·礼三》云：“汉文帝初祭地祇于渭阳，以高帝配。武帝立后土社祠于汾阴，亦以高帝配。汉氏以太祖兼配天地，则未以后配地也。王莽作相，引《周礼》享先妣为配北郊，夏至祭后土以高后配，自此始也。”[③]另据元代马端临《文献通考·郊社考二·郊》曰：“至王莽秉政，请复长安南北郊祭天，而以高帝配，善矣；然复以高后配地祇而共祭，则臆说不经为甚。盖莽将篡汉，故为是崇阴教以媚元后，而遂其盗权窃位之谋耳。”[④]最后，光武中兴，谶学盛行。据郑樵《通志·礼略·吉礼·方丘》云：“后汉光武中元元年，营北郊祀地祇在雒阳城北四里为方坛四陛，迁吕太后于园上，薄太后尊号曰高后，以配地祇。”[⑤]不管是在官方还是在民间，后土已作为女性形象意识广为流传，但尚未有后土妇人塑像的文献记载，而后土作为男性神祇转变为女性神祇始终处于一种隐性意识存在，及至唐后，这一观念才大为改观。

唐代是一个中国封建社会政治、经济、文化发展到顶峰的时代，文教上的兼收并蓄，信仰上的兼容并包，使得唐代成为一个政教并行、思想多元的朝代。在武曌当政时期，大大提高了女性地位，其打破了自父系社会以来，以父权或男权在封建社会占据主流的意识形态，还在礼教上打破了男尊女卑、女性为男权附庸的理念，为妇女树立了一个光辉典范的形象。古代父逝与母逝，子女要为其守孝，一般情况下都是三年。但是，在性别上却有所差异，父比母先逝，需守孝三年，而母比父先逝，则只需守孝一年。武皇当政，对此进行改革。《旧唐书·高宗下》记载：皇后武氏“请子父在，为母服三年”[⑥]。另据《大唐开元礼·凶礼·五服制度》云：“齐衰三年，正服，子为母。旧礼父卒为母周，今改与父在同。”[⑦]此后，父在，母逝，子亦为母守孝三年。后人虽屡有非议，但是终未改变。《读礼通考·丧期·斩衰三年》云：“子为母服，历代不同。父在则齐衰期年，父没则齐衰三年者，周制然也。至唐则一概定为齐衰三年，而宋元因之；至明则一

① 何宁：《淮南子集释》，北京：中华书局，1998年，第1132页。
② （南朝宋）范晔撰，李贤等注：《后汉书》，北京：中华书局，1965年，第3181页。
③ （梁）沈约：《宋书》，北京：中华书局，1982年，第432页。
④ （元）马端临：《文献通考》，清浙江书局本，第1236页。
⑤ （宋）郑樵：《通志》，清文渊阁四库全书本，第1064页。
⑥ （后晋）刘昫：《旧唐书》，北京：中华书局，1975年，第99页。
⑦ （唐）中敕：《大唐开元礼》，北京：民族出版社，2000年，第621页。

概增为斩衰三年，而本朝因之。”[①]“礼”是儒家思想体系的核心，它不仅仅是人们日常生活中的伦理规范和行为准则，还上升到阶级意识形态，使得尊卑有序，成为维护封建统治阶级一条隐性的明文法则。武则天在丧祭仪式上对母亲丧服的加重，说明她有意识地在以男权为主的封建社会意识形态里提高女性的地位，无形当中为那些处在不同阶层的女性树立了一个敢于反抗“礼教”不公，追求自由、独立、自强的女性形象。

上有所好，下必从焉。据《旧唐书·礼仪志四》云：“先是脽上有后土祠，尝为妇人塑像。则天时移河西梁山神塑像就祠中配焉。至是有司送梁山神像于祠外之别室内，出锦绣衣服以上，后土之神乃更加装饰焉。又于祠堂院外设坛，如皇地祇之制，及所司起作获宝鼎三枚以献。十一年二月，上亲祠于坛上，亦如方丘仪。”[②]这是首次见载于文献，后土从男性形象转变为女性的塑像。从其装扮和祭祀仪式来看，后土不仅在性别上彻底转变，神祇地位也有了极大地提高。后土转为女性，并竖立塑像祭祀，“这当然是唐朝官员为讨好则天女皇而行的编造之言，并以此创造一个大地女主的后土神灵，代替原来以共工氏之子句龙为原型的后土神灵”[③]。但是，武曌亲自祭祀，说明其有意识地提高女性地位，在为后土作为女性神祇形象流传与推广中起到推波助澜的作用。唐代就有后土为女性神祇流传的诗歌。如罗隐有《后土庙》诗云：“九天玄女犹无圣，后土夫人岂有灵。”[④]崔少玄亦有《后土夫人》：“偶引群仙到世间，熏风殿里醉华筵。等闲贪赏不归去，愁杀韦郎一觉眠。”[⑤]后土显灵的记载。从“后土”两字的字源构造来看，“后”字最初是象形字，《说文》云：“象人之形，从口。”像一个女人半蹲式的产子形状；“土”字的象形字如女人的乳房，并有几个点，象征着乳汁，可以想象土字的原始字意，就是哺育婴儿生长，提供食物。从后土以男性观念转变成女性形象上来看，有很多的因素，其中主要还是出于政治的需要。经汉到唐的酝酿，及至武则天对后土形象观念的彻底改造，后土由男性意识转变成为女性塑像。

## 三、唐末至今：后土神职的嬗变

先秦后土的形象来源不一，难以勾勒出其具体形象，主要是作为一种社祭

① （清）翁方纲：《礼记附记》，清畿辅丛书本，第91页。

② （后晋）刘昫：《旧唐书》，北京：中华书局1975年，第928页。

③ 李玉洁：《汾阴后土祠神灵形象演变探析》，《山西大学学报》2015年第4期。

④ （清）彭定求等：《全唐诗》，北京：中华书局，1960年，第7541页。

⑤ （清）彭定求等：《全唐诗》，北京：中华书局，1960年，第9760页。

理念存于人心。从其神力衔职来看，主要是事生不事死，人们对后土的崇拜更多的是把后土视为阳间神祇祭拜，对死后的世界尚未有所探寻。但是，及汉后，人们对后土的观念大有改观，认为后土不仅仅是管理阳间的司事，也管理阴间的事。从王逸注《招魂》中可以看出，兹录原文如下，以作分析：

> 魂兮归来，君无下此幽都。（王逸注：地下幽冥，故称幽都。）土伯九约，（王逸注：土伯，后土之候伯也。约，屈也。）其角觺觺些。（王逸注：言地下有土伯执门户，其身角觺觺，主触害人也。觺觺，利貌。）敦脢血拇，（敦，厚也，脢，背也，拇，手拇指也。）逐人駓駓。（駓駓，走貌。）参目虎首，其身若牛。①

从王氏的注疏中可以看出，"幽都"即后土掌管的地下世界，土，即后土，伯，是后土的爵位。从其注疏中对后土形象的描述来看，其身似牛形，虎头三眼，头长立角，有着佝偻的身躯，张开满涂人血的手指，四处追着人们乱跑，成为一个恐怖、丑陋、喜食人魂的形象，与后世地狱观出现的"牛头马面"中的"牛头"颇为相似。茅盾先生据《山海经·大荒北经·夸父追日》"后土生信，信生夸父"，另据《楚辞·招魂》认为："后土是主治地下幽都的神。希腊神话说巨人族被闭居于北方的地下穴名塔塔罗司，中国神话则以为巨人族和'后土'有血缘关系。"②按茅盾的研究，后土即掌管幽都、身形巨大的巨人，系属巨人族的一分支。据出土文献记载，后土成为阴间神祇自汉后就广为流传。《东汉光和五年(182)二月太原太守中山刘氏买田卷》："死人归蒿里，戊己，地上地下，不得苛止。"③《南朝宋元嘉九年(432)十一月度乡仁义里王佛女买地卷》："归就后土蒿里。"④余欣先生认为蒿里是死人的归宿，与后土信仰有关。⑤ 为逝者买地卷无异于今人购房所需房产证一样，同属于契约文书，即承认这一桩买卖的合法性，是私人财产，地卷在阴间同样具有"法律"效力，外人不能侵占，确立亡者对墓地的所有权，保证亡灵的安居，"地卷"即阳间生人为亡者与阴间神祇交易的凭据。传统文献亦有视后土为阴间神祇的记载，据荀悦撰《汉纪》卷一四《孝武皇帝纪》："太初元年冬十月行幸太山。十有二月甲子朔旦，冬至，祠上帝于明堂。……十有二月，祖

---

① 茅盾：《中国神话研究初探》，上海：上海古籍出版社，2011年，第52页。
② 茅盾：《中国神话研究初探》，上海：上海古籍出版社，2011年，第52页。
③ 河北省文化局文物工作队编：《望都二号汉墓》，北京：文物出版社，1959年，第13页。
④ 参见罗振玉：《罗雪堂先生全集》，上海：文华出版公司，1969年，第969页。
⑤ 参见余欣：《神道人心：唐宋之际敦煌民生宗教社会史研究》，北京：中华书局，2006年，第122页。

蒿(高)里,祠后上(土)。”[①]后土在汉代虽已列入阴间神祇的行列,但是正统礼教尚未将其纳入凶礼祭祀范围。

自唐以后,后土成为儒家凶礼祭祀对象,也是不同阶层在建墓、上坟或举行丧礼时祭祀的阴间神祇。据《大唐·开元礼》卷一百三十八《凶礼卜宅兆》云:“祝持版进于神座之右,东面跪读祝文曰:‘维年月日,朔子某官姓名(若主人自告,父称孤子,母称哀子姓名),敢昭告于后土氏之神今为某官姓名(若主人,自告云为父母官封某甫,母云太夫人,若郡君某氏,各随官称之),营建宅兆,神其保佑,俾无后艰谨以清酌脯醢,祇荐于后土之神,尚飨。’”[②]这是首次见载丧礼祭祀后土的文献。据明《道藏》的《儒门崇理折衷堪与完孝录》卷八《祠后土》说:“按古礼,无所谓后土氏者,惟唐《开元礼》有之。温公《书仪本》《开元礼》《家礼》本书仪,丧礼开茔域,乃窆与墓祭俱祀后土。”《司马氏书仪·祭后土》从开元礼,基本仪式相同。敦煌出土文献里亦有民间丧礼祭祀后土的仪式和祭文,敦煌写卷第 2622 页:“掌事升棺入圹安置讫,即闭仪门。圹掩讫,于坛上设馔,祭后土,其文云:‘以今吉辰,于此安厝,伏愿保无后艰。’”[③]从其祭祀仪式和祭文来看,后土已成为冥间信仰的神祇。中国古人对土地一直有着深厚的感情,土地不仅仅是生产财富,人类繁衍生息之地,也是逝者安息之地,安土重迁,一直是中国古人的传统。唐代是一个宗教信仰多元化的朝代,从印度流传而来的佛教文化与中国本土文化相融合,变成深具特色的中国佛教文化。这种佛教地狱观念的形成与后土转变成为幽都冥神有着很深的渊源。中国古人讲入土为安,在宗教信仰的渗透下,人们相信土地之下有着另一个世界,埋在土地上的人并不意味着真正死去,而是换一种方式活着。唐代经济极为发达,厚葬风俗沿袭相传,这也为后土神祇身份的转变起到一个推波助澜的作用。

唐将道教立为国教,宋承唐制。宋代的统治者出于政治的考量,为了谋取政权的合法性与皇权的神圣性,往往也借助于宗教。但到了宋代,后土的地位又有了进一步提升。宋真宗大中祥符年间加封为“后土皇地祇”,“北宋政和六年九月朔,宋徽宗亲临玉清和阳宫,封后土为‘承天效法厚德光太后地祇’,并规定礼仪规格同玉皇大帝一样。道士们为了‘配套成龙’,也为了装门面,遂把后土请来,列为‘四御’之一,称她是掌握阴阳生育,万物之美与大地山河之秀的女

---

① (汉)荀悦撰,张烈点校:《两汉纪》,北京:中华书局,2002 年,第 238—239 页。

② (唐)中敕:《大唐开元礼》,北京:民族出版社,2000 年,第 661 页。

③ 刘传启:《敦煌丧葬文书辑注》,成都:巴蜀书社,2017 年,第 52 页。

帝。”[①]自宋以后，在政治的介入与宗教的包装下，后土地位直线上升，成为与主宰天界的玉皇大帝相匹配的神祇，正所谓“天公地母”。据《汉书》《资治通鉴》等史书记载，汉、唐至宋，先后有8位皇帝共19次亲临汾阴（今山西万荣县西南庙前村北古城）祭祀后土。自元后，道教地位上升，后土亦成为官方定期祭祀和道教供养的神祇。自明后，“后土”地位下野，由官方定期祭祀变成民间自发祭祀。自此后，后土形象发生了两极分明的变化：一是成为民间定期祭祀和道教供养神祇——后土娘娘形象，如今山西省万荣县依然保留着每年农历三月十八与十月初五祭祀后土的传统，其祭祀的神像是一位女性神祇塑像；二是成为土地庙里供养的“土地公公”与“土地婆婆”。现如今在很多农村社祭里，都建有土地庙，后土的形象与先秦时期如出一辙，以“冢土”“石”“树”等为“社”。稍有差异的是，此时的社祭有性别之分，即公社与母社。如今农村里称为“土地公公”与“土地婆婆”，在祭祀时，祭品也有所出入，在多数情况下，公鸡祭给“土地公公”，母鸡则祭给“土地婆婆”。所祈的愿辞各有不一，有升官发财、禳灾保安、拜求子嗣、问求姻缘等。

综观中国古代后土形象的演变过程，三个阶段的形象变化可谓大相径庭。后土从最初的人名、官名到神名的演变经历了由原始社会进入奴隶社会，从自然崇拜到人神共祭，整个的演变过程可以看作是政治与宗教相互影响的结果。每一次演变，都对后土原有形象进行重新构造，始于先秦，成形于唐，定形于宋，衍生于明清，后土形象在每一个时代的塑造与回融中，都代表不同时代的文化内涵。考察后土形象演变历程与祭祀仪式的生成，可以帮助我们了解中国古代不同时期对后土崇拜的文化内涵、提高对民间社祭信仰的认识。

（原载《天府新论》2020年第2期）

① 马书田：《中国道教诸神》，北京：团结出版社，1996年，第49页。

# 皇天后土:早期中国的天地信仰与祭祀

翟奎凤

“皇天后土”是传统中国人的一种天地信仰,反映了中国人的一种独特的宗教精神,同时它与汉代以后国家层面的天地祭祀密切相关。“后土”在中国思想文化中的意义是多面的,它与“皇天”相对时是一种大地神;同时与稷神、谷神相对时,也是与国土、政权密切相关的一种社神;在五行系统中,与金木水火相对时,又是一种土神,作为五行五政之土政,与平治水土的职能紧密相关,在汉代五行祭祀与四时节气也配合在一起。对于后两者本文不作具体讨论。目前在学理层面讨论早期中国“皇天后土”信仰与天地祭祀的学术文章还比较少,本文主要结合先秦、西汉的相关文献对此问题进行探讨。

## 一、作为绝对至上神的“皇天”

一般认为,“天”字在甲骨文中少见,在西周才开始普遍出现。[①] 胡厚宣说“终殷之世,未见天称”,“称帝为天,盖自周武王时之《大丰簋》言‘天亡尤王’始”。[②] 而且在早期,“天”也多在人格神意义上来使用。如果说,“帝”“上帝”代表了殷人的至上神,那么,“天”“皇天”则代表了周人的至上神。

---

① 郭沫若认为,“殷时代是已经有至上神的观念的,起初称为‘帝’,后来称为‘上帝’,大约在殷周之际的时候又称为‘天’:因为天的称谓在周初的《周书》中已经屡见,在周初彝铭如《大丰簋》和《大盂鼎》上也是屡见,那是因袭了殷末人无疑”。(《郭沫若全集·历史编》第一卷《先秦天道观之进展》,北京:人民出版社,1982年,第324页)

② 胡厚宣:《殷代之天神崇拜》,《甲骨学商史论丛初集(外一种)》(上),石家庄:河北教育出版社,2002年,第239页。

“皇天”一词在早期文献《尚书》中多有出现，而且集中见于《周书》部分。下面就一般认为较为可靠的今文《尚书·周书》部分，讨论“皇天”一词的早期用法及其思想意义。

《周书·梓材》是周公教导康叔如何治理殷商故地的训告之词，[①]里面说道“皇天既付中国民越厥疆土于先王，肆王惟德用，和怿先后迷民，用怿先王受命”，意思是说，上帝既然已经把中国的臣民和疆域赐予先王，当今的王只有施行德政，教导殷顽民，使之心悦诚服，以此完成先王所承受的大命。[②] 这里“皇天”意思就是上帝、上天，有很强的意志性，能主宰改变一个王朝政权命运，这个意思在《尚书》中有反复强调。

成王欲迁都洛阳，先派召公去经营。周公视察洛阳时，召公委托周公上书，告诫成王应当敬德，使天命长久，这就有了《周书·召诰》，里面说道：“呜呼！皇天上帝，改厥元子兹大国殷之命。惟王受命，无疆惟休，亦无疆惟恤。呜呼！曷其奈何弗敬?”[③]这里“皇天上帝”的说法很特别，在《尚书》中也仅此一见。东汉《白虎通》卷五《三军》中说：“文者先其文，质者先其质。故《论语》曰：‘予小子履，敢用玄牝，敢昭告于皇天上帝。’此汤伐桀告天，用夏家之牲也。”[④]《白虎通》卷八《三正》也载有类似的话：“文家先其文，质者先其质。《论语》曰：‘予小子履，敢用玄牡，敢昭告于皇王后帝。’此汤伐桀告天，以夏之牲也。”[⑤]这两处所记《论语》一作“皇天上帝”，一作“皇王后帝”，而通行本《论语·尧曰篇》又作“皇皇后帝”。[⑥] 这句话是成汤说的，据胡厚宣的看法，商代没有至上神意义上的天，那么，通行本作“皇皇后帝”可能更为合理，“皇皇”是形容“后帝”。“皇皇后帝”的说法还见于《诗经·鲁颂·閟宫》“皇皇后帝，皇祖后稷”。“后”本义即是君王，“后帝”可以说即是上帝。

“皇天上帝”的说法对后世影响颇大，《礼记·月令》说季夏之月“是月也，命四监大合百县之秩刍，以养牺牲，令民无不咸出其力，以共皇天上帝、名山大川、四方之神，以祠宗庙社稷之灵，以为民祈福”[⑦](此句也见于《吕氏春秋·季夏纪·六月纪》，《淮南子·时则训》在季夏之月也有类似之说)，又于季冬之月说

---

① 参见李民、王健：《尚书译注》，上海：上海古籍出版社，2010 年，第 280 页。

② 参见李民、王健：《尚书译注》，上海：上海古籍出版社，2010 年，第 284 页。

③ 李民、王健：《尚书译注》，上海：上海古籍出版社，2010 年，第 289 页。

④ (清)陈立撰，吴则虞点校：《白虎通疏证》上册，北京：中华书局，1994 年，第 204 页。

⑤ (清)陈立撰，吴则虞点校：《白虎通疏证》上册，北京：中华书局，1994 年，第 361 页。

⑥ 陈立认为“作‘皇天上帝’，鲁论也”。参见(清)陈立撰，吴则虞点校：《白虎通疏证》上册，北京：中华书局，1994 年，第 204 页。

⑦ (清)孙希旦：《礼记集解》，北京：中华书局，1989 年，第 457 页。

“乃命太史，次诸侯之列，赋之牺牲，以共皇天上帝、社稷之飨。乃命同姓之邦，共寝庙之刍豢。命宰历卿、大夫至于庶民土田之数，而赋牺牲，以共山林名川之祀。凡在天下九州岛之民者，无不咸献其力，以共皇天上帝、社稷、寝庙、山林、名川之祀”[①]（此句也见于《吕氏春秋·季冬纪·十二月纪》，《淮南子·时则训》讲季冬之月也有类似之说）。《大戴礼记·盛德》中说“夫民思其德，必称其人，朝夕祝之，升闻于皇天，上帝歆焉，故永其世而丰其年”，否则“夫民恶之，必朝夕祝之，升闻于皇天，上帝不歆焉；故水旱并兴，灾害生焉”。[②] 那么，皇天与上帝两者什么关系呢？若仅就《大戴礼记》看，“皇天”似有空间性，“升闻于皇天”有点上达天庭的意思，而上帝是纯意志性存在。

《召诰》中还引到周公的话“其作大邑，其自时配皇天，毖祀于上下，其自时中乂；王厥有成命治民”，意思是说，要建大都洛邑，要从此以周的先祖先王配享伟大的上帝，谨慎祭祀天神地祇，要从此居中治理国家。王已经有美好的福命治理人民。[③] 先王去世后，“宾于上帝”，到上帝身边做客，这种配帝、配天说非常古老。在《周书·君奭》中，周公对召公说“我闻在昔，成汤既受命，时则有若伊尹，格于皇天。在太甲，时则有若保衡。在太戊，时则有若伊陟、臣扈，格于上帝”，意思是说：我听说过去在成汤的时候，已经接受上帝赐予的大命，当时就有个伊尹辅佐成汤，祭祀时享配于天。在太甲的时候，就有个保衡。在太戊的时候，就有伊陟、臣扈分别辅佐，祭祀时享配于上帝。[④] 这里同时出现了“格于皇天”“格于上帝”，那么，“皇天”“上帝”并列，似乎皇天又高于上帝。“上帝”为殷人信仰旧称，而“皇天”为周人新的信仰。“格”也通“假”，如《史记·燕召公世家》引述到这段话：“汤时有伊尹，假于皇天；在太戊时，则有若伊陟、臣扈，假于上帝。”[⑤]“格”“假”，两者皆为“升”、感通义，这里是升闻于皇天、上帝的意思。

在《康王之诰》中，太保和芮伯对康王说：“敢敬告天子：皇天改大邦殷之命，惟周文武诞受羑若，克恤西土。”[⑥]意思是：恭敬地察告天子，皇天更改了大国殷的大命，周文王、武王完全承受大命，他们能够关怀西方的民众。[⑦] 康王敬答众臣，里面也说到“昔君文武丕平，富不务咎，底至齐信，用昭明于天下。则亦有熊

---

① （清）孙希旦：《礼记集解》卷一七，北京：中华书局，1989 年，第 504 页。

② 方向东：《大戴礼记汇校集解》，北京：中华书局，2008 年，第 839 页。

③ 参见李民、王健：《尚书译注》，上海：上海古籍出版社，2010 年，第 291 页。

④ 参见李民、王健：《尚书译注》，上海：上海古籍出版社，2010 年，第 325 页。

⑤ （汉）司马迁：《史记》，长沙：岳麓书社，1988 年，第 271 页。

⑥ 类似的话在《逸周书·祭公解》中，祭公谋父对周穆王也说“敢告天子：皇天改大殷之命，维文王受之，惟武王大克之”。参见黄怀信：《逸周书校补注译》，西安：三秦出版社，2006 年，第 340 页。

⑦ 参见李民、王健：《尚书译注》，上海：上海古籍出版社，2010 年，第 382 页。

罴之士，不二心之臣，保乂王家，用端命于上帝。皇天用训厥道，付畀四方。乃命建侯树屏，在我后之人”，意思是：从前我们的君王文王、武王非常完美，省刑罚，尽可能做到公平适当；以信义昭明于天下。所以就有像熊罴一样勇敢的将士，忠贞不贰的大臣，保卫治理我们周国，从上帝那里承接天命。皇天用大道来教导先王，把天下交给先王，先王命令分封诸侯，树立藩卫，眷顾我们这些子孙后代。这里也说“上帝”“皇天”同时出现，也似乎“皇天”更有权威性。

“皇天”一词在周代金文中也多有出现，有时又称“皇天王”，也有以“上帝”“皇帝”“皇上帝”等词来指示至上神。[①] 那么，总体上我们可以把“天”“皇天”视为周人的新信仰，而“上帝”为殷人信仰，两者总体意思接近，有时混用，甚至融合着用，如“皇帝”一词在金文中出现过，在《周书·吕刑》中也有“皇帝哀矜庶戮之不辜，报虐以威，遏绝苗民，无世在下”“皇帝清问下民鳏寡有辞于苗”，这些“皇帝”都是指皇天上帝，并非后人所理解的君主。[②]

《诗经》中也出现“皇天”两次，《周颂·雍》据说是武王祭祀文王时的颂歌，颂诗中说“燕及皇天，克昌厥后”[③]，大意是文王德馨，上天欣悦，兴旺子孙。《大雅·抑》据说是西周末一位老臣（一说卫武公）对周王的讽谏劝告，里面说到“肆皇天弗尚，如彼泉流，无沦胥以亡”[④]，意思是说，皇天不再保佑，就像那泉水流，逐渐要消亡。这些也流露出皇天的意志与君王的德性是密切相关的。

以上作为至上神的皇天，是绝对的唯一，是超越时空的，不与土、地相对。这是“皇天”早期即在西周时期的用法。

## 二、“皇天”“后土”并提及天地信仰观念

西周后期的一些诗歌常用到“下土”一词，如《诗经·小雅·小旻》中说“旻天疾威，敷于下土”[⑤]，《小雅·小明》中也说“明明上天，照临下土”[⑥]，这两处都是“天”与“土”相对，“旻天”“上天”与“皇天”意思相近，但与“下土”相对，有了一定空间性，在一定意义上“日月星辰”就是天的一部分或象征。《诗经·邶

① 参见郭沫若：《周彝之中传统思想考》，《郭沫若全集·考古编》第五卷《金文丛考》，北京：科学出版社，2002年，第25—26页。

② 参见郭沫若：《郭沫若全集·考古编》第五卷《金文丛考》，北京：科学出版社，2002年，第27页。

③ 程俊英：《诗经译注》，上海：上海古籍出版社，2004年，第529页。

④ 程俊英：《诗经译注》，上海：上海古籍出版社，2004年，第469页。

⑤ 程俊英：《诗经译注》，上海：上海古籍出版社，2004年，第322页。

⑥ 程俊英：《诗经译注》，上海：上海古籍出版社，2004年，第352页。

风·日月》中说“日居月诸，照临下土”，又说“日居月诸，下土是冒”，[①]这里与“下土”对应的“日月”，意思与“明明上天”当为一致，这样的话“天”的人格神意义就开始减弱，有了更多的空间义、日月光明义。

应该说，“下土”一词的出现，早于“后土”，但在先秦两汉，“后土”出现的频率远高于“下土”，一定意义上，可以说“后土”取代了“下土”。而且“后土”一词的出现，常常与“皇天”连用，与“下土”观念相比有更强的信仰和人格神意味。“上天/旻天”“下土”有可能是“皇天”“后土”观念的重要导源或前身。当然，“后土”的说法与《诗经》“皇皇后帝”的说法可能也有一定关系。

今文《尚书》中多言“皇天”，但没有“后土”一词。古文《尚书》中唯一一次提及“后土”，而且是“皇天后土”连用，见于《周书·武成》：“厎商之罪，告于皇天后土，所过名山、大川。”[②]但是这一篇又是公认晚出的文献。这里“皇天、后土”与“名山、大川”连用，与《礼记·月令》季夏之月中所说“以共皇天上帝、名山大川、四方之神”有些类似，但以“后土”取代了“上帝”。

《左传·僖公十五年》(前645)，秦国与晋国发生战争，晋惠公被俘虏，秦穆公见晋国大夫们披头散发地跟在后面，就说“二三子何其戚也？寡人之从君而西也，亦晋之妖梦是践，岂敢以至”，意思是我不会杀掉你们的国君，你们不要太悲伤。晋国大夫“三拜稽首”，回答秦穆公“君履后土而戴皇天，皇天后土实闻君之言，群臣敢在下风”[③]，意思是您说不杀我们国君的话，皇天后土都听到了。这里不但“皇天”“后土”连用，而且还用了“履后土”“戴皇天”的说法。后来《淮南子》《文子》《管子》中都有“戴圆履方”或“戴大圆、履大方”之说，这里方圆就是代指天地，而这里有“圆”意象的天，是有空间意象性的天或天道。戴皇天、履后土即后来常说的戴天履地，《大戴礼记·虞戴德》中就说“戴天履地，以顺民事”[④]。《左传》这里“戴皇天”之说，“皇天”实际上也有了空间性。当然，“皇天”“后土”这里的神性也是很强的。

《国语·越语下》还记载，范蠡辅佐勾践打败吴国后，就泛舟五湖、飘然而去，越王心里不是滋味，觉得无以为报，就“命金工以良金写范蠡之状而朝礼之，浃日而令大夫朝之，环会稽三百里者以为范蠡地”，并且说“后世子孙，有敢侵蠡之地者，使无终没于越国。皇天后土、四乡地主正之”，这里“皇天后土”就是天

① 程俊英：《诗经译注》，上海：上海古籍出版社，2004年，第42页。

② 李民、王健：《尚书译注》，上海：上海古籍出版社，2010年，第211页。

③ (唐)孔颖达：《春秋左传正义》，北京：北京大学出版社，1999年，第376页。

④ 方向东：《大戴礼记汇校集解》，北京：中华书局，2008年，第962页。

地神灵的意思，跟《左传·僖公十五年》里的说法类似。韦昭注曰“乡方也。天神地祇，四方神主当征讨之，正其封疆也”①，他把这里“四乡地主”理解为“四方神主”，表达的是天地四方即六合整体性空间，当然，其真正意思是说空间中所有的神灵都会来监视此誓言。

《吴越春秋》在《勾践入臣外传·越王勾践五年》中记载，勾践被俘，向吴王跪拜称臣，感谢其不杀之恩，说：“东海贱臣勾践，上愧皇天，下负后土；不裁功力，污辱王之军士，抵罪边境。大王赦其深辜，裁加役臣，使执箕帚。诚蒙厚恩，得保须臾之命，不胜仰感俯愧。臣勾践叩头顿首。”②这里“上愧皇天，下负后土”与后世愧天怍地的讲法类似，天地皆为神灵性存在。《勾践归国外传·勾践七年》又记载，勾践归国后，志在复仇，范蠡为其仿天地之象筑城，感应上天，有怪山生出，其象如昆仑，越王说：“寡人闻昆仑之山，乃天地之镇柱。上承皇天，气吐宇内；下处后土，禀受无外，滋圣生神，呕养帝会。故〔五〕帝处其阳陆，三王居其正地。吾之国也，扁天地之壤，乘东南之维，斗去极北，非粪土之城，何能与王者比隆盛哉？”③范蠡回答说：“君徒见外，未见于内。臣乃承天门制城，合气于后土，岳象已设，昆仑故出，越之霸也。”④这里“皇天”“后土”较为近于自然义。当然，《吴越春秋》成书于东汉，实际上，这种自然天地意义上的皇天、后土在《楚辞》中也多有流露，如据说是屈原所作《九章·橘颂》中说“后皇嘉树，橘徕服兮”⑤，“后皇”一般认为是皇天、后土的简称，这里近于自然天地义。类似的，战国后期宋玉的《九辩》中说“皇天淫溢而秋霖兮，后土何时而得干”⑥，西汉东方朔《七谏·怨世》中说“皇天保其高兮，后土持其久”⑦。当然，这种自然义语境下的皇天后土，就是指天空和大地，其信仰人格神意味几乎完全消退了。

在汉代，皇天、后土的用法，有的是讲天地之道或天地之德，如西汉扬雄在《反离骚》中说：“汉十世之阳朔兮，招摇纪于周正，正皇天之清则兮，度后土之方贞。”（《汉书·扬雄传上》）⑧这里实际上是以“清则”“方贞”来表述天地之德。东汉王充《论衡·书解》中说到“上天多文而后土多理”⑨，这实际上表述的也是天

---

① （战国）左丘明：《国语》卷二一，上海：商务印书馆，1935年，第239页。
② （汉）赵晔著，周春生辑校汇考：《〈吴越春秋〉辑校汇考》，北京：中华书局，2019年，第112页。
③ （汉）赵晔著，周春生辑校汇考：《〈吴越春秋〉辑校汇考》，北京：中华书局，2019年，第124页。
④ （汉）赵晔著，周春生辑校汇考：《〈吴越春秋〉辑校汇考》，北京：中华书局，2019年，第124页。
⑤ （战国）屈原：《九章·橘颂》，王泗原校释：《楚辞校释》，北京：中华书局，2014年，第202页。
⑥ （战国）宋玉：《九辩》，王泗原校释：《楚辞校释》，北京：中华书局，2014年，第266页。
⑦ （汉）东方朔：《七谏·怨世》，王泗原校释：《楚辞校释》，北京：中华书局，2014年，第348页。
⑧ （汉）班固：《汉书》卷八七，长沙：岳麓书社，1993年，第1532页。
⑨ （汉）王充：《论衡》卷二八，上海：上海人民出版社，1974年，第432页。

文、地理。东汉末董卓胁迫汉少帝饮鸩自杀，临死前唐姬悲歌曰："皇天崩兮后土颓，身为帝兮命夭摧。死生路异兮从此乖，奈我茕独兮心中哀。"(《后汉书·皇后纪下》)[①]这里是以天崩地裂、天塌地陷来形容皇权的覆灭。

总体上来看，后土一出现即与皇天密切关联。台湾学者萧登福认为：

> 天皇而地后，"后"与"皇"同指帝王，而"后"较"皇"略低一级，二者皆是统治者之称号。皇天后土，犹言天皇地帝。"后"既是统治者之称，所以后土不应固定为女性神。后土地神出现女性神，可能和天父地母、天阳地阴之说有关，乾为天，坤为地，天健而地顺，自然而产生大地之神为女性神的联想。再者史上以女娲为地皇，于是更易联想到后土皇地祇应为女性。今日大陆及台湾所见的"后土"，都被称为"后土娘娘""地母娘娘"或"地母至尊"；既是娘娘或母，则非女性莫属了。[②]

萧先生的看法是中肯的。"后"与"皇"相对，均有帝王、浩大、神圣之义，其女性形象是因着天父地母观念而衍生的。《汉书·礼乐志》载汉武帝时创作的郊祀歌十九章，其中就说"后土富媪，昭明三光"[③]，从这里来看，后土形象已经开始女性化。

## 三、"皇天后土"与汉代天地祭祀

到了汉代，后土祭祀正式成为大一统国家政权的官方行为。公元前113年，十月，汉武帝在雍五畤祭祀青、赤、黄、白、黑五帝后说："今上帝朕亲郊，而后土毋祀，则礼不答也。"相关部门官员奏议："天地牲角茧栗。今陛下亲祀后土，后土宜于泽中圜丘为五坛，坛一黄犊太牢具，已祠尽瘗，而从祠衣上黄。"[④](《史记·孝武本纪》)。祭祀天地要用其角如蚕茧或板栗那样小的童牛，后土祭祀实际上就是祭地，这里"圜丘"应为"方丘"。[⑤] 汉武帝于此年十一月甲子，在汾阴

---

① (南朝宋)范晔：《后汉书》卷一〇下，北京：中华书局，1999年，第299—300页。

② 萧登福：《后土与地母——试论地土诸神及地母信仰》，《运城学院学报》2005年第1期。

③ (汉)班固：《汉书》卷二二，长沙：岳麓书社，1993年，第486页。

④ (汉)司马迁：《史记》，长沙：岳麓书社，1988年，第133—134页。

⑤ 《周礼·春官宗伯·大司乐》说："冬日至，于地上之圜丘奏之，若乐六变，则天神皆降，可得而礼矣。""夏日至，于泽中之方丘奏之，若乐八变，则地示皆出，可得而礼矣。"(杨天宇：《周礼译注》，上海：上海古籍出版社，2004年，第329页)祭祀天神是在冬至一阳生之时，地上圜丘也是取天道圆之象，祭祀地祇(示)是在夏至一阴生之时，泽中方丘取地道方之象。

脽[①]（今运城万荣县境内）立后土祠[②]，并亲自前往祭祀。公元前 112 年，武帝又于云阳甘泉宫（今淳化县北部）建立泰畤，祭祀泰一神。田天认为“西汉初年高、文、景三朝基本沿袭秦制，以雍五畤和陈宝祠为国家最高祭祀。武帝对国家祭祀进行了极大改造，立甘泉泰畤、汾阴后土祠为最高祭祀”[③]，“与至上天神同祭的最高地祇为后土，这两种祭祀相互配合，成为汉家独有的天地之祭。甘泉泰畤—汾阴后土祠之祭，在后代往往并称，这是汉武帝对秦帝国祭祀体系最为重要的改革”[④]。程曦认为“祭地与祭天对应的观念要到汉武帝时才确立”[⑤]，萧登福也指出“后土的被视为大地之神，且由帝王亲祀，则始自西汉武帝的汾阴祀后土”[⑥]。《汉书·礼乐志》说“至武帝定郊祀之礼，祠太一于甘泉，就乾位也；祭后土于汾阴，泽中方丘也”[⑦]，相对乾位，“泽中方丘”其实就是坤位，太一、后土祭祀是西汉天地祭祀的标志。

泰畤、后土祭祀时间，据相关史籍与研究来看，泰畤祭祀时间在汉武帝时最初是在十一月冬至，后来也有夏四月和春正月，[⑧]并且以春正月为主，而后土祭祀时间则基本稳定在三月。这样大体上看，泰畤、后土祭祀大致集中在春季，这与农耕农业活动密切相关。[⑨]

---

① “脽”指动物的臀部，汾阴脽为泽中方丘之象。

② 在汾阴脽立后土祠有多方面原因，一说因为此年“六月，得宝鼎后土祠旁”［（汉）班固：《汉书·武帝纪》，长沙：岳麓书社，1993 年，第 69 页］，另有一说“汾阴男子公孙滂洋等见汾旁有光如绛，上遂立后土祠于汾阴脽上”［（汉）班固：《汉书·郊祀志上》，长沙：岳麓书社，1993 年，第 547 页）］。当然，选择在汾阴祭祀后土，应该是多方面因素综合考虑的结果。据祠中保存完好的《历朝立庙致祠实迹》碑记记载，轩辕氏祀地祇，曾“扫地为坛于脽上”，即轩辕黄帝就曾于此祭祀地祇神灵。参见山西省考古研究所：《山西碑碣》，太原：山西人民出版社，1997 年，第 182 页。

③ 田天：《西汉末年的国家祭祀改革》，《历史研究》2014 年第 2 期。《史记·封禅书》里说：“今天子所兴祠，太（泰）一、后土，三年亲郊祠。”［（汉）司马迁：《史记》，长沙：岳麓书社，1988 年，第 224 页］

④ 田天：《西汉太一祭祀研究》，《史学月刊》2014 年第 4 期。

⑤ 程曦：《汉代天地之祭与阴阳五行学说》，《史学史研究》2007 年第 2 期。

⑥ 萧登福：《后土与地母——试论地土诸神及地母信仰》，《运城学院学报 2005 年第 1 期。

⑦ （汉）班固：《汉书》卷二二，长沙：岳麓书社，1993 年，第 561 页。

⑧ 《史记·乐书》说：“汉家常以正月上辛祠太一甘泉，以昏时夜祠，到明而终。”［（汉）司马迁：《史记》，长沙：岳麓书社，1988 年，第 156 页］有学者认为后世元宵节可能源自西汉太一祀。

⑨ 《左传·襄公七年》说：“夏，四月，三卜郊，不从，乃免牲。孟献子曰：‘吾乃今而后知有卜筮。夫郊祀后稷，以祈农事也，是故启蛰而郊，郊而后耕。今既耕而卜郊，宜其不从也。’（杜预注曰‘启蛰，夏正建寅之月。耕谓春分’）”［（唐）孔颖达：《春秋左传正义》，北京：北京大学出版社，1999 年，第 850—851 页］杨伯峻说：“启蛰犹今言惊蛰，宋王应麟所谓‘改启为惊，盖避景帝讳’。至汉行太初历，改惊蛰在雨水后，为夏正二月节气，古之惊蛰在雨水前，为夏正正月之节气。”（杨伯峻：《春秋左传注》第 1 册，北京：中华书局，1990 年，第 106—107 页）周代“郊祀后稷以配天”，郊祀与农业活动、祈告丰年等生产实践密切相关，有着很强的实用目的性，其理想时间应该在惊蛰，在农耕活动前。

汉成帝时，匡衡据儒家经典奏请天地祭祀移至京城南北郊，罢甘泉、汾阴祀，同时废除雍五畤、陈宝祠。匡衡认为："帝王之事莫大于承天之序，承天之序莫大于郊祀，故圣王尽心极虑以建其制。祭天于南郊，就天之义也；瘗地于北郊，即阴之象也。天之于天子也，因其所都而各飨焉。往者，孝武皇帝居甘泉宫，即于云阳立泰畤，祭于宫南。今行常幸长安，郊见皇天，反北之泰阴，祠后土，反东之少阳，事与古制殊。"(《汉书·郊祀志下祀)[①]他把泰畤、后土明确归为天地祭祀，并且与南北、阴阳关联起来，这显然依据了《礼记·郊特牲》中所说"郊之祭也，迎长日之至也，大报天而主日也。兆于南郊，就阳位也"[②]，"社祭土而主阴气也"[③]，类似的说法也见于《孔子家语·郊问》。匡衡在奏议中还说"歌大吕舞《云门》以俟天神，歌太族舞《咸池》以俟地祇"[④]，这明显又是出自《周礼·春官宗伯·大司乐》中所说"奏黄钟，歌大吕，舞《云门》以祀天神；乃奏大蔟，歌应钟，舞《咸池》，以祭地示"[⑤]，地示即是地祇。匡衡这里还同时以"皇天""后土"并举来称述天地祭祀。应该说，这些都是试图以儒家经典来规范汉代国家祭祀。

匡衡的观点，也得到王商、师丹、翟方进等人的呼应，他们又据《礼记·祭法》所说"燔柴于泰坛，祭天也。瘗埋于大折，祭地也"[⑥]，强调"兆于南郊，所以定天位也。祭地于大折，在北郊，就阴位也。郊处各在圣王所都之南北"，"明王圣主，事天明，事地察。天地明察，神明章矣。天地以王者为主，故圣王制祭天地之礼必于国郊。长安，圣主之居，皇天所观视也。甘泉、河东之祠非神灵所飨，宜徙就正阳、大阴之处。违俗复古，循圣制，定天位，如礼便"(《汉书·郊祀志下》)[⑦]。"俗"即没有经典性，所谓"古""圣制"其实也未必"古"，《周礼》《礼记》文献也多形成于战国后期，准确来说这些论述实际上更有哲学思想性。[⑧] 在这些大臣的极力主张下，建始元年(前32)，汉成帝就废了甘泉泰畤、汾阴后土祭祀，统一迁到南北郊祭祀。但是因为所谓的自然灾异，不久又恢复了泰畤、后土祭

---

① (汉)班固:《汉书》卷二五下，长沙：岳麓书社，1993年，第561页。

② (清)孙希旦:《礼记集解》卷一七，北京：中华书局，1989年，第687—690页。

③ (清)孙希旦:《礼记集解》卷二五，北京：中华书局，1989年，第684页。

④ (汉)班固:《汉书》卷二五下，长沙：岳麓书社，1993年，第562页。

⑤ 杨天宇:《周礼译注》，上海：上海古籍出版社，2004年，第327页。

⑥ (清)孙希旦:《礼记集解》卷四五，北京：中华书局，1989年，第1194页。

⑦ (汉)班固:《汉书》卷二五下，长沙：岳麓书社，1993年，第561页。

⑧ 杨天宇认为，冬至郊、立春郊、启蛰郊的说法"不符合西周历法的实际，因为当时的历法尚不能推算二十四节气"，这"不过是后世学者的构拟"，"西周郊天时间的常制，当在周历四月、夏历二月"。参见杨天宇:《西周郊天礼考辨二题》，《文史哲》2004年第3期。

祀，到汉平帝的三十年间，因天象灾异、帝王子嗣、身体健康等原因，天地祭祀反复迁徙多次，《汉书·郊祀志下》就感叹说：“三十余年间，天地之祠五徙焉。”①

汉平帝元始五年(5)，王莽又引经据典重新论证天地祭祀应然的合理秩序，他回顾了汉以来的国家祭祀变迁情况，“高皇帝受命，因雍四畤起北畤，而备五帝，未共天地之祀。孝文十六年用新垣平初起渭阳五帝庙，祭泰一、地祇，以太祖高皇帝配。日冬至祠泰一，夏至祠地祇，皆并祠五帝，而共一牲，上亲郊拜。后平伏诛，乃不复自亲，而使有司行事”(《汉书·郊祀志下》)②。据此陈述，汉文帝时曾“冬至祠泰一，夏至祠地祇”，这实际上也是出自《周礼·春官宗伯·大司乐》所说“冬日至，于地上之圜丘奏之，若乐六变，则天神皆降，可得而礼矣”；“夏日至，于泽中之方丘奏之，若乐八变，则地示皆出，可得而礼矣”，③“地示”即“地祇”。《礼记》《周礼》所诠释的天地祭祀，时间定格在冬至、夏至，嵌入天道阴阳寒暑流变的转折点上。

王莽基本上坚持匡衡的看法，主张恢复南北郊祭祀，但实际上王莽与匡衡的看法又有所不同，他总体上主张天地合祭：“天地合祭，先祖配天，先妣配地，其谊一也。天地合精，夫妇判合。祭天南郊，则以地配，一体之谊也。”(《汉书·郊祀志下》)④同时，他也肯定天地分祭的意义，“阴阳之别于日冬、夏至，其会也以孟春正月上辛若丁”⑤。天地合祭(正月)，皇帝要亲临，而分祭(冬至祭天、夏至祭地)则相关部门负责人出席即可。程曦认为“王莽的建议是折中的，但他提出合祭时由天子亲往，似乎更重视合祭，所以后人将合祭的造端归于王莽，是有来由的”⑥。合祭时间定在孟春正月，大概也是因为此月在卦气上为泰卦，为天地交合之象。⑦

匡衡、王莽的主张对后世影响甚大，其后国家层面的天地祭祀大体上取法于此。建武元年(25)六月，东汉光武帝刘秀即位，同时举行了祭天大典，其祝文曰：“皇天上帝，后土神祇，眷顾降命，属秀黎元，为人父母，秀不敢当。……上当

---

① (汉)班固：《汉书》卷二五下，长沙：岳麓书社，1993年，第568页。

② (汉)班固：《汉书》卷二五下，长沙：岳麓书社，1993年，第566页。

③ 杨天宇：《周礼译注》，上海：上海古籍出版社，2004年，第329页。

④ (汉)班固：《汉书》卷二五下，长沙：岳麓书社，1993年，第567页。

⑤ (汉)班固：《汉书》卷二五下，长沙：岳麓书社，1993年，第567页。

⑥ 程曦：《汉代天地之祭与阴阳五行学说》，《史学史研究》2007年第2期。

⑦ 王莽这一主张，与刘歆“三统”之说契合，刘歆以十一月为乾之初九(复卦，冬至)，为黄钟、天统；六月为坤之初六(姤卦，夏至)，为林钟、地统；正月为乾之九三(泰卦，立春)，为太簇、人统。参见(汉)班固：《汉书·律历志上》，长沙：岳麓书社，1993年，第438—439页。

天地之心，下为元元所归。”(《后汉书·光武帝纪上》)[1]这个祭祀实际上是天地合祭，在汉代国家最高祭祀中，“皇天后土”这里对举出现。

## 结　语

“皇天后土”作为一种天地信仰观念在中国经典文化与社会民俗中都影响甚大。西周时期“皇天”观念作为一种至上神，是不与“地”相对的。春秋时期，天地观念发展起来，这里的“天”开始有更多的空间义、自然义，神格意味减弱。后世的天地观念，哲学、理性、生化意味比较强，“皇天后土”与之同时流行，更多凸显了一种宗教意义下的天地信仰。这样来说，“皇天后土”实际上就是讲天地神灵，人们在盟誓、发誓或一种祈祷、祈望中，就常常以皇天后土来指示一种整全或无所不在的神灵。这是作为一种信仰层面的皇天后土。在汉代兴起一种独特的后土祭祀，并与汾阴紧密关联起来，历史上约有8位皇帝(汉武帝、汉宣帝、汉元帝、汉成帝、汉光武帝、前秦苻坚、唐玄宗、宋真宗)19次亲临汾阴后土祭祀，[2]这在中国历史上也是一种非常独特的祭祀与信仰文化，在民俗中这种意义上的后土，又与女娲信仰、地母神融合在一起。汉代的汾阴后土祭祀，与甘泉泰畤相对，在后来逐步转变为一种规范化的天地祭祀，这种天地祭祀受到了儒家经典《周礼》《礼记》《周易》很大的影响，天地祭祀与阴阳二气紧密结合。冬至祭天(对应《周易》复卦)、夏至祭地(对应《周易》姤卦)，祭的实际上是阳气、阴气，而这与太阳都有关系；于春正月进行天地合祭，也是取此时为天地阴阳二气交合平衡之象，于《周易》为泰卦，当然，节气上，这也与春耕播种对应，也是祈求风调雨顺、五谷丰登，与社会生产实践结合起来，这种天地祭祀也体现了一种实用理性精神。

［原载(台湾)《哲学与文化》2021年第12期］

① (南朝宋)范晔:《后汉书》卷一，北京:中华书局，1999年，第16页。

② 参见陆峰波:《历代皇帝祀汾阴后土考》,《史志学刊》2015年第1期。

# 后土与地母

## ——试论地土诸神及地母信仰

萧登福

## 一、序言

后土、后土娘娘、皇地祇、地母等，都是代表人们所仰赖以维生的大地之神。宋代封为“后土皇地祇”。道教并以玉皇大帝、中天北极紫微大帝、句陈上宫天皇大帝、后土皇地祇，合称“四御”。前三者是天帝，后土皇是地祇。“皇天”“后土”相对为文，而代表皇天的通常称上帝，或称玉皇大帝，代表大地的则为后土。

万物都是由天地所生化，天生而地养，所以以天为父，以地为母；宋代张载《西铭》：“乾称父而坤称母，予兹貌焉，乃混然中处。故天地之塞，吾其体；天地之帅，吾其性。民吾同胞，物吾与也。”文中即说明人禀受天地之气而生，所以天称父，地称母，天公地母，因此后土也被称为“地母”。《重刊绘图三教源流搜神大全》卷一《后土皇地祇》云：

> 天地未分，混而为一，二仪初判，阴阳定位，故清气腾而为阳天，浊气降而为阴地。为阳天者，五太相传，五天定位，上施日月，参差玄象。为阴地者，五黄相乘，五气凝结，负载江海，山林屋宇，故曰天阳地阴，天公地母也。《世略》所谓土者，乃天地初判黄土也，故谓土母焉。庙在汾阴。宋真宗大中祥符五年七月二十三日诰封“后土皇地祇”，其年驾幸华阴亲祀之。今扬州玄妙观，后土祠也。殿前琼花一株，香色柯叶绝异，非世之常品也。真宗皇帝封曰：“承天郊法厚德光天后土皇地祇。”

据文中所说“天公地母”及“土母”二语,可以看出“地母”一词当是由此演变而来。正如“皇天”与“后土”是相对的一般。天公为皇天,所以“地母”即是“后土”。古籍及大陆地区所见,常将大地称之为“后土”,而台湾地区则通称为“地母”。

“后土”虽是大地神之称,但以文献而言,早期史料所见的“后土”大都被当作“社神”讲。周秦的典籍,如《左传·昭公二十九年》《山海经·大荒西经》等等所见的“后土”都是指五行神兼社神“后土”,并不是代表整个大地的地母“后土”。

“天”和“地”虽然并称,然而古代显然较重视天。而以后土代表大地,并进而和皇天并列并祀的,在历史上应是始于西汉的武帝。武帝于元鼎四年(前113),在汾阴建后土祠,亲至其地祭“后土”,并以祭“后土”来和南郊的祭天相配。其后相沿,帝王常亲至汾阴祀后土。至汉成帝建始元年(前32),为方便祭祀,于是作北郊以祭地(后土),罢除去汾阴祀后土。后来的帝王便以冬至日在南郊祭天,夏至日在北郊祭地(有时将祭地并入郊天中),郊天祀地,遂成为统一帝王所遵行的礼制。汾阴自汉后虽不再成为祀后土的重地,但其间亦偶有帝王亲至汾阴来祀后土地祇,如唐玄宗、宋真宗等。

“后土”一词,有代表“社”神及五行神的后土,也有代表整个大地的皇地祇后土;两者皆以“后土”为称。这两个系统,其后各有衍变,由司掌一方土地的社神后土而衍生的神祇,如太社、王社、国社、侯社、里社、城隍、土公、土母、掌坟地的后土等,皆是司掌一国、一方、一家、一坟土地的土地神。而由代表整个大地的皇地祇“后土”衍生或与其意涵相近的,则有幽都后土、地皇女娲、卅六土皇等都是和土地有关的神祇。今将其分成社神后土与代表大地的皇地祇后土两部分,并论述彼此间的关系如下。

## 二、社神后土

### (一)五帝五神中的后土

“后土”,据《左传》所载,在夏朝以前,曾是五行神,曾是官名之一,同时也是社神。《左传·昭公二十九年》说:

> 故有五行之官,是谓五官。实列受氏姓,封为上公,祀为贵神。社稷五祀,是尊是奉。木正曰句芒,火正曰祝融,金正曰蓐收,水正曰玄冥,土正曰

> 后土。……少皞氏有四叔，曰重、曰该、曰修、曰熙，实能金、木及水。使重为句芒，该为蓐收，修及熙为玄冥。世不失职，遂济穷桑，此其三祀也。颛顼氏有子曰犁，为祝融；共工氏有子曰句龙，为后土。此其二祀也。后土为社。稷，田正也。有烈山氏之子曰柱，为稷，自夏以上祀之；周弃亦为稷，自商以来祀之。

《左传》所载的“后土”为五行之官。文中的“正”，是“官长”之意，木正是木官，官名叫句芒，依次火官的官名叫祝融，金官官名叫蓐收，水官官名叫玄冥，土官官名叫后土。少皞氏的四个儿子：重、该、修、熙，其中“重”担任木正句芒的官职，“该”担任金正蓐收的官职，“修”和“熙”担任水正玄冥的官职，五祀中占了三祀。颛顼的儿子名黎，担任火正祝融的官职，共工氏的儿子叫句龙，担任土正后土的官职，后土也称为“社”。另外掌播种的田官叫“稷”。合称为社稷五祀。这些曾掌管五行官位的人，他们并不是同一时代的人，但都因任职有功，死后配祀于五行神（自然神）；而句芒、祝融、蓐收、玄冥、后土原是五行神（自然神）之名，《山海经·海外东经》说：“东方句芒，鸟身人面，乘两龙。”文中所说即是自然神的句芒。后来以有功的人神配祀自然神，于是形成了重为句芒，该为蓐收等等。到了《吕氏春秋·十二纪》更将句芒、祝融、蓐收、玄冥、后土五神和太皞、炎帝、黄帝、少皞、颛顼等五帝相配，所谓：“其帝太，其神句芒。”五神成为五帝之辅佐者。《吕氏春秋·十二纪》中分别以五帝五神和四季、天干、五音、五味、五色等五行生克系统相配系。其中五帝五神的相配为春季，“其帝太皞，其神句芒”。夏季，“其帝炎帝，其神祝融”。季夏，“其帝黄帝，其神后土”。秋季，“其帝少皞，其神蓐收”。冬季，“其帝颛顼，其神玄冥”。春属木，夏属火，季夏属土，秋属金，冬属水。此为五行帝神之相配情形。而五行中的“后土”，亦即是“社”神，两者同为一神。

### （二）掌理国土的寺社、国社、里社等社神及城隍

《左传》说：“后土为社。”作为“社神”的后土，其神格及职司，随所掌土地的大小，而神格有大小之别：有天子所祀，掌理天下土地的天子之“大社”；有诸侯所祀，掌理诸侯一国之土的“国社”；有掌理乡里的“里社”。里社是一般民家所共同祀拜的，是社神中阶级最小的，台湾习惯将里社的神称之为土地公或伯公。

《礼记·祭法篇》：

> 王为群姓立社，曰大社；王自为立社，曰王社。诸侯为百姓立社，曰国社；诸侯自立为社，曰侯社。大夫以下成群立社，曰置社。

郑玄《礼记·祭法篇》注云：

群，众也。大夫以下，谓下至庶人也。大夫不得特立社，与民族居百家以上，则共立一社，今时里社是也。

据上所述，在周世，掌理土地之“社”神，依其职司大小之分，有大社、王社、国社、侯社及里社。其中的里社，据孔颖达疏《礼记·郊特牲》所言，周时是百家以上立社，秦汉以后则是二十五家即可立社。

是“社”的所在处，除都城内以外，田中也是立社处。台湾的土地公，除在城市街里有庙宇供奉外，农民也在田里祭拜土地公，应是沿承周时遗风而来。

与里社土地神相近的，则为城隍，城隍是城池的守护神；道教将城隍神的地位，置于里社土地之上。城隍源于《礼记·郊特牲》天子大蜡八，所祀八神中有“水庸”神，六朝时已有祭城隍神之记载，如《北齐书·慕容俨传》所载“城中先有神祠一所，俗号城隍神”。《隋书·五行志》：“梁武陵王纪，祭城隍神。”在民间信仰中，城隍和土地，是阴神，也是兼司冥事的冥神。

### （三）司掌宅舍的土神（土公、土母）

里神，是司掌一里的土地神，在汉代又出现了比社公更小的土地神，其职仅司掌一家宅舍之土地，称之为土公。汉代民间以为兴功动土，会伤害土神，招来祸灾，所以在建筑房舍及完工时，须先解谢土神。这种信仰，也一直沿承至今日的华人社会。

东汉王充《论衡·解除篇》：

世间善治宅舍，凿地掘土；功成作毕，解谢土神，名曰解土。为土偶人，以像鬼形，令巫祝延以解土神。已祭之后，心快意喜。谓鬼神解谢，殃祸除去。

汉代建筑宅舍须解土的观念，不仅盛行于民间，亦深为帝王及大臣所相信。今略举《汉书》及《太平经》中所记，可以看出当时社会畏忌土公的情形。

《后汉书》卷一五《来歙传附来历传》：

时皇太子惊病不安，避幸安帝乳母野王君王圣舍。太子乳母王男、厨监丙吉等以为琮王碕圣舍新缮修，犯土禁，不可久御。

《太平经》卷四五《起土出书诀》：

今有一家有兴功起土，数家被其疾，或得死亡，或致盗贼县官，或致兵革斗讼，或致蛇蜂虎狼恶禽害人。大起土有大凶恶，小起土有小凶恶。是即地忿忿，使神灵生此灾也。

泉者，地之血；石者，地之骨也；良土，地之肉也。洞泉为得血，破石为破骨。良土深凿之，投瓦石坚木于中为地壮，地内独病之。

《太平经》说泉、石、土是土地的血、骨与肉，当然这是拟人化的联想法，但也为动土何以须“解土”的行为，做了说明。

### （四）司掌坟土的冥神后土

司掌宅第的“土公”已是土神中的小神，另外在明清时代，更有司掌坟墓土地的“后土”神，台湾地区至今仍保有其俗，而其来源则可追溯至唐代。

唐杜佑《通典》卷一三八《礼九八・卜宅兆》说明了在唐朝时，百姓营建墓地，先在所择定的墓地四周立标柱，摆设酒席祭告后土，请神祇保佑，然后再动工。当时祭完后土后即撤席，并没有置立固定神位。唐代不仅卜定墓地，在动土建墓前须祀后土，掩圹时也须祀后土。这项习俗，到了明清时候，发展成为在亡者墓地设立约二尺高的石碑，上书“后土”，加以祭奠，祈请后土神保佑墓中死者亡魂。这些在清翟灏《通俗篇》卷一九《神鬼・土地》和清姚福均《铸鼎余闻》中都有记载。这种习惯，在今日的台湾社会，仍然保留着。死者葬埋入坟后，需在坟前立后土石碑，上写“后土”二字，并准备供品，祭祀后土神，此后土神俗称为土地公。焚香禀告后土神，请其守护并庇佑死者亡灵及坟地，称之为祀后土。以后死者家属在每年扫拜墓地时，除祭墓主外，也同时祭后土。

## 三、皇地祇后土：皇天与后土

司掌一国一方土地的后土神，其名称有太社、王社、国社、侯社、里社以及司掌宅第的土公、司掌坟地的后土等，这些都不能代表全部土地，除作为太社、国社的社神后土外，其余的神格都不高。其地位最高可与皇天相并的，大抵从汉武帝亲至汾阴祭后土起。历代将此代表大地，是可以与“皇天”相配的地神，称为“地祇”或“皇地祇”或“后土皇地祇”。而与此神格相近，或由此所衍生的相关神祇，则有地皇女娲、幽都后土及土伯、三十六土皇等。分别论述于下。

### （一）后土皇地祇（地母）

《周礼・春官・大司乐》：

凡乐，圜钟为宫，黄钟为角，大簇为征，姑洗为羽，雷鼓雷发，孤竹之管，云和之琴瑟，云门之舞，冬日至于地上之圜丘奏之，若乐六变，则天神皆降，可得而礼矣。凡乐，函钟为宫，大簇为角，姑洗为征，南吕为羽，灵鼓灵发，孤竹之管，空桑之琴瑟，咸池之舞，夏日至于泽中之方丘奏之，若乐八变，则地示皆出，可得而礼矣。凡乐，黄钟为宫，大吕为角，大簇为征，应钟为羽，路鼓路发，阴竹之管，龙门之琴瑟，九德之歌，九桩舞，于宗庙之中奏之，若乐九变，则人鬼可得而礼矣。

引文所言的“天神”，指天帝、日、月、星、辰、风、雨、电等神。“地示”，包括后土、山、川、湖、海、井、灶等神。“人鬼”则指人死后的魂灵。文中说明了冬至日祭众天神所用的乐舞，以及夏至日祭众地示所用的乐舞。《史记·封禅书》沿承其说，而简化为：

《周官》曰：“冬日至，祀天于南郊，迎长日之至。夏日至，祭地祇，皆用乐舞。”

由字面上看起来，“地”和“天”同被尊重，但其实并不然。在周世天神有五方天帝，至于地示的神格，似乎以后土为最高，然而从《山海经》《左传》《周礼》《礼记》等书看来，后土仅是五行神，或太社、国社等社神而已，其地位远在天帝之下，无法与天帝并列相比，所以周秦的帝王对郊祀天帝的重视，远胜于祀地。《宋史》卷一〇〇《礼志三·北郊》云：

淳熙中，朱熹为先朝南北郊之辩曰：

《礼》：“郊特牲而社稷太牢。”《书》：“用牲于郊，牛二。”及“社于新邑”，此明验也。本朝初分南北郊，后复合二为一。《周礼》亦只说祀昊天上帝，不说祀后土，故先儒言无北郊，祭社即是祭地。古者天地未必合祭，日月、山川、百神，亦无一时合祭共享之礼。古之时，礼数简而仪从省，必是天子躬亲行事，岂有祭天却将上下百神重汨累积并作一祭耶？且郊坛阶级两边上下皆是神位，中间恐不可行。或问：郊祀后稷以配天，宗祀文王以配上帝；帝即是天，天即是帝，却分祭何？曰：为坛而祭，故谓之天，祭于屋下而以神祇祭之，故谓之帝。

朱熹认为古时没有北郊祭皇地祇之礼，以史料看，确是如此。帝王的南郊祭天，北郊祭地，并以“后土”来代表整个大地，以之和天帝并列齐尊，其时间似乎不会早于西汉。《史记·封禅书》所见汉武帝以前的历代帝王，都以祭天为重。帝王亲祭后土，应是始于汉武帝元鼎四年(前113)。《史记·封禅书》云：

其明年冬，天子郊雍，议曰：“今上帝朕亲郊，而后土无祀，则礼不答

> 也。"有司与太史公(司马谈)、祠官宽舒议:"天地牲角茧栗,今陛下亲祠后土,后土宜于泽中圜丘为五坛,坛一黄犊太牢具。已祠尽瘗,而从祠衣上黄。"于是天子遂东,始立后土祠汾阴脽丘,如宽舒等议。上亲望拜,如上帝礼。礼毕,天子遂至荥阳而还。

由武帝所说"今上帝朕亲郊,而后土无祀"一语,可以看出帝王的祭地,始于汉武帝。而历史上第一座祀地所用的祀坛,即建在汾阴,建立的时间,以及汉武帝的第一次前去祭拜,据刘宋裴骃《集解》所言,则是在元鼎四年(前113)。汾阴祀后土之礼,后来被改在北郊举行,与南郊祭天相对;而郊天祀地,终成为历代天子相互沿承之礼制。

代表整个大地与皇天相对的"后土"一词,据唐·杜佑《通典》卷四五《礼五·吉四·方丘》所载,在北齐称"皇地衹",北周称"后土地衹",隋唐称"皇地衹",《宋史》卷一《百礼志三·北郊》亦称为"皇地衹"。而《宋史》卷一〇四《礼志七》所载,宋真宗于大中祥符四年二月乙巳朔,亲至汾阴祀后土,册文中则称之为"后土地衹"。至宋徽宗,更于政和六年九月朔,册封为"承天效法厚德光大后土皇地衹"。

宋世以后,道教经书,如《道法会元》、柳守元《三坛圆满天仙大戒略说》等,逐渐将玉皇大帝、紫微大帝、天皇大帝、后土皇地衹合称为"四御",位在三清教主之下,大大提升了后土的神格。

## (二)女娲与地母

女娲与伏羲,相传为兄妹,也是人类的创造者。《山海经·大荒西经》云:"有神十人,名曰女娲之肠,化为神,处栗广之野,横道而处。"《列子·黄帝篇》说:"庖羲氏、女娲氏、神农氏、夏后氏,蛇身人面,牛首虎鼻,此有非人之状,而有大圣之德。"《楚辞·天问》云:"女娲有体,孰制匠之。"上述是今日所见较早的史料,文字中传达了三项讯息:其一以女娲为神人,其二以庖羲氏、女娲氏、神农、夏后氏等为前朝治国的圣王,其三以女娲为人类的创造者。这三项和女娲相关的传说,约可合并为神人女娲造人的传说,以及女娲是圣王的传说。

屈原《天问》质问:女娲造人,谁创造女娲之体?以此看来,女娲造人的传说在战国之世已存在。《淮南子·说林篇》说:"黄帝生阴阳,上骈生耳目,桑林生臂手,此女娲所以七十化也。"高诱注说:"此言造化治世,非一人之功也。"说明女娲是创造人类的众神衹之一。东汉应劭《风俗通义》说:

> 俗说天地开辟,未有人民,女娲抟黄土作人,剧务,力不暇供,乃引絙于

泥中，举以为人。故富贵者，黄土人；贫贱凡庸者，絙人也。

以上是女娲造人的神话，而汉代画像砖有伏羲、女娲人身蛇尾，并作交尾状，中间悬一小孩，象征二人结婚繁衍人类，应是女娲造人神话的延续，只是其间又牵扯了伏羲与女娲二人是兄妹的关系。《通志》卷一《三皇纪第一》引《春秋世谱》说："华胥生男子为伏羲，女子为女娲。"唐代李冗《独异志》说天地初开，只有女娲、伏羲兄妹二人，未有人民，二人结为夫妇衍生了人类。大陆西南少数民族地区也有伏羲、女娲兄妹二人入葫芦逃避洪水，而后结婚，再造人类之说。这些都是女娲造人神话传说的衍变。

除女娲造人的故事外，《淮南子·览冥篇》更载述了女娲炼石补天：

往古之时，四极废，九州裂，天不兼覆，地不周载，火焰炎而不灭，水浩洋而不息，猛兽食颛民，鸷鸟攫老弱。于是女娲炼五色石以补苍天，断鳌足以立四极，杀黑龙以济冀州，积芦灰以止淫水。

女娲补天到了东汉王充《论衡·谈天篇》又加入了共工和颛顼争为天子，不胜而怒触不周山，使天柱折地维绝的情节。

以上是造人的女娲，也是神人女娲。至于属于治国圣王的"人"身女娲，则是三皇五帝中的女娲氏。三皇的时代在五帝之前。

但汉代谶纬中所见的"三皇"一词，除有伏羲、女娲、神农等人格的三皇外，亦有分别为十二头、十一头、九头人面兽身的神格三皇。神格的三皇，谶纬中通常称为天皇、地皇、人皇。人格的三皇，则除伏羲、神农外，另一人皇，说法分歧，或说女娲，或说燧人，或说祝融，或说黄帝等。孔安国《尚书序》以黄帝与伏羲、神农并立而为三皇；东汉班固《白虎通德论·号篇》云："三皇者何谓也谓伏羲、神农、燧人也。或曰：伏羲、神农、祝融也。"东汉应劭《风俗通义·皇霸卷一·三皇》云：

《春秋运斗枢》说："伏羲、女娲、神农，是三皇也。"皇者，天；天不言，四时行焉，百物生焉。三皇垂拱无为，设言而民不违，道德玄泊，有似皇天，故称曰皇。……《礼号谥记》说："伏羲、祝融、神农。"《含文嘉》记："虑戏、燧人、神农。"……《尚书大传》说："燧人为燧皇，伏羲为戏皇，神农为农皇也。……"

又东汉王符《潜夫论·五德志》云：

世传三皇五帝，多以为伏羲、神农为二皇；其一者，或曰燧人，或曰祝融，或曰女娲；其是与非，未可知也。我闻古有天皇、地皇、人皇，以为或即此谓，亦不敢明。凡斯数，其于五经，皆无正文。

从上述，可以看出三皇的说法，除伏羲、神农二人较有共识外，另外一皇为何人则说法分歧。但汉代谶纬如《春秋元命苞》《中候敕省图》《春秋运斗枢》等，都以为伏羲、女娲、神农三人为三皇。唐代司马贞即以伏羲、女娲、神农为三皇，而撰写《三皇本纪》，以补《史记》之缺。三皇原分为人格的三皇和神格的三皇两者，后人将人格的三皇和神格的三皇相结合，于是伏羲为天皇、女娲为地皇、神农为人皇。道经《洞神八帝妙精经》将天皇、地皇、人皇三皇，更析分为：初天皇、初地皇、初人皇，中天皇、中地皇、中人皇，后天皇、后地皇、后人皇，共九位。其中的中天皇君人面蛇身十三头，中地皇君人面蛇身十一头，中人皇君人面龙身九头；后天皇君人面蛇身姓风名伏羲号太昊，后地皇君人面蛇身姓云名女娲号女皇，后人皇君牛面人身姓姜名神农号炎帝。道经将汉代谶纬所见的神格三皇称为中三皇，将人格的三皇伏羲、女娲、神农称为后三皇，把原来三皇的说法加以统一。

道经既以女娲为地皇，于是女娲自然与地母信仰连上关系，属于道教的庙宇，人们自然便把女娲也称为地母了。

## （三）幽都后土与土伯

宋玉《楚辞·招魂》云：

> 魂兮归来！君无下此幽都些。土伯九约，其角觺觺些。敦脄血拇，逐人駓駓。参目虎首，其身若牛些。此皆甘人，归来，恐自遗灾些。

《招魂》是战国时屈原的学生宋玉所作，用来招回他的老师屈原的魂魄，劝其魂魄勿远游，唯有故乡才是安乐之处。文中谈到了幽都土伯，东汉王逸《楚辞·招魂》注云：

> 幽都，地下后土所治也。地下幽冥，故称幽都。土伯，后土之侯伯也。约，屈也。觺觺，犹狺狺，角利貌也。言地有土伯，执卫门户，其身九屈，有角觺觺，主触害人也。

按照王逸的注看来，幽都是后土在地下的治所，后土的属臣有土伯。土伯三眼虎头，厚背血手，身体像牛，两角锐利，捍卫地下幽都的门户。而幽都，应与春秋时人死后入黄泉地下之说有关。《左传·隐公元年》载郑庄公憎其母助弟为乱，而对母“誓之曰：不及黄泉无相见”。在春秋时，以为人死归黄泉地下。而治鬼者，则为天帝，所以《左传》中看到有冤死的，都要诉之于“天”，然后来报仇。

至宋玉《招魂》时，则以幽都与上天相对，幽都显然成为地下冥界的所在处，而主司者则为后土。于是后土也逐渐兼有冥神的色彩，但其时泰山管鬼说亦逐渐形成，至两汉而泰山神成为中原冥界的主神。

由幽都后土、地下冥神角色发展而来的，则为东汉张角三十六方，至六朝道教而发展成三十六土皇，以与三十六天帝、三十六国相对。

## （四）三十六土皇与三十六天帝、三十六国

《后汉书》卷七一《皇甫嵩传》说东汉末张角叛乱时置立“三十六方”，方有处所、土地的意思，各方置立将军，所以“方犹将军号也”。魏收《魏书》卷一一四《释老志》载寇谦之引其师李谱文所说，二仪间有三十六天、三十六土。三十六天、三十六土，究其源，应是由周朝天有九天、地有九州说演变成“九玄三十六天帝”“九地（九垒）三十六土皇”“六方六品三十六国”。

《上清外国放品青童内文》卷下，将大地分为九垒，每一垒有正音、行音、游音、梵音四土皇，共有三十六土皇。第一垒名“色润地”，第二垒为“刚色地”，第三垒名“石脂色泽地”，第四垒名“润泽地”，第五垒名“金粟泽地”，第六垒名“金刚铁泽地”，第七垒名“水制泽地”，第八垒名“大风泽地”，第九垒名“洞渊无色刚维地”。

以上九垒分别隶属于郁单、禅善、须延、寂然、不骄乐、化应声、梵宝天、梵摩夷、波梨答惒等九天。九垒三十六土皇，其地位在九天三十六帝之下。《上清外国放品青童内文》卷下云：

> 三十六土皇，上应三十六天帝，中应三十六国。如是土皇皆位齐玉皇之号，但分气各治，上下之别名耳。土皇三十六年，转号升上清之宫，袭三十六天之王。

由经文所述，可见由九天，演化为九玄三十六天；而与九天相应的九州，则演化为三十六国；在地下的九泉，则演化为三十六土皇。天上、地面、地下三者相应。列据经文所载，三十六土皇，可以转升入上清之宫，袭三十六天王，可见土皇的地位崇高。

以上是代表大地的神祇，计有后土皇地祇、地皇女娲、幽都后土与土伯、三十六土皇等，虽同属大地神，而所辖之处，则有地上与地下之别；其中幽都土伯与三十六土皇则兼有冥神性格。九垒土皇所辖地狱为九幽十八狱。

## 四、台湾地区所见与地母相关之经典:《玉匣记》地母歌、《地母经》(《地母真经》《地母妙经》)、《地母普化真经》

与后土及地神相关的经典,道藏所见者大都以谢土安宅为主。据今较近的,则为《藏外道书》第十四册八三四至八五四页收录了清代陈仲远校辑的《广成仪制祀地正朝全集》《广成仪制阳醮五方明灯全集》《广成仪制阳醮谢土安镇九宫全集》等三书,是以祭祷九垒土皇及五方土府等神为主的经典。道藏中有关土地的经典,大都偏向在谢土安宅与地狱救赎。较能看出大地之母的色彩,且与安宅谢土及地狱救赎相关的经典,则大约有以下数本。

### (一)《玉匣记》所见《六十年地母经》

《玉匣记》一书,相传是晋世许旌阳(许逊)真君所传,书中有择日吉凶、诸神圣诞、行事宜忌,有符、咒、趋吉避凶之法,以及由事物来占卜吉凶之法等等。其书编成的年代似应在明代。此书今坊间所见的版本甚多,台湾《玉匣记》刊本大都附有《六十年地母经占分野所属年岁丰歉歌》,经中分六十甲子,依次由雨旱等情形来占断该年农作物收成的好坏。

### (二)《地母经》:《地母真经》《地母妙经》合刊

《地母真经》《地母妙经》二者合称为《无上虚空地母玄化养生保命真经》,简称《地母经》。辛酉年(1981)刊印罗浮山朝元洞藏版,经前有文字云:"光绪九年正月初九日。陕西汉中府城固县地母庙。飞鸾传经。"据此,知此经是清光绪年间陕西地母庙扶鸾降真之作。此经经文前有《香赞》《地母宝诰》等开经偈赞,接着为《地母真经》,其后接着为《地母妙经》,末尾题为"《无上虚空地母玄化养生保命真经卷》终"。是合二经以成一经者。经文以教人尽孝及感谢地母造物养物之恩为主。

### (三)《地母普化真经》

《地母普化真经》文末云:"普化真经。五教同匡。齐心宣化。寰宇和康。"五教同匡,为近代一贯道徒所倡。又《完经赞》后有云:"虚空地母大慈尊降。圣示:今夜起,吾降驾著作真经。《地母普化真经》。"可见是扶鸾降真之作,唯文中未载明是何年何夜,降写该经,因而撰作年代难明。扶鸾降真亦为台湾一贯道徒所常用的撰经方式，笔者疑此经或是清末一贯道徒，或是1912以后台湾一贯道徒近数十年内扶鸾之作；其撰作年代似应在前述《地母经》之后。经文以地母自述的形式写成，首述天地形成，万物始生，接着坤母劝人修真返本，重五伦尽忠孝。勤航阴骘，修炼性命。

以上《玉匣记》《六十年地母经占分野所属年岁丰歉歌》《地母真经》《地母妙经》《地母普化真经》等，都是台湾地区目前所见与地母相关的经典。

## 五、台湾地区的地母信仰

后土神，在台湾普遍被称为“地母”而不被称为后土，通常的称呼有“地母至尊”“虚空地母”等。相反的，在台湾的“后土”，常是指坟前守坟的“土地公”。二者神格相差甚远，性别亦异，一为男神后土，一为女神地母。

“地母”一词的流行，可能和《三教源流搜神大全》称后土皇地祇为“土母”及“天公地母”之称有关。但更直接的关系，则可能是和台湾民间卜吉择日所用的《玉匣记》以及《地母经》的流行有关。《玉匣记》中有《地母歌》是依六十甲子，以歌谣方式预示该年田地丰歉及吉凶情形。除《玉匣记》外，《地母经》是流行较广的经书。台湾地母神的尊称为“虚空地母无量慈尊”，此称即出于《地母经》。台湾地母的造型，通常为中年女性，扎髻，余发披散，手执拂尘之形，有的地母神前曾塑有圆形地球，来显现她是大地之母。台湾地母的造型，和大陆万荣古汾阴后土娘娘的造型，不论在服装或脸型上均有很大的不同。

在台湾，地母的信仰虽不若关帝与妈祖的兴盛，但以地母为主神，专祀地母者，在全省也偶可看到，如台北县芦州护天宫地母庙、台北县新店碧潭旁草茅地母庙等等；其中埔里地母庙和古坑地母庙，且成为游客所常到的旅游景点。以上是以地母为主神者，其他各宫庙虽非以地母为主神，也常把地母摆在陪祀诸神中，这种宫庙则到处可见。

在台湾地母信仰的信众中，当以宏基集团施振荣家族的虔诚信仰地母最为人所乐道，且引为美谈。

## 六、结论

《礼记·郊特牲》：“地载万物，天垂象，取财于地，取法于天，是以尊天而亲地也。故教民美报焉。”祭祀后土和皇天，原出自人类对所在处天地的崇敬心理。后土与皇天相对为称，天和地，应是属于并列的大神，但以文献看，周秦之世都是重郊天而忽略了祭地。周世后土是社神，“社”是司掌某一方或某一块土地的土地神。周时天子分封诸侯，从“社”中依方位取一块土给予诸侯，象征分封土地；诸侯将天子所予之土，拿回自己之国，和己国之土相合，组成诸侯之“社”。“社”有大小，有诸侯所祀之国社，亦有乡人所祀之里社。由此所衍生的神，有掌管一国土地、一方土地，甚至一乡一里之土地的土地神，都被称为社。作为社神的后土，其地位远不能与皇天相比。后土被视为大地之神，且由帝王亲祀，则始自西汉武帝的汾阴祀后土。自此后，“后土”一词，也代表了大地之神的皇地祇。

因而“地神”的观念，在长期的历史演变中，以史料看，大抵分裂为两大系列：其一为司掌国土、乡土，代表部分土地的“社”神；其二为代表整个大地与皇天相对的“地祇”。这两者皆称之为“后土”。作为司掌国土乡土的社神，其名称有“后土”“社”“土公”“土神”。作为代表大地的地祇，其名称有土皇、后土、地皇女娲、后土皇地祇、地母等。掌国土、乡里的土地神，其神格显然远较代表大地与皇天相对的地祇小；两者的衍变也各有差别，但其中“后土”一词，却为两者所共用，既可用来代表掌理国土乡土的土地神，亦可用来作为代称大地的地祇。本文中为示区分，而将二者称之为“社神后土”与“皇地祇后土”。

至于由“后土”而来的诸神，其各自的性别究为男或女以文献言，周世的后土，应是男神。在五行生克的相配中，后土属中央黄色；以五方配五帝五神时，则中央帝为黄帝，神为后土。先秦时的后土是句龙，为共工氏的儿子。而土公、土皇、土伯等等，都是男性神，甚至《三教源流搜神大全》卷一《后土皇地祇》所见到的后土造型，也是男性神。那么后土何时以女性神的姿态出现的呢？以历史看，似应是在唐代武则天时。

《旧唐书》卷二四《礼仪志四》：

> 汾阴后土祀，自汉武帝后废而不行。玄宗开元十年，将自东都北巡，幸太原，便还京，乃下制曰：“王者承事天地以为主，郊享泰尊以通神。尽燔柴泰坛，定天位也。瘗埋泰折，就阴位也。将以昭报灵祇，克崇严配。……行幸至汾阴，宜以来年二月十六日祠后土，所司准式。”
>
> 先是脽上有后土祠，当为妇人塑像，则天时移河西梁山神塑像，就祠中配焉。至是有司送梁山神像于祠外之别室，内出锦绣衣服，以上后土之神，乃更加装饰焉。又于祠堂院外设坛，如皇地祇之制。

据上引所言，汾阴后土祠，在唐明皇时所祀的后土皇地祇，已作妇女之形。

自此以后,地母后土大抵都作妇女造型。

《说郛》卷七十五宋俞琰《席上腐谈》说:

> 《书》云:"皇天后土。"皇者,大也;后即厚也。古字"后""厚"通用也。扬州后土夫人祠,塑后土为妇人像,谬矣。……古者天子称元后,诸侯则为群后,若以后土为妇人,则后夔、后稷亦可为妇人乎。

古时王者称"后",如"夏后",即是夏王或夏帝之意。"后土"一词,未必如俞琰所说是作"厚土"解。后土与皇天相对,大有"天"为"皇","地"为"后(王、帝)"之意。天皇而地后,"后"与"皇"同指帝王,而"后"较"皇"略低一级,二者皆是统治者之称号。皇天后土,犹言天皇地帝。"后"既是统治者之称,所以后土不应固定为女性神。后土地神出现女性神,可能和天父地母、天阳地阴之说有关,乾为天,坤为地,天健而地顺,自然而产生大地之神为女性神的联想。再者史上以女娲为地皇,于是更易联想到后土皇地祇应为女性。今日大陆及台湾所见的"后土",都被称为"后土娘娘""地母娘娘"或"地母至尊";既是娘娘或母,则非女性莫属了。

(原载《运城学院学报》2005年第1期)

# 女娲非后土浅见

孙安邦　陆峰波

女娲、后土，都是上古先民口口相传而来，女娲谓之华夏民族始祖之一，而后土则是与皇天对举的土地神祇。可是，有些学者却牵强附会地硬将“女娲”和“后土”往一起拉，说什么“女娲者，后土也”，甚至否定汾阴（今山西万荣县西南）后土祠的“后土圣母”是大地之神祇，反而美其名曰“娲皇后土圣母”，实在令人匪夷所思。

稽古务学，必须履真践实，研究须以史籍为证，以正史为据。对尚无文字记载的史前时期而言，则应依据考古发掘出土的遗址、遗物等文物及其所提供的信息进行稽考，否则，就成了无源之水，无本之木。

## 后土：土地神祇

“后土”是古人在土地崇拜中对土地神祇的尊称，史籍不乏记载，正史查之有据。但由于史籍记载简略、繁杂，且历代学者各有不尽相同的种种解释，今人又“仁者见仁，智者见智”，若要详述其渊源，谈清其与土地诸神祇的关系，需专著莫属，故引用正史上的部分记载和权威性工具书上的解释，以求说明后土是土地神祇。

中国是个有着悠久历史的农业大国，且人类长期蒙受着“天之所生，地之所养”的思想束缚，即形成了崇拜天、地的礼法。对天、地的原始崇拜，是崇拜天、地的自然性质及其作用。就崇拜土地而言，当时古人并非是崇拜土地的实体本身，而崇拜的主要原因是他们感到土地广大无边，力无穷，孕育万物，负载万物，是赖以生存的根源，衣食住行都离不开它，所以在祭祀天、地时，尊称“天”为“天神”，“地”为“地祇(地神)”，俗称“天爷”“地爷”，还有称作“天帝”“土帝”，这也就是民间迄今还沿袭着“天爷”“地爷”的缘由。故《白虎通义》云：“地载万物者，释地所以得神之由也。”

虞舜时期，将“置土而祭”发展为“立社而奉”之。公元前 2070 年，中国历史上第一个王朝——夏王朝建立起来后，神学盛行，祭祀的对象为天地、山川、鬼神、祖宗等。《史记·封禅书》云：“自禹兴而修社祀，后稷稼穑，始有稷祠。郊社所从来尚矣。”参照《左传·僖公十五年》关于“君覆后土而戴皇天”和孙星衍《尚书今古文注疏》关于“立社祭后土”等记载可知，在夏王朝时期(前 2070—前 1600)就已创新出以整个大地为对象的抽象化的地神——后土，由国家专祀。《孝经纬》云：“社者，五土之总神。”商、周沿袭，并在发展中得以完善。故《尚书·甘誓》云：“弗用命，戮于社。”不言而喻，后土由此成为总司土地的“总神”或“主神”。

对后土的释义，见于早期的史籍如下。

《左传·昭公二十九年》云：“土正曰后土。”杜预注：“使主后土，以揆百事。”

《周礼·春官·大宗伯》曰：“王大封，则先告后土。”原注：“后土，土神也。”

《楚辞·招魂》云：“魂兮归来，君无下此幽都些。”东汉王逸注：“幽都，地下后土所治也。地下幽冥，故称幽都。”

《史记·五帝本纪》云：“舜举八恺，使主后土，以揆百事，莫不时序。”杜预注：“后土，地也。”

《淮南子·天文》云：“中央土也，其帝黄帝，其佐后土。”

《礼记·月令》曰：“中央土，其曰戊己，其帝黄帝，其神后土。”

东晋杨泉所编《物理论》云：“地者，卦曰坤；其德曰母，其神曰祇。亦曰黄地祇，亦名后土。”

《文献通考》卷七八曰：“建邦国先告后土。”又云：“后土，即曰土神，又名社神，是两者之也，书曰，敢昭告于皇天后土。”

诸如大同小异的史载，若再一一列入，就大有讨人嫌了。故引用权威性工具书上的解释，以免浪费读者的宝贵时光。

“后土”，《辞海》的解释有三：一为“古代称大地为‘后土’，犹称天曰‘皇天’。《楚辞·九辩》云：‘皇天淫溢而秋霖兮，后土何时而得漧?’漧，即干。又《左传·僖公十五年》：‘君履后土而戴皇天。’”再为“土地神，亦指祀土地神的社坛。《礼记·月令》云：‘其神后土。’又《檀弓上》曰：‘君举而哭于后土。’郑玄注：‘后土，社也。'”三是“古代掌管有关土地事务的官。《左传·昭公二十九年》云：‘土正曰后土。’杜预注：‘土为群物主，故称后也。'”

以上史料足以说明，后土是在古人对土地崇拜中出现的，且与“皇天”对举，又与轩辕黄帝直接相关，是辅佐黄帝的总司土地的大官，并从阴阳五行说的角度将“后土”这位“中央神”训诂为“地下主神”。由此可见，“后土”即土地神祇，与“皇天”(老天爷)对举，是民间承袭至今的“天爷地爷”中的“地爷”。

## 女娲：人类始祖

记载女娲最早的史籍，当属战国时的文学家、爱国主义诗人屈原的《楚辞·天问》。可是，屈原并不赞同所隐含的“女娲造人”之说，所以大胆地问道：“女娲有体，孰制匠之?”意思是说人类由女娲创造，而女娲又是谁造的？由此可以看出，女娲造人的传说，在战国时期就已经存在了。所以，闻一多先生在《伏羲考》一文中写道：“伏羲与女娲的名字，都是战国时才开始出现于记载中的……女娲见于《楚辞·天问》《礼记·明堂位篇》《山海经·大荒西经》，但后二者只能算汉代的典籍，虽则其中容有先秦的材料。”

西汉时期问世的《淮南子》，提出了女娲与诸神共同造人之说，即化生说。其《说林训》云：“黄帝生阴阳，上骈生耳目，桑林生臂手，此女娲所以七十化也。”也就是说，当女娲造人之际，诸神咸来助之：有助其生阴阳者，有助其生耳目者，有助其生手臂者。该书的《览冥训》还提出了女娲“炼石补天”之说：“往古之时，四极废，九州裂；天不兼覆，地不周载；火爁炎而不灭，水浩洋而不息；猛兽食颛民，鸷鸟攫老弱。于是女娲炼五色石以补苍天，断鳌足以立四极，杀黑龙以济冀州，积芦灰以止淫水。”至此，基本形成了女娲造人、炼石补天、立四极、治平洪水、杀死猛兽的神话传说。

到了东汉时期，应劭在编著《风俗通义》时，将女娲造人的传说又由“化生说”演变为“抟土造人”之说。该书云：“俗说天地开辟，未有人民，女娲抟黄土作人，剧务，力不暇供，乃引絙于泥中，举以为人。故富贵者，黄土人；贫贱凡庸者，絙人也。”

见诸于记载女娲的史籍还有《礼记》《山海经》《说文解字》等。

《礼记·明堂位》云：“……女娲之笙簧。”笙，具有多种簧管的一种乐器；簧，乐器中发声的薄片。其记载是说笙簧是女娲制作的。

《山海经·大荒西经》云：“有神十人，名曰女娲之肠，化为神，处栗广之野，横道而处。”

《说文解字》云:“(女)娲,古之神圣女,化万物者也。”

《尹子·盘古篇》云:“女娲补天,射十日。”

《列子·黄帝篇》云:“庖羲氏、女娲氏、神农氏、夏后氏,蛇身人面,牛首虎鼻,此有非人之状,而有大圣之德。”

《古佛天真考证龙华宝经》云:“李伏羲,张女娲,人根老祖。”

唐李冗《独异志》云:“昔宇宙初开之时,只有女娲兄妹二人在昆仑山,而天下未有人民。议以为夫妻,又自羞耻。兄即与其妹上昆仑山,咒曰:‘天若遣我兄妹二人为夫妻,而烟悉合;若不,使烟散。’于烟即合,其妹即来就兄,乃结草为扇,以障其面。今时人取妇执扇,象其事也。”由此又有了女娲兄妹婚配,繁衍人类的传说。

权威性工具书《辞海》释女娲氏:“神话中人类的始祖。传说人类是由她和伏羲兄妹相婚而产生,后来他们禁止兄妹通婚,制定婚礼。反映了中国原始时代由血缘婚进步到族外婚的情况。又传说她曾用黄土造人……折断鳌足支撑四极,治平洪水,杀死猛兽,使人民得以安居。”[①]

传说源于民间文学创作,尽管她反映了劳动人民的美好心愿,但毕竟不是史实。在历史发展的长河中,善良的人们在“宁可信其有,不可疑其无”的心理作用下,尊称女娲为“娲皇”,是华夏民族始祖,并建宫、庙祀之。自然而然,伏羲也被尊为神,同样是人类始祖。

## 稽考:遗址信息

以上史籍记载,已十分明确地告诉我们,女娲和后土是互不牵连,且各自独立的神祇。然而,有的学者以甲骨文中的“象形字”为据,以字音、字义为“线索”,曲里拐弯地往一起凑、拼,令读者难以心悦诚服地接受,还落下了固执己见及忽悠之嫌。究其原因,其象形字在稽古务学上,特别是在对尚无文字记载的史前时期之稽考中,远不及考古发掘出土的遗迹和遗址及其所提供的信息的可靠性令人信服,充其量也不过是“孤证”而已。

对史前和先秦时期的稽考,基于远古文化遗址和彩陶及纹饰信息。

---

① 辞海编辑委员会编纂:《辞海》,上海:上海辞书出版社,1999年,第2960页。

## 远古文化遗址

1.1979 年 5 月,辽宁省考古所在辽宁西部的喀喇沁左翼蒙古族自治县东山嘴村发现一处大型石砌祭坛遗址,后属于牛河梁文化遗址。据《中华文化辞典》载:"祭坛遗址由一圆形祭坛和一方形祭坛组成,象征'天圆地方',建筑布局以南北中轴线为中心,左右对称,主次分明。遗址中发现的坛、庙、冢布局严谨,与北京的天坛、太庙、十三陵布局相似,占地约五平方公里。史学界认为,五千年前具有国家雏形的原始文明社会已经在这里出现,从而将中华文明史提前了一千多年。"[①]

《黄帝内传》云:"帝筑圆坛以祀天,方坛以祀地。"此祭坛显然是为祭祀皇天后土而建筑的。其建造最迟应在距今 5000 年以前的母系氏族社会的晚期。

2.席涵静《先秦社祀之研究》载:1965 年,在江苏省徐州市北 17 公里的丘湾地区,发掘出土商代文化遗址。遗址中被认为是商代"社祭"遗址的,是 4 块未经人工雕琢的大石块。这 4 块石头紧紧靠在一起;中间 1 块较大,下端楔形,插入土中,其南、北、西三边各 1 块。在这 4 大块石头周围,考古家清理出人骨 20 具,人头两个,狗骨 12 具。人骨的葬式是俯身、屈膝,双手反绑在后,有一半头骨破碎,可能是被石块砸死。20 具人骨中,可辨认出的有男 6、女 4,皆青、壮年。考古家们认为,这是商代"祭社"的遗址,4 块石头为商代的石社主;人骨、狗骨是多次祭祀的牺牲。[②]

3.1974 年,在江西省清江发现 4 件刻有文字的陶片,[③]其中 1 件上刻有"入土(社),材田"。学者们认为是商代古人进入"社主地区"祭祀,然后开始田猎的记录。

《史记・三王世家》云:"主土者,立社而奉之也。"孙星衍在《尚书今古注疏》中云:"社者,立社祭后土。"上述的商代社祭遗址,无疑是祭祀后土的。

## 彩陶及纹饰信息

河南渑池仰韶村、甘肃秦安大地湾、陕西西安半坡、山东泰安大汶口、郑州大河村、甘肃临洮马家窑、青海乐都柳安、河北武安磁山等文化遗址,距今分别约为 8000 年至 5000 年、7000 年至 5000 年、6000 年、6000 年至 4000 年、5790 年

---

① 丁守和主编:《中华文化辞典》,广州:广东人民出版社,1989 年,第 730 页。

② 参见席涵静:《先秦社祀之研究》,台北:众望文化事业有限公司,1992 年,第 49—50 页。

③ 参见席涵静:《先秦社祀之研究》,台北:众望文化事业有限公司,1992 年,第 50 页。

至5070年、5300年至4050年、4050年和3400年至3100年。在这些文化遗址中，先后出土了大批的彩陶。早期的彩陶纹饰是水波纹、漩涡纹和阴纹(即女性生殖器)，中期和晚期的主要纹饰有“蛙纹”“罔纹”“鸟纹”“太阳纹”“田格纹”“变体蛙纹”“变体鸟纹”等，还有“鲵鱼纹”“人鱼纹”及“似人非人、似蛙非蛙”的“蛙神”，即神人纹(或人神纹)。考古专家依据史前时期地球发生洪水灾祸的史实和在大地湾出土的人首彩陶器，认为这些或写实，或拙劣，或抽象的彩陶纹饰，虽然没有直接用文字的形式记录历史，却以它独特、夸张、抽象的纹饰，向后人传递了重要的古老信息。运用信息猜想，是中华民族传统的一种最基本的文化美德。按照彩陶纹饰所记录的史前人类故事，保留的史前人类的生活印迹，专家们做出了如下见解。

一是陶器艺术品距今约8000年至5000年，无疑诞生在母系氏族社会，且是由妇女发明、先期制作的。

二是“素陶”的“乳钉纹”(女性乳头)和彩陶的阴纹及水波纹、漩涡纹等，反映出人类在崇拜天地之后，即崇拜女性生殖器和水。这是因为在原始社会中，生殖也是一种生产力和古人深受水害之故。

三是“变体蛙纹”“变体鸟纹”“鲵鱼纹”和“蛙神”图案的出现及“蛙纹”的持续延用，反映出古人对青蛙等两栖动物的崇拜。

四是“似人非人、似蛙非蛙”的“蛙神”(神人纹)和“人鱼纹”图案的出现，是古人将对动物的崇拜人格化，即为“人神崇拜”。说明了古人将对动物的崇拜逐步转变为对人的崇拜，后逐步发展为祭祖。

五是彩陶纹饰展现了母系氏族社会由繁荣而至衰落及转入父系氏族社会时期的社会结构和文化成就。

根据史学专家们的研究结论，结合各个文化遗址的大体年代，可以得知史前时期的这一阶段的大体情况是：在距今8000年至7000年前，中国的农耕聚落获得了第一次扩展。延至距今6000年这一时期，其农业生产、陶器制造、家畜饲养等生产技术水平，都较前有了显著的发展。在距今8000年至5000年间，发生了进入新石器时代以来的第二次大洪水。“为水害”致使“共工用灭”的历史，应发生于距今4700年以后的小波动中。[①] 而由母系氏族社会转入父系氏族社会，约在距今4600年至4100年。

按照上述见解，参照这一阶段的大体情况，我们对女娲之传说可以做出如下之猜想。

---

① 参见许海山：《古中国简史》，北京：中国言实出版社，2006年，第86页。

第一个猜想是"女娲"和"伏羲"是古人赋予聚落首领(母系)、部落酋长(父系)的名字。深受水害的古人,都希望带领他们生产生活及躲避洪水危及生命的首领、酋长,能如神人那样拥有各种本领,有如具有"神灵"的青蛙等两栖动物那样熟悉水性、驾驭河水,从而战胜洪水。青蛙的"蛙"和女娲的"娲"谐音,伏羲的"羲"和蜥蜴的"蜥"谐音,足以说明这一问题。女娲、伏羲名字的赋予时间,应是在母系氏族社会向父系氏族社会转化的这一时期。此恰好也说明了"娲皇宫""伏羲庙"在全国多处建有的原因之所在。

第二个猜想是将彩陶的制作和修补栖身之洞穴神话为"女娲抟土造人,炼五色石补天"。彩陶制作的第一道工序是和泥。用于制作彩陶的泥,是需要进行数次踩、蹂,此即为"抟土";"素陶"经过烧炼,方成彩陶,黑、白、红、黄、绿五色俱全,且质地坚硬,故被夸张为"炼五色石"。再说,人类最早的栖身之处是天然之洞穴,而天然洞穴难免会有多个或大或小的水洞、窟窿、洞口,栖身的古人则可以通过顶部的窟窿或水洞望见天的。为了防止山水、野兽侵入洞穴,伤害人们的生命,古人们便用石头堵住或在外边盖住多余的洞口、水洞、窟窿。富有惊人的灵感和想象力的古人,在创造古文化中,将此事神话为"补天"。由此也就有了"女娲抟土造人,炼五色石补天"之说。

在出土的彩陶上,大量的"鸟纹""鱼纹""蛙纹"及相关的纹饰反复延用和抽象的绘画,说明古人的图腾是因聚落有别而不尽相同,如半坡人的图腾为鱼。"蛙纹"在彩陶纹饰中是持续时间最长、布局最广、发展变化最大的纹饰图案。从"蛙纹"到"变体蛙纹",再到"蛙神",即"神人纹",说明青蛙是个深入人心的神灵形象,"蛙纹"图案则成为神灵的载体。这是因为青蛙繁殖力强和能战胜洪水。古人以令今人难以想象的创造思维和惊人、丰富的想象力,从最初对水及青蛙之类动物的崇拜,发展到围绕在彩陶器中部的"变体蛙纹"图案,即"蛇身"的雏形,再到拟人化的"蛙神",逐步想象并创造出由"兽头(龙头)、蛇身、鸟爪和鱼尾"组成的华夏民族的图腾——"龙"。有的学者称女娲、伏羲的"蛇身人面"是"龙之孑变",亦是由此而来。这便是第三个猜想。

## 辨析:史籍之载

司马迁在所著的《史记·封禅书》中云:"古者封泰山禅梁父者七十二家,而夷吾所记者十有二焉。昔无怀氏封泰山,禅云云;虙羲封泰山,禅云云;神农封泰山,禅云云;炎帝封泰山,禅云云;黄帝封泰山,禅云云;颛顼封泰山,禅云云;

帝佶封泰山，禅云云；尧封泰山，禅云云；舜封泰山，禅云云；禹封泰山，禅会稽；汤封泰山，禅云云；周成王封泰山，禅社首：皆受命然后得封禅。”虙羲，即伏羲。司马迁在文中明确地告诉后人，伏羲、炎帝、黄帝等古代帝王都到泰山祭祀天地，唯大禹和周成王在泰山祭天，之后，大禹在浙江省绍兴县东南的会稽山祭地，周成王则在“大社”举行祭地仪式。又云：“自禹兴而修社祀，后稷稼穑，故有稷祠。郊社所从来尚矣。”

《辞海》解释“封禅”云：“登泰山筑坛祭天曰‘封’，在山南梁父山上辟基祭地曰‘禅’。”那么，虙(伏)羲到泰山封禅，不用说是去祭祀天地，即皇天后土。按照伏羲与女娲系兄妹、夫妻而言，该如何理解“虙(伏)羲到泰山封禅”及“伏羲、神农、女娲为三皇”(《春秋纬·运斗枢》)呢？所以，孟子的“尽信书，则不如无书”是颇有哲理的。因冯梦龙轻信杜预之注①，造成《东周列国志》之错，致使介子推焚身之绵山②以假乱真，即介休的假绵山取代了万荣县的真孤山③。前车之鉴，难道持“娲皇后土圣母”论者不该予以深思吗？君子曰：阙文可也，存疑可也，可杜撰乎！

## 结论：考察本始

笔者探讨的后土文化特点之一就是“考察本始”。有了“源”，就可以顺其流。而见到支流、溪。反之，无源之水，也只能是在支流、小溪间绕圈子，徒费口舌笔墨。

辽宁省牛河梁文化遗址中的祭坛遗址，“从而将中华文明史提前了一千多年”，当是母系氏族社会所留，结合浙江省丘湾地区商代文化遗址和江西省清江出土的4件陶片，足以说明在母系氏族社会晚期祭祀天地的礼制已有雏形。公元前2070年，夏王朝建立后，“禹兴而修社祀”，始将土地神祇尊为“后土”，由国家专祀，到了殷商时期已成礼制。如若以夏王朝尚未产生文字而对“后土”质疑

---

① 《左传·僖公二十四年》：介子推与母“遂隐而死。晋侯求之不获，以绵上为之田”。晋杜预注云：“西河界休县南，有地名绵上。”

② 《东周列国志》第三十七回载：“……子推终不肯出，子母相抱，死于枯柳之下。军士寻得其骸骨。文公见之，为之流涕。命葬于绵山之下，立祠祀之。环山一境之田，皆作祠田，使农夫掌其岁祀。改绵山曰介山，以记寡人之过！后世于绵上立县，谓之介休，言介子推休息于此也。”

③ 《汉书·武帝纪》云：“太初二年(前103)，行幸河东，祠后土……诏曰：‘朕用事介山，祭后土，皆有光应。’”清乾隆前增补《汉书·地理志》载：“汾阴介山在南。”《水经注》：“介山高十余里，山上有神庙。……世亦谓之子推祠。”《山西通志》云：“当以今之孤山为介山是。”清乾隆《蒲州府志》“山川”载：“介山在万泉县东十五里，相传为介子推隐此。”介山，今名“孤山”。

的话，将“后土”之尊称定位于殷商时期则是无可辩驳的了。

再看一下女娲衍生。按考古专家的最新见解，在史前时期，古人是没有名字的。女娲、伏羲是在母系氏族社会向父系氏族社会转化时期，古人对聚落首领、部落酋长赋予的名字，但并不是哪一个人的专用名字。所以，古人将制作陶器、炼制彩陶和修补栖身之洞穴神话为“抟土造人，炼五色石补天”而归于女娲一身，也就顺理成章了。母系氏族社会向父系氏族社会转化时期，约为公元前2600年至公元前2100年。到了战国时期，始有女娲造人之说。经秦、汉、三国、晋、南北朝、隋，在唐朝才充实、完善了女娲的神话传说。

理清了后土、女娲之源流，就明确了各自原本的神性，亦见庐山真面目。可见“女娲者，后土也”和“娲皇后土圣母”之说，实属杜撰矣。

（原载《运城学院学报》2009年第3期）

# 第三章
# 后土国家祭祀与后土信仰的演变

# 祀地仪式的演化与万荣后土祭祀

樊淑敏

天地崇拜是人类处于蒙昧时期，对大自然的敬畏、对生命的渴望、对魔法的依赖前提下产生的一种宗教信仰。它是以祭祀仪式为媒介，通过对神的顶礼膜拜来达到人神沟通，从而产生的一种具有神秘色彩的文化形态。

天地崇拜是农耕文化很重要的特点之一。以农为本位的中原地区，土地是国家的命脉所在，也是民众得以存活的根本所在。所以中国人对土地的祭祀很早就已经开始，传说上古黄帝之时，以扫地的形式来祭祀地祇；夏朝则于五月，殷商于六月祭地祇；周代于夏至日礼地祇于方丘，取天圆地方之意。其具体的祭祀方法也有了严格的规定。《礼记·祭法》说道："瘗埋于泰折，祭地也，用骍犊。"①泰即坛；折，封土祭祀处；犊为黑色的牲口，因地属阴，故用黑色。也就是说祭地的仪式是，划地为坛后将黑色的牲口用瘗埋的方法进行祭祀，以期与神灵通达。这是对土地作为纯自然神的拜祭，带有较多的原始色彩。

而先民的鬼神意识是相当牢固的，他们认为一切有生命的东西最终都要归入另一个世界，而精神却是不朽的。因而除天地山川等自然神之外，凡是祖先，或有功于民的帝王、贤臣，都是不死的，因而都必须祭祀，这就出现了为自然神配飨的人格神，对土地的祭祀正是如此，《祭法》说："共工氏之霸九州也，其子曰后土，能平九州，故祀以为社。"②孔颖达疏曰：

其子曰后土，能平九州，故礼以为社者，是共工后世之子孙，为后土之

① (清)阮元校刻：《十三经注疏》，北京：中华书局，1980年，第1588页。

② (清)阮元校刻：《十三经注疏》，北京：中华书局，1980年，第1590页。

官。后,君也,为君而掌土,能治九州,五土之神,故祀以为配社之神。[①]

总之,凡是有功德及施恩惠于百姓的人,死后均在被祭祀之列,同时根据其才能、专长配以相应的职权及管辖范围,共工之子平定九州,巩固疆域,有定边御疆的才略,故为配社之神。自此,地祇有了"后土"这一固定的称谓,也有了专门的人格配飨神,并完成了自然神向人格神的转化。

至于什么时候在什么地方祭祀后土,《文献通考》引孔颖达疏曰:

> 地神有二,岁有二祭。夏至之日祭昆仑之神于方泽,一也;夏正之日祭神州地祇于北郊,二也。……又曰:知方岳之神是昆仑者,按地统书《括地象》云:"地中央曰昆仑。"又云:"其东南方五千里曰神州。"[②]

夏至之日祭地祇于泽中方丘的"方丘"到底在哪儿,远古的传说并不很明确,故早期的祭地多采用后一种祭法,也就是夏至日,农七月的时候,用泰折之坛祭地祇于京城的北郊。

到汉武帝时,因为汾阴(属今山西省万荣县)一位名字叫锦的巫士,在濒临黄河的地方发现了一个宝鼎,上报给当时的河东太守,太守上书武帝,武帝即刻派有司勘验。而这时一汾阴籍的道士公孙滂洋正侍于皇帝左右,乘机上书说,汾阴就是古地理书中的昆仑山东南之五千里的神州,是中国的中心,而发现宝鼎的地方则是远古祭地祇的"泽中方丘",因其形如人臀,故曰脽上。武帝深信其言,并举行了声势浩大的迎鼎仪式,将发现宝鼎之处改为宝鼎(今万荣县宝井乡),次年改国号为元鼎。随后在汾阴脽上建后土祠,亲自到此举行了一场大规模的祭地仪式。《汉书·郊祀志》载:

> 其明年(元狩二年),天子(汉武帝)郊雍,曰:"今上帝朕亲郊,而后土无祀,则礼不答也(不配)。"有司与太史令谈、祠官宽舒议:"天地牲,角茧栗。今陛下亲祠后土,后土宜于泽中圜丘为五坛,坛一黄犊牢具。已祠尽瘗,而从祠衣上黄。"于是天子东幸汾阴。汾阴男子公孙滂洋等见汾旁有光如绛,上遂立后土祠于汾阴脽上,如宽舒等议。上亲望拜,如上帝礼。[③]

故而汾阴后土祠又称汉武帝祠,但今天的万荣后土庙已非汉时的庙宇,是宋金以后因黄河泛滥易地而建的,庙内现存有重檐歇山顶汉武楼、正殿、配殿、

---

① (清)阮元校刻:《十三经注疏》,北京:中华书局,1980年,第1590页。

② (元)马端临:《文献通考》,杭州:浙江古籍出版社,1988年,第693页。

③ (汉)班固:《汉书》,北京:中华书局,1960年,第1221—1222页。

前后山门等建筑。只是汉武帝时将远古的“泽中方丘”改为“泽中圜丘”，并分立五坛，主持祭祀仪式的官员着黄衣，用瘗埋之礼将黄色的牲口奉献给神灵。而后又在祭祀仪式中加入歌舞，《汉书》载：

其（元鼎）春，既灭南越，嬖臣李延年以好音见。上善之，下公卿议，曰：“民间祠有鼓舞乐，今郊祀而无乐，岂称乎？”公卿曰：“古者祠天地皆有乐，而神祇可得而礼。”……于是塞南越，祷祠泰一、后土始用乐舞。①

除《汉书》中大书特书的这一次祭祀外，汉武帝一生亲自到汾阴祭祀后土大约五次，后期还写下了著名的《秋风辞》。武帝以后，汉代亲祭后土于汾阴的帝王有四位。《汉书》载：

宣帝神爵元年，上幸于河东后土。五凤三年上幸河东后土。②

元帝即位，遵旧仪，间岁正月，一幸甘泉郊泰畤，又东至河东祠后土，……凡五奉泰畤，后土之祠。③

最有意思的是汉成帝继位后，朝堂上关于天子是否应该临河涉水，亲到汾阴祭地引起了强烈的争议。

成帝初即位，丞相（匡）衡，御史大夫（张）谭，奏言曰：“帝王之事莫大乎承天之序，承天之序莫重于郊祀，故圣王尽心极意以建制，祭天于南郊，就阳之义也；瘗地于北郊，即阴之象也。天之于天子也，因其所能都而名焉。……

汾阴则渡大川，有风波舟楫之危，皆非圣主所宜数乘。郡县治道共张，吏以困苦，百官烦费。劳所保之民，行危险之地，难以奉神灵而祈福佑，殆未合于承天子民之意。④

反对的理由有三：与古制不符，有违天意；天子以尊贵之躯涉险地，非圣主所举；劳民而伤财。又列举了周文王、武王郊天地于丰鄗，成王郊天地于洛阳，所以祭天地应随王者所居之地而变。成帝采纳了这一建议，故将后土的祭祀迁至京城长安北郊。到后来汉成帝久无子嗣，其母皇太后十分忧虑，下诏言曰：

盖闻王者承事天地，交接泰一，尊莫著于祭祀，孝武皇帝（汉武帝）大圣

---

① （汉）班固：《汉书》，北京：中华书局，1960 年，第 1232 页。

② （汉）班固：《汉书》，北京：中华书局，1960 年，第 1249 页。

③ （汉）班固：《汉书》，北京：中华书局，1960 年，第 1253 页。

④ （汉）班固：《汉书》，北京：中华书局，1960 年，第 1256 页。

通明，始建上下之祀，营泰畤甘泉，定后土于汾阴，而神祇安之，飨国长久，子孙蕃滋，累世遵业，福流于今。今皇帝宽仁孝顺，奉循圣绪，靡有大愆，而久无继嗣。思其咎职，殆在徙南北郊，违先帝之制，改神祇旧位，失天地之心，以妨继嗣之福。[①]

将后继无人的原因归罪于未能使神灵正位，故而获祸，于是成帝复于汾阴祀后土如旧制，分别于建始二年(前31)、永始三年(前14)、永始四年(前13)、元延二年(前11)、元延四年(前9)、绥和二年(前7)六次幸河东后土，但终未获子嗣，成帝死后，皇太后因成帝亲郊甘泉泰畤，汾阴后土，终未得其庇护而生恨，于是复于长安南北郊祭祀天地。

最后一位祭后土于汾阴的汉代皇帝是哀帝。《汉书·哀帝本纪》载：

皇帝孝顺，奉承圣业，靡有解怠，而久病未瘳。夙夜唯思，殆继之君不宜改作。其复甘泉泰畤，汾阴后土如故。[②]

因为哀帝有病在身，不能亲至汾阴，故派有司代为祭祀。但三年后，哀帝还是不治而亡了。两代皇帝为祈求福佑而祀汾阴后土，终无灵显出现，故后来的汉代帝王放弃了对汾阴后土的祭祀，将后土祭祀迁于京城北郊。

汉代以后，多数帝王都在京城北郊设坛祭地祇，泽中方丘是否如公孙滂洋所言，是山西汾阴脽上已被大多数人怀疑，当然也有例外的，唐玄宗便是其中的一位。历史上，凡是大一统较为巩固的时代，祭祀仪式便有所发展，以此显示其大汉、大唐、大宋气象。唐玄宗李隆基专门制定了《唐开元礼》，其中有详细的祭天地仪式，《新唐书·玄宗本纪》载：

(开元)十一年二月壬子，如汾阴，祀后土……三月辛未，至自汾阴，免所过今岁税，赦京城。[③]

再后来亲到汾阴祭后土的便是宋真宗、宋徽宗了。宋真宗以河东父老的强烈要求为借口，终于亲自到汾阴后土过了把瘾。《宋书·真宗本纪》载：

(大中祥符三年)庚戌，河中府父老千余人请祀后土，不许。……(七月)辛丑，文武官，将校等三上表，请祀汾阴后土。八月丁未朔，诏：明年春有事于汾阴，州府长吏勿以修贡助祭烦民。戊申，陈尧叟为汾阴经度制置

---

① (汉)班固：《汉书》，北京：中华书局，1960年，第1259页。

② (汉)班固：《汉书》，北京：中华书局，1960年，第1264页。

③ (宋)欧阳修等：《新唐书》，北京：中华书局，1960年，第130页。

使。己酉,王旦为祀汾阴大礼使,王钦若为礼仪使。庚戌,诏汾阴路禁弋猎,不得侵占民田,如东封之制。①

"有事"在古代特指祭祀活动,宋真宗于大中祥符四年(1011)正月丁酉出京师,二月到达汾阴,住进事先建于宝鼎的奉祇宫中。《文献通考》记载:

戊午,致斋,招近臣登延庆亭,南望仙掌,北瞰龙门。自宫至脽丘列植嘉树,六师环宿行阙,旌旗帟幕,照耀郊次。眺览久之,己未,遣入内都知邓永迁诣祠,上衣服,供具。庚申,群臣宿祠所。

辛酉,具法驾诣脽坛。夹路设燎火,其光如昼,盘道迂曲,周以黄麾,仗至坛次,服衮冕,登坛祀后土地祇。备三献,奉天书于神座之左,以太祖太宗配,如封禅之礼。

先是脽上多风,及行礼顿止,黄气绕坛,月重轮,众星不见,惟大角光明。

少顷,改服通天冠,绛纱袍,乘辇诣庙。设登歌,奠献,省封石匮,遣官分奠诸神,登鄈丘亭,望河汾,还行宫。鼓吹振作,紫气四塞,观者溢路,民有扶老携幼,不远千里而至者。

壬戌,御朝觐坛,肆赦。

是行途中屡有甘澍之应,皆夕降晨霁,从官卫兵无沾服之患,又农事方兴,耕民欢忭相属。

三月,驻跸西京。四年,诏脽上后土庙宜上额为太宁正殿。②

北宋末代皇帝宋徽宗曾三次亲祭后土于汾阴:

政和四年五月丙戌,始祭地于方泽(特指汾阴脽上),以太祖配。降德音于天下。③

宣和二年五月己酉,日中有黑子,丁巳,祭地于方泽,降德音于诸路。④

五年癸酉,祭地于方泽。⑤

明清之后均在京城北郊作坛以祭祀地祇,即今天北京的地坛。汾阴后土不再有昔日的辉煌。

---

① (元)脱脱等:《宋史》,北京:中华书局1960年,第143—144页。

② (元)马端临:《文献通考》,杭州:浙江古籍出版社,1988年,第699页。

③ (元)脱脱等:《宋史》,北京:中华书局,1960年,第393页。

④ (元)脱脱等:《宋史》,北京:中华书局,1960年,第405页。

⑤ (元)脱脱等:《宋史》,北京:中华书局,1960年,第412页。

历代朝廷在祭祀后土时，大多以本朝有功德的已故帝王作配飨之神，民间何时将男性的人格神转化为今天的女性神后土娘娘，正史不征。而这样的转化无疑与《周易》的阴阳说密切相关，天为阳，地为阴，男为阳，女为阴，地本属阴，故而民间将原本以男性配飨的后土神改为女性的后土，并依照自己的习惯尊称为后土娘娘。而民间祭祀中凡是女性神，不管其最初所司为何职，一律与生育有关。这大概一方面与女性担负着传宗接代的重要使命有关；另一方面也与古代医疗技术落后，民间百姓只能将多子多福的希望寄予神灵崇拜，后土的送子功能由此生发开来。

（原载《运城学院学报》2004 年第 1 期）

# 汾阴后土祠神灵形象演变探析

李玉洁

古代史籍记载，中国古代的社神后土是共工氏之子句龙。句龙因"能平九土"，治理水害，而被封为后土；西汉武帝为之建后土祠于汾阴。能够"平九土"治水害者，当是一个男子。古籍记载的社神后土句龙，是一个男性的部族首领。然而今后土祠中所供奉的是女娲，即女性神灵的神像。笔者对汾阴后土祠神灵形象的演变进行研究，以正于学术界的同仁。

## 一、共工氏之子句龙受封为社神后土

中国是一个以农业为主的国家，农业是最重要的生产部门，土地是古人赖以生存最基本的资源。后土是我国古代最敬仰、最重视的土地神，也称社神。

共工氏之子句龙在颛顼时期受封为土正，即管理土地的长官；有功，帝尧时期以为社神。蔡邕《独断》卷上云："社神，盖共工氏之子句龙也，能平水土。帝颛顼之世举以为土正，天下赖其功。尧祠以为社。凡树社者，欲令万民加肃敬也。"[①]《国语·鲁语上》云："共工氏之伯九有也。其子曰后土，能平九土，故祀以为社。"韦昭注："共工氏伯者，名戏；弘农之间，有城。其子，共工之裔子句龙也，佐黄帝为土官。九土，九州之土也。后，君也，使君土官，故曰后土也。社，后土之神也。"[②]弘农，今河南省灵宝市一带。后土是我国古代传说中掌管土地的神，也就是社神。土地与五谷是不可分离的，人们又把社神称为社稷之神。

---

① （汉）蔡邕：《独断》，《四部丛刊》三编景明弘治本，第 6 页。

② （战国）左丘明：《国语》，上海：上海古籍出版社，1983 年，第 166 页。

后土句龙的父亲共工氏是一个远古帝王。中国古代部族的名字一般与所在的地名有关。共工氏最早活动的地域因在共山而得名。根据古籍记载，共山在今河南省的辉县，另一种说法在今河南省济源市。共山从济源市绵延到辉县。“工”，当为修筑工程之意。共工氏有城，居住在城堡之中，活动在共山一带，是负责修筑工程的长官和部族首领。共工氏发祥在古共山，即今河南省济源、辉县一带。《国语·周语》贾逵注曰：“共工，诸侯，炎帝之后，姜姓也。”①共工氏部族属于炎帝之后裔。《佩文韵府》卷五二云：“吕氏出自姜姓，炎帝裔孙，为诸侯，号共工氏。有地在弘农之间，从孙伯夷佐尧掌礼，使遍掌四岳为诸侯，伯号太岳。”②共工氏是拥有辖地的远古部族首领。共工氏又是帝尧、帝颛顼的水官，并管理百工，为帝尧的四岳。《史记·律书》云：“颛顼有共工之陈，以平水害。”③“陈”，就是“臣”的同音假借字。

随着共工氏势力的发展，共工氏所拥有的辖地达到今豫西三门峡一带。共工氏是在黄河岸边“平定水害”、治理黄河的水官。济源、辉县、弘农皆与晋南地域相连，弘农与今山西运城平陆县只隔一道黄河，共工氏在今豫西、晋南一带活动。

传说共工与颛顼氏争为帝，怒触不周山。《淮南鸿烈解·天文训》云：“昔者共工与颛顼争为帝，怒而触不周之山。”④相传这就是造成我国西北高、东南低的原因。

《韩非子·外储说右上》记载：“尧欲传天下于舜。鲧谏曰：‘不祥哉，孰以天下而传之于匹夫乎？’尧不听，举兵而诛杀鲧于羽山之郊。共工又谏曰：‘孰以天下而传之于匹夫乎？’尧不听，又举兵而诛共工于幽州之都。于是天下莫敢言无传天下于舜。”⑤帝尧晚年，欲传天下于舜。鲧、共工等相继进谏，不同意，于是流共工于幽陵、殛鲧于羽山。凡是反对帝舜即位的部族或者部族首领，或被放逐，或被杀死，皆受到惩罚，共工氏从此被流放到名为幽陵的边塞地区。幽陵在今北京密云。

共工氏死后，其子句龙接替其父的职责，继续在黄河流域治理洪水，在河东地区活动，土地神后土的传说与祭祀风俗也产生在河东地区。句龙因平水土有功，成为土正，被封为后土，祀以为社神，受到了后世的祭祀。《左传·昭公二十

---

① (战国)左丘明：《国语》，上海：上海古籍出版社，1983年，第104页。

② (清)张玉书：《佩文韵府》，清文渊阁四库全书本，第12514页。

③ (汉)司马迁：《史记》，北京：中华书局，1982年，第1241页。

④ (汉)刘安：《淮南鸿烈解》，《四部丛刊》景钞北宋本，第27页。

⑤ (清)王先谦：《韩非子集解》，北京：中华书局，1983，第243页。

九年》云："五行之官，是谓五官，实列受氏姓，封为上公，祀为贵神。社稷五祀，是尊是奉。木正曰句芒，火正曰祝融，金正曰蓐收，水正曰玄冥，土正曰后土。……共工氏有子曰句龙，为后土。后土为社。"[①]后土就是土正、土官，是共工氏留在后世最令人尊敬的后裔。后土信仰源于中国古代对土地的崇拜。

后土在先秦时期受到极大的礼遇，与天子享有同等礼仪的祭祀。《周礼·冬官·考工记》云："匠人营国……左祖右社，面朝后市。"[②]"左祖右社"，就是以王宫为中，左边是祖宗神庙，右边是社神之庙，说明中国古代对社神是何等的重视。社稷就是国家的象征，保卫社稷，就是保卫国家。

关于后土，史上也有多种传说。传说大禹在帝舜时期也曾做过后土。《左传·文公十八年》有"舜臣尧，举八恺，使主后土，以揆百事，莫不时序，地平天成"[③]。杜预注："后土，地官；禹作司空，平水土，即主地之官。"也有说后土是颛顼氏之子犁。如《文献通考·郊社考·祀五帝》亦云："其帝黄帝，其神后土。"注曰："此黄精之君，土官之神，自古以来著德立功者也。黄帝，轩辕氏也；后土，亦颛顼氏之子曰犁，兼为土官。"[④]

由于大禹是夏王朝的开国君主，人们以共工氏之子句龙为社神后土。虽然说法不一，但是共工氏之子句龙是中国传说所认可的后土，是为先秦《左传》《吕氏春秋》等多种古籍所记载的。我国古史传说的后土当是共工氏之子句龙。

先秦时期的后土句龙在古代享有很高地位。《尚书·武成》有"告于皇天后土"[⑤]之句；把后土与皇天相配，说明其地位之高。国家有什么大事，须先报告给后土，请他管理。《周礼·春官·大宗伯》有"王大封，则先告后土"[⑥]等。如前所述，天子建立国家，"左祖右社"，社稷之神是享受天子祭祀礼仪的神灵。

后，中国远古的王称为"后"。如《尚书·大禹谟》云："众非元后，何戴？后非众，罔与守邦。"《史记·陈杞世家》云："杞东楼公者，夏后禹之后苗裔也。"[⑦]如大禹又被称为"夏后禹"，即夏王的意思。《说文》云："后，继体君也，象人之形。从一口，发号者。君，后也。"[⑧]后，就是向全国发布政令的国君。后土是管理天下土地的最高神灵和长官。

---

① 杨伯峻：《春秋左传注传》，北京：中华书局，1983 年，第 1502 页。

② （清）阮元校刻：《十三经注疏》，北京：中华书局，1980 年，第 927 页。

③ 杨伯峻：《春秋左传注传》，北京：中华书局，1983 年，第 638 页。

④ （元）马端临：《文献通考》，清浙江书局本，第 1420 页。

⑤ 杨伯峻：《春秋左传注传》《尚书》，北京：中华书局，1983 年，第 184 页。

⑥ （清）阮元校刻：《十三经注疏》，北京：中华书局，1982 年，第 1648 页。

⑦ （汉）司马迁：《史记》，北京：中华书局，1982 年，第 1583 页。

⑧ （汉）许慎：《说文解字》，北京：中华书局，1982 年，第 186 页。

## 二、西汉初年始建后土祠于汾阴

中国古代是一个农业国，农业是古代社会的重要部门，作为土地神的后土是受历代王朝祭祀的重要神灵。

蔡邕《独断》卷上云："《汉书》称，高帝五年初，置灵星祠、后土祠，位在壬地。社神，盖共工氏之子勾龙也，能平水土。"①壬地，为北方。

西汉武帝时期，在汾阴始建专门祭祀后土的庙宇——后土祠。后土祠建在汾阴，因为晋南原是后土和他的父亲共工氏活动的地方。历朝致祭后土基本都在汾阴。《史记·封禅书》云：天子"始立后土祠汾阴脽丘，如宽舒等议。上亲望拜，如上帝礼。"②《史记·孝武本纪》载：元鼎四年（前 113），"祠官宽舒等议：'天地牲角茧栗。今陛下亲祀后土，后土宜于泽中圜丘为五坛，坛一黄犊太牢具，已祠尽瘗，而从祠衣上黄。'于是天子遂东，始立后土祠汾阴脽上，如宽舒等议。上亲望拜，如上帝礼。"③《汉书·武帝纪》对汉武帝这次前往汾阴祭祀后土之事亦有记载："四年冬十月，行幸雍，祠五畤。赐民爵一级，女子百户牛酒。行自夏阳，东幸汾阴。十一月甲子，立后土祠于汾阴脽上。礼毕，行幸荥阳。还至洛阳，诏曰：'祭地冀州。'"颜师古注："夏阳，冯翊之县也；汾阴属河东。"如淳曰："脽者河之东岸特堆掘，长四五里，广二里余，高十余丈。汾阴县治脽之上，后土祠在县西，汾在脽之北，西流与河合。"服虔曰："后土祠在汾阴，汾阴本冀州地也。"④脽，土丘也。后土祠，是在汾阴脽上。最早祭祀后土的礼仪，用以太牢（牛、羊、猪）进行祭祀。祭祀完之后，将所有的祭品瘗埋。汉武帝必须亲自进行拜祭。

祭祀后土与祭天都要定期举行。《汉书·郊祀志》："汾阴后土三年亲郊祠，而泰山五年一修封。"⑤皇帝三年要祭祀后土，五年封泰山。《汉书·礼乐志》："至武帝，定郊祀之礼；祠太一于甘泉，就乾位也；祭后土于汾阴，泽中方丘也。"师古曰："汾水之旁，土特堆起，是泽中方丘也。祭地，以方象地形。"⑥

汉武帝曾先后七次祭拜后土祠，都用非常隆重的礼仪；祭祀后土与祭天、祭

---

① （汉）蔡邕：《独断》，《四部丛刊》三编景明弘治本，第 6 页。
② （汉）司马迁：《史记》，北京：中华书局，1982 年，第 1389 页。
③ （汉）司马迁：《史记》，北京：中华书局，1982 年，第 461 页。
④ （汉）班固：《汉书》，北京：中华书局，1982 年，第 183—184 页。
⑤ （汉）班固：《汉书》，北京：中华书局，1982 年，第 1248 页。
⑥ （汉）班固：《汉书》，北京：中华书局，1982 年，第 1045 页。

上帝的礼仪也是一样的,以拜上帝之礼拜后土。《汉书·武帝纪》记载:元鼎五年(前112)十一月,汉武帝"巡祭后土以祈丰年,冀州脽壤,乃显文鼎,获荐于庙"[①]。元封元年(前110),"春三月,祠后土。诏曰:'朕躬祭后土地祇,见光集于灵坛,一夜三烛。幸中都宫殿,上见光。其赦汾阴、夏阳、中都死罪以下,赐三县及杨氏皆无出今年租赋"[②]。元封六年(前105)"幸河东,春三月祠后土。诏曰:朕礼首山、昆田出珍物,化或为黄金;祭后土神光三烛,其赦汾阴殊死以下,赐天下贫民布帛人一匹"。太初元年(前104),"祠后土,东临勃海,望祠蓬莱,春还受计于甘泉"。太初二年(前103),"三月,行幸河东,祠后土"。太初二年夏四月,"诏曰:朕用事介山,祭后土,皆有光应。其赦汾阴、安邑殊死以下;五月,籍吏民马,补车骑马"。天汉元年(前100)春正月,"行幸甘泉,郊泰畤。三月,行幸河东,祠后土"。天汉元年(前100)春三月,"行幸河东祠后土"。上行幸河东祠后土,顾视帝京,欣然中流,与群臣饮燕,上欢甚,乃自作《秋风辞》曰:

秋风起兮白云飞,
草木黄落兮雁南归。
兰有秀兮菊有芳,
怀佳人兮不能忘。
泛楼船兮济汾河,
横中流兮扬素波。
箫鼓鸣兮发棹歌,
欢乐极兮哀情多。
少壮几时兮奈老何![③]

这是汉武帝祭祀后土祠时所做的辞赋。后世人们根据汉武帝的《秋风辞》,在后土祠内建造了一座秋风楼。西汉元帝、成帝时期在京师长安筑立后土祠,祭祀后土;但是历代仍有很多帝王来汾阴祭祀后土。如西汉的宣帝、元帝、成帝,东汉的光武帝,唐明皇,宋真宗等。历代王朝的皇帝把"封泰山、祠后土、谒太清宫"[④],当成盛世之举。

如前所述,我国先秦时期的后土是共工氏之子,名曰句龙;《左传·昭公二十九年》云:"共工氏有子曰句龙,为后土。"句龙在我国先秦古籍中是一个男子

① (汉)班固:《汉书》,北京:中华书局,1982年,第183—184页。
② (汉)班固:《汉书》,北京:中华书局,1982年,第952页。
③ (南朝梁)萧统编:《文选》,胡刻本,第1023页。
④ (元)脱脱等:《宋史》,清乾隆四年武英殿刻本,第1103页。

形象。《吕氏春秋·季夏纪》云:"其帝黄帝,其神后土。"汉代高诱注:"黄帝,少典之子,以土德王天下,号轩辕氏,死托祀,为中央之帝。后土,官,共工氏子句龙,能平九土,死托祀,为后土之神。"①

西汉前期祭祀后土,以汉高祖配享。《史记·封禅书》又云:汉武帝元封五年(前106)"修封,则祠太一、五帝于明堂上坐,令高皇帝祠坐对之。祠后土于下房,以二十太牢。天子从昆仑道入,始拜明堂如郊礼。礼毕,燎堂下"②。昆仑道,是圜宫垣中之复道。汉武帝"祠后土"以"高皇帝祠坐对之",以高皇帝刘邦配享后土。

后代有些文献也记载,祭祀后土是以汉高祖刘邦配享的。南朝梁人沈约说"汉文帝初祭地祇于渭阳,以高帝配。武帝立后土社祠于汾阴,亦以高帝配"③。郝经在《续后汉书·礼乐》亦记载:"自周而下,历秦及汉,不见配郊之典;至武帝元封二年,祠泰一、五帝于明堂上座,合高皇帝祠坐对之;祠后土于下堂,始以高帝对座五帝,亦无配天之文。平帝元始五年,王莽奏云:高皇帝因雍四畤起北畤,而备五帝,未共天地之祀。孝文初起渭阳,五帝庙祭泰一、地祇,以高皇帝配;孝武皇帝立泰一祠,亦以高祖配。"④

东汉初年,汉光武帝刘秀祭祀后土也是如祭天一样。《后汉书·光武帝纪》记载:建武十八年(42)春二月,"幸蒲坂,祠后土"。唐朝章怀太子李贤注引《汉官仪》曰:"祭地于河东汾阴后土宫,宫曲入河。古之祭地,泽中方丘也。以夏至日祭,其礼仪如祭天。蒲坂县属河东郡,后土祠在今蒲州汾阴县西北。"⑤蒲坂在今山西永济市。

以上记载可知,汉文帝在渭阳、汉武帝在汾阴、东汉光武帝在蒲坂,所行的祭祀后土之礼,虽然祭祀的地点不同,但祭祀礼仪与祭祀泰一、五帝之礼完全一样。汉武帝、汉文帝祭祀后土,皆以"高皇帝祠坐对之",即以高帝配享;高帝就是刘邦。祭祀后土以汉高祖配享,那么后土当然是男性神灵,享受着与泰一、五帝同样的祭祀。

---

① (战国)吕不韦:《吕氏春秋》,《四部丛刊》景明刊本,第39—40页。
② (汉)司马迁:《史记》,北京:中华书局,1982年,第1401页。
③ (南朝梁)沈约:《宋书》,北京:中华书局,1982年,第432页。
④ (元)郝经:《续后汉书》,清文渊阁四库全书本,第1087页。
⑤ (南朝宋)范晔:《后汉书》,北京:中华书局,1982年,第69页。

## 三、后土祠神灵演变为女像原因探析

后土原是共工氏之子句龙，但现在万荣县的后土祠中供奉的神灵确是一个女子，并被附会成女娲。笔者曾到万荣县后土祠考察，后土祠的圣殿中端坐着的圣母娘娘，是女娲的塑像。殿堂的门上有“坤母德馨”的横额，还有很多感恩人为求子而供奉的楹联等。后土祠供奉的神灵怎么是一个女子？是什么原因、什么时候使后土祠的神灵发生这样的变化呢？

笔者认为，从西汉末年始至唐代则天时期，后土祠的神灵完成了由男性神灵到女性神灵的演变。

首先，后土祠男性神灵向女性神灵的演变最早发端于西汉末年。西汉后期，作为外戚的王莽为了篡夺汉朝政权，讨好献媚太后王政君而推动了这种演变的第一步。梁代沈约《宋书·志·礼三》云：“汉文帝初祭地祇于渭阳，以高帝配。武帝立后土社祠于汾阴，亦以高帝配。汉氏以太祖兼配天地，则未以后配地也。王莽作相，引《周礼》享先妣为配北郊，夏至祭后土以高后配，自此始也。”①也就是说，西汉末年王莽为相，祭祀后土时开始用“高后配”。是因为王莽本身就是外戚，巴结太后，是他篡夺政权的需要。元代马端临《文献通考·郊社考二·郊》：“郊祀明堂严父配天之礼，而哀平之间怵于祸福之说，南北郊与甘泉五畤互为罢，复卒无定制。至王莽秉政，请复长安南北郊祭天，而以高帝配，善矣；然复以高后配地祇而共祭，则臆说不经为甚。盖莽将篡汉，故为是崇阴教以媚元后，而遂其盗权窃位之谋耳。”②

王莽之后，东汉王朝开始有以皇后之灵位配享地神的。郑樵《通志·礼略·吉礼·方丘》云：“后汉光武中元元年，营北郊祀地祇在雒阳城北四里为方坛四陛，迁吕太后于园上，薄太后尊号曰高后，以配地祇。”③这里所说的“地祇”，是地神。地神当然与作为土地神的后土可以说是同一个神灵。

其次，后土神灵的演变也与自战国之后五行学说的出现有关。自战国时期，我国阴阳学说兴起，产生了以奇数为阳、偶数为阴，阴阳相合，才能生成万物的富于哲理的思想，从而形成较为完整成熟的阴阳学说。阴阳学说以奇数为阳，象征天、君、父、男；以偶数为阴，象征地、臣、母、女；并由此形成了阳奇为尊、

---

① （南朝梁）沈约：《宋书》，北京：中华书局，1982 年，第 432 页。

② （元）马端临：《文献通考》，清浙江书局本，第 1236 页。

③ （宋）郑樵：《通志》，清文渊阁四库全书本，第 1064 页。

阴偶为卑的思想。乾象征天，坤象征地。天、君、父、男为阳，地、臣、母、女为阴。

阴阳学说有阴阳相和相济的对立统一的思想，事物不断发展变化的思想，并且认为世界万物的本原是太极，而太极则是物质性的。这些思想虽然不可避免地带有巫术思想的性质，但阴阳学说把天地万物以阴阳的形式有机地和谐地结合在一起，说明世界万物都有矛盾对立的两个方面，只有在阴阳相和的环境才能发展的哲理；并且强调了事物发展到极限，就会走向反面的深刻道理。这些反映了华夏民族思维的哲理性、正确性和完善性，也反映了古代人们思想认识的深化和成熟。

在阴阳学说理论的影响下，后土作为地神被附会成阴，是必然的；也是王莽以高后配享后土，然后把后土演变为女性神灵的理论根据。《汉书·礼乐志》："后土富媪，昭明三光。穆穆优游，嘉服上黄。"张晏曰："媪，老母称也。坤为母，故称媪。海内安定，富媪之功耳。"[①]这里所说的"后土富媪"之"媪"是大地的意思，即后土有使人们富庶之功劳。郝经《续后汉书·礼乐》亦记载："天地合精，夫妇判合，祭天南郊，则以地配，一体之谊也。天地位皆南乡同席，地在东共牢而食。高帝、高后配于坛上西乡，后在北亦同席共牢；如此则天地合祀，以祖妣配之义也。"[②]

后土既然为社神、土神，是管理天下土地之大神。土地在阴阳学说中属于阴；既然属于阴，当然就是女性之神。阴阳学说是解释后土演变为女子的重要理论根据。

最后，武则天时期最终完成了从男性神灵到女性神灵的演变。唐朝武则天以女主当政，是中国历史上唯一敢于宣称自己是皇帝的女皇。武则天时期最终完成了后土神灵从男子到女子的转变。

女皇武则天以女主当政，大大提高了女性的地位。如在唐代以前，子女在父母去世后，对待父母服丧的时间是不同的。如果父亲先去世，那么为母亲服三年齐衰之丧服；如果父亲在世，母亲先去世，则为母亲服一年齐衰丧服。如《仪礼·丧服》云："疏衰裳、齐牡麻绖、冠布缨、削杖、布带、疏屦，三年者，父卒则为母。……疏衰裳、齐牡麻绖、冠布缨、削杖、布带、疏屦。期者，父在为母。"《传》曰："何以期也？屈也。至尊在，不敢伸其私尊也。父必三年，然后娶达子之志也。"[③]

---

① (汉)班固:《汉书》,北京:中华书局,1982年,第1054页。

② (元)郝经:《续后汉书》,清文渊阁四库全书本,第1087页。

③ (清)阮元校刻:《十三经注疏》,北京:中华书局,1980年,第1103—1104页。

则天女皇执政时期，对此进行改革。《旧唐书·高宗下》记载皇后武氏“请子父在，为母服三年”[①]。萧嵩等《大唐开元礼·凶礼·五服制度》云：“齐衰三年，正服，子为母。旧礼父卒为母周，今改与父在同。”[②]从此开始，父在，亦为母服三年。后代虽有人提出，但终未改变。宋代卫湜撰《礼记集说》云：“河南程氏曰：古之父在为母服期，今则皆为三年之丧，则家有二尊矣，可无嫌乎？”[③]徐乾学《读礼通考·丧期·斩衰三年》：“子为母服，历代不同。父在则齐衰期年，父没则齐衰三年者，周制然也。至唐则一概定为齐衰三年，而宋元因之；至明则一概增为斩衰三年，而本朝因之。”[④]武则天对母亲丧服的加重，说明她在用力地推崇女子的地位；这就可以理解则天女皇希望后土以女性形象出现的心理。

后晋刘昫《旧唐书·志四·礼仪四》：“先是脽上有后土祠，尝为妇人塑像。则天时移河西梁山神塑像就祠中配焉。至是有司送梁山神像于祠外之别室内，出锦绣衣服以上，后土之神乃更加装饰焉。又于祠堂院外设坛，如皇地祇之制，及所司起作获宝鼎三枚以献。十一年二月，上亲祠于坛上，亦如方丘仪。”[⑤]

其实，“脽上有后土祠，尝为妇人塑像”，过去史籍从未记载；如果后土祠本来就是妇人塑像，那么就没有必要再称“后土祠尝为妇人塑像”之类的话语。这当然是唐朝官员为讨好则天女皇而行的编造之言，并以此创造一个大地女主的后土神灵，代替原来以共工氏之子句龙为原型的后土神灵。在女性后土神灵代替句龙的过程中，我们可以感受到皇权的威力。

武则天时期，“准令用孟春吉亥祠后土，以句龙氏配”[⑥]。男性的后土神灵共工氏之子句龙成为配角，女性的后土神灵彻底代替共工氏之子句龙。

先秦时期是男性绝对统治的时期，后土为男性之神灵是必然的；而当阴阳学说形成，天为阳、地为阴，男为阳、女为阴的观念被我国人民普遍接受之后，后土所主的土地，属于阴；人们对古代的神灵重新进行归类，那么后土被归于女性也是可以被人们接受的。而且其中又经过则天女皇的大力推进，河东后土祠中的后土神像就变成一个女性之神。

当后土以女性神灵形象出现在神坛之后，其出身也发生了变化。后土就不能再是共工氏之子句龙，而被附会成补天的女英雄女娲了。女娲“补天”的神话

① (后晋)刘昫：《旧唐书》，北京：中华书局，1975年，第99页。
② (唐)萧嵩等：《大唐开元礼》，清文渊阁四库全书本，第605页。
③ (宋)卫湜：《礼记集说》卷一六〇，清康熙十九年通志堂刻通表堂经解本。
④ (清)徐乾学：《读礼通考》，清文渊阁四库全书本，第91页。
⑤ (后晋)刘昫：《旧唐书》，北京：中华书局，1975年，第928页。
⑥ (后晋)刘昫：《旧唐书》，北京：中华书局，1975年，第913页。

也出自河东。《淮南鸿烈解·览冥训》云:"往古之时,四极废,九州裂,天不兼覆,地不周载。火爁炎而不灭,水浩洋而不息,猛兽食颛民,鸷鸟攫老弱。于是女娲炼五色石以补苍天,断鳌足以立四极,杀黑龙以济冀州,积芦灰以止淫水。苍天补,四极正,淫水涸,冀州平。"[①]冀州就包括今山西南部。

女娲在华夏民族的传说中不仅是补天的英雄,而且还是"皋禖",即高禖、禖神、婚姻之神、生育之神。《路史·后纪》云:女娲"佐太昊,祷于神祇,而为女娲。正姓氏,职婚姻,通行媒,以重万民之判,是曰神媒"[②]。《路史·后纪二》也说女娲"以其载媒,是以后世有国,是祀为皋禖之神"[③]。《路史·后纪二》又注引《风俗通》曰:"女娲祷祠神,祈而为女媒,因置婚姻,行媒,始此明矣。"[④]

女娲还是笙簧最早的发明者。《佩文韵府》引司马贞《补史记·三皇本纪》云:"女娲氏亦风姓,蛇身人首,有神圣之德,代宓牺立,号曰女希氏,无革造惟作笙簧。"[⑤]陈旸《乐书·乐图论》卷一七五:"女娲氏始为笙簧制管,以一天下之音,合日月星辰,故其乐谓之充乐。"[⑥]笙,是一种可以吹的乐器,管状。簧是笙中的薄片,可以震动发音。有人说,女娲制笙是为了庆贺生育,故把此种乐器称为"笙"。《说文解字》也说:"笙,正月之音。物生,故谓之笙。"又云:"簧,笙中簧也,从竹,簧声。古者,女娲作簧。"[⑦]笙者,生也;女娲之作笙簧,是为了表示对生育的庆祝,这是高禖的职责,也是为了人类的繁衍。女娲不但创造了人类,也让人类有幸福的婚姻生活。

唐代朝廷大臣对女皇献媚讨好,把后土祠的神像附会成妇人塑像。而则天女皇又"移河西梁山神塑像就祠中配""出锦绣衣服以上,后土之神乃更加装饰焉",于是后土祠中的后土神像就变成一个女性神像。

先秦时期,共工氏之子句龙,是"平水土"、"平水害"、管理百工的部族首领,句龙当是一个男子。句龙平水害有功,被封为后土。先秦社会以男性为主,故后土是一个男性神灵。战国秦汉以后,阴阳学说形成,出现了天为阳、地为阴,男为阳、女为阴的思想意识。后土是大地之神,当属于阴。西汉末年,王莽欲以外戚身份篡汉,为了讨好其姑母,即当时的皇太后王政君,以阴阳学说为据,让

---

① (汉)刘安:《淮南鸿烈解》,《四部丛刊》景钞北宋本,第72页。
② (宋)罗泌:《路史》,清文渊阁四库全书本,第80页。
③ (宋)罗泌:《路史》,清文渊阁四库全书本,第82页。
④ (宋)罗泌:《路史》,清文渊阁四库全书本,第80页。
⑤ (清)张玉书:《佩文韵府》,清文渊阁四库全书本,第2266页。
⑥ (宋)陈旸:《乐书》,清文渊阁四库全书本,第476页。
⑦ (汉)许慎:《说文解字》,北京:中华书局,1982年,第98页。

高后配享后土。唐朝武则天以女主称帝，在则天女皇的大力推崇下，后土之神灵完成了男性神灵到女性神灵的演变，女娲代替了句龙。

女娲是中华民族最受尊敬的女性人文始祖，以她为后土的神灵，享受香火，接受膜拜，是完全能够被世人认可和接受的。今端坐在后土祠中的女神就是女娲，世人向其祈求婚姻、子嗣。女娲被称为送子娘娘、送子观音，接受后人的祭祀与供奉。

[原载《山西大学学报》(哲学社会科学版)2015 年第 4 期]

# 历代皇帝祀汾阴后土考

陆峰波

## 一

汉元鼎四年(前113),汉武帝刘彻对西周以来"祭九州之土"的"大社"(《左传会笺》)予以沿袭和发展,诏令创建汾阴后土祠(今万荣后土祠西约5公里处)。从此,"营泰畤于甘泉(今陕西省淳化县西北),定后土于汾阴,而神祇安之,飨国长久"[①]。汾阴后土祠由此成了炽盛于历史脉动的皇族圣境。据国史典籍记载,自西汉,经东汉、十六国、唐朝迄北宋5朝有8位皇帝怀着无比虔诚和崇敬的心情,19次对资生资育的后土圣母顶礼膜拜;西汉、北宋和金(南宋)、元两朝,计有7位皇帝先后7次派遣朝廷官员替代祭祀后土,这无疑是世界之最。

帝王祀汾阴后土的次第为:

西汉武帝刘彻元鼎四年(前113),"十一月,甲子,立后土祠于汾阴脽上,上亲望拜,如上帝礼"[②]。

西汉武帝刘彻元封四年(前107),"春(季),三月,祀(原为祠,下同)后土"[③]。

西汉武帝刘彻元封六年(前105),"三月,行幸河东,祀后土"[④]。

---

① (汉)班固:《汉书》,南京:江苏古籍出版社,2002年,第220页。

② (宋)司马光:《资治通鉴》,长沙:岳麓书社,1991年,第221页。

③ (宋)司马光:《资治通鉴》,长沙:岳麓书社,1991年,第232页。

④ (宋)司马光:《资治通鉴》,长沙:岳麓书社,1991年,第234页。

西汉武帝刘彻太初二年(前103),“三月,上行幸河东,祀后土”[①]。

西汉武帝刘彻天汉元年(前100),“三月,行幸河东,祀后土”[②]。

西汉宣帝刘询神爵元年(前61),“三月,行幸河东,祀后土”[③]。

西汉宣帝刘询五凤三年(前55),“三月,上幸河东,祀后土”[④]。

西汉元帝刘奭初元四年(前45),“三月,行幸河东,祀后土”[⑤]。

西汉元帝刘奭永光五年(前39),“三月,幸河东,祀后土”[⑥]。

西汉元帝刘奭建昭二年(前37),“三月,行幸河东,祀后土”。[⑦]。

西汉成帝刘骜永始四年(前13),“三月,行幸河东,祀后土”。[⑧]

西汉成帝刘骜元延二年(前11),“三月,行幸河东,祀后土”[⑨]。

西汉成帝刘骜元延四年(前9),“三月,上行幸河东,祀后土”[⑩]。

西汉成帝刘骜绥和二年(前7),“三月,上行幸河东,祀后土”[⑪]。

东汉光武帝刘秀建武十八年(42),“三月,幸蒲坂(今山西永济市西),祀后土”[⑫]。

前秦苻坚永兴二年,即晋升平二年(358),六月,秦王苻坚“如河东,祀后土”[⑬]。

唐玄宗李隆基开元十一年(723),“二月,壬子(日),祭后土于汾阴”[⑭]。

唐玄宗李隆基开元二十年(732),“十一月,庚申(日),祀后土于汾阴”[⑮]。

宋真宗赵恒大中祥符四年(1011),“二月,丁巳(日)……法驾入宝鼎县(原为汾阴县,后改为荣河县,1954年8月15日与万泉县合并为万荣县)奉祇宫。戊午(日)……自宫至脽……庚申(日),群官宿祠所。辛酉(日)……至坛次,服

① (宋)司马光:《资治通鉴》,长沙:岳麓书社,2002年,第236页。
② (汉)班固:《汉书》,南京:江苏古籍出版社,2002年,第53页。
③ (宋)司马光:《资治通鉴》,长沙:岳麓书社,2002年,第288页。
④ (汉)班固:《汉书》,南京:江苏古籍出版社,2002年,第70页。
⑤ (宋)司马光:《资治通鉴》,长沙:岳麓书社,2002年,第312页。
⑥ (宋)司马光:《资治通鉴》,长沙:岳麓书社,2002年,第319页。
⑦ (汉)班固:《汉书》,南京:江苏古籍出版社,2002年,第78页。
⑧ (宋)司马光:《资治通鉴》,长沙:岳麓书社,2002年,第355页。
⑨ (宋)司马光:《资治通鉴》,长沙:岳麓书社,2002年,第358页。
⑩ (宋)司马光:《资治通鉴》,长沙:岳麓书社,2002年,第359页。
⑪ (汉)班固:《汉书》,南京:江苏古籍出版社,2002年,第87页。
⑫ (宋)司马光:《资治通鉴》,长沙:岳麓书社,2002年,第491页。
⑬ (宋)司马光:《资治通鉴》,长沙:岳麓书社,2002年,第282页。
⑭ (宋)司马光:《资治通鉴》,长沙:岳麓书社,2002年,第799页。
⑮ (宋)司马光:《资治通鉴》,长沙:岳麓书社,2002年,第815页。

衮冕，登坛，祀后土地祇，备三献，奉天书于神座之左，以太祖、太宗并配，悉如封禅礼”[①]。

上述史载可谓言简意赅，寥寥数字却明确载为“祀后土”。然而，有人却以民国《荣河县志》关于“祈嗣于后土，祈雨于龙王，祈福于财神，祈贵于文昌魁星，恒情类然”的民俗记述为由，说什么“皇帝对自己所祭的对象并不真正了解”，否认是祀后土地祇，而是为“发展人口，祈求造人之神的后土女娲保佑繁衍后代”。果真如此吗？

## 二

在祀汾阴后土的8位皇帝中，汉武帝刘彻、唐明皇李隆基、宋真宗赵恒被公认为是历史上大有作为的威仪之君。他们各自的祭祀规制、祈福及效应，不仅明确载入国史典籍，而且记录于所留下的脍炙人口的文墨诗赋或书艺碑碣中。所以，认真地予以考证，历代皇帝所祀对象及其目的就不言而喻了。

《资治通鉴·汉纪十二》载，汉武帝元鼎四年“冬，十月，上行幸雍，祀五畤。诏曰：‘今上帝，朕亲郊，而后土无祀，则礼不答也，其令有司议。’……十一月，甲子，立后土祠于汾阴脽上，上亲望拜，如上帝礼”[②]，“祈为百姓蒙丰年”[③]。《汉书·武帝纪》载汉武帝元封四年诏曰：“朕躬祭后土地祇，见光集于灵坛，一夜三烛。’”[④]又载汉武帝太初二年诏曰：“朕用事介山（今万荣县孤山）、祭后土，皆有光应。”[⑤]

《资治通鉴·唐纪》云，唐开元十年（722）十二月，唐玄宗李隆基巡幸晋阳（今太原市古城营）返回长安（今陕西省西安市西北）时，“张说言于上曰：‘汾阴脽上有汉家后土祠，其礼久废；陛下宜因巡幸修之，为农祈谷。’上从之”[⑥]。开元二十年（732）七月，萧嵩奏言：“自祠后土以来，屡获丰年，宜因还京赛祠。”[⑦]唐玄宗遂于十一月至汾阴脽上亲祀后土，并亲自撰写《祠汾阴后土》碑文云：“礼乐有权，神祇为主……有典不可以遂废，故推而行之。”

---

① （清）毕沅：《续资治通鉴》，长沙：岳麓书社，1992年，第347页。
② （宋）司马光：《资治通鉴》，长沙：岳麓书社，1991年，第221页。
③ （汉）班固：《汉书》，南京：江苏古籍出版社，2002年，第217页。
④ （汉）班固：《汉书》，南京：江苏古籍出版社，2002年，第52页。
⑤ （汉）班固：《汉书》，南京：江苏古籍出版社，2002年，第53页。
⑥ （宋）司马光：《资治通鉴》，长沙：岳麓书社，1992年，第799页。
⑦ （宋）司马光：《资治通鉴》，长沙：岳麓书社，1992年，第815页。

宋大中祥符四年(1011),宋真宗赵恒在《祀后土玉册文》中云“敢昭告于后土地祇,恭惟位配穹昊”[①];“辛酉(日),……祀后土地祇,备三献,奉天书于神座之左,以太祖、太宗并配,悉如封禅礼”,随后诏“设后土圣母像”,并在亲自撰文、亲笔书丹的《汾阴二圣配飨之铭》碑文中云,祭祀后土,“祉福来同,蒸民以之交泰”。[②] 就是说祭祀后土圣母,“幸福就会到来,众多的百姓都会有好运气”。

时光不会倒流,历史不能重写。“神祇”“祇”“上帝”“示”“封禅”等字词在古汉语中是有专一或多种释义的。所以,搞清了其真正的意思,其他问题就迎刃而解了。“神祇”,东汉经学家、文学家马融云:“天曰神,地曰祇。”《周礼·大宰》云:“祀大神示。”郑玄注:“大神祇,谓天地。示,本又作祇。”[③]《辞海》释云:“天地神灵之总称,在天为神,在地为祇。”[④]即天神,地祇。又释“祇”云:“也专指地神。”[⑤]《中国古代礼俗词典》释“地祇”云:“古代指地神。或直称‘祇’。《说文》:‘祇,地祇,提出万物者也。’《玉篇》:‘祇,地之神也。’”《论语·述而》云:“祷尔于上下神祇。”[⑥]就是说向天神和地祇祈祷。上帝,即天帝。穹昊,即昊穹,指天。《周礼·春官·大宗伯》曰:“王大封,则先告后土。”原注:“后土,土神也。“《正韵》:“后土亦取厚载之义。”[⑦]《周礼·春官·大宗伯》又云:“大宗伯之职,掌建邦之天神、人鬼、地示之礼。”郑玄注:“示,音祇,本或作祇。下神示、地示之例,皆仿此。”[⑧]《周礼·春官·小宗伯》云:“执事祷祠于上下神示。”[⑨]孔颖达疏《礼记·郊特牲》云:“土示,五土之摠(总)神。”郑玄注云:“地示,神州社稷也。”[⑩]《汉语大字典》释“示”云:“《说文》:‘示,天垂象,见吉凶,所以示人也。从二,三垂,日、月、星也。观乎天文以察时变,示,神事也。’按:甲骨文字形代表地祇。”故“示”者,祇也,“土示”“地示”亦即地祇。《辞海》释“封禅”云:“战国时齐鲁有些儒士认为五岳中泰山最高,帝王应到泰山祭祀,登泰山筑坛祭天曰‘封’,在山南梁父山上辟基祭地曰‘禅’。”[⑪]换言之,就是古代帝王祭祀天地的典礼。所以,东

---

① (清)周景柱修:《蒲州府志》卷一八,清乾隆十九年刻本。
② (清)周景柱修:《蒲州府志》卷一八,清乾隆十九年刻本。
③ (清)阮元校刻:《十三经注疏》,北京:中华书局,1980 年,第 650 页。
④ 辞海编辑委员会:《辞海》(缩印本),上海:上海辞书出版社,2000 年,第 1920 页。
⑤ 辞海编辑委员会:《辞海》(缩印本),上海:上海辞书出版社,2000 年,第 1961 页。
⑥ 陈铁民等译注:《文白对照十三经》,西安:三秦出版社,2004 年,第 2014 页。
⑦ 陈铁民等译注:《文白对照十三经》,西安:三秦出版社,2004 年,第 461 页。
⑧ (清)阮元校刻:《十三经注疏》,北京:中华书局 1980,第 757 页。
⑨ 辞海编辑委员会:《辞海》(缩印本),上海:上海辞书出版社,2000 年,第 1961 页。
⑩ (清)阮元校刻:《十三经注疏》,北京:中华书局,1980 年,第 1450 页。
⑪ 辞海编辑委员会:《辞海》(缩印本),上海:上海辞书出版社,2000 年,第 862 页。

汉经学家贾逵云："法，三年祭地汾阴方泽。"高承在《事物纪原·后土》中云："汾阴后土(祠)，本汉祀地示之所也。"[①]

## 三

再说后土祠正殿的后土圣母神龛两侧有一副清光绪三年(1877)时的楹联，云：

后配六合之天，至上至尊，圣德自应崇代代；

土为万物之母，资生资育，世人所以称娘娘。

此上下联首嵌的字连起来为"后土"，再"后""土"二字和"配"字，在古汉语中分别有多种释义，含有的释义分别为："后"，土神。"土"，土地、田地，土地神。"配"，匹敌，相当。上联的"后配六合之天"，与宋真宗赵恒的后土地祇"位配穹昊"一样，是说土神的地位与天帝相同，并称"皇天后土"；下联的"土为万物之母"，如同民众俗话所说"万物生于土"。由此可见，此处的"娘娘"并非是专指人类的母亲，完全是就"万物之母"而言。所以，下联的意思是说土地神祇(后土)是万物的母亲，亦是人类崇拜的神祇中与天神地位相同的后土地祇。

历代皇帝用祭天的礼制祀后土，是"为农祈谷""祈为百姓蒙丰年"，以求"屡获丰年"，让众多的百姓迎来幸福，过上好日子。这也说明了皇帝是为江山社稷而祭祀与皇天地位相同的后土地祇，祭祀"天下地神之宗"的。正因为如此，汾阴后土祠被公认为是国家祭祀大地之神的唯一可考的肇始之地，亦是北京"社稷坛"和"地坛"的前身。故所谓的"皇帝对自己所祭的对象并不真正了解"，是"祈求造人之神的后土女娲保佑繁衍后代"之说，纯属臆测矣。

(原载《史志学刊》2015年第1期)

① (宋)高承：《事物纪原》卷二，清光绪二十二年长沙刻惜阴轩丛书本。

# 汾阴后土祠祭祀及其意义

田　天

元鼎四年(前 113),武帝于汾阴立后土祠①。此后,后土成为汉家郊祭礼中的祭地之典。泰畤成立后,甘泉太一——汾阴后土渐成西汉王朝的最高祭祀,皇帝按时亲祭,与雍五畤更祠。

## (一)后土的由来

与太一相同,后土之神的起源也在先秦。在谈及"后土"的来源时,《左传·昭公二十九年》晋太史蔡墨的一段话常被称引:

> 故有五行之官,是谓五官,实列受氏姓,封为上公,祀为贵神。社稷五祀,是尊是奉。木正曰句芒,火正曰祝融,金正曰蓐收,水正曰玄冥,土正曰后土。……少皞氏有四叔,曰重、曰该、曰修、曰熙,实能金、木及水。使重为句芒,该为蓐收,修及熙为玄冥,世不失职,遂济穷桑,此其三祀也。颛顼氏有子曰犁,为祝融;共工氏有子曰句龙,为后土,此其二祀也。后土为社。稷,田正也。有烈山氏之子曰柱,为稷,自夏以上祀之;周弃亦为稷,自商以来祀之。②

以蔡墨所论,以共工氏之子名句龙,为土正。所谓土正,即五行五官中主土

① 对汉代后土祭祀的研究,可参见李零、唐晓峰《汾阴后土祠的调查研究》,《九州》第四辑,北京:商务印书馆,2007 年。除对后土祠的地望的详尽考证,其附录一《汾阴后土祠的祭祀活动》还整理了文献所载自汉至宋的后土祭祀活动。李、唐文是目前后土祭祀研究中较为完备的,对于该文已经涉及的地望、历代后土祭祀、卫聚贤等人在今后土祠的发掘等问题,此处不再重复讨论。

② (清)阮元校刻:《十三经注疏·春秋左传正义》,北京:中华书局,1980 年,第 2123—2124 页。

行之神，其神名为后土。杜注曰："土为群物主，故称后也。其祀句龙焉，在家则祀中霤，在野则为社。"孔颖达《正义》曰："贾逵云：'句芒祀于户，祝融祀于灶，蓐收祀于门，玄冥祀于井，后土祀于中霤。'今杜云在家则祀中霤，是同贾说也。"[①]杜注以为句龙、后土、社（社神）概念相同，相似的说法也见于《国语·鲁语》和《礼记·祭法》[②]。贾逵和杜预还认为，后土之祀在家即为五祀之一，在野则为社。

郑玄则反对上说，认为社非句龙，其身份是"土神"。《周礼·春官·大宗伯》"王大封，则先告后土"，郑注："后土，土神也，黎所食者。"贾《疏》曰：

> 其实社是五土总神，非后土，但以后土配社食，世人因名社为后土耳。……故郑答赵商云：句龙本后土，后迁为社。……郑又答田琼云：后土，古之官名，死为社而祭之。故曰：后土，社。句龙为土官，后转为社。世人谓为后土，无可怪。……明后土土神，不得为社也。[③]

要言之，郑玄以为社为土地之主，句龙配食社祭，但并非社神。不过，郑玄的看法与贾逵、马融、王肃等人皆不相同。后土与社的关系，以及社祭的具体对象，是经学史上聚讼千载的问题之一。这一争论的论据与结论，更应放入经学的框架中观照。此处不必详论。[④]

"后土"一名，最初可能仅是一种对地的美称。《左传·僖公十五年》：

> 晋大夫三拜稽首曰："君履后土而戴皇天，皇天后土实闻君之言，群臣敢在下风。"[⑤]

---

① （清）阮元校刻：《十三经注疏·春秋左传正义》，北京：中华书局，1980年，第2123页。

② 《国语·鲁语》曰："昔烈山氏之有天下也，其子曰柱，能殖百谷百蔬；夏之兴也，周弃继之，故祀以为稷。共工氏之伯九有也，其子曰后土，能平九土，故祀以为社。"（《国语》卷四《鲁语上》，上海：上海古籍出版社，1985年，第166页）《礼记·祭法》曰："厉山氏之有天下也，其子曰农，能殖百谷。夏之衰也，周弃继之，故祀以为稷。共工氏之霸九州也，其子曰后土，能平九州，故祀以为社。"[（清）阮元校刻：《十三经注疏·礼记注疏》，北京：中华书局，1980年，第1590页]

③ （清）阮元校刻：《十三经注疏·周礼注疏》，北京：中华书局，1980年，第764页。

④ 对这一问题梳理最为详尽的当举凌纯声《中国古代社之源流》一文，参见凌纯声：《中国边疆民族与环太平洋文化》，台北：联经出版事业股份有限公司，1979年，第1417—1447页；魏建震《先秦社祀研究》也做过一些梳理，参见魏建震：《先秦社祀研究》，北京：人民出版社，2008年，第1—12页；詹鄞鑫用自然神的人格化来解释社与句龙的关系："自然神人格化的结果，祭土地五谷神必以古代圣人句龙和弃配享。这种变化造成社稷神具有两重性质：既是土地五谷神，又是古圣人神。"参见詹鄞鑫：《神灵与祭祀——中国传统宗教综论》，南京：江苏古籍出版社，1992年，第63页；杜而未也对后土及社的关系有过整理，并提出："我们以为句龙原非人身，原不配食，句龙原为后土、地神，或者社神的正名。"参见杜而未：《中国古代宗教系统》，台北：台湾学生书局1977年，第122—131页。

⑤ （清）阮元校刻：《十三经注疏·春秋左传正义》，北京：中华书局，1980年，第1806页。

上引文将“后土”与“皇天”对举，位列于“皇天”之后。此处后土之“后”，应训为“大”，与“皇天”之“皇”对文，是大地的美称，并非特指某一神祇。不过，从上引《左传·昭公二十九年》文可知，后土自先秦时期即开始与地神相关联。《左传·文公十八年》太史克亦曰：“舜臣尧，举八恺，使主后土，以揆百事，莫不时序，地平天成。”杜注曰：“后土，地官。禹作司空平水土，即主地之官。”[①]也是将后土作为主地之官。句龙作为“土正”，为五官之一，是阴阳五行系统中的组成部分。后土与句龙之间的关系，可暂置而不论。东周时期的“后土”，可简单地看作地神之名。

作为神名的后土，数见于先秦文献。不过，将后土列入祭祀序列之中的记载，则相对稀见。前引《周礼·春官·大宗伯》中有“后土”，是地祇的一种。《周礼·夏官·大祝》：“建邦国，先告后土，用牲币。”[②]《周礼》中的后土，并非最高等级的地祇。到《司马法·仁本》中，后土才具备了这一身份：

> 贤王制礼乐法度，乃作五刑，兴甲兵，以讨不义。……乃告于皇天上帝，日月星辰，祷于后土四海神祇，山川冢社，乃造于先王。[③]

《司马法》以后土领起四海、山川、冢社等神，以之为地祇之最高级别。

近年不断出土的楚简，使我们有机会发现先秦后土祭祀实际操作的情况。楚简中的后土，常常与“太”同时出现，紧随“太”之后，祭品等级略低于“太”，与司命、司祸等神并列。[④] 楚简中的后土祭祀记录，与社、地主等地祇有别。后土并非唯一的地神，也不是其中地位最高的。[⑤] 除后土外，楚简中尚有地主、宫地主、野地主、社等土地神，这些神明出现于不同场合，祭祀规格与作用也各不相同。[⑥]

总之，从现有材料来看，先秦之后土并非地方性的神祇。战国以来，后土为地位较高的地祇，至少是关东诸国的通识。传世文献中“后土”之名虽不稀见，但未见后土祭祀的记载。楚简中的“后土”祭祀，是“祷尔乎上下神祇”一类的贵

---

① （清）阮元校刻：《十三经注疏·春秋左传》，北京：中华书局，1980年，第1862页。

② （清）阮元校刻：《十三经注疏·周礼注疏》，北京：中华书局，1980年，第811页。

③ 李零译注：《司马法译注》，石家庄：河北人民出版社，1995年，第7页。

④ 如包山213—214—215、236—237、243；望山1—54、1—56。参见湖北省荆沙铁路考古队：《包山楚简》，北京：文物出版社，1991年，第33、34、36页；湖北省文物考古研究所、北京大学中文系编：《望山楚简》，北京：中华书局，1995年，第72、73页。

⑤ “太”有时也与“社”或“大地主”等神同祭，如包山210、秦家嘴M99—14，参见湖北省荆沙铁路考古队：《包山楚简》，北京：文物出版社，1991年，第33页；晏昌贵：《秦家嘴“卜筮祭祷”简释文辑校》，《湖北大学学报》（哲学社会科学版）2005年第1期。

⑥ 晏昌贵：《巫鬼与淫祀——楚简所见方术宗教考》，武汉：武汉大学出版社，2009年，第120—130页。

族常规报神之礼,并非国家地神祭祀。秦的最高国家祭祀中没有祭地礼,其地祇祭祀仅梁甫禅礼及八主中的地主祠两种。从东方传统中吸纳后土神进入国家祭祀,奉为地祇之最高、为设专祠,肇始于汉武帝。

## (二)后土祠的祭祀与汉家郊祭

元鼎四年(前113),武帝于汾阴立后土祠:

> 四年冬十月,行幸雍,祠五畤。赐民爵一级,女子百户牛酒。行自夏阳,东幸汾阴。十一月甲子,立后土祠于汾阴脽上。[①]

《封禅书》载其事曰:

> 其明年(元鼎四年)冬,天子郊雍,议曰:"今上帝朕亲郊,而后土无祀,则礼不答也。"有司与太史公、祠官宽舒议:"天地牲角茧栗。今陛下亲祠后土,后土宜于泽中圜丘为五坛,坛一黄犊太牢具,已祠尽瘗,而从祠衣上黄。"于是天子遂东,始立后土祠汾阴脽丘,如宽舒等议。上亲望拜,如上帝礼。[②]

武帝立后土祠的直接原因,是"礼不答也"。颜注曰:"答,对也。郊天而不祀地,失对偶之义。一曰,阙地祇之祀,故不为神所答应也。"[③]颜注第一义较为近真。武帝郊雍归来,以为天神既已享祭,而地神无祀,礼仪不能匹配,故有祀后土之议。"礼不答也"这一表述,值得关注。自秦以来,郊祭始终只有祀天神之礼,无祭地之仪。武帝第一次提出了祭地神应为郊礼的一部分。[④] 在西汉乃至古代中国国家祭祀的发展中,这是相当重要的一个转折。

武帝"礼不答也"的认识来自何处,文献不足征,难以得出确切的结论。不过,在武帝考虑祭祀后土时,祠官云"天地牲角茧栗",又云"宜于泽中圜丘为五

---

① (汉)班固:《汉书》卷六《武帝纪》,北京:中华书局,1962年,第183页。

② (汉)司马迁:《史记》卷二八《封禅书》,北京:中华书局,1959年,第1389页。《汉书·郊祀志》除与《封禅书》相同的段落外,又有关于后土祥瑞的记载:"于是天子东幸汾阴。汾阴男子公孙滂洋等见汾旁有光如绛,上遂立后土祠于汾阴脽上,如宽舒等议。"[(汉)班固:《汉书》卷二五《郊祀志上》,北京:中华书局,1962年,第1222页]

③ (汉)班固:《汉书》卷二五《郊祀志上》,北京:中华书局,1962年,第1222页。

④ 王莽元始五年上疏中曾言:"孝文……初起渭阳五帝庙,祭泰一、地祇,以太祖高皇帝配。"[(汉)班固:《汉书》卷二五《郊祀志下》,北京:中华书局,1962年,第1264页]但是,《史》《汉》的皇帝本纪、《封禅书》、《郊祀志》等篇章中,并无相似的记载。王莽的上疏,主要目的是论证南郊郊祀制度的合理性,与其看作是对史实的陈述,更应看作是一种修辞,其追述未必完全符合西汉祭祀的真实。

坛”。前者与自《礼记·王制》“祭天地之牛角茧栗，宗庙之牛角握”[①]相同，后者与《周礼·夏官·大司乐》“夏日至，于泽中之方丘奏之，……则地示皆出”[②]十分相近。现属《礼记》与《周礼》的某些篇章，或单篇流传，或杂于其他礼书，为当时的礼官所用，是完全可能的。既然祭祀后土的仪式与建筑形制都来自礼书，武帝祭地祇以答上帝的想法，很可能也来自儒生编纂、传习的礼书。

此外还值得注意的是，武帝准备祭地时，并未泛称“地祇”，而是直接提出了“后土”这一神名。前文已述，后土作为最高地祇，在关东诸国是较为普遍的认识。武帝“后土”此时以之为最高地祇之名，可能就是受到战国以来关东传统的影响。从祭祀的仪式、神祇序列与牺牲诸方面来看，西汉后土祭祀与楚简所载的后土祭祀没有直接关系。汉代的后土，单纯作为最高的地神出现，主要功用是化育百谷，以祈丰年。

武帝立后土祠不久，后土祠附近再次出鼎，《史记·封禅书》：

> 其夏六月中，汾阴巫锦为民祠魏脽后土营旁，见地如钩状，掊视得鼎。……天子曰：“间者河溢，岁数不登，故巡祭后土，祈为百姓育谷。今岁丰庑未报，鼎曷为出哉？”[③]

武帝所云“巡祭后土，祈为百姓育谷”之语，将祭祀后土的目的说得十分明白。西汉后土基本继承了先秦的形象，是生养万物的地神。《汉书·武帝纪》载元鼎五年(前112)武帝诏书云：“朕以眇身托于王侯之上，德未能绥民，民或饥寒，故巡祭后土以祈丰年。”[④]也指出祭后土的目的为“以祈丰年”。武帝《郊祀歌》十九章有《景星》篇，为元鼎五年得鼎于汾阴而作，亦曰：“上天布施后土成，穰穰丰年四时荣。”[⑤]《太平御览》引《汉颂论功歌诗》，云“后土化育兮四时行”[⑥]，也可为一证。祭祀后土，主要是为祷求丰年。

后土祭祀成立后，成为汉代国家祭祀中事实上的祭地大典。后土祭祀“上亲往拜，如上帝礼”，皇帝三年一亲祭，与郊天规格相当。武帝于汾阴祭后土凡五次，分别于元鼎四年(前113)、元封四年(前107)、元封六年(前105)、太初二

---

① (清)阮元校刻：《十三经注疏·礼记注疏》，北京：中华书局，1980年，第1337页。
② (清)阮元校刻：《十三经注疏·周礼注疏》，北京：中华书局，1980年，第790页。
③ (汉)司马迁：《史记》卷二八《封禅书》，北京：中华书局，1959年，第1392页。
④ (汉)班固：《汉书》卷六《武帝纪》，北京：中华书局，1962年，第185页。
⑤ (汉)班固：《汉书》卷二二《礼乐志》，北京：中华书局，1962年，第1063页。
⑥ (宋)李昉等：《太平御览》卷一《天部》，北京：中华书局，2000年，第1页。

年(前103)、天汉元年(前100),大约为三年一祭。[1] 唯元鼎四年与元封四年之间相隔五年,但也许只是史官失记一次。除祭后土于汾阴外,泰山也是重要的后土祭祀场所,武帝元封元年(前110)封禅泰山祭后土[2],太初元年(前104)至泰山修封,"禅高里,祠后土"[3]。

至于后土祠祭祀的仪式,《史》《汉》所言有限。仅前引《封禅书》曰:"泽中圜丘为五坛,坛一黄犊太牢具,已祠尽瘗,而从祠衣上黄。"《汉书·礼乐志》载《后皇》一篇,开篇曰:"后皇嘉坛,立玄黄服。物发冀州,兆蒙祉福。"颜注曰:"服,祭服也。"[4]则祭后土服色为玄、黄两色。[5] 至于祭仪的其他细节,只能暂时付之阙如。

汾阴后土祠成立之初,是为了与雍五畤所祭的上帝相配。如武帝《郊祀歌》十九章中之《帝临》章曰:

> 帝临中坛,四方承宇,绳绳意变,备得其所。清和六合,制数以五。海内安宁,兴文匽武。后土富媪,昭明三光。穆穆优游,嘉服上黄。[6]

上半段言天神,下半段言地祇,以帝(上帝)与后土对举。此处仅泛言"帝",应指雍五畤所祭之上帝。再如武帝元鼎四年冬十月幸雍祠五畤,春三月即幸河东祠后土。[7] 不过,在泰畤成立之后,汾阴后土祠就成了专门与泰畤相配伍的祭地之所。

汾阴后土祠成立一年之后的元鼎五年(前112),甘泉泰畤落成。自此,甘泉泰畤—汾阴后土祠成为一对固定的祭祀搭配。武帝诏书中常将汾阴后土与甘泉泰畤对举,祭祀活动中也并称太一与后土。如《郊祀歌》十九章之《惟泰元》,曰:"惟泰元尊,媪神蕃釐。"[8]前文已述,"泰"者,太一之谓也。前引《帝临》一章称后土曰"后土富媪",则"媪神"即为后土。后土与太一相配明矣。再如《史记·封禅书》武帝封禅泰山:

① 西汉所谓"三年一郊"并不严格,如元封四年与元封六年之间相隔两年,元封六年与太初二年之间相隔两年,太初二年与天汉元年之间则相隔三年,这都可以看作宽泛意义上的"三年一郊"。

② "皆至泰山祭后土。封禅祠,其夜若有光,昼有白云起封中。"[(汉)司马迁:《史记》卷二八《封禅书》,北京:中华书局,1959年,第1398页]

③ (汉)班固:《汉书》卷六《武帝纪》,北京:中华书局,1962年,第199页。

④ (汉)班固:《汉书》卷二二《礼乐志》,北京:中华书局,1962年,第1065页。

⑤ 不过,下引《帝临》章则曰"嘉服上黄",与《封禅书》《郊祀志》的记载相合。祭后土的服色也许仍以黄色为主,与土行色同。

⑥ (汉)班固:《汉书》卷二二《礼乐志》,北京:中华书局,1962年,第1054页。

⑦ (汉)班固:《汉书》卷六《武帝纪》,北京:中华书局,1962年,第195页。

⑧ (汉)班固:《汉书》卷二二《礼乐志》,北京:中华书局,1962年,第1057页

封泰山下东方，如郊祠太一之礼。……丙辰，禅泰山下址东北肃然山，如祭后土礼。[①]

封为祭天，禅为祀地，武帝封泰山用甘泉泰畤礼，禅肃然山用祭后土礼。显然，泰畤—后土祠已经成为当时天地之祭的标准祭祀。此外，《封禅书》还有“于是塞南越，祷祠太一、后土，始用乐舞，益召歌儿”[②]。武帝又于泰山下建明堂，“及五年修封，则祠太一、五帝于明堂上坐，令高皇帝祠坐对之。祠后土于下房，以二十太牢”[③]。皆可为证。

总之，甘泉泰畤与汾阴后土祠的成立时间虽略有间隔，但二者为武帝新创的汉家天地祭祀。这一点，以《封禅书》所言最为明晓：

天子所兴祠，太一、后土，三年亲郊祠，建汉家封禅，五年一修封。[④]

《封禅书》特别强调，甘泉泰畤与汾阴后土祠是武帝构建的全新郊祭场所。甘泉泰畤—汾阴后土祠的建立，有两点重要的意义。其一，重新定义了郊礼。与秦代乃至先秦以来的传统不同，汉家郊祭礼中增添了祭地祀典。其二，武帝使后土祠与泰畤相配伍，这暗示着雍五畤地位的改变。雍五畤的上帝之祭本与后土相配，是最高天神之祭礼。但泰畤的成立，使雍五畤祭祀不得不退居其后。秦代最高祭祀的地位与构成，都为武帝所改变了。

武帝设计的汉家郊祭之礼，在其身后更为规范。武帝于天汉元年春正月行幸甘泉、郊泰畤，同年三月，行幸河东、祠后土。[⑤] 武帝之后，皇帝正月郊泰畤、三月祠后土遂成定制。宣帝“神爵元年(前61)春正月，行幸甘泉，郊泰畤。三月，行幸河东，祠后土”[⑥]。元帝初元四年“春正月，行幸甘泉，郊泰畤。三月，行幸河东，祠后土，赦汾阴徒”。永光五年(前39)“春正月，行幸甘泉，郊泰畤。三月，上幸河东，祠后土。”建昭二年(前37)“春正月，行幸甘泉，郊泰畤。三月，行幸河东，祠后土”[⑦]。成帝建始元年(前32)徙泰畤、后土祠之祀于长安南北郊。成、哀之际郊祀改革中，争论双方也往往将泰畤及后土祠并提。以上所举，足可说明泰畤—后土祠在西汉一朝的地位，也可见武帝所立两个新祭祀的重大意义。

---

① (汉)司马迁：《史记》卷二八《封禅书》，北京：中华书局，1959年，第1398页。

② (汉)司马迁：《史记》卷二八《封禅书》，北京：中华书局，1959年，第1396页。

③ (汉)司马迁：《史记》卷二八《封禅书》，北京：中华书局，1959年，第1401页。

④ (汉)司马迁：《史记》卷二八《封禅书》，北京：中华书局，1959年，第1403页。

⑤ (汉)班固：《汉书》卷六《武帝纪》，北京：中华书局，1962年，第202页。

⑥ (汉)班固：《汉书》卷八《宣帝纪》，北京：中华书局，1962年，第259页。

⑦ (汉)班固：《汉书》卷九《元帝纪》，北京：中华书局，1962年，第285、293、294页。成帝时虽一度徙泰畤、后土于长安南北郊，不久便又起复，祠祭泰畤、后土如前朝。

秦王朝原有郊天之礼，在雍五畤举行。汉武帝设立了后土祠，在郊祭礼中增添了祭地之典。继而，他创立了全新的至上神——太一，为之建立甘泉泰畤。两种祭祀相互配合，与雍五畤祠一同构成了汉王朝的郊祭礼。

泰畤—后土祠在后代往往并称，这是汉武帝对帝国祭祀体系最为重要的改革。太一与后土之祭，都有清晰的东方背景。此时，东方传统真正被吸纳进王朝祭礼，并直接改造了最高国家祭祀。随着至上神被重新定义，国家祭祀中心也发生了变更。可以说，武帝朝国家祭祀的大变革，是被泰畤—后土祠的建立领起的。

至此，对武帝所立新祠的讨论，大致已经结束。① 这些新立的祭祀对象，指引着我们理解武帝朝的祭祀改革，及其思想与历史背景。由新设的高等级祭祀凝聚而成的祭祀中心，则承担着多重职事，带动了祭祀格局的大迁移。

（原载田天：《秦汉国家祭祀史稿》，
北京：生活·读书·新知三联书店，2015年，有改动）

① 当然，武帝时期所立新祭祀的数量还很多。这些新设神祠，大致可分为三类：一、与黄帝相关的祭祀，如东泰山、灵星祠等；二、与东方求仙相关的祭祀，如缑氏仙人祠、明年祠等；三为山川祭祀。武帝新立和热衷的山东诸祠，也已见于学者研究，参见王睿、林仙庭、聂政主编：《八主祭祀研究》，北京：文物出版社，2020年。此处不赘。

# 秦汉时期的后土崇拜

## ——兼论汾阴后土祠的建置背景

向晋卫　穆　葳

## 一、"后土"崇拜的渊源

远古时期，随着人类对土地滋养万物功能的认识，在"万物有灵"观念的驱使下，逐渐产生了对"土地"的顶礼膜拜。于是人们像敬重帝王一样敬重土地，并在"土"字前冠以帝王之辞"后"，即"后土"。不过，上古时期对"土地"的崇拜还处于模糊状态，各种功能纠缠在一起。从文献来看，"后土"一词在秦汉之前已经具有不同的意涵。

一为古代对"大地"之称，与"皇天"对举。如《楚辞·九辩》云："皇天淫溢而秋霖兮，后土何时而得乾。"[①]《左传·僖公十五年》晋大夫与秦穆公质证时说："君履后土而戴皇天，皇天后土，实闻君之言。"[②]《国语·越语下》越王勾践对范蠡说："后世子孙，有敢侵蠡之地者，使无终没于越国，皇天后土、四乡地主正之。"[③]

二是古代掌管有关土地事务的官，即"土正"。《左传·昭公二十九年》载蔡墨言于魏献子曰："夫物，物有其官，官修其方，朝夕思之。一日失职，则死及之。失官不食。官宿其业，其物乃至。若泯弃之，物乃坻伏，郁湮不育。故有五行之

---

① (战国)屈原著，吴广平译注：《楚辞》，长沙：岳麓书社，2011年，第99页。

② 杨伯峻：《春秋左传注》，北京：中华书局，1981年，第358页。

③ 徐元诰：《国语集解》，北京：中华书局，2002年，第589页。

官，是谓五官。实列受氏姓，封为上公，祀为贵神。社稷五祀，是尊是奉。木正曰句芒，火正曰祝融，金正曰蓐收，水正曰玄冥，土正曰后土。”[①]《左传·文公十八年》也载，舜“举八恺，使主后土，以揆百事，莫不时序，地平天成”[②]。后来这方面的意涵逐渐演化成五行之官之一，“中央，土也，其帝黄帝，其佐后土，执绳而制四方；其神为镇星，其兽黄龙，其音宫，其日戊己”[③]。

三指社神。《国语·鲁语上》载：“夫圣王之制祀也，法施于民则祀之，以死勤事则祀之，以劳定国则祀之，能御大灾则祀之，能扞大肆患则祀之。非是族也，不在祀典。昔烈山氏之有天下也，其子曰柱，能殖百谷百蔬；夏之兴也，周弃继之，故祀以为稷。共工氏之伯九有也，其子曰后土，能平九土，故祀以为社。”[④]《礼记·檀弓上》曰：“君举而哭于后土。”郑玄注：“后土，社也。”[⑤]其实，在古人那里，这三层意涵是交织在一起的，分割得并不是很清楚。但是，其中没有明确的与“上帝”对应的“大地之神”的意涵却是肯定的，也就是说，类似后世郊祀中的地祇神格还没有完全确立起来。

## 二、汾阴后土祠建置背景

虽然先秦以来就有关于“后土”的传说和记载，也有关于“地神”的祭祀活动，但是都还处于一种模糊和杂乱的状态，直到汉武帝时期“后土”才被正式确立为与天神“太一”并列的“大地之神”。史载，元狩元年冬，汉武帝郊雍提出：“今上帝朕亲郊，而后土无祀，则礼不答也。”有司与太史公、祠官宽舒议曰：“天地牲角茧栗。今陛下亲祠后土，后土宜于泽中圜丘为五坛，坛一黄犊太牢具，已祠尽瘗，而从祠衣上黄。”“于是天子遂东，始立后土祠汾阴脽丘，如宽舒等议。上亲望拜，如上帝礼。”[⑥]分析汉武帝君臣当时的对话，显然在当时人心目中“后土”已经具有了与“上帝”同等的地位，只是在国家祭祀的层面还没有得到体现，所以君臣一拍即合，后土祠得以确立。国家级的“后土”祭祀创建于汉武帝时期，与汉武帝本人“尤敬鬼神之祀”的个人爱好密切相关，同时，与当时的文化氛围也有莫大关系。

---

① 杨伯峻：《春秋左传注》，北京：中华书局，1981年，第1502页。

② 杨伯峻：《春秋左传注》，北京：中华书局，1981年，第638页。

③ 刘文典：《淮南鸿烈集解》，北京：中华书局，1989年，第88页。

④ 徐元诰：《国语集解》，北京：中华书局，2022年，第154页。

⑤ （清）孙希旦：《礼记集解》，北京：中华书局，1989年，第239页。

⑥ （汉）司马迁：《史记》，北京：中华书局，1959年，第1389页。

## (一)阴阳五行思想的影响

传统阴阳五行思想到了汉代已经相当成熟,“汉代人的思想的骨干,是阴阳五行。无论在宗教上,在政治上,在学术上,没有不用这套方式的”[①],因此,在宗教祭祀方面受其影响就不可避免。例如,高祖刘邦刚刚入关便问:“故秦时上帝祠何帝也?”对曰:“四帝,有白、青、黄、赤帝之祠。”高祖曰:“吾闻天有五帝,而有四,何也?”众人不知其说。于是高祖曰:“吾知之矣,乃待我而具五也。”于是“乃立黑帝祠,命曰北畤”[②]。在这里,刘邦显然已经受到了“五行”观念的影响。同样,在立“后土祠”的过程中也能看出阴阳五行理论对武帝的影响,如“今上帝朕亲郊,而后土无祀,则礼不答也”,“天地牲角茧栗。今陛下亲祠后土,后土宜于泽中圜丘为五坛,坛一黄犊太牢具,已祠尽瘗,而从祠衣上黄”[③],从当时的议论中可以看出,汉武帝已经明显具备了“太一”与“后土”并列对峙的意识,这是天地阴阳意识的集中反映,后来发展出的“高帝配天”“高后配地”祭祀方式也正是出于这样的考虑。《汉书·礼乐志》所收《郊祀歌》的《帝临》篇:“帝临中坛,四方承宇,绳绳意变,备得其所。清和六合,制数以五。海内安宁,兴文匽武。后土富媪,昭明三光。穆穆优游,嘉服上黄。”张晏注曰:“媪,老母称也。坤为母,故称媪。海内安宁,富媪之功耳。”“此后土之歌也。土数五。”孟康曰:“土色上黄也。”[④]这些都体现了阴阳和五行理论的影响。也正是在这个意义上,太一、后土祠的设立在后来都招致了批评,认为是“方士”之言,“按世宗立甘泉、汾阴之祠,皆出方士之言,非据经典者也。方士以甘泉、汾阴黄帝祭天地之处,故孝武之,遂立二畤”[⑤]。批评固然有其道理,但是阴阳五行理论的运用却对汉代宗教格局的形成发挥了重要的作用,使得其理论水平和形上水平得到了明显提高。因为以太一为天神,后土当地祇,天地之神从此完备,这正是从汉武帝立太一、后土开始的。

## (二)宝鼎崇拜观念的影响

宝鼎崇拜是先秦秦汉时期长期流行的一种现象,源远流长,影响巨大。而这正是当时流行的“祥瑞”思想的一部分,只不过由于其掺杂了更多的历史情节

① 顾颉刚:《秦汉的方士与儒生》,上海:上海古籍出版社,1998 年,第 1 页。

② (汉)司马迁:《史记》,北京:中华书局,1959 年,第 1378 页。

③ (汉)司马迁:《史记》,北京:中华书局,1959 年,第 1389 页。

④ (汉)班固:《汉书》,北京:中华书局,1962 年,第 1054 页。

⑤ (西晋)陈寿:《三国志》,北京:中华书局,1959 年,第 1137 页。

而显得更加鼓荡人心罢了。当时的观念认为，统治者的行为与上天是感通的，理想的治理境界就体现在“星辰不孛，日月不蚀，山陵不崩，川谷不塞；麟凤在郊薮，河洛出图书”[①]。“膏露降，百谷登，德润四海，泽臻草木，三光全，寒暑平，受天之祜，享鬼神之灵，德泽洋溢，施乎方外，延及群生！”[②]宝鼎的出现作为“麟凤在郊薮，河洛出图书”的表现之一，在古人看来是“地”之祥瑞，因此格外重视。此外，传说中的“九鼎”传承故事也使得宝鼎的出现更加受到重视。传说中认为“禹铸九鼎”，后来夏传于商，商传于周，周传于秦，秦时象征统治地位的“九鼎”失踪，据说掉入了泗水，“其后百二十岁而秦灭周，周之九鼎入于秦。或曰宋太丘社亡，而鼎没于泗水彭城下”[③]。因此，秦汉时期“入河求鼎”的事情不断上演，至今仍保存着很多“泗水捞鼎”汉画像故事，就是这一风气的集中反映。

早在汉文帝时期，方士新垣平就提出说：“周鼎亡在泗水中，今河溢通于泗，臣望东北汾阴直有金宝气，意周鼎其出乎？兆见不迎则不至。”于是“上使使治庙汾阴南，临河，欲祠出周鼎”。[④] 后来由于新垣平事发被诛而不了了之。但37年后，宝鼎真的出现了。史载：“汾阴巫锦为民祠魏脽后土营旁，见地如钩状，掊视得鼎。鼎大异于众鼎，文镂无款识”，“天子使使验问巫得鼎无奸诈，乃以礼祠，迎鼎至甘泉”，“至长安，公卿大夫皆议请尊宝鼎”。武帝起初还有所迟疑，但有司皆曰：“闻昔泰帝兴神鼎一，一者壹统，天地万物所系终也。黄帝作宝鼎三，象天地人。禹收九牧之金，铸九鼎。皆尝亨鬺上帝鬼神。遭圣则兴，鼎迁于夏商。周德衰，宋之社亡，鼎乃沦没，伏而不见。颂云‘自堂徂基，自羊徂牛；鼐鼎及鼒，不吴不骜，胡考之休’。今鼎至甘泉，光润龙变，承休无疆。合兹中山，有黄白云降盖，若兽为符，路弓乘矢，集获坛下，报祠大享。唯受命而帝者心知其意而合德焉。鼎宜见于祖祢，藏于帝廷，以合明应。”[⑤]于是，武帝最终同意了群臣的意见。其实，对宝鼎的出现汉武帝是相当兴奋的，获得宝鼎之后，不仅“作《宝鼎》《天马》之歌”[⑥]，还以此为标志更改了年号，更重要的是宝鼎的出现还成为其进行封禅的理由，“自得宝鼎，上与公卿诸生议封禅”[⑦]。宝鼎的出现被视为“大地显灵”的表现，于是按照当时的祥瑞观念，在当地设立后土祠祀地以报答

① (汉)班固：《汉书》，北京：中华书局，1962年，第160页。
② (汉)班固：《汉书》，北京：中华书局，1962年，第2497页。
③ (汉)司马迁：《史记》，北京：中华书局，1959年，第1365页。
④ (汉)司马迁：《史记》，北京：中华书局，1959年，第1392页。
⑤ (汉)司马迁：《史记》，北京：中华书局，1959年，第1392页。
⑥ (汉)班固：《汉书》，北京：中华书局，1962年，第184页。
⑦ (汉)司马迁：《史记》，北京：中华书局，1959年，第1397页。

神灵就成为必然的选择了。

## (三)神圣地域观念的影响

河东地区是中华民族最早繁衍生息的地域之一,在这片土地上发生过数不清的历史故事,留下了数不清的历史遗迹,更为重要的是这里留下了先人沉重的历史记忆,从这个意义上讲,河东地区就是中华民族的神圣地域。一个民族的神圣地域与该民族的生命是息息相关的,许多重要的神圣活动也都需要在此地域进行,这是一个民族最传统的崇拜。河东地区历史悠久,在此地进行祭祀,追昔抚今,更能激发后人的历史意识,奋发有为。如扬雄在《河东赋》中描述当时的后土祠祀活动,“其三月,将祭后土,上乃帅群臣横大河,凑汾阴。既祭,行游介山,回安邑,顾龙门,览盐池,登历观,陟西岳以望八荒,迹殷、周之虚,眇然以思唐、虞之风”[①]。文中提到的“介山”“安邑”“龙门”“盐池”和“历观”等都不仅仅是历史名胜的概念,更是神圣地域的体现,这些地方都蕴含着浓重的历史情感和历史记忆。不仅这些,据《汉书·地理志》记载,河东郡还有更多具有神圣意义的地方。正是有这样的文化传统存在,于是,祭祀后土、巡游河东就成为一次重要的充满历史意味的文化活动,“嗟文公而愍推兮,勤大禹于龙门,洒沈灾于豁渎兮,播九河于东濒。登历观而遥望兮,聊浮游以经营。乐往昔之遗风兮,喜虞氏之所耕。瞰帝唐之嵩高兮,脉隆周之大宁”[②]。而在汉武帝看来,“祭地冀州,瞻望河、洛,巡省豫州”[③]也是相当重要的接续传统、巩固统治的手段之一。秦汉时期的几个重要宗教祭祀中心都分布在黄河中下游地区,从西边的雍、甘泉,到河东的汾阴,再到东边的泰山,几个宗教中心都是具有悠久人文传统和历史意蕴的地方。在这样的地方进行祭祀,就不仅仅是一次地理上的旅行,更是一次文化上的洗礼,是一次传统历史文化的接续和发扬。

## (四)祭河传统及其他方面的影响

对山川河流的祭祀传统在中国源远流长,黄河作为中华民族的母亲河,对其进行顶礼膜拜更是自古有之。汉代汾阴后土祠所在的地理位置,距离京师长安不远,还是汾河与黄河交汇处,加上前面所讲此地有“宝鼎”出现的预言,“麟凤在郊薮,河洛出图书”,这些都成为其祭祀黄河神灵的最佳选择。祠祀黄河一

① (汉)班固:《汉书》,北京:中华书局,1962年,第3535页。
② (汉)班固:《汉书》,北京:中华书局,1962年,第3538页。
③ (汉)班固:《汉书》,北京:中华书局,1962年,第183页。

方面是为了报答河神的恩惠，另一方面，更是在祈求河神的持续护佑，以达到风调雨顺、五谷丰登的结果，“山川之神，则水旱疠疫之灾，于是乎禜之。日月星辰之神，则雪霜风雨之不时，于是乎禜之”①。两汉时期对于山川的祭祀相当重视，汉武帝曾下诏：“河海润千里。其令祠官修山川之祠，为岁事，曲加礼。”②汉宣帝也曾下诏：“夫江海，百川之大者也，今阙焉无祠。其令祠官以礼为岁事，以四时祠江海雒水，祈为天下丰年焉。”③后土祠的设立也是这一传统的表现之一，汉武帝在汾阴获鼎之后就曾发出疑问，其实正好说明了其祠祀后土的真正目的，“间者河溢，岁数不登，故巡祭后土，祈为百姓育谷。今岁丰庑未报，鼎曷为出哉”④。

## 三、汾阴后土祠祀的发展演变

汉武帝对于后土祭祀十分重视，一生共六次大规模祠祀。此后，汉宣帝、汉元帝、汉成帝、光武帝等也都有大规模的祭祀。东汉以后，祠祀后土活动逐渐进入低潮，后世只有唐玄宗和宋真宗曾祭祀过后土祠，但和汉代皇帝集中祭祀的性质已经明显不同，这其中反映出了深刻的社会文化变迁，也与西汉末年郊祀活动的规范整理有极大关系。

西汉末年，随着儒学地位的上升，对武帝以来逐渐确立的宗教祭祀格局出现了批评的声音，要求按照儒家经典来整顿宗教祭典的势力越来越大，于是后土祠的祭祀发生了翻天覆地的变化。元帝时丞相韦玄成首先提出，“祭，非自外至者也，繇中出，生于心也”⑤，应该依据这一原则来整顿汉代复杂的宗庙祭祀。后来，成帝时丞相匡衡又提出应该根据儒家经义来整理郊祀活动，他说：“帝王之事莫大乎承天之序，承天之序莫重于郊祀，故圣王尽心极虑以建其制。祭天于南郊，就阳之义也；瘗地于北郊，即阴之象也。天之于天子也，因其所都而各飨焉。往者，孝武皇帝居甘泉宫，即于云阳立泰畤，祭于宫南。今行常幸长安，郊见皇天，反北之泰阴，祠后土，反东之少阳，事与古制殊。又至云阳，行溪谷中，厄陕且百里，汾阴则渡大川，有风波舟楫之危，皆非圣主所宜数乘，郡、县治道共张，吏民困苦，百官烦费。劳所保之民，行危险之地，难以奉神灵而祈福祐，殆未合于承天子民之意。昔者周文、武郊于丰、镐，成王郊于雒邑。由此观之，

① 杨伯峻：《春秋左传注》，北京：中华书局，1981年，第1219—1220页。
② （汉）班固：《汉书》，北京：中华书局，1962年，第157页。
③ （汉）班固：《汉书》，北京：中华书局，1962年，第1249页。
④ （汉）司马迁：《史记》，北京：中华书局，1959年，第1392页。
⑤ （汉）班固：《汉书》，北京：中华书局，1962年，第3117页。

天随王者所居而飨之，可见也。甘泉泰畤、河东后土之祠宜可徙置长安，合于古帝王。”[①]右将军王商等人也认为：“天地以王者为主，故圣王制祭天地之礼必于国郊。长安，圣主之居，皇天所观视也。甘泉、河东之祠非神灵所飨，宜徙就正阳、大阴之处。违俗复古，循圣制，定天位，如礼便。”由于大多数人都主张徙置长安，汉成帝最终同意了这一建议。[②] 观察匡衡等人的改革建议主要有三要点：首先“祭天于南郊，就阳之义也；瘗地于北郊，即阴之象也”，阴阳理论的影响进一步加深，而甘泉和汾阴祭祀在这方面则显得模糊和凌乱，“郊见皇天，反北之泰阴，祠后土，反东之少阳，事与古制殊”；其次，“天地以王者为主，故圣王制祭天地之礼必于国郊”，而武帝以来设祠的原则是以“神灵”为主，于是必须在神灵显现的地方设祠祭祀；最后，“劳所保之民，行危险之地，难以奉神灵而祈福祐，殆未合于承天子民之意”。这三点可以说集中代表了儒家在祠祀方面的理论，而这与秦汉以来方士之流的观点截然相反，矛盾由此而生。[③]

于是，后来又有反复，由于“初罢甘泉泰畤作南郊日，大风坏甘泉竹宫，折拔畤中树木十围以上百余。天子异之，以问刘向”。刘向对曰：“家人尚不欲绝种祠，况于国之神宝旧畤！且甘泉、汾阴及雍五畤始立，皆有神祇感应，然后营之，非苟而已也。武、宣之世，奉此三神，礼敬敕备，神光尤著。祖宗所立神祇旧位，诚未易动。”[④]最后，成帝以没有继嗣的缘故又恢复了甘泉、汾阴祠祀。同样的反复哀帝时亦曾上演一次。

平帝即位后，王莽又再次提出这一问题，认为“宜如建始时丞相（匡）衡等议，复长安南、北郊如故”，并进一步指出：“天子父事天，母事地。今称天神曰皇天上帝，泰一兆曰泰畤，而称地祇曰后土，与中央黄灵同，又兆北郊未有尊称。宜令地祇称皇地后祇，兆曰广畤。《易》曰‘方以类聚，物以群分’。分群神以类相从为五部，兆天地之别神：中央帝黄灵后土畤及日庙、北辰、北斗、填星、中宿中宫于长安城之未地兆；东方帝太昊青灵勾芒畤及雷公、风伯庙、岁星、东宿东宫于东郊兆；南方炎帝赤灵祝融畤及荧惑星、南宿南宫于南郊兆；西方帝少皞白灵蓐收畤及太白星、西宿西宫于西郊兆；北方帝颛顼黑灵玄冥畤及月庙、雨师庙、辰星、北宿北宫于北郊兆。”[⑤]后来又颇改其祭礼，提出：“天地合祭，先祖配

---

① （汉）班固：《汉书》，北京：中华书局，1962年，第1253—1254页。

② （汉）班固：《汉书》，北京：中华书局，1962年，第1254页。

③ 甘怀真：《皇权、礼仪与经典诠释：中国古代政治史研究》，上海：华东师范大学出版社，2008年，第51页。

④ （汉）班固：《汉书》，北京：中华书局，1962年，第1258页。

⑤ （汉）班固：《汉书》，北京：中华书局，1962年，第1265页。

天，先妣配地，其谊一也。天地合精，夫妇判合。祭天南郊，则以地配，一体之谊也……阴阳之别于日冬夏至，其会也以孟春正月上辛若丁。天子亲合祀天地于南郊，以高帝、高后配。阴阳有离合，《易》曰‘分阴分阳，迭用柔刚’。以日冬至使有司奉祠南郊，高帝配而望群阳；日夏至使有司奉祭北郊，高后配而望群阳。皆以助致微气，通道幽弱。”①王莽对郊祀的认识，代表了儒家对郊祀活动的理解，因此，其提议都得到了认可。在这次王莽主导的郊祀改制中有几处较大的变动。首先，天地之神有了正式的名字，天神称“皇天上帝”，地祇称“皇地后祇”，后土之名正式归属中央帝黄灵，这是王莽改制的一大创举。其次，王莽对天地之祀最大的改动是以“先妣配地”。他认为天地是阴阳相对的至上神，先祖配天，先妣配地，这是阴阳理论进一步显现的结果。最后，在长安城四方及中央建立郊兆，将五帝和一些神按照方位分布于其中，这也是一次重要改变，从此确立了基本的郊祀规范。经过王莽时期的改造，儒家理想中的郊祀规范基本确立，后世变化不大，影响深远。

## 四、其他领域的后土崇拜

### (一)封禅文化中的后土崇拜

封禅传统由来已久，其主要内容包括两个部分，即封坛祭天，扫坛祭地，是最原始的天地之祀。史载：“昔无怀氏封泰山，禅云云；虙羲封泰山，禅云云；神农封泰山，禅云云；炎帝封泰山，禅云云；黄帝封泰山，禅亭亭；颛顼封泰山，禅云云；帝俈封泰山，禅云云；尧封泰山，禅云云；舜封泰山，禅云云；禹封泰山，禅会稽；汤封泰山，禅云云；周成王封泰山，禅社首。”②可见“封”的地点选择在泰山之巅，没有任何异议，秦汉时期也依然如此。但是，“禅地”的地点选择却并不固定。秦始皇第一次封禅，禅于梁父，但同时又在梁父祠祀齐地传统的八神之一“地主”。元封元年(前110)，汉武帝在第一次封禅过程中也同样“行礼祠八神”，在梁父“礼祠地主”，然后又禅于泰山下东北方的肃然山，“如祭后土礼”；太初元年(前104)又禅于高里；太初三年(前102)以后又禅于石闾山。③ 可以说，秦始皇与汉武帝对封禅都很热衷和重视，自然对禅地也很重视。但二者之间最大的

① (汉)班固：《汉书》，北京：中华书局，1962年，第1266页。
② (汉)司马迁：《史记》，北京：中华书局，1959年，第1361页。
③ (汉)司马迁：《史记》，北京：中华书局，1959年，第1403页。

不同就是，秦始皇在梁父既行禅礼，也礼祠八神之一“地主”，而汉武帝则有意将二者分开来在两地举行，一方面在梁父礼祠“地主”，另一方面选择其他名山来“禅地”，并且“如祭后土礼”。这说明汉武帝仅仅把梁父作为礼祠“地主”的场所，而禅祭的神祇是后土，应该选取另外的地方进行祭祀，不应混淆。可见，在汉武帝心目中这两个神祇在神性上是不同的，后者地位更高，这显然与汾阴后土祠的建立有着相同的文化背景。

## (二)社祭方面的后土崇拜

上古时期，社神与地神是一体的，但周代以降，代表领土的“社”与代表地母的“地”有逐渐分离的趋势，从汉武帝将“后土”纳入郊祀的范畴之后，社神就失去了代表全载大地的属性，而仅剩与稷神相应的土地神性，与此相应，社稷虽然仍有政权象征的政治意义，但是不再具有国家最高等级的祭祀资格。对此，两汉时期已有清醒的认识，应劭《风俗通义》卷八《祀典》就指出：“谨按《春秋左氏传》曰：‘共工有子曰句龙，佐颛顼，能平九土，为后土，故封为上公，祀以为社。’非地祇。”[①]王充也明确指出二者的分别，“王者父事天，母事地，推人事父母之事，故亦有祭天地之祀。山川以下，报功之义也……社稷报生万物之功：社报万物，稷报五谷”[②]。虽然如此，社神的崇拜在秦汉时期依然具有旺盛的生命力，尤其是在民间社会领域。相应的，作为社神的代表，“后土”也依然享受着民众的顶礼膜拜，至今流传下来的碑文对“后土”的褒扬和尊崇就充分说明了这一点：“于惟太社，官名后土。是曰句龙，功著上古。德配帝皇，实为灵主。克明播植，农正具举。尊以作稷，丰年是与。义与社同，方神北宇。建国承家，莫不修叙。”[③]

## (三)民众意识领域的后土崇拜

除了有明确的神格和特定功能崇拜之外，随着历史的发展，“后土”崇拜其实更加深入到民众的意识之中，成为一种没有所指却又无所不能的崇拜对象，类似于秦汉时期流行的“苍天”崇拜。“皇天”与“后土”一起构成了汉代民间主要的崇拜对象，也成为一种具有浓重传统中国特色的社会意识。如：有对“后

① 王利器：《风俗通义校注》，北京：中华书局，1981年，第366页。

② 黄晖：《论衡校释》，北京：中华书局，1990年，第1057页。

③ (清)严可均辑：《全上古三代秦汉三国六朝文》卷七四一，清光绪二十年黄冈王氏刻本。

土”予以赞美的，“上天布施后土成，穰穰丰年四时荣”[①]“正皇天之清则兮，度后土之方贞”[②]；有对“后土”发出感慨的，“皇天崩兮后土颓，身为帝兮命夭摧”[③]；更多的则是对“后土”的期待和期盼，如“皇天后土，祖宗明灵，实皆鉴之”[④]“过恶烝皇天，浊秽薰后土。神祇怨恫，无所凭恃，兆人泣血，无所控告，仁贤之士，痛心疾首，义士奋发，云兴雾合，咸欲奉辞伐罪，躬行天诛”[⑤]“陛下不察，加以大戮，冤感皇天，痛入后土，贤愚悲悼，小大伤摧”[⑥]。这些民众无意之中的表现，其实代表的是一种更为深沉的力量，尤其是在中国传统文化并不重视神格而更重视功能崇拜的氛围中，后土崇拜的这一特点更加具有生命力。

（原载《南都学刊》2015 年第 1 期）

---

① （汉）班固：《汉书》，北京：中华书局，1962 年，第 1063 页。
② （汉）班固：《汉书》，北京：中华书局，1962 年，第 3516 页。
③ （南朝宋）范晔：《后汉书》，北京：中华书局，1965 年，第 451 页。
④ （南朝宋）范晔：《后汉书》，北京：中华书局，1965 年，第 1886 页。
⑤ （南朝宋）范晔：《后汉书》，北京：中华书局，1965 年，第 2386 页。
⑥ （东晋）袁宏：《两汉纪》，北京：中华书局，2002 年，第 434 页。

# 从宋真宗西祀汾阴看北宋汾阴后土祠地位

姚媛媛

俗话说“皇天后土”，父天母地的思想自古深入人心，对天地的祭祀可以更加健全地昭显统治者的绝对权力；况且古代社会本身就重农，而农业又根植于大地，所以，古代统治者经常会定期举行祭祀大地的活动。宋代社会对于神祠宗庙的祭祀更加普遍，后土祭祀也不例外。汾阴后土作为全国后信仰的源头，史上曾有 8 位帝王 19 次到此地祭祀后土[①]，在宋代特别是真宗大中祥符年间达到高潮。宋朝之前的历代王朝虽然有过多次祀汾阴后土的举动，但史料记载简略，我们无法估计相关礼仪、规模等；距离宋朝较近的唐玄宗两次祀汾阴后土活动，史料也只是简述事件经过、祀后封赏等，祭祀过程以及相关细节并未记录。宋朝建立后，政局渐稳，统治者逐渐加强对内统治，“国之大事，在祀与戎”，祭祀事宜便被提上日程，而祭祀汾阴后土的礼制也逐渐规范；宋真宗大中祥符年间“祥瑞”氛围浓厚，使得西祀汾阴的活动逐渐成形。真宗西祀可以说是史料中记载的帝王祀汾阴后土准备时间最长、规模最大，同时也是中国历史上最后一次帝王亲祀汾阴后土的活动，它使得汾阴后土达到了发展的高潮。因为真宗亲祀，汾阴后土的建设也逐渐开展，官方及民间对于汾阴后土的祭祀更加昌盛，北宋末年庆成军祀后土被列入中祀，正式受到国家礼制的认可。

目前学术界对北宋汾阴后土的研究，大多是从地理、碑刻等方面或者围绕真宗西祀来看待汾阴后土，如李零、唐晓峰的《汾阴后土祠的调查研究》[②]在调查汾阴后土祠的过程中以附录的形式对宋代汾阴后土做了史料介绍，但并未就宋

① 参见陆峰波：《历代皇帝祀汾阴后土考》，《史志学刊》2015 年第 1 期。

② 李零、唐晓峰：《汾阴后土祠的调查研究》，《九州》第四辑，北京：商务印书馆，2007 年，第 1—107 页。

代后土祠的发展做进一步分析；王世仁的《记后土祠庙貌碑》[①]，从碑刻内容入手研究汾阴后土祠的庙貌，并未就宋代汾阴后土做专门论述。而对于真宗西祀的研究则与真宗时期系列“祥瑞”活动相联系，如仝晰纲、迟少丽的《宋真宗东封西祀浅论》[②]，主要论述了宋真宗东封西祀的原因；闫化川的《论宋真宗时期的“东封西祀”》[③]，主要还是从各方势力入手，论述东封西祀的背景及影响；何平立的《宋真宗“东封西祀”略论》[④]，认为真宗时期的东封西祀其实是精神文化重建的过程。以上这些内容只是部分涉及宋代汾阴后土的发展状况，并未就北宋汾阴后土做具体分析，这就为我们留下了研究余地。因此本文将从宋初、宋真宗西祀及真宗西祀之后的汾阴后土发展状况出发，对北宋汾阴后土做相关探究。

## 一、宋初汾阴后土的发展

前代帝王亲祀汾阴后土，使得后土文化逐渐传扬。宋朝建立后，结束五代的动荡局面，陆续消除各地藩镇割据，政局渐稳。河中向来是兵家必争之地，五代时期的藩镇势力李守贞等在此盘踞，宋朝建立后，进一步扫除了割据势力使得当地逐渐稳定。和平时期的到来，政府的统治策略也发生了重大变化，由原先求稳到如今求盛。而农业是根本，农业又根植于大地，所以，为了祈求丰盛，对于后土大地的祭祀及相关礼仪的重整便提到日程。

宋初汾阴后土的重整，主要还是围绕后土祠的建设及相关礼仪进行。太祖时期国家政局稳定后，便着手内政治理，“太祖开宝九年七月十七日，诏河中府宝鼎县徙汾阴后土庙于旧庙稍南”[⑤]。此次徙庙，只是后土庙位置的迁移。太宗即位后，主要任务便是稳定自己的统治，而礼制可以调节各种社会关系。因此，逐渐重视以往的宗庙祭祀，相关举措逐渐实施。此次对于后土祠的重新修整，也是在国家方针的指引下逐渐完善的，使得后土祠的建筑及祭祀礼制规范都得到确定，“太平兴国四年八月十三日，河中府奏，准敕新修后土庙，窃缘不知祭祀礼仪，札付礼院检定施行。礼院奏定后土庙祭器牲牢，欲依先代帝王为中祀例，致祭用羊豕各一，笾豆各十，簠簋各三，币帛香酒等，行事官以本州长官为初献，上佐官以下为亚献三献。诸献官各散斋二日于正寝，致斋一日于庙所。散斋，

① 王世仁：《记后土祠庙貌碑》，《考古》1963年第5期。

② 仝晰纲、迟少丽：《宋真宗东封西祀浅论》，《山东师大学报》（社会科学版）1994年第6期。

③ 闫化川：《论宋真宗时期的“东封西祀”》，山东大学硕士学位论文，2003年。

④ 何平立：《宋真宗“东封西祀”略论》，《学术月刊》2005年第2期。

⑤ （清）徐松辑，刘琳等点校：《宋会要辑稿》，北京：中华书局，2015年，第1287页。

理事如旧，唯不吊丧问疾，不判刑杀文书、不行刑罚、不预秽恶。致斋，唯祀事得行，其余悉断”①。从史料记载可知，此次确定汾阴后土礼制，经详定，采用中祀礼。因此，斋戒、陈设、献官等相关内容都按照中祀的礼制进行，并且还规定了祭祀过程相关人员的行为活动，保障祭祀的神圣性。“景德四年正月，皇帝将朝拜诸陵，祭河中府后土庙，礼院详定仪注，准礼定例，后土庙大祀。礼料：币帛丈八尺，笾豆十二，爵盏散樽各一，龙杓二，爵坫一，烛台一，神酒香席褥罍洗篚等。献官一员”②；并“差工部尚书王化基乘递马进发，祭服器自京递置以往。祝文，学士院修撰”③。此次致祭后土，主要是由于皇帝朝拜诸陵，祭祀等级定为大祀。从礼料的内容可知，之前祭祀未见到的爵樽等在此次祭祀中都出现，可见相关礼制等级也较之前高。但这种礼制的变化只是因为帝王其他活动，并不是汾阴后土本身所具备的。“大中祥符元年六月壬子，取封禅之义，改郊祀乐曲名，俟礼毕仍旧。其后，祀汾阴后土亦如之”④，此次对于后土祭祀乐曲的改动，是由于封禅，可以说是例行事宜，与景德四年(1007)朝拜诸陵的活动类似，后土祠礼制都是在类似活动的影响力得到改动，而这些改动其实都是例行事宜，并未造成重大影响。“大中祥符元年九月五日，以将东封，议同日遣官致祭汾阴后土。详安所上言：按西汉祭天于甘泉泰畤，祭地于汾阴后土。后汉始定南北郊。然则今之汾阴后土，本汉祀地之所也。将来既禅社首，祀皇地祇，则后土不当同日更祭。又按唐开元十二年(724)、二十年祀后土于汾阴脽上，十三年封禅不别祀。欲望车驾将行，遣官告祭，封禅日即罢祭。从之，乃命给事中冯起祭告。”⑤此次派冯起祭告后土，是因为封禅，根据成例对后土进行的例行祭告，而真宗封禅为西祀汾阴奠定了基调。“大中祥符元年，加号河渎曰显圣灵源公，遣右谏议大夫薛映往河中府，比部员外郎丁顾言往澶州祭告。又命映祭谢汾阴后土。”⑥冯起祭告完毕后，因为黄河出现的祥瑞氛围，薛映受命往河中祭告黄河和后土。此次祭告，也是受益于外界因素。“(大中祥符元年)十一月三十日，诏：凡祭天地、宗庙、社稷、岳渎者，并祭后土，著于令式。”⑦之前多次祭告后土，大都是偶然性活动。此次诏令，使祭祀后土正式成为国家礼制规范的内容，可见国家体制对

---

① (宋)欧阳修等：《太常因革礼》,《丛书集成初编》本，上海：商务印书馆，1935年，第397—398页。

② (宋)欧阳修等：《太常因革礼》,《丛书集成初编》本，上海：商务印书馆，1935年，第398页。

③ (宋)欧阳修等：《太常因革礼》,《丛书集成初编》本，上海：商务印书馆，1935年，第399页。

④ (宋)李焘：《续资治通鉴长编》，北京：中华书局，2004年，第1550页。

⑤ (清)徐松辑，刘琳等点校：《宋会要辑稿》，北京：中华书局，2015年，第1287页。

⑥ (宋)李焘：《续资治通鉴长编》，北京：中华书局，2004年，第1577页。

⑦ (清)徐松辑，刘琳等点校：《宋会要辑稿》，北京：中华书局，2015年，第1287页。

后土祭祀内容的进一步肯定。大中祥符年间“祥瑞”氛围渐浓，统治者对于各种神祠的祭祀都较为重视，在此氛围下，“大中祥符二年正月十四日敕，河中府后土庙，宜令礼院依礼例册造衣冠，赍送往彼者。礼院称，伏缘礼令不载后土合服衣冠，今详检到皇后所服礼衣，未敢依此回牒少府监修制造，候敕旨。一，准衣服令，皇后服，首饰花十二株，袆衣，素纱中单，黼领，罗谷褾褾，蔽膝，大带，以青衣革带，青袜舄，白玉双佩，玄组，双打绶，六采，玄、黄、赤、白、缥、缘纯元质，长丈四尺，五首，广一尺，受册，助祭，朝会，诸大事，则服之，诏令宜依皇后礼衣修制”[①]。在正式成为国家礼制规范的祭祀内容后，与后土相关的礼仪也进一步完善。后土衣冠用皇后之制，这也从侧面表明后土在宋朝的女性化特征。“(大中祥符二年五月)庚辰，遣右谏议大夫陈象舆等诣陕西祈太平宫、后土、西岳、河渎诸祠，旱故也。”[②]因为陕西大旱，皇帝派遣官员到此地进行祭祀祈福，河渎、后土等有关农业民生的祭祀对象都包含在内，可见后土大地对于古代农业等的重要性。古代社会科学技术有限，虽然祭祀祈福并不能真正有效缓解旱灾，但表明了政府对于农事的关注，也反映了民众对于丰收的愿望。

宋朝前期对于汾阴后土的重修过程，反映了政府治国方针的变化。汾阴后土虽然只是这些变化中微弱的个体，但是显示了社会变迁的历程。宋初对后土祠的重修与礼制的规范，是在政局稳定后，对国家祭祀体系以及治国方略的进一步确认，可以起到凝聚人心的作用。真宗前期汾阴后土及其祭祀礼仪逐渐恢复，祭祀时间也逐渐固定，这些变化很大程度上是受到当时国家政局的影响，政府在确立统治后，加强对内治理。农业是根，因此，对于后土的祭祀逐渐增多。而在大中祥符九年(1016)以后，受到东封泰山及其他祥瑞活动的影响，后土祠的祭祀频率更高，礼仪制度也逐渐规范，这些都为西祀提供了一定前提。

## 二、宋真宗西祀时期汾阴后土的发展

宋真宗时期由于特殊的时代氛围，“祥瑞”活动频繁，这为系列活动的展开奠定了基调。东封泰山后，西祀汾阴后土的倡议逐渐展开。对于西祀，当时朝廷内外态度不一。支持真宗系列“祥瑞”活动的官员，想借助东封泰山后的影响，把“祥瑞”活动进一步推向全国。朝廷中陆续有官员上奏真宗，请求真宗西祀，在多次拒请后，“召王旦等曰：朕览史书，见汾阴祠后土事，亦古礼也。因敕

---

① (宋)欧阳修等:《太常因革礼》,《丛书集成初编》本，上海：商务印书馆，1935年，第399页。

② (宋)李焘:《续资治通鉴长编》，北京：中华书局，2004年，第1609页。

陈彭年等检讨历代祀汾阴及废后土祠事。帝曰:朕以河东父老再有陈请,复以封禅才毕,议者得不以地远劳费为言耶!旦等曰:陛下为民祈福,不惮栉沐,圣心既定,固已达于神明。帝曰:但冀民获丰穰,于朕躬固无所惮。故事,有司上言:臣等当上表陈请。至是既允,复下诏"[1]。"八月丁未朔,诏以来年春有事于汾阴"[2],正式确认西祀。

在西祀汾阴正式确定后,真宗对西祀的相关人事、后勤等都做了详尽安排。"是岁诏工部侍郎知枢密院事陈尧叟经度制置使,权判河中府,翰林学士同修玉清昭应宫工部郎中李宗谔充经度制置副使,权同河中府"[3],陈尧叟、李宗谔都是真宗"祥瑞"活动的坚定支持者,并且曾对东封之事进行筹划,经验丰富,故此次真宗特令二人前往河中府筹划西祀事宜。接着,又对西祀中其他人员的职责进行了安排,官员各司其职,保障西祀的顺利进行。

真宗西祀,礼制规范是重点。经过相关人员的讨论,西祀后土的礼制逐渐形成。坛壝之制及玉册玉匮制度如下,"前有司预为坛,如方丘之制,八角三成,每等高四尺,上阔十六步。设八陛,上等陛高八尺,中等广一丈,下等广一丈二尺。为三重壝,量地之宜,四开门。为玉册,每简长一尺二寸,刻玉填金为字,玉匮长一尺三寸,当绳缠处,刻为五道,当封宝处,刻深三寸,方取容受命宝,正座玉册用玉匮一,配座玉册用金匮二,制度如玉匮,又为金绳,以缠玉匮金匮,各五周,为金泥以封玉匮金匮,又为石𥕢,以藏玉匮,其石匮,并盖三层,每层方广五尺,封以石泥,又加石盖,又于庙中为坎,深五尺,阔容石匮,封讫,用土封固为小坛"[4];祀后土所用坛壝依照封禅社首坛制,其他仪注参详东封之制,与封禅不同的是,祀后土所采用的是瘗埋的方式。"朝觐坛在行宫南,方九丈六尺,高九尺,四陛。陛,南面两陛,余三面各一陛。一壝,二分在南,一分在北。"[5]为了迎接真宗的到来,宝鼎县也积极修葺后土祠,准备相关祭祀程序,"详定所言:后土庙开石匮瘗坎,望令于祀前七日内择日穿土"[6];皇帝到来,当地的行宫建设必不可少,"赐宝鼎县行宫名曰奉祇,前殿曰穆清,后亭曰严庆、严信,行宫前亭曰望云,渭河桥曰省方,洛河桥曰迎跸"[7]。这样,经过详细准备,西祀汾阴也如期举行。

---

① (清)徐松辑,刘琳等点校:《宋会要辑稿》,北京:中华书局,2015年,第1288页。

② (宋)李焘:《续资治通鉴长编》,北京:中华书局,2004年,第1681页。

③ (宋)欧阳修等:《太常因革礼》,《丛书集成初编》本,上海:商务印书馆,1935年,第267页。

④ (宋)欧阳修等:《太常因革礼》,《丛书集成初编》本,上海:商务印书馆,1935年,第269页。

⑤ (元)脱脱等:《宋史》,北京:中华书局,1977年,第2529页。

⑥ (清)徐松辑,刘琳等点校:《宋会要辑稿》,北京:中华书局,2015年,第1292页。

⑦ (清)徐松辑,刘琳等点校:《宋会要辑稿》,北京:中华书局,2015年,第1291页。

大中祥符四年(1011)正月二十三日,真宗等人从东京出发,一路向西,前往汾阴祭祀后土。二月十三日,真宗等人到达宝鼎县奉祇宫,随之进行了正式祭祀活动。十六日晚,祭祀仪式正式开始,按照当初详订的礼仪进行祭祀事宜。“是夜一鼓二筹,扶侍使奉天书升玉辂,先赴脽上。二鼓,帝乘金辂,法驾继进。自县至脽坛,夹道设燎火,其光如昼。盘道诘曲,周以黄麾仗。……至是,从新路至坛次。翼日,帝服衮冕登坛,祀后土地祇,奉天书于左次,以太祖、太宗配侑。亲封玉册,正座于玉匮,配座于金匮,摄太尉奉之以降,置玉匮于殿庭石匮,将作监领徒封固。”[①]祭祀汾阴后土的册文如下:“维大中祥符四年,岁次辛亥,二月乙巳朔,十七日辛酉,嗣天子臣某,敢昭告于后土地祇:恭惟位配穹旻,化数品汇。瞻言分壤,是宅景灵。备礼亲祠,抑惟令典。肇启皇宋,混一方舆,祖祢绍隆,承平兹久。……式祈年丰,楙昭政本,兆民乐育,百福蕃滋,介祉无疆,敢忘祇畏。……皇伯考太祖、皇考太宗皇帝侑神作主。尚飨。”[②]在册文中,真宗表明了西祀的原因,自从宋王朝建立后,逐渐消除地方割据,实现社会稳定,国家逐渐繁盛。在此前提下,要“明礼均”,天地同祀,并要报答后土大地的恩情;通过祭祀后土的活动,祈求谷物丰盛,使人民安居乐业,也希望祖宗保佑宋王朝统治延绵不断。可见,真宗西祀一方面是要完善礼制,但最重要的是通过封禅、西祀等“祥瑞”活动,进一步稳固统治,这是其“神道设教”的重要方式。

祭祀后土的活动完成之后,“帝制《汾阴二圣配飨铭》《河渎显圣灵源公》《西海广润王赞》示辅臣”[③],“并配二后,昭累盛之基;咸秩五方,报嘉生之惠”[④],可见,真宗西祀目的便是昭显祖宗功业,报答后土恩惠,使国家昌盛、天下太平,明显具有强调统治合法性的意图。真宗完成西祀后,有人进言:“五代以来,此地为战场,今乃获睹天子巡祭,实千载一遇之幸也。”[⑤]听到百姓的呼声,真宗遂于大中祥符四年二月辛酉诏改奉祇宫为太宁宫,诏令如下:“朕缵承大统,抚御庶邦,荷祖宗之诒谋,……已报于天休,谒款魏脽,式修于地察,眷惟斋馆,俯迩嘉坛,实清宴之攸宁,固蕃厘之举集,宜慎方中之候,特施必葺之功,辟乃殊庭,镇兹遗址,率取清都之制,详延羽服之流,庶假精修,以申严奉,宜改上奉祇宫曰太宁宫,设后土圣母塑像,选道士焚修,本庙崇奉,一如旧制。”[⑥]在此诏令中,真宗

---

① (清)徐松辑,刘琳等点校:《宋会要辑稿》,北京:中华书局,2015年,第1293页。

② (元)脱脱等:《宋史》,北京:中华书局,1977年,第2536页。

③ (清)徐松辑,刘琳等点校:《宋会要辑稿》,北京:中华书局,2015年,第1293—1294页。

④ 国家图书馆善本金石组:《宋代石刻文献全编》,北京:北京图书馆出版社,2004年,第631页。

⑤ (宋)李焘:《续资治通鉴长编》,北京:中华书局,2004年,第1711页。

⑥ 《宋大诏令集》,北京:中华书局,1997年,第399页。

明确自己西祀汾阴，就是希望借助后土的福佑保证国家安定太平，为此，相关祭祀活动也要随之展开，特将奉祇宫改为太宁宫，保证后土祭祀活动的顺利开展。

真宗西祀期间，从礼制、人员等方面对于西祀事宜做了充分准备，而汾阴后土当地的建设也如期开展，方丘之制、朝觐坛、行宫等都按照相关礼制进行，所有的准备也使得大中祥符四年正月西祀汾阴的举动顺利完成。其顺利完成，对于政府来说，是为了实现“神道设教”而进行的一场应景的祭祀活动。对于当时的宋朝来说，西祀花费众多，无疑是劳民伤财。但对于汾阴后土来说，真宗西祀为其带来的是又一次的发展机遇。

## 三、宋真宗之后汾阴后土的发展

真宗西祀结束后，汾阴后土迎来了发展的黄金时期。相关配套设施逐渐完善，真宗西祀时的行宫被建设为太宁宫，修葺后，成为地方后土祭祀的代表。哲宗、徽宗时期都对汾阴后土有过相关政策，在北宋末期，由于特殊的时代氛围，汾阴后土又迎来了发展机遇。

西祀结束后，对于汾阴后土来说，最重要的便是太宁宫的重整。大中祥符四年四月己未（十六日），又对后土祭祀的相关事宜进行规范，并下诏：“恭惟厚德，夙蕴至灵，降宅脽丘，载严庙貌，爰展亲祠之礼，允膺至况之祥，宜荐嘉名，以彰景祐，避尊称而斯在，达昭事以惟宜，脽上后土庙，宜上额为太宁宫，本殿周设栏楯，民庶祈赛，止拜于庭中，官吏非祠祭，亦勿升殿。”①通过国家诏令的形式，明确祭祀礼制，保障汾阴后土祭祀的有序进行。诏令下达后，太宁宫的建设也逐渐展开。“十九日，命内供奉官郝昭信、赵履信增葺太宁宫庙，并依修会真宫例。仍令周起一月一检校。”②会真宫为真宗东封之时驻跸之地，太宁宫依据会真宫的修建规模，并要求按时检校成果，可见统治者对太宁宫的重视程度。经过一年多的修葺，大中祥符五年七月，太宁宫顺利完工，“癸未庆成军太宁宫庙成总六百四十六区卷”③，可见太宁宫规模之大，傅熹年先生曾对宋代太宁宫做过复原图，雄伟壮观，面积较如今的故宫更大。“知河中府周起请自今每年祭醮，令河中府预备礼料。其后土殿、司命天尊殿，请如诏，官吏民庶有祈赛者，无

---

① 《宋大诏令集》，北京：中华书局，1997 年，第 399 页。

② （清）徐松辑，刘琳等点校：《宋会要辑稿》，北京：中华书局，2015 年，第 1294 页。

③ （宋）李焘：《续资治通鉴长编》，北京：中华书局，2004 年，第 1775 页。

得升殿。从之。”①修建一新的太宁宫谨遵真宗诏令，保持祭祀的神圣性。大中祥符六年四月六日，庆成军言：“太宁宫请自清明至四月八日天庆节，三元各五日，并听士庶焚香。从之，仍戒无得以酒肴入宫。”②此次明确了太宁宫祭祀的相关日期，并禁止携带酒肴入宫，可见太宁宫祭祀的相关礼制逐渐细化。“（大中祥符七年四月）庚午，诏庆成军增置官吏，许直达朝廷，太宁宫庙每岁祠祭，委知军行礼。”③至此，明确了太宁宫祭祀的主管。真宗祀后，在政府诏令的影响下，太宁宫的建设及时完成，相关管理体制也逐渐完善，汾阴后土祭祀迎来了新的生机，促使汾阴后土信仰日益传播。

经过宋前期的发展，汾阴后土在社会上的影响力逐渐增大。一直到北宋末年，汾阴后土都受到官方政策的支持。宋哲宗时期，“观夫庙貌颓圮，楼阁倾倒，不称时祀，岂非守土之臣因循苟简不能遵行？朝廷严奉天地之礼，与窃重惜之。丁卯，岁使继地利之羡，余修外门楼阁”④，于是政府派人对后土祠进行了修缮，“东西饰御碑之楼，四角葺城隅之缺。金字榜碑，绘彩焕烂。前殿后寝，革故翻新”⑤。修缮完毕当日，“邦人瞻观，远近为之欢欣鼓舞，携带老稚来歆享，益加敬焉”⑥。政府完成对后土祠的修缮后，民众的反应非常热烈，可见后土信仰在当地的流传程度。在国家诏令的引导下，官方及民间祭祀日渐鼎盛。徽宗时期“祥瑞”氛围较之真宗大中祥符年间更为广泛，“徽宗时期的祥瑞体系，要比任何一个时期都更为庞大、复杂，君主、王朝的形象是这一政治工程的主要目标，即主要力图营造圣治、圣时”⑦。在此大环境下，后土也受到了极大程度的尊崇，“恭上地祇尊号，永惟地道，上顺承天，皇天后土，阴阳之理也，旧地祇未有后土之称，可于尊号内加后土二字”⑧；之后，又给后土地祇加上了八字徽号，“夫顺承于天，效法于下，厚德载物，含宏光大，地德也。谨以是德上徽号曰承天效法厚德光大。以尽兢兢业业母事之礼”⑨，极显后土的尊荣，这是从国家诏令方面给后土的荣誉，使得后土地位逐渐上升。

另外，对于汾阴后土来说，最具权威性的转变便是北宋末年新订的《政和五

① （清）徐松辑，刘琳等点校：《宋会要辑稿》，北京：中华书局，2015年，第1294页。
② （清）徐松辑，刘琳等点校：《宋会要辑稿》，北京：中华书局，2015年，第1294页。
③ （宋）李焘：《续资治通鉴长编》，北京：中华书局，2004年，第1872页。
④ 光绪《荣河县志》，台北：成文出版社有限公司，1976年，第571页。
⑤ 光绪《荣河县志》，台北：成文出版社有限公司，1976年，第571—572页。
⑥ 光绪《荣河县志》，台北：成文出版社有限公司，1976年，第572页。
⑦ 方诚峰：《祥瑞与北宋徽宗朝的政治文化》，《中华文史论丛》2011年第4期。
⑧ 《宋大诏令集》，北京：中华书局，1997年，第489页。
⑨ 《宋大诏令集》，北京：中华书局，1997年，第489页。

礼新仪》。其中将庆成军祀后土纳入中祀，最终实现了汾阴后土在官方礼书上的具体规范。在庆成军祀后土中，有关于祭祀后土的系列程序：关于祭祀时日，“太常寺前期以仲春择日祭后土，关太史局，太史局择日报太常寺，太常寺参酌讫具时日下本军”[①]；关于祭祀斋戒，“前祭五日，应行事执事官散斋三日，治事如故，宿于正寝，不吊丧问疾作乐，判书刑杀文书决罚罪人及与秽恶，致斋二日，一日于厅事，唯祭事得行，其余悉禁，前祭一日，质明，俱赴祠所斋舍，祭官已斋而阙者，通摄行事”[②]；关于陈设，“前祭三日，有司设行事执事官次于庙门外，随地之宜。前二日有司牵牲诣祠所，前一日掌庙者扫除庙之内外，祭日丑前五刻，执事者陈币篚于神位之左，祝版于神位之右，置于坫次，设祭器皆借以席”[③]，笾豆、簠簋、牺尊、象酌、山尊、壶尊等礼器都有摆放位置的规定；其他相关的祭祀礼仪依照中祀礼制进行，礼制规范较之前更为细化。

由此可见，宋真宗西祀以实际行动认可了汾阴后土的重要性，而北宋末年政府对于汾阴后土的重修、尊号以及徽号的制定等都表明后土在国家祭祀中的重要地位。特别是《政和五礼新仪》的修定，从国家官方礼制体系方面正式确认了汾阴后土的地位，可见真宗西祀为后来汾阴后土的发展提供了实践借鉴。

## 四、北宋汾阴后土发展的原因

北宋时期汾阴后土经过平稳发展后，在真宗时期达到了发展高峰，在北宋末期更加受到统治者的青睐，地位渐尊。真宗西祀汾阴的举动为后来汾阴后土的发展提供了实践经验。汾阴后土之所以在北宋发展如此迅速，主要有以下几个方面的原因：

第一，北宋政局变动的影响。宋建国初，统治者消除地方割据后，逐渐稳定对内统治。古代中国礼制观念深厚，统治者借助礼制因素调节对内统治。因此，祭祀等内容逐渐受到统治者的重视。在这种情况下，以往的祠庙祭祀逐渐恢复，汾阴后土祭祀就是在这种大环境下发展起来的。当然，恢复初期一般都是修葺庙宇、恢复礼制等内容。宋真宗时期，宋辽议和后，签订了澶渊之盟，但

---

① (宋)郑居中等:《政和五礼新仪》，影印文渊阁《四库全书》本，台北：台湾商务印书馆，1986年，第519页。

② (宋)郑居中等:《政和五礼新仪》，影印文渊阁《四库全书》本，台北：台湾商务印书馆，1986年，第519—520页。

③ (宋)郑居中等:《政和五礼新仪》，影印文渊阁《四库全书》本，台北：台湾商务印书馆，1986年，第520页。

此盟约却被王钦若等人称为“城下之辱”。自古中原正统观念的影响,引发统治者对于政权合法性的担忧。于是真宗等人逐渐借助“天书”、“神降”、东封等达到“神道设教”的目的,在此氛围的影响下,汾阴后土祭祀受到统治者的重视,真宗等人遂于大中祥符四年西祀汾阴。在西祀的影响下,汾阴后土祭祀的礼制、建筑、影响力等都得到了空前提高。西祀结束后修建的太宁宫,在专家的复原下,可以与故宫相媲美;庆成军主管汾阴后土祭祀,管理日渐成熟;国家诏令的颁布,使得祭祀仪注得到规范。北宋末期,汾阴后土得到重修,地位逐渐变得尊崇,庆成军祀后土被纳入国家中祀,并被载入史册。至此,汾阴后土祭祀真正实现了在北宋的重大突破。从汾阴后土发展脉络看,其一直深受国家政局及政策的影响。

第二,道教势力发展的影响。宋初,统治者营造声势,为自己编造了道教先祖赵玄朗,并大力崇道。宋真宗时期的系列“祥瑞”活动,便是在道教的影响下,逐渐开展的。“天书”“神降”等都属于道教范畴。为了迎合这一时期的风气,统治者在全国建造了众多的宫观,最著名的便是玉清昭应宫。道教势力的发展,促使道教文学逐渐兴盛,相关道家书籍出现,特别是“《道藏》的编纂,不仅使道教经籍得到了整理,而且促进了道教的传播,促进了北宋道教的发展和兴盛”[①]。在此氛围下,相关祠庙逐渐恢复祭祀。汾阴后土也属于道教祠庙,因此在列。真宗西祀时,便是运用道教礼制祭祀后土。西祀结束后,改奉祇宫为太宁宫,设后土圣母塑像,选道士焚修,本庙崇奉,一如旧制。这些内容,明显体现的是道教因素。宋哲宗时期由于汾阴后土逐渐颓圮,因此对太宁宫重新进行修缮。宋徽宗时期,道教势力更加泛滥,符瑞、宫观增多。统治者上层对于道教的信奉直接带动了道教在社会及民众间的信仰。对后土上徽号,使其地位渐增。另外,作为道教的一种,“方术对国家吉礼也有不小的影响,集中表现为后土祭祀”[②]。汾阴后土祭祀也在此种环境中逐渐进入国家系统祭祀行列。

第三,汾阴后土文化的影响。汾阴后土文化指的是在汾阴(今山西万荣境内)所产生的独特的大地祭祀与信仰文化。古代中国属于农耕文明,农业是国家之根,因此,土地对于古代中国来说,更是重中之重,所以统治者一般都会举行各种仪式祭祀大地,祈求五谷丰登。全国后土祠众多,而汾阴可以说是后土信仰的源流。早在远古时期,黄帝就在此祭扫大地。汉武帝时期在此地设立后土祠祈谷,答报地神;并在此发现宝鼎,被认为是祥瑞之地,之后多位帝王也都

① 汤其领:《涤耻封禅与北宋道教的兴盛》,《河南大学学报》(社会科学版)1995年第3期。
② 朱溢:《事邦国之神祇——唐至北宋吉礼变迁研究》,上海:上海古籍出版社,2014年,第82页。

到此地祭祀后土。汾阴后土祠受到如此重视，与其自身条件有重大联系。汾河在汾阴当地汇入黄河，由于河流冲刷，泥沙堆积，在黄河与汾河之间形成了一个长四五里，广二里余，高十余丈的河中高地，被称为“脽上”；“周制，大司乐云：夏日至礼地祇于泽中之方丘”[①]。其位置在当时看来，是理想当中的泽中方丘，是祭祀地祇的绝佳场所。再有，汾阴地理面貌壮观，“脽上者，汾水之曲，巨河之滨，故魏之国都，旧晋之疆土，其俗富庶，接秦雍之郊；其民忠淳，被虞夏之教，地形诡异，神道依凭，中断洪流，揭成高阜。俯联修壤，崛起而崔嵬；下望平皋，斗绝而盘郁，故得传于简册”[②]。因为优越的地理面貌和久远的人文历史，真宗等人才会在“祥瑞”氛围的影响下，选择西祀汾阴后土，汾阴后土在此时期逐渐达到发展高峰。

从北宋汾阴后土的发展脉络看，其受政局的影响非常大，汾阴后土在北宋的每一次发展，都与政府的政策相关。在政府政策的影响下，古老的汾阴后土信仰逐渐传播，成为北宋重要的祭祀力量。在后土文化影响下，宋境内后土祠的数量逐渐增加，影响力也逐渐扩大，成为中华文化的一部分。南宋统治重心南移，但后土信仰却在南方扎根，获得进一步发展。随着中央集权的加强，再加上统治重心的北移，宋以后的帝王都没有亲自到汾阴祭祀后土，但都会遣人来此祭祀。后代汾阴后土，多次遭受黄河水患侵袭，位置多次迁移。而政府对于汾阴后土的祭祀也不如前代那样重视，逐渐沦为民祠。尽管如此，后土信仰却在民众中一直流传，影响深远。

（原载《运城学院学报》2016年第2期）

① （唐）杜佑：《通典》，北京：中华书局，1992年，第1255页。

② 国家图书馆善本金石组：《宋代石刻文献全编》，北京：北京图书馆出版社，2004年，第631页。

# 西汉国家祭祀中所见后土地祇之典与礼

王木娘

## 一、西汉国家祭祀的递变

礼仪，最初的产生是源于原始先民们对大自然的敬畏与崇拜，而后才扩展出教化人民的功能与意义。在夏、商、西周，作为祭祀活动的礼，仍带有巫觋元素，与国家政治相结合，常用于卜筮吉凶。《礼记·表记》提到"殷人尊神，率民以事神，先鬼而后礼……周人尊礼尚施，事鬼敬神而远之"[①]，由殷人的"尊神"到周朝的"尊礼"，中华文明在殷周鼎革之际，完成的不只是政治上的革命，更是一次思想文化的根本性改变。这种思想文化改变，最明显的是表现在礼制文化之上。

春秋以降，随着周天子地位的式微，群雄争霸，原有的祭祀礼制遭到破坏，最为人所知的莫过于《论语·八佾篇》所载季氏的典故。战国时期，列国兴起之势益强，各诸侯国中带有地域色彩的神祇崇拜因此而大大发展，进一步带动了民间祠祀的活跃。

在经历春秋战国时期巨大的社会变革后，秦朝结束了分裂的局面，建立起历史上第一个以皇帝为中心的中央集权专制政体，此后，中国两千年来的帝制形态与框架亦由秦朝奠下基础。秦朝的崛起与统一，在政治上改变了自周朝以来封建制度的格局，但在国家祭祀方面，多数仍承袭周礼，以奉祀秦为诸侯时期

① 陈澔注：《礼记·表记》，上海：上海古籍出版社，1987年，第294页。

的白、青、黄、赤四色帝为主，其中又以白帝为尊。值得一提的是，“畤”是古时祭祀天地及五帝的固定处所，《史记・封禅书》提及秦人置畤时曾言“唯雍四畤，上帝为尊”，因此“雍四畤”便为后世专指秦朝祭祀四色帝之所在，亦有代表秦朝国家祭祀之意。汉高祖继承秦朝时候的雍四畤，增立北畤、祀黑帝，至此，“雍五畤”完备，祀五帝亦成为西汉初年国家祭祀中的最高祭祀。

雍五畤是西汉最高祭祀，至汉文帝时再建渭阳五帝庙，“作渭阳五帝庙……祠所用及仪亦如雍五畤”①。这样的祭祀礼仪到汉武帝时发生了显著转变。“太一”，或为“泰一”，在当时被认为是至上的宇宙万物本源，统领、治理所有象、数、自然界、神界、人民等万物之至高、至圣的存在，具有分天地、转阴阳、化四时的终极力量。“亳人谬忌奏祠泰一方，曰天神贵者泰一，泰一佐曰五帝”“令祠官宽舒等具泰一祠坛，祠坛放亳忌泰一坛，三陔。五帝坛环居其下，各如其方……泰一所用，如雍一畤物，而加醴枣脯之属，杀一牦牛，以为俎豆牢具。而五帝独有俎豆醴进”②。由上述记载得知，汉武帝所立坛祭祀的“太一”，其神格地位已在原祀的五帝之上，所享之牺牲也比五帝及从属各神要高，这是汉武帝在国家祭祀层面上一个重大的变革。另外，《汉书・郊祀志》又载：“天子郊雍，曰：‘今上帝朕亲郊，而后土无祀，则礼不答也。’……上遂立后土祠于汾阴脽上，上亲望拜，如上帝礼。”③汉武帝以为，既有祭天，自然不能缺少对后土的祭祀，因而在汉汾阴故城西北二里原汾河与黄河的交汇处（即“汾阴脽上”）设置后土祠，汉武帝及后世帝王曾多次亲自前往祭拜。因此，一般认为汾阴后土祠是我国后土祠之源，亦被视为明清时期北京地坛的前身。

汉武帝承认“太一”神凌驾于原来诸侯国时期及汉初奉祀的雍五畤帝之上；建立汾阴后土祠，并亲自前往祭祀。其真正的意图是：帝国之内，代表天、地的至高之神皆已进入国家祭祀之殿堂，所反映的不只是祭祀神祇的改变，更是汉武帝统一天下、以皇帝为中心的帝国建构与运行过程。

简言之，汉武帝在元光二年（前133）制定“三岁一郊”祀雍五畤的制度；于元鼎四年（前112）十一月祀汾阴后土完善了郊天祀地的体系；到了元鼎五年（前111）十一月开创祭祀上帝的甘泉泰畤，代替雍五畤成为郊祀的重心。④ 汉武帝所定的郊祀之礼，多采方士的建议，仪式也多由方士主持，具有方术、神仙等色

---

① （汉）班固：《汉书・郊祀志上》，北京：中华书局，1962年，第1213页。

② （汉）班固：《汉书・郊祀志上》，北京：中华书局，1962年，第1230页。

③ （汉）班固：《汉书・郊祀志上》，北京：中华书局，1962年，第222页。

④ ［日］佐川英治：《汉六朝的郊祀与城市规划》，余欣主编：《中古时代的礼仪、宗教与制度》，上海：上海古籍出版社，2012年，第195页。

彩。到了成帝时,当时的宰相匡衡及御史大夫张谭以"非礼之所载术也"为由,提议郊处设在圣王所都之南北,此提议经成帝所采纳后,自文帝以来所设之渭阳五帝及武帝以来的甘泉泰畤、汾阴后土的祭祀都被取消,改为于长安南、北郊祀。然而,后来匡衡被免官爵、众人议论他变动祭祀不当;再者,甘泉竹宫上百余树木被大风吹折,成帝对此异相已颇后悔,认为不该废甘泉、汾阴祭祀一事;最后,更因成帝苦无子嗣,终于,又再下诏恢复亲自到甘泉、汾阴等地祭祀之礼。成帝死后,恢复南北二郊;哀帝建平三年(前4),借口皇帝体弱多病,又恢复郊祀甘泉、汾阴。总之,此后数十年里,新、旧祭祀制度时有更迭,一直到王莽时期,才最终确立了南、北二郊之制。

## 二、祭祀后土之典故

"皇天后土"是千百年来一直被传颂及沿用下来的词,在人们心中,后土代表的是与昊天上帝相对应,育化万物、长养生灵的大地之母。《尚书·武成篇》已见有"皇天后土"之称,另亦见于《左传·僖公十五年》的"君履后土而戴皇天,皇天后土,实闻君之言"[①],《周礼·天官·大宰》中也称之为"大神示"。天为"大神",地为"大示"等等,在这些文献中,后土所代表的是整个大地,与皇天相对应的大地之神。

除代表整个大地之外,周朝也用后土来指称社神。"王为群姓立社,曰大社。王自为立社,曰王社。诸侯为百姓立社,曰国社。诸侯自为立社,曰侯社。大夫以下成群立社,曰置社"[②],国社、里社等指的是一方的社神,唐代以后也把司掌坟墓的土地神称后土。为了区别大地之母的后土,与一方社神之后土,历代帝王常另立别称。如《汉书·郊祀志下》载西汉平帝时,王莽奏言改称之为"皇墬(地)后祇",另据唐代杜佑《通典》卷四五《礼五·吉四·方丘》所载,北齐称"皇地祇",北周称"后土地祇",隋唐称"皇地祇";其后,《宋史》卷一〇〇《礼志三·北郊》载宋初亦称为"皇地祇"。而本文所要探讨的后土之神,乃代表整个大地,与皇天相对应的后土神祇。

依姜波在其博士论文《汉唐都城礼制建筑研究》[③]所言及本文前段之梳理中,我们大致上亦可以将西汉的国家祭祀分为三个不同的发展阶段,即西汉初

---

① (清)阮元校刻:《十三经注疏·春秋左传正义》,北京:中华书局,1963年,第3920页。

② 陈澔注:《礼记·祭法》,上海:上海古籍出版社,1987年,第254页。

③ 姜波:《汉唐都城礼制建筑研究》,中国社会科学院研究生院博士学位论文,1998年,第31页。

年高祖到文帝时期、汉武帝时期及王莽时期。郊天祀地、五郊迎气、辟雍灵台等一套帝王皇家祭祀体系及制度的逐步形成，有着深厚的社会政治、思想文化的背景。从政治层面上来说，这套帝王祭祀体系反映了中央集权政体的形成。武帝时期设甘泉泰畤、汾阴后土祠、五方帝及诸神从祀，代表着郊天祀地制度的完备。除至高昊天上帝、皇地后土之外，五方上帝、五岳四渎、日月星辰、名山大川、山林沼泽等也都被列入祭祀体系中，而形成金字塔般的神级阶层制度，一如现实人间以皇帝为中心，划分出层层的等级制度，并在祭祀制度上，对祭祀的权力与规格进行严格的规定，如"天子八佾、诸侯六佾、大夫四佾""天子七庙、诸侯五庙"等，俯拾皆是。西汉中晚期，阴阳五行的观念与儒家礼教的思想益发根植于当时朝堂之上。元帝、成帝喜爱儒学，采用匡衡等人的建议，于长安设置南、北二郊；随后三十多年间[①]，新、旧交祀之制更迭，无所适从。而结束并统一这些纷杂的新、旧祭祀制度的人，是王莽。

王莽自立为帝，班固著书时只为其立传，并不列入帝王"本纪"之列；然而，作为一个王朝的开创改革者，在礼章规范方面，王莽可以说是颇有建树。东汉光武帝即位后，以及三国时期的曹魏，皆继承了王莽所修订的郊坛建置及郊祀制度，此后历朝历代虽仍有部分修改，但于基础上已不脱离此框架。

《汉书·郊祀志》中，王莽第一次奏言是在汉平帝元始五年(5)。时任大司马的王莽奏曰："孔子曰：'人之行莫大于孝，孝莫大于严父，严父莫大于配天。'……复长安南北郊如故。"[②]此一奏请，可以得知，王莽以孔子之言，孝顺为由，将郊祀定于长安南、北郊，亦即南郊祭天、北郊祭地，这是空间的确定。接着，王莽又曰："'周官天墬'之祀，乐有别有合。……天墬合精，夫妇判合。……天墬有常位，不得常合，此其各特祀者也。……渭阳祠勿复修。"[③]随后王莽又再上言："皆曰天子父事天、母事墬，今称天神曰皇天上帝，泰一兆曰泰畤，而称地祇曰后土，与中央黄灵同，又兆北郊为有尊称。宜令地祇称皇墬后祇，兆曰广畤。"[④]

这三段奏言对研究西汉郊祀之礼非常重要，可以说是一锤定音，结束汉朝纷乱多年的天地祭祀之争。王莽极尊古制，凡事皆依循古礼，此奏言对汉朝及后世的郊祀祭典主要有以下几点影响：

(1)制定长安城外南、北二郊祭。废除了甘泉、汾阴、渭阳祠的祭祀。

---

① 《汉书·郊祀志下》中提到的三十余年间，天地之祠迁徙五次，指的该是从汉成帝建始元年(前32)到汉平帝元始五年(5)大司马王莽奏请定长安南、北二郊。

② (汉)班固：《汉书·郊祀志下》，北京：中华书局，1962年，第1265页。

③ (汉)班固：《汉书·郊祀志下》，北京：中华书局，1962年，第1266页。

④ (汉)班固：《汉书·郊祀志下》，北京：中华书局，1962年，第1268页。

(2)天地合祭。因“天地合精,夫妇判合”,故天地需合祭。在阴阳相会的孟春正月上辛若丁,天子亲自于南郊举行天地合祭。天地位皆南向,地在东,共牢,并以先祖配天、先妣配地。天地合祭时,亦同时祭四望(日月星海)、山川。三光(日月星)属天文,故从天;山川(海)属地理,从地。

(3)天地分祭。因“天地有常位,不得常合”,且阴阳有离合,故天地需分祭。在冬至日使有司祀天于南郊,以高帝配;在夏至日遣有司祀地于北郊,以高后配。分祭天地时,天子无须亲祀,遣派相关的官员代表祭祀即可。

(4)确立地祇后土的尊称为“皇墬后祇”。祭祀之地称“广畤”,除汉武帝所设的汾阴后土祠以地名为名外,直至此时,祭地之坛终于有了一个专属之名——“广畤”。

天地合祭、分祭是一项大议题,后世历代固有所议,取舍不一。王莽主张天地合祭又分祭,似乎二者相互矛盾,但其实有它的逻辑在。或许,我们可以如是理解:天是父,地是母,父、母双方自然各有自己的生日,子女们于父母生日时必会祝贺(一如天地分祭);而父母结合之日,即今所谓结婚纪念日,子女们亦庆祝父母结婚,建立家庭,繁衍子孙(如天地合祭)。如此一想,即知天地合祭又分祭并不矛盾;且,依天子亲郊与否来看,王莽显然是更加重视天地合祭的。

## 三、祭祀后土之礼制

西汉一代,对后土祭祀而言,两个里程碑是汉武帝于汾阴设后土祠,以及王莽所订相关之国家祭祀礼制,自然也包含祭祀后土在内。因此,本节仍将以此二者为主轴,展开后土祭祀礼制的论述。

一说祭坛形制。《礼记·礼器》曰:“至敬不坛,扫地而祭。”亦即,最尊敬的祭祀是无须设坛,只须扫地而祭即可。至敬,反而至朴至质,而后随着文明发展、政治需要,才有了种种祭祀礼仪制度的产生。郊祀之坛主要有祭天圜丘、祭地方丘、祭日月的朝日坛、夕月坛、四方名山大川、五岳四渎、星辰风雨等诸神之坛。古人“天圆地方”的观念,祭天神位用土封成圆坛以象天,称圜丘,后世为“天坛”;祭地则在泽中筑方坛以则地,四周有水象征四海,叫“方丘”或“方泽”,后世则叫“地坛”。受阴阳五行学说影响,圜丘设在南郊以就阳位,方丘设于北郊以就阴位。《礼记·郊特牲》曰:“大社必受霜露风雨,以达天地之气。”[①]因此,天、地之坛都不建屋宇,只在坛外加墙壝,以上通天、下达地之气。

① 陈澔注:《礼记·郊特牪》,上海:上海古籍出版社,1987年,第145页。

据《汉书》记载，汉武帝在汾阴设后土祠时，“后土宜于泽中圜丘为五坛”①，既是祭后土，应为泽中“方丘”，此处却记“圜丘”，或为笔误。可惜汉武帝所建之后土祠已被黄河冲毁，今不复存，文献上亦无详尽记载后土祠祭坛之形制，只在今山西省万荣县后土祠存有金天会十五年(1137)的“后土祠庙貌碑”，记载后土祠修建及历代帝王亲祀之情况可供参考。

《后汉书·祭祀上》记载东汉光武帝即位祭告天地时，“采元始中郊祭故事”(即沿用王莽制定之礼)，引《黄图》记载元始之仪，曰“后土坛方五丈六尺”②。又提到“北郊在洛阳城北四里，为方坛四陛。地理群神从食，皆在坛下，如元始中故事”③。

结合两段文字来看，我们可以设想，北郊后土坛位于洛阳城北边四里地，方坛，方约五丈六尺，有四台阶，坛上设后土神主，坐于南方面向西边，以高皇后配祀，坛下则是从祀的地理群神，五岳四渎列于四方。

二谈供献祭品。《汉书·郊祀志》记载，汉武帝亲祀汾阴后土时以“天地牲，角茧栗……坛一黄犊牢具。已祀尽瘗，而从祠衣上黄”④，刚长出如茧、栗般牛角的是小牛，叫“角茧栗”，祭祀天地之牛以“角茧栗”为贵。因此得知，汉武帝祭祀汾阴后土时，以毛色为黄色的“角茧栗”献祭，所穿祭祀之服为黄色。牛毛色为黄、祭祀之服为黄，此乃祭祀“后土”，而土的代表色为黄色之故。这亦是当时祭祀之礼受阴阳五行之说影响甚多的佐证之一。据王莽于元始年时所奏言，天地合祭时所用为“牲用茧栗，玄酒陶匏……以天墬合祀，以祖妣配者也”⑤。然而，《后汉书·祭祀上》“采元始中郊祭故事”，引《黄图》记载元始之仪，曰：“天地用牲二，燔燎瘗埋用牲一，先祖先妣用牲一，天以牲左，地以牲右，皆用黍稷及乐。”⑥

此段与《汉书》记载不同之处为天地用牲一或用牲二，但接续后面文字判断，《汉书》记载王莽奏言时，应为笔误，该是祭祀天地各用一牲(共二牲)，左边之牲用以祭天，祭地之牲则置于右，随典礼结束后再燔燎于南郊以达天，瘗埋于北郊以供地。文中还提到了玄酒、陶匏，据詹鄞鑫先生的解释，“玄酒”名曰酒，而其实是清水，祭祀供清水，是原始社会遗留的传统，那时未发明酒，只能以清

---

① (汉)班固：《汉书·郊祀志上》，北京：中华书局，1962年，第1221页。

② (南朝宋)范晔撰，李贤等注：《后汉书·祭祀上》，北京：中华书局，1965年，第3159页。

③ (南朝宋)范晔撰，李贤等注：《后汉书·祭祀上》，北京：中华书局，1965年，第3181页。

④ (汉)班固：《汉书·郊祀志上》，北京：中华书局，1962年，第1222页。

⑤ (汉)班固：《汉书·郊祀志上》，北京：中华书局，1962年，第1266页。

⑥ (南朝宋)范晔撰，李贤等注：《后汉书·祭祀上》，北京：中华书局，1965年，第3159页。

水作饮料。且,祭祀用酒以味薄为尊,据说是年代越古用酒越淡。[①] 陶匏,指的是陶制的尊、簋、俎豆和壶等器皿。《礼记·郊特牲》:“扫地而祭,于其质也,器用陶匏,以象天地之性也。”孔颖达疏:“陶谓瓦器,谓酒尊及豆簋之属,故《周礼》旊人为簋。匏谓酒爵。”[②]以上为天地合祭时所用之礼。

前文提到,《后汉书》里记载光武帝于洛阳城北四里的北郊祭祀,可以说是天地分祭中的“祭地”。祭地时,以高后配,地理群神各居其方从食。地祇、高后用犊各一头;五岳共牛一头,大海及四渎共牛一头,群神共二头,送神后,瘗埋俎实于坛之北侧。

三谈乐舞的制定。上古时期乐舞大多是祭祀之舞,《周官》曰:“冬日至,祀天子于南郊,迎长日之至;夏日至,祭地祇,皆用乐舞,而神乃可得而礼也。”据《汉书·郊祀志上》载:“祷祠泰一、后土始用乐舞。”[③]《汉书·礼乐志第二》亦载:“至武帝定郊祀之礼……乃立乐府……以合八音之调,作十九章之歌。”[④]

由此两段记载得知,在汉武帝定郊祀之礼、设乐府之前,汉代祭祀没有乐舞,祭祀仪式主要是陈设祭品,属于“食物献祭”(如牲、牛、枣、脯)和“礼物献祭”(玉、帛之类),献上祝嘏之词,还未用乐舞。[⑤] 而文献中所提到的《郊祀歌》十九章,据张树国的研究,与祭祀后土相关的为《帝临二》——祀中央黄帝,《景星十二》——元鼎五年(前112)得鼎于汾阴祭祀后土,《后皇十四》——甘泉太一坛祭祀后土,《华烨烨十五》——祭祀汾阴后土等。

《后汉书·祭祀上》载光武帝平定陇、蜀后举行郊祀,“凡乐奏《青阳》《朱明》《西皓》《玄冥》,及《云翘》《育命》舞”[⑥],且光武帝祀北郊时,“奏乐亦如南郊”,因此,可以设想,光武帝北郊祭地时用的也是上述六舞。

## 四、结语

西汉一朝,不论是在文治或武功上,都在我国历史上占有举足轻重的地位。以武帝为分水岭,汉朝的国家祭祀在其手上发生了变化,划分出西汉前半期与后半期。汉武帝崇尚儒家及阴阳五行说,采方士之言,在西汉初期原来的“雍五

---

① 詹鄞鑫:《神灵与祭祀:中国传统宗教综论》,南京:江苏古籍出版社,1992年,第242页。
② 《影印南宋越刊八行本礼记正义》卷三五,北京:北京大学出版社,2014年,第800页。
③ (汉)班固:《汉书·郊祀志上》,北京:中华书局,1962年,第1232页。
④ (汉)班固:《汉书·礼乐志第二》,北京:中华书局,1962年,第1045页。
⑤ 张树国:《汉唐国家祭祀形态与郊庙歌词研究》,北京:人民出版社,2013年,第123页。
⑥ (南朝宋)范晔撰,李贤等注:《后汉书·祭祀上》,北京:中华书局,1965年,第3161页。

畤”基础上，承认至尊至高的“泰一”神存在，并设亳忌、甘泉泰一坛，而后再立汾阴后土祠，设立乐府，完成郊祀天地的国家祭祀体系。自然，这是汉武帝统一天下、以皇帝为中心的帝国建构与运行过程，亦在我国国家祭祀历史上翻开了新的一页。曾有“周公再世”美名的王莽，极尊古制，改革制定南北二郊祭祀，厘清天地合祭、分祭问题，确立地祇后土的尊称等举措，为后世的皇家祭祀体系奠定基础，在我国古代礼制史上，王莽亦有不可磨灭之功。本文对西汉一代，于国家祭祀体系中所见与祭地后土相关之正史文献记载进行逐一梳理，篇幅所限，对影响西汉祭祀的来源及发展脉络，难免有所疏漏，盼日后能再进行更深入、更完整的相关研究与探讨。

（原载《世界宗教文化》2018 年第 3 期）

# “一定之规”

## ——论唐代后土祭祀的政治投射

王　博

英国文化人类学家弗雷泽在《金枝》中谈到宗教的界限，指出“宗教包含理论和实践两大部分，即：对超人力量的信仰，以及讨其欢心、使其息怒的种种企图。这两者中，显然信仰在先，因为必须相信神的存在才会要取悦于神。但这种信仰如不导致相应的行动，那它仍然不是宗教而只是神学。[①] 这里所谓“相应的行动”也可见于中国，其具体表现为“祭祀”，经过两汉、魏晋南北朝借由儒家思想的发展，更进一步被锻造为自国家至民众覆盖各层面的“祭礼”。待时间推移至唐，“祭礼”无论在内容亦或形式等各方面整体都已臻于成熟[②]，作为成熟最重要的标志之一便是玄宗朝开元二十年(732)《大唐开元礼》的编纂完成，这种国家礼典的制定也正是中国史上一大特色，鉴于《大唐开元礼》的历史地位，清人王鸣盛说过“唐礼莫著于开元”[③]。

后土信仰是我国传统原始信仰之一，俗语云“皇天后土”，将后土与昊天上帝并列相对，足见其地位之重要。目前围绕后土信仰的相关研究颇多，但大多集中于民间信仰层面，围绕国家祭祀的探讨则主要集中在两汉及北宋真宗朝[④]，对唐代国家层面礼仪制度中后土的探讨则关注不够。本文拟以后土祭祀为对

---

① [英]J.G.弗雷泽：《金枝》，徐玉新等译，北京：中国民间文艺出版社，1987 年，第 77 页。

② 梁满仓：《魏晋南北朝五礼制度考论》，北京：社会科学文献出版社，2009 年，第 669 页。

③ (清)王鸣盛：《十七史商榷》卷八二《开元礼》，上海：上海古籍出版社，2013 年，第 1182 页。

④ 宋真宗亲祭汾阴后土祠史料记载颇详，可参见姚媛媛：《从宋真宗西祀汾阴看北宋汾阴后土祠地位》，《运城学院学报》2016 年第 2 期。

象，对唐代后土的概念及其在国家礼仪制度中的定位进行梳理，在此基础上结合时代背景探讨唐代实施后土祭祀的目的及其意义。

## 一、《大唐开元礼》中的后土祭祀

对于后土的概念，学界始终众说纷纭，说法颇多。但可以确定的是，至少自西汉起，其作为国家正祭的政治地位已基本得到确立，受皇帝本人亲祀。特别是汉武帝时期，在汾阴脽上立后土祠，其规格等同于南郊之祀。[①]。虽然有学者提出，汉武帝在此所立后土祠并非是为与雍五畤相匹配[②]，但《汉书》卷二五《郊祀志上》的这条记载值得留意："其明年，天子郊雍，曰：'今上帝朕亲郊，而后土无祀，则礼不答也。'"颜师古注云："答，对也。郊天而不祀地，失对偶之义。一曰，阙地祇之祀，故不为神所答应也。"[③]

武帝是在进行郊雍时提出后土无祀这一问题的，这表明了后土祭祀与郊雍之间的关系，所以颜师古注指出，设立后土地祇祭祀的作用有二：一是与现有郊雍的祭天相匹配，二是弥补了当时没有地祇祭祀的缺憾。无论如何，此后汉武帝十分重视后土祭祀，并正式形成了每三载一实施的基本模式，这对于提升后土在国家礼仪正祭中的地位无疑具有重要推动作用，也使得皇帝本人亲祀后土的做法贯穿于西汉始终。[④] 值得注意的是，成帝建始初年，曾准丞相匡衡的上奏，将后土祠一度迁至长安北郊，虽因成帝无继嗣，"复汾阴后土如故"[⑤]，到平帝朝则改为南郊合祭天地。自此后，于都城郊外祭祀后土地祇成为常态。据统计，自东汉至唐，只有光武帝与前秦苻坚在汾阴祭祀过后土祠。

从史料来看，在唐人口语中，发自肺腑或感叹，以及在正式场合公开起誓等场合，常用"皇天后土"，将后土与皇天并列，指代天地。可见后土形象不仅传播普遍，且地位很高，具有天地共察、监督之意。唐代的后土祭祀因循北周、隋，于

---

① 汾阴，位于今山西省万荣县西南，因处汾水之南得名。卫聚贤《汉汾阴后土祠遗址的发现》(《东方杂志》1929 年第 26 卷 19 号)指出汾阴早在春秋时期便已有晋文公介子推祠。因祠旁有宝鼎而引起汉武帝重视，并在民祠后土祠旁建立了国祠后土祠。另参见吴鹏程：《记卫聚贤在山西万泉西杜村汉代遗址的发掘》，《中国文物报》2017 年 9 月 22 日。

② 参见牛敬飞：《被夸大的前郊祀时代：从〈秦汉国家祭祀史稿〉对史料的误用说起》，《清华大学学报》(哲学社会科学版)2017 年第 1 期。

③ (汉)班固：《汉书》卷二五《郊祀志上》，北京：中华书局，1962 年，第 1221—1222 页。

④ 参见李零、唐晓峰：《汾阴后土祠的调查研究》，《九州》第四辑，北京：商务印书馆，2007 年，第 1—107 页；陆峰波：《历代皇帝祀汾阴后土考》，《史志学刊》2015 年第 1 期。

⑤ (唐)杜佑：《通典》卷四五《方丘》，北京：中华书局，1988 年，第 1258 页。

夏至在距离宫城14里的北郊方丘坛实施，其从祀者除神州外，还有五方、岳、镇、海、渎、山林、川泽、丘陵、坟衍、原隰，基本涵盖了当时所知的地理概念（参见《通典》卷四五《方丘》），祭祀等级为大祀①。笔者根据《大唐开元礼》记载制作《〈大唐开元礼〉后土受祀一览表》如下。

**表3-1 《大唐开元礼》后土受祀一览表**

| 礼类 | 仪式名（卷数） | 受祀对象 | 祭祀流程 | 致祭者 |
|---|---|---|---|---|
| 吉礼 | ①皇帝季夏土王日祀黄帝于南郊（16） | 黄帝、轩辕氏 | 奠玉帛、进熟 | 皇帝、太尉、光禄卿 |
| | ②皇帝季夏土王日祀黄帝于南郊有司摄事（17） | 黄帝、轩辕氏 | 奠玉帛、进熟 | 太尉、太常卿、光禄卿 |
| | ③皇帝腊日蜡百神于南郊（22） | 百神 | 奠玉帛、进熟 | 皇帝、太尉、光禄卿 |
| | ④皇帝腊日蜡百神于南郊有司摄事（23） | 百神 | 奠玉帛、进熟 | 太尉、太常卿、光禄卿 |
| | ⑤皇帝夏至祭于方丘（后土礼同）（29） | 皇地祇（后土） | 奠玉帛、进熟 | 皇帝、太尉、光禄卿 |
| | ⑥夏至祭于方丘有司摄事（30） | 皇地祇 | 奠玉帛、进熟 | 太尉、太常卿、光禄卿 |
| | ⑦皇帝仲春仲秋上戊祭大社（33） | 太社、后土、太稷、后稷 | 奠玉帛、进熟 | 皇帝、太尉、光禄卿 |
| | ⑧仲春仲秋上戊祭大社有司摄事（34） | 太社、后土、太稷、后稷 | 奠玉帛、进熟 | 太尉、太常卿、光禄卿 |
| | ⑨皇帝巡狩告于太社（58） | 太社、后土、太稷、后稷 | 奠玉帛、进熟 | 皇帝 |
| | ⑩巡狩告于太社有司摄事（59） | 太社、后土、太稷、后稷 | 奠玉帛、进熟 | 告官 |
| | ⑪时旱祈太社（65） | 太社、后土、太稷、后稷 | 奠玉帛 | 祈官 |
| | ⑫诸州祭社稷（68） | 太社、后土、太稷、后稷 | 奠玉帛、进熟 | 刺史、亚献官、终献官 |
| | ⑬诸州祈社稷（70） | 太社、后土、太稷、后稷 | 奠玉帛、进熟 | 上佐 |
| | ⑭诸县祭社稷、诸里祭社稷（71） | 太社、后土、太稷、后稷 | 奠玉帛、进熟 | 县令、亚献官、终献官 |
| | ⑮诸县祈社稷（73） | 太社、后土、太稷、后稷 | 奠玉帛、进熟 | 县丞 |

① 参见《大唐开元礼》卷一《序例上》云："凡国有大祀、中祀、小祀。昊天上帝、五方上帝、皇地祇、神州、宗庙皆为大祀；日月、星辰、社稷、先代帝王、岳、镇、海、渎、帝社、先蚕、孔宣父、齐太公、诸太子庙并为中祀；司中、司命、风师、雨师、灵星、山林川泽、五龙祠等并为小祀，州县社稷、释奠及诸神祀并同为小祀。"

续表

| 礼类 | 仪式名(卷数) | 受祀对象 | 祭祀流程 | 致祭者 |
|---|---|---|---|---|
| 军礼 | ⑯皇帝亲征宜于大社(82) | 太社、后土、太稷、后稷 | 奠玉帛、进熟 | 皇帝 |
| | ⑰制遣大将出征有司宜于太社(87) | 太社、后土、太稷、后稷 | 奠玉帛、进熟 | 告官 |
| 嘉礼 | ⑱皇帝于明堂读季夏令(100) | | 读土令 | |
| | ⑲皇帝于明堂及太极殿读五时令(103) | | 读土令 | |
| 凶礼 | ⑳三品以上至六品以下丧(138—149) | | 祭后土 | |

该表所示内容为《大唐开元礼》中后土受祀仪式一览,除不包含祭祀元素的宾礼外,吉礼、军礼、嘉礼、凶礼中都可见后土的受祀,在唐代官方礼典中出现频率极高。对这些受祀仪式进行大致梳理,可以分作四大类:一是作为主祀对象的仪式,为⑤—⑰;二是作为从祀对象的仪式,为①—④;三是读时令的仪式,在读季夏令之后的土令中出现,为⑱⑲;四是在官员死后将入葬时,其范围从三品以上至六品以下,为⑳。《新唐书》卷一一《礼乐志一》云[①]:"凡祭祀之节有六:一曰卜日,二曰斋戒,三曰陈设,四曰省牲器,五曰奠玉帛、宗庙之晨祼,六曰进熟、馈食。"

唐代祭祀内容共分为六节,其核心环节为奠玉帛、进熟,对后土的祭祀正是按照这种流程进行的。这里有几个问题:

首先,"皇帝夏至祭方丘"在《大唐开元礼》中与主祀昊天上帝的"皇帝冬至祀圜丘"相对应,其主祀对象为皇地祇,《大唐开元礼》该仪式名后又注"后土礼同"。此处的"后土礼"是指山西汾阴的后土祠祭祀仪式,可知在唐代礼官的设定里,对后土祠的仪式次第完全与《大唐开元礼》中的"皇帝夏至祭方丘"相同。相较而言,在方丘对皇地祇的仪式,因地理位置便利,日常在这里举行常时祭祀,而汾阴后土祠因远在"河东",只能在有特别需要或必要时举行。但即便作"后土礼同",又不能将二者视作完全相同的仪式。表面上看,二者规格一样,但由于后土祠较远,实施不易,因而一旦实施,反而更容易成为众人瞩目的焦点。原本,国家仪式最大的一个功能便是其展示性,是皇帝展示政治地位等身份的绝好舞台。从这一点来看,"汾阴后土祠"的展示性明显高过位于都城北郊方丘

① (宋)欧阳修、宋祁:《新唐书》卷一一《礼乐志一》,北京:中华书局,1975年,第310页。

的常时祭祀。在"皇帝夏至祭方丘"后有"后土礼同",而"皇帝夏至祭方丘有司摄事"后则不见有"后土礼"的文字,当是因为"汾阴后土礼"历来由皇帝本人亲祀,而无皇帝遣有司之官代理的做法,这也是汾阴后土祠具有的特殊展示性在国家礼典层面中的体现。

事实上,《大唐开元礼》之所以在此处补充"后土礼",与玄宗在开元十一年(723)、开元二十年(732)年曾两次亲祀汾阴后土祠有直接关系,而这两次祭祀均由其时先后担任《大唐开元礼》编纂首席负责人的张说及萧嵩的上奏所发端,从中也折射出唐代编纂礼典与现实实施的联系。

其次,关于在社稷的一系列仪式,仪式中,太社、后土、太稷、后稷是受祀对象,也就是土神与谷神。这些仪式不仅实施于中央,在地方州、县乃至于"里"都得以实施,中央与地方通过社稷祭祀构成国家祭祀的整体互动,经由地方政府这一"关节",进一步提升了中央对民间的信仰掌控,也加强了后土官方地位这一形象在民间的深入人心。需要注意的是,除了"祈"这种重要性略低的仪式以及高度体现军事权力集中的"巡狩"及"亲征(出征)"仪式外①,对后土的祭祀基本都实施了级别很高的"三献"礼②,其第一致祭者在中央主要由皇帝本人或皇帝派遣的代理人"告官",地方由刺史、县令等一把手担当。

另外,关于"皇帝季夏土王日祀黄帝于南郊",据《旧唐书》卷二一《礼仪志一》③,德宗朝贞元十五年(799)曾围绕其实施次数有过讨论。其时,术士巨彭祖提出"大唐土德,千年合符,请每四季郊祀天地"。德宗为此召集礼官、儒者进行讨论。擅长儒家经书的归崇敬认为:

> 按旧礼,立春之日,迎春于东郊,祭青帝。立夏之日,迎夏于南郊,祭赤帝。先立秋十八日,迎黄灵于中地,祀黄帝。秋、冬各于其方。黄帝于五行为土,王在四季,生于火,故火用事之末而祭之,三季则否。汉、魏、周、隋,共行此礼。国家土德乘时,亦以每岁六月土王之日祀黄帝于南郊,以后土配,所谓合礼。今彭祖请用四季祠祀,多凭纬候之文,且据阴阳之说。事涉不经,恐难行用。

---

① 关于军礼中将平时祭祀时实施的"三献"礼改为"一献"礼,参见王博:《唐代军礼における"献俘礼"の基本构造》,《史观》第167辑,2012年,第44—60页。

② 关于唐代的三献,参见[日]江川式部:《唐朝祭祀における三献》,《骏台史学》2006年,第129辑,第21—51页。

③ 这次讨论亦可参见(后晋)刘昫等:《旧唐书》卷一四九《归崇敬传》,北京:中华书局,1975年,第4015页。

其中，下划线部分明确指出黄帝与后土的关系，以及为何选择于季夏祭祀的缘由，即“大唐为土德，而黄帝在五行为土，王生于火，所以于火用事之末祭祀”，而且这一做法自汉以来，经魏、北周、隋沿用至今，无疑遵循了儒家“合乎于礼”的规定。

总之，从这些仪式中可以看出，后土在唐代国家祭祀体系中代表着具体的土地之神形象，其所代表的土地也往往与朝政得失密切相关。[①] 无论是作为与昊天上帝相匹配的地祇祭祀，还是从中央到地方的社稷礼，乃至于王朝官僚体系内官员的入葬礼，都有其身影，并在其中发挥着极为重要的作用。

如前文所述，在玄宗朝，因张说和萧嵩这两位当朝宰辅均不遗余力地上书请求玄宗亲祀汾阴后土祠，才促使玄宗两次亲自西祀后土。由于此二人先后担任被后世誉为唐以前国家礼典集大成之作的《大唐开元礼》首席编纂官，其背后目的不免耐人寻味。接下来笔者拟就这一问题进行探讨。

## 二、唐代后土祭祀的实施

相当长一段时期，国内历史学界多将“礼”视作阶级制国家加诸社会的一种秩序原理。到20世纪晚期，开始有不少学者注意到“礼”的文化内涵，关注到礼所具备的正面价值，对其性质加以积极肯定。[②] 此外，以日本学者西岛定生为开端，出现了如渡边信一郎对汉唐间元会朝仪、金子修一对郊祀制度的研究等，诸多学者开始重视礼仪制度的政治意象，意识到礼仪制度正是国家制度的枝干核心，他们试图通过对礼仪制度架构的解剖来探索国家制度的内部结构，并因此取得了丰硕成果。[③]

由于礼制与政体的密切关系，礼制在其具体实施上常与其时政治形势息息相关，如此一来，在总结了汉以来日渐形成的成熟礼仪系统而产生的唐礼，在实施过程中往往会出现两个截然相反的有趣现象。

一方面伴随唐礼的制度化、规范化、完善化，一些仪式越来越不受到皇帝本

---

① 如《旧唐书》卷三七《五行志》：“（贞元）四年正月朔日，德宗御含元殿受朝贺。是日质明，殿阶及栏杆三十余间，无故自坏，甲士死者十余人。其夜，京师地震。二日又震，三日又震，十八日又震，十九日又震，二十日又震。帝谓宰臣曰：‘盖朕寡德，屡致后土震惊，但当修政，以答天谴耳。’”［（后晋）刘昫等：《旧唐书》，北京：中华书局，1975年，第1348页］

② 郑显文：《唐代礼学的社会变革》，《人文杂志》1995年第2期。

③ ［日］渡边信一郎：《天空の玉座：中国古代帝国の朝政と仪礼》，东京：柏书房，1996年；［日］金子修一：《中国古代皇帝祭祀研究》，东京：岩波书店，2001年。

人(或实权派)重视,转而由三公或有关高级官员代替实施,即所谓“有司摄事”,从而呈现出流于形式的一面[①];另一方面,对一些具有利用价值、可以展现自身政治地位或政治目的的仪式则备受实权派(不一定是皇帝)重视。[②] 这其中既有一定规律,又有不确定性。从目前已有研究成果来看,被作为政治利用的仪式往往不拘泥于其规模或规格大小及重要性的高低,实权派往往会“合时宜”地对仪式加以精心策划设计以达到其政治目的。

如前文所示,平常定期实施于都城郊外的后土受祀始终存在,除此之外,汾阴后土祠虽非皇帝亲祠,但也于四时定期受祀。[③] 但通过对史料的爬梳,唐代皇帝亲祀汾阴后土祠的记载只有两例,且均为玄宗。

首次祭祀是开元十二年(724),缘自兵部尚书张说的进言。《唐会要》对此记载颇详:

> (开元)十一年正月二日,发东都,北巡。二十五日,至并州。兵部尚书张说进言曰:“太原是国家大业所起,陛下宜因行幸,振威耀武,并建碑纪德,以申永思之意。若便入京,路由河东,有汉武脽上后土之祀,此礼久阙,历代莫能行之,愿陛下绍斯坠典,以为三农祈谷,此诚万姓之福也,上从其言。[④]

张说主要指出了重新祭祀汉武脽上后土之祀的两大意义:一是对重要礼制活动的复活,“绍斯坠典”,二是祈祷平地、山区、水泽谷物丰熟,为万民带来福气。这无疑击在了玄宗的心坎上。其时玄宗自东都北巡,抵达并州。关于这次北巡,有学者指出其是为恢复并州为北都政治地位[⑤],这一点当无问题,毕竟太原是李唐龙兴之地,且如玄宗在《并州置北都制》中所指出的:“今王业正兴,宫观犹在,列为边郡,情所未安。”[⑥]当时突厥九姓胡新降者散居于太原以北,玄宗专门设置天兵军镇守,以维护安定。因而此次北巡时,为威慑北方不稳定势力,才需要“振武耀威”。在宣示“武”的同时,玄宗也强调了对“文”的野望,其中的

---

① 关于唐代皇帝的亲祭与有司摄事,参见[日]金子修一:《唐代皇帝祭祀の亲祭と有司摄事》,《东洋史研究》第47卷第2号,1988年9月。

② 新城理惠探讨了武则天为达政治目的实施“皇后享先蚕之礼”的经过。参见[日]新城理惠:《先蚕仪礼と唐代の皇后》,《史论》1993年第46期。另见王博:《唐代讲武礼实施背景新考》,《隋唐辽宋金元史论》第六辑,上海:上海古籍出版社,2016年,第218—231页。

③ 《大唐六典》卷四《礼部尚书》祠部郎中条云:“汾阴后土祠庙亦四时祭焉。”《大唐六典》,北京:中华书局,1992年,第121页。

④ (宋)王溥:《唐会要》卷二七《行幸》,北京:中华书局,1960年,第516页。

⑤ 何莉莉、王振芳:《略论唐玄宗北巡太原》,《沧桑》2007年第4期。

⑥ (清)董诰等编:《全唐文》卷七三七《并州置北都制》,北京:中华书局,1983年,第7617页。

重要举措之一就是亲祀汾阴后土祠，这也因此成为此次北巡中极为重要的一个节目。

特别是自汉武帝复兴汾阴后土祠后，西汉宣帝、元帝、成帝，东汉光武帝，前秦苻坚都曾亲祀，此后阙如。关于汾阴后土祠，《后汉书》援引《汉官仪》曰：

> 祭地于河东汾阴后后土宫。宫曲入河，古之祭地，泽中方丘也。以夏至日祭，其礼仪如祭天。蒲坂，县，属河东郡。后土祠在今蒲州汾阴县西北。[①]

汉武帝是唐以前明君的著名代表，其重建汾阴后土祠举措是对古礼的恢复，这一行为在此后历史评价极高，被认为具有奠定郊祀礼的重要意义。[②] 在此次祭祀后，玄宗亲作文章，其中云：

> 古之王者，皆受天命，礼乐有权，神祇是主，郊兆所设。虽定于厥居，精灵所感，则通乎其变，大抵归正，旁行不流。惟创制者为能之，亦安在守文而已。脽上祠者，本魏地郏丘之旧，而汉家后土之宫。汾水合河，梁山对麓，地形堆阜，天然诡异，隆崛岉而特起，忽盘纡而斗绝。景象相传，肸蠁如在，有物不可以终否，有典不可以遂废，故推而行之，神而明之。岁在癸亥，始有事于兹焉，在昔后王，时迈省方，柴燎告至，幽隐胥洎。大舜则五载一巡，武帝则三岁一祭，古今代变，人神礼烦。朕就为损益，折以法度，一纪再驾，亦无间焉。二十年冬，勒兵三十万，旌旗亘千里，校猎上党，至于太原，赫威戎于朔陲，沛展义于南夏，肆觐群后，道有以大备，怀柔百神，文无而咸秩。[③]

从其中所说，“大舜则五载一巡，武帝则三岁一祭”，不难看出其将汉武帝作为标杆并加以模仿的意图。结合此次北巡途中，沿途建碑纪德，以表达对龙兴起事时高祖、太宗等的追思，玄宗在此时，选择于龙兴之地恢复该礼，除了表面上为祈祷农业收成等目的外，更包含着期望重振李唐的心情，而亲祀汾阴后土

---

① （南朝宋）范晔撰，李贤等注：《后汉书》卷一《光武帝纪》，北京：中华书局，1965年，第69页。

② 关于汾阴后土祠祭祀的设立，汉以来历代正史郊祀志均予以积极评价。如《旧唐书》卷二一《礼仪志一》云：“然数百载不见旧仪，诸子所书，止论其意。百家纵胸臆之说，五礼无著定之文。故西汉一朝，曲台无制。郊上帝于甘泉，祀后土于汾阴。”[（后晋）刘昫等：《旧唐书》，北京：中华书局，1975年，第816页]

③ （清）董诰等编：《全唐文》卷四一《元宗·后土神祠碑序》，北京：中华书局，1983年，第446页。

祠无疑是其中的核心任务之一,即极大推动了唐代礼制的重建工作。①

对于前期准备工作,《文献通考》卷三四八《郊社考九》记载:

> 初有司奏修坛,掘地获古铜鼎二,其大者容四升,小者容一升,色皆青。又获古砖,长九寸,有篆书千秋万岁字,及长乐未央字。又有赤免见于坛侧。……将作少监张景为坛场副使。张说为礼仪使。②

在修坛场时,出土了宝鼎,仿佛如同汉武帝当年一般。同时又将则天时期对后土配祀的梁山神像迁移到后土祠之外,并对后土夫人加以修饰。③

对此次亲祀,《旧唐书》卷二四《礼仪志四》描述如下:

> 先是,脽上有后土祠,尝为妇人塑像,则天时移河西梁山神塑像,就祠中配焉。至是,有司送梁山神像于祠外之别室,内出锦绣衣服,以上后土之神,乃更加装饰焉。又于祠堂院外设坛,如皇地祇之制。及所司起作,获宝鼎三枚以献。十一年二月,上亲祠于坛上,亦如方丘仪。礼毕,诏改汾阴为宝鼎。亚献邠王守礼、终献宁王宪已下,颁赐各有差。④

此次由玄宗担任初献,邠王守礼、宁王宪担任亚献和终献,仪式次第与首都郊外方丘中对皇地祇的如出一辙,此时距《大唐开元礼》编纂完成相差十年,但如前文所述,这一做法最终被《大唐开元礼》所沿袭。对于仪式的情景,太史令上奏曰:五色云气从汾河涌出,到处弥漫着祥瑞之气,预兆着吉祥的风围绕祭坛,太阳发着炽热的光辉。整个过程前后祥瑞的上表不断汇集到玄宗这里,似乎表示着盛世的到来。《全唐文》中收录多篇此次玄宗亲祀近臣的和诗与文章,从中可窥见其隆重。很可能因此次建言有功,再加此前工作颇受玄宗肯定,张说在此后便晋升为中书令,并具体负责《大唐开元礼》的编纂工作。

对于第二次祭祀,史料记载并不多,《旧唐书》卷二四《礼仪志四》云:

> (开元)二十年,车驾又从东都幸太原,还京。中书令萧嵩上言:"去十一年亲祠后土,为祈谷,自是神明昭格,累年丰登。有祈必报,礼之大者。且汉武亲祠脽上,前后数四,伏请准旧祀后土,行赛之礼。"上从之。其年十

① 《全唐文》卷二二《玄宗三》中收录的《祠后土获符瑞行庆制》云:"自古受天之命,作神之主,崇德祀地,尽孝配亲,存乎礼经,不可阙也。"[(清)董诰等编:《全唐文》卷二二《元宗三》,北京:中华书局,1983年,第259页]

② (宋)马端临:《文献通考》卷三四八《郊社考九》,北京:中华书局,2011年,第2346页。

③ 《隋唐嘉话》卷三:"后土祠,隔河与梁山相望,旧立山神像以配,座如妃匹焉。至开元中年,始别建室而迁出之,或云张燕公之为也。"(《隋唐嘉话》卷三,北京:中华书局,1979年,第51页)

④ (后晋)刘昫等:《旧唐书》卷二四《礼仪志四》,北京:中华书局,1975年,第928—929页。

一月至宝鼎，又亲祠以申赛谢。礼毕，大赦。仍令所司刊石祠所，上自为其文。①

有学者指出，此次亲祀后土，多了宴饮游乐，少了抚慰百姓疾苦，说明玄宗心中享乐思想渐起。② 但与此同时，此次提出祭祀建议的中书令萧嵩此时正兼任《大唐开元礼》的总纂官，并于开元二十年（732）九月正式上奏《大唐开元礼》全文，颁所司行用。因而，第二次亲祀，除了是由于"神明昭格，累年丰登"，而对后土神明的一次"赛谢"，还是对新颁布国家礼典的一次亲自践行。

## 三、结语

自汉武帝重振汾阴后土祠以来，对汾阴后土的亲祀也被看作是国家礼仪制度重建的重要组成部分，这一意识也存在于玄宗朝君臣的思想中，从而使得亲祀汾阴后土祠成为玄宗朝的一个重要政治符号。从《大唐开元礼》的内容来看，一方面，作为常祀的后土祭祀贯穿始终，是频繁受祀的重要神灵；另一方面，这也让汾阴后土祠的定位更为特殊和醒目，对汾阴后土的祭祀被赋予了常祀所不具有的特殊政治意义。这一意义也投射在玄宗对其两次祭祀上。

（原载《世界宗教文化》2018 年第 4 期）

① （后晋）刘昫等：《旧唐书》卷二四《礼仪志四》，北京：中华书局，1975 年，第 928 页。

② 何莉莉、王振芳：《略论唐玄宗北巡太原》，《沧桑》2007 年第 4 期。

# 试论清初满洲贵族的皇天后土信仰

汪桂平

清崇德元年(1636)四月十一日,皇太极登基称帝,建国号清,改元崇德。这一天,皇太极率领文武百官来到盛京东南门外之天坛,告祭天地,宣读祝文曰:"维丙子年四月十一日,满洲国皇帝臣皇太极敢昭告于皇天后土之神……"[①]可见,皇太极称帝的神圣仪式是向皇天后土之神进行告祭。那么,祝文中提到的"皇天后土之神"是什么神灵?其在清初的政治社会生活中发挥什么样的作用呢?

皇天后土信仰源于古代先民对天地的崇拜,是最古老的原始信仰之一。皇天后土信仰不仅广泛流传于汉族地区,而且在中国北方少数民族地区也有类似的天地崇拜以及文化交融下的皇天后土信仰。清代初年,皇天后土信仰在满洲贵族当中非常盛行,不仅满族统治者以祭拜皇天后土作为其登基称帝的神圣仪式,而且在国家重大政治、军事活动中,都能看到祭拜天地或盟誓皇天后土的信仰元素和仪式。这种信仰源远流长,是满族萨满教等原始宗教礼俗与中原传统文化交流融合的产物。

本文主要论述清初满洲贵族皇天后土信仰的历史渊源、祭祀活动及其信仰特色。

## 一、满族先世及北方民族的天地崇拜

祭祀天地是北方诸民族共有的古老传统,古人普遍认为,天地为宇宙万物

① 辽宁大学历史系编:《清太宗实录稿本》,1978年,第84页。

之本，是人类最根本的依赖。对于部落首领或国王君主来说，他们更认为是天地赐予自己至高无上的权力，因而对天地的祭祀更加隆重，更加频繁。早在西汉时期，匈奴人就认为其首领大单于的权力是天地所赋予，称为“天地所生日月所置匈奴大单于”[①]，反映了匈奴人的天地观。因此，匈奴人祭祀天地之仪非常隆重，《史记·匈奴列传》载：“五月，大会茏城，祭其祖先、天地、鬼神。”[②]反映了匈奴人举行大型集会以祭祀天地、祖先的古老习俗。这种习俗在北方诸民族广泛存在，流传久远。到了唐宋时期，东北地区先后有满族先民粟末靺鞨建立的渤海政权（698—926）、契丹人建立的辽王朝（907—1125）、女真人建立的大金国（1115—1234），这些民族都信奉萨满教，信奉皇天后土之神，频繁举行祭拜天地的仪式。

建立辽王朝的契丹贵族特别重视对天地的祭祀，凡兴兵征伐、平定叛乱、狩猎、节日等重大事件，都要祭拜天地。《辽史·兵卫志》载：“凡举兵，帝率蕃汉文武臣僚，以青牛白马祭告天地、日神。”[③]

辽王朝之后，女真人兴起，建立了大金国。金人的信仰延续了契丹旧俗，在出兵、继位、受尊号等重大活动时，都要举行祭拜天地之礼。史载金太祖兴兵伐辽时，就曾向天地祈祷，“以辽人荒肆，不归阿疏，并己用兵之意，祷于皇天后土”[④]。所谓“祷于皇天后土”，即反映了女真民族在重大行动之前祭祀天地的礼俗。金初皇帝的即位仪和受尊号仪，亦要告祀天地。如天会元年（1123）九月六日，金太宗即皇帝位，“己未，告祀天地”[⑤]。皇统元年（1141）正月，金熙宗受“崇天体道钦明文武圣德皇帝”之尊号，“遣上京留守奭告天地社稷，析津尹宗强告太庙”[⑥]。大定七年（1167），金世宗受皇帝尊号，“前三日，遣使奏告天地宗庙社稷”[⑦]。总之，金代君王在遇到重大事件和行动时，都要举行告祭天地的仪式。

金朝建国之后，大量效仿中原王朝的国家典制，建立了郊坛宗庙制度。其祭祀天地之礼，在原有的萨满教礼俗之上，又融入了中原的王朝祭仪，更加完善，更加规范。金初并无天、地坛，早期告祭天地之仪，大概是设位而祭。后来仿效宋制，在京城修建了天坛、地坛、日坛、月坛等坛庙，制定并完善了郊祀之

---

① （汉）司马迁：《史记》，北京：中华书局，2014年，第3505页。
② （汉）司马迁：《史记》，北京：中华书局，2014年，第3497页。
③ （元）脱脱等：《辽史》卷三四《兵卫志》，北京：中华书局，1974年，第397页。
④ （元）脱脱等：《金史》卷二，北京：中华书局，1975年，第23页。
⑤ （元）脱脱等：《金史》卷三六，北京：中华书局，1975年，第831页。
⑥ （元）脱脱等：《金史》卷三六，北京：中华书局，1975年，第832页。
⑦ （元）脱脱等：《金史》卷三六，北京：中华书局，1975年，第832页。

礼。大定十一年(1171),金世宗对宰臣曰:“本国拜天之礼甚重。今汝等言依古制筑坛,亦宜。我国家绌辽、宋主,据天下之正,郊祀之礼岂可不行。”①世宗此言,一方面说明女真人固有的拜天礼俗仍在流行并且非常隆重,另一方面他又认同并学习中原的郊祀正统,同意在京城建坛立庙。实际上,金朝制定的坛庙制度,是女真萨满教礼俗与汉族儒家礼仪的结合。

金朝的郊祀礼仪是:“常以冬至日合祀昊天上帝、皇地祇于圜丘,夏至日祭皇地祇于方丘。”②说明金朝对于皇地祇的国家祭祀,是一年两次,除了夏至北郊的祭地之外,在冬至祭天的同时,实行天、地合祭,再次祭祀地神。这种一年两次的国家祭地礼仪,反映了女真民族对于地的高度崇奉,是女真旧俗与唐宋王朝礼仪的结合。

金朝灭亡以后,女真人的发展出现了分化。迁居中原和留居沈阳一带的女真人,逐渐与汉民族融合,各种习俗接近于汉人。而原居于松花江和黑龙江等地的女真人,自明代初年开始大批向南迁徙,逐渐形成建州女真、海西女真和野人女真三大部分。到明代末年,建州女真快速崛起,先后统一了女真各部,其首领努尔哈赤于明万历四十四年(1616)在赫图阿拉(今辽宁新宾)自立为汗,国号“金”(史称“后金”)。努尔哈赤逝世后,继位大汗的皇太极继续攻城略地,占领了东北广大地区。后金天聪九年(1635),皇太极废除旧有族名“诸申”(女真),定族名为“满洲”。第二年(1636),皇太极称帝,改国号为“清”,正式建立清朝。

清朝初年,以女真人为主体的满族继承了女真等北方民族崇拜天地之传统,对皇天后土之神极其尊奉,在清初重大的政治、军事活动中,利用对皇天后土信仰的共同崇拜和敬畏,进行盟誓、告祭、宣誓等活动,通过共同信仰的旗帜,有效地促进了满族民族共同体的形成,缓和了不同民族间矛盾,对于统一国家的建立、区域和平的稳固等,均充分发挥了信仰的助力作用。

## 二、清初满洲贵族的皇天后土信仰与祭祀活动

满族是17世纪形成于中国东北地区的新的民族共同体,它是在建州女真、海西女真的基础上吸收部分野人女真而形成的。满族的先民原为渔猎之民,在形成发展过程中先后承受了汉族、朝鲜族农业文化以及蒙古游牧文化的影响,最终形成具有鲜明特征的本民族文化。满族的萨满教可以视为东北各民族宗

---

① (元)脱脱等:《金史》卷二八,北京:中华书局,1975年,第694页。

② (元)脱脱等:《金史》卷二八,北京:中华书局,1975年,第693页。

教信仰的集大成者，它保留了比较完整的宗教形态，又吸收了不同文化的成分。[①]

上述关于满族文化特征的叙述，是比较准确和到位的。确实，满族文化既吸收了北方诸民族的原始宗教和习俗，也吸收有汉族文化的诸多成分。在清初满族的信仰习俗中，皇天后土信仰是其中非常重要、非常核心的信仰。满族统治者认为，天地是一切的根源，是护佑他们的最高主宰。所谓天为父，地为母，举凡战争胜利、王朝长久、子孙兴盛等，都依赖天地的默佑。早在天命六年(1621)，清太祖努尔哈赤率领各贝勒祭拜天地时就说："天父也，地母也。……吾所祷于皇天后土者，吾子孙中纵有不善之人，俾勿同气推刃，……天地其眷顾之，神祇其呵护之，愿我子孙祚永百世，以及万年。"[②]可以说，天地是他们的最高信仰和虔诚祈祷的对象。

基于对天地的敬畏和崇奉，清初满洲贵族祭祀天地之礼非常频繁。概括起来，清代初年祷祀皇天后土的活动，大致有几种情况，诸如皇帝即位、重大节庆、出征攻伐、获胜凯旋、盟誓宣誓等。

### (一)皇帝即位

天命元年(1616)，努尔哈赤受尊号为"天任抚育列国英明汗"，建立后金政权，当时努尔哈赤举行了比较简单的礼仪，"汗离座出衙门，叩天三次。叩毕回位后，八旗诸贝勒、大臣依次庆贺元旦，各向汗行三叩首"[③]。努尔哈赤即位为汗的仪式，使用的是满族原始的拜天礼。崇德元年(1636)，清太宗皇太极登基称帝的仪式，是到盛京东南门外之天坛告祭天地，并宣读祝文，祝文中明确提到告祭的是"皇天后土之神"。这种到天坛拜祭天地，并且天地同祭的做法，是北方少数民族的传统习俗与中原礼制的融合。顺治元年(1644)十月，清世祖福临以定鼎燕京，亲诣南郊，告祭天地，即皇帝位。世祖的即位礼仪更加烦琐，告祭之神仍是皇天后土。

### (二)重大节庆

重大节庆主要指元旦、冬至等节日，满族统治者要举行隆重的祭天地礼仪。

---

① 参见刘小萌、定宜庄：《萨满教与东北民族》，长春：吉林教育出版社，1990年，第84页。

② (清)康熙二十五年敕编：《太祖高皇帝圣训》卷一《敬天》，天命六年正月甲申条，《四库全书》本。

③ 中国第一历史档案馆、中国社会科学院历史研究所译注：《满文老档·太祖皇帝天命元年正月》，北京：中华书局，1990年，第44页。

满族崇拜天地间一切神灵,其中对天、地的祭拜尤为隆重。凡出征、凯旋、盟誓、节庆等重大活动和重要节日,均要行告祭天地大礼。史载“太祖高皇帝建国之初,有谒拜堂子之礼。凡每岁元旦及月朔,国有大事,则为祈为报,皆恭诣堂子行礼”[①]。所以,元旦、月朔等拜谒堂子,祭拜天地等神灵,告知发生的事情,祈求神灵护佑,是清初满洲贵族的常行礼仪。史载每岁元旦,努尔哈赤、皇太极都要亲率皇子、贝勒大臣等,到堂子祭天地,行三跪九叩礼,如天命七年(1622)正月初一日,努尔哈赤“率八旗诸贝勒大臣等,出城叩谒堂庙”[②]。又天聪九年(1635)正月初一,皇太极“率诸贝勒大臣诣堂子,对天烧纸钱,行三跪九叩礼毕,汗还宫叩拜神主”[③]。到了崇德元年,明确规定:“每年元旦,皇上率亲王以下、副都统以上及外藩来朝王等,诣堂子上香,行三跪九叩头礼毕,还宫。”[④]这样将元旦祭拜堂子的活动固定为一项国家常祀制度,成为国家典礼的一部分。

冬至祭祀天地,是满族原始祭仪与中原王朝礼仪的结合。天聪十年(1636),皇太极采纳降清汉族大臣的建议,在盛京修筑天坛。崇德元年四月,皇太极率文武大臣到天坛告祭天地,登基称帝。同年十一月冬至,皇太极又率诸王贝勒贝子及文武群臣,“以太牢祀天于圜丘,并告征朝鲜之由,祝文曰:大清国皇帝臣皇太极敢昭告于皇天后土……”[⑤]。冬至祭天,告祭之神为皇天后土,说明皇太极时期盛京天坛是天地合祭。此后直到清军入关,每年冬至均有圜丘祭天之举。冬至南郊祭天,是中原王朝的传统礼仪。皇太极的冬至祭天,是天地合祭,反映了满族萨满教告祭天地之习俗与汉族传统礼俗的融合。

## (三)征伐凯旋

史载:“太祖高皇帝建国之初,有谒拜堂子之礼。……大出入必告,出征、凯旋则列纛而告,典至重也。”[⑥]满族统治者在征战之前,一般要率众拜谒堂子,以告祭天地并祈求天地的垂助。而在凯旋之后,也要率众拜谒堂子,以告祭天地并感恩天地的默佑。

早在万历二十一年(1593)九月,努尔哈赤在迎战叶赫、哈达、乌兰、辉发等

① (清)乾隆官修:《清朝文献通考》卷九九,杭州:浙江古籍出版社,2000年,第5719页。

② 中国第一历史档案馆、中国社会科学院历史研究所译注:《满文老档·天命七年正月》,北京:中华书局,1990年,第287页。

③ 关嘉录、佟永功、关照宏:《天聪九年档》,天津:天津古籍出版社,1987年,第1页。

④ 参见杨一凡、宋北平主编:《(康熙朝)大清会典》卷六五《礼部·祠祭清吏司·群祀三·堂子》,南京:凤凰出版社,2016年,第871页。

⑤ 中华书局编:《清实录》第2册,北京:中华书局,1985年,第406页。

⑥ (清)乾隆官修:《清朝文献通考》卷九九,杭州:浙江古籍出版社,2000年,第5719页。

九部联军的进攻之前，率领诸王大臣到庙祭拜，再拜祝曰："天地三光，万灵神祇，我努儿哈奇与夜黑本无事故，今彼引兵攻我，惟天鉴察。"又拜祝曰："愿天令敌垂首，祐我奋扬，兵不遗鞭，马无颠踬。"[①]祝词中提到的"天地三光，万灵神祇"，反映了女真萨满教的多神信仰，其中最重要的神是天地，即皇天后土。

此后，努尔哈赤、皇太极在长期征战过程中，每遇重大的军事行动之前或凯旋之后，都会举行隆重的祭拜天地的仪式。如天命三年(1618)九月四日，为了迎战明朝军队，努尔哈赤出征前往祭堂子，祈求上天护佑。[②] 天命四年(1619)，努尔哈赤因在萨尔浒大破明兵，于是"刑八牛祭纛告天"[③]。又如，崇德元年八月皇太极遣军往征明国之前，"圣汗率出师诸王、贝勒、贝子及大臣，于巳刻出抚近门，吹螺掌号，诣堂子，行三跪九叩头礼"[④]。同年九月二十八日，皇太极迎接凯旋的郡王大臣，"宴毕，圣汗率出征多罗武英郡王……诣堂子，行三跪九叩头礼"[⑤]。可见，出征之前和凯旋之后，谒堂子祭拜天地是清初满族征战时不可缺少的礼仪形式。

## (四)盟誓宣誓

清代初年，满族上层特别喜欢用盟誓的方式解决宗族内部以及不同部族之间的矛盾，以消弭冲突，集中皇权；同时，后金与周边国家如明朝、蒙古、朝鲜之间，亦大量使用盟誓，以达到缓和矛盾、暂时停战、积蓄力量、伺机再起的目的。这些盟誓活动，多以刑白马祭天、刑乌牛祭地为特色，这种歃血会盟，盟誓天地的方式，反映了清初满族对皇天后土之神的无上信仰。

早在天命四年(1619)，努尔哈赤由于同时与明朝和蒙古开战，曾希望结盟朝鲜，以保证东线稳定，故派使者持书到朝鲜结好，要求朝鲜"不事南朝，子子孙孙，永结盟约……刑白马祭天，杀乌牛祭地，歃血为盟"[⑥]。书信中提到的歃血为

---

① 《清太祖武皇帝实录》卷一，潘哲等编：《清人关前史料选辑》第一辑，北京：中国人民大学出版社，1984年，第316页。

② 中国第一历史档案馆、中国社会科学院历史研究所译注：《满文老档·天命三年九月》，北京：中华书局，1990年，第67页。

③ 中国第一历史档案馆、中国社会科学院历史研究所译注：《满文老档·天命四年三月》，北京：中华书局，1990年，第77页。

④ 中国第一历史档案馆、中国社会科学院历史研究所译注：《满文老档·崇德元年八月》，北京：中华书局，1990年，第1568页。

⑤ 中国第一历史档案馆、中国社会科学院历史研究所译注：《满文老档·崇德元年九月》，北京：中华书局，1990年，第1605页。

⑥ 潘哲等编：《清人关前史料选辑》第一辑，北京：中国人民大学出版社，1984年，第428页。

盟的结好方式属于女真旧俗,是后金比较流行的盟誓形式。

到天聪元年(1627),为了解决后顾之忧,皇太极派遣大军征讨朝鲜。三月,后金与朝鲜达成和议,焚书盟誓,结成兄弟之国。这次盟誓,仍然采取的是歃血为盟、誓告天地的方式,以皇天后土等神为监誓神灵。朝鲜誓文曰:"两国君臣,各守信心,共享太平。皇天后土,岳渎神祇,监听此誓。"①

后金与蒙古各部之间,亦通过盟誓天地的方式,达成军事、政治甚至姻亲上的联盟和合作。据《满文老档》记载,天命四年(1619)后金与喀尔喀五部相盟和好,于是双方缮写誓书,刑白马乌牛,誓告天地。② 天命十一年(1626)六月,努尔哈赤与蒙古科尔沁奥巴台吉结盟,杀白马祭天,杀黑牛祭地,誓告天地。"盟誓时,于河南岸祭坛,宰白马黑牛,焚香献牲。汗率奥马黄台吉三跪九叩,礼毕,宣二誓文于众焚之。"③天聪二年(1628)八月,皇太极与蒙古喀喇沁部达成和解,双方结盟发誓,其誓告天地书曰:"满洲、喀喇沁两国,同心修好,刑白马乌牛,誓告天地。"④

从努尔哈赤到皇太极时期,不断与周边邻国进行盟誓,主要是在双方达成和谈后,通过结盟立誓,互相结成盟国,从而达到暂时停止战争、巩固胜利成果、维持边界和平的目的。结盟方式是歃血为盟,誓告天地,通过白马乌牛的献祭,祈请皇天后土之神作为盟誓的见证者和裁判者,如有背盟叛誓者,天地将会惩罚之。

另外,除了国家间的盟誓,满族贵族内部也会通过盟誓的方式解决矛盾,稳固政权。如天聪九年(1635),查证出莽古尔泰、德格类谋逆作乱,皇太极震动极大,感觉诸贝勒功勋卓著,掌握大权,暗流涌动。当年十二月,众贝勒大臣上疏力劝皇太极登基称帝,皇太极借题发挥,固辞不受,礼部萨哈廉贝勒领会皇太极的意图,奏议各贝勒应各修其身,共相发誓,以示效忠。皇太极赞同此议。于是各贝勒纷纷宣誓天地,各写誓言,燃香跪伏,各诵誓文焚之。誓文内容大同小异,如大贝勒代善誓言:"代善我誓告天地,嗣后如不恪守忠心,效莽古尔泰、德格类谋逆作乱,则天地谴之,俾代善我遭殃而死……如代善尽力效忠汗弟,则愿

---

① 吴晗辑:《朝鲜李朝实录中的中国史料》(8),北京:中华书局,1980 年,第 3322 页。

② 中国第一历史档案馆、中国社会科学院历史研究所译注:《满文老档·天命四年十一月》,北京:中华书局,1990 年,第 121—122 页。

③ 中国第一历史档案馆、中国社会科学院历史研究所译注:《满文老档·天命十一年六月》,北京:中华书局,1990 年,第 699 页。

④ 中国第一历史档案馆、中国社会科学院历史研究所译注:《满文老档·天聪二年八月》,北京:中华书局,1990 年,第 889 页。

天地眷顾，延年益寿。”[1]其他各贝勒的誓文近同，都是以天地作为誓言的执行者，反映了清初满族贵族的至高信仰。

## 三、清初满族皇天后土信仰的特点

清代初年，满族贵族特别尊崇皇天后土之神，祭祀活动频繁，祭祀仪式隆重。从其祭祀方式、祭祀时间、祭祀地点、祭祀用品、参与人员等考察，清初满族的皇天后土信仰继承了女真族渊源久远的祭祀天地的传统，并吸收了蒙古、契丹等北方少数民族的祭祀礼仪，同时融合部分汉族文化的元素，构成清初满族皇天后土信仰的文化特色。

### （一）天地合祭

清初满族对于天地的祭拜总是同时进行，继承了辽金以来天地合祭的传统，实行天地合祭之制，故其祭文、誓文中多“誓告天地”“皇天后土鉴之”等语。

中国古代的天地祭祀，经历了天地分祭、天地合祭反复无定的过程。先秦时期，天地分祭。两汉时期，确立了南郊祭天、北郊祭地的制度。到唐代，虽规定天地分祭，但皇帝亲祀南郊则合祭。宋初，“因唐旧制，每岁冬至圜丘，正月上辛祈谷，孟夏雩祀，季秋大享，凡四祭昊天上帝。亲祀则并皇地祇位”[2]。辽、金虽是少数民族建立的政权，但其效仿并承袭了中原王朝的国家祭仪，规定冬至南郊合祭天地，《金史》载：“常以冬至日合祀昊天上帝、皇地祇于圜丘，夏至日祭皇地祇于方丘。”[3]说明金朝在冬至祭天的同时，实行天地合祭，这种制度正是延续了唐宋时期皇帝亲祀则并祭天地的传统。

明代初建北京城，只设南郊坛，合祭天地。到了明代嘉靖九年(1530)，增建南郊寰丘、北郊方泽两坛，又确立了天地分祭之制。明末以女真为主的满族崛起，其文化习俗多承袭辽金旧俗，并受蒙古文化的影响，信仰萨满教，祭祀天地之礼非常频繁。凡出征、凯旋、盟誓、节庆等，都要举行告祭天地大礼，而且实行的是天地合祭之制。如天命四年努尔哈赤与胯儿胯部五卫王等会盟，“设酒肉血骨土各一碗，对天地誓曰：蒙皇天后土，祐我二国同心……”[4]，反映了北方民

---

① 关嘉录、佟永功、关照宏：《天聪九年档》，天津：天津古籍出版社，1987年，第149页。

② (宋)马端临：《文献通考》卷七一《郊社考四》，北京：中华书局，2011年，第2187页。

③ (元)脱脱等：《金史》卷二八，北京：中华书局，1975年，第693页。

④ 《清太祖武皇帝实录》卷三，潘哲等编：《清入关前史料选辑》第一辑，北京：中国人民大学出版社，1984年，第359页。

族的天地合祭之俗。到了天聪十年(1636),后金仿效中原王朝的坛庙制度,在盛京修建了天坛、太庙等。崇德元年四月皇太极称帝,十一月冬至祭天,当年皇太极两次到天坛告祭天地,实行的都是天地合祭的传统,其祝文曰:“大清国皇帝臣皇太极敢昭告于皇天后土……”说明皇太极在祭天的同时,也并祭皇地祇。

总之,清初的天地并祭,反映了自辽金以来,中国北方民族的信仰习俗与中原传统礼仪文化在历史上不断地交流融合,传承发展,形成一种复合型的文化形态。

## (二)祭祀地点

清初满族祭祀天地的活动大致分两种情况,一种是固定日期、固定地点的告祭,一种是临时因事而祭,地点不固定。

固定祭祀的地点主要在堂子。堂子本是女真各部族的萨满教祭神场所,并立神杆祭天。《清史稿》载:“清初起自辽沈,有设杆祭天礼。又于静室总祀社稷诸神祇,名曰堂子。”[①]

元旦祭天是清初固定的告祭祈祷活动,每年例行在堂子举行,由统治者亲自率领大臣谒拜,典礼隆重。史载:“太祖高皇帝建国之初,有谒拜堂子之礼。凡每岁元旦及月朔,国有大事,则为祈为报,皆恭诣堂子行礼。”[②]

堂子虽是清初满族祭天的固定场所,但是随着后金的崛起和迁都,堂子也随之迁移到新的都城。早在努尔哈赤起兵之初,即在其活动中心佛阿拉山城建立堂子祭天,定都赫图阿拉后,又在东门外东南隅建立堂子,为礼天之所。天命六年(1621),后金迁都辽阳,随即在辽阳设有堂子祭祀。史载天命七年(1622)正月朔日,“汗率八旗的诸贝勒、诸大臣出城,到堂子和庙里叩头”[③]。天命十年(1625),后金又把都城迁到沈阳,并在沈阳城东抚近门外修建了堂子。同时,明令禁止其他人再建堂子,使得爱新觉罗氏堂子成为都城唯一的堂子,并成为皇权的象征。

除了固定的堂子祭天之外,遇征战、盟誓等重大事件祭祀天地时,其祭祀地点并不固定。一般在征战之前和凯旋之后,要到都城外的堂子进行祭告。而在征战途中,或结盟过程中,一般就在当地筑坛祭祀。如天聪元年(1627)皇太极遣兵三万征伐朝鲜,攻克平壤等城,朝鲜王李倧逃往江华岛,遣使求和,双方达

---

① 赵尔巽等:《清史稿》,北京:中华书局,1976年,第2553页。

② (清)乾隆官修:《清朝文献通考》卷九九,杭州:浙江古籍出版社,2000年,第5719页。

③ 辽宁大学历史系:《重译〈满文老档〉》第2分册,辽阳:辽宁大学历史系,1979年,第88页。

成和议，歃血为盟，誓告天地，史称江都之盟。朝鲜史书载："三月初三日，命宰臣与奴讲盟，筑坛于江都西门外，夜半会于坛上，刑白马杀黑牛，祭天约誓。"①

## （三）祭祀时间

清初满族祭祀天地的活动比较频繁，每年举行多次。从祭祀日期上看：既有固定日期的例行祭祀，如元旦、冬至、即位等重要节庆；也有临时因事而祭，日期不固定，如盟誓、凯旋等重大活动时。

从祭祀时间上看，因祭祀事项的不同而出现不同的情况。如出征祭告堂子，多在早晨或上午；凯旋祭拜天地，随凯旋回城的时间而定，上午、下午均可。其中比较特别的是，元旦诣堂子祭天以及盟誓告祭天地的仪式，一般在凌晨或夜半举行，反映了满族萨满祭祀的原始习俗。

元旦祭天多在凌晨进行。《天聪九年档》载："天聪九年乙亥正月朔壬子日寅刻，汗率诸贝勒大臣诣堂子。"②所谓"寅刻"，是在凌晨三点到五点。又如《满文老档》载，天命九年正月"元旦卯时，汗往祭堂子"③。又载，天聪元年正月初一日"黎明，天聪汗率众贝勒大臣，诣堂子拜天，即行三跪九叩头礼"④。无论是"寅刻""卯时"还是"黎明"，都是天色未亮之时，说明清初的堂子祭祀是在凌晨举行。这种天色未明即举行祭祀活动的传统，大概是满族萨满教的旧俗。

另外，盟誓天地的仪式亦多在夜半举行。如天聪元年（1627）后金与朝鲜的江都之盟，就是在半夜举行。《满文老档》载："三月初三日夜，丑刻，朝鲜王李倧焚书盟誓。寅刻，朝鲜阁老、常书等官八大臣，亦焚书盟誓。盟誓时，刑白马乌牛，焚香，设酒、肉、骨、血、土各一碗，乃昭告天地，满洲誓书一，朝鲜誓书一，一并读毕焚之。"⑤"丑刻"为半夜一点至三点，"寅刻"为夜里三点至五点，两国会盟选择在夜半举行，并且刑白马乌牛，昭告天地，应该也是满族旧俗。

## （四）祭祀仪式

清初满洲贵族盛行祭拜天地的活动，但其祭拜天地的礼仪，根据所祈事项

---

① 潘哲等编：《清入关前史料选辑》第一辑，北京：中国人民大学出版社，1984年，第449页。

② 关嘉录、佟永功、关照宏：《天聪九年档》，天津：天津古籍出版社，1987年，第1页。

③ 中国第一历史档案馆、中国社会科学院历史研究所译注：《满文老档》，北京：中华书局，1990年，第570页。

④ 中国第一历史档案馆、中国社会科学院历史研究所译注：《满文老档》，北京：中华书局，1990年，第805页。

⑤ 中国第一历史档案馆、中国社会科学院历史研究所译注：《满文老档·天聪元年四月》，北京：中华书局，1990年，第835页。

的不同，却有很大的差别。如堂子祭拜的礼仪，以礼乐仪仗为主；而盟誓告祭的仪式，则是刑牲结盟，读誓焚书。

堂子祭拜的仪式一般有叩头、祷告、焚香、烧纸钱、竖旗奏乐等。如天聪五年(1631)九月，后金与明兵的大凌河之战大捷，“竖纛鸣螺，汗率诸贝勒及领兵大臣拜天，行三跪九叩头礼”①，又如天聪八年(1634)五月皇太极出征明朝，“天聪汗亲率大贝勒……于卯刻，出盛京城东抚近门至堂子，列八纛，吹磁螺、喇叭、唢呐，拜天毕，大军西行”②。说明其时堂子祭拜的仪式有简单的仪仗和鼓乐，但仍然是满民族原生的文化形态。

到了崇德年间，祭祀仪式已渐受儒家文化的影响，有意识地模仿明制，形成了一套比较复杂的固定的祭祀程序和规范化的礼乐制度。据《满文老档》的多条记载，崇德年间皇太极在征战前祭告天地的礼仪程序大致如下：(1)列“大驾卤簿”至堂子，吹喇叭、唢呐、海螺等乐器；(2)诣堂子，行三跪九叩头礼；(3)至堂子外，竖八纛，吹海螺、喇叭、唢呐及喇嘛号等，拜天，行三跪九叩头礼或一跪三叩头礼；(4)鸣炮启行。由此可见，崇德年间的祭祀典礼已十分隆重，具有完备的礼乐器，形成固定的祭祀程序，反映了这一时期的祭祀仪式已渐受儒家文化的影响。

盟誓天地的仪式一般采取的是刑白马祭天、刑乌牛祭地的传统，比较典型地反映了满族原始信仰的特色。清初满洲贵族特别盛行拜天盟誓，无论是在宗族内部，还是与其他国家之间，都流行结盟发誓以解决矛盾。刑白马乌牛以祭天地是一种高级别的祭祀活动，也是北方民族共有的信仰习俗，诸如满族先祖女真人及契丹、蒙古诸民族都流行这种信仰习俗。

早在辽代，刑白马乌牛以祭天地的习俗就已形成。传说契丹的祖先是骑着白马的神人与驾着青牛的天女。“相传有神人乘白马，自马盂山浮土河而东，有天女驾青牛车由平地松林泛潢河而下。至木叶山，二水合流，相遇为配偶，生八子。其后族属渐盛，分为八部。每行军及春秋时祭，必用青牛白马，示不忘本云。”③辽代历代帝王均承此俗，用白马青牛，或青马赤牛祭祀天地。如天赞四年(925)“闰月壬辰，祠木叶山。壬寅，以青牛白马祭天地于乌山”④。刑白马乌牛主要用于祭拜天地、祖先，或战争胜利时，以祈求和感谢天地的佑助。亦有在结

---

① 中国第一历史档案馆、中国社会科学院历史研究所译注：《满文老档·天聪五年九月》，北京：中华书局，1990年，第1155页。

② 中国第一历史档案馆编：《清初内国史院满文档案译编》，北京：光明日报出版社，1989年，第83页。

③ (元)脱脱等：《辽史》卷三七，北京：中华书局，1974年，第445—446页。

④ (元)脱脱等：《辽史》卷二，北京：中华书局，1974年，第23页。

盟时启用，这时主要是请天地作为证盟人和监督者。

蒙古族亦有刑牛马以盟誓的习俗。据载，其他诸蒙古部落欲联合对抗铁木真，乃聚而盟誓，刑一马、一牛、一羊、一狗、一山羊，对天地盟誓。①

明末清初，这种刑白马乌牛以祭天地的传统仍在延续，尤其在满族和蒙古族的上层盛行，故清初史料中记载了大量这类盟誓的案例。如《满文老档》记载，天命四年后金与喀尔喀五部相盟和好，缮写誓书曰："我二国既蒙天地眷佑，愿相盟好，同谋共处。故我二国对天地誓之。……刑白马、乌牛，置设酒一碗、肉一碗、土一碗、血一碗、骨一碗，以诚信之言誓告天地。"②

白马乌牛盟的仪式程序主要有：杀白马、乌牛；焚香；设酒、肉、骨、血、土各一碗；向天地读誓书，读毕焚之。这种仪式简单原始，反映了满族等北方民族共同的萨满信仰"盟誓神判"，含义丰富，包含了对天、白马、乌牛、血液的崇拜。白马乌牛作为最高级别的祭品，是献给天地的礼物。因为天为阳，为光明，刑白马是取其色以象征天；地为阴，为黑暗，刑乌牛是象征地。酒和肉是献神的贡品，骨、血、土是对违约的警告，如果一方违背誓言，则"遭天谴责，不得长寿，像这碗血一样流血而死，被埋于地下；像这碗枯骨一样，其骨散败"③。这些誓言都写在誓书上，对天地宣读后焚烧。天地作为盟誓的见证者和公正的裁判，得到北方民族的共同信奉和敬畏，并通过这种血腥的仪式和恶毒的誓言，使得盟誓具有了神圣不可侵犯性以及震慑双方的作用。

总之，清初满族贵族祭祀天地的仪式，既有奏乐仪仗式的叩拜，也有刑白马乌牛的盟誓，反映了满族对北方诸民族原始宗教文化的承袭，体现了满族贵族对天地的无上崇拜。

（原载《世界宗教文化》2018 年第 3 期）

① 参见[瑞典]多桑：《多桑蒙古史》，北京：中华书局，1962 年，第 45 页。

② 中国第一历史档案馆、中国社会科学院历史研究所译注：《满文老档・天命四年十一月》，北京：中华书局，1990 年，第 121—122 页。

③ 李保文：《17 世纪蒙古文书档案（1600—1650）》上卷，通辽：内蒙古少年儿童出版社，1997 年，第 39 页，转引自苏日娜：《简析"白马乌牛"盟的刑牲意义》，《赤峰学报学报》2015 年第 12 期。

# 论汉代的汾阴后土祭祀

姚媛媛

后土祭祀文化是中国祭祀体系中的重要组成部分。土地是农业根本，可滋长万物，有父天母地之称。古代社会为求五谷，统治者及民众会定期祭祀大地，由此形成后土祭祀文化。汉代在前朝基础上，完善了祭祀体系，"天地以下，群臣所祭凡一千五百四十"[①]，而汾阴后土祭祀则是"三大祠"之一，并成为后土祭祀的源流。

有关汾阴后土的研究，学者从考古角度首先取得突破。1930 年卫聚贤、董光忠等人在汾阴考察新石器时代遗址[②]，在此发现了汉汾阴后土祠遗址。二人确定汉武帝到达的介山是万泉介山，而非介休介山，并认为汉汾阴后土祠就是后来的介子推祠，在旧万泉县东南的阎子疙瘩。李零等人的《汾阴后土祠的调查研究》[③]认为，卫聚贤等人在旧万泉县东南的阎子疙瘩发掘的是汉武帝祭祀汾阴时临时歇脚的行宫，即介山宫，通过实地考察，明确了汾阴后土祠的历史价值和考古价值，整个过程实地考察与文献分析相结合，第一次较为完整地分析了汾阴后土的渊源概况，价值颇高。除以上两次实地考察外，近年对于汾阴后土的研究也卓有成效。王世仁在《记后土祠庙貌碑》[④]中，参考以往史料，对金代后土祠庙貌碑做了全方位论证，为研究汾阴后土奠定了重要基础。陆峰波《历代皇帝祀汾阴后土考》[⑤]则主要考证了历代皇帝祀汾阴后土的时间及次数，但结果

① （清）孙星衍等辑，周天游点校：《汉官六种》，北京：中华书局，1990 年，第 97 页。

② 卫聚贤：《汉汾阴后土祠遗址的发现——附发掘计划》，《东方杂志》第 26 卷第 19 期，1929 年。

③ 李零、唐晓峰：《汾阴后土祠的调查研究》，《九州》第四辑，北京：商务印书馆，2007 年，第 1—107 页。

④ 王世仁：《记后土祠庙貌碑》，《考古》1963 年第 5 期。

⑤ 陆峰波：《历代皇帝祀汾阴后土考》，《史志学刊》2015 年第 1 期。

与李零等人的研究有些许出入。李玉洁在《汾阴后土祠神灵形象演变探析》[①]中论述了后土内涵，提出后土的女性身份，并被世人所认可。向晋卫、穆葳在《秦汉时期的后土崇拜——兼论汾阴后土祠的建置背景》[②]中对秦汉时期汾阴后土祠的创建做了分析，限于篇幅，并未对汉代的汾阴后土祭祀做全面论述。后世汾阴后土祭祀的几度繁荣都是在汉代祭祀的基础上完成的，因此有必要对汉代的后土祭祀文化做全面论述，前人的研究成果为此奠定了重要基础。

## 一、汾阴后土祭祀的产生

汾阴后土文化渊源甚广。"后土载在祀典，肇自轩辕扫地而祭，其来古矣"[③]，黄帝轩辕氏最早在此扫地为坛，开创祀后土先河。现今虽汾阴后土祠有黄帝扫地坛，但为后世附会所见，尚无考古资料辅证。此后后土形象历经了多次变化，终于形成了女性身份，也就奠定了父天母地思想的基础。春秋战国以来，礼崩乐坏，列国在依靠自身实力获取霸权的同时，也需要宣示自身的正统性。国家大事，在祀与戎，周以来的祭祀传统被各国所看重，因此天地、祖先及山河湖海等祭祀文化在此时期得到进一步传播发展。秦以来，祭天"畤"文化兴起。西汉建立后，雍五畤、甘泉泰(太)畤祭天文化不断完善的同时，后土祭地文化也逐渐兴起，其产生与宝鼎文化密切相关。

汉初在汾阴设立后土庙主要为了"祠周鼎"。汉文帝时期，新垣平对文帝言："周鼎亡在泗水中，今河溢通泗，臣望东北汾阴直有金宝气，意周鼎其出乎？兆见不迎则不至。"[④]相传禹铸九鼎定天下，接下来的夏商周朝继承了九鼎，也就代表着正统，但周被灭后，鼎也不见踪迹。战国之际传言，代表正统的周鼎落入泗水中，秦始皇当年就命人捞鼎，结果不获。新垣平向汉文帝进言，泗水当中的周鼎逆流而上，可能出现在黄河中游的汾阴，此论明显是骗术[⑤]，但文帝却深信不疑。"于是上使使治庙汾阴南，临河，欲祠出周鼎"[⑥]。但后来新垣平因事被诛，此庙便成普通民祠。

---

① 李玉洁：《汾阴后土祠神灵形象演变探析》，《山西大学学报》(哲学社会科学版)2015 年第 4 期。

② 向晋卫、穆葳：《秦汉时期的后土崇拜——兼论汾阴后土祠的建置背景》，《南都学坛》2015 年第 1 期。

③ (清)马鉴等修，寻銮炜纂：《荣河县志》，影印清光绪七年刊本，台北：成文出版社，1976 年，第 569 页。

④ (汉)司马迁：《史记》，北京：中华书局，1959 年，第 1383 页。

⑤ 王子今：《千秋太史公——司马迁的史学与人类学》，太原：书海出版社，2018 年，第 632 页。

⑥ (汉)司马迁：《史记》，北京：中华书局，1959 年，第 1383 页。

汾阴后土正式成为祭地之所，始于汉武帝。元鼎元年（前116），“得鼎汾水上”[①]，史家推测应为纪念此“祥瑞”，汉武帝遂改元为“元鼎”，宝鼎对于汉武帝的意义不言而喻。元鼎四年（前113）冬，汉武帝在雍祭祀时，大臣议论道：“今上帝朕亲郊，而后土毋祀，则礼不答也。”[②]当时强调阴阳有序、天地对应，天被冠以父性，地也因滋生万物的属性，被冠以母性。汉武帝完成雍五畤祭天，但拥有母性人格的后土却尚未祭祀，因此大臣认为礼制不对应。当时的太史公、祠官宽舒等人依古制，提出了系列礼仪：“天地牲角茧栗。今陛下亲祀后土，后土宜于泽中圜丘为五坛，坛一黄犊太牢具，已祠尽瘗，而从祠衣上黄。”[③]此论初步形成了后土祭祀规制。当时“汾阴男子公孙滂洋等见汾旁有光如绛”[④]，汉武帝认为乃祥瑞，故“始立后土祠汾阴脽上，如宽舒等议。上亲望拜，如上帝礼”[⑤]。至此，汉武帝在汾阴脽上正式设立后土祠亲祀后土，礼制如同祭天，规格甚高。

宝鼎的再次出现，进一步强化了汾阴后土祭祀文化。元鼎四年（前113）六月，“汾阴巫锦为民祠魏脽后土营旁，见地如钩状，掊视得鼎。鼎大异于众鼎，文镂无款识，怪之，言吏。吏告河东太守胜，胜以闻。天子使使验问巫得鼎无奸诈，乃以礼祠，迎鼎至甘泉”[⑥]。汉武帝为保稳妥，遂咨询年老博学之人，并派人查验，此举正是渴望得到确定无疑的答复。使臣查验后，“鼎大八尺一寸，高三尺六寸，殊异于众鼎”[⑦]，得出了汾阴所出为宝鼎的结论。这次出鼎事件，奠定了汉代帝王崇尚后土祭祀的基调。

汉代汾阴后土祭祀能够产生，是各种因素综合作用的结果。从地理位置看，汾阴当时属于河东郡（今山西万荣一带），属于司隶校尉管辖范围，且距长安较近，水陆交通便利，方便帝王祭祀巡游。从地形看，此地地处汾河和黄河的交汇处。因泥沙冲击，遂形成河中凸地，被称为“脽上”。而“夏日至礼地祇于泽中之方丘”[⑧]，泽中方丘的地形，是祭祀地祇的绝佳场所。而汾阴“地形诡异，神道依凭，中断洪流，揭成高阜。俯联修壤，崛起而崔嵬；下望平皋，斗绝而盘郁”[⑨]，

---

① （汉）班固：《汉书》，北京：中华书局，1962年，第182页。

② （汉）司马迁：《史记》，北京：中华书局，1959年，第461页。

③ （汉）司马迁：《史记》，北京：中华书局，1959年，第461页。

④ （汉）班固：《汉书》，北京：中华书局，1962年，第1222页。

⑤ （汉）司马迁：《史记》，北京：中华书局，1959年，第461页。

⑥ （汉）司马迁：《史记》，北京：中华书局，1959年，第1392页。

⑦ （汉）班固：《汉书》，北京：中华书局，1962年，第1251页。

⑧ （唐）杜佑：《通典》，北京：中华书局，1992年，第1255页。

⑨ （清）马鉴等修，寻銮炜纂：《荣河县志》，影印清光绪七年刊本，台北：成文出版社，1976年，第549页。

此地地势较高，曲折陡峭，神秘壮观，正符合祭祀所需要的环境氛围。宝鼎的出现为此地带来了诸多“祥瑞”，其特殊意义，前人已有研究[①]，不再赘述。河东郡汾阴县有着优越的地理位置和历史文化传统，在特定的历史条件下、在各种因素综合作用下，汉武帝开创了帝王汾阴后土祭祀的传统，汾阴后土祭祀迎来了发展的上升期。

## 二、汉代帝王祀汾阴后土概述

据考证，历史上曾有 8 位帝王 19 次亲至汾阴祭祀后土[②]，而汉代则有 5 位帝王 15 次亲至河东祀后土。汉代帝王祀汾阴后土情况参见下表[③]。

**表 3-2 汉代帝王祀汾阴后土表**

| 帝王 | 时间 | 原因 | 事件 | 史料来源 |
| --- | --- | --- | --- | --- |
| 汉武帝 | 元鼎四年(前 113) | 官员协议而成 | 始立后土祠，规制为五坛，坛一黄犊，用高帝作配 | 《汉书》卷六《武帝纪》，第 183 页。《通志》卷四二《礼略一》，第 618 页 |
| | 元封四年(前 107)三月 | 例行 | 免租、赦罪 | 《汉书》卷六《武帝纪》，第 195 页 |
| | 元封六年(前 105)三月 | 例行 | 赐物、赦死 | 《汉书》卷六《武帝纪》，第 198 页 |
| | 太初二年(前 103)三月 | 例行 | 天下大酺五日 | 《汉书》卷六《武帝纪》，第 200 页 |
| | 天汉元年(前 100)三月 | 例行 | 不详 | 《汉书》卷六《武帝纪》，第 202 页 |

① 王子今：《千秋太史公——司马迁的史学与人类学》，太原：书海出版社，2018 年，第 632 页。
② 陆峰波：《历代皇帝祀汾阴后土考》，《史志学刊》2015 年第 1 期。
③ 姚媛媛：《宋真宗西祀汾阴研究》，西北大学硕士学位论文，2017 年，第 13—14 页。

续表

| 帝王 | 时间 | 原因 | 事件 | 史料来源 |
| --- | --- | --- | --- | --- |
| 汉宣帝 | 神爵元年(前61)三月 | 例行 | 祈福 | 《汉书》卷二五《郊祀志》,第1249页 |
| | 五凤三年(前55) | 例行 | 赦天下 | 《汉书》卷二五《郊祀志》,第1252页 |
| 汉元帝 | 初元四年(前45)三月 | 例行 | 大赦、赐民爵、免租赋 | 《汉书》卷九《元帝纪》,第285页 |
| | 永光五年(前39)三月 | 例行 | 不详 | 《汉书》卷九《元帝纪》,第293页 |
| | 建昭二年(前37) | 例行 | 不详 | 《汉书》卷九《元帝纪》,第294页 |
| 汉成帝 | 永始四年(前13)三月 | 例行 | 赐吏民爵、免租 | 《汉书》卷一〇《成帝纪》,第324页 |
| | 元延二年(前11)三月 | 例行 | 不详 | 《汉书》卷一〇《成帝纪》,第326页 |
| | 元延四年(前9)三月 | 例行 | 不详 | 《汉书》卷一〇《成帝纪》,第327页 |
| | 绥和二年(前7)三月 | 例行 | 不详 | 《汉书》卷一〇《成帝纪》,第329页 |
| 光武帝 | 建武十八年(42) | 幸蒲坂,具体原因不详 | 不详 | 《后汉书》卷一《光武帝纪》,第69页 |

自汉武帝祀汾阴后土始,汉宣帝、汉元帝、汉成帝、汉光武帝又多次到河东祭祀汾阴后土。据上表,汉朝帝王祭祀汾阴后土活动特点如下:地理位置上,汉朝的政治中心长安、洛阳,都与汾阴相近,方便帝王祭祀。祭祀目的上,“朕以眇

身托于王侯之上，德未能绥民，民或饥寒，故巡祭后土以祈丰年”[①]，农乃立国之本，主要为百姓祈求五谷丰盛，此举正符合了当时社会现实，也从侧面反映了后土为土地之神的属性。祭祀时间上，汉武帝作为首位亲祀汾阴后土的皇帝，开辟了三年一祀的惯例，时间基本固定。祭祀路线上，基本都是东向北上，但具体路线见缺。虽如此也可从只言片语中窥探一二，“簸丘跳峦，涌渭跃泾”[②]，说明去汾阴可能从长安出发跨越渭河、泾河，一路颠簸，可见祭祀之路的坎坷。另外，“汾阴则渡大川，有风波舟楫之危”[③]，汉代曾在黄河边设汾阴渡，说明当年帝王很可能在跨越泾渭后向东北方向行进，过黄河而到汾阴。祭祀礼仪上，史载以“黄琮礼地”。汉代帝王祀汾阴后土是在泽中方丘，祭品比较单一，如黄犊、太牢，服制尚黄等，资料见缺。汉代的汾阴后土祭祀逐渐走向正规化、系统化、常态化，表明祭祀后土已成为国家礼制的重要组成部分。

汉代祠祭众多，但困于现实，废除淫祀的呼声日渐高涨。帝王离京前往各地祭祀，虽显诚心，但路途遥远，安全指数低，且西汉中后期祭祀花费已成重大负担，国力不支。汉元帝时，朝臣就对此有过讨论，准备废止不必要的祭祀活动。礼制的实际调整始于汉成帝。汉成帝接受匡衡的建议，把雍五畤和汾阴后土等祭祀活动迁到长安一同祭祀，以此减免开支。但后来匡衡坐事被免，“众庶多言不当变动祭祀者”[④]，众人认为匡衡之所以如此，就是因其谏言废弃地方祭祀，加上成帝无子，太后终下令，恢复雍五畤、汾阴后土等。之后汉成帝多次到汾阴后土祈福，但都未达到理想效果，因此地方祭祀渐遭冷遇。王莽时期，礼制得以最终定型。诸多地方祭典被迁到京师附近，从此确定南郊祭天、北郊祭地，并被后世沿袭。

总之，汉代帝王祀后土已形成基本规制，且因时发展，最终演化为北郊祭地，深刻影响了后世礼制及政局发展。

## 三、对汉代帝王祀汾阴后土的认识

自汉文帝在汾阴设庙祠鼎，至汉武帝真正设祠祭祀，到最后北郊祭地的确立，这一过程是皇权与神权相互利用、共同博弈的结果。汉代皇权较后世稍弱，为巩固专制皇权、加强精神领域的绝对控制，统治者多管齐下，祭祀为主要内

---

① (汉)班固:《汉书》，北京：中华书局，1962 年，第 185 页。
② (汉)班固:《汉书》，北京：中华书局，1962 年，第 3536 页。
③ (汉)班固:《汉书》，北京：中华书局，1962 年，第 1254 页。
④ (汉)班固:《汉书》，北京：中华书局，1962 年，第 1258 页。

容,特别是汾阴后土祭祀的出现。汉代统治者费尽心力地打造祭祀文化,其目的与现实统治密切相关。

从后土宝鼎文化看,后土文化与宝鼎相联系,是汾阴后土存在的特殊之处。后土大地之神的属性,寄寓着百姓祈望丰年的殷切希望,人人皆可祭祀。而汉王朝的最高统治者将人神交流的渠道所垄断,规定了只有皇帝才能代表民众对话后土,将后土祭祀权紧握囊中,也就是普天之下莫非王土之意,此举是将后土人格化,更将自己神格化。汉文帝在汾阴南临河设庙的意图是祠周鼎,汉武帝时期宝鼎出现,众人一致认为,“陛下得周鼎”[①]。此说即是附会汉王朝继承周朝遗产、本为正统的理念。“惟受命而帝者心知其意而合德焉”[②],宝鼎的确切年代不易断定,来源更无法确认,在当时社会环境下,时人将此鼎附会为受命而王的象征。但也有人提出异议:“天祚有德而宝鼎自出,此天之所以与汉,乃汉宝,非周宝也。”[③]吾丘寿王认为,本朝顺应天命,这是上天给予大汉的馈赠,因此应为汉宝,此论赢得了汉武帝的大加赞赏。吾丘寿王言明鼎为“上天报应”,其实就是从天人感应角度作出的有利于汉王朝的言论。这两种理解虽异,但无一例外都有着为统治阶层服务的目的,群臣乃至汉武帝都知晓其政治意义,也就心照不宣地将鼎秘密供奉在甘泉宫,此举是借“祥瑞”事件强化正统性的举动。唐朝也有宝鼎出现,也掀起过新一轮的祭祀高潮。官方借自身优势垄断了解释权,强化自身与上古先贤的联系,可以说如出一辙。

从礼制系统看,汉代继承秦代的雍畤祭天传统,并在此基础上增加北畤祭祀黑帝,由此形成雍五畤祭祀,后演化为甘泉太畤,又在因缘巧合下进行了后土祭祀。除此之外,在长安还形成了一系列的宗庙祭祀文化。这样西方的甘泉祭天、中央的长安祭祖、东方的汾阴祭地形成了一条完整祭祀线路,横跨了汉王朝的中间疆域,标志着汉王朝祭祀系统的正式形成。自此以后,汉代帝王都予以谨守,特别是汉光武帝即位后恢复西汉祭祀礼制的举动,就是表明自身奉行刘姓祖制,乃为正统。这一方面是汉代尊崇祖制孝文化的微观反映,另一方面则是贯彻汉王朝统治理念的重要方式,汉成帝在罢黜多项祭祀活动后遇到了“异事”,刘向回答说“及汉宗庙之礼,不得擅议,皆祖宗之君与贤臣所共定”[④],可见西汉王朝的礼制是不可轻易撼动的。

从实际影响看,后土祭祀与其他祭祀形式都为帝王的统治工具。“上方郊

---

① (汉)班固:《汉书》,北京:中华书局,1962年,第2797页。
② (汉)司马迁:《史记》,北京:中华书局,1959年,第465页。
③ (汉)班固:《汉书》,北京:中华书局,1962年,第2798页。
④ (汉)班固:《汉书》,北京:中华书局,1962年,第1258页。

祠甘泉泰畤、汾阴后土，以求继嗣”[①]，汉成帝已废甘泉泰畤、汾阴后土等地方祭祀，将其迁到京师附近统一祭祀，但之后其却出现常年无嗣的“凶兆”，由此引发众人恐慌。受当时社会风俗的影响，为避免更多“不祥事件”的发生，汉成帝随即便恢复了地方祭祀系统，此举明显是有求于后土神灵。但时人对此也有异议，扬雄在《河东赋》中用绚丽的辞藻描述了汉成帝祀后土的盛况，其实是劝谏汉成帝“临川羡鱼不如归而结罔”[②]，表面看是当时国力难以支撑浩大费用，实则帝王沉迷于各种“祈求神灵”事务中，忽略了现实统治。汉武帝时期意气风发、昂扬向上的精神面貌在此阶段已不复存在，安于享乐、铺张浪费严重。扬雄等有识之士意识到，如果统治者再不身体力行、力挽狂澜，汉王朝的统治基础可能会受到挑战。巡幸地方早已变为统治者荒靡政治的重要内容，相关人员很快以变革礼制为契机，借此挽救王朝危机。

汾阴后土祭祀乃汉代盛事，时人对此有所深思。汉武帝在汾阴祀后土时曾作《秋风辞》，其中“泛楼船兮济汾河，横中流兮扬素波。箫鼓鸣兮发棹歌”[③]，描述了当时汉武帝及群臣在祭祀完后土泛舟汾河水面的盛景，鼓声隆隆、箫声阵阵，进而引发“欢乐极兮哀情多，少壮几时兮奈老何”的感慨。历来学者对《秋风辞》的解释存异，但从汾阴祭祀事件本身出发，尽管后土祭祀场景隆重，汉武帝发出年少欢乐却躲不过衰老哀情的感慨，与以往雄心壮志、意气风发的评价不同，这给后世留下了一个有血有肉、敏感多思的汉武帝形象。作为帝王本欲通过祭祀方式一方面获得天地神灵保佑，另一方面则希望达到某种政治目的，但也知道生老病死、欢乐哀愁的自然规律，折射出其无可奈何的心境。如果说汉武帝的《秋风辞》是对人生对国家前途命运的宏观忧思，扬雄的《河东赋》则是对后土祭祀的微观思考，“齐法服，整灵舆，……奋电鞭，骖雷辎，鸣洪钟，建五旗。羲和司日，颜伦奉舆，风发飙拂，神腾鬼趡。千乘霆乱，万骑屈桥”[④]，扬雄用夸张的词语描绘出了汉成帝祭祀汾阴后土的盛大场景。车舆服制齐备、人员准备充分，一行队伍浩浩荡荡地向东进发，这样豪华的场景必定是建立在充足的人力、物力、财力保障之上。汉元帝初元四年（前 45）祀汾阴曾下诏，“赦汾阴徒”[⑤]，虽未言明具体事由，但推测这些汾阴刑徒应为汾阴祭祀而修建工事之类的相关人员。汉代在进行帝陵等国家项目时，刑徒是主要劳动力，为了顺利完工，刑徒的

---

① (汉)班固:《汉书》，北京：中华书局，1962 年，第 3522 页。

② (汉)班固:《汉书》，北京：中华书局，1962 年，第 3535 页。

③ (宋)郭茂倩编:《乐府诗集》，北京：中华书局，1979 年，第 1180 页。

④ (汉)班固:《汉书》北京：中华书局，1962 年，第 3536 页。

⑤ (汉)班固:《汉书》，北京：中华书局，1962 年，第 285 页。

待遇很是凄惨，汉景帝阳陵陵园中就有刑徒墓地，当时出土有带刑具的刑徒尸骨。后土祭祀虽不及帝陵的营建，但作为国家项目，必定会驱使大量刑徒从事祭祀的准备工作。西汉后期王朝财力匮乏，已难以支撑起外出巡游的庞大支出，但当时却需依靠神灵的力量达到政治目的，时人对此议论纷纷，这也可以看作是西汉后期礼制变革的一个缩影。

汉代汾阴后土故事在后世考古中有所发现。从出土文物看，学者在汉武帝祭祀汾阴后土的行宫遗址旁，发现过长乐未央瓦当、回纹铺地方砖、砖瓦等建筑材料。[①] 这些信息明显指向汉文化，且"长乐未央"内容的瓦当本就是皇家宫殿所用。在汾阴出现此类遗迹，既可说明原先建筑的等级之高，规模之大，也可想象当时汾阴后土祠的宏伟和祭祀场景的盛大。另外，汉代在此出现的宝鼎，在后世仍有出土。结合史料，此地春秋战国时期为魏国汾阴故城，对岸即为芮、梁等诸侯国，说明此地曾存在大规模的诸侯贵族墓葬，梁带村芮国诸侯墓就在汾阴对面。此地又处黄河、汾河交汇处，在河流冲刷下，诸侯陪葬物被冲击在黄河中不断冒出，这种情况实属正常。但因地质变迁，如今尚缺乏强有力的考古资料予以证实，因此只能借助现有资料予以分析。汾阴后土祭祀虽在汉光武帝之后再无兴起，但后来的前秦苻坚、唐玄宗、宋真宗等都在汉代的基础上，发扬光大了汾阴后土祭祀，而且规模和礼制更加健全。汾阴乃至河东郡因皇帝的到来，焕发出新的生机。

因帝王的重视及自身独特的文化意义，汾阴后土祠成为延续至今、唯一存留的汉代祠庙。从这点来说，皇权对后土祭祀的承认与拔高，促进了汾阴后土的辉煌发展。后世随着统治理念的成熟，神祇祭祀已被皇权加以利用和改造，逐渐成为皇权的附庸。但后土信仰并未因从属于皇权而失去了它本身的意义，因时代及科学认知的局限，统治者在无法解决现实困境的条件下，还是会求助于神灵，这使得后土信仰在民众间的认可度不断提升。因此，汉唐以降，民间后土祠庙增多，后期更是遍布基层。汾阴后土祭祀真正始于汉武帝时期，并最终成为官方祭地之所。汾阴后土实现了历代帝王的宏愿，而历代帝王的亲祀，也最大意义上促进了中国古代祠庙祭祀和民间信仰的形成。二者相互作用，充实并丰富了中国古代文明。

（原载《运城学院学报》2020 年第 1 期）

① 参见李零、唐晓峰：《汾阴后土祠的调查研究》，《九州》第四辑，北京：商务印书馆，2007 年，第 8、96 页。

# 汉武帝朝的郊祀改革与汉代祭祀文化取向

张　伟

汉武帝朝的郊祀文化以楚人的祭祀文化为主,杂糅了其他诸侯国的祭祀文化,与周代相传的礼乐制度有显著区别。汉代祭祀文化不以古制为依归,与汉代统治者有意提高楚文化地位的文化取向密不可分。这种文化取向源自汉高祖刘邦。汉高祖妃子唐山夫人所作的《安世房中歌》为宗庙乐,其音为楚音,由此奠定了汉代祭祀文化的基本取向。在两汉400余年的历史中,汉武帝朝是一个具有里程碑意义的时代。汉武帝前期曾经在官制、礼制等多个领域发起改革。这些改革所体现的齐整有序倾向,表明武帝意欲建立垂范后世的"汉家制度"。就礼制改革而言,元鼎四年(前113)的汾阴后土之祀和元鼎五年(前112)的甘泉太一之祀标志着具有汉代特色的郊祀文化的形成。此后,帝王郊祀对此或继承,或改进,或否定,均表明武帝朝在汉代乃至整个中国古代的祭祀文化体系中都居于重要的位置。

## 一、武帝朝郊祀改革的思想基础

郊祀的名称源于祭祀处所。《说文解字》释"郊"曰:"郊,距国百里为郊。"①《汉书·郊祀志》载,汉文帝时有司曰:"古者天子夏亲郊祀上帝于郊,故曰郊。"②郊祀对于确立天子的权威具有至为重要的意义。汉成帝时匡衡《奏徙南北郊》曰:"帝王之事,莫大乎承天之序。承天之序,莫重于郊祀。故圣王尽心极虑,以

① (汉)许慎:《说文解字》,北京:中华书局,2014年,第128页。
② (汉)班固:《汉书》卷二五《郊祀志》,北京:中华书局,2007年,第181页。

建其制。”[①]郊祀的规格是所有祭祀等级中最高的。天子受命于天，只有天子才有郊天的资格。《荀子·礼论》曰：“郊止乎天子，而社止于诸侯，道及士大夫。所以别尊者事尊，卑者事卑，宜大者巨，宜小者小也。”[②]

郊祀源于古老的天人感应观念。葛兆光指出：“不必把这种‘感应’学说看成是一种‘神学唯心主义’，因为在古代中国一直存在着一个十分强大而且久远的传统观念系统，即宇宙与社会、人类同源同构互感，它是几乎所有思想学说及知识技术的一个总体背景与产生土壤。”[③]这种同构互感关系使帝王深信祥瑞乃是其统治获得上天肯定的征兆。这种天人关系理论最早与方士有关。孔子不言怪、力、乱、神。董仲舒以《春秋》学为基础，以阴阳五行为架构，提出“天人之际，合而为一”[④]的口号，建立天人关系系统。然而天人合一思想在董仲舒生前并未流行，汉武帝对祥瑞的兴趣主要与方士对他的成仙蛊惑密不可分。巫鸿指出：“方士字面的意思是‘来自远方的人士’。自东周以来，中国东北沿海地区，特别是围绕渤海湾的燕和齐，成为以驱邪、行医、卜策谋生的专业占卜家、医士和术士活动的中心。但这些人直到武帝时期才成功地渗透到中央朝廷之中。……用杜志豪(Kenneth DeWoskin)的话来说，他们‘最顽强地去处理那些孔子拒绝谈论的事情，即所谓怪、力、乱、神’，他们的影响是‘戏剧性地将非传统的知识和兴趣扩散到了高度集中的、知识化、本质上又十分守旧的朝廷主流人物中’。”[⑤]为郊祀而兴建的甘泉宫和诸多礼仪都是齐地方士的主意。

从《封禅书》的相关记载和《全汉文》所载司马谈《祠后土议》《议立太畤坛》来看，草立郊祀仪礼的不是儒生，而是太史公司马谈和祠官宽舒等。汉武帝朝郊祀和封禅这两大文化盛事中儒生都未得到重用。因此郊祀改革的思想基础并非儒学，而是与统治者密切相关的楚文化以及方士极力推荐的齐文化。从配乐来看，太一之祀的配乐为《九歌》。齐地并不祭祀后土，汉武帝亲自提议将后土单独受祭，明显带有提升楚地祭祀文化地位的政治意图。不过以上举措的实施，并不意味着汉武帝排斥或边缘化其他祭祀文化。

首先，汉武帝保留了郊雍之礼。即位之初，汉武帝即遵循了自秦代以来至

---

① (清)严可均校辑：《全汉文》卷三四，《全上古三代秦汉三国六朝文》第1册，北京：中华书局，2012年，第318页。

② (清)王先谦：《荀子集解》，北京：中华书局，2015年，第413—415页。

③ 葛兆光：《中国思想史》第1卷，上海：复旦大学出版社，2014年，第244—245页。

④ 钟肇鹏主编：《春秋繁露校释》，石家庄：河北人民出版社，2005年，第651页。

⑤ [美]巫鸿：《中国古代艺术与建筑中的“纪念碑性”》，李清泉、郑岩等译，上海：上海人民出版社，2012年，第218—219页。

汉初实行的郊雍之礼。雍(今陕西凤翔)是秦代天子郊祀天地之场所。秦时祭祀上帝乃白、青、黄、赤四方位帝。汉初因秦制,行郊雍之礼。汉高祖以黑帝自居,在秦的四方位帝的基础上增祀黑帝,改为祠五帝,然而仪礼上并无大的变化。[①] 文帝、景帝时祭五帝。从元鼎四年(前113)、元鼎五年(前112)开始,汉武帝实行郊祀改革,将太一与后土提升为祭祀的主神,五帝则成为配享的神灵。不过武帝虽然提升了太一、后土的地位,取代周代的郊祀天地之礼,但并未废弃雍的五畤。郊雍之礼与甘泉、汾阴之祀大致是交替进行,有的年份也在一年内同祭两处。敬奉三畤成为武帝、宣帝时的通例。这表现出武帝在祭祀文化上采取了灵活的策略:一方面,他把以楚文化为主导的新的祭祀文化作为思想统一的新的风向标;另一方面,他包容了秦以前的祭祀文化,通过在不同年份祭祀不同的神灵,灵活地将古制与新制融合在一起,形成了和而不同的祭祀文化氛围。

其次,从祭祀的对象来看,甘泉太一祭祀的对象包括各诸侯国信奉的诸多神灵。"令祠官宽舒等具太一祠坛,祠坛放薄忌太一坛,坛三垓。五帝坛环居其下,各如其方,黄帝西南,除八通鬼道。太一,其所用如雍一畤物,而加醴枣脯之属,杀一狸牛以为俎豆牢具。而五帝独有俎豆醴进。其下四方地,为醊食群神从者及北斗云。已祠,胙余皆燎之……祭日以牛,祭月以羊彘特。"[②]此次祭祀以亳忌太一坛(祭太一、五帝)为基础,增祭日、月、群神从者及北斗(从《郊祀歌》中的《青阳》《朱明》《西皞》《玄冥》来看,还祭四时),当是方士与祠官宽舒等人研究的结果。太一之祀采用了楚人传统的夜祭(楚人喜夜祭)、燎祭形式,同时也包括了各诸侯国所祭祀的神灵。汉武帝朝郊祀的受祭者大部分是地方神,其中有不少是齐地之神。李长之指出:"如所谓八神之属……这就是齐人的宗教体系,秦始皇追求于此,汉武帝也追求于此……从一方面说,这种地方神因秦而有统一于中央之势,因汉而有统一于中央之实……齐、楚文化是一系,都是浪漫精神的代表,那么,汉代在楚文化的胜利之余,又加上齐,真是如虎添翼,自然可以造成浪漫文化的奇观了。"[③]从神灵受祭的方位来看,汉武帝朝郊祀突出了太一神的主体地位,形成了五帝、群神从者及北斗共同受祭、等次有序的祭祀格局。

再次,从祭祀的歌辞来看,秦、楚、赵、代的民歌都在采集之列。刘勰《文心雕龙·乐府》云:"暨武帝崇礼,始立乐府;总赵、代之音,撮齐、楚之气。延年以

---

① "悉召故秦祀官,复置太祝、太宰,如其故仪礼。"[(汉)班固:《汉书》卷二五《郊祀志》,北京:中华书局,2007年,第180页]

② (汉)司马迁:《史记》卷二八《封禅书》,北京:中华书局,2006年,第174页。

③ 李长之:《司马迁之人格与风格　道教徒的诗人李白及其痛苦》,北京:商务印书馆,2013年,第16—17页。

曼声协律,朱、马以骚体制歌。"[①]汉武帝所作的《天马诗》和《西极天马歌》都是骚体。[②] 骚体是《郊祀歌》主要的艺术形式,反映了武帝朝郊祀与楚文化之间的关系。但骚体并非唯一的艺术形式,《郊祀歌》还融合了各地民谣,"乃立乐府,采诗夜诵,有赵、代、秦、楚之讴"[③]。故《隋书·音乐志》曰:"武帝裁音律之响,定郊祀之祭,颇杂讴谣,非全雅什。"[④]汉武帝不用雅乐而采用各地的民谣,不乏与河间献王及外廷官员较劲故意不用雅乐的因素,但也是对古已有之的采诗之风的继承。王者采风能观风俗、知得失、自考正,汉武帝此举也显示了对各诸侯国的友好姿态。

汉武帝选择既不合古制又有诸多不便的甘泉、汾阴进行祭祀,还有更为重要的目的,那就是以祥瑞为依据,创立以楚祭祀文化为主导的祭祀文化,借此树立汉王朝权威。

## 二、郊祀主神的确立与楚文化之关系

汉武帝朝的郊祀改革以元鼎四年(前113)的汾阴后土之祀为开端。在汉武帝之前,后土只是黄帝的辅佐神。《淮南子·天文训》曰:"南方火也,其帝炎帝,其佐朱明,执衡而治夏,其神为荧惑,其兽朱鸟,其音徵,其日丙丁。中央土也,其帝黄帝,其佐后土,执绳而制四方,其神为镇星,其兽黄龙,其音宫,其日戊己。"[⑤]淮南王刘安为汉高祖刘邦之孙,淮南厉王刘长之子,比汉武帝年长20余岁。《淮南子》为刘安集合宾客创作的子书。书中所言后土是黄帝的辅佐神,这说明在汉初人的思想观念中,后土并非是至高无上的地祇。

从《楚辞》来看,后土是楚文化中幽都的统治者。《楚辞·招魂》曰:"魂兮归来!君无下此幽都些。土伯九约,其角觺觺些。敦脄血拇,逐人駓駓些。参目虎首,其身若牛些。此皆甘人,归来!恐自遗灾些!"王逸注:"土伯,后土之侯伯也。"[⑥]据《山海经》,后土是炎帝后裔。炎帝生共工,共工生后土,后土生信,信生夸父。鲁迅认为《山海经》是上古的巫书。古时巫史不分,因而《山海经》也可认

① (南朝梁)刘勰著,詹锳义证:《文心雕龙义证》(上),上海:上海古籍出版社,2013年,第235页。

② 现存《郊祀歌·天马歌》无"兮"字,当是脱落之故。参见逯钦立辑校:《先秦汉魏晋南北朝诗》,北京:中华书局,2017年,第95页。

③ (汉)班固:《汉书》卷二二《礼乐志》,北京:中华书局2007年,第141页。

④ (唐)魏徵等:《隋书》,北京:中华书局,1996年,第286页。

⑤ (汉)刘安等编著,高诱注:《淮南子》,上海:上海古籍出版社,1989年,第28页。

⑥ (宋)洪兴祖补注:《楚辞补注》,南京:凤凰出版社,2007年,第79页。

为是具有神话色彩的上古史。《史记·楚世家》记载楚人的先祖为黄帝[1]，然而，出土文物和《楚辞·九歌》都表明古楚不祭黄帝，楚人祭祀的主要对象是后土和蚩尤。据《周书·尝麦篇》，蚩尤为第二代炎帝。[2] 据《史记·封禅书》，汉高祖起兵时和定天下后都曾祭祀蚩尤。"高祖初起，祷丰枌榆社。徇沛，为沛公，则祠蚩尤，衅鼓旗"[3]。"后四岁，天下已定，诏御史，令丰谨治枌榆社，常以四时春以羊彘祠之。令祝官立蚩尤之祠于长安"[4]。蚩尤曾护佑高祖起兵、称帝，又是楚人之先祖神，故高祖在长安设蚩尤祠。从谱系来看，蚩尤、共公、后土、夸父皆为炎帝子孙。[5] 汉高祖祠蚩尤，汉武帝祠太一、后土，都是祭祀楚文化中的神灵。天是人间秩序合理性的背景，武帝将后土从幽都之神、黄帝之佐提升为可与周人的天、地自然神媲美的土地神，是希望以楚祭祀文化为主体来建构汉帝国的主流祭祀文化，从文化上确立汉王朝统治的合理性。

元鼎四年(前113)，汉武帝于汾阴立后土祠，亲自致祀，"如上帝礼"，将后土直接提升到与雍畤同样的等级。这次祭祀在《史记·封禅书》有明确记载："其明年冬，天子郊雍，议曰：'今上帝朕亲郊，而后土无祀，则礼不答也。'……于是天子遂东，始立后土祠汾阴脽丘，如宽舒等议。上亲望拜，如上帝礼。"[6]汉武帝亲自提出来郊雍而后土无祀，"礼不答也"。他所指的"礼"，正是楚文化祭祀中祭天(太一)、地(后土)之礼。

汉武帝于汾阴祭祀后土，还与后土祠出宝鼎密切相关。元鼎四年(前113)六月，汾阴巫锦为民祠魏脽后土祠，得宝鼎，文镂无款识。《史记·孝武本纪》云："天子曰：'间者河溢，岁数不登，故巡祭后土，祈为百姓育谷。今丰庑未有报，鼎曷为出哉？'"[7]后土是土地神，主管农业丰收。此时是夏天，尚不知是否为丰年，后土祠出鼎，武帝心中有疑，请问耆旧，使验问巫，得鼎无奸诈，乃以礼祠迎鼎至甘泉。

---

① 《离骚》云："帝高阳之苗裔兮，朕皇考曰伯庸。"《史记·楚本纪》曰："楚之先祖出自帝颛顼高阳。高阳者，黄帝之孙，昌意之子也。"[(汉)司马迁：《史记》卷四〇《楚世家》，北京：中华书局，2006年，第257页]

② 《周书·尝麦篇》："赤帝(炎帝)分正二卿，命蚩尤宇于少昊，以临四方。蚩尤乃逐帝，争于涿鹿之间，九隅无疑。"参见袁珂：《中国古代神话》，北京：华夏出版社，2014年，第120页。

③ (汉)司马迁：《史记》卷二八《封禅书》，北京：中华书局，2006年，第168页。

④ (汉)司马迁：《史记》卷二八《封禅书》，北京：中华书局，2006年，第168—169页。

⑤ 袁珂注曰："《山海经·海外北经》毕沅于博父国下注谓夸父国，是夸父非一人而为一部族名……《山海经·大荒北经》：'应龙已杀蚩尤，又杀夸父。'夸父与蚩尤并提，知在黄帝与蚩尤的战争中，夸父必是助蚩尤攻黄帝者。"(袁珂：《中国古代神话》，北京：华夏出版社，2014年，第121页)

⑥ (汉)司马迁：《史记》卷二八《封禅书》，北京：中华书局，2006年，第172页。

⑦ (汉)司马迁：《史记》卷一二《孝武本纪》，北京：中华书局，2006年，第104页。

鼎为国之重器,是皇权的象征。汾阴后土祠出鼎后,群臣皆贺武帝得周鼎,吾丘寿王独曰非周鼎。《汉书》载:

> 武帝闻之,召而问之,曰:"今朕得周鼎,群臣皆以为然,寿王独以为非,何也?有说则可,无说则死。"寿王对曰:"臣安敢无说!臣闻周德始乎后稷,长于公刘,大于大王,成于文武,显于周公,德泽上昭,天下漏泉,无所不通。上天报应,鼎为周出,故名曰周鼎。今汉自高祖继周,亦昭德显行,布恩施惠,六合和同。至于陛下,恢廓祖业,功德愈盛,天瑞并至,珍祥毕见。昔秦始皇亲出鼎于彭城而不能得,天祚有德而宝鼎自出,此天之所以与汉,乃汉宝,非周宝[也]。"上曰:"善。"[1]

吾丘寿王曾从董仲舒受《春秋》。他活用董仲舒的天人关系思想,说汾阴所出之鼎为汉鼎,意思是汉祚承周,上天降鼎于汉,表示汉武帝盛德之隆得到上天的肯定,比硬将无款识的鼎说为周鼎更得到汉武帝的认可。

在楚文化中,后土是幽都之神,也是农神。据《汉书·武帝纪》记载,元鼎二年(前115)三月,大雨雪。夏,大水,关东饿死者以千数。是年秋,江南水灾,汉武帝调集巴蜀之粟至江陵,以赈救饥民。元鼎三年(前114)夏四月,雨雹,关东十余郡国发生饥荒,人相食。汾阴后土祠出宝鼎之后,汉武帝作《宝鼎歌》。该歌诗原本的面目已不可知,经文人润色后的《景星》诗曰:"上天布施后土成,穰穰丰年四时荣。"[2]该诗反映了汉武帝祭祀后土以祈丰年的场景。元鼎五年(前112)诏曰:"朕以眇身托于王侯之上,德未能绥民,民或饥寒,故巡祭后土以祈丰年。"[3]汉武帝巡祭后土乃关心国计民生之举,至唐代仍为人津津乐道。初唐诗人李峤《汾阴行》描写了汉武帝巡行河东祭祀后土,君臣同乐、上下同心的场面。表明汉武帝后土汾阴之祀对凝聚民心、构建汉帝国的祭祀文化、树立汉武帝的形象有积极作用。

元鼎五年(前112),汉武帝在甘泉郊祀太一,标志着汉武帝朝建立了以楚文化中的太一、后土对祭为国家祀典的新的祭祀体系。太一,又称太乙,《楚辞·九歌》称东皇太一,《郊祀歌》称惟泰元尊。这位神灵"经纬天地,作成四时"[4],是天地的开创者。日月星辰、阴阳五行、风雨雷电、人间百姓莫不受其统治。

---

① (汉)班固:《汉书》卷六四《严朱吾丘主父徐严终王贾传》,北京:中华书局,2007年,第638页。

② 逯钦立辑校:《先秦汉魏晋南北朝诗》,北京:中华书局,2013年,第152页。

③ (汉)班固:《汉书》卷二二《礼乐志》,北京:中华书局,2007年,第46页。

④ 逯钦立辑校:《先秦汉魏晋南北朝诗》,北京:中华书局,2013年,第149页。

汉武帝曾听亳人谬忌之言，令太祝立太一祠于长安东南郊。[①] 在王城的东南郊祭祀太一符合礼制规定，但汉武帝此时对于祭祀太一并没有很大兴趣，故未曾亲自致祭。元狩四年(前 119)和元狩五年(前 118)初立甘泉宫时，汉武帝在宫中"为台室"祠祭太一。《史记·孝武本纪》与《史记·封禅书》记载王夫人去世后汉武帝请齐人少翁招其魂魄事，而《汉书·外戚传》则说汉武帝招的是李夫人之亡魂。[②] 元鼎四年(前 113)秋，汉武帝至雍，将行郊雍之礼。此次郊雍之前，有劝其郊祀太一者，武帝疑而未定。[③] 齐人公孙卿以成仙登天劝说汉武帝。汉武帝叹曰："嗟乎！吾诚得如黄帝，吾视妻子如脱屣耳。"[④]古甘泉山是传说中黄帝飞升之处，郊祀而能成仙，这使得汉武帝下定决心在甘泉山进行郊祀。招魂也好，成仙也好，都表明汉武帝最初祭祀太一带有浪漫主义色彩。从流传下来的《郊祀歌》来看，汉武帝在郊祀时也毫不掩饰其求长生的愿望。《天门》云："长生豫，太朱涂广，夷石为堂。"[⑤]《赤蛟》云："托寿命，永未央。"[⑥]《日出入》云："吾知所乐，独乐六龙。六龙之调，使我心若。訾黄其何不徕下。"[⑦]《淮南子·天文训》："至于悲泉，爰止其女。爰息其马，是谓悬车。""逵吉按《太平御览》此四句引作'爰止羲和，爰息之螭，是谓悬车'。"[⑧]六龙为日神羲和的坐骑。訾黄又名乘黄，龙翼而马身，黄帝乘之而成仙。武帝于渥洼水得马，亲御之。然而此马并无龙翼，故生慨叹。

虽然汉武帝最初祭祀太一带有浪漫主义因素，但在设置郊祀典礼时，汉武帝开始有意识地树立权威，创立以楚文化为主导的新的祭祀文化形态。汉武帝于元鼎五年(前 112)十一月冬至祭祀太一，如郊雍礼。自此太一正式成为汉王朝祭祀系统的至高神。太一作为至高神的地位一旦确立，就脱离了汉武帝的个人喜好，承担起护佑神的使命，与国运产生极为密切的关系。"国之大事，在祀与戎"[⑨]。元鼎六年(前 111)夏四月，南越王相吕嘉反，武帝"其秋，为伐南越"，

---

① 《史记·封禅书》云："亳人谬忌奏祠太一方，曰：'天神贵者太一，太一佐曰五帝。古者天子以春秋祭太一东南郊，用太牢，七日，为坛开八通之鬼道。'于是天子令太祝立其祠长安东南郊，常奉祠如忌方。"[(汉)司马迁：《史记》卷二八《封禅书》，北京：中华书局，2006 年，第 171 页]

② 参见(汉)班固：《汉书》卷九七《外戚传·孝武李夫人》，北京：中华书局，2007 年，第 987 页。

③ 《史记·封禅书》云："其秋，上幸雍，且郊。或曰：'五帝，太一之佐也，宜立太一而上亲郊之。'上疑未定。"[(汉)司马迁：《史记》卷二八《封禅书》，北京：中华书局，2006 年，第 173 页]

④ (汉)司马迁：《史记》卷二八《封禅书》，北京：中华书局，2006 年，第 174 页。

⑤ 逯钦立辑校：《先秦汉魏晋南北朝诗》，北京：中华书局，2013 年，第 151 页。

⑥ 逯钦立辑校：《先秦汉魏晋南北朝诗》，北京：中华书局，2013 年，第 154 页。

⑦ 逯钦立辑校：《先秦汉魏晋南北朝诗》，北京：中华书局，2013 年，第 150 页。

⑧ 刘安等编著，高诱注：《淮南子》，上海：上海古籍出版社，1989 年，第 33 页。

⑨ 杨伯峻：《春秋左传注》第 2 册，北京：中华书局，2017 年，第 861 页。

告祷太一。以牡荆画幡日月北斗登龙,以象天一三星,为太一锋,命曰'灵旗'”。[①] 汉武帝此次祭太一是为兵祷,以求平定四夷。太一锋的作用在于祈求太一神保佑汉伐南越旗开得胜。元鼎六年(前111),汉灭南越。太一作为伐南越的护佑神,只有赞飨不足以显示诚意,故汉武帝提议创作与郊祀相配的音乐,《郊祀歌》十九章就是在这样的背景下创作的。

徐兴无认为:“武帝定甘泉太一之祀的用意是相当深远的,这一国家祀典的确立表明汉帝国对秦帝国和文景时代动乱的诸侯王政权乃至周边少数民族政治权威的否定,是对中央政权的再次强调,是武帝朝在政治、军事、文化诸方面达到全盛局面的体现。”[②]这个说法明确了汉武帝甘泉祭祀与中央政权集权之间的关系,但将甘泉祭祀理解为“对秦帝国和文景时代动乱的诸侯王政权乃至周边少数民族政治权威的否定”则略显偏颇。汉武帝将郊祀地点从雍改至甘泉,与其说否定了秦帝国和文景时代动乱的诸侯王政权乃至周边少数民族政治权威,不如说是创立了由太一、后土信仰为主导,融合了各地祭祀文化的新的祭祀文化形态,标志着汉代祭祀文化从承秦制改为汉代新制。

## 三、郊祀礼仪与汉代祭祀的文化取向

汉武帝以太一、后土为主神,五帝为陪神,群神配享的郊祀格局既突出了楚文化在建构国家礼治中的主体作用,同时又吸收和融合其他各诸侯国祭祀文化,符合大一统的时代潮流。汉武帝朝郊祀改革虽然有意摆脱周文化的影响,但有证据表明,它在一定程度上也承袭了周代祭祀文化。

首先是它继承了天地对祭的祭祀体系。汉武帝朝郊祀以太一为天神,以后土为地祇,虽然以人格神替代了自然神,但天地对祭的基本格局是一致的。从《九歌》祭祀的神灵上看,楚人祭祀的天神、地祇都不止一人,这与楚人多神教的观念一致,但汉武帝为了将楚人的祭祀文化与周代的祭祀文化相匹配,采取了折中的策略,以太一、后土为主神,群神陪畤,共同受祭。

其次是它采用了“宫悬”(四面悬钟)的基本格局。汉明帝时改定礼乐,散骑常侍王肃议曰:“王者各以其礼制事天地,今说者据《周官》单文为经国大体,惧其局而不知弘也。汉武帝东巡封禅还,祠太一于甘泉,祭后土于汾阴,皆尽用其乐。言尽用者,为尽用宫悬之乐也。天地之性贵质者,盖谓其器之不文尔,不谓

① (汉)司马迁:《史记》卷二八《封禅书》,北京:中华书局,2006年,第174页。
② 徐兴无:《西汉武、宣两朝的国家祀典与乐府的造作》,《文学遗产》2004年第5期。

庶物当复减之也。礼，天子宫悬，舞八佾。今祀圆丘方泽，宜以天子制，设宫悬之乐，八佾之舞。”①汉明帝朝主要是在武帝朝礼乐制度的基础上进行改良。王肃指出汉武帝郊祀天地使用了宫悬之乐、八佾之舞，这些都是天子独享的雅乐。《仪礼注疏》曰：“天子宫悬，诸侯轩悬，卿大夫判悬，士特悬。”②《安世房中歌》其一曰：“高张四县，乐充宫廷。”③可见汉初的庙乐也沿袭了周代“宫悬”的基本制式。《郊祀歌·惟泰元》“钟鼓竽笙，云舞翔翔”④，说明郊祀太一时采用了以青铜礼乐器为主的钟鼓之乐，同时也有以竽笙为主的管乐。

最后，汉武帝为了笼络人心，在制定郊祀典礼时也在一定程度上吸纳了儒家思想。据董仲舒《郊事封》，他从胶西相的职位上退休后，汉武帝曾命廷尉张汤向他提出六个问题，从郊祀的时间、祭礼的仪式到历史上郊祀的诸多细节，他一一给予了回答。表明汉武帝对郊祀礼持敬谨的态度以及其确有将儒学作为郊祀典礼制定的理论资源的意图。不过，我们不能过分高估儒学在汉武帝郊祀典礼中的分量。汉武帝虽重视儒家思想，但并不用河间献王的雅乐，表明他并无儒生的复古情结。

汉武帝朝的郊祀改革渗透了武帝本人喜好奢华、爱好极致、不拘成规的性格特点，在各个方面都带有想象力飞扬的浪漫主义风格。

首先是祭祀的祠堂极为豪华。为了进行甘泉太一之祀，汉武帝修建了庞大的建筑群。甘泉山位于今陕西省淳化县北，甘泉宫即位于甘泉山上。“坐落在长安西北 60 公里处的甘泉宫发展为一处大型的宗教中心……公元前 112 年，甘泉宫内又增建了一座祭祀泰一的祠坛……但是，这些还只是更大规模土木工程的序幕。根据司马迁的记载，从公元前 109 年开始，汉武帝在甘泉宫‘广诸宫室’。新的建筑包括益寿观、延寿观及通天台。据说该台高过百丈，直上云霄。在此所举行的迎神仪式中有三百名八岁的童男童女跳舞唱歌，该建筑因此也被称为候神台或望仙台。”⑤这些建筑带有奇幻的色彩，班固《西都赋》曰：“骋文成之丕诞，驰五利之所刑。庶松乔之群类，时游从乎斯庭。实列仙之攸馆，非吾人之所宁。”⑥

其次是群神数量极多。李零指出：“‘群神之坛’所祭的‘群神从者’或即亳

---

① （南朝梁）沈约：《宋书》卷一九，北京：中华书局，2013 年，第 537 页。

② （清）阮元校刻：《仪礼注疏》，北京：中华书局，1980 年，第 1014 页。

③ 逯钦立辑校：《先秦汉魏晋南北朝诗》，北京：中华书局，2013 年，第 145 页。

④ 逯钦立辑校：《先秦汉魏晋南北朝诗》，北京：中华书局，2013 年，第 149 页。

⑤ ［美］巫鸿：《中国古代艺术与建筑中的“纪念碑性”》，上海：上海人民出版社，2012 年，第 219 页。

⑥ （南朝梁）萧统编，（唐）李善注：《文选》第 1 册，上海：上海古籍出版社，2014 年，第 18 页。

祭太一坛兼祭的'三一''冥羊''马行'之属。"[①]据《后汉书·祭祀志》载,光武帝建武二年(26)郊祀,祭祀的群神共有1514位[②],这些神灵至少有一部分是与汉武帝朝的祭祀对象重合的。

再次是"尽用其乐"。郊祀歌辞、舞蹈、配乐皆不合古制。《宋书·乐志》云:"汉武帝虽颇造新哥,然不以光扬祖考、崇述正德为先,但多咏祭祀见事及其祥瑞而已,商、周《雅》《颂》之体阙焉。"[③]《郊祀歌》咏祥瑞是武帝的创举。汉武帝之前,郊庙歌的赞颂对象是"君臣男女有功德者"[④]。《文心雕龙·乐府》曰:"《桂华》杂曲,丽而不经;《赤雁》群篇,靡而非典。河间荐雅而罕御,故汲黯致讥于《天马》也。"[⑤]这些"不经""不典"的作品,就是《安世房中歌》和《郊祀歌》。汲黯讥刺汉武帝以《天马诗》配乐"协于宗庙"[⑥],说明《郊祀歌》既是庙乐,也是郊乐。汉高祖时《安世房中歌》未有祖宗之事,但大力标举孝道。汉代《郊祀歌》中则无一字提及祖先、孝道。刘邦作为平民皇帝确实没有显赫的祖宗可叙,但汉武帝作为西汉第七位皇帝,总不会没有祖宗可叙了。

汉武帝郊祀的歌舞也不合古制。按周制,郊祀天地有固定的乐舞。匡衡云:"歌《大吕》,舞《云门》,以俟天神。歌《大簇》,舞《咸池》,以俟地祇。"[⑦]武帝时,河间献王刘德"修学好古",整理古籍,进献雅乐。汉武帝对于刘德广招宾客心生忌惮,遂予以警告。元光五年(前130)春正月,刘德以猜嫌忧愤而死。汉武帝赐其谥号曰"献"。"献"为聪明睿智之意。刘德既死,猜嫌之迹可泯,故死后得以褒崇。汉武帝郊祀故意不用河间献王刘德所献之雅乐而自创新乐,不乏树立天子权威的考量。

汉武帝以前就有乐府,但乐府是归少府所管的机构,主要演奏宫廷乐,表演者为宫女,起愉悦帝王的作用。郊祀则归太乐所管,由太常负责管理,郊祀天地时所使用的都是雅乐,表演者是受过良好训练的贵族子弟。汉武帝立乐府是在秦汉音乐的基础上进行改制。乐府选用民间的女子和童子进行郊祀舞表演,其乐名玉女乐,其词作者为宫廷赋家。玉女为道教中的仙女。汉武帝将郊祀的配

---

① 李零:《"太一"崇拜的考古研究》,《中国方术续考》,北京:中华书局,2014年,第160页。

② (南朝宋)范晔撰,李贤等注:《后汉书·祭祀志》,北京:中华书局,2007年,第937页。

③ (南朝梁)沈约:《宋书》卷一九,北京:中华书局,1996年,第550页。

④ (汉)班固:《汉书》卷二二《礼乐志》,北京:中华书局,2007年,第146页。

⑤ (南朝梁)刘勰著,詹锳义证:《文心雕龙义证》(上),上海:上海古籍出版社,2013年,第235页。

⑥ "凡王者作乐,上以承祖宗,下以化兆民。今陛下得马,诗以为歌,协于宗庙,先帝百姓岂能知其音耶?"[(汉)司马迁:《史记》卷二四《乐书》,北京:中华书局,2006年,第126页]

⑦ (清)严可均校辑:《全汉文》卷三四,《全上古三代秦汉三国六朝文》,北京:中华书局,2012年,第318页。

乐取名为玉女乐，显然与升仙之事有关。

《文心雕龙·乐府》云："朱、马以骚体制歌。"郊祀歌辞的作者是以司马相如、朱买臣为首的数十文人。许结说："乐府扩大内涵与汉武帝扩大内廷官的职守一样，要对付外廷的官员，这就造成了一种不可避免的矛盾，赋家一方面重视宗庙之乐，一方面乐府本身就是内廷乐，重新声，于是他们就杂在中间，处在一种矛盾的状态。"①《郊祀歌》的制作者宫廷赋家既要使歌辞尽力显得古雅，又体现出楚文化的特点，表现出新时代的气象。这必然需要极高的文学修养和相对敏锐的政治能力。以司马相如为首的内廷文人对此下足了功夫。《郊祀歌》以颂帝德、扬帝威为主，具有鸿丽瑰玮的特点。《帝临》云："清和六合，制数以五。海内安宁，兴文匽武。"②汉武帝所作《西极天马歌》中并无昆仑、阊阖、玉台，但经过润色"次以为歌"时，特意加入了神话中的地名，以此满足武帝对于神仙的向往，符合以楚文化为主的文化取向。徐兴无指出："这种博采诸地歌诗的行为也被文之以儒术，体现了采诗观俗的诗教精神。汉武帝和他的文学侍从们也刻意模拟一些古雅艰深的辞语，这些辞语反而令儒生们感到为难。"③儒士负责阐释新作之郊祀歌辞与古辞之间的联系，将"新声"雅化。这是整个郊祀礼制定过程中儒生主要参与的部分，充分体现了武帝"文之以儒术"之意。反过来，这也反映出继承周文化的儒生对于汉代新的文化取向的不适应。《郊祀歌》十九章的配乐为"新音"。《景星》云："杂变并会，雅声远姚。"④《天地》云："展诗应律铜玉鸣，函宫吐角激徵清。发梁扬羽申以商，造兹新音永久长。"⑤这种糅合了多种因素的新音在汉武帝及其臣属看来是新时代的"雅声"，继承了《诗经》代表的雅颂传统，但在儒者眼里却是上不得大雅之堂的"郑声"。典礼上所使用的乐器——二十五弦、箜篌、琴瑟也是之前所未有的。

郊祀之舞也在雅乐的基础上进行了"改良"。《郊祀歌·天地》云："千童罗舞成八溢（《初学记》作佾），合好效（《初学记》作交）欢虞泰一。《九歌》毕奏斐然殊，鸣琴竽瑟会轩朱。"⑥佾为行列之意。古时一佾 8 人，八佾为 64 人。汉武帝为天子，当然可以用八佾舞。但娱神的队伍从原本 64 人的八佾舞扩充为千人（实际上是 300 人），则明显打上了武帝的个人风格烙印。汉武帝喜爱极致和不

① 许结：《赋学讲演录》，北京：北京大学出版社，2009 年，第 154—155 页。
② 逯钦立辑校：《先秦汉魏晋南北朝诗》，北京：中华书局，2013 年，第 148 页。
③ 徐兴无：《西汉武、宣两朝的国家祀典与乐府的造作》，《文学遗产》2004 年第 5 期。
④ 逯钦立辑校：《先秦汉魏晋南北朝诗》，北京：中华书局，2013 年，第 152 页。
⑤ 逯钦立辑校：《先秦汉魏晋南北朝诗》，北京：中华书局，2013 年，第 150 页。
⑥ 逯钦立辑校：《先秦汉魏晋南北朝诗》，北京：中华书局，2013 年，第 150 页。

拘成规的性格于此表现得淋漓尽致。

汉武帝常乘兴而行，因此其郊祀的时间往往也有所变动。以天汉元年（前100）的郊祀为例，汉武帝春正月行幸甘泉，郊泰畤，三月，行幸河东，祠后土。郊祀典礼历时长达两三个月，路途遥远，车仗拥挤，极为耗财费力。武帝有好奇之心，精力旺盛①，不守成规，故并不完全遵循礼制。

这些新变化既与汉武帝喜爱极致化的个性以及其求升仙、求长生的浪漫主义思想密切相关，也与汉武帝意欲强化以楚文化为主的文化取向密切相关。因此，李长之有言："原来就政治上说，打倒暴秦的是汉；但就文化上来说，得到胜利的乃是楚……就精神上看，楚实在是直接继承秦而统治着的，汉不过是一个执行上的傀儡而已。"②

## 四、余论

汉武帝朝的郊祀改革是在遵从汉武帝个人的情感偏好（求长生）的前提下，建立一套以楚祭祀文化为主体、适应大汉全盛时期发展需要的国家祀典礼仪，儒家思想仅为参考。汉武帝在世时，汲黯对将《天马诗》荐于郊庙表达了不同意见。汉武帝去世后，汉明帝时王肃等人提倡改良武帝朝的郊祀礼仪。汉成帝时匡衡建议废除甘泉、汾阴之祀，提出恢复周代在王城南北郊进行郊祀的格局，取消玉女乐等。于是，甘泉太一之祀、汾阴后土之祀经过几次反复，数度被废。班固《汉书·礼乐志》批评汉代的郊庙乐不合古制，"今汉郊庙歌诗，未有祖宗之事，八音调均，又不协于钟律，而内有掖庭材人，外有上林乐府，皆以郑声施于朝廷"③。可见在儒生眼中，周公制作的礼乐才是正宗，汉武帝郊祀采用的礼乐不合古制，有人认为其批评具有合理性。然而周公制作的礼乐是从哪里来的呢？康保成指出："周代的礼乐制度，有一个在实践中逐步完善的过程。可以说，在周公'制作礼乐'之前，并没有礼乐和散乐的区别。换言之，周代的所谓'礼乐'均出自古代和当时的散乐或夷乐。"④从历史的发展来看，俗与雅并非永远处于对立面。作为俗乐的楚声和其他诸侯国的民谣经过大汉帝国宫廷赋家与乐师

---

① 司马相如云："今陛下好凌岨险，射猛兽。"[（清）严可均校辑：《全汉文》卷二二，《全上古三代秦汉三国六朝文》，北京：中华书局，2012年，第246页]

② 李长之：《司马迁之人格与风格　道教徒的诗人李白及其痛苦》，北京：商务印书馆，2013年，第8—9页。

③ （汉）班固：《汉书》卷二二《礼乐志》，北京：中华书局，2007年，第146页。

④ 康保成：《先秦的散乐与夷乐》，《文化遗产》2008年第3期。

的润饰，荐于郊庙，也就具有了雅乐的地位。

后代郊祀歌有两个基本模式，其一是仿《诗经》颂体，其二是仿汉代的《郊祀歌》。颜延之、傅玄、谢庄、谢朓、沈约、张说所作的迎送神歌都遵用了汉《郊祀歌》的三言体式。可见《郊祀歌》的文体对后世郊祀乐有深远的影响。现代学者大多认为汉武帝的郊祀改革对文学发展有积极影响，如赵敏俐认为《郊祀歌》是研究汉代文学史的重要对象，也是研究汉代思想史的重要材料；徐兴无认为“定郊祀之礼，祠太一于甘泉”这一事件开启了中国文学史上乐府歌诗的创作与采集工作；蔡丹君指出汉武帝时确立的甘泉祭祀为此后的两汉赋家常常提及，凝结为“甘泉文学”传统和相关历史记忆；钱志熙认为魏晋以降历朝祭祀天地的祭祀乐舞的直接渊源是汉武帝时期制定的郊祀乐及其歌诗《郊祀歌》十九章。

汉武帝朝的郊祀改革尽管存在诸多争议，但总的来说，汉武帝在改革中大胆地融入了新的时代因素，确立了楚文化祭祀体系的主导地位，彰显了汉代人的精神风貌与浪漫主义气质，具有积极意义。

（原载《求索》2021 年第 4 期）

# 真宗西祀探微:兼及盛唐至宋初的礼制改革

吕变庭　梁韵彦

大中祥符四年(1011),宋真宗亲祀汾阴。这一事件与泰山封禅、圣祖降临等系列活动一道,在“澶渊之盟”后,昭示着北宋的“太平”景象。然而,自提请之日起,西祀就遭到了众多文人士大夫的非议。《宋史》对此评价极为负面,叹当时“一国君臣如病狂”[①]。学术界对此研究众多,不少沿袭北宋仁宗以后士人的观点,认为此系列事件源于真宗以“城下之盟”为耻,因强化自身“威权”而作政治表演,却在一定程度上加剧了北宋朝廷的“三冗”问题。[②] 近二十年来,相关研究对真宗朝各类大型礼制活动的评价,由负面逐渐转向理解。有研究指出,“东封西祀”有“尊王攘夷”的政治目的,符合中古社会“神圣政治”的特性;[③]亦有学者认为东封遵循了儒家经典中“易姓而王,太平必封泰山”的传统,能帮助强化真宗皇权的合法性;[④]甚至有学者指出,史书中对于“天书”系列事件的非议,是

---

① (元)脱脱等:《宋史》卷八《本纪第八·真宗三》,北京:中华书局,1977年,第172页。

② 参见刘静贞:《威权的象征——宋真宗大中祥符时代(1008—1016)探析》,《宋史研究集》第二十三辑,台北:编译馆,1995年,第43—70页;张其凡:《宋初政治探研》,广州:暨南大学出版社,1995年,第198—256页;汪圣铎:《宋真宗》,长春:吉林文史出版社,1996年,第87—142页;杨高凡:《宋代“三冗”问题研究》,北京:人民出版社,2018年,第143—173页。

③ 参见刘静贞:《皇帝和他们的权力——北宋前期》,台北:稻乡出版社,1996年,第127—129页;邓小南:《祖宗之法:北宋前期政治述略》,北京:生活·读书·新知三联书店,2006年,第311—326页;闫化川:《论宋真宗时期的“东封西祀”》,山东大学硕士学位论文,2003年。

④ 参见张维玲:《宋太宗、真宗朝的致太平以封禅》,《(新竹)清华学报》2013年第3期;汤勤福:《宋真宗“封禅涤耻”说质疑——论真宗朝统治危机与天书降临、东封西祀之关系》,《河北大学学报》(哲学社会科学版)2019年第2期。

仁宗朝以后的趋势而非真宗朝实况。[①]

真宗西祀前，河中府的父老乡亲曾多次祈请。已有学者指出，诸多祈请活动表明，真宗西祀符合当时社会各界的期盼。[②] 然而，目前学界对这股地方势力的关注甚少。后土庙在中原北方地区的流行，以及后土圣母在佛、道神谱中地位的确立，主要发生在真宗朝以后。[③] 在这一神灵崇拜的发展过程中，汾阴后土祭祀圈内的地方势力起到了重要作用。那么从这一人群的角度出发，或许能为理解这一重大历史事件提供一种自下而上的视角。是故，本文将以微观视角考察地方社会对于西祀活动的参与，以此探讨由唐入宋以后王朝礼制因应社会变革所做出的调整，从另一个角度来理解这场"闹剧"背后的历史因由。

## 一、汾阴的战略地位与真宗朝堂的南北势力之争

汾阴后土之祀，可以追溯到西汉，但历史上亲祀后土的皇帝却不多。唐宋时期，帝王多数在都城北郊祭地，仅唐玄宗与宋真宗曾亲祀汾阴。从礼制的仪式过程到政治动机，真宗西祀的重要参考对象为唐玄宗的三次亲祀。

玄宗重视西祀，与汾阴在唐朝的重要战略地位有关。开元十一年(723)，玄宗自东都洛阳北巡，幸太原，在还京途中幸汾阴、祠后土，改汾阴为宝鼎县。[④] 宝鼎县地处蒲州，是河东地区与关中平原之间物资运送的重要通道，亦是唐首都长安的重要军事屏障。[⑤] 供奉后土祠的脽上，地处汾河与黄河交汇处的高地，无论从军政抑或五行风水的角度，皆具特殊地位。[⑥] 玄宗开元八年(720)，朝廷改蒲州为河中府；同年，罢中都，仍为蒲州。十二年(724)，即玄宗亲祀后土后的第二年，朝廷将蒲州升为"四辅"，与同州、华州、岐州共同拱卫京畿。[⑦] 张九龄在

---

① 参见林鹄：《天书封祀补证——兼论仁宗以降对真宗朝历史的改写》，中国社会科学院历史所编：《隋唐辽宋金元史论丛》第八辑，上海：上海古籍出版社，2018 年，第 293—305 页。

② 参见何平立：《宋真宗"东封西祀"略论》，《学术月刊》2005 年第 2 期。

③ 参见韦正春：《中国古代"后土"形象的起源与嬗变》，《天府新论》2020 年第 2 期；沈旸、布超、于娜：《山西后土庙建筑遗存探析》，《兰州理工大学学报》2011 年第 37 卷；尹虎彬：《河北民间后土地祇崇拜》，北京：学苑出版社，2015 年，第 30—41 页；萧登福：《后土地母信仰研究》，台北：新文丰出版公司，2015 年，第 93—137 页。

④ 参见(后晋)刘昫等：《旧唐书》卷八《本纪第八 · 玄宗上》，北京：中华书局，1975 年，第 185 页。

⑤ 参见牛忠菁、冯俊：《唐宋时期河中府的迁革》，《三门峡职业技术学院学报》2019 年第 4 期。

⑥ 唐玄宗御制的《后土神祠碑并序》称：此地"汾水合河，梁山对麓，地形堆阜，天然诡异"。[(宋)李昉等编：《文苑英华》卷八七八，北京：中华书局，1966 年，第 4634—4635 页]

⑦ 参见(后晋)刘昫等：《旧唐书》卷三十九《志第十九 · 地理二》，北京：中华书局，1975 年，第 1469—1470 页。

《后土赦书》中对玄宗祀后土于汾阴有这样一段叙述："故勒兵朔陲，先展义于枌社。回旌脽上，遂有事于郊坛。"[①]天子巡狩，除祭享神明之外，对外展示王朝军事实力，对内巡视战略要地以及犒赏军民，都是其中的重要动因。实际上早在唐朝建立之初，蒲州就已经成了唐朝的军事战略要地。唐高祖李渊建国后，每有攻伐，常陈兵蒲州，或作援军，或防外患。[②] 玄宗亲祀汾阴的做法与唐高祖幸蒲州、命祀舜庙的举动相似，带有视察以及慰问北境军民的目的；因而在唐时，帝王亲幸汾阴，其所受到的阻力要远比宋真宗时少。

唐代的蒲州，即宋代的河中府。真宗西祀亲临的后土庙是宋太宗太平兴国四年(979)重修的。重修以后，太宗命河中府每年岁时以中祠礼致祭。[③] 然而，对于定都开封的北宋王朝，河中府作为京师屏障的意义大为减弱，且开封距离汾阴路途遥远。这就成为北宋大臣孙奭反对真宗西祀的重要原因。他在大中祥符四年上疏的八项谏议中，点明了唐宋时期河中府地位的差异，疏曰："河东者，唐王业所起之地，唐又都雍，故明皇间幸河东，因祀后土，与圣朝事异。今陛下特然欲祠汾阴，其不可五也。"[④]

史书未载真宗对孙奭的回复，但在北宋与西夏的对峙中，河中府作为物资与人员调度的枢纽，地位仍非常重要。景德三年(1006)，与辽及西夏签订和约后，真宗即诏西边州军仅留屯戍量步兵，其余屯河中府、鄜州、永兴军就刍粟。[⑤] 仁宗康定元年(1040)，与西夏的战事又起，朝廷欲用兵陕西，知延州范雍随即上言："宜令大臣以重兵守永兴军、河中府。"[⑥]可见，河中府作为陕西的后援，在与西夏的军事对抗中有重要作用，宋夏间的任何摩擦，都直接反映在此地的兵丁调配中。那么，真宗时在此地举行带有"尊王攘夷"之意的西祀活动，其巡视与展示军事力量的意图，恐怕是当时不少大臣赞成这一活动的重要原因。寇准的《和御制祀后土》对于帝王西祀的队伍就有这样的描述："箫鼓闻脽上，旌旗过渭滨。天声惊远野，兵气慑边邻。"[⑦]

---

① (唐)张九龄：《后土赦书》，(宋)宋敏求编：《唐大诏令集》卷六六，北京：商务印书馆，1959年，第373页。

② 参见(后晋)刘昫等：《旧唐书》卷一《本纪第一·高祖》，北京：中华书局，1975年，第10—11页。

③ 参见(清)徐松辑、刘琳等校点：《宋会要辑稿·礼二八》，上海：上海古籍出版社，2014年，第1287页。

④ (宋)李焘：《续资治通鉴长编》卷七四，北京：中华书局，1980年，第1700页。

⑤ 参见(宋)李焘：《续资治通鉴长编》卷六四，北京：中华书局，2004年，第1429页。

⑥ (宋)李焘：《续资治通鉴长编》卷一二六，北京：中华书局，2004年，第2979页。

⑦ (宋)寇准：《和御制祀后土》，北京大学古文献研究所编：《全宋诗》卷八九，北京：北京大学出版社，1991年，第996页。

大中祥符年间的东封西祀能够顺利进行，与王钦若、丁谓、林特、陈尧叟等一批南方官员的支持是分不开的。根据任爽的研究，北宋统一全国后，继承了唐、五代以来南北地方势力的矛盾，并将这种矛盾带入统治集团内部；寇准与王钦若的矛盾，有这两股势力博弈的因素。① 在景德元年(1004)宋辽之间的战和问题中，这一矛盾表现得尤为明显。面对辽军主力，王钦若、陈尧叟力劝真宗幸金陵或成都，而寇准"心知钦若江南人，故请南幸，尧叟蜀人，故请西幸，乃阳为不和，曰：'谁为陛下画此策者？罪可斩也。'"又以留守北方"将臣协和""庙社所在"，力主帝王亲征，并前往交战的最前线。② 这件事以王钦若自请离开中枢，判天雄军府结束。但朝中南北势力的博弈，似乎并没有因王钦若离开中枢而结束。景德二年(1005)十二月，王钦若因与寇准不和，请罢参知政事。然而，真宗却并不想让王钦若就此离去，设资政殿大学士安置王钦若。③ 战争的胜利使寇准的声望达到最高点④，可是，作为北宋帝王的真宗皇帝，对于这位素有威望且深得北方政治势力拥戴，但行事却有些跋扈的宰相，还是有所忌惮的。而且，面对签订和约以后较为安定的社会，北宋朝廷也有理由更换一种执政风格。景德三年(1006)二月，寇准罢相，出知陕州；此后，王旦拜相，王钦若升任尚书左丞，与陈尧叟同在中枢。⑤ 在之后的东封西祀活动中，南方籍的官员扮演了重要的角色。

因直接参与"天书"系列事件，在后世被诋为"五鬼"的王钦若、丁谓、林特、陈彭年、刘承规，全部出身于南方地区。根据《宋史·列传》：王钦若为临江军新喻人；⑥丁谓为苏州长洲人；⑦林特祖揆，家南剑州顺昌；⑧陈彭年为抚州南城人；⑨刘承规为楚州山阳人；⑩此外，被真宗委任为祀汾阴经度制置使的陈尧叟，

---

① 参见任爽：《唐宋之际统治集团内部矛盾的地域特征》，《历史研究》1987年第2期。

② 参见(宋)李焘：《续资治通鉴长编》卷五十七，北京：中华书局，2004年，第1267页；(元)脱脱等：《宋史》卷二八一《列传第四十》，北京：中华书局，1985年，第9530页。

③ 参见(宋)李焘：《续资治通鉴长编》卷六一，北京：中华书局，2004年，第1376—1377页。

④ 徽宗朝时，右正言陈瓘尤言："当是之时，若无寇准，则天下分裂久矣。"[(明)黄淮、杨士奇编：《历代名臣奏议》卷八，上海：上海古籍出版社，1989年，第97页]

⑤ 参见(宋)李焘：《续资治通鉴长编》卷六二，北京：中华书局，2004年，第1389—1390页。

⑥ 参见(元)脱脱等：《宋史》卷二八三《列传第四十二》，北京：中华书局，1985年，第9559页。

⑦ 参见(元)脱脱等：《宋史》卷二八三《列传第四十二》，北京：中华书局，1985年，第9566页。

⑧ 参见(元)脱脱等：《宋史》卷二八三《列传第四十二》，北京：中华书局，1985年，第9564页。

⑨ 参见(元)脱脱等：《宋史》卷二八七《列传第四十六》，北京：中华书局，1985年，第9661页。

⑩ 参见(元)脱脱等：《宋史》卷四六六《列传第二百二十五》，北京：中华书局，1985年，第13068页。

为阆州阆中人。[①] 然而，这些南方籍官员得到重用，并不意味着在北宋朝堂中，北方官员占主导地位的情况有所改变，抑或南方地区的重要性有所增加；相反，为提防随时可能反扑的辽与西夏，北宋王朝尚需要依靠西北诸路军民的大力协作。因此，在真宗西祀的过程中，主要事务由多位南方官员负责；然而，河中府及周边的父老、士子们却在其中得到了各种封赏与优待。而真宗本人亦借此活动，展现出了对陕西、河东诸路，及西北边境前线军民的关怀，消弭了宋辽战争中因朝廷曾考虑南迁所带来的不良影响。真宗当时重用这批南方官员，在重要战略枢纽施恩乡民，弱化权臣，重塑圣君形象，以此作为一种制衡朝堂的手段，是有可能的。

## 二、真宗西祀前后的君民互动

对于儒教国家的统治者而言，举行泰山封禅、汾阴祀后土这一级别的国家大礼需要充分的理由；而民间奏报的祥瑞以及百姓的祈请，正是天下太平的明证，可以作为重大礼制活动开展的依据。与唐玄宗西巡相比，真宗西祀前，来自民间的祥瑞奏报以及请祀活动纷繁而有序，正反映了其背后有朝廷主导的因素；而以河中府为中心的地方社会，对来自中央的诱导，进行了积极的回应。

### （一）祥瑞奏报

在真宗即位至西祀前，河中府及周边的民众曾多次向中央反映有祥瑞出现。仅史册记载的就包括：咸平四年（1001）九月，知河中府献《嘉禾合穗图》；五年（1002）八月，临汾县嘉禾合穗；[②]大中祥符元年（1008）八月，宝鼎县嘉禾合穗；[③]十月，河中府酒厨梁上生玉芝；[④]大中祥符三年（1010）八月，解州池盐不种自生，东池水自成盐；[⑤]九月，有云物之祥；[⑥]十月，河中府民报告山谷中藏有帛

---

① 参见（宋）王称撰，孙言诚、崔国光点校：《东都事略》卷四四《列传二十七》，济南：齐鲁书社，2000年，第344页。

② 参见（元）脱脱等：《宋史》卷六四《志第十七·五行二下》，北京：中华书局，1985年，第1401页。

③ 参见（元）脱脱等：《宋史》卷六四《志第十七·五行二下》，北京：中华书局，1985年，第1402页。

④ 参见（元）脱脱等：《宋史》卷六三《志第十六·五行二上》，北京：中华书局，1985年，第1389页。

⑤ 参见（元）脱脱等：《宋史》卷六二《志第十五·五行一下》，北京：中华书局，1985年，第1361页。

⑥ 参见（宋）李焘：《续资治通鉴长编》卷七四，北京：中华书局，2004年，第1689页。

书；[①]十一月，宝鼎县黄河清；[②]十二月，宝鼎县黄河再清；[③]大中祥符四年（1011）二月，有黄云随天书辇，宝鼎县瀵泉涌，有光如烛；[④]祭后土时，司天言："黄气绕坛，月重轮，众星不见，惟大角光明"；[⑤]十一月，河中府献芝草；[⑥]六年冬，大宁庙圣制碑阁生金芝；[⑦]七年十月，大宁庙石双茎芝生。[⑧] 其中，大中祥符年间的祥瑞奏报更为频繁，且等级更高。

这一系列祥瑞的奏报与查验，需要经过州县乡民及朝廷各级官员间的鼎力合作。在参与的人当中，祀汾阴经度制置使陈尧叟与经度制置副使李宗谔，作为朝廷大员，直接受皇帝的委派，是真宗西祀的重要执行者；知河中府郭尧卿、通判曹谷、屯田员外郎何敏中等人为河中府的地方官员，在上报与查验祥瑞的过程中发挥着承上启下的作用；而河中府民巨沼、临汾县民吉遇、洪洞县民范思安、宝鼎县民张知友等是祥瑞的发现者，事后得到了朝廷的封赏，并名留史册。可见，在祥瑞奏报的过程中，朝廷中枢机构的高级官员、地方低级官吏以及乡民连成了一张由中央延伸至地方的关系网络，其中的每一个人都成为奏报活动的利益相关者。

这些祥瑞出现的次序以及种类是经过精心编排的。根据《唐六典》，"庆云""醴泉"与"河水清"属于"大瑞"；而"嘉禾"与"芝草"属于"下瑞"。[⑨] 上述祥瑞中，"大瑞"的出现集中在大中祥符三、四年，即真宗西祀前后，在这段时间之外，河中府报告的祥瑞皆为"下瑞"。此外，"黄云随天书辇"和"瀵泉涌，有光如烛"等祥瑞，与唐玄宗亲祀前"黄云盖于神鼎"[⑩]及"荣光出河"[⑪]等记载有一定的相似性，反映真宗西祀有继承唐代政治传统的意味。还有不少祥瑞象征了上天对帝王的认可，如：巨沼所献的"帛书"埋藏地下，与天书相对，为帝王亲祀后土的合

① 参见（宋）李焘：《续资治通鉴长编》卷七四，北京：中华书局，2004 年，第 1691 页。
② 参见（宋）李焘：《续资治通鉴长编》卷七四，北京：中华书局，2004 年，第 1696 页。
③ 参见（宋）李焘：《续资治通鉴长编》卷七四，北京：中华书局，2004 年，第 1696 页。
④ 参见（宋）李焘：《续资治通鉴长编》卷七五，北京：中华书局，2004 年，第 1711 页。
⑤ 参见（宋）李焘：《续资治通鉴长编》卷七五，北京：中华书局，2004 年，第 1711 页。
⑥ 参见（元）脱脱等：《宋史》卷六三《志第十六・五行二上》，北京：中华书局，1985 年，第 1390 页。
⑦ 参见（元）脱脱等：《宋史》卷六三《志第十六・五行二上》，北京：中华书局，1985 年，第 1391 页。
⑧ 参见（元）脱脱等：《宋史》卷六三《志第十六・五行二上》，北京：中华书局，1985 年，第 1391 页。
⑨ （唐）李林甫等撰，陈仲夫点校：《唐六典・尚书礼部卷第四》，北京：中华书局，2014 年，第 114—115 页。
⑩ （唐）张说：《后土神祠碑铭并序》，（宋）姚铉编：《唐文粹》卷五〇，长春：吉林人民出版社，1998 年，第 551 页。
⑪ （元）马端临：《文献通考上》卷七六《郊社九》，北京：中华书局，1986 年，第 696 页。

理性提供了直接依据;[①]“大角光明”表明“王者敬诸父有善”;[②]而“黄河清”则是“圣人生”的瑞应。[③] 由此可见,此系列事件的编排出自谙熟儒家经典的士大夫之手;多数乡民是参与者,而非策划者。

## (二)请祀与助祭

祥瑞的奏报可能仅需鼓动小部分的乡民,但对帝王亲祀的祈请与迎接,则需要地方各界人士的广泛配合。与东封泰山一样,真宗西祀的直接原因,是河中府父老、僧道的祈请。东封后第二年,知河中府杨举正言:“得本府父老、僧道千二百九十人状,请车驾亲祀后土。”[④]七月,河中府进士薛南又联同文武官、将校、耆艾、道释三万余人诣阙,请祀汾阴后土。[⑤]

在这一系列的请祀活动中,地方官员知河中府杨举正以及河中府进士薛南作为父老、僧道群体的带领者,发挥了重要的作用。真宗更因薛南的带头诣阙请祀,用为试将作监主簿。[⑥] 薛南在地方的号召力,与河东薛氏在河中府的声望有关。河东薛氏有“蜀薛”之称,其宗族是蜀汉灭亡之后,迁往汾阴的。[⑦] 历两晋南北朝,汾阴地区的薛氏西祖房因祖居之地有盐池,积累了雄厚的经济与军事实力,成为河东地区的豪强大族。隋唐时期,薛氏家族已进入统治集团,并保持着较高的任官比例。[⑧] 虽然在初唐,薛氏西祖房因所参与政治集团斗争的失败而走向衰落,但河东薛氏仍为河中府的一股重要地方势力,直到两宋时期家族成员仍屡屡入仕。北宋太宗朝时的薛奎、薛颜,真宗朝时的薛田,南宋孝宗时的

---

① 参见汪圣铎:《宋代政教关系研究》,北京:人民出版社,2010年,第47—48页。

② 《开元占经》中“王者敬诸父有差”应为“王者敬诸父有善”。参见(唐)瞿昙悉达撰,常秉义点校:《开元占经》卷六五,北京:中央编译出版社,2006年,第449页;(清)陈立撰,吴则虞点校:《白虎通疏证》卷八,北京:中华书局,1994年,第374页。

③ (魏)李萧远:《命运论》,(梁)萧统编、(唐)李善注:《文选》卷五三,上海:上海古籍出版社,1998年,第443页。

④ (宋)李焘:《续资治通鉴长编》卷七三,北京:中华书局,2004年,第1673页。

⑤ 参见(宋)李焘:《续资治通鉴长编》卷七四,北京:中华书局,2004年,第1681页。

⑥ 参见(清)徐松辑:《宋会要辑稿·礼二八》,北京:中华书局,1957年,第1294页。

⑦ 参见毛汉光:《中国中古政治史论》,上海:上海书店出版社,2002年,第121—126页。

⑧ 参见许蓉生、林成西:《河东薛氏研究——两晋南北朝时期地方豪强的发展道路》,《西南民族大学学报》(人文社科版)2004年第11期;刘淑芬:《北魏时期的河东蜀薛》,黄宽重、刘增贵主编:《家族与社会》,北京:中国大百科全书出版社,2005年,第259—281页;张晶:《中古时期河东薛氏研究》,西北大学硕士学位论文,2015年;李晶:《隋唐时期河东薛氏家族研究》,山西师范大学硕士学位论文,2014年。

薛叔似等，皆属河东薛氏。[①]

薛南、杨举正、氏昭度之外，大量河东及陕西地区州县的官吏及士人亦对西祀持欢迎态度。真宗西祀之后，河东及陕西地区的村落间，乡民们自发创建或重修了众多的后土行祠。这些庙宇的营建有地方州县官员或士人的直接参与。其中，天禧四年(1020)，乡贡进士裴仅为万泉县新建的后土庙撰《河中府万泉县新建后土圣母庙记》一文，题记显示该县县令杨德润及多位杨姓胥吏参与营建。[②] 此外，乡贡进士郑滋于元祐七年(1092)为新落成的晋州洪洞县后土庙撰《大宋晋州洪洞县重修后土庙记》；[③]政和二年(1112)，解州上舍贡士武镐亦为陕西大荔县的后土庙撰《重修后土庙叙文碣》。[④] 参与撰文或营建活动的裴氏、杨氏、武氏皆属河东地区颇具势力的族群。其中，河东裴氏作为隋唐时代关陇集团的重要成员，有"三河领袖"之誉，势力范围遍布河内、河东、河南。[⑤] 这一世家虽随唐朝灭亡而退出统治集团，但在宋代的河东地区仍保持了其家族世系，家族成员亦屡屡凭借科举入仕。[⑥] 而河中府及河东地区的杨氏，则为弘农杨氏的上谷房分支。杨氏为隋朝国姓，该分支在唐代为宰相者有三人，入宋后入仕者众多。河东杨氏更以将才著称，其族子弟包括杨业诸子及杨宗闵等人。[⑦]

隋唐时期的世族弟子，在门阀制度彻底衰亡的北宋，积极入仕，并凭借地方官吏或士人的身份参与到宋代的国家及地方祭祀活动中。这一现象反映了真宗西祀能够获得地方社会支持的一个重要原因，即地方豪族与底层官吏期待通过参与请祀及助祭活动，彰显其特殊地位，巩固个人及宗族在该地区的声望。真宗西祀后，山西与陕西地区官吏及士人所建的后土祠庙香火极为鼎盛，直至

---

① 参见(元)脱脱等:《宋史》卷二八六《列传第四十五》，北京:中华书局，1985 年，第 9629 页;《宋史》卷二九九《列传第五十八》，北京:中华书局，1985 年，第 9943 页;《宋史》卷三〇一《列传第六十》，北京:中华书局，1985 年，第 9987 页;《宋史》卷三九七《列传第一百五十六》，北京:中华书局，1985 年，第 12091 页。

② 参见北京图书馆金石组编:《北京图书馆藏中国历代石刻拓本汇编》第三十八册，郑州:中州古籍出版社，1989 年，第 52 页。

③ (清)孙奂仑修，韩垌等纂:《洪洞县志》卷一五，《中国方志丛书》华北地区第七十九号，台北:成文出版社，1968 年，第 1306 页。

④ (清)周铭旂修，李志复纂:《光绪大荔县续志》卷八，《中国地方志集成·陕西府县志辑》第 20 册，南京:凤凰出版社，2007 年，第 325 页。

⑤ 周征松:《河东裴氏及其族源》，《家族史研究及其他》，太原:山西人民出版社，2009 年，第 75—83 页。

⑥ 参见中共闻喜县委宣传部编:《中华宰相村》，北京:中国发展出版社，2018 年，第 11—15 页。

⑦ 参见谢婧:《北宋陕虢杨氏家族的播迁与生存发展》，上海师范大学博士学位论文，2016 年，第 26—36 页。

明清时期，其祠庙数量亦远较其他北方省份为多。这一现象，正从另一角度说明后土祠庙的祭祀，与河东地区地方势力有着密切的关系。

## 三、宋初汾阴后土的祭祀等级与供奉形式之变

唐宋两朝皆将地神称为“皇地祇”。北宋自太宗时起，就在都城北郊祭地，而在汾阴脽上以中祀礼祭后土；直到真宗景德四年(1007)，才改以大祀礼祭汾阴后土。[①] 祭祀等级的变革，不单关乎祭礼的规模，同时亦反映帝制国家对于祭祀对象性质与重要程度的判定。然而，宋初后土庙祭祀等级提高的同时，伴随的却是后土祭祀仪式中民间祠庙性质与道教气息的增强。

中原帝制国家祭祀的分级，源自《周礼》。然而，《周礼》谈及春官肆师之职时，仅言及大祀、次祀、小祀所用牺牲的差别。对此，郑司农解释认为：“大祀，天地。次祀，日月星辰。小祀，司命已下。”郑玄再注，谓：“大祀又有宗庙，次祀又有社稷、五祀、五岳，小祀又有司中、风师、雨师、山川、百物。”[②]而在《大唐开元礼》的序例中，祭祀等级的划分沿袭了此二者的说法，并进一步细化。[③] 大体而言，其国家“大祀”的划分沿袭了《周礼》的原则，祭祀范围非常狭窄，仅包括天、地二祭与帝王宗庙，这一原则在宋代仍有纲领性作用。

然而，在实际操作中，唐宋两代的帝王都会因应各自的政治需要及政府财政状况，调节诸神的祭祀等级，如：唐玄宗天宝三年(744)，就将日月五星升为大祀；[④]宋高宗绍兴初，曾将五帝、神州、蜡祭等十三祭归为中祀，绍兴二十七年(1157)又复为大祀。[⑤] 玄宗以后，儒家“三祀”制度的涵盖范围有扩大趋势，不少民间祭祀被逐步纳入国家礼制系统中。根据朱溢的研究，北宋太祖至英宗时期，被划为“大祀”的祭祀对象包括：昊天上帝、感生帝、五方上帝、九宫贵神、五福太一、皇地祇、神州地祇、太庙、皇后庙、景灵宫、朝日、高禖、夕月、社稷、蜡祭百神、五岳；皇地祇虽属“大祀”，但未有明文将后土之祭纳入“三祀”制。[⑥]

真宗用“大祀”礼祭后土，是因为其将汾阴后土祠视为地神皇地祇之原庙。

---

① 参见(清)徐松辑：《宋会要辑稿·礼二八》，北京：中华书局，1957年，第1287页。

② (汉)郑玄注，(唐)贾公彦疏：《周礼注疏》卷第一九，北京：北京大学出版社，1999年，第499页。

③ 参见(唐)萧嵩等撰，周佳、祖慧等点校：《大唐开元礼》卷一，杭州：浙江大学出版社，2016年，第49页。

④ 参见(宋)王应麟：《玉海》卷九九(合璧本)，京都：中文出版社，1977年，第1876页。

⑤ 参见(宋)王应麟：《玉海》卷九九(合璧本)，京都：中文出版社，1977年，第1922页。

⑥ 参见朱溢：《唐至北宋时期的大祀、中祀和小祀》，《(新竹)清华学报》2009年第2期。

谈及西祀的必要性时，真宗诏："前史所谓郊天而不祀地，失对偶之义也。"[①]然而，从太宗皇帝命河中府依先代帝王用中祠礼祭后土的情况可以看出，在宋初士人的眼里，汾阴后土庙的祭祀与诸州的岳镇海渎是同等级别的。脽上后土庙是地方祠庙，尚不能与帝王亲临的天地大祀同日而语。在真宗以前，北宋王朝认可的祭地仪式亦仅为北郊方丘的皇地祇之祭。这种认知可见于孙奭反对真宗亲祀的谏议，文曰："古者圜丘方泽，所以郊祀天地，今南北郊是也。汉初承秦，唯立五畤以祀天，而后土无祀，故武帝立祠于汾阴。自元成以来，从公卿之议，遂徙汾阴后土于北郊。后之王者，多不祀汾阴。今陛下已建北郊，乃舍之而远祀汾阴。其不可三也。"[②]汾阴后土之祀，虽有汉武与玄宗先例，但"事不经见"，与北郊祭地意义重复，因而在孙奭看来帝王亲祀并无必要。

而依神像的供奉形式及坛位布局来看，汾阴后土之祀与北郊祭地，源自两种截然不同的神灵崇拜模式。宋初的北郊制度奠基于太祖时期，根据乾德元年(963)的诏书，祭祀皇地祇的方丘因循唐制营建，设在宫城北十四里。[③] 根据《大唐开元礼》，方丘为一处祭坛，坛上设"神座"以表现诸神形象，其文曰："设皇地祇神座于坛上北方，南向，席以藁秸。设高祖神尧皇帝神座于东方，西向，席以莞。设神州地祇神座于第一等东南方，席以藁秸……"[④]这种设神位而祭的做法更符合儒家理念。根据古礼，祭祀中参拜的对象为抽象的木主或虚位的神座，而非人格化的偶像。这一悠久的上古传统在唐宋时期的大部分天地祭祀活动中得到延续。

与北郊的方丘不同，脽上后土庙中供奉的是人格化的后土塑像。西汉中期以后，国家祭祀中的山川神已有被制作成偶像的例子，并因为于礼不合，遭到了一些士大夫的批判。[⑤] 而后土神人格化的趋势可追溯至唐代。[⑥] 在佛教文化的浸染下，设像而祭的供奉方式在唐五代的宫观、祠庙中兴起。[⑦] 唐宋时期后土神

---

① 参见(清)徐松辑:《宋会要辑稿·礼二八》，北京:中华书局，1957年第1288页。

② (宋)孙奭:《谏幸汾阴》，吕祖谦编:《宋文鉴》卷四二，长春:吉林人民出版社，1998年，第416页。

③ 参见(宋)李焘:《续资治通鉴长编》卷四，北京:中华书局，2004年，第101页。

④ (唐)萧嵩等撰，周佳、祖慧等点校:《大唐开元礼》卷二九，杭州:浙江大学出版社，2016年，第257页。

⑤ 参见吴丽娱主编:《礼与中国古代社会·隋唐五代宋元卷》，北京:中国社会科学出版社，2016年，第125页。

⑥ 参见李玉洁:《汾阴后土祠神灵形象演变探析》，《山西大学学报》(哲学社会科学版)2015年第4期；廖奇琦:《晋中南地区后土图像流变及原因述论》，《南京艺术学院学报》(美术与设计)2019年第4期。

⑦ 参见雷闻:《郊庙之外:隋唐国家祭祀与宗教》，北京:生活·读书·新知三联书店，2009年，第40—42页。

形象的出现，离不开民间的后土夫人崇拜。在宋初成书的《太平广记》中，韦安道初见后土夫人时，以为是"天后游幸"。对于后土夫人的衣着、相貌，故事中有这样一段描述："伞下见衣珠翠之服，乘大马，如后之饰，美丽光艳，其容动人。"书中又称，后土夫人的眷属包括：四海之内岳渎河海之神、诸山林树木之神、天下诸国之王。[①] 在此，后土眷属与《开元礼》中皇地祇的配祀一致，但诸神对后土夫人的朝拜却被描绘得如同帝王朝会。这种理解影响到了真宗时期礼院对后土庙像设的安排。大中祥符二年(1009)正月，礼院制后土庙衣冠时即上言："《礼令》不载后土衣冠之制，今请用皇后礼衣修制。"[②]但以皇后之礼供奉后土神的做法，在真宗以后却遭到了怀疑。陈旸在《乐书》中指出："(汾阴后土庙)大中祥符中，诏用皇后礼。然黎民所食者，土神而已。以后礼祭之，臣恐未合礼制也。"[③]更多宋代的文献则对《太平广记》所录的这则故事持怀疑态度，认为此不过是"唐人记后土事，以讥武后耳"[④]。

事实上，真宗时期的汾阴后土庙布局可能比故事中的描述更不符合古礼，而带有浓郁的道教气息。大中祥符年间的汾阴后土庙，在后土殿之外还有"司命天尊殿"；后土殿内设后土圣母圣像，曾诏选道士焚修。[⑤] 而根据刻于金天会十五年(1137)，明天启三年(1623)重刻的《蒲州荣河县创立承天效法厚德光大后土皇地祇庙像图》，汾阴后土庙中还设有二郎殿、判官殿、五岳殿、六丁殿、真武殿、六甲殿、五道殿。[⑥] 这些殿阁供奉的神祇均可在道教神谱中找到对应。此外，真宗祭后土时所用的玉牒、玉册，有"通仙"意味，延续了汉武帝与唐玄宗时封禅的传统，[⑦]亦带有浓厚的道教色彩。

综上所述，真宗重修后土祠，在殿阁中供奉人格化的后土神，并亲临祭祀，以大祀礼祭之，这一事件本身已经带有国家礼制向民间祠祀及道教信仰妥协的味道。

---

① 参见(宋)李昉等编：《太平广记》卷二九九，北京：中华书局，1961年，第2375—2379页。

② (清)徐松辑：《宋会要辑稿·礼二八》，北京：中华书局，1957年，第1287页。

③ (宋)陈旸撰，张国强点校：《祭后土》，《〈乐书〉点校》卷一九一，郑州：中州古籍出版社，2019年，第1014页。

④ (宋)胡仔纂集，廖德明校点：《苕溪渔隐丛话》后集卷一八，北京：人民文学出版社，1962年，第126页。

⑤ 参见(清)徐松辑：《宋会要辑稿·礼二八》，北京：中华书局，1957年，第1294页。

⑥ 参见郭黛姮主编：《中国古代建筑史》第三卷，北京：中国建筑工业出版社，2009年，第157—161页。

⑦ 参见吴丽娱：《汉唐盛世的郊祀比较——试析玄宗朝国家祭祀中的道教化和神仙崇拜问题》，孙家洲、刘后滨主编：《汉唐盛世的历史解读——汉唐盛世学术研讨会论文集》，北京：中国人民大学出版社，2009年，第22—37页。

## 四、效法唐玄宗的礼制改革

真宗西祀是参照唐玄宗亲祀汾阴而进行的一次国家大礼。“澶渊之盟”后，北宋的对外战争暂告一段落，依照儒教国家的惯例，此时需要进行一系列的仪式活动及相关典籍的编修，树立天水一朝作为中原王朝正统继承者的形象。而唐玄宗基于帝制国家现实对古礼进行的一系列改革，正符合了宋真宗这位将宋朝带入“文治”之世的君王所想。

作为武周以后李唐王朝的实权继任者，唐玄宗对国家礼制进行了改革，把九宫贵神、老子等诸多道教神祇与崇拜形式带入国家礼制体系，并以帝王身份亲祀汾阴后土庙。玄宗的这些改革，有推翻武则天与韦后时期崇佛政策的政治动机，同时亦希望借此为自身祈求长生不死。[①] 吴丽娱更指出，玄宗礼制改革的重点是将道教祭祀与国家礼制融合，使其正当化与经典化。[②]

随着佛道信仰的滥觞，唐人已逐渐相信，统治者以帝王之尊进行祭祀，可福泽万民。开元十年(722)，在亲祀后土的前一年，玄宗皇帝曾下诏指出，其亲祀后土是“欲为人求福，以辅升平”[③]。真宗西祀前，亦强调此行有“冀民获丰穰”的目的。[④] 但这种强调国家“大祀”是为民祈福的动机，有别于儒家“三礼”的原意。其信仰逻辑强化了“君”与“民”两极的互利关系，而淡化了“诸侯”这一先秦礼文中的重要角色；与之相随，申明等级差别不再是国家礼制活动的核心，祭祀作为天子特权的意义亦被削弱。

先秦经典所述的礼教原则是服务于分封制的。其祭祀仪式的相关规定，很大程度上是为了厘定诸侯与天子的权力范围，使其互不僭越，以帮助周天子实现“垂拱而治”的政治理想，其“三祀”制也不例外。对此，《礼记·王制》曰：“天子祭天地，诸侯祭社稷，大夫祭五祀。天子祭天下名山大川，五岳视三公，四渎视诸侯。诸侯祭名山大川之在其地者。”《祭法》则谓：“有天下者祭百神。诸侯在其地则祭之，亡其地则不祭。”[⑤]大体而言，普天之下皆是天子之“望”，天子既

---

① Victor Xiong, “Ritual Innovationsand Taoismunder Tang Xuanzong,” *T'oung Pao*, Vol.82, 1996, pp. 258-316.

② 吴丽娱：《汉唐盛世的郊祀比较——试析玄宗朝国家祭祀中的道教化和神仙崇拜问题》，孙家洲、刘后滨主编：《汉唐盛世的历史解读——汉唐盛世学术研讨会论文集》，北京：中国人民大学出版社，2009年，第22—37页。

③ (后晋)刘昫等：《旧唐书》卷二四《志第四·礼仪四》，北京：中华书局，1975年，第928页。

④ 参见(清)徐松辑：《宋会要辑稿·礼二八》，北京：中华书局，1957年，第1288页。

⑤ 胡平生、张萌译注：《礼记·王制第五·祭法第二十三》，北京：中华书局，2017年，第259、885页。

可巡狩，亦可望祭；诸侯却要遵守分地而祭、祭不越望的原则。

这种观念到了施行郡县制的时代，就失去了其原有意义。唐宋礼典中对于“三祀”制度祭祀者的划分，从分封的各级诸侯，变成了中央或地方的各级朝廷命官。大体而言，中祀和小祀由各州县的地方官员负责，如：“（天宝）四载敕风伯雨师并依升入中祀，乃令诸郡各置一坛因春秋祭社之日同申享祀。”①而大祀则需要由皇帝委任的常参官前往，如：“（仁宗景祐元年）礼官议曰：‘……昊天上帝、太庙二祀，太尉则中书门下摄，司徒、司空以尚书省五品摄。余大祀，太尉以尚书省四品、诸司三品摄，阙则兼五品。宜从令文定制。’诏自今夏至祭皇地祇，遣大两省以上官摄事。”②当祭祀成为了受皇帝任命的各级官员之职责，祭祀级别的差异与“地望”的关系就变得越发模糊，宋代士人对于民间信仰中的“神灵越界”现象也越发宽容。③

随着制度的变革，帝王宗庙及天地大祀不再作为天子的专属祭祀对象而被强调。较之通过划定祭祀范围防范诸侯僭越的举措，盛唐至宋初的君王似乎更想通过制定一体化的祭祀系统将帝制君王的权威传遍王朝的每个角落。

李唐王朝将老子封为“太上玄元皇帝”，至玄宗开元二十九年(741)诏“两京及诸州各置玄元皇帝庙”，并要求在庙中设玄元皇帝真容像及侍立左右的玄宗、肃宗真容。④ 在此，供奉老子及肃宗、玄宗像的玄元皇帝庙，虽带有浓厚的道教色彩，但与太庙的性质相同。当然，这些遍布天下的庙宇，大部分无须帝王亲祀。其更重要的作用是象征皇家的形象，在王朝权力所到达的地方，接受官员与部分民众的朝拜。时至宋代，这一传统得到延续并成为通例。宋代朝廷在各州寺庙或道观建造神御殿，奉安先代帝王御容，⑤接受四方香火。

除此之外，北宋真宗朝以后，朝廷批准各地建造东岳及后土庙，这一举措直接打破了古礼对于百神祭祀区域的限制。明代的《东岳行宫泉石记》云：“宋真宗祥符九年，有事泰山，岳神效灵。诏天下郡县悉建东岳行宫。”⑥这一诏令缺乏宋代文献佐证，但东岳庙在全国各地的流行，的确始于真宗封禅后。根据周郢对《大宋忻州定襄县蒙山乡东霍社新建东岳庙碑铭》的考察，大中祥符三年

---

① （宋）王钦若：《册府元龟》卷三三《帝王部》，北京：中华书局，1960年，第363页。

② （清）徐松辑：《宋会要辑稿·礼二八》，北京：中华书局，1957年，第1294页。

③ 参见皮庆生：《经典的重新解释：从合法性到有效性——宋人对神灵越界现象的回应》，《中华文史论丛》2006年第2期。

④ 参见（唐）王泾：《大唐郊祀录》卷九，（唐）中敕：《大唐开元礼》，北京：民族出版社，2000年，第788页。

⑤ 参见（清）徐松辑：《宋会要辑稿·礼一三》，北京：中华书局，1957年，第717—740页。

⑥ （明）田艺蘅：《香宇集》续集卷一九，《续修四库全书》，上海：上海古籍出版社，2002年，第216页。

(1010)，真宗以东岳地遥，晋人难以致祭为由，“敕下从民所欲，任建祠祀”；从此，东岳庙在北宋全境内兴起。[①]

即使在宋代士人的眼里，允许各地建东岳祠的做法仍是有违古礼的。这点在南宋时期韩元吉所撰的《东岳庙碑》中已被提及，其文曰：“三代命祀，齐鲁大邦，得以望而致祭，非其地也。他诸侯虽礼备莫敢越焉。自秦汉一四海，无有远迩，毕为郡县。凡山川不在其境，祷祠之盛，犹或举之，而阴骘降监庙而遍天下者，亦惟是东岳为然。宋兴三叶，升中告成，册以帝号，由是冠服宫室，率用王者之制。盖古者以神事山川，以鬼事宗庙，其曰岳渎视公侯者，特其牲、牢豆笾等用而已。坛壝有地，非必庙为也。去古既远，事神之仪，悉务鬼享。故虽山川，而筑宫肖像，动与人埒，土木崇丽，至拟于明堂太室，无甚愧者。将礼与时变，其致力于神当如是耶。”[②]虽然他指出了各地东岳庙存在的神灵越界与人格化现象，甚至认为这是将古礼中的事鬼之礼用于事人，但韩元吉并没有对此进行反对，而是将这种行为理解作“礼与时变”的反映。这一观点符合宋代诸多文人的共识。事实上《礼记》已有“礼”可以“义”起的说法；而在分封制瓦解、众多古代生活习俗被改变以后，宋代儒家士人更不再执着于古礼中的具体仪式，而强调礼制所体现的教化意义。[③]

北宋以后，后土庙在北方多地皆有营建，其数量与分布虽不及东岳庙，但根据相关记载，其中很大一部分的创建与重修，都与真宗西祀有关。其中，河中府万泉县的后土庙，是真宗西祀后，当地乡社因汾阴后土庙“地遥”，众乡亲无法前往，而在乡社带领下建造的；[④]晋州洪洞县的后土庙是乘真宗西祀之风潮，在“四海之内争输其力，用严像宇，时祷岁祈，以为植福之地”时重修的；[⑤]而华山下供奉后土夫人的泰宁宫，则是在真宗西祀经过时，赐牒敕建的。[⑥]

诸多祠庙碑文反映，北宋时期的后土及东岳祭祀在民间得到广泛的支持；而在各地祠庙创建或重修过程中，真宗借由东封西祀所展现的“戴天履地”“恭成上化”之天子威仪被一次又一次地叙述与宣传。由此看来，盛唐至宋初通过

① 参见周郢：《东岳庙在全国的传播与分布》，《泰山学院学报》2008年第3期。

② (宋)韩元吉：《南涧甲乙稿》卷一九，北京：中华书局，1985年，第373—374页。

③ 参见惠吉兴：《宋代礼学研究》，石家庄：河北大学出版社，2011年，第159—164页。

④ 参见(宋)裴瑾：《宋裴瑾(仅)创建后土庙碑记》，(清)马鉴等修，寻銮炜纂：《荣河县志》卷一一，《中国方志丛书》华北地区第421号，台北：成文出版社，1976年，第581—585页。

⑤ 参见(宋)郑滋：《大宋晋州洪洞县重修后土庙记》，(清)孙奂仑修，韩垌等纂：《洪洞县志》卷一五，《中国方志丛书》华北地区第七十九号，台北：成文出版社，1976年，第1306—1307页。

⑥ 参见(清)何耿绳修，姚景衡纂：《道光重辑渭南县志》卷一〇，《中国地方志集成·陕西府县志辑》第13册，南京：凤凰出版社，2007年，第242页。

摄入民俗及宗教成分完成的礼制改革,较之于单单流传于儒家士人间的“古礼”,对于寻常百姓更具说服力。王朝的威仪亦可凭借祠庙的修建,深入官僚机构无法渗透的地方。

# 结 语

真宗西祀与泰山封禅等大中祥符年间的系列活动一道,是唐玄宗时期开始的国家礼制改革在宋初的延续。“澶渊之盟”后,北宋对外环境由“战”转“和”,政治路线由武治转向文治,是东封西祀举行的直接原因。西祀以前,宋真宗的支持者们,通过制造祥瑞、引导地方耆老士人助祭等形式,广泛地激励了地方势力对国家祭祀活动的参与。在祭祀活动中,真宗朝则通过提升后土神祭祀等级、崇饰供奉人格化神祇的后土庙、举行富有道教色彩的祭祀仪式等多种方式,混淆了后土与地神祭祀的概念,将“古礼”与民间祠祀及道教信仰活动融合,使礼制与地方士民社会产生更密切的联系。与此同时,通过批准乡民自发营建国家祭祀体系中的部分祠庙,北宋王朝的威权得以在全国范围内建立,并前所未有地深入地方;包含国家意识形态的价值观念也得以借由宗教信仰广泛传播,在各个地区的不同族群中取得统一。这一系列改革,使国家“大祀”从贵族社会的权力垄断活动,演变成帝制国家王朝形象的宣传。东封西祀以后,宋真宗直接在民间树立了帝王权威,并获得了河中府这类战略要地代表民意的地方豪强的支持。

虽然,大中祥符年间的系列活动在仁宗朝后逐渐受到了广泛的批评,但这正是地方分权政策与官僚社会逐步完善的结果。仁宗时期,科举取士真正成为了广大士人的上升阶梯,儒学重新获得了荣光;真宗东封西祀中,因融入民间信仰而散发的迷信色彩,才在此时成了话柄。与此同时,仁宗朝日益突出的“三冗”问题,激发了朝廷内部对于先代帝王诸多大型礼制活动的诟病。换句话说,正是宋初改革的成功,使权力移交到了中央集权的官僚机构手中,后代的文人才有机会对前朝的做法议论纷纷。

而真宗大中祥符年间的系列活动,在粉饰太平的同时,正通过从中央到地方各级机构的相互协同与超负荷运作,掩盖了此期国家权力由主战派转向主和派、从地方军政机构转入中央朝廷、从贵族势力让渡到官僚集团,而形成的过渡时期交织引发的诸多问题。在“一国君臣如病狂”的神道设教活动中,歌舞升平的唱和之音掩盖了权力移交时可能发生的种种冲突,太祖、太宗两朝的诸多重大军政改革至此得以落实与巩固。如此看来，东封西祀这类劳民伤财的国家祭祀活动，虽理应受到历史的批判，但对于刚刚走出“中古”迈向“近世”，尚需要以神圣性强化统治合法性的真宗朝，或许存在着迎合地方社会需求的一面。

（原载《社会科学》2021年第10期）

# 第四章

## 宗教与民间信仰中的后土崇拜

# 土地神崇拜与道教的形成

赵　毅　王彦辉

道教的思想源流十分庞杂，从而决定其神团系统也非常杂乱。在偶像信仰上，它不仅继承和改造了远古以来的天神、地祇、人鬼等一套鬼神系统，还人为塑造出一个长生不死的神仙体系，并吸收了不少儒教的先哲圣王和佛门的阎王鬼卒，进而构成一个十分庞大奇异的道神谱系。其中，尊神中"三清四御"之一的"后土皇帝祇"和俗神中的土地，都是从中国远古以来的土地神崇拜演变而来。本文试就土地神崇拜与道教形成问题略陈己见。

## 一

土地神信仰在中国源远流长。中国自古以农立国，原始农业发生之后，人与土地的关系更为亲近，所需生产生活资料都离不开大地，所谓"地，底也，言其底下载万物也""土，吐也，吐生万物也"[①]。特别是农作物的丰歉，在原始初民的心目中似乎有神灵在支配，人们由于不懂得农作物生长的规律，又出于对粮食丰收的祈盼和依赖，从自然崇拜的思路出发，形成了土地有灵观念和土地神崇拜。从考古调查来看，最早的土地神应是女神，辽宁牛河梁红山文化出土的女神像，或以为是生殖崇拜的偶像，实则一偶二用，也是该文化先民供奉的土地神，这与后世后土、高禖并祭正合。这类女性雕像在世界其他地区也多有发现，如法国洛赛尔出土的"洛赛尔维纳斯"，乌克兰发现的"科斯丹克维纳斯"等，性

① （汉）刘熙：《释名》卷一，清同治十二年粤东书局刻本。

质应和红山文化女神像相同。女性土地神在甲骨金文中称“后土”，王国维考卜辞中“后”字，认为“后字皆从女，或从母、从子。像产子之形”①。郭沫若进而认为“后”乃“崇拜生殖之意”②，即土地能生殖万物，养育人类，所以先民视之为“大地母亲之神”，尊称“后土”。而在民族学资料中，就直接称土地神崇拜为“地母”崇拜。

在中国古代，对土地神的祭祀称“祭社”，“社”即社神，称“后土”，也是祭祀土地神的场所。《说文》云：“社，地主也。”《礼记·郊特牲》云：“社，祭土，而主阴气也。”《孝经援神契》云：“社者，五土之总神，土地广博不可遍敬，故封土为社而祀之，以报功也。”因此说，社神就是土地之神。土地神的神职最初限于祈求丰产，嗣后功能不断扩大，春天播种祭于社，谓之“春祈”；秋后收获祭于社，谓之“秋报”；冬天杀牲祭于社，谓之“蜡祭”或“大割”。此外，凡征伐、田猎、祈雨、除灾均祭社，社神成为无所不能的保护神。

三代以后，统治阶级为强化神权统治，尤为重视社祀，每一新王朝建立，必先毁前朝之社而立本朝之社，社神成为地上诸神之主，同“上帝”相对应，形成天神地祇两大系统。与此同时，社神与农神相结合，连称“社稷”，成为遍布各地的大大小小土地神中地位最高的土地神，即国家土地神。它既是国家的保护神，又是国家政权、疆土四至的象征。同时，国家政权的产生和专制皇权的确立，也使社会两元分化、官民对立，土地神之设也相应分化为两大系统：官社和民社。官社即国家法权意义上之最高土地神，在殷称“邦社”，在周称“王社”“国社”，秦汉以后则有“地坛”“社稷坛”。国社祭后土，神权高度集中。社主最早应是土丘。陈梦家考卜辞“土”字，云“(土)作或，象土块之形。后世之社于地上立圆丘象之”③。何休注《公羊传·僖公三十一年》“诸侯祭土”条亦称：“土谓社也。”④其后则多用石、木，已完全与土地本身分离，演为抽象的土地神形象。此外，地方官府也普遍立社，有州社、郡社、县社等，社主或立武官，如“蒋侯神”“项羽神”是也。

民社指广大农村乡里村寨守护一方的土地神，俗称土地祠或土地庙。民社在乡间十分普遍，所谓“十室之邑，亦必先立下一座小土地庙”。民社社主多为人偶，或为建功于本地的历史人物，或为一方的土地偶像。民国以前，中国大部

① 王国维：《殷卜辞所见先公先王续考》，《观堂集林》，北京：中华书局，1959年，第441页。

② 《郭沫若全集·考古编》第1卷，北京：科学出版社，1982年，第47页。

③ 陈梦家：《殷墟卜辞综述》，北京：中华书局，1988年，第583页。

④ (清)阮元校刻：《十三经注疏·春秋公羊传注疏》，北京：中华书局，2009年，第4914页。

分地区都有土地庙，庙中多有泥塑或石雕的人形偶像，一般为黑袍乌帽之白发老翁，身旁伴有一老妇偶像，俗称土地公公、土地奶奶。

道教的神位排列大体依人世间的权力结构为参照系，正如马克思所论："宗教本身是没有内容的，它的根源不是在天上，而是在人间。"[①]人间有至高无上的皇权，道教则塑造出一个至尊无比的玉皇大帝；俗世以"社稷"作为最高的法权象征，道教就把世间最高的土地神"后土"升格为"四御"之一的"后土皇地祇"；世俗供奉和祭祀地方土地神，道教则把民间土地作为俗神，成龙配套，与无孔不入的世俗权力结构相对应。当然，这一神灵体制是逐步完善起来的。

道教的主神号称"三清四御"，"三清"神位的设定是模仿佛教三世佛祖的产物。最初，道教尊老子为祖师，以老子《道德经》为经典，但与佛教相比，远没有三世佛气派，于是道徒们塑造出元始天尊和灵宝天尊合道德天尊（即太上老君）为"三清"。三清的位次，至迟到隋唐时已基本定型，但玉皇大帝远在三清之下，这同中国传统的神仙观念不符，朱熹之《朱子语类》有证：老聃之流"岂可僭居昊天上帝（俗称玉皇大帝）之上哉！"[②]为此，唐宋之后，遂把玉皇升至"三清"中的第二位，且在人们的信仰中已成为道教最高神，管辖一切天神、地祇、人鬼，活脱脱一位专制皇帝的化身，正所谓"没有统一的君主就不会出现统一的神，神的统一性不过是统一的东方专制君主的反映"[③]。

道教既尊玉皇为最高天神，按中国传统的"天公地母"观念，就必须另塑一位统辖地界的土地神。政和六年（1116），徽宗亲临玉清和阳宫，封后土为"承天效法厚德光大后土皇帝祇"，并规定礼仪规格一同玉帝。道教为配套成龙，遂把"后土"从"国社"中请进道教神界，列为"四御"第四位，尊称"后土皇地祇"，统御山神、河伯、土地、城隍、灶君诸神，成为掌管阴阳生育、万物之灵和大地山河的女神。从此，对后土皇地祇的祭祀也格外隆重，除与其他三御合祀外，还建有后土殿、后土娘娘祠等。

"国社"所祭"后土"既登天国神界，"后土"一系的大大小小的民间土地神也正式纳入道教俗神谱，以迎合民意的"土地神"信仰，成为城隍之下的神祇。其使命是保护土地，保证五谷丰登，守护地方，助人消灾除祸。至此，传统的民社崇拜与道教俗神土地遂一源二流，在人们的观念体系中已经分不清土地信仰是传统社神崇拜的遗留，抑或是道教神祇的传入。正因如此，虽然土地地位低下，

① 《马克思恩格斯全集》第27卷，北京：人民出版社，1976年，第65页。

② （宋）黎靖德编：《朱子语类》，北京：中华书局，1986年，第3005页。

③ 《马克思恩格斯全集》第27卷，北京：人民出版社，1976年，第436页。

庙堂简陋,但由于和民众的生产生活息息相关,即使在唐宋以后城镇土地神逐渐被城隍神取而代之的条件下,依旧香火不绝,广受祠奉。总之,道教在塑造自己的神团系统时,把中国传统的土地神奉为"四御"之一,从一个侧面表现出道教作为中国固有宗教的性格。

## 二

道教作为中国土生土长的民族宗教之所以形成于汉末,同汉代特定的社会环境和文化氛围关系紧密,换言之,先秦以来的鬼神信仰、天命理论、神仙家言等思想源流能否汇合为道教之河,仅仅存在着可能性,是汉代"神道设教"的统治需要和学术发展的宗教化倾向为道教的最后形成铺就了温床。

刘汉政权"神道设教"、大肆造神活动的动机有二:一是汉得天下的合理性要求。刘邦以布衣取天子位,缺少七国世业之资本,故汉初君臣的儒士集团一直为汉取天下的合理性问题进行反复论证。他们论证的理论依据是邹衍的"终始五德之运",从贾谊到董仲舒,都以为汉得土德,亦即汉革秦命是符合"天命"的。但"五德"有终始,天命要转移,如何延长汉家的国运,仍是困扰汉代统治者的理论难题,故汉武帝才围绕"天命"问题向董仲舒一连发出三道策问。董仲舒在对策中把《春秋》灾变与阴阳五行相结合,提出"治乱废兴在于己,非天降命,不可得反。"即"天命"的转移不可违抗,同时认为如果"强勉行道",可以延长国运。[①] 为此,汉代统治者为取媚于天,遂广兴祠祀,大肆造神。同时,托古自重,为刘氏接上远古圣君的血脉。认为"汉家尧后",谱系自唐尧至刘邦一脉相传。《左传·文公二十九年》载"有陶唐既衰,其后有刘累",刘向据以论证说"战国时,刘氏自秦获于魏。秦灭魏,迁大梁,都于丰",班固补充说"丰公盖太上皇父"。[②] 此一谱系涉及的先哲先王自然不少,立祠建庙蔚为可观。

二是加强封建专制统治的需要。一方面,自武帝以后,汉代政治、经济和社会各个方面都陷入动荡不安的危机状态,农民暴动遍及全国,流民数以百万计;另一方面,因巫蛊之祸引发的皇位继承影响深远,昭、宣之际,霍光先后废立三主,哀、平短祚,国嗣三绝,王莽篡夺,汉统再绝。这一系列大统继承的"异常"现象,致使社会舆论认为汉家气数已尽,易姓改命论甚嚣尘上。针对这种严峻形

① (汉)班固:《汉书》卷五六,北京:中华书局,1962年,第2500页。

② (汉)班固:《汉书》卷一,北京:中华书局,1962年,第81页。

势，汉代统治者重新操起“圣人以神道设教而天下服矣”①的武器，企图借助鬼神的威力巩固自己的统治，一时众祠遍地，群神并立。至哀帝之时，神祠之设“凡千七百所”②；东汉刘秀以图谶起家，更重鬼神之事，所祠奉的神灵仅南郊的外营、中营即有“千五百一十四神”③。这种普遍存在的宗教迷信思潮，无疑为产生宗教或接受外来宗教造就了适宜的气氛。

学术文化的发展以时代的主题、社会的需要为方向，不可能摆脱现实政治的引导，在汉代“神道设教”的政治空气下，整个汉代学术文化发展的突出特征就是宗教化，不论是儒家学说，还是道家理论，在神学迷信思潮的笼罩下，无不以自身学说的宗教化作为获得发展的昂贵代价。

儒学神化肇端于董仲舒，在董仲舒的思想体系中，最富有宗教气味的是他的天人感应论、灾异遣告说以及祈雨止雨之法。这一充斥阴阳灾变、天命迷信的学说不仅把汉代儒学引向妖妄化、谶纬化，而且也为其他学派的生存与发展定下了宗教化基调。儒学的谶纬化，由于受到汉代统治者的提倡而恶性发展，以致假托神意制造政治预言的谶语和以神意解释儒家经典的纬书纷纷出笼。谶纬之学包含的神学思想极多，诸如天人感应、星象巫术、善恶报应、呼神却鬼等等。这些鬼神观念和神仙思想不只为道教的孕育产生创造了适宜的土壤，同时也为道教典籍的编造提供了充足的思想资料。

道家后学自战国末期形成黄老学派，至汉初而大行于世。黄老之学在汉代的演变，大致可划分为习黄老言的学术派，有著述可考者为司马谈的《论六家要旨》、杨王孙的《裸葬论》以及《淮南子》中的一些论述；用黄老术的治术派，据《史记·乐毅列传》所列黄老家师承系统，已托始于河上丈人、安期生等神仙方士之流，则黄老学已与神仙家相混合。黄老方术派最初并非黄老之学的主流，不过重视贵神养生、祛病延年而已，如留侯张良功成身退，乃学辟谷、导引、轻身④，故也可称之为黄老养生术。儒学独尊之后，黄老道家的生存空间从无所不包的官方哲学，被挤压到神仙方术的狭窄天地，遂借助两汉神仙祠祀的盛行，符图谶纬的传布，而与方仙道逐渐合流，把黄老养生演变为纯粹的神道——黄老道。

黄老道的出现，对道教的形成至关重要。《后汉书·楚王英传》载汉明帝时，楚王英已修奉黄老道，他“诵黄老之微言”，“洁斋三月，与神为誓”⑤。汉安帝

① (清)阮元校刻:《十三经注疏·周易正义》，北京：中华书局，2009年，第73页。
② (汉)班固:《汉书》卷二五，北京：中华书局，1962年，第1270页。
③ (南朝宋)范晔撰，李贤等注:《后汉书》卷一七，北京：中华书局，1965年，第3160页。
④ (汉)司马迁:《史记》卷五五，北京：中华书局，1982年，第2044页。
⑤ (南朝宋)范晔撰，李贤等注:《后汉书》卷四二，北京：中华书局，1965年，第1428页。

时，扶风矫慎“少好黄老，隐遁山谷，因穴为室，仰慕松、乔导引之术”，死后竟有“后人见慎于敦煌者，或云神仙焉。”[①]可见，矫慎已把习黄老、行导引术、长生成仙结合在一起了。东汉桓帝也“好神仙事”，不仅“事黄老道”，而且“悉毁诸房祀”[②]。在黄老道日益盛行的情势下，早期道教结社亦打着黄老道的旗号在社会上传教布道。如张角“自称大贤良师，奉事黄老道”[③]，张陵、张鲁的天师道也世传《老子想尔注》，令教徒诵习。由此可见，黄老道的形成和传布，是道教酝酿、发育接近成熟的重要阶段。

## 三

道教产生的思想因子有三：民间的巫祝鬼神信仰是早期道教平民化的心理接点；先秦诸子书中的宗教成分、神秘主义观念是道教实现理论化、体系化的理论根基；战国以来齐、楚方士集团鼓吹的羽化成仙、长生不死的幻境则是道教士大夫化的源头活水。

恩格斯在《反杜林论》中概括宗教的一般特征说：“一切宗教都不过是支配着人们日常生活的外部力量在人们头脑中的幻想的反映，在这种反映中，人间的力量采取了超人间的力量形式。”[④]原始氏族时代，中华先民受自然力量的压迫，产生了自发的自然宗教，步入阶级社会后，旋又受到社会异化力量的压迫，人为的伦理宗教应运而生。春秋战国以后，人文社会思潮兴起，原始宗教一源二流，对天神和祖宗神的祭祀纳入国家的礼乐教化，而对“怪力”“乱神”的崇拜则回归民意。中国自古以农立国，在自然与社会的双重压迫下，迫切希冀解除困厄的愿望产生了强烈的宗教需求，同时，分散的农业经济状况又造成了人们多种神灵的观念，诸如河伯、山神、灶君、土地等。与此相适应，各种从事宗教职业的巫、觋等也十分活跃，在民间拥有广阔的市场，所谓“今世俗宽于行而求于鬼，怠于礼而笃于祭，曼亲而贵势……是以街巷有巫，闾里有祝”[⑤]。民间的这些宗教信仰及其仪式源远流长，也表达了下层民众对现实生活的无奈和渴求解脱生存困厄的心声。它虽然不能直接发展为理论化、体系化的宗教形式，但它所包含的神灵观、命运观、五花八门的法术、祈祷仪式、民间化倾向等等，显然具备

① （南朝宋）范晔撰，李贤等注：《后汉书》卷八三，北京：中华书局，1965 年，第 2771 页。

② （南朝宋）范晔撰，李贤等注：《后汉书》卷一六，北京：中华书局，1965 年，第 2470 页。

③ （南朝宋）范晔撰，李贤等注：《后汉书》卷七一，北京：中华书局，1965 年，第 2299 页。

④ 《马克思恩格斯选集》第 2 卷，北京：人民出版社，1976 年，第 354 页。

⑤ （汉）桓宽撰集，王利器校注：《盐铁论校注》卷六，北京：中华书局，1992 年，第 352 页。

了宗教的某些特征，奠定了道教群体化和社会化的心理基础，道教也正是吸收并发展了其中的许多内容，才使它在创教之初，很快走上了平民化的道路。

诸子之学兴起后，虽然在本体论、认识论、政治学、逻辑学、辩证法等领域取得了令人叹为观止的哲学成就，但在各自的学说中仍然或多或少地残存或发展了宗教神学的某些内容，为道教的创生提供了理论依据。道家哲学是道教神学的重要理论支柱，许多思想被道教吸取、利用和改造，老子被奉为教主和尊神，南朝梁陶弘景《真灵位业图》又神化庄子，《庄子》一书也被诠释为道教经典，可以说，这与道家和道教在根本理论上血脉相通密不可分。如道家学说的宗旨是超世，老子对世事采取冷眼旁观的态度，清心寡欲，超然物外；庄子以尘世为秕糠，以人生为桎梏，向往无何有之乡，皆有强烈的悲观厌世情结。这种人生态度很容易引向完全出世的宗教，故道教索兴提倡“忘世”，把庄子的逍遥境界改造为理想境地——“仙境”。道教欲长生久视必重养生，其炼养学说正是发挥了道家的养生论。在认识论上，老子体道的主要方法是“抱一”，所谓“载营魄抱一，能无离乎？专气致柔，能如婴儿乎”①，即心境要极其虚静清明。庄子进而发展为“坐忘”“心斋”等系统的气功养生术，老庄的这一套炼养方法，后来被道教发展改造为道教内丹学，成为炼养精、气、神，追求长生成仙的重要方术。道家著作中的神仙思想、神仙人物也为道教进一步发挥或“拿来”颂扬。如《老子》谓“古之善为道者，微妙玄通，深不可识”②；《庄子》谓神人“不食五谷，吸风饮露，乘云气，御飞龙，而游乎四海之外”③等等，成为道教建构神仙世界的思想营养和蓝本。

先秦诸子中对中国宗教思想的发展，特别是对道教的形成产生重大影响的还有墨子的“天志”“明鬼”思想。墨子书中的“天”是有意志的能赏善罚恶的最高神，所谓“天子为善，天能赏之；天子为暴，天能罚之”④。很显然，墨子是想借助天志的权威推行其政治主张，这种企图尽管在现实中势必落空，但他重申天的意志和赏善罚恶的至上权威，却在中国宗教发展史上起到了作用。墨子在《明鬼》篇中还论证了“鬼神之有”⑤。他不仅从群众的闻见、圣王的祭祀，史书的记载等方面证明鬼神的存在，而且把天下古今之鬼神分为三类：有天鬼，亦有山水鬼神者，亦有人死而为鬼者。这就使“鬼”的范围，由“人死为鬼”扩大到天鬼、

---

① (魏)王弼注，楼宇烈校释：《老子道德经注校释》，北京：中华书局，2008年，第22页。
② (魏)王弼注，楼宇烈校释：《老子道德经注校释》，北京：中华书局，2008年，第167页。
③ (晋)郭象注，(唐)成玄英疏：《南华真经注疏》，北京：中华书局，1998年，第13页。
④ (清)孙诒让：《墨子闲诂》，北京：中华书局，2001年，第196页。
⑤ (清)孙诒让：《墨子闲诂》，北京：中华书局，2001年，第225页。

山川鬼神，为祭祀天地山川亡灵提供了理论依据。对后世鬼神崇拜和鬼神道教的产生发挥了不容忽视的影响。道教也确实吸收了墨子的尊天、明鬼和兼爱、互助的思想，并把某些神仙方技依托于墨子。例如晋葛洪《抱朴子·金丹》记有《墨子丹法》，把墨子列入《神仙传》，称他外治经典，内修道术，后得神人授书，“乃得地仙”[①]。

早在春秋时期就活跃着一派神仙家，至战国逐渐和阴阳、方技、数术家合流，组成修习各类道术的方士集团，司马迁称之为“方仙道”。战国至汉，神仙方士发展为燕齐方士和楚方士两大派别。燕齐方士造说海中有蓬莱、方丈、瀛洲三神山及仙人和不死之药，这种气泡式的神话根植于古人对生命永恒的美好愿望，具有极大的蛊惑性和吸引力，故“世主莫不甘心焉”。他们鼓吹的仙人丹药论也是后来道教外丹成仙论的思想来源。楚地方士受老庄修炼理论影响较深，专注于导引乘跻辟谷之术，他们的活动虽然不似燕齐方士那般显赫一时，但聚集在淮南王门下的有姓名可考者也有苏非、伍被、左吴等“八公”之说。[②] 楚地方士文化层次较高，他们把行气、乘跻轻举导引、黄白等方术与老庄哲学相糅合，提炼出一套“贱物贵身”“贱形贵神”的修炼养生理论，成为道教内丹成仙理论的源头。

总之，土地神的信仰与崇拜在中国源远流长，它对道教的形成与发展产生过重要影响，并被吸纳入道教的尊神谱系中。中国的鬼神信仰、天命理论、神仙家言思想是道教思想的来源之一，它们在汉代的社会历史环境下，为道教的最后形成铺就了温床。

（原载于《学习与探索》2000 年第 1 期，有改动）

---

① （晋）葛洪著，王明校释：《抱朴子内篇校释》，北京：中华书局，1985 年，第 81 页。

② （汉）司马迁：《史记》卷一一八，北京：中华书局，1982 年，第 3082 页。

# 汾阳圣母庙壁画主神考

## ——兼论山西后土信仰的地方特色

武丽敏

圣母庙位于山西省汾阳市西北2公里的田村，现仅存圣母殿一座，殿内东、西、北三壁满绘壁画，所绘题材均是与圣母有关的神话传说和后宫生活场景，即《迎驾图》《巡幸图》《赏宝图》和《燕乐图》。

关于该庙的主神身份，目前学术界的观点为西王母。譬如刘守覃、潘絜兹和柴泽俊先生认为该庙“每年三月初三，举行庙会”，而“此日正是西王母设蟠桃会的佳期。由此可以断定此处所奉圣母即为西王母”[①]。但笔者认为仅以此就断定了主神的身份，未免草率。

## 一、后土身份的确定

### （一）“后土”词源及含义的演化

“后土”二字，最早见于殷墟甲骨文。据王国维《殷卜辞中所见先公先王续考》和许慎《说文解字》可知，“后”和“土”均指女性的生殖器官，从而直接构成了母祖崇拜的实质内容。

随着父权制的建立，后土的含义也在不断演化，出现了“地祇后土”“社神后

---

① 柴泽俊：《汾阳县圣母庙圣母殿明代壁画》，《山西寺观壁画艺术》，北京：文物出版社，1997年，第118—121页。

土”等称谓，可见在古代的特定时期，后土神是以男像的面貌出现的。又由于古代哲学中有天阳地阴、天公地母的说法，因此原来的后土君王也逐渐演化成了王后。隋唐以后，后土往往被塑成了妇女形象，百姓称之为后土娘娘。这与当时流行的传奇小说《后土夫人传》有一定的联系。此小说在五代、宋元还有变文，在民间产生了极大的影响，各地都广建后土祠，并多为女像。

宋代以后，道教将后土神纳为“四御”尊神之一。宋真宗大中祥符年间加封其为“后土皇地祇”，宋徽宗时又赐其尊号为“承天效法厚德光大后土皇地祇”，并宣称后土神执掌阴阳生育、万物之美与大地山河之秀，同时强调了后土与皇天对称。

## （二）汾阴（万荣）后土祠与汾阳圣母庙的源流关系

汉初，将后土列入国家祀典。汉武帝时命在汾阴（今万荣）建后土祠，亲自祀拜。此后历代皇朝都将其列入祀典，按时祭祀。宋真宗和徽宗时规定其祭仪与玉皇大帝同①，由此可见历代帝王对祭祀后土的重视程度。

从文献记载和目前的后土祠（庙）的遗存情况来看，后土祠主要散布于晋南、晋中一带，且是以万荣后土祠为中心做辐射状排列。

据祠内保存的《历朝历庙致祠实迹》碑文所载，万荣古称汾阴，地处黄河之东，汾河之南。从传说中的轩辕黄帝平定天下始，历经汉、唐、宋，均为皇家祭祖之地。直到明、清两代建都北京，才把祭祀土地神的活动放在地坛举行。后土祠虽已不是皇家祭祖之地，但在晋南、晋中这一带的影响力还是极大的。与万荣汾阴后土祠隔汾河相望的汾阳自然亦属受其影响的“近水楼台”了。在今汾阳望春村的《建后土庙碑记》中，就有关于万荣后土祠的记载。而汾阳境内目前保存尚好的后土庙（殿）也有三处以上，这足以说明该地区是属于山西后土信仰的影响范围的。

可见，就后土信仰而言，田村圣母庙与万荣后土祠之间应有着一定的渊源。

## （三）地方志及相关碑刻

在人们心目中，后土既是大地之神、生育之神，同时还是农业丰收的保护之神，所以自古以来从皇帝到黎民均敬仰之。

唐明皇在《祠汾阴后土碑》中写道：“此所以仰覆者，报生殖，资元元，虎翼翼，岂与夫封禅有牒，专在求仙，秘祝有辞，密于移过而已。铭曰：‘至哉坤元，万

---

① 参见万荣后土祠内《历朝立庙致祠实迹》碑文。

物资生。王者母事,德合天明。'"宋真宗撰写的《汾阴二圣配飨之铭》碑中讲:"祁繁祉,后辟之职也,蒸黎之愿也。"[①]这显然是对后土成为生育之神的一个批注。《河中府万泉县新建后土圣母庙记》中也讲"王者以父道事天,母仪事地"[②]。

从以上碑刻的表述中,能清晰地看出后土圣母在人们的心目中完全就是一位"母亲"的形象,且是能够"经络江河子孙山岳"的"万物之母"。

那么从田村圣母庙保留的数件碑刻上也不难发现该庙初以"祈雨"、后多以"祈嗣"为目的,亦即"圣母"应有送子、保丰穰等之功能。

嘉靖二十八年(1549)《重修田村圣母庙碑记》中有如下表述:"其亦山川之精,水土之神,有功于民,则祀之。"更是直接称"圣母"为"水土之神",而作为掌管大地的尊神非后土莫属。

## (四)壁画内容溯源

壁画的内容分别描绘的是圣母"出行""巡幸""燕乐""尚宝"等情景,是对人世间帝后生活起居的一种想象。金维诺、罗世平先生在《中国宗教美术史》中讲到:"这种以大型的场面表现后土圣母奢华生活的壁画,其题材内容来自唐五代以来民间广泛流行的传奇小说《后土夫人传》和《后土夫人变》。"[③]而禾青在《白话太平神话精粹》中有对后土出行场面的具体描述,与壁画中的亭台殿阁、秀女武士、舆车龙辇等相呼应。如果结合当地所传该庙始建于唐,那么,是否可以推测该壁画在重绘时在内容的选择上尊重了其原来的题材?

## (五)壁画所反映的神格谱系

柴泽俊先生等认为该壁画的圣母为西王母的理由除了举办庙会的时间,还提到壁画中所表现的"送子"主题。但需强调的是,"送子"乃是中国女神普遍具有的功能,并非西王母所独有。

此外,几位老先生所持"西王母说"也不排除是因其凤冠霞帔的帝后装束。但事实上,元明清以来的寺观雕塑和壁画上的女神形象做帝后状者众多,所以仅从圣母的衣着装束上来确认其身份显然是不可靠的。

而壁画中出现的土地、城隍、河神等作为总管大地的后土娘娘的分职小神,他们之间构成了一定的等级关系,与西王母在神格谱系上无任何关联。

---

① (清)胡聘之:《山右石刻丛编》卷一二,太原:山西人民出版社,1988 年。

② (清)胡聘之:《山右石刻丛编》卷一二,太原:山西人民出版社,1988 年。

③ 金维诺、罗世平:《中国宗教美术史》,南昌:江西美术出版社,1995 年,第 240 页。

综上所述,笔者认为田村圣母庙供奉的应是后土圣母。

## 二、主神司职流变及特点

### (一)后土皇地祇:“帝”—“后”

当宋真宗加封后土为“皇地祇”,宋徽宗又赐其尊号为“承天效法厚德光大后土皇地祇”之际,后土在民间便已然是一位“皇”了。

就该壁画的构图而言,与泰山岱庙天贶殿内以东岳大帝出巡、回宫为主题的壁画《启跸回銮图》非常相近。其中宫廷送行、乘辇巡幸、仪仗旌幡、马上骑吹、地方迎驾、宫廷迎候等情节与田村圣母庙颇为近似。显然,壁画中的后土圣母首先是被作为“帝”来看待的,这与其“皇地祇”的身份是相吻合的。

众所周知,在皇权至高无上的封建社会里,皇后有所谓“后正位宫闱,同体天王”之说。事实上,皇帝与皇后治家、治内宫便是治天下的缩影。壁画中的后土圣母是人间帝后的装束,她在体现神性的同时,也被寄寓了现实生活中皇后统领后宫粉黛的特点。在西壁《巡幸图》中,跟随在龙辇之后被捆绑回宫等待发落的几个妇人即是例证。

### (二)送子娘娘

1.御驾送子

封建社会“不孝有三,无后为大”的思想桎梏着人们,许多女子因未生育而被列入“七出”条款。作为大地之神的“后土”,繁衍人类、化育生命亦是人们对其所赋予的职责和希望。为了求子嗣,化育万物的“后土”又兼起了所谓“送子娘娘”的身份和职能。

壁画上最能体现该主题的即东壁《迎驾图》左下方处描绘的一辆拖斗的三套马车,车斗中满载婴儿,达六层之多。在为圣母送行的队伍中有几位妇女已怀抱婴儿,圣母“降赐子嗣”的吉祥寓意在此亦清晰明了。

在中国的传统信仰中,所谓“送子娘娘”何其之多,这既是传统伦理和文化心态的体现,更是落后生育观念和生存条件使然。于是为了祈求子嗣,民间便虚造出许多主管生育的神灵和偶像,以至于全然不顾他们原来的分工司掌了,该庙中的后土圣母亦是这种情况。嘉靖二十八年《重修田村圣母庙碑记》表述:“钟一方之灵秀,触石吐云,兴百里之风雨,效捍御昭,感应默有,裨于兹土乎?

故修饰庙貌,答神赐也。祈祷丰穰,庇神休也。"可见,最初人们主要是向这位后土圣母"祈雨"和"祈丰穰"。但在后来的重修碑记上则出现了诸如"祷嗣辙应""人之所急者莫若子孙而能保我子孙者其□□□□母"等字样,看来该庙这位坤维之主在人们的所需下开始主管生育子嗣之大事了。

2.祈子图腾、符号

在东壁《迎驾图》为圣母送行的队伍中,有两仕女手中各捧两只小动物,柴泽俊先生认为它们是"卧狮、玉兔",但因其造型与自然界中的某种动物特点并不完全一致,笔者认为其中一只应该是猴子,而另一只则兼具狗、兔、松鼠等的特点,暂称之为神兽。此外,东壁《迎驾图》上有神将举一面幡旗,其上也清晰可见一只直立、双翼、面部呈叱咤状的猴子形象。该壁画中圣母的仪仗应是按照帝后的级别来表现的,而在明清文献典籍的相关部分中,却未能找到绘有如此图案的幡旗。

在许慎的《说文解字》中,"玃"字之意为母猴也,善攫持人。[①]《本草纲目》也说:"玃,老猴也。纯牡无牝,故又名玃父,亦曰猳玃。善摄人妇女为偶,生子。"[②]张华《博物志》与唐传奇《补江总白猿传》均讲到人猴婚配生育杰出后代的故事。这么普遍的猿猴抢婚传说,很有可能是曾经广泛存在的猴祖崇拜的遗留体现。猴与人相似,又有旺盛的生殖力,可见猴祖崇拜实则为生殖崇拜。

至于另一只兼具狗、兔、松鼠等特点的神兽,也应是取这几种动物多产的生理特征,同样被赋予了生殖图腾的含义。

在北壁《燕乐图》的尾部还描绘了一座膳房,其中有一侍女正在凝视案上刚被切开的西瓜,而其旁边的圆几上还摆放有几朵盛开的莲花。

西瓜、莲花等物象,笔者认为是祈子符号。

原始先民通常用种植经验来解释人类的生殖奥秘,于是多籽植物便被视为女性的子宫和母体生殖力的象征,从而寄寓了人们多子多福的美好愿望,所谓"绵绵瓜瓞,民之初生"。而莲作为一种植物,它既是女性生殖器的象征,又体现了多子的意义,因此莲荷成了人们崇拜的对象,并具有了生育、繁衍以及与之相关的婚恋文化内涵。

看来壁画上出现的西瓜、莲花等自然物是对后土圣母"降赐子嗣"主题的细节补充。

---

① (汉)许慎:《说文解字》,北京:中华书局,1963年,第205页。

② (明)李时珍:《本草纲目》,卷五一,明万历三十一年张鼎思刻本。

## 三、山西后土崇拜与表现的复合性因素分析——神话人物间功能的挪移

后土作为土地尊神，其对大地的管理权威是最高的。在《左传》和《周礼》中均讲到国家大事尤其是封田之事，都得先请她做主。但神话中的人物毕竟是传说中史前时代的形象，并无严格意义上的史实记载。而人们为了征服自然，往往会幻想出一些理想的力量。久而久之，约定俗成，成为民众共同崇拜的偶像。但在之后的流播过程中，也常会出现对本来的一元化存在给予多元化信仰的现象。后土在山西万荣后土祠和汾阳圣母庙中的职能主要是降赐子嗣，是否也是上述现象的一个表现呢？

近年来，随着全国尤其是山西后土文化研究的兴起，以及对万荣后土祠的关注，学术界也出现了一些新的研究成果。譬如有学者就提出了后土与女娲应是合二为一的观点。尽管该问题并不是本文所主要探讨的，但这一观点的提出正好给我们提供了对山西后土文化研究的新空间，使我们能从中发掘她们之间的关系，从而看到这一信仰在传统意义上的新变化。

关于女娲的地皇神格，据《风俗通义》和《史记》的记载可知：所谓三皇，即伏羲、女娲、神农。而伏羲被称作是皞天上帝。帝同皇，天帝亦即天皇。伏羲与女娲是兄妹夫妻关系，按照我国古典哲学关于天阳地阴、天男地女、天夫地妻的观点，伏羲既为天皇，那么女娲就应是地皇了。那么后土如何呢？笔者前文已对其进行了介绍，并着意强调了她在道教中的称谓，即“承天效法厚德光大后土皇地祇”，把后土称“皇地祇”，已充分说明了她的地皇身份。从来天无二日，某个领域的皇也应只有一位，后土与女娲既然同为女地皇，是否有两位一体的可能？对于这样一个目前在学术界还尚属讨论的话题，笔者无意轻率做出结论。但从中至少能看到一个事实，即山西的后土崇拜中非常明显地带上了女娲信仰的影子。况山西境内尤其是晋中、晋南一带的女娲庙、女娲陵、娲皇宫等的分布也较多见。

于是，不妨如此推断：后土既为大地之神、万物之母，而人又是万物之灵长，故把她作为人类之母也应是其职能的深化和延伸。在此意义上，把原本属于始祖神女娲的资生资育、降赐子嗣等职能挪移到后土身上，对于祈子心切、祈福、祈安的民众来讲应该是可以接受的。

总之，正是这种对后土信仰适时适地的改造，才使得其文化原型得以世代

相承。山西地理环境和封建时代自然经济的双重封闭性，使得后土信仰所具有的原生职能和各种衍生职能得到了某个方面（生殖）的强化，这应是符合人类历史发展的客观规律的。

## 结 语

从考据学、历史学、艺术学和民俗学等角度将汾阳田村圣母庙壁画的内涵置身于晋中、晋南地区后土崇拜的民俗文化氛围之中，并通过分析万荣后土祠的历史地位和影响、找寻壁画内容的依据、对照相关的地方志及碑刻的记载等，明确了圣母的身份应为后土娘娘。

在关注主神司职流变及特点的时候，首先考察了壁画中后土作为“皇地祇”即“帝”与“后”的历史及图像依据。主神由“后”转为“送子娘娘”恰是该壁画乃至整个山西后土信仰地方特色的一个体现。壁画中的御驾送子、祈子图腾和符号等图像，正是该地区后土信仰及职能转变的具体化和形象化。在此基础上，分析研究了山西后土崇拜与表现的复合性因素，并努力寻找这一崇拜所体现出的地方特色，即后土崇拜中依稀可见女娲信仰的影子，且其职能由此便从掌管大地主要转向了送子生育，这应是以山西汾阴后土祠和汾阳田村圣母庙为代表的后土信仰的新特点和新发展。

（原载《文物世界》2010年第6期）

# 从方志看清代后土信仰分布的地域特征

## ——以山西地方志为中心

姚春敏

## 一、后土信仰

后土[①]信仰起源于古代农业社会中的人们对于土地的顶礼膜拜。最早对后土的崇拜，是始于对纯自然的“土地”崇拜。

《重刊绘图三教源流搜神大全》卷一《后土皇地祇》云：

> 天地未分，混而为一，二仪初判，阴阳定位，故清气腾而为阳天，浊气降而为阴地。为阳天者，五太相传，五天定位，上施日月，参差玄象。为阴地者，五黄相乘，五气凝结，负载江海，山林屋宇，故曰天阳地阴，天公地母……土者，乃天地初判黄土也，故谓土母焉。

文中的“土母”即后土，在远古与天公相对应，“皇天后土”、天地信仰是中国古代宗教信仰中最根本的信仰。官方对后土的祭祀始于商，“汤以伐夏祭告后土”[②]，到汉代时达到顶峰。汉武帝自己本人曾六次亲临汾阴脽上[③]祭拜后土。

---

① 亦称“地母”“土母”。

② 中华书局影印：《古今图书集成》第489册《博物汇编·神异典》卷一二，上海：中华书局，1934年，第59页。

③ 在今天山西省运城市万荣县。“脽上”最早来源于《汉书》，郦道元在《水经注·汾水》里描述了这个地方。汾水注入黄河之地，冲击形成了一块高地，类似于人的臀部。宋真宗《汾阴二圣配飨之铭》碑文中记：脽上者，汾水之曲，巨河之滨，故魏国之国都，旧晋之疆土。

明代之前，历代皇帝都把它列为国家祭祀。明代以后开始衰败，对后土的信仰开始转向民间，神职明显开始变化，逐渐演化成生育神和守陵之神。[①] 除了神职的变化非常大以外，后土成为人格神后的性别问题，争议也很大。总之，后土信仰是个复杂而又值得重视的问题。

## 二、汾阴脽上国家祭祀的辉煌

“建邦国先告后土”[②]，最早在汾阴祭祀后土的传说是轩辕黄帝，当地人传言这里是轩辕黄帝出生地[③]，仍保存着明代嘉靖年的《轩辕扫地之处》碑[④]，“后土载在祀典，肇自轩辕扫地而祭”[⑤]。轩辕黄帝之后，“二帝八元有司，三王方泽岁举”[⑥]，意思是尧舜时有八大官员专管后土祭祀，夏商周三朝国王每年举行祭祀后土的仪式。方志中记载“舜则五载一巡”[⑦]，“逮于有周，礼文大备”[⑧]，周代对于后土的祭祀已经成形，“奏黄钟，歌大吕，舞云门，以祀天神；奏太簇，歌应钟，舞咸池，以祭地祇”[⑨]，“以地示非大地，则知‘后土’为土地最尊神也”[⑩]。汉文帝令方士观汾阴，欲治庙而未定。[⑪] 汉武帝元鼎四年（前113），为了宣扬帝威，修建了规模宏大的后土祠，设为国家祀庙，纳入国家重大礼制。他本人于元封二年（前109）、四年（前107）、六年（前105），太初元年（前104）、二年（前103），天汉元年（前100）共六次亲祀汾阴后土。[⑫] 每次都带有百官、侍卫、宫娥，浩浩荡荡，虔诚之至。天汉元年，最后一次亲祀后土后，留下了千古绝唱《秋风辞》[⑬]。

---

① 也有学者认为“后土”本身就代表两类神灵，一类是代表“社”及五行神，另一类则是本文研究的皇天后土，即地母。

② （元）马端临：《文献通考》卷七八，北京：中华书局，2011年，第2338页。

③ 李英才编：《后土情》，内部印刷，第43页。

④ 此碑目前保存在后土祠内。

⑤ （宋）杨照：《重修太宁庙记》，（清）马鉴修，寻銮炜纂：《荣河县志》卷一〇《艺文》，清光绪七年刊本。

⑥ 王世仁：《记后土庙貌碑》，《考古》1963年第5期。

⑦ 《唐玄宗祠汾阴后土碑》，（清）马鉴修，寻銮炜纂：《荣河县志》卷一〇《艺文》，清光绪七年刊本。

⑧ （宋）杨照：《重修太宁庙记》，（清）马鉴修，寻銮炜纂：《荣河县志》卷一〇《艺文》，清光绪七年刊本。

⑨ （宋）杨照：《重修太宁庙记》，（清）马鉴修，寻銮炜纂：《荣河县志》卷一〇《艺文》，清光绪七年刊本。

⑩ 参见（宋）杨照：《重修太宁庙记》，（清）马鉴修，寻銮炜纂：《荣河县志》卷一〇《艺文》，清光绪七年刊本。

⑪ 参见（清）马鉴修，寻銮炜纂：《荣河县志》卷二《坛庙》，清光绪七年刊本。

⑫ （清）马鉴修，寻銮炜纂：光绪《荣河县志》卷二《坛庙》，清光绪七年刊本。

⑬ “秋风起兮白云飞，草木黄兮雁南归。兰有秀兮菊有芳，怀佳人兮不能忘。泛楼船兮济汾河，横中流兮扬素波。萧鼓鸣兮发棹歌，欢乐极兮哀情多。少壮几时兮奈老何！”[（清）马鉴修，寻銮炜纂：光绪《荣河县志》卷一二《艺文·诗》，清光绪七年刊本]

为了纪念此作，后土祠中建有秋风楼①。

武帝之后，据《蒲州府志》载：

> 宣帝神爵元年、五凤三年、甘露二年，凡三祀。元帝初元、永光、建昭中三祀。成帝永始、元延、绥和中，凡四祀。东汉光武建武中一祀。唐开元中，凡三祀……至开元修庙，规模壮丽，同于王居，号奉祇宫。宋开宝九年，徙庙，稍南，遣官致祭。宋真宗大中祥符四年，亲幸汾阴告祀。先一年修祠，倍益增丽。后金章宗、元世祖并遣官致祭。②

自元以前，历代帝王曾经21次亲临汾阴祭祀后土。除此以外，对后土祠的修建，在元代之前，历代皇帝都非常重视，被视为国家寺庙修建中的重中之重。唐开元年间，唐玄宗三次到汾阴祭拜，从国库拨款对后土庙进行重大修复和改建。“汉时庙制不可得祥，至开元修庙，规模壮丽于王居”③。

宋时，宋真宗大中祥符三年(1010)动用国库300多万两白银对后土祠进行了大规模的修葺，使汾阴后土祠成为当时与东京汴梁的东宫同等规模的一等大庙。庙内保存金代石碑《蒲州荣河县创立承天效法厚德光大后土皇地祇庙像碑》，以下称《庙像碑》。石碑背面刻了宋大中祥符四年(1011)后土祠的时貌。根据比例尺，庙南北长732步，东西阔320步，约合南北1444.97米，南北宽631.68米，④图中后土祠占地999亩，庄严宏巨，为海内祠庙之冠首。⑤ 依照《庙像碑》，傅熹年院士还原了后土祠的全貌：祠的全部建筑严格对称地布置在笔直的中轴线上，自南向北，依次为山门、太宁庙、承天门、延禧门、坤柔门、寝殿、配天坛、轩辕扫地坛等，两侧还有唐玄宗、宋真宗的碑亭、钟鼓楼、东西五虎等偏殿以及东西长廊。⑥

宋朝的祠祀建筑分为三个等级，后土祠是按照最高级的标准修建的。⑦ 宋真宗于祥符四年亲临祭祀，仅修路就动用士兵5000之众，引起了当时朝中很多大臣的不满，“今陛下经重关、越险阻，轻弃京师根本，而慕西汉虚名”⑧，尽管路

---

① 秋风楼上有元代石刻《秋风辞》，此楼初建时间不详，现在保留的是光绪十六年(1890)修建的。

② (清)周景柱纂修：《蒲州府志》卷四《坛庙》，清乾隆十九年刻本。

③ (清)马鉴修，寻銮炜纂：《荣河县志》卷二《坛庙》，清光绪七年刊本。

④ 参见李英才编：《后土情》，内部印刷，第43页。

⑤ 参见(清)马鉴修，寻銮炜纂：《荣河县志》卷二《坛庙》，清光绪七年刊本。

⑥ 参见杨高云：《汾阴后土祠兴建原因探究》，《运城学院学报》2004年第4期。

⑦ 参见刘敦桢主编：《中国古代建筑史》，北京：中国建筑工业出版社，1984年，第197页。

⑧ (宋)孙奭：《谏幸汾阴疏》，(清)马鉴修，寻銮炜纂：《荣河县志》卷十《艺文》，清光绪七年刊本。

途遥远，耗资巨大，宋真宗仍坚持亲临祭祀，可见后土在当时的地位。祭拜完后土圣母，他撰写并御题了《汾阴二圣配飨之铭》，“二圣”指的是宋真宗的父亲和伯父，即宋太祖和宋太宗。“配飨”亦称配享、附记，专指帝王宗祠之祭。“太祖启运立极英武圣文神德玄功大孝皇帝迫天意、顺人心……合于上玄，佑孚率土。太宗至仁应道神功圣德文武大明广孝皇帝承大统、恢至神”[①]，从碑记中，我们不难看出，宋真宗千里迢迢来祭拜的主要目的，是想借助后土这个至尊之神为自己祖宗歌功颂德，同时不忘解释自己祖先政权的合法地位。为了表示对地母的崇敬，北宋年间，朝廷每年都派大员带着香盒祝板前去祈祷。当然，真宗封禅，祀汾阴后土沿线，这是与北宋政治文化中心在北方相关联的。[②]

## 三、明清后汾阴后土祭祀的衰败

元代以后，帝王不再亲临汾阴祭祀后土，而改由京城郊祀。不过，金、元时期中央仍很重视后土祭祀，不断派官吏来祭祀。

金世宗遣官至河中祠后土庙，[③]元世祖遣官至河中祠后土庙。[④] 到明洪武之后，政府连派遣官员祭祀的活动也停止了。从此以后，后土祠祭祀就由皇家到官方最后到民间祭祀。与此同时，遭受帝王冷落的后土却被黄河大水“钟爱”，明万历年间，黄河冲刷，脽丘塌陷，后土祠不得不择地迁建。清顺治十二年(1655)黄河决口，后土祠建筑荡然无存。清同治六年(1867)，黄河再次肆虐，将重修的后土祠和秋风楼全部吞噬。[⑤]

从秦皇汉武、唐宗宋祖的恩宠到明清几度黄洪的冲刷，汾阴后土经历了千年辉煌终于无可奈何地衰败了。从建筑面积来讲，清末重修的祠庙不及宋真宗时的1/20。从祭祀规模来看，帝王祭祀变成了民间祭祀。目前关于后土信仰的文章大部分都集中在它昔日的鼎盛和辉煌上，涉及衰败的极少。事实上，明清后，汾阴后土的衰败非常明显，我们可以从文人墨客的笔锋中窥到真实的历史。明清之后，过往的文人墨客对这曾经辉煌的地母祠，升起了很多感慨，大多都是

---

① 宋真宗：《汾阴二圣配飨之铭》，万荣后土祠存。

② 皮庆生：《宋代民众祠神信仰研究》，上海：上海古籍出版社，第185页。

③ (清)马鉴修，寻銮炜纂：《荣河县志》卷一三《大事记》，清光绪七年刊本。

④ (清)马鉴修，寻銮炜纂：《荣河县志》卷一三《大事记》，清光绪七年刊本。

⑤ 加俊：《晋南万荣县后土祠俗民后土信仰调查研究》，西北民族大学硕士论文，2006年，第12页。

无可奈何的感叹。“过客漫劳谈往事，断碑无字草虫吟”①“时隆缅想明禋盛，风起犹疑歌韵衰”②“汉祀汾阴遗庙在，殷迁耿邑故城荒”③“扫地坛崩愁夜月，秋风碑蚀暗朝晖”④“汾水今亦徙，祠宫久已空”⑤“兰菊芳残万壑哀，白云千古护空台”⑥“环佩虚怜东帝过，千载明礼犹野祀”⑦。“断碑”“遗庙”“坛崩”“野祀”，这些词让我们看到了一个昔日无比荣光的大地之母祠庙在秋风里无奈地淹没。

## 四、清代山西方志中的后土庙宇

俗话说“百足之虫，死而不僵”，作为一个曾经有着显赫地位的至尊神祇，后土在清代的信仰中仍顽强地占据着一席之地。因为庙宇是信仰具体神祇的载体，山西又是后土信仰的发源地，从山西清代以及民国初年的方志的后土庙宇记载中，我们可以一观清代后土信仰在山西的基本特征。

清代山西方志中后土庙宇分布见下表：

**表 4-1　清代山西方志中后土庙宇分布**

| 地区 | 后土庙 | 地区 | 后土庙 | 地区 | 后土庙 |
|---|---|---|---|---|---|
| 临晋县 | 一座，在县北郭外⑧ | 荣河县 | 汾阴后土祠⑨ | 安泽县 | 后土庙在县东⑩ |

① (明)萧启:《秋风辞亭》,(清)马鉴修,寻銮炜纂:《荣河县志》卷一二《艺文·诗》,清光绪七年刊本。

② (明)周有光:《咏邑中八景》,(清)马鉴修,寻銮炜纂:《荣河县志》卷一二《艺文·诗》,清光绪七年刊本。

③ (明)薛瑄:《秋日家山杂咏》,(清)马鉴修,寻銮炜纂:《荣河县志》卷一二《艺文·诗》,清光绪七年刊本。

④ (清)高引:《谒汾阴祠》,(清)马鉴修,寻銮炜纂:《荣河县志》卷一二《艺文·诗》,清光绪七年刊本。

⑤ (清)乔光烈:《汾阴怀古》,(清)马鉴修,寻銮炜纂:《荣河县志》卷一二《艺文·诗》,清光绪七年刊本。

⑥ (明)张学颜:《汾阴祠次旧款》,(清)马鉴修,寻銮炜纂:《荣河县志》卷一二《艺文·诗》,清光绪七年刊本。

⑦ (明)刘应雄:《过汾阴祠》,(清)马鉴修,寻銮炜纂:《荣河县志》卷一二《艺文·诗》,清光绪七年刊本。

⑧ (清)王正茂纂修:《临晋县志》卷二《群祀篇》,清乾隆三十八年刊本。

⑨ (清)王正茂纂修:《临晋县志》卷二《群祀篇》,清乾隆三十八年刊本;(清)马鉴修,寻銮炜纂:《荣河县志》卷二《坛庙》,清光绪七年刊本。

⑩ 杨世瑛修,王锡祯纂:《重修安泽县志》卷三《建置》,1932 年铅印本。

续表

| 地区 | 后土庙 | 地区 | 后土庙 | 地区 | 后土庙 |
|---|---|---|---|---|---|
| 芮城县 | 两座，一在西关坊曰汾阴行宫，一在张嵩村 | 吉县 | 皇天后土庙在谢悉村[1] | 解县 | 一在县南五里中条山麓，创建未详。一在县西北二十里大井村北，今名金井庙[2] |
| 寿阳县 | 无记载[3] | 襄垣县 | 无记载[4] | 虞乡县 | 后土庙在城东北隅[5] |
| 介休县 | 后土庙在城西北隅[6] | 翼城县 | 后土圣母庙在城东[7] | 岳阳县 | 县东古县城[8] |
| 闻喜县 | 后土庙在城中社，另本县县城内同时有女娲庙在城东[9] | 浮山县 | 东要村后土庙[10] | 乡宁县 | 全城岭亦有后土庙[11] |
| 蒲县 | 无记载[12] | 临汾县 | 无记载[13] | 天镇县 | 无记载 |
| 隰州 | 无记载[14] | 保德州 | 无记载[15] | 马邑县 | 无记载 |
| 平陆县 | 无记载[16] | 广灵县 | 无记载[17] | 昔阳县 | 无记载 |

① (清)吴葵之修，裴国苞纂：《吉州全》卷七《寺观》，清光绪五年铅印本。
② 曲迺锐编辑：《解县志》卷一二《古迹考》，1920 年石印本。
③ (清)龚导江纂修：《寿阳县志》，清乾隆三十六年刻本。
④ 严用琛修，王维新纂：《襄垣县志》，1928 年铅印本。
⑤ 周振声修，李无逸等编：《虞乡县新志》卷八《古迹考》，1920 年石印本。
⑥ (清)徐品山修，陆元惠纂：《介休县志》卷三《坛庙》，清嘉庆二十四年刊本。
⑦ 马继桢修，吉廷彦纂：《翼城县志》卷一七《祠祀》，1929 年铅印本。
⑧ 李锺珩修，王之哲纂：《岳阳县志》卷三《坛庙》，1915 年石印本。
⑨ (清)李遵唐纂修：《闻喜县志》卷二《坛庙》，清乾隆三十年刊本。
⑩ 任耀先修，张桂书纂：《浮山县志》卷四〇《艺文》《东要村重建后土庙记》，1935 年刊本。
⑪ 赵祖抃修，吴庚纂：《乡宁县志》卷五《坛庙》，1917 年刊本。
⑫ (清)托克托欢修纂：《蒲县志》，清光绪六年刻本。
⑬ 刘玉玑修，张其昌纂：《临汾县志》，1933 年铅印本。
⑭ (清)钱以垲纂修：《隰州志》，清康熙四十八年刊本。
⑮ (清)王克昌修，殷梦高纂：康熙《保德州志》，1932 年铅印本。
⑯ (清)严如泗总修：《平陆县志》，1932 年铅印本。
⑰ (清)郭磊纂修：《广灵县志》，清乾隆十九年刊本。

续表

| 地区 | 后土庙 | 地区 | 后土庙 | 地区 | 后土庙 |
|---|---|---|---|---|---|
| 稷山县 | 后土祠二，一在东北二十里李老庄，一在城西① | 朔州 | 无记载② | 偏关 | 无记载 |
| 新绛县 | 无记载③ | 阳高县 | 无记载④ | 阳城县 | 无记载⑤ |
| 万泉县 | 城西三里许⑥ | 永和县 | 无记载⑦ | 武乡县 | 无记载⑧ |

以上州、县共33个中明确记载有后土庙(祠)的18座。当然，由于方志的版本时间各有不同，统计有些纰漏，比如说，同为《临晋县志》，乾隆版《坛庙》中的就有后土庙，而民国版的却找不到它的踪迹。上表州、县中出现后土庙的州、县有：芮城县、介休县、闻喜县、稷山县、万泉县、荣河县、安泽县、吉县、解县、虞乡县、翼城县、浮山县、岳阳县、乡宁县。除了介休县以外，其余县在地理上均属于山西西南部⑨，我们由此可以判断，后土信仰到了清代，在山西已经萎缩到了以晋南汾阴后土祠为中心点的山西西南部的狭小领域里。为了证实我们的推测，笔者打破了行政区划，把视线扩展到与山西晋南在地理位置上紧紧相连的陕西南部，果不其然，在紧挨晋南的临潼和渭南的清代方志中均发现了后土祠的踪迹。

后土庙，即泰宁宫，在县城东。宋祥符中建，其详载故牒中。当是时，真宗驾幸汾阴泰宁宫祀后土，以祈嗣因幸华山历云台观，观东亦有汾阴后土庙，遂赐号曰泰宁宫，后住持武元亨请于朝，改建渭城东南原即今宫也。金元明相继修葺，雍正八年住持王一海募修，有元余关重修碑记暨前人题咏，俱见艺文志。⑩

---

① (清)沈凤翔纂修:《稷山县志》卷二《祀典》,清同治四年石印本。
② (清)汪嗣圣修,王霷纂:《朔州县志》,清雍正十三年石印本。
③ 徐昭俭修,杨兆泰纂:《新绛县志》,1929年铅印本。
④ (清)房裔兰修,苏之芬纂:《阳高县志》,民国铅印本。
⑤ (清)赖昌期修,谭沄纂:《阳城县志》,清同治十三年刊本。
⑥ 何槃修,冯文瑞纂:《万泉县志》卷二《祠祀》,1917年石印本。
⑦ 阎佩礼修,段金成纂:《永和县志》,1931年钞本。
⑧ (清)白鹤修,史傅远纂:《武乡县志》,清乾隆五十五年刊本。
⑨ 具体指今天的临汾地区和运城地区。
⑩ (清)岳冠华纂修:《渭南县志》卷六《祠祀》,清雍正十年刻本。

> 后土庙:在城东,建自汉唐至宋大观间,知州郭贤重修。政和间,王吉甫守郡又重营之后,道士杨善礼建观于其侧,赐额广成万历初以道士杀人,废观存庙。[①]

这样,在清末便出现了一个以“河东”为中心的,半径大约100公里的后土信仰圈。在这里,笔者并没有用学术界非常流行的“祭祀圈”[②]来表述后土信仰的区域分布。关于祭祀圈与信仰圈的区别,以往学者给予了比较详细的解读,[③]不是本文重点,不再赘述。这个曾经辉煌了上千年的地母神——后土,就被锁定在这不足三百平方公里的区域内。为何会选择此处作为她最后的栖息地,原因很简单。第一,后土神祇最早发源于此地,这里保存了她作为国家祭祀时的最辉煌记忆;第二,这块后土信仰圈中心带位于山西西南部,清代隶属于平阳府、蒲州、解州,即今天的临汾地区和运城地区,由于黄河在此北来东往,故史称“河东”。这里地势平坦,土壤肥沃,土层深厚,气候温和,光照充足,年降水量在600毫米以上,为发展农业生产提供了有利的条件,也是中国农耕文明的发源地,《左传·哀公六年》孔颖达疏云:“尧治平阳,舜治蒲坂,禹治安邑,三都相去各二百余里,俱在冀州,统天下四方。”[④]作为地母神,后土信仰是植根于农耕文化的,故古“河东”的人文和自然环境责无旁贷地成了她最后的栖息地。

这18座有记载的后土祠(庙),有创建年代记载的为稷山县两座:一在东北二十里李老庄,宋皇祐三年(1051),京兆人段美祷于汾阴祠,因立庙,内有古柏一株。一在城西一里,元太定四年达鲁花赤裴世贤修撰记。[⑤] 万泉县一座:后土庙在城西三里许,宋真宗景德三年(1006)建西门,内有行祠。易坤为土为母即社也,月令元日令民社驻使。民祀焉,神其农业也。[⑥] 吉县一座:皇天后土庙在谢悉村,建于大宋天圣元年(1023)殿……俗称为公输神所建。[⑦] 翼城县一座:后土圣母庙在城东,巅庙雄壮。内有古柏,始建于元代,明万历十年(1582)乡耆杨

---

① (清)熊兆麟纂修:《大荔县志》卷八《祠祀志》,清道光三十年刻本。

② “祭祀圈”是指一个以主祭神为中心,共同举行祭祀的居民所属的地域单位。祭祀圈本质上是一种地方组织,表现出汉人以神明信仰来结合与组织地方人群的方式。参见林美容:《由祭祀圈来看草屯镇的地方组织》,《“中央研究院”民族学研究所集刊》1986年第62期。

③ 张宏明:《民间宗教祭祀中的义务性和自愿性——祭祀圈和信仰圈辨析》,《民俗研究》2007年第3期。

④ (清)阮元校刻:《十三经注疏·春秋左传正义》卷五八,北京:中华书局,1957年,第4695页。

⑤ (清)沈凤翔纂修:《稷山县志》卷二《祀典》,清同治四年石印本。

⑥ 何桑修,冯文瑞纂:《万泉县志》卷二《祠祀》,1917年石印本。

⑦ (清)吴葵之修,裴国苞纂:《州全》卷七《寺观》,1929年铅印本。

太湖、刘东郊督建承天楼于殿后,俗名梳妆楼。木工雕刻精巧绝伦。[①] 解县一座:后土庙,在县西北二十里大井村北,今名金井庙。宋至道元年(995),县令李焕修。明嘉靖九年(1530),里人重修。[②] 乡宁县:后土庙在城内金大定年建、明正德间重修,元至元年,明洪武年、万历年俱重修,清乾隆二十二年(1757)改建规模较大。碑记因鄂堤为山水冲决立后土庙以镇之。非县之社神也,岁三月祭赛西乡,全城岭亦有后土庙。[③] 除此以外,还有荣河县的汾阴后土祠,始建于西汉。这8座能够追寻到渊源的后土祠(庙),除汾阴后土祠建于汉代,其余宋代建造4座,金代建造1座,元代建造2座。初建于明清的后土祠(庙)没有看到。上文有同为《临晋县志》,乾隆版《坛庙》中的有后土庙,而民国版的却找不到它的踪迹,这个现象恰好能让我们看到它衰退的一个痕迹,历史距今越远,后土庙在山西的数量越多,分布也越广。明代后,中央政府不派人来专门祭祀后土,于是之后便没有官方新建的庙宇出现,这一现象与后土庙在方志中呈现的状态不谋而合,这应该不是历史的偶合,而是一个铁板钉钉的史实:国家在动用权力推行"信仰"的力量是如此强大,它可以成就一个信仰也可以改造和毁灭一种信仰符号。它可以把关羽,一位普通的蜀将改造成权力的"文化"代言,[④]广播其寺庙。也可以把位列至尊的地母,搁置甚至废置。非常具有讽刺意义的是,这两个神祇都发源于山西西南部,黄河沿岸,在行政区域内都属于今天的山西省运城市。唯一不同的是,一个是男神,一个是女神。是机缘巧合还是有意为之,我们已不得而知。那么,唐宋时,遍地开花的地母神庙在失宠后何去何从?凋敝、荒废可能是它的一种处境,方志里还记载有另外一种下落,就是被改造成其他神的居所或者是做其他用途。《芮城县志》中记载后土庙在"正德间废为税课局。嘉靖初,更为养正馆"[⑤]。《解县志》中记载后土庙"在县西北二十里大井村北,今名金井庙。宋至道元年,县令李焕修。明嘉靖九年,里人重修。隆庆五年(1571)重修,万历二十三年(1595)大修。清乾隆四十八年(1783)重修,同治十三年(1875)重修。今为大市场"。[⑥]

明清之后,作为后土故乡的晋南地区,后土信仰民间化的趋势非常明显,具体表现为州、县的后土祠开始向乡村转移,这一点,我们可以在民国的一些方志

① 李锺珩修,王之哲纂:《翼城县志》卷一七《祠祀》。
② 曲迺锐编辑:《解县志》卷一二《古迹考》,1920年石印本。
③ 赵祖卞修,吴庚纂:《乡宁县志》卷五《坛庙》,1917年刊本。
④ 参见杜赞奇:《文化、权力与国家》,南京:江苏人民出版社,2008年,第117页。
⑤ 牛照藻修,萧光汉纂:《芮城县志》卷十二《坛庙》,1923年铅印本。
⑥ 曲迺锐编辑:《解县志》卷十二《古迹考》,1920年石印本。

中窥出。辛亥革命后，大量的民间寺庙被改为学校，部分县志详细地记载这一运动的实际情况，恰好从侧面为我们提供了一个当地庙宇在晚清的实际分布状况。例如，民国十二年《芮城县志》卷三《学校》中有炕头村、洪源沟、新庄村、梁家沟、许霸坡、地皇泉、杏堤村、夏阳村、石湖村、伏龙村、曲里村、炕北村、西峪村、南礼教、东西董村、沟南北村、陈家村、下窑村、东关、兴耀村、东张村、上石门、西陌村、朱吕村、三甲坡、蔡村、沟渠头、水峪、关家磨、董村、西关、兴耀村、上郭村和太安村[1]等36所小学是由后土祠转化而来的，在当地242所被转为小学的庙宇中排名第一，甚至超过了关帝庙。这些被改为小学的庙宇一般都是本村的"大庙"，可见清末后土在当地民间的力量非常强大。那么，其他地方村落后土的信仰如何？由于资料的缺乏，我们难以统计，但从王守恩对山西太谷县各村落的寺庙调查中，没有发现后土的踪迹。[2] 另外，在山西的一些碑刻集中，也难以在除了山西西南部的其他地区发现后土庙的重修碑。可以肯定的是，后土信仰的民间化只是存在于部分地区，并不能普及整个山西境内。

后土神庙被废被改造，作为神祇的后土为适应环境改变，她的代表形象也在不断发生变化，到清代，后土这一符号所代表的意义非常复杂，民间和国家的观点各有不同，神职也发生了翻天覆地的变化。

## 五、清代官方的后土观念

有清一代，后土在中央已经完全被认定为司掌坟土的冥神。在清人的其他著作中，我们可以看到对后土冥神的认同也广泛存在于清代民众中。"墓新成，祭后土也"[3]，翟灏《通俗篇》和姚福均《铸鼎余文》中都有此仪式的详细介绍，这种后土的神职认同今天在全国很多地方都有保留。台湾、福建的现代墓碑后还明确刻有"后土"[4]二字。在山西，晋东南和晋北部分地区也有此风俗，但耐人寻味的是，在汾阴后土的信仰核心圈[5]内，后土神却无此功能。后土最早司掌坟墓土地的记载来源于唐代，杜佑在《通典》中记载，唐朝时，百姓营建墓地，先在所

---

① 牛照藻修，萧光汉纂：《芮城县志》卷三《学校》，1920年石印本。

② 王守恩：《诸神与众生》，北京：中国社会科学出版社，2001年，第40—43、47—53页。

③ （清）吴卓信：《丧礼经传约》，（清）魏源：《皇朝经世文编》卷六二，长沙：岳麓书社，2004年，第409页。

④ 杨洪杰主编：《中华始祖——后土圣母》，北京：中国国际出版社，2006年，第114页。

⑤ 主要指清代山西后土信仰的主要分布区，晋西南的运城和临汾一带。

选定的墓地周围立标杆，摆设酒席祭告后土，请神祇保佑，然后动工。[①]

这项习俗，慢慢演变下来，到了明清时，发展为在亡者墓地设立约二尺高的石碑，上书“后土”，加以祭奠，祈求后土神保佑死者亡魂。[②]

当然，作为曾经的“地母”余威仍在“告于皇天后土，其疾既去”[③]。类似这样的表述在清人的文章中也屡见不鲜。

## 六、清代后土信仰的民间变异

明代之前，后土在民间的典型特征是法力无边的地母神，主管人类世界的生产和生育。明清以后随着后土国家祭祀的衰败，这些符号渐渐变异。

### (一)后土是民间女子演化

河北省易县、涞水一带民间至今仍保留着祭祀后土的习俗。但从对当地的宝卷分析来看，他们对后土的来历解释非常地方化。河北南高洛《后土皇帝宝卷》分上下两卷：上卷讲述后土娘娘苦修成仙，搭救汉光武帝刘秀于危难等经历；下卷描写张公求子，后土送生、度凡等故事。故事中的后土原是河北真定府行唐县上房村一位姓张的村姑，因父母早亡，三位兄长出家修行，她孤身一人难以度日，于是出家修道。她历经艰辛，在易县后山(洪崖山)丹霞洞独自修行，终于感动上天，被太白金星接引上了天庭。上天后方知自己原是天上皇姑，皇后母是坤德元君，玉皇、勾陈、紫微三位天帝正是她的三位兄长，她自己也成为第四位天帝。[④] 这个传说仅仅保留了汉代后土神的女性身份，其他则截然不同。

关于民间女子演化为女神，在民间传说中并不少见，尤其是宋元以后，各地民众纷纷用自己的价值理念构建自己的女神。著名的海神“妈祖”，就是从一个民间女子脱胎成为东南沿海的渔民保护神。晋东南大量存在的“二仙崇拜”，也是把两个备受继母虐待的小姑娘扶上了神坛。如此改造“后土”的原因也很简单，民众需要“后土”的威力，又不愿意让她始终高高在上，脱离群众。借用上古女神的名头，演化为本地贫女善心修炼得道，这个改造是同区域内民众心理上最容易接受的。

---

① (唐)杜佑：《通典》，北京：中华书局，1988 年，第 3544—3545 页。

② 参见杨洪杰主编：《中华始祖——后土圣母》，北京：中国国际出版社，2006 年，第 114 页。

③ (清)魏源：《皇朝经世文编》卷二，长沙：岳麓书社，2004 年，第 463 页。

④ 亦即道教神系中最高神位“三清”之下的“四御”之一。参见薛艺兵：《河北易县、涞水的〈后土宝卷〉》，《音乐艺术》2000 年第 2 期。

## (二)后土是女娲

持这一观点的大多都是后土核心信仰圈内的学者。[①] 从文字的起源上讲,“后土”一词的本义,应为女神。在甲骨文与金文中,“后”字都是女人形状,有的还带有明显的双乳。王国维《殷卜辞中所见先公先王续考》中说:“后字皆从女或从母、从子。象产子之形。”[②]后的初意就是“族母”。学者们把后土的“坤神”和“至尊”的特征与女娲的形象联系在一起,似乎在为衰败的地母找另外一个代言神。但同时也有学者提出了异议,认为女娲是汉民族的造物主,是造人神话中的重要人物,始终是人格神。而后土的原初意义是土地,是一个纯自然物,后土信仰是对土地的崇拜,是自然崇拜的产物。二者是完全不同的两个系统。

相对于学者的争论,民间也出现两种分歧。在后土信仰发源地万荣,百姓普遍认为“后土”即“女娲”,大量的民间传说比如“女娲娘娘与孤山”“后土女娲娘娘在这里炼石补天”“天皇与地母”[③]等等为这一论断做注脚。他们甚至认为在《封神演义》中,商纣王祭拜的女娲庙就是后土祠,这也就是后土祠演戏从不演《无影簪》的原因。可是,在距离汾阴后土祠不足50里的夏县张郭店村,据百姓回忆,清末民初村内的社庙是“三娘娘庙”,这三娘娘分别是后土、女娲和碧霞娘娘。距离更远点的临汾市尧都区东羊村后土庙,至今在大殿里把女娲和后土作为两个不同的女神同时供奉着。当地人在被问及后土与女娲时,甚至认为两者的区别不言而喻:后土管土地,女娲管生孩子。这些来自民间的分歧,正如周有光在祭拜了汾阴后土后所说的“祠宫谩诋当时事”[④]。传说在层累的积淀中形成,不同的团体和个人用不同的价值理念去编织和改造,当时事只能被谩诋了。

## (三)后土是男神

对后土的性别界定历来争议较大,当然这种争议不外乎两类,一种认为是男性神(如郑玄、蔡邕等),一种认为是女性神(如丁山、薛艺兵等)。持有这两种观点的学者分别在历史文献和文字源头中找到了凭证。除此以外,还有第三种

---

① 参见陈振民:《汾阴脽上的女神效应》,《运城学院学报》2003年第2期;张晓辉、薛文亮:《汾阴后土祠:华夏根祖文化的源头》,《运城高等专科学校学报》2002年第2期;艾斐:《后土文化与中华文明》,《运城学院学报》2004年第1期;孟繁仁、文庆:《从“抟土造人”神话到“后土皇地祇”》,《山西社会主义学院学报》2002年第2期;杨洪杰:《中华始祖——后土圣母》,北京:中国国际出版社,2006年;等等。

② 王国维:《殷卜辞中所见先公先王续考》,《观堂集林》,北京:中华书局,1959年,第441页。

③ 李英才编:《后土故里的民间传说》,内部印刷。

④ (清)马鉴修,寻銮炜纂:《荣河县志》卷一〇《艺文》《汾古祠》,清光绪七年刊本。

观点，后土先为男神，唐代后逐渐演变为女神。[①] 回归到方志中，对这个问题，当时人、当事人也有很大疑问。《临晋县志》：后土庙，在县北郭外。后土为共工氏之子，祭法曰社也。左氏以为勾龙。汉武帝立祠汾阴祀高禖者。然三月十八俗闻为神诞。[②]《万泉县志》：后土庙在城西三里许，宋真宗景德三年建西门，内有行祠。易坤为土为母即社也，月令元日令民社驻使。民祀焉，神其农业也。[③] 前者认为，后土为共工氏之子，是男神和社神，汾阴后土是祭祀高禖神的。后者却认为后土是女神也是社神。而这两地的空间距离不过区区30里，对后土的认识却大相径庭。

### （四）后土是土地之妻子

这种说法主要流传在山西的东南部，晋东南有个有趣的民间传说，这里的土地爷妻子也就是土地奶奶，级别比丈夫高。当地人流传在塑完土地像后，把已经破落的后土庙里的娘娘直接搬来与土地配对。因为后土的级别要高得多，所以当地的土地爷全是“妻管严”。这个传说代表了一种民间记忆，后土曾经“母仪天下”的威严被记住了，可是现实的衰败状况，又让这位没落的贵族女神无处容身，只好下嫁给土地，这样反而可以保存一点她作为“土”之神的职权，因为在传说中，她是实际权力的掌握者。

## 七、小结

汾阴后土祭祀曾是国家重要祭祀，不允许民间祭拜。“古者，祀有专主。一切天神地祇，非庶人所得祀也。刘汉以降，始有汾阴、太乙入神，将诸神祀。然其时犹设官专主，民间不得而擅祀也。”[④]清人秦蕙田专门对古礼的传承进行了论证，不断提到“行礼不可泥古”“古礼未必尽用”“即如周公礼制，后世不必沿袭者尽多……何况汉以后之制作耶，如原庙及汾阴泰畤河东后土”[⑤]。明清之后，随着尊崇地位的丧失，后土开始落入民间，百姓开始凭记忆和自身的需要来构建后土的形象。她可以幻化成河北乡村的小姑娘，可以下嫁给土地爷，也可以变成女娲娘娘，她的庙宇在明清四五百年中急剧减少，顾炎武在《日知录》中甚

---

① 萧登福：《后土与地母——试论地土诸神及地母信仰》，《运城学院学报》2005年第2期。

② （清）王正茂纂修：《临晋县志》卷二《群祀篇》，清乾隆三十月年刊本。

③ 何桑修，冯文瑞纂：《万泉县志》卷二《祠祀》，1917年石印本。

④ 碑刻《温县善士金妆圣像题名记》，保存在山西省晋城珏山。

⑤ （清）魏源：《皇朝经世文编》卷五四《礼政——礼论》，长沙：岳麓书社，2004年，第40页。

至把后土放在“淫祀”中“汾阴后土祠，为妇人塑像”。[①] “文明的进步把羞耻心培植了，虔诚一变而为淫欲，惊畏一变而为玩狎”[②]。

与后土衰败成明显对比的是东南沿海的天后信仰，天后原本是10世纪出现在福建沿海的一个小神，[③]因为历代帝王的提倡，她最终成了一个重要的女神。天后地位的提升与国家对中国沿海地区权威的逐渐加强是同步的。[④] 那么，我们是否可以反推后土崇拜的衰败与没落，恰恰也是明清之后，作为农耕文明发源地的晋南渐渐失去了之前显赫的战略和经济地位，由此殃及女神。信仰区域萎缩，神职也被社稷坛和观音庙等神庙分化，就连神本身性别、出身也被不同区域的信众根据需要改造得面目全非。被帝王独宠的地母，在帝王远离后，黯然退回到她来的地方。

（原载《兰州学刊》2011年第1期，有改动）

---

① (清)魏源:《皇朝经世文编》卷六六《礼政十三・祭礼上》，长沙:岳麓书社，2004年，第677页。

② 闻一多:《神话与诗》，北京:生活・读书・新知三联书店，1982年，第107页。

③ [美]韦思谛编:《中国大众宗教》，陈仲丹译，南京:江苏人民出版社，2006年，第58—59页。

④ [美]韦思谛编:《中国大众宗教》，陈仲丹译，南京:江苏人民出版社，2006年，第58—59页。

# 节日仪式中的后土信仰与公共秩序

## ——从后土祠农历三月十八传统庙会认识中国古代的春社传统

加　俊

现存于晋南万荣县荣河镇庙前村的后土祠，是明清之前历代帝王祭祀后土神灵的祠庙。明清两朝，皇帝祭祀后土的仪式迁徙于北京天坛进行，后土祠的后土祭祀活动才由皇家祭祀与官方祭祀转变为民间祭祀活动。今天，当地民间依然保留着每年农历三月十八与十月初五祭祀后土的传统，其中尤以三月十八的传统庙会为盛。高忠严曾在学位论文中梳理了后土神灵在历史上的演变过程，并追溯了古代各朝对于后土祠的后土神灵的皇家祭祀活动，但未能对于后土祠的民间祭祀活动及其与民众生活的关系进行深入探讨。[①] 笔者也曾撰文先后探讨了后土祠后土信仰的传统延续及在当代社会的嬗变[②]以及后土祠庙会的基本特征与功能[③]。由于条件所限，笔者当时只对后土与"社神""社日"及两者之间的关联给出了初步认识，并没有对其进行论述与阐发。在本文中，笔者尝试从后土神灵与后土信仰入手，探究后土信仰与社神的关联，通过对后土祠传统庙会活动的分析来考察中国古代的社日与春社的传统习俗，进而洞悉古代社日与民众生活、社会秩序之间的紧密关联。

---

① 参见高忠严：《神圣与世俗：后土信仰发生演变探论——以晋南万荣后土祠的考察为例》，山西师范大学硕士学位论文，2003 年。

② 加俊：《晋南万荣县后土祠俗民后土信仰调查研究》，西北民族大学硕士学位论文，2006 年。

③ 加俊、葛琛佳：《后土祠传统庙会的原始性与功能分析——对山西万荣县荣河镇后土祠庙会的民俗考察》，《运城学院学报》2007 年第 1 期。

# 一、神、后土与后土祠

社神是古代对于土地神的称谓，社神信仰发端于先民对土地的崇敬与膜拜。随着社会的发展与文明的进步，原始的自然崇拜逐步演化为人格化的神灵，与具体的历史人物联系到一起。传世典籍记载社神即后土，掌管土地与农业之事。《左传·昭公二十九年》记载："共工氏有子曰句龙，为后土……后土为社。"又《国语·鲁语上》记载："共工氏之伯九有也，其子曰后土，能平九土，故祀以为社。"又见《礼记·檀弓上》记载："君举而哭于后土。"郑玄注："后土，社也。"[①]西汉时，受黄老阴阳五行学说的影响，人们认为开天辟地之后，清气上升为天，浊气下降为地，天阳地阴，天父地母，开始把后土塑造为女神，也称后土为"地母"，与皇天相对称。如《汉书·郊祀志》所收《郊祀歌》之《帝临》篇："后土富媪，昭明三光。穆穆优游，嘉服上黄。"张晏注曰："媪，老母称也。坤为母，故称媪，海内安定，富媪之功耳。"[②]

在道教神祇中，后土被列为四御之一，即承天启效土地祇，成为主管阴阳化育、万物之美与大地山河的女神，称为后土娘娘。民间则多称后土庙为"娘娘庙"。在漫长的历史演变中，后土从土地神灵逐步成为司职土地、保佑农业丰收、掌管生育、主宰地狱的神祇。后土祠指古代皇家祭祀"后土"的场所。地址位于汾阴脽，即今山西万荣县荣河镇庙前村旧址向西约1里，汾河与黄河交汇处，现已没入黄河。《水经注·汾水》对其这样描述："背汾带河，长四五里，广二余里，高十余丈，汾水历其阴，西入河。"[③]由于两河的长期冲积，这里逐渐形成了一块南北长四五里、东西宽二三里的狭长河洲，地面隆起，形成高丘，形似人的臀部。史书对它有几种叫法：汾阴脽、脽上、魏脽、脽坛、汾阴坛等。

魏晋时皇甫谧所著的《帝王世纪》载："轩辕于汾脽，祭地母。设郊台，百官随，甚壮。"地母，即后土的别称。轩辕为历史传说中统治者祭祀后土的首创，祭祀场面盛大隆重。在其之后，"二帝八元有司，三王方泽岁举"[④]，即尧舜二帝时有八大官员专管祭祀后土，夏商周三朝国王每年都举行一次祭祀后土的仪式。汉武帝时期，国力增强，为了宣扬帝威，他于元鼎四年(前113)大兴土木，修建规

① 辞海编辑委员会编：《辞海》，上海：上海辞书出版社，1979年，第169页。
② (汉)班固：《汉书》，北京：中华书局，1977年，第1054页。
③ 王国维校：《水经注校》，上海：上海人民出版社，1984年，第214页。
④ 王世仁：《记后土祠庙貌碑》，《考古》1963年第5期。

模宏大的后土祠，设定为国家祀庙，纳入国家重大礼制，指派官员常年设祭。汉武帝先后6次亲临后土祠祭祀后土，声势浩大，虔诚至极。之后，汉宣帝、汉元帝、汉成帝、汉哀帝以及东汉光武帝等依照祖制来到后土祠祭祀达11次之多。唐朝开元年间，唐玄宗曾3次到后土祠进行祭祀，从国库拨款对后土庙进行了重大的修复和改建。宋真宗大中祥符三年(1010)，皇家动用国库300多万两白银对后土祠进行了大规模的修葺，使汾阴后土祠成为与当时汴梁东京的东宫同等规模的一等大庙，可谓“规模壮丽，同于王室”，为“海内祠庙之冠”[①]。宋真宗于大中祥符四年(1011)亲临祭祀，撰写并御题了《汾阴二圣配飨之铭》。金元两朝，帝王未曾亲临祭祀后土，而改为派遣官员前来祭祀后土。明代在北京建天坛、地坛以祭祀天地。因此，明清两朝，后土祭祀由皇家与官方祭祀逐步转变为民间祭祀。民间祭祀后土的活动一直绵延到今天。其间，后土祠多次为黄河冲毁和淹没，黄河两岸山陕民众踊跃捐款，最后将后土祠迁建、安置于黄河与汾河交汇处(今万荣县庙前村北)的黄土高崖上。后土祠现存主要建筑有山门、品字台、献台、献殿、香亭、正殿、东西五虎殿、秋风楼、宋真宗碑廊等。

## 二、社日与后土祠三月十八庙会

民间对于土地的崇拜与信仰，主要源于黄河流域历史悠久的农业文明。“人非土不立，非谷不食。土地广博，不可遍敬也。五谷众多，不可一一而祭也故封土立社，示尊土也。”[②]在古代农业社会，土地之神后土受到当时民众极为虔诚的顶礼膜拜。

古代享祀土地神的日子叫社日，分为春社和秋社。立春后的第5个戊日为春社，立秋后的第5个戊日为秋社，大体在每年的春分或秋分前后，具体日期因各朝代而异。汉代以前只有春社，汉以后才有春、秋二社。春、秋二社祀神的功能有所分别，即所谓春祈秋报。春社主要是祈求土地神保佑农业丰收，秋社则因收获而报答感谢神明。民间多以农历二月初二为春社日期。

随着道教的兴盛，社神后土被吸纳为道教神灵体系四御之一的承天效法后土皇地祇，协助玉皇执掌阴阳生育、万物生长与大地河山之秀。由于道教中后土皇地祇的神诞之日为农历三月十八，因此有的地方如后土祠以农历三月十八

---

① 凤凰出版社编选组:《中国地方志集成·山西府县志辑·乾隆蒲州府志》，南京:凤凰出版社，2005年，第108页。

② (清)陈立撰，吴则虞点校:《白虎通疏证》，北京:中华书局，1994年，第772—773页。

为春社之日。

由于祭祀者不同，社神的祭祀又可分为官社和民社，分别为官方和民间对社神的祭祀。官社祭祀活动庄严、隆重，祭品丰厚，享以太牢之礼，民社祭祀简朴、随意。相比较而言，民众真正能体验到社日欢乐的是民社。① 春社之日，迎神赛社、祭社神、闹社火、演社戏、饮社酒、食社饭、分社肉、停针线、回娘家等习俗都是重要的表现形式，代表了中国古老的节日文化传统，也是古代诗人如杜甫、白居易、范成大、梅尧臣、陆游、朱熹等诗歌中重要的表现内容。

由于种种原因，曾经在华夏民族生活中极为重要的社日在后来的历史发展中逐渐衰败和式微，地位逐步下降并让位于其他重要的传统节日。后土祠由于独特的文化土壤和特殊的历史境遇，自明朝开始转为民间祭祀，绵延至今，“至祀土一节，必不可少，习惯相沿，盖有年矣”②，形成了独特的后土祠农历三月十八传统庙会（以下简称“后土祠庙会”）习俗，依然保留着古代春社的节日文化传统。本文关注的是从明代至中华人民共和国成立前的后土祠传统庙会，主要采用的资料为多次田野调查与口头访谈所得。③

## 三、后土祠庙会与中国古代的春社传统

明初统治者建立了里社制度以加强对于地方社会的控制。《明会典·里社》记载：“凡各处乡村人民，每里一百户内立坛一所，祀五土五谷之神，专为祈祷雨旸时若，五谷丰登，每岁一户轮当会首，常川洁净坛场。遇春秋二社，预期率办祭物，至日约聚祭祀。其祭用一羊、一豕，酒果香烛随用。祭毕就行会饮，会中先令一人读抑强扶弱之誓，其词曰：凡我同里之人各遵守礼法，毋恃强凌弱，违者先共制之，然后经官。或贫无可赡，周给其家，三年不立，不使与会。其婚姻丧葬有乏，随力相助。如不从众及犯奸盗诈伪一切为非之人，并不许入会。读誓词毕，长幼以次就坐，尽欢而退。务在恭敬神明，和睦乡里，以厚风俗。”④里社的社祭风俗，在加强对于基层控制的同时，也旨在促进社区邻里的和睦相处，规范村社人们的行为。后土祠庙会是里社制度的重要表现形式，因此，对于后土祠庙会的考察也有助于我们深刻认识我国古老的社日传统。

---

① 参见萧放：《社日与中国古代乡村社会》，《北京师范大学学报》（社会科学版）1998 年第 6 期。

② 万荣县志编纂委员会主编：《万泉、荣河县志》，内部印刷，1999 年，第 362 页。

③ 调查时间分别为 2002 年 8 月 11 日至 12 日，2005 年 2 月 23 日至 25 日，2005 年 4 月 26 日至 5 月 3 日，2005 年 8 月 3 日至 27 日，2011 年 7 月 31 日至 8 月 2 日。

④ （明）申时行等修：《明会典》，北京：中华书局，1989 年，第 819 页。

## (一)从后土祠庙会的组织看社日祭祀的公共性

社日的公共性原则是村社共同体风习的现实反映,社神是公共意识的投射,是村社的精神中心,同时社神祭祀的公共性活动,又为村社成员之间联系的加强提供了维系力量。[①] 后土祠庙会节日(春社)是由几个村子的"乡约"和"社家"组织的。"乡约"也就是庙会的总策划、总统筹、总指挥、总安排,责任重大,非同小可。庙会组织成功与否是对"乡约"办事能力的检验。"社家",顾名思义,就是一社之长。社的组织形式在当地延续至今,现在后土祠附近的荣河镇上仍有东、西、南、北、中社的划分,主要在传统仪式活动(如"七夕")中发挥着作用。"社家"是当选"乡约"的法定人选,是从各村各社中有才能的人中选出的,往往品学兼优、办事公道、德高望重、受人尊敬。

"社",或称为"会",是庙会作为一种社会活动的主体组织。按照当地人的表述,后土祠庙会由十村六社组织。大社是一个单独的自然村,一般情况下,社由村分片自然组合而成。"乡约"便由后土祠周围十个村所组成的六个社的"社家"轮流担当,并制定和沿袭下来具体的实施办法。根据各村人口多少、实力强弱,给予不等的主办机会(下表为具体轮值办法)。

后土祠社日活动的基本单位是村社和民众共同体。依据这个办法,这十村六社轮流掌管后土祠,最快的 6 年轮 1 次,最慢的 24 年才能轮 1 次。中华人民共和国成立前,与庙前村隔河相望的陕西省韩城市芝川镇也曾作为一个社参与后土祠庙会组织。轮流举办庙会体现了一种集体合作性,主要作用是解决资源短缺的问题,并使一个大的区域互助制度得以延续。轮流主办庙会将村民分为仪式的主角与配角,但主角与配角的划分并不是固定不变的,而是十村六社轮流进行,从而形成一个内部相对平等的局面。

表 4-2　十村六社主办后土祠庙会详细列表

| 村名 | 村落规模/社 | 轮值周期/年 |
|---|---|---|
| 汤元村(因遭遇饥荒已不存在) | 1 | 6 |
| 西头村(现为庙前村一部分) | 1 | 6 |
| 斜口村(现为庙前村一部分) | 1 | 6 |
| 志范村 | 1 | 6 |

① 参见萧放:《社日与中国古代乡村社会》,《北京师范大学学报》(社会科学版)1998 年第 6 期。

续表

| 村名 | 村落规模/社 | 轮值周期/年 |
| --- | --- | --- |
| 庙前村 | 1/2 | 12 |
| 仓里村 | 1/2 | 12 |
| 中和南(今为南中和村) | 1/4 | 24 |
| 中和北(今为北中和村) | 1/4 | 24 |
| 闫村 | 1/4 | 24 |
| 大用村 | 1/4 | 24 |

庙会的总负责人“乡约”既是庙会仪式中的总领袖,又属于各乡村的精英阶层,往往掌握着比较大的实际权力。[①] 各村的“社家”是领导班子成员,在庙会仪式中分工不同,各负其责。他们在每年三月十八传统庙会的前一段时间就要开始筹划具体事宜。

(1)订戏班,安排演员的吃住、烧水等后勤工作,由小村小社的“社家”来负责。

(2)“乡约”委派确定评委和监台人员。评委们负责确定演出的剧目,并执行东起西落炮的戏的程序;监台主要负责监督演出质量,维持观众秩序,保证演出安全,晚上要给舞台上的铁灯添油拨捻子,白天要供应庙会活动所需用水。

(3)推选村民公认的能写会算、廉洁奉公的记账人。庙会上的每项开支,记账人员都要张榜公布,力求做到经济透明、收支平衡。

(4)购买香火鞭炮和响铳用的火药、硫磺等,准备全猪全羊,各类献供面食等祭品。这项工作是古庙会的门面活,档次要高,花样要好,必须郑重其事,由乡约村的“社家”亲自来操办。

(5)安排傧相,撰写祭文,制订祭祀的议程。每年都有许多民间艺人来庙会献艺,他们多为自愿表演,不计报酬,筹委会都要认真组织,并在事后给予象征性的答谢。

(6)安排各社祭祀的先后顺序。由于各村各社都想争在前面,时常因互不相让而打架闹事,造成混乱局面。因此,筹委会制定了铁的纪律,如规定谁敢闹

① 在2005年8月的田野调查中,庙前村村民张克存老人告诉笔者,历史上曾有一位“乡约”在主办后土祠庙会时中饱私囊,事情败露后出逃宁夏几十年没有回来。以此来看,历史上的“乡约”不仅是作为一种民间社会的权威受到民众的尊敬与认可,而且还掌握着较大的实际权力。

事就开除其“社家”，取消其上庙资格等。各社祭祀的先后顺序要由十村六社共同研究和商讨来安排。

庙前村斜口(即今庙前村坡上八队)的张茂兴和张明利两位老人(均已故)曾是后土祠的老“乡约”。在十村六社中德高望重，长期参与古庙会的筹划工作，经验丰富。[①] 后土祠社家当乡约、乡约筹办古庙会的传统，一直延续到解放前才停止。在后土祠庙会筹备过程中，主持庙会的“乡约”都会竭尽全力，力争办得最好。因为是轮流主办后土祠庙会，所以各村各社都纷纷在庙会上下功夫，在祭品上比丰盛，在祭祀上比先后，在演戏上比名角和台数多少，在规模上比排场。在当地人意识观念中，主持庙会意味着该村社的民众在一年中将会得到好运。举办庙会成了展现村落经济实力、体现村落领导人权威和向“后土娘娘”表示“诚心”的一种荣誉象征。这种竞争的结果是将庙会的规模办得越来越大，名声越来越响亮。

《大清同治十二年至光绪六年十二月迁建后土祠入费总账清单碑记》中记录了全县以及十村六社在后土祠此次迁建过程中捐献的各项款物：“入十村布施银三十四两六钱八分、钱三百零七千二百零九文，加上合县村庄布施银、各处散名布施银、十村前存老庙柏树银、神庙前零收香钱、会上底子银、芝川河上零收布施银、庙上籽花卖银、各样口物卖银等共入银四千七百九十两七钱八分、钱六千四百四十八千九百八十四文。”[②]可以看出，在组织操办庙会活动以及祠庙迁建中，十村六社积极参与其中，体现出了平等和互助的精神，增强了村落内部的认同感、凝聚力，也加强了村落之间的良性互动。

## (二)从后土祠庙会的祭祀活动看古代春社的基本主题

祭祀是民众向民间神祇祈求福佑、驱避灾祸的一种行为惯制，它世代传承，逐渐形成一种仪式制度。万荣县荣河镇是比较典型的农业地区，气候四季分明，春季干旱多风，夏季炎热少雨，常有伏旱，秋季阴雨绵绵，冬季寒冷多风。无平原旷野，鲜水泉灌溉。十年九旱，土厚水深，地下水资源奇缺，人均水占有量为全省的一半，生产条件比较恶劣。当地“上马脚”[③]、祈雨、偷水、抢水、争水、打架斗殴等事件在历史上较为常见。传统农业社会中，处于社会底层的广大民众

---

① 参见潘新杰:《后土习俗二题》,《后土文化》(万荣县编内部资料)2003 年第 3 期。

② 该碑碑高 66 厘米，长 96 厘米，镶嵌于万荣县后土祠山门左侧墙上。

③ “上马脚”是当地一种民间求雨的巫术仪式，场面血腥。参与的民众通过用烧红的铁钎横穿过自己的脸皮等方式折磨肉体，真诚悔罪，求老天宽宥，以求得甘霖。

是各种天灾人祸最主要、最直接的受害者。他们在生活中遇到各种无法解决的困难时，往往求助于神灵保佑。后土娘娘受到历史上多位帝王的亲自祭祀，所以被当地人视为最灵验和最有权威的神灵。农业丰收、子孙满堂是传统社会人们最大的愿望，也是他们在后土祠庙会上向神灵祈求的主题。后土祠正殿供奉三尊神像，居中者为后土娘娘，居左者为药神娘娘，居右者为送子娘娘。人们对于神灵有着不同的解读，附近的村民有的认为这三位神灵是神仙姐妹，也有的认为她们是后土娘娘的不同化身。

后土祠庙会当天一大早，十村六社按照事先排好的顺序依次进入正殿，将各种供品依次摆上桌子，然后进香，三叩九拜，向后土娘娘祈求风调雨顺，占卜庄稼的收成，并在粮食丰收之后向后土娘娘还愿，体现了古代社日“春祈秋报”的传统。当地“祈嗣于后土”[①]习俗由来已久，较为独特的是“拔花求子”的习俗，即久婚不育的夫妻共同到后土祠祭祀以求子嗣。具体的做法是：在后土娘娘神像前跪拜上香，然后把自己的姓名、住房方位、村名告诉神灵，在许愿后磕三个头，然后在神像前的花架上拔花。花架上有三种花：一种是黄蕊红瓣的花，主生男；一种是红蕊黄瓣的花，主生女。取花要取风吹蕊动者，以为这样的花灵验。回家时要手拿几根点燃的香，并保证香一直燃烧到家里而不在中途灭掉，这样做可以将后土娘娘的灵气带回家，也是取“香火不断”的意思。也有的新媳妇或长期未生育的媳妇由婆婆领着到后土祠拔花，向娘娘叩头礼拜，婆婆会口中念念有词：

后土娘娘慈悲，给我送个亲孙。
明年我家谢恩，红袍替你加身。
全猪献到面前，鼓杂侑食细吹。[②]

在当地民众的传统观念中，拔个顺心如意的花放到媳妇的床头就可以得到后土娘娘的恩泽，媳妇就会开花结子，怀上孩子。在他们的意识中，本来不可控制的生男生女行为，通过“拔花求子”仪式变得可以自由选择和控制，似乎是在不可抗拒的自然力面前掌握了主动权。

后土祠中原先有送子娘娘骑马送子的泥塑像，马背上的小男孩被塑造为露出生殖器撒尿的样子。许多未生育的妇女或新媳妇便从小男孩泥塑的生殖器上抠下一小块土，当场吃下，认为这样会怀孕生男孩。时间长了，泥塑小孩的阴

---

① 万荣县志编纂委员会主编：《万泉、荣河县志》，内部印刷，1999 年，第 362 页。

② 屈殿奎：《后土圣母与生育风俗》，《后土文化》（万荣县编内部资料）2003 年第 1 期。

部竟然被抠成了一个凹洞。[①] 这种求子行为符合“同类相生或果必同因”的相似律巫术，也可以称为“顺势巫术”或“模仿巫术”。“顺势巫术的真谛在于结构上的交感。两个物体或两种行为，不论它们是不是同质的，只要在结构上相似，就具有交感作用。”[②]这种求子习俗体现出了古代春社中的生殖崇拜信仰，也折射出了社日中古老的巫傩文化传统。

在晋南地区，有“偷”后土娘娘神像前的小鞋的求子习俗。在中国民众的传统中，语言是具有强大神秘力量的工具，会对人们的行为产生作用。因此，人们利用“鞋”与“孩”在方言中谐音的关系，偷“鞋”送给未生育的妇女，认为这样可以使其怀孕，表现出对语言的神秘力量的崇拜。

“如果宗教有助于达到提供安全感和安慰、信心、宽慰和保证的目的，也就是说，如果宗教的结果对从中流溢出来的生活有用，那么，在实用主义真理的意义上，宗教就是有价值的，甚至是正确的。”[③]信仰是人们心理上的自我安慰和满足，并不在于现实中能否实现。民间信仰是人类保持希望的重要方式，它能在一定程度上治疗民众心灵的创伤，化解心中的郁结，舒缓精神上的压力，重新树立生活的希望。

农作物的播种、生长、成熟、收获的次序与相伴生的农业社会民众春种、夏忙、秋收、冬藏的生活节奏是民间信仰和仪式的时空基础。后土祠庙会正对应着一年中的春季。春天是开放性的季节，是生命勃发、万物生长的季节，因而春天的节日大多与生殖和生命联系在一起，代表了一种充满生命力的劳作生活。[④]祈年、求子是后土祠庙会祭祀活动的中心内容，也是古代春社的两大基本主题。

### （三）从后土祠庙会戏剧演出看古代的社戏传统

社戏本是专在社日之时演出的戏剧，最初是娱神、敬神、酬神、祈灵的内容和手段，后来逐渐成为神人共娱的传统节目，神圣性的戏剧展演逐步转变为世俗性的娱乐表演。社戏作为社日的重要节日文化，不仅具有程式性、模式化的特点，而且集中体现了社日活动的全民性和狂欢性。

后土祠有一个建筑精巧、驰名海内外的“品”字形戏台，其整体是由祠中间两个并排舞台和祠前山门过厅舞台（后土祠山门门洞搭上一层三米高的木板而

---

① 据后土祠管理人员、上范村村民薛水泉口述。

② 金泽：《宗教禁忌》，北京：社会科学文献出版社，2002年，第69—70页。

③ [英]埃文斯·普里查德：《原始宗教理论》，孙尚扬译，北京：商务印书馆，2001年，第57页。

④ 参见王娟：《民俗学概论》，北京：北京大学出版社，2002年，第176页。

成,上面演戏,下面过人)组合而成,形状类似"品"字,故称之为"品字台"。品字台最多能同时上演三台戏。中华梨园研究会会长李尤白在参观了品字戏台后发出"品字戏台非但在国内叹为观止,在全世界也是独一无二"[①]的感慨。品字戏台正对着庙宇的正殿,目的在于娱神,戏台与正殿之间的一片开阔场地,也便于观众观看演出。两个并排舞台,当地百姓把东边的叫东台,西边的叫西台。

戏剧演出是后土祠庙会的重头戏。每逢庙会期间,"秦晋豫鲁人士,群相聚集,览胜观剧,拥挤异常"[②]。戏台前鼓乐喧天,人山人海,生旦净末,好戏连台。后土祠庙会演出的剧种有蒲剧、眉户、秦腔和豫剧等,以蒲剧为主。《黄鹤楼》和《龙凤配》是后土祠庙的必演戏,这是多年留下的规矩。一般剧团如果没有这两本戏,就没有资格在品字戏台上演出。《黄鹤楼》讲述的是三国时代刘备久借荆州不还,东吴周瑜将刘备困在了黄鹤楼上,军师孔明设计相救的故事。当地人认为孔明的智谋为后土圣母所赏识,所以成为庙会必演戏。到了农历三月十七日半夜,十村六社以及外地民众依次给后土圣母进贡食物和洗漱器具,每进一件都要下跪磕头。此时外面的戏台上几个剧团必须同时开演《黄鹤楼》大本戏,直至凌晨后土祠里钟楼的钟声响过,人们祭献完毕,才能换演别的剧目。《龙凤配》说的是三国时刘备过江招亲的故事,是逢年过节、祝福祝寿的喜庆吉祥戏。《龙凤配》之后才能演出其他表现人情世故、世俗生活的剧目,如《芦花》《杀狗》《三娘教子》等。

后土祠庙会戏剧演出最大的禁忌就是演出《无影簪》。这出戏剧的情节是:女娲寿诞之日,殷纣王前往娲皇庙降香,见女娲神像端庄秀丽、国色天香,不由神魂颠倒并在庙墙上题淫诗一首,触怒女娲,女娲令九尾狐狸等三妖下凡,并赐九尾狐狸无影簪一把,蛊惑纣王,导致商纣政权灭亡。当地民众认为这出戏会亵渎后土圣母神灵,于是就沿袭这条禁忌,如有违背,将受到严厉的惩罚。

将后土祠庙会引向高潮的是对台戏的演出。每逢庙会,社家就请两个戏班在东西台同时演出,老百姓称之为"对台戏"。对台戏从火炮戏开始,可以说火炮戏是社家对两家剧团阵容的一个展示。后土祠的对台戏,讲究东起西落火炮戏。人们事先在西边舞台角上摆放一堆火炮,然后从东边舞台上点火落到西边舞台上,点燃西边的火炮。两家剧团以炮声为号,出来演戏。戏一旦开始,鞭炮火铳齐鸣,战鼓锣鼓一起敲,伴随着叫好声,气氛十分热烈。舞台最中间用桌子和椅子垒叠成宝塔形状。各行当相继出场,在锣鼓声中按照本行当的架势亮

① 柴化安:《话说后土祠》,万荣县文联内部资料,2003年,第144页。

② 万荣县志编纂委员会主编:《万泉、荣河县志》,内部印刷,1999年,第467页。

相,做一些程式性动作。然后接连爬上椅子、桌子,最后上到中间最高的两张桌子上,像元帅坐帐一样往椅子上一坐,威风凛凛。剧中生旦净末丑,各有各的姿势,各有各的特色。火炮戏后开始正戏,三折一本,要一直演到鸡叫为止,俗称"彻明戏"。

后土祠庙会演戏讲究多,要求严格,酬金也很高。许多班主都被高额的报酬吸引而来,却又怕演砸戏受罚。一旦和社家签了演出合同,班主们就会四处请名角,勾把式,增添行头,对庙会戏剧评委和监台毕恭毕敬。如果演员戏服穿错或是唱词出错,会被认为是对后土神灵的不敬,会招来祸殃,因此评委会指示监台人员翻板、揭席,阻止演出。戏班要跪到后土神像前磕头赎罪,还要受到罚银、加演等处罚。① 后土祠庙会的戏剧演出从表演规矩、表演禁忌、表演步骤以及表演内容都体现出程式化和模式化的特点,也体现出社戏演出传统的延续传承性和基本稳定性。

"民俗终岁勤苦,间以庙会为乐"②,传统农业社会的人们为了养家糊口,早出晚归,终日劳作,遇有风调雨顺,则可以温饱,遇有天灾人祸,则饥寒交迫,只能勉强度日。社日社戏演出活动给他们创造了集中放松、尽情欢娱的机会。民众在社戏活动中欣赏演出或参与表演,可以暂时忘却平日的辛苦劳作,抒发日常被压抑的个人感情,享受生活中难得的乐趣。

庙会戏剧开演后,在东、西两戏台下面的后半边,摆满了各家各户搬来看戏的方桌,一排挨着一排占了半个场地。全场的桌子下面都用铁锁链连起来,成为一个整体。舞台前面留下的一半场地是留给各村游手好闲的毛头小伙子站着看的。他们看戏爱叫唤、拍手、打口哨,喜欢拥挤。两台戏、三台戏同时上演,竞争的激烈性使得各剧团不得不使出十二分的力气来吸引观众,甚至出现了徒弟不认师傅、父子同场都互不相让的局面。哪一边舞台的正旦嗓音好,或是小旦长得俏,或者武生跟斗翻得高,观众就会连喊带挤拥向哪一边。另一边舞台当然不甘落后,马上上演拿手的剧目或派上当红的演员吸引观众。这样,人群时而涌向东边,时而涌向西边,如海浪般汹涌澎湃。

人群后面的方桌上坐的都是各家各户的大姑娘小媳妇。她们都随身带着自己亲手绣的绣花坐垫,盘腿而坐,目不斜视,连笑都要用手绢捂着嘴,表示妇女的稳重。前排妇女的首要任务是保护好自己的"三寸金莲"。看戏的小伙子

① 参见潘新杰:《后土习俗二题》,《后土文化》(万荣县编内部资料)2003年第3期。

② 赵世瑜:《狂欢与日常——明清以来的庙会与民间社会》,北京:生活·读书·新知三联书店,2002年,第135页。

里胆子大的竟敢挤到姑娘们跟前，用手在背后乱捏她们的小脚。有的姑娘由于害怕和羞愧，不敢声张，任凭小伙子捏来捏去；有的姑娘则更倒霉，连绣花鞋都被脱走。姑娘家没有了鞋，也不敢吭气，吃了哑巴亏，只好由父兄悄悄地背着回家。那些偷了鞋的小伙子们还互相炫耀自己的本事。[①]

后土祠庙会戏剧演出的一大特点是参与人员的全民性、平等性。中国传统等级社会中，社戏演出的全民性体现了现实生活中人们对等级划分的一种反弹和对彼此文化的一种好奇心态。平素为传统上层社会所轻贱的“底边”[②]阶层和妇女等也是后土庙会演戏活动的主要参加者。妇女在传统社会中受到各种行为规范的束缚和限制，缺乏行动自主性，长期处于心理压抑状态。后土祠庙会戏剧演出给了她们适当的机会可以抛头露面、欢声笑语地参加群体活动。后土祠庙会戏剧演出暂时遮蔽了人们之间的等级差异，男女老少不论社会地位的高低，都获得了参与和欣赏戏剧演出的机会，人们之间平等相处、自由交往、亲昵和谐，因此，后土祠庙会的社戏演出仪式在一定程度上起到了心理调节器和社会控制解压阀的作用。

### （四）从后土祠庙会社鼓竞技活动看社日的乡村公共秩序

社日作为地方民众共同体的节日，通过祭祀活动和仪式表演维系与塑造着村落的公共秩序。“社区成员在时间、空间和行为模式的共享中，达成心理上的凝聚。”[③]后土祠庙会仪式活动不仅体现了十村六社内部的合作、互助与认同，也对外表现出了作为一个共同体的内部凝聚力和政治影响力。即使在庙会之外，地方共同体和信仰共同体合二为一的十村六社，有机团结、共同行动，在滩地争夺、抵御匪患、兴修水利等现实问题面前显示出集体的凝聚力和强大的力量。

陕西韩城市在西南的巍山建后土庙，与万荣县的后土祠一河之隔，遥相呼应。后土庙前矗立的碑文记载：“巍山者梁山之一峰也……固以巍山名之……坤灵萃之有娘娘庙……曰后土而呼母为娘韩城之俗也……故人以答神之贶……万历戊寅年……重修……大明万历二十四年丙午秋九月九日立石。”[④]

---

① 参见潘新杰：《品字台·对台戏·三台戏》，《后土文化》，万荣县编内部资料，2003年第1期。

② “底”指社会地位低下，处于社会底层，“边”就是被边缘化。一般是士农工商所谓四民之外，从事非生产性——大多是服务行业和娱乐行业的人员。

③ 纳日碧力戈：《都市里的象征舞台》，郭于华：《仪式与社会变迁》，北京：社会科学文献出版社，2000年，第143页。

④ 笔者于2011年8月4日进行田野调查时，在韩城市芝阳镇巍山抄录后土庙遗存的《巍山后土庙重修记》碑文。该石碑至今依然矗立在山巅小庙之前，经过几百年风雨的洗礼，已有多处文字不能辨识。

“人食地之毛而春祈秋报，此乡社之礼”[1]，人们每年春秋两季祭祀后土，并将祭祀之日称为“社日”，后来衍称为“庙会”，当地有着历史悠久的祭祀后土传统。万荣人称自己的后土祠为“东庙”，称韩城巍山的后土庙为“西庙”。两地的民众历史上一直保持着互相参加对方后土祠庙会的习惯。清朝光绪年间后土祠迁建时，陕西人出钱数目接近山西荣河地方所出数目，可见，万荣县百姓常说“后土祠有陕西的一半”是有根据的。

后土祠庙会时，陕西人坐船过河赶会不用付钱，随时可以过河。后土祠西道院也给陕西来的客人提供住宿。[2] 不仅如此，河对面的陕西芝川、城南、城北等村落一些村民与后土祠周围十村六社的村民还拉上了姻亲关系。然而，黄河两岸中间那片广阔的滩地，却在历史上多次成为两岸民众交恶的根源。沿着晋陕大峡谷奔流南下的黄河从上游携带着大量的泥沙，流经万荣、韩城地界时因地势平缓而沉积，形成大片的滩地，民间老百姓常说：“滩地种上几年，连狗都要娶上媳妇。”[3]加之当时政府对这片滩地免征粮谷。这片滩地“每遇丰年，获利甚广，而沿河居民争之者甚众”[4]。因为黄河冲刷、淹没滩地界碑，第二年在种滩地时又对其划分产生争议。

针对滩地争夺，各村结成联盟推选滩头全面领导，以对抗陕西沿河村落。滩头由村子里有威信、身体好、能说会道者充当。每过一段时间，滩头就召开会议讨论滩地问题，提防陕西方面的活动，并按滩地大小决定摊派争滩地劳力的多少。庙前村村民以前在争滩地中异常勇猛者，人称“滩大王”。每到争滩地时，滩头就敲响村里的钟，村民马上集合起来准备参与行动。人手不够的时候，各村也请专门的“卡子”[5]。早在清代乾隆、道光、嘉庆年间，荣河、韩城两县沿河一带的居民每每因为争夺滩地打架斗殴引起诉讼。1920 年，荣河、河津村民开垦滩地种植粮棉，而韩城沿河村民率团丁，收棉夺草，引发争斗，轻者受伤，重者殒命。1921 年，禹门会议召开。荣河、河津、韩城三县县长通过山陕两省省长实地测量、中间调停，合理地划清了滩地。1931 年，黄河沿岸村落又起纷争，两县召开庙前会议协商解决。后来大土匪雷哼哼占据黄河滩，两岸民众滩地争夺暂时平息。1947 年，荣河县解放，滩地问题重新浮出水面，在 1950 年到 1952 年，

---

① (明)苏进修，张士佩纂：《韩城县志》，明万历三十五年刊本。

② 据庙前村村民张金库口述。

③ 据宝井村村民潘新杰口述。

④ 万荣县志编纂委员会主编：《万泉、荣河县志》，内部印刷，1999 年，第 213 页。

⑤ “卡子”为旧时当地人对专门的职业打手的称呼，他们有枪支，讲职业信用，打起来各为其主，而不认兄弟朋友。据宝井村村民潘新杰口述。

争端达到白热化，地方政府无法有效解决，只好逐级向上反映到政务院周总理那儿。周总理批示滩地的划分应以黄河主航道为界，主流在东，地归西方，主流在西，地归东方。这才给历史上长久争斗不息的滩地问题画上了圆满的句号。

对于后土信仰的虔诚和因滩地争夺引起的仇恨交织在一起，形成了山西、陕西两地百姓矛盾复杂的心态。在后土祠庙会中，主要体现为每年后土祠庙会神圣仪式空间中象征性的竞技争斗。

在祭祀活动中，"社家"最为头疼的事就是关于祭祀的先后顺序安排。黄河滩地的面积大小和丰歉程度往往受黄河水量和水流方向的影响，这对人多地少的两岸民众来说至关重要。黄河水流的不可控制、土地的肥沃程度都在人们能力之外，因此两岸民众只好求助于后土娘娘，希望后土娘娘保佑他们土地宽广肥沃、农业增产增收。按照当地风俗，谁能够抢到当天头一炷香，表达自己的诉求和诚心，就会得到后土神灵的特殊眷顾和保佑。因此，在后土祠庙会时，两岸民众总是争先恐后、想方设法先行进香，甚至不惜为此大打出手。在上香捐钱、呈送贡品方面，两岸民众也是不甘示弱，出手大方，都想率先求得后土娘娘的青睐。

盛唐诗人王维的诗句"婆娑依里社，箫鼓赛田神"(《凉州郊外游望》)描述了社日击打社鼓的热闹喧嚣的场面。社鼓是社日祭神所鸣奏的鼓乐，喧声震天的鼓声既是人神沟通的中介，也烘托了浓烈的传统节日氛围。后土祠庙会保留着古老的社鼓习俗，具体表现为鼓车上庙仪式。比赛就从后土祠前面的坡下开始。山西、陕西两岸民众各准备一架大牛车，车上安置一个金边大红鼓，周围站着七八个剽悍的小伙子轮流击鼓，催牛上坡。由于坡又陡又滑，一般的黄牛力气小，不能派上用场，只能用犍牛。因此赛前挑选好合适的犍牛就成了乡约和社家的头等大事。比赛一开始，两架鼓车同时上庙，都想争个头名。双方都拼尽全力敲鼓，鼓声越大，牛上得就越快。比赛总会有赢有输。胜者自是扬眉吐气、扬扬得意，输者自然颜面无存、无地自容。传说距庙前村不远的王家庄有个王老汉养了一头大犍牛，长得威风凛凛、力大无穷。阎景村的李家财主[①]把牛买下来作每年拉鼓车上庙之用，这牛也十分争气，让陕西人年年颜面扫地。

后土祠庙会中关于祭祀顺序争夺、鼓车上庙等活动实质上是乡村实力的一个象征性的展演。通过交流和竞技，由滩地争夺所引起的积怨与矛盾在热烈喧

① 民国时期晋南著名的富商。李家在清朝至民国开设的"敬信义"分号遍布全国各地，号称从晋南到西宁，沿路都有店铺，乘马拉轿车日行六十里，一路不吃别人饭，一路不住别人店。据宝井村村民潘新杰口述。

器的仪式场合中得到宣泄。庙会竞技活动中热烈的气氛、高涨的情绪,有利于增强群体的凝聚力和认同感。群体之间的紧张关系暂时得到缓解、消弭与调和,人们又回归到原来比较平和的心态,可以冷静地看待和处理问题。因此,黄河两岸民众并未因为滩地争夺而结下世仇,而是维持着在合作中竞争,在竞争中共同发展的良好局面。后土信仰和竞技仪式在黄河两岸公共秩序的维持与构建中发挥出积极的作用。

此外,商贸经营活动也是后土祠庙会重要的组成部分。后土祠所在的庙前村交通便利,汉代时即有官道(汾阴道)从此经过,由汾阴渡过河入秦地夏阳(今陕西韩城南),为当时主要盐道之一。庙前村西面有庙前渡,与陕西韩城芝川镇相对,系汾阴渡与西头渡合并而成,为秦晋商民往来之官渡,亦是潞盐运销秦地的主要渡口之一。后土祠庙会商贸经济活动异常繁荣。据当地居民回忆,中华人民共和国成立前,每逢庙会,客商的骡马轿车都停在村子里的打麦场和大路边,可以从庙前村一直摆到五公里之外的荣河镇。后土祠庙会上,市场汇聚了各类商品,除了一些祭祀类商品如香烛、鞭炮、泥塑外,兰州的水烟和皮袄、南方的绸缎和茶叶、陕西宜川的干果和药材、韩城的小吃、运城盐池的盐等各地物产,竹器、木器、铁器、草编等生产生活用品都在庙会市场上得以展现。[①] 后土庙会以晋南为核心区域,辐射到陕西、河南、甘肃等地,形成了大范围的交换市场。在后土祠庙会中,精神信仰和物资交流形成了相互依存、相互促进的紧密关系,后土信仰吸引了四方信众,构成了巨大的消费能力,而物资交流的繁荣反过来也吸引了更多的人参与到后土庙会中来,扩大了后土祠庙会的规模和知名度。

## 四、结语

山西省万荣县庙前村后土祠的后土信仰,先后经历了皇家祭祀、官方祭祀、民间祭祀3个阶段。从明代到中华人民共和国成立前是后土信仰民间祭祀的主要时期,统治者出于治理国家的需要,对社日祀社大力提倡,加之草根社会民众信仰的自身惯性传承和现实生活的压力所产生的精神解脱的需要,使得后土祠的后土信仰在民间文化空间中绵延至今。

后土信仰集中体现在农历三月十八日的后土祠传统庙会中。后土祠庙会,是一个神圣与世俗相交融的空间,既是对神灵的庄严祭祀和尽心愉悦,也是对生活的利益诉求和愿望表达。后土祠庙会中蕴含着深厚的春社文化传统。后

---

① 据上范村村民薛水泉口述。

土祠庙会的组织和筹备体现出古代社日的公共性原则；后土祠庙会祭祀活动中的祈年和求子习俗正是古代春社的两大基本主题；后土祠庙会戏剧演出呈现出模式化、平等性、狂欢性的特点，反映了古老的春社和社戏传统；后土祠庙会社鼓竞技活动则有助于消解社会矛盾，强化社会凝聚力，形成有机的民众共同体。社神信仰和社日活动形塑和规范了民众的生活模式和生活节奏，民众则围绕着后土信仰和社日活动建构和强化了自身的村社共同体和公共秩序。

[原载《中北大学学报》(社会科学版)2013 年第 1 期，有改动]

# 从汉武故事到民间崇祀:汉唐后土崇祀的变容

张　鹏

“后土”,代表土地或者土地之神,很早就出现在古代典籍之中。学者对于“后土”的研究也很丰富。如关于后土与社、地神关系的研究,多从“后土”最初的神格意义做探讨。有关于汾阴后土的祭祀研究,考论历代祭祀后土的活动。有关于后土夫人的信仰及形象流变考述,特别是关于后土夫人性别转变的问题。有关于山西万荣后土祠庙碑铭研究与考古调查。还有人类学、民俗学方面关于山西万荣后土庙的庙会与民俗研究。

以上研究涉及后土研究的方方面面,从国家祭祀到民间崇拜,从后土神的考订到后土祠的考古调查。笔者则希望考察后土崇祀由国家祭祀走向民间崇拜的过程,以及此过程对后土信仰流变所产生的影响。

## 一、早期后土神格

研究后土的神格问题,还是要总结一些早期典籍中“后土”所代表的意涵。首先,是后土与社的关系。《左传·昭公二十九年》载:“共工氏有子曰句龙,为后土,此其二祀也。后土为社。”[①]《国语·鲁语》:“共工氏之伯九有也,其子曰后土,能平九土,故祀以为社。”[②]即认为后土等同于社稷之“社”。

其次,后土还有单纯的大地之意,如《楚辞·九辩》:“皇天淫溢而秋霖兮,后

① 杨伯峻:《春秋左传注》,北京:中华书局,1981年,第1503页。
② 《国语》卷四《鲁语上》,北京:商务印书馆,1933年,第53页。

土何时而得干。"[①]《左传·僖公十五年》:"君履后土而戴皇天,皇天后土,实闻君之言。"[②]这里的皇天与后土分别代表着天与地。

再次,指五方五行之神,《礼记·月令》:"中央土,其日戊己,其帝黄帝,其神后土。"[③]《左传·昭公二十九年》:"社稷五祀,是尊是奉,木正曰句芒,火正曰祝融,金正曰蓐收,水正曰玄冥,土正曰后土。"[④]

最后,后土代表人格化的后土神,可以是神灵差遣以及祭祀的对象,也可以是掌管死后世界的幽都之主。《清华简·赤鹄之集汤之屋》:"帝命后土为二陵屯,共居后之床下,其上刺后之心,是使后混乱甘心。"[⑤]《包山楚简》有祭祀后土的记载:"后土、司命、司祸各一少环。"[⑥]《楚辞》王逸注称:"幽都,地下后土所治也。地下幽冥,故称幽都。土伯,后土之侯伯也。"[⑦]可见,后土是掌管死后世界的最高神。这也是后代人死后下葬需要祭告后土的原因。

因此,早期的后土所代表的"地"其实包括地上与地下两个层面,既指与皇天相对的大地,也指土地之神。[⑧] 后土的信仰,大量出现在《楚辞》《山海经》等南方作品以及楚地出土的《楚简》之中,因此有学者认为后土信仰还体现了非常浓厚的楚文化色彩,与齐地以及后来的中原后土信仰内涵有所不同。[⑨] 这种区域性的信仰根植于我国农业社会之中,表现了一个农业文明对土地的敬畏之心。但直到汉武帝时,后土的祭祀才被调整为国家祭祀。

## 二、汾阴后土祠的建立与"汉武故事"

汾阴后土祠的建立,与汉代汾水出鼎有关。最早于汉文帝十六年(前164),新垣平为解决"河溢通泗",编造了汾阴出鼎的故事。《史记·封禅书》曰:

平言曰:"周鼎亡在泗水中,今河溢通泗,臣望东北汾阴直有金宝气,意

---

① 洪兴祖撰,白化文点校:《楚辞补注》,北京:中华书局,1983年,第368页。

② 杨伯峻编著:《春秋左传注》,北京:中华书局,1981年,第358页。

③ 孙希旦:《礼记集解》卷一六,北京:商务印书馆,1930年,第21页。

④ 杨伯峻编著:《春秋左传注》,北京:中华书局,1981年,第1502页。

⑤ 清华大学出土文献研究与保护中心编:《清华大学藏战国竹简》(叁),上海:中西书局,2012年,第165页。

⑥ 陈伟:《包山楚简初探》,武汉:武汉大学出版社,1996年,第267页。

⑦ (宋)洪兴祖:《楚辞补注》,北京:中华书局,1983年,第201页。

⑧ 刘屹:《敬天与崇道——中古经教道教形成的思想史背景》,北京:中华书局,2005年,第72—74页。

⑨ 参见晏昌贵:《巫鬼与淫祀——楚简所见方术宗教考》,武汉:武汉大学出版社,2010年,第125—126页。

周鼎其出乎？兆见不迎则不至。”于是上使使治庙汾阴南，临河，欲祠出周鼎。[①]

文帝时期的黄河水患，引起方士用神学理论解释水患之因，其中最为流行的就是周鼎堵塞，因此新垣平建议汉文帝亲自去汾阴迎鼎。新垣平除建议汉文帝汾阴迎鼎之外，还于汉文帝十五年（前165）建议文帝在渭阳建五帝庙以合“长安神光成五彩”的符应，文帝同意建立并于第二年亲自郊祀。这种编造符应以引导皇帝的做法，引来了一些朝臣的不满，汉文帝十七年（前163）“人有上书告新垣平所言气神事皆诈也。下平吏治，诛夷新垣平”[②]。

新垣平汾水出鼎的说法，虽然没有打动汉文帝，但为汉武帝时期后土祠的建立奠定了一定的基础。元鼎元年（前116），汾水第一次出鼎，汉武帝改此年为元鼎元年。元鼎四年（前113）在祠官宽舒等人的建议下，汉武帝建立了后土祠。

其明年冬，天子郊雍，议曰：“今上帝朕亲郊，而后土无祀，则礼不答也。”有司与太史公、祠官宽舒议：“天地牲角茧栗。今陛下亲祠后土，后土宜于泽中圜丘为五坛，坛一黄犊太牢具，已祠尽瘗，而从祠衣上黄。”于是天子遂东，始立后土祠汾阴脽丘，如宽舒等议。[③]

《汉书·郊祀志》除了记载宽舒等人的建议之外，还记载了汾阴男子见神光于汾水：“于是天子东幸汾阴。汾阴男子公孙滂洋等见汾旁有光如绛，上遂立后土祠于汾阴脽上，如宽舒等议。”[④]

可见，此次后土立祠与文帝时期新垣平的“神光五彩”有类似之处，都带有符应色彩。其立祠之依据并非来自古典礼法，而带有浓厚的神秘色彩。而在其年夏六月，果然于汾水出宝鼎，“六月，得宝鼎后土祠旁。秋，马生渥洼水中，作《宝鼎》《天马》之歌”[⑤]。因此，元鼎四年、元鼎五年（前112）所建立的“泰畤—后土之祠”，成为汉武帝至成帝，皇帝郊祀天地的最高国家祭祀。因此有学者认为，“泰畤—后土之祠”是汉武帝国家祭祀改革的开端，是汉武帝变更秦制、建立“汉家法式”的重要一步。[⑥]

然而，汉武帝所创立的“泰畤—后土之祠”并没有成为历代遵守的法式，甚

① （汉）司马迁：《史记》卷二八《封禅书》，北京：中华书局，1959年，第1383页。
② （汉）司马迁：《史记》卷二八《封禅书》，北京：中华书局，1959年，第1383页。
③ （汉）司马迁：《史记》卷二八《封禅书》，北京：中华书局，1959年，第1389页。
④ （汉）班固：《汉书》卷二五《郊祀志》，北京：中华书局，1962年，第1222页。
⑤ （汉）班固：《汉书》卷二五《武帝纪》，北京：中华书局，1962年，第184页。
⑥ 参见田天：《西汉太一祭祀研究》，《史学月刊》2014年第4期。

至西汉平帝时就遭废除。这样一个“汉家法式”，在后代往往被称为“汉武故事”。一个国家最高祭祀体系，为何没有被后代所接受，自然有一些重要的原因。从西汉末期礼制改革者匡衡、张谭的议论中可见：

> 成帝初即位，丞相衡、御史大夫谭奏言：“帝王之事莫大乎承天之序，承天之序莫重于郊祀，故圣王尽心极虑以建其制。祭天于南郊，就阳之义也；瘗地于北郊，即阴之象也。天之于天子也，因其所都而各飨焉。往者，孝武皇帝居甘泉宫，即于云阳立泰畤，祭于宫南。今行常幸长安，郊见皇天，反北之泰阴，祠后土，反东之少阳，事与古制殊。又至云阳，行溪谷中，厄陕且百里，汾阴则渡大川，有风波舟楫之危，皆非圣主所宜数乘，郡、县治道共张，吏民困苦，百官烦费。劳所保之民，行危险之地，难以奉神灵而祈福祐，殆未合于承天子民之意。昔者周文、武郊于丰、镐，成王郊于雒邑。由此观之，天随王者所居而飨之，可见也。甘泉泰畤、河东后土之祠宜可徙置长安，合于古帝王。愿与群臣议定。”奏可。①

可见，在匡衡等人看来，“后土祠”应予废除，原因有三：首先，“事与古制殊”，亦即不合古礼；其次，帝王“行危险之地”，远赴汾阴，陷帝王于危险的境地；最后，“吏民困苦，百官烦费”，即劳民伤财。最终成帝决定废除，把代表天地之祀的泰畤—后土祠改成了南郊郊祀。

虽然泰畤—后土祠在成帝时被废除，但在汉末又出现了几次反复事件。成帝末年迷信祭祀、方术，又因无子嗣，重新恢复了泰畤—后土祠。成帝驾崩后，旋即被皇太后再次废除。哀帝继位，建平三年(前4)，为祈求病愈，再次恢复泰畤—后土祠。平帝元始五年(5)，王莽再次奏罢。虽然后来的太一、后土之祠被囊括在了南北郊之中，但已经失去了甘泉、汾阴祭祀时的崇奉。

后世多把汉武帝之泰畤—后土之祠，视为不经见以及不合古制的“故事”。《晋书·礼志》曰：

> 昔汉氏之初，承秦灭学之后，采摭残缺，以备郊祀。自甘泉、后土、雍宫、五畤，神祇兆位，多不经见。并以兴废无常，一彼一此，四百余年，废无禘礼，古代之所更立者，遂有阙焉。②

这些神祠不合礼制，因此兴废无常。后代也习惯把后土之祠称为“汉武故事”。《资治通鉴》记载汉宣帝神爵元年(前61)的亲祠后土活动：“春正月上始行

---

① (汉)班固：《汉书》卷二五《郊祀志》，北京：中华书局，1962年，第1253—1254页。

② (唐)房玄龄等：《晋书》卷一九，北京：中华书局，1974年，第583页。

幸甘泉郊泰畤，三月行幸河东祠后土。上颇修武帝故事，谨斋祀之礼，以方士言，增置神祠。”[①]

唐玄宗《祀后土赏赐行军官等制》：“朕承累圣之绪，仗卿士之力，方隅清谧，宇宙乂安，北狩并都，南辕汾上，览汉武故事，修葺旧祠。”[②]汾阴后土祭祀，自汉末至唐，几乎再没进入国家祭祀体系，因此唐玄宗再次亲祀后土祠之时，也称之为“汉武故事”。

总而言之，首先，后土祠建立之初，便没有参考古礼，因此不合古制，就成了复古派儒生抨击汾阴后土祠的主要标的。其次，后土祠建立其实是汉武帝合乎符应的做法，以及武帝效仿黄帝以求成仙的需求，因此有着极其明显的个人化与方术化的祭祀特点。[③] 最后，从成帝到平帝的屡次兴废，也可发现，后土祠的祭祀多掺杂着民间崇祀的特点，如祈求子嗣、病愈等世俗性的追求。种种因素都使得后土祭祀的严肃性遭到了挑战，同时也打破了皇家对后土祭祀的垄断，为后土变为更接近世俗的民间崇祀的对象奠定了基础，而这种转变主要发生在唐代。

## 三、唐代后土崇祀的变容

唐人眼中的后土已经变成了女人的形象，甚至有人将男人与后土配对。《旧唐书·礼仪志》记载：

> 先是，脽上有后土祠，尝为妇人塑像，则天时移河西梁山神塑像，就祠中配焉。至是，有司送梁山神像于祠外之别室，内出锦绣衣服，以上后土之神，乃更加装饰焉。又于祠堂院外设坛，如皇地祇之制。[④]

唐代汾阴后土祠的后土已经被塑造成了女人的形象。后土本应是抽象的代表土地的神格，其变成妇人形象，当然所来有自。汉武帝时期的祭祀歌曲中有一篇《惟泰元》：

> 惟泰元尊，媪神蕃厘，经纬天地，作成四时。精建日月，星辰度理，阴阳

① (宋)司马光编著：《资治通鉴》卷二六，北京：中华书局，1956年，第839页。

② 《全唐文新编》，长春：吉林文史出版社，2000年，第285页；(宋)宋敏求编：《唐大诏令集》卷六六，北京：商务印书馆，1959年，第372—373页。

③ 田天：《西汉末年的国家祭祀改革》，《历史研究》2014年第2期。

④ (后晋)刘昫等：《旧唐书》卷二四，北京：中华书局，1975年，第928页。

五行，周而复始。[①]

李奇注："元尊，天也。媪神，地也。"这里的元尊指的就是"泰一"，媪神，可能就是"后土"。《汉书·礼乐志》记载："后土富媪，昭明三光。穆穆优游，嘉服上黄。"颜师古注引张晏注曰："媪，老母称也。坤为母，故称媪。海内安定，富媪之功耳。"[②]因此，在汉代就有把后土当成是女性角色的解释。

对于"后土"之"后"的解释，往往与"皇后"之"后"相匹配。《晋书·安平献王孚传》记载：

> 天称皇天，则帝称皇帝，地称后土，则后称皇后。此乃所以同天地之大号，流无二之尊名，不待称国号以自表，不俟称氏族以自彰。[③]

《晋书》载：

> 臣闻王者之立后也，将以上配乾坤之性。象二仪敷育之义，生承宗庙。母临天下，亡配后土。执馈皇姑，必择世德名宗，幽闲淑令，副四海之望，称神祇之心。[④]

皇后配后土，成为晋唐人的一种习惯。其实，这种配对更多表现的是后土代表皇室的一种尊贵，却使后土具有了女性的身份。至于后土为何为女性，也有解释。《初学记》引《物理论》曰：

> 地者其卦曰坤，其德曰母，其神曰祇，亦曰媪，大而名之曰黄地祇，小而名之曰神州，亦名后土。[⑤]

《物理论》以"地—坤—母—媪"的逻辑模式，分析后土之所以为女性的原因。这里的"媪"，其实是解释了汉代"富媪"的由来。《三教源流搜神大全》便把后土皇地祇称为"土母""地母"，以至于明清时期"后土"主要以"土母"的形象示人，如民间宝卷中出现大量的与《地母经》类似的经典，地母信仰成了明清时期重要的民间信仰。[⑥]

由于时代审美以及民众信仰取向的转变，神灵性别发生变化，在宗教中也

---

① （汉）班固：《汉书》卷二二，北京：中华书局，1962年，第1057页。

② （汉）班固：《汉书》卷二二，北京：中华书局，1962年，第1057页。按：此处王先谦《汉书补注》引吴仁杰云："媪"当为"煴"字之误。

③ （唐）唐玄龄等：《晋书》卷三七，北京：中华书局，1974年，第1083页。

④ （唐）唐玄龄等：《晋书》卷一〇二，北京：中华书局，1974年，第2676页。

⑤ （唐）徐坚等：《初学记》卷五，北京：中华书局，1962年，第88页。

⑥ 参见萧登福：《后土与地母——试论地土诸神及地母信仰》，《运城学院学报》2005年第1期。

是常见的现象。后土在汉代就是民众以及帝王祈谷之神，汉成帝甚至为求子嗣专门恢复已经被废除的汾阴后土祠。后土神的这些神圣功能与女性实际生活中的生产功能非常类似，也为后土神性别转变奠定了基础。

后土神在唐代被塑造成妇人的形象，称为“后土夫人”，南宋叶梦得《避暑录话》曾就此批评其荒诞不经。

> 唐人至有为后土夫人传者，今所在多有，为后土夫人祠。而扬州尤盛，皆塑为妇人像，流俗之谬妄如此。亦起于西汉所谓神媪者，谓小孤为姑，何足怪哉。①

可见，唐人之所以把后土塑造成妇人形象，其主要的依据也是西汉所谓“神媪”之说。但这种说法也被很多人批评，认为这是流俗之谬妄。但不论怎样，唐人所崇祀的后土，应该就是妇人形象的“后土夫人”。这种信仰的流传与当时所撰成的《后土夫人传》，以及讲唱文学《后土夫人变》有关。

> 伪蜀广都县三圣院僧辞远，姓李氏，薄有文学，多记诵。其师曰思凿，愚夫也。辞远多鄙其师，云：可惜辞远作此僧。弟子行坐，念后土夫人变，师止之愈甚，全无资礼，或一日大叫转变次，空中有人掌其耳，遂聩二十余年。②

可见唐末伪蜀，《后土夫人传》被僧人转成了百姓喜闻乐见的讲唱文学——“变文”的形式，一方面反映了后土夫人信仰在唐五代的流行，另一方面，这种讲唱文学又会进一步传播与推动后土夫人信仰。然而，不论是《后土夫人传》还是《后土夫人变》，现在都已佚失。我们只能从《太平广记》所引《异闻录》“韦安道”的故事窥其大概。

《太平广记》记载了韦安道与后土夫人人神恋的故事。后土夫人以“冥数当与韦安道为匹偶”，而“迫以婚姻”，韦家畏惧天后朝法令严峻，把此事上报武后，武后遂命明崇俨等人用方术压胜，却被后土夫人一一击破。最后，后土夫人召武后，命其授予韦安道“钱五百万，官五品”。最后因冥数合尽，后土夫人便与韦安道诀别。③

这里所描述的后土夫人俨然是女王的形象，如韦安道被侍从引见后土夫人的居处，“如王者之城”“天子之居”“所服御饮馔皆如帝王之家”。后土夫人甚至

① (宋)叶梦得：《避暑录话》卷下，北京：中华书局，1985年，第67页。

② (宋)黄复休：《茅亭客话》卷三，文渊阁四库全书本。

③ 参见(宋)李昉等编：《太平广记》卷二九九，北京：中华书局，1961年，第2375—2379页。

坐在大殿，召见山林树木之神、天下诸国之主。

明日，夫人被法服，居大殿中，如天子朝见之像。遂见奇容异人之来朝，或有长丈余者，皆戴华冠、长剑，被朱紫之服，云是四海之内，岳渎河海之神。次有数千百人，云是诸山林树木之神。已而，召天下诸国之王悉至。时安道于夫人坐侧，置一小床令观之。因最后通一人，云大罗天女。安道视之，天后也。夫人乃笑谓安道曰：此是子之地主，少避之。令安道入殿内小室中，既而天后拜于庭下，礼甚谨。①

后土夫人有无比的尊荣，不仅可以号令树木山林之神，而且人间国主帝王也随其调遣，其中就有天后武则天。可见，后土夫人的神话中反映了其与帝后之关系以及皇家祭祀的特点。当然，除了其身份的特点之外，后土夫人还具有很高的法力。当时善于压胜、召劾之术的怀素、明崇俨都难以匹敌，因此被称“虽人间百术，亦不能制之”，这也是方术道士施法时召请后土夫人的原因。

但是，虽然故事中渲染了后土夫人的威严与法力，但逼迫婚姻，似乎并不是正神的做法。唐代笔记小说中记载以法力逼迫别人成婚的，最多的是华山神，亦称为金天王，经常有强抢别人妻子的做法，其华山家族似乎都有这种习惯，华岳夫人、华岳神女也常有类似的传说。② 但金天王基本上是以“恶神”的面目示人，抢婚的行为与其一贯的行为是匹配的，但后土夫人的形象基本是正面的。除了享有汉唐皇帝的国家祭祀之外，后土庙作为人们祈福拜神之所，后土夫人也充当着护佑百姓的角色。如《稽神录》中有两则故事：

江南司农少卿崔万安，分务广陵。常病苦脾泄，困甚。其家祷于后土祠。是夕，万安梦一妇人，珠珥珠履，衣五重，皆编贝珠为之。谓万安曰：此疾可治。今以一方相与，可取青木、香肉、豆蔻等分，枣肉为丸，米饮下二十丸。又云：此药太热，疾平即止。如其言服之，遂愈。③

崔万安因疾病祷于后土祠，其夜间梦见后土夫人，给其药方，崔万安按方服后病愈。

广陵孔目吏欧阳氏，某者居决定寺前。其妻少遇乱，失其父母，至是有老父诣门，使白其妻：我汝父也，妻见其贫陋，不悦，拒绝之。父又言其名

① (宋)李昉等编：《太平广记》卷二九九，北京：中华书局，1961年，第2378—2379页。

② 刘燕萍：《〈后土夫人〉与〈华岳神女〉中的人神婚》，《山西大学学报》(哲学社会科学版)2011年第3期。

③ (宋)李昉等编：《太平广记》卷二七八，北京：中华书局，1961年，第2214—2215页。

字,及中外亲族甚悉。妻竟不听,又曰:吾自远来,今无所归矣,若尔权寄门下信宿可乎?妻又不从,其夫劝之,又不可。父乃去曰:吾将讼尔矣,左右以为公讼耳。亦不介意,明日午暴风雨,从南方来,有震霆入欧阳氏之居,牵其妻至中庭,击杀之。大水平地数尺,邻里皆震荡不自持,后数日,欧阳之人,至后土庙神座前,得一书,即老父讼女文也。①

欧阳氏妻子因不认失散多年的父亲,其父一怒之下向后土诉讼,最终欧阳氏妻子遭到了天谴,此处的后土夫人还掌管着人间诉讼。

《夷坚志》记载了宋朝的一则《黑风大王》的故事。

汾阴后土祠,在汾水之南四十里。前临洪河,连山为庙,盖汉唐以来故址,宫阙壮丽。绍兴间陷虏,女真统军黑风大王者,领兵数万,将窥梁益,馆于祠下,腥膻污秽,盈积如阜,不加扫除。一夕乘醉欲入寝阁,观后真容,且有媟渎之意。左右固谏,弗听。率十余奴仆径往,未及举目,火光勃郁,杂烟雾而兴,冷逼于人,立不能定。统军惧,急趋出,殿门自闭,有数辈在后,足胫为关阑翦断。统军百拜祷谢,乞以翼旦移屯,至期天宇清廓,杲日正中,片云忽从祠上起,震电注雨,顷刻水深数尺,向之粪污,荡涤无纤矣。统军斋洁致祭,捐钱五万缗以赎过,士卒死者什二三。②

这是宋朝的故事,黑风大王媟渎后土真容,且污秽后土庙,最终得到了后土夫人的惩戒。这几则故事都说明了后土夫人作为护佑善人的正面形象。然而,逼婚韦安道的故事却与后土夫人的正面形象不符。因此叶梦得认为“后土夫人盖以讥武后,然托论亦不当如此也”。陈师道《后山诗话》同样认为也是讽刺武后。

宋玉为高唐赋,载巫山神遇楚襄王,盖有所讽也。而文士多效之者。又为传记以实之,而天地百神,举无免者。余谓欲界诸天,当有配偶,其无偶者,则无欲者也。唐人记后土事,以讥武后尔。③

陈师道认为唐人记后土有配偶,是讽刺武后。因此,也才会出现前文所引《旧唐书·礼仪志》汾阴后土庙“则天时移河西梁山神塑像,就祠中配焉”之事。这种给后土配对之事,也被认为是对后土神的亵渎,玄宗汾阴祭祀后土时,又“送梁山神像于祠外之别室”,但玄宗此举并没有从根本上解决这个问题,后土

① (宋)李昉等编:《太平广记》卷三九五,北京:中华书局,1961年,第3159页。
② (宋)洪迈撰,何卓点校:《夷坚志》卷二,北京:中华书局,1981年,第53页。
③ (宋)陈师道:《后山居士诗话》,北京:中华书局,1985年,第3页。

夫人与配偶合祀似乎在唐代流行了起来。五代《广陵妖乱志》记载，吕用之建后土庙，“又于夫人帐中，塑一绿衣年少，谓之韦郎”①。这里的韦郎即指韦安道。宋元时期，依然有韦郎配后土夫人的后土庙。《庶斋老学丛谈》记载：“扬州后土韦郎事相似，旧塑绿衣年少于旁，明道以其□渎，遂撤去之。”②

从汉代一个传统的国家祭祀对象，到唐宋在文人看来被亵渎的后土夫人，是信仰流变的一个表现。这个过程反映了国家祭祀与民间信仰之间的争夺，或对神灵的诠释与崇拜的差异，用以讽刺武后的《后土夫人传》成了亵渎后土夫人的依据。除此之外，道士在对信仰的塑造上也起到了特殊的作用。其中最主要的就是晚唐高骈的幕僚道士吕用之。

《广陵妖乱志》中详细记载了吕用之迷惑高骈的事迹，而他最常召请的神灵便是九天玄女与后土夫人。

> 用之忽云：后土夫人，灵仇遣使，就某借兵马，并李筌所撰，太白阴经。骈遽下两县，率百姓苇席数千领，画作甲马之状，遣用之于庙庭烧之。又以五彩笺，写太白阴经十道，置于神座之侧。又于夫人帐中，塑一绿衣年少，谓之韦郎。庙成，有人于西庑栋上，题一长句诗曰：四海干戈尚未宁，谩劳淮海写仪形，九天玄女犹无信，后土夫人岂有灵。一带好云侵鬓绿，两行巍岫拂眉青，韦郎年少耽闲事，案上休看太白经。③

吕用之作法，使高骈在战争中获胜，高骈因此惑于吕用之，沉迷于道术之中，后被部下毕世铎所杀。后人题诗讽刺其荒诞：“九天玄女犹无信，后土夫人岂有灵。”

吕用之之所以崇祀后土，与其早年经历有关。《资治通鉴》记载：

> 用之微时，依止江阳后土庙，举动祈祷。及得志，白骈崇大其庙，极江南工材之选，每军旅大事，以少牢祷之。④

吕用之早年住在后土庙，后得到高骈的信用，崇大江阳后土庙，使得后土庙的规模成了江南一时之选。江阳后土庙，即扬州后土庙，亦即扬州蕃厘观，因盛产琼花，成为历代文人雅士诗词歌颂的对象。虽然吕用之在历史上的名声不佳，但他对后土夫人信仰起到了推动作用。

---

① （宋）李昉等编：《太平广记》卷二九〇，北京：中华书局，1961年，第2308页。

② （元）盛如梓：《庶斋老学丛谈》卷上，第866册，文渊阁四库全书本，第526页。

③ （宋）李昉等编：《太平广记》卷二九〇，北京：中华书局，1961年，第2307—2308页。

④ （宋）司马光编著：《资治通鉴》卷二五四，北京：中华书局，1956年，第8388页。

五代前蜀的杨勋也是擅长召请九天玄女、后土夫人的道士，《十国春秋》记载：

> 杨勋，不知其家世，自号仆射。能于空中请自然还丹，其丹立降，又能召九天玄女、后土夫人，经宿而去。后主以其妖妄，折其一足，戮之西市。毕命时，咏诗言失国事，不数岁。国果亡。[①]

杨勋的道术可能就受到了吕用之的影响，这些道士的召请活动自然也推动了后土夫人的信仰。虽然可能与后世文人眼中的后土形象不同，但他们可能代表的就是真实的后土信仰的样态。

## 四、结语

汉代的汾阴后土祭祀，第一次把后土祭祀列入了国家祭祀序列，学术界称之为“泰畤—后土之祀”，但这种祭祀并没有持续下去，到了汉成帝时就被废黜，把后土祭祀融入国家南北郊的祭祀之中。因此后代常把汾阴后土祭祀称为“汉武故事”。国家祭祀体系主动放弃对后土的祭祀，使得民间后土崇祀开始兴盛。唐代的后土变成了后土夫人，甚至唐代后土庙，后土夫人与韦郎、梁山神被塑造配对。这种亵渎后土的做法，来源于对武后的讽刺，但是在吕用之等道士的操作下，成了一种新的崇拜形式。这种后土信仰的变容，其实表现了国家祭祀与民间信仰之间的张力。国家祭祀把后土的信仰国家化、正典化，使后土崇祀区别于其他的淫祀，一直受到人们的信奉。但随着后代皇帝对“汉武故事”的废置，民间崇祀对后土信仰的渲染变得活跃而生动。《后土夫人传》《后土夫人变》等文学作品的出现，唐代扬州后土庙的建设，吕用之等道士召请后土夫人之道法的流传，推动了不同于正统后土祭祀的信仰系统，这个系统逐渐把后土信仰的解释权从国家手中接过来，甚至以国家祭祀闻名的汾阴后土庙，也不得不受民间信仰的影响，最终形塑了唐宋后土崇祀的样态。

（原载《世界宗教文化》2018年第3期）

---

① （清）吴任臣：《十国春秋》卷四七，北京：中华书局，2010年，第879页。

# 山西万荣后土祠庙会调查报告

郭俊红

在汉民族的认知中，后土是最尊贵的土地之神，它体现了先民对自我与土地关系的认识与思考。山西万荣县荣河镇庙前村后土祠是国内祭祀后土的最古老祠庙，也是古代皇家祭祀“后土”的场所。明清两朝，当地的后土祭祀由皇家与官方逐步转向民间，周围的“十村六社”轮流行使祭祀后土的权利，如今当地依然保留着每年农历三月十八与十月初五的祭祀传统，其中尤以春季三月十八的祭祀庙会为盛。2017 年，万荣县于 4 月 11 日至 16 日举行后土祠庙会，历时 6 天，其中 14 日(三月十八)为庙会的正日子。受万荣县邀请以及中国社会科学院世界宗教研究所叶涛研究员委托，笔者带领 8 位同学[①]于 2017 年 4 月 12 日至 15 日(农历三月十六—十九)对本次庙会进行集中调查，调查内容主要包括后土祠的庙宇建筑及历史沿革、庙会娱乐及商贸活动、庙会仪式及香社活动。

## 一、庙宇建筑及历史沿革

后土祠主体建筑包括山门、品字戏台、东西五虎殿、献殿、正殿、秋风楼，这些主体建筑皆经过整修，其中秋风楼为明代建筑，其余的均为清代建筑。祠庙中现存的其他相关建筑皆为 2003 年后的新增建筑。

---

① 这 8 位同学分别是来自山西师范大学民俗学专业的研究生姬海南、张晓莎、郃琦、白亚茹和山西大学 2015 级汉语言文学本科生段彤彤、董柯晗、王舒原、冯甜甜。

## (一)庙宇建筑

### 1.戏台

后土祠内最引人关注的是三座呈“品”字的戏台,其中戏台的上“口”既是山门又是戏台,俗称“儒家台”或“过亭台”,该戏台平日可以供行人行走,唱戏时在门洞上搭一层3厘米厚的木板,安装上隔扇,即成戏台。隔扇上面可以演戏,下面可以供行人行走,即所谓“优哉游哉,头上生旦净丑;演也艳也,脚下士农工商”。当地民众将“口”字东边的戏台称为“道家台”,西边的称为“佛家台”。也有按照晋、陕、豫的地理分布来区分三座戏台,认为西台多演河南豫剧,东台多演陕西秦腔,正中间的则演山西河东蒲剧。

### 2.东西五虎配殿

东西五虎殿居于戏台与献殿之间,处于中轴线的东西两端。东五虎殿供奉五岳大帝,即东岳大帝黄飞虎、南岳大帝崇黑虎、中岳大帝闻聘、北岳大帝崔英和西岳大帝蒋雄。西五虎殿供奉五虎上将,即蜀汉关羽、张飞、赵云、马超、黄忠等五员虎将。这些神灵在各自庙里皆为主神,然在后土祠皆为御前侍卫,负有保卫正殿及祠庙安全的职责。

### 3.献殿与正殿

献殿与正殿处于高台之上,凸显其在整个建筑中的主体地位,二者之间有穿廊连接。献殿方正开阔,是香客们奉献供品、歌颂女神的场所。正殿内供有三尊娘娘塑像,据工作人员介绍,居中者为后土娘娘的正身,两边为其化身,居右者怀抱一子的为送子娘娘,左边持钵拈丸的为送(施)药娘娘。正身宝相庄严,在其下方,两边各立一位童子,稍远处还有两位官员模样的“信使”,负责传达后土娘娘的神意。

### 4.秋风楼

秋风楼是整座后土祠的压轴之作,因汉武帝的《秋风辞》而得名。秋风楼楼体精巧、奇特,是国内纯木结构建筑中罕见的珍品。据工作人员介绍,秋风楼的二、三层各藏汉武帝《秋风辞》碑一块。后土祠还保存有三块古碑,分别是《轩辕扫地碑》《庙貌图碑》以及《萧墙碑》,其中《萧墙碑》被誉为后土祠镇祠之宝。

## (二)后土祠历史沿革

汾阴后土祠创建于汉武帝时期,至北宋时期达到最大规模,是现存后土祠面积的25倍，被誉为“海内祠庙之冠”。汉至金元时期，汾阴后土祠属于皇家祠庙，多位皇帝亲临此地进行祭祀。清顺治十二年(1655)和康熙元年(1662)秋，黄河决口，脽上后土祠建筑荡然无存。清同治九年(1870)，荣河知县戴儒珍将此祠移迁于庙前村北的高崖上，即现在的后土祠。

民国至20世纪末，此庙被改作学校，是几代荣河人接受教育的场所。1999年，因当地政府进行旅游开发及保护，学校才从这里搬离。2000年，当地政府逐步修缮庙宇，重塑神像，恢复其庙宇的本来面目。目前，整个庙宇属万荣县政府所有，具体由后土祠文管所及后土祠景区开发管理中心共同管理。

## 二、庙会娱乐及商贸活动

后土祠庙会的娱乐及商贸活动都体现出“官—民”既有分工又有协作的特点。

### (一)庙会娱乐

传统的后土祠庙会上最大的娱乐活动就是唱庙戏，“酬神戏”和“许愿戏”是两种主要演出来源，有彻夜戏、对台戏等演出形式。2017年庙会则没有传统庙戏，且受演出经费限制并考虑到安全隐患，更无对台戏、彻夜戏等演出形式。

传统社会中，给后土娘娘献戏的戏曲种类多为豫剧、秦腔及河东本土的蒲剧。2017年，在三座戏台上表演的分别为河东唢呐、河南笙器以及华阴老腔。传统社会中，这些艺术形式是不能作为“神戏”进入庙宇的，据当地文献记载，后土祠的神戏演出也的确没有出现过这些文艺形式。笔者对这些演出组织的访谈也印证了文献记录，以华阴老腔为例，受访者就说这是他们第一次来这里表演。

后土祠的“品”字戏台有助于竞演，过去经常是三座戏台分别用不同的唱腔表演同一戏曲内容，叫作“唱对台戏”。2017年却没有出现这种竞演盛况，首先是演出时间大大缩短，河南笙器、河东唢呐仅在庙会正日子演出，一天仅演出两场，每场40分钟左右。其次，表演形式多样，老腔与唢呐很难形成竞演局面。最后，这些演出重音高轻美感，很难让民众驻足观赏。

除了在三座戏台上的文艺表演之外，主办方还在后土祠广场和祠庙内的献殿组织演出。后土祠广场从空间上来说，原本不属于后土祠庙宇这个神圣空间，它本身就是旅游开发的衍生品，万荣县政府组织的丁酉年后土民俗庙会开幕式就在广场上进行,主办单位是万荣县政府,参与单位是各个政府机关及社会团体。而祠庙内的献殿及前面的小广场则是普通香社群体为娘娘献戏表演的空间。

当下社会,对于"酬神唱戏"之"戏"需要有新的理解,"戏"不仅仅指"戏曲",还应该包括多种形式。以此次庙会为例,锣鼓、唢呐、笙器、老腔、舞蹈、广场舞、模特表演等文艺形式全部进入庙会展演。这些演出形式有些可能与庙会祭祀的神圣性不符,却符合民众的审美标准,满足民众参与庙会的情感需求。据广场舞演出者介绍,他们都是自愿报名参加的,每天从地里干活回来就参加排练,广场舞从正月里就开始准备,演出服装也是自己购买。来自永和的老年模特表演队每年表演的节目不一样,但都是大家精心为后土娘娘准备的;还会有留学机构每年来此进行公益演出,表演内容与民间推崇的孝善有关。

## (二)庙会商贸活动

以后土祠过亭台为界限,庙会的商贸活动也分为"官办"与"民办"两部分:在后土祠庙宇内的民俗工艺产品制作及展示属于"官办",他们大都是受庙会组织者邀请而来;庙宇之外的民间美食及万荣特色产品交流会是"民办",他们大都是民众自己主动参与庙会。

### 1."官方"——民俗工艺产品制作展示

民俗工艺产品展示区集中在东戏台与正殿之间的空地上,主要展示了缚笤帚、叠元宝、剪纸花、编竹筐、捏面人、画糖画、吹糖人、纺土布、绣香包、面塑、民俗布艺11种,这些展演中有很多项目是非物质文化遗产保护项目,展演者中也有多位"非遗"传承人,例如缚笤帚传承人范喜祥、中国糖画传承人董书成、万荣面塑传承人董金龙和山东省面塑传承人李双虎等。80%的参展人员来自万荣本县,70%的为男性,年龄基本在50岁以上。这些展演者都是受邀而来,他们不用交管理费,庙会所得收入皆归自己所有,日收入在2000元左右。

### 2."民间"——民间美食、万荣特色产品交流活动

民间美食、万荣特色产品交流活动主要分布在停车场到山门口的台阶上、山门下的街道(庙前街)以及周围小吃城附近。本次庙会共设四条特色小吃街道,百余个小吃展台,主要有油糕、拌菜、火烧、热锅子等特色小吃。组织者还规划了庙会集贸市场,万荣土特产、服装、旅游文化产品摆摊设点,并摆放海盗船、蹦蹦床、5D动漫等儿童游乐设施。

商贩们主要来自万荣县各个乡镇以及运城、临猗、绛县、稷山等周边区县,

也不乏来自陕西、河南的省外商户。售卖的产品多种多样，多是人们日常生活必需品——衣服、杂物、数码相关产品，还有一些水果、小吃、儿童玩具等。这些商户大都是自己开车过来摆摊，每天需要交纳数额不等的管理费，有的觉得管理费太高，自己一天赚的还不够交管理费，有的觉得庙会市场需要管理，应该交纳少量的费用。本次各商家交纳 80—400 元不等的管理费。

## 三、庙会仪式及香社活动

### （一）庙会的组织者

据文献记载，后土祠的祭祀规格发生了三次变化：由汉宋之际的皇家祭祀转变为元明时期的官员祭祀，再到明清之后的民间祭祀。明清时期，后土祠成为道教场所，每年的春秋祭祀皆由当地的民间社会主持，这些民间社会即祠庙周围的一些村落，俗称“十村六社”，他们跨村联合举行祭祀仪式，主祭权则轮流行使。中华人民共和国成立之后，每年春秋的祭祀及庙会活动全部取消。2000 年前后，逐渐恢复了三月十八和十月初五的庙会，但庙会不再由以前的“十村六社”轮流举办，改由万荣县后土祠景区开发管理中心主办。

2017 年，庙会由后土祠文管所、后土祠景区开发管理中心和县文物旅游局三方共同组织，县政府组织协调了 150 名公安、100 名记者及消防车队、移动公司等力量参与庙会。50 多名志愿者及“爱心公社”等民间社团也自愿投身庙会的各项服务工作。

### （二）庙会的祭祀仪式

**1.官方组织的仿古祭祀仪式**

2017 年 4 月 14 日，即农历三月十八日，是后土庙会的正日子，官方于此日举行了仿古的祭祀表演。上午 10 点，扮演汉武帝刘彻的演员身着帝王礼服，在一众官员、宫娥的导引下，从广场处出发，经慈恩亭，循阶而上，通过过亭台，进入后土祠庙内部，驻足献殿前，敬献三牲、宣读祭文，再现古代皇家祭祀后土的过程。整个仪式大约持续了 50 分钟。

**2.民众自发参与的祭祀仪式**

（1）参与人数

三月十八日 11 点后，民众在仿古祭祀表演结束之后才可以进入正殿参祭后土。按照规定，民众不可以从正前方进入，而必须从左右两侧的甬道上去。大约半小时后，人群已拥挤不堪，献殿前焚烧供品的大火已经控制不住，工作人员开始控制进出正殿人员，每分钟大约放行 20 人。下午 1 点之后人数逐渐减少，至下午 2 点 25 分左右基本没有进入正殿的香客了。下午 3 点以后整个祠庙内的人已经寥寥无几，大都是到此游玩的游客。

据管理人员所言，2016 年参加后土祠庙会的人数达 5 万之多，估计 2017 年的人数应该与前一年持平。参加 2017 年庙会的民众有如下特点：从年龄来看，参加庙会的以中老年为主，青年人的参与度不高。究其原因，可能与庙会恰逢工作日有关，年轻人上学或者上班，不可能请假来参加庙会；从性别来看，女性的参与度高于男性，且女性香客也以中老年为主，年龄大都集中在 60 岁以上。从香客来源地来看，香客以万荣本县为主，部分香客来自于周边的运城、临猗，来自于晋南或者外省的香客几乎没有。可见万荣后土信仰的范围还主要是局限在万荣本县域之内，没有形成大的信仰圈。万荣本地的香客大都是来此许愿、还愿的，而来自其他地方的参与者则不能称呼为“香客”，他们到此是旅游或者凑热闹。笔者对 19 人进行了随机访谈，其中仅有 5 人是来祭拜后土、烧香许愿还愿，其余的皆为玩耍、凑热闹。且这些人中没有一人连续到此参加庙会，而是“有事就来，没事不来”。总体而言，后土祠平时的香客很少，每月初一、十五以庙前及周边村民为主，每年三月十八和十月初五的春秋庙会人数较多，尤其是三月十八日，客流量为一年最高，数万名游客、香客会来参加庙会。

(2)祭品

用当地民众自己的话来说，来这里就是向后土娘娘求福、禄、寿、喜、财、子，外加平安。香客们带着礼物供奉给神灵，希望娘娘能满足各自的愿望。个人带的供品有香烛(蜡烛需用红色)、冥币、金元宝、烧纸、矿泉水、牛奶、蛋糕、苹果、核桃、瓜子、枣、油酥饼、烧鸡等。香社携带的供品不仅数量较多，还更加贵重，如完整的猪头、羊头。另外有些香社供奉的供品则追求新、奇的效果，如样式更加特殊的花馍和麻花等。在当地，香有黑、黄、红三种颜色，民众认为不同颜色的香代表不同的愿望，黑香代表祈求身体健康，黄香代表祈求平安顺利，红香代表求子。供品中的纸也因颜色不同而功能不同，例如黄纸被当地人称为“天堂票”，代表万事顺利，主要用来祈祷平安，绿纸上面印有布匹图案，则是献给娘娘的衣服。

还愿的香客会用真的布料作为给神的礼物，叫作“袍”。“袍”的颜色根据神灵的性别而不同，例如给后土娘娘的为红色、粉色、黄色，给其座下两位男性官员的则是蓝色。“袍”的尺寸也不一定,有的与单人被面的大小相当,有的则长达丈八。披袍的时候将“袍”纵向叠成条状,披在神的身上。有的香客将神身上的旧袍去掉,有的则是直接叠加在旧袍上,每人的做法也各不相同。

(3)求子

进入正殿的香客们除了祭拜中央的后土娘娘外,还会到东西两侧的送子娘娘和施药娘娘处祭拜,但送子娘娘处的香火及人数远远超过施药娘娘。可见“拔花求子”或求子成功后还愿是后土庙会的主要功能。拔花求子一般是婆婆领着媳妇来,她们在后土娘娘的神像前跪拜上香,把自己的姓名、住房方位、村名告诉娘娘,然后许愿。磕三个响头,起身在神像前的花架上拔花。花架上有三种花:一种是黄蕊红瓣,主生男;一种是红蕊黄瓣,主生女;还有一种是红瓣,主长命百岁。取花不能随便取,一般要取风吹蕊动者,这样的花才灵验。拿到花后,用黄符将花迅速包好,再用红布裹好,手里拿上焚烧的香回家。回家的路上既不能让香火熄灭,也不能说话,到家后放在媳妇的房中或者床头,待怀孕生子后再来还愿。当地人认为,拔花返回家中路上的香火代表着后土娘娘的灵气,香不断才代表将后土娘娘的灵气带回家中。如今大多数香客都是自己开车来,拿香不太方便,所以绝大多数人都不带香火回家了。

随着社会的发展和民众需求的多样增长,后土祠中单一求子的“花”已经不能满足人们的需求,花架的花不光有男花、女花,还增加了长寿花、富贵花、吉祥花、婚姻花、平安花等等,花的样式也有改变。黄花黄穗、黄花红穗、绿底黄花、黄底黄花等,还有的顶上有一朵大红花,比其他的花儿个头要大,这些形状各异的纸花让人分不清楚男花与女花。一般来说,根据花蕊的颜色判断男女,只要是黄色花蕊的皆代表求男娃,红色花蕊的为求女娃,顶上是大红花的是平安花。

**3.香社个案**

(1)万荣光华乡贵兰村进香个案

万荣县光华乡贵兰村的香社组织是在4月13日(三月十七)上午到后土祠进香的。香社的组织者是李换枝。李换枝和香社的其他成员提前半个月就开始准备各种祭祀用品。此次她们带来的供品非常丰富,这些供品有的成箱放置,有的放置在食盒中。李换枝带给娘娘的礼物还有“袍”和“鞋”。她每年都给后土娘娘换袍,她不满意其他人的手工,都是自己亲手给娘娘缝制,袍的颜色也是她精心挑选的。例如给后土娘娘的袍是黄色的,这黄色代表皇天后土,袍长一丈八,代表着娘娘的生日三月十八日。在万荣当地,从来没有香客给娘娘供奉“鞋”这样的供品,李换枝在外地见到香客给神供奉“鞋”的习俗,就把这一习俗借用到后土祠庙会中。这次她号召香社的香客们给娘娘缝鞋，她们带来了满满一箱子手工制作的女式小鞋。当询问她为什么给娘娘制作鞋子时，她说当地“鞋”与“孩”谐音，求孩子的时候，除了拔花还可以拿一双后土娘娘前面的鞋，寓意把“孩”带回家。另外她还给庙里送了六大箱香供众人免费焚烧。

上午 11 点，政府开幕式文艺表演结束之后，李换枝率先带领威风锣鼓队在献殿前给娘娘献戏。她雇请的是当地的锣鼓表演，这大约花费了 4000 元。之后，李换枝命令手下的人在献殿摆放供品，供品的数量不仅多，而且样式新，给人强烈的视觉冲击。供品摆放好之后，李换枝进入后面的正殿，先在中间后土娘娘像前烧一根总香，再点燃三股香，摆放供品，顺序依次是送子娘娘、施药娘娘，出正殿到东西五虎殿。最后返回正殿为各位神灵换袍，在工作人员的帮助下，他们先给后土娘娘前面站立的两位信使披上蓝袍，接着是送子娘娘、施药娘娘，最后是后土娘娘。现在村里常年跟着李换枝在外面跑庙的有 10 多个成员。此次活动村里共来了大概 200 人，除了 100 多名表演者，还有 100 多名香客。

(2)太原进香个案

4 月 13 日下午 2 点 50 分左右，一辆大巴车来到后土祠，此时后土祠内香客已经不多了，所以他们的到来格外引人注目。这是一个来自太原的进香香社——乐善堂，此次他们共来了 27 人。一行人来到正殿，先是在社首杨女士的指挥下摆放供品，其中苹果代表世界和平、国泰民安，蛋糕是给女娲娘娘过寿用的，也有希望人类步步高升、路路通的意思。大西瓜则代表地球，保佑人类平安健康。他们先将蛋糕、烤鸡、苹果等摆放在送子娘娘跟前，接着是后土娘娘，最后是施药娘娘，其中引人注意的是，施药娘娘面前整齐地摆放了大概 30 瓶水，还有些开心果。接着给娘娘披袍，袍上的花纹是凤凰，他们说“要让后土娘娘穿上最好的袍子”。红颜色代表给予人类聪明智慧，黄色代表至高无上，粉色代表给予人类子嗣。披袍也是如上顺序，给后土娘娘披袍时，他们很是谨慎，袍的帽檐要竖起但不能遮住耳朵，身子两侧的袍也被对称折起来贴合神像。

一切摆放好后开始正式祭拜，他们一行人站成三排，杨女士站在前排中央，开始诵经、祈福，然后整个香社的人在一位男士的指挥下双膝跪地，双手伏地，低头叩拜，整个动作重复了数十次。最后每个人跪地沉思，向娘娘忏悔，反思自己做的错事。此后，杨女士便开始依次分发先前在药神娘娘面前摆放的供品，希望食用后不再生病。至此整个祭拜仪式结束。

(3)台湾进香个案

台湾香客于 4 月 14 日(三月十八)中午来到正殿祭拜。他们身着黄色短袖和长裤，手持绘有龙图案的三角旗，脖子上挂着八卦图，胸前戴着淡紫色的花。香社的组织者是一位身着粉色旗袍的中年女士，她的旁边还有一位头戴黑色帽子、身穿黑色道袍、手拿拂尘的男士。开始时那位女士捏着兰花指，闭着眼睛，正对着后土娘娘念念有词，接着拉住身旁两位女士的手高举着边唱边走近后土娘娘像，然后在香炉前跪下，起身后，手呈兰花指并转动手腕，跳着扭着回到刚开始站立的地方，唱了一段时间后，将手举起，旁边的人便纷纷将手中的旗子交给她。她高举旗子来回摆动几下后，突然转过身子，背对后土娘娘，表示后土娘娘已经附身，之后众香客按照先男后女的顺序依次跪在她的面前，她则手持旗子在每个人头上来回扫几下，并时不时跺下脚，然后低头嘱咐，大概内容就是“要好好做人，好好做事，娘娘我会保佑你，保佑你健康”。一个人结束起身后，另一个人便随即跪下，直到所有人都接受过娘娘的嘱咐，那位女士便停止了唱念。突然，刚刚还站立着的那位女士便晕倒了，众人赶紧扶起了她。接着那位身着道袍的男子跪在香炉前开始诵经唱词，最后众人跟着他高喊着“哈喽、哈喽、哈喽”，他们将黄纸和写有字的符放进香炉点燃，结束了整个祭拜。

## 四、总结

庙会期间，虽然调查人员尽心竭力地调查、访谈，每天晚上师生之间不断地总结当日的调查情况，调整调研方案，但有限的调查时间让我们不可能对后土祠庙会盛况有更加深入的描述，更不可能对其文化价值有更加深入的挖掘，挂一漏万，只能管中窥豹，取其精要之一二。但这些还是引起我们的一些思考，具体有如下几个问题：

第一，后土文化“名不副实”。现如今后土祠的影响力远远低于其历史地位，其现状与文化价值不符，如何挖掘后土文化以及后土祠文化品牌是首要问题。第二，后土文化与万荣文化，乃至河东文化的关系问题。第三，如何构建文明、有序的后土祠庙会值得深思。以2017年后土祠庙会为例，整个庙会混乱无序，存在很大的安全隐患，一旦发生事故，将对后土祠造成不可挽回的损失。第四，如何延续传统，又适应时代新需求。庙会是农业社会的产物，如何适应现代社会，满足民众的生活需求，让庙会经济发挥最大效益应当引起相关学者以及当地政府的深思。

（原载《世界宗教文化》2018年第5期，图略）

# 晋中南地区后土图像流变及原因述论

廖奇琦

“后土”信仰源自中国原始宗教信仰中，先民对土地的崇拜和神化，历代帝王甚为重视。如轩辕黄帝扫地而祭，汉武帝将其纳入国家祀典，宋徽宗册封其为“承天效法厚德光大后土皇地祇”，道教将其列为“四御”尊神之一等等，影响十分深远。

据明清地方史志统计，后土祠庙广泛分布在全国各地，以山西地区数量最多，且主要集中在晋中南地区，显示出该信仰具有明显的区域性特征。有关后土信仰的研究，一是集中在汉宋国家祭祀典制研究领域，如王木娘《西汉国家祭祀中所见后土地祇之典与礼》[①]、姚媛媛《从宋真宗西祀汾阴看北宋汾阴后土祠地位》[②]等，二是民俗学领域，如尹虎彬《河北民间后土信仰与口头叙事传统》[③]等，三是艺术史领域内为数不多的庙宇图像个案研究。多数学者的研究侧重文献梳理，艺术史个案研究又多拘泥于地域文化特征，至今鲜有学者从图像入手深入探讨“后土”信仰在晋中南地区的发展、演变轨迹及何以如此，而这恰好是强调图像研究的当代美术史学的主要任务。笔者经过多年实地调研，现结合地方史志与图像遗存，论述“后土”形象流变及原因。

---

① 王木娘：《西汉国家祭祀中所见后土地祇之典与礼》，《世界宗教文化》2018 年第 3 期。

② 姚媛媛：《从宋真宗西祀汾阴看北宋汾阴后土祠地位》，《运城学院学报》2016 年第 2 期。

③ 尹虎彬：《河北民间后土信仰与口头叙事传统》，北京师范大学博士学位论文，2003 年。

# 一、后土图像流变述论

自先秦至清,“后土”信仰与祭祀贯穿整个古代社会,今按国家、皇族参与程度之不同,分三部分论述“后土”形象流变如下:

## (一)国家祭祀中的后土性别及图像流变

华夏民族后土信仰源远流长,帝王在汾阴举行盛大的祭祀后土仪式则主要发生在元代以前。

最初,“后土”本为女性神。“后”字在甲骨文和金文中皆呈女人形状,因而很多学者认为“后”字初意为全族的尊母,如王国维考证,“后”字“皆从女……或从母……象产子之形”[①];《说文解字》释“土”,“地之吐生物者也。二象地之下、地之中物出形也。凡土之属皆从土”[②];丁山《中国古代宗教与神话考》一书中称:“后土是自初民社会所祭的地母神演来,因为地母能生五谷,五谷是由野生培植为人工生产,是由妇女创造的。在女性中心社会时代,即称地母为后土……后土,可能就是有夏之世尊称‘地母’之名。”[③]

在周代文献中,后土从女性神转变为男性神。“后土”为共工氏之子句龙,司职土地,“能平九州”,人们视为社神。如《左传·昭公二十九年》:“故有五行之官,是谓五官……木正曰句芒,火正曰祝融,金正曰蓐收,水正曰玄冥,土正曰后土。颛顼氏有子曰犁,为祝融;共工氏有子曰句龙,为后土,此其二祀也。后土为社。”[④]《礼记·祭法》:“共工氏之霸九州也,其子曰后土,能平九州,故祀以为社。”[⑤]等等。

汉代列“后土”入国家祀典,成为与皇天大帝对应的大神。[⑥] 卫聚贤先生在考察汾阴(今属山西万荣)后土祠遗址基础上,结合相关史料论述,认为汉代后

---

① 王国维:《殷卜辞中所见先公先王续考》,《观堂集林》,石家庄:河北教育出版社,2003年,第226页。

② (汉)许慎:《说文解字》,北京:中华书局,1963年,第286页。

③ 丁山:《中国古代宗教与神话考》,上海:上海文艺出版社,1988年,第30页。

④ (晋)杜预注,(唐)孔颖达等正义:《春秋左传正义:昭公二十九年》第53卷,上海:上海古籍出版社,1997年,第2123—2124页。

⑤ (汉)郑玄注,(唐)孔颖达等正义:《礼记正义:祭法》第46卷,上海:上海古籍出版社,1997年,第1590页。

⑥ (汉)司马迁:《史记》卷一二《孝武本纪》载:“其明年冬,天子郊雍,议曰:‘今上帝朕亲郊,而后土毋祀,则礼不答也。’”(北京:中华书局,1963年,第461页)(汉)班固:《汉书》卷二二《礼乐志》载:“至武帝定郊祀之礼,祠太一于甘泉,就乾位也;祭后土于汾阴,泽中方丘也。”(北京:中华书局,1962年,第1045页)

土祠是根据旧有民祠(介子推祠)新建的大规模国祠。[①]

迟至盛唐,"后土"已回归到它最初的女性形象。如唐杜佑《通典》有开元十二年(724)唐玄宗到汾阴脽上祭祀后土时,"旧祠堂为妇人塑像"[②]的记载;唐代民间也奉祀后土,许多地方建有后土祠,后土被称为"后土娘娘"和"后土夫人"[③],亦可为证。

宋太祖开宝九年(976)七月十七日诏:"河中府宝鼎县徙汾阴后土庙于旧庙稍南。"[④]北宋欧阳修编《太常因革礼》载:宋真宗大中祥符二年(1009)正月十四日敕:"河中府后土庙,宜令礼院依礼例册造衣冠,赍送往彼者。礼院称,伏缘礼令不载后土合服衣冠,今详检到皇后所服礼衣,未敢依此回牒少府监修制造,候敕旨。一,准衣服令,皇后服,首饰花十二株,袆衣,素纱中单,黼领,罗谷褾襈,蔽膝,大带,以青衣革带,青袜舄,白玉双佩,玄组,双大绶,六采,玄、黄、赤、白、缥、绿纯元质,长丈四尺,五首,广一尺,受册,助祭,朝会,诸大事,则服之,诏令宜依皇后礼衣修制。"[⑤]引文备载后土庙中主神"后土像"依皇后礼服制度妆銮,显示出至北宋大中祥符二年,后土仍为女像,且服饰高度礼制化。大中祥符四年(1011),宋真宗赴汾阴亲祀后,下令即刻为后土造像。[⑥]

北宋政和六年(1116),宋徽宗"复奉玉册、玉宝,上玉帝尊号曰太上开天执符御历含真体道昊天玉皇上帝,盖以论者析玉皇大天帝、昊天上帝言之,不能致一故也。又诏以王者父天母地,乃者祇率万邦黎庶,强为之名,以玉册、玉宝昭告上帝,而地祇未有称谓,谨上徽号曰承天效法厚德光大后土皇地祇"[⑦]。后土享受同昊天玉皇大帝仪礼相等的规格,与玉皇大帝相配这一基本图像配置模式遂固定下来。

宋代及之前,在山西有确切始建记录的后土祠庙17座[⑧],遗憾的是,这些庙祠仅在地方志中有简略记录,而没有留下图像线索。幸运的是,以下图像给我

① 参见卫聚贤:《汉汾阴后土祠遗址的发现》,《东方杂志》1929年第26卷第19号。

② (唐)杜佑:《通典》,北京:中华书局,1988年,第1262页。

③ (清)彭定求等编:《全唐诗》卷八六三《蜀宫群仙·后土夫人》,北京:中华书局,1960年,第9760页;(明)王世贞:《艳异编·神部韦安道》,台湾政治大学古典小说研究中心主编:《明清善本小说丛刊》第二辑《短篇文言小说》(二),台北:天一出版社,1985年。

④ (清)徐松撰,刘琳等点校:《宋会要辑稿》,北京:中华书局,2014年,第1287页。

⑤ (宋)欧阳修编:《太常因革礼》(三),王云五编:《丛书集成初编》,北京:商务印书馆,1935年,第399页。

⑥ (元)脱脱等:《宋史》卷一〇四《志·第五十七》,北京:中华书局,1977年,第2535页。

⑦ (元)脱脱等:《宋史》卷一〇四《志·第五十七》,北京:中华书局,1977年,第2543页。

⑧ 笔者根据实地考察和明清山西各地方县志[如(清)王植修,王之舟纂:《介休县志》,(清)马鉴修,寻銮炜纂:《荣河县志》等]统计。

们留下了推想空间。

学界普遍认为，加拿大多伦多安大略皇家博物馆所藏的平阳府壁画[①]应早于永乐宫三清殿壁画，后于20世纪30年代流失海外。此壁画分东西两壁，各绘有三位主神。怀履光主教研究认为，东壁三位主神分别为天皇、黄帝和后土；景安宁先生《元代壁画——神仙赴会图》一书中指出，东壁主神应为北极紫微大帝、玉帝和后土；[②]赵伟女士支持景安宁的说法，并做了更为详细的论证。[③] 笔者同意后者。壁画中，后土与东西两壁的主要尊神共同构成了“四帝二后”组合，后土与玉帝为对偶神。她头戴龙凤花钗金冠，金冠两侧各簪有一凤钗，凤钗底部边缘为祥云纹饰，下垂四串珍珠璎珞，金冠前方正中圆光内有坤符。内着青纱中单、黼领；外着交领朱衣，左衽，衣领以缬为缘。下裳着白色长裙，加朱色蔽膝、大带。与前文《太常因革礼》中所记，后土“依皇后礼衣修制”基本吻合[④]。景安宁先生认为，晋南壁画的最早稿本形成于宋代[⑤]，赵伟女士根据“大宋治平二年重修，特此达知，即请”的墨书题记，进一步推断此壁画是依英宗时期粉本于金大定年间绘制的。[⑥] 由此可见，平阳府壁画不仅是山西境内现存最早的该图式壁画作品，而且也是现存最早的后土图像。它与永乐宫三清殿壁画“不但同出一个祖本，而且很可能出自同一个壁画作坊”[⑦]。从绘制水平和规模看，粉本当源于唐宋绘画精华。此外，宋真宗在汾阴大兴土木修建后土祠，并举行声势浩大的祭祀仪式，当地画家的创作不可避免会受到影响。因此，壁画间接反映了北宋国家祭祀仪轨。

由金入元，丘处机凭借忽必烈的信任，使全真教一跃成为北方宗教霸主，丘处机弟子宋德方为了纪念全真教鼻祖吕洞宾而倡修“祖宫”(即永乐宫)，现存中统三年(1262)《大朝重建大纯阳万寿宫之碑》：“岁甲辰暮冬，野火延之……明年有敕升观为宫，进真人号曰天尊。”表明与皇权有密切关系。

永乐宫是唯一现存完好的元代全真教宫观，三清殿又是其最重要的殿宇。殿内四壁及扇面墙东西外壁皆绘有壁画，近300个人物构成了一组气势恢宏的

---

① 此壁画出处不明，且内容尚有较大争议，景安宁称之为《神仙赴会图》，赵伟、孟嗣徽认为是《朝元图》，但学界普遍称之为“平阳府壁画”。

② 参见景安宁：《元代壁画——神仙赴会图》，北京：北京大学出版社，2016年，第115—116页。

③ 参见赵伟：《道教壁画五岳神祇图像谱系研究》，北京：文化艺术出版社，2013年，第93—112页。

④ 《宋史·舆服志》与欧阳修编《太常因革礼》所记一致。

⑤ 景安宁：《元代壁画——神仙赴会图》，北京：北京大学出版社，2016年，第128页。

⑥ 参见赵伟：《图像的借鉴与转化——关于宋元时期佛道壁画中三幅婴儿图像的思考》，《美术观察》2014年第1期。

⑦ 景安宁：《元代壁画——神仙赴会图》，北京：北京大学出版社，2016年，第240页。

《朝元图》。壁画风格虽与平阳府壁画一致，但在神祇的数量和人物的体量上均超越了前者。三清殿壁画的整体布局依旧采用“四帝二后”的形式，与平阳府壁画不同的是，紫微和勾陈移至北壁，东西两壁各为“一帝一后”。有关两位女神身份学界尚存争议，王逊先生和邓昭[①]认为，东壁为后土，西壁为西王母；景安宁、葛思康(Lennert Gesterkamp)与赵伟等的论点与之恰恰相反，即认为东壁为西王母，西壁为后土。细观两位女神，服装、璎珞及手持器物等均极相似，差异之处是她们的凤冠和所配的卦符。西壁主神与宋代皇后佩戴的九龙四凤花株冠基本一致，由此可见，这一作为玉帝配偶神出现的女神当为后土。

总而言之，先秦至元代中期，后土信仰与祭祀成为国家信仰与祭祀的重要组成部分，历代皇帝多次亲至汾阴祭祀后土，仪式隆重。先秦至唐代，后土经历了自女性至男性，再至女性的性别变迁；宋初以来，在国家正祀的以汾阴为中心的晋中南后土庙中，神仙图像系统甚为完整，主神后土服饰甚为接近文献记载的皇后服制。

## (二)皇族参与的后土庙中后土图像流变

元文宗“至顺以后，亲郊者凡四，惟祀昊天上帝”[②]，后土在国家祭祀体系中急剧衰落。虽国家祭祀体系中难见后土祭祀，但在晋中南地区有着深厚信仰基础的后土信仰并没有就此淡出历史舞台。明清时期，当地后土图像在皇族参与之后土庙中的形象变化也有迹可循。

晋中南地区现存规模最大的，有皇家介入历史的后土庙当为介休后土庙，《重修后土庙碑》云：“介邑县□□□□□润济门，迤西有后土氏行宫，创建无可考焉。宋孝武帝大明元年，梁武帝大同二年，皆重修之……宋仁宗皇祐元年，敕修之□□□□□地震废坏。延祐戊午，本庙提点李道荣复建。”[③]大意是说，介休后土庙何时创建失考，在南朝刘宋武帝与萧梁武帝时就已重修过，赵宋仁宗敕修后，因大德七年(1303)“八月辛卯夜地震，平阳太原尤甚……摧圮宫观千四百余”[④]，庙宇遭到严重破坏。元延祐五年(1318)复建。《介休县志》载：“三清观，

① 王逊：《永乐宫三清殿壁画题材试探》，《文物》1963年第8期；邓昭：《永乐宫三清殿壁画女主神身份辨析——兼论其他主神》，李凇主编：《山西寺观壁画新证》，北京：北京大学出版社，2011年，第33—63页。

② (明)徐一夔等：《大明集礼》，台北：台湾商务印书馆，1986年，第67页。

③ 此碑现存介休后土庙内。

④ (清)魏源：《元史新编·本纪》第7卷，魏氏慎微堂1905年刻本，第19页。

一在后土庙下，元至德二年创建。”[①]虽提到“元至德二年”在介休“后土庙下”创建有“三清观”，但查元代并无“至德”年号，故“三清观”创建于何时并不清楚。明正德十四年（1519）《创建献楼之记》：

> 奈城下有三清观与乐棚相近。建楼乐愈高而神愈下，可乎？士民薛君雄谓众曰：“改三清阁，筑基与献楼同合为一，中则分之，起三清圣像于崇楼之极，前列万圣朝元，后奏献以奉后土，则神上而乐下，使人心安而神妥也。”[②]

由此可知，至迟到明正德十四年，“三清观”已与“后土庙”合二为一，称“后土庙”。“万圣朝元”位于三清殿内，“后土”单独供奉，虽未有图像记载，但殿内当有主尊塑像。此后“后土庙”历经嘉靖四十年（1561）、万历六年（1578）、天启七年（1627）和道光二十六年（1846）等多次重修。三清殿面阔三间，进深二间，殿顶为黄绿蓝三色的形制一直保持至今。而后土殿形制则为面阔五间，进深三间，殿顶满覆黄色琉璃瓦，彰显皇家风范，在建筑等级上明显超越了前者。这与“道院之制，为前殿事老子，其外两庑，其后为堂，高下降杀，与殿相承”[③]的道教法度不符。原因有二：其一，说明了后土庙虽由道士进行管理[④]，但性质并未发生根本改变，属民间神祠；其二，体现了晋中南地区后土信仰的重要地位。

后土殿内保存有由三清殿垛殿搬移至此的后土圣母雕像，为明代作品，可间接窥探这一时期后土形象的基本面貌。圣母背靠龙凤椅，凤冠霞帔，身穿红色大袖袍服，袍服和衣袖边缘均饰龙纹，沥粉贴金，手持笏板，雍容华贵，沿用了宋以来的皇后服制。

在前文提及的《创建献楼之记》还记载了此次创建的功德主：“庆成王府殿下，奇预、奇潪、奇激、表枧、表桔、表椌；仪宾李迁奎，表枳、表柷、表恒、表植，校尉李钦、表榛……”说明直至明代，介休后土庙依然是在皇族支持下不断完善的。

汾阳田村后土圣母庙壁画堪称后土信仰艺术精品。据《唐田村神母庙尊胜

---

① （清）王植修，王之舟纂：《介休县志·古迹》卷二，清康熙三十五年刻本。

② 该碑现存介休后土庙内。

③ 杨载：《长春道院记》，陈垣编纂：《道家金石略》，北京：文物出版社，1988年，第758页。

④ 根据明嘉靖十三年（1534）所立《重建后土庙记》碑刻所载，该庙是“延祐戊午本庙提点李道荣复建”，李道荣为正式任命的道官。碑文中还记录了“本庙道会祖师赵洞海”及其门徒的名字。此碑现存介休后土庙内。

经幢》[①]可知，至迟在唐景龙二年(708)该圣母庙就已存在，明嘉靖二十八年(1549)重修(现存《重修田村里神母庙碑记》[②]所记重修时间与殿顶琉璃脊刹背面题记“大明嘉靖二十八年造”一致可证)。圣母殿内现存“庆藩镇国中尉□□□”[③]于“崇祯壬申(1632)”为圣母庙所题“圣母灵祠”及殿内梁架上的墨书题记“庆成王府扶方梁功德主芦大富妻李氏谨志”，可知该庙与皇族有密切关系。

明代皇族异常庞大，“镇国中尉”为郡王四世孙，在地方上享有重要地位不言而喻，故田村圣母庙较同时期其他庙宇，布局更加宏大，壁画绘制更加精丽。据《重修田村里神母庙碑记》可知，圣母庙前有山门、钟鼓楼和两侧廊庑；中为乐楼；最后为圣母殿，殿前有月台，东西配殿分别为马王殿和眼王殿。现仅存正殿和东西配殿。圣母殿内东、西、北三壁和殿外廊下山墙绘满壁画，总面积达76.37平方米，[④]为明代作品。

壁画中的后土(圣母娘娘)头顶插金龙簪，左右插凤簪，凤鸟口衔珠结，其间缀满珠翠，属典型的双凤翊龙冠，较《大明会典》中所载的皇后燕居冠有所简化。身着圆领大红色鞠衣，胸前金绣云龙团纹，袖口处有金绣腾龙纹，衣上加青色霞帔，为典型的明代皇后常服。东壁的迎驾出宫图中，“圣母娘娘殿”外绘有一侍吏驾一辆三套马车，车厢内满载婴儿，等待同后土圣母一同出巡赐子。西壁巡幸回宫图中，后土圣母乘坐龙辇，侧身回望，龙辇尾部有一神将一手执斧刀，一手用绳索牵着一名妇女，她身后一人裸露上身，作求饶状，另两人怀里抱着婴儿，这五名皆为有罪过者。东壁土地城隍拱手迎驾，西壁两位神仙捉住鬼卒与后土圣母一起回宫以及龙王献宝的图像表现了诸神自上而下的等级关系。北壁为《燕乐图》。三幅壁画描绘了当地民间为了祈福禳灾、驱鬼逐疫所举行之祭祀后土的迎神赛社活动。

概言之，元代中期以来，国家祭祀后土礼仪不再至汾阴举行。汾阴后土祭祀虽已风光不再，但分封在晋中南地区的皇亲国戚继续参与这一地区后土庙的重建重修，从后土服制以及壁画内容来看，依旧保持着宋代延续下来的典制，只是有所简化而已。

---

① 王堉昌:《唐田村神母庙尊胜经幢》,《汾阳县金石类编》,太原:山西古籍出版社,2000年,第192—194页。

② 王堉昌:《唐田村神母庙尊胜经幢》,《汾阳县金石类编》,太原:山西古籍出版社,2000年,第484页。

③ 该石碑现存圣母庙圣母殿内。

④ 柴泽俊:《山西寺观壁画》,北京:文物出版社,1997年,第119页。

## (三)民间神祠道观中后土图像流变

民间神祠道观中后土形象变迁主要表现在配祀神上,可以上溯到北宋。

20 世纪 80 年代,山西曲沃县发现清宣统元年(1909)抄《扇鼓神谱》,详细记录了民间祭祀后土的仪式。据赵逵夫先生考释,抄本中的《坐后土》为北宋傩戏剧本。[①] 剧中后土娘娘唱道:"后土所生五个郎,东西南北共中央。大郎二郎占春夏,三郎秋季冬四郎。惟有五郎无日期,每季十八是土王。"[②]但剧中五王所居之处却在五岳,且末尾后土娘娘对五王说:"拜寿已毕,你们各回明(名)山。"《坐后土》虽为傩戏剧本,但可以从文本想象中,对元以前民间信仰中后土及其配祀神的图像缺失进行弥补。

如上文所述,约宋初至元中期,国家祭祀后土制度逐渐完备,图像配置逐渐程式化,但在明清晋中南后土庙中,"后土"司职与配祀神并不明确,往往受当地其他信仰影响而改变,具有随意性。这一特点不难从下述万荣县后土祠、河津县连伯村后土庙、汾阳县上庙村太符观、临汾东羊后土庙等中看出。

万荣县后土祠的历史可追溯至前 113 年,为汉武帝时国家级祭祀大庙,在此基础上历代多次重建重修。至元代,皇帝不再至此亲祀后土,祠庙逐渐换由民间管理。"顺治十二年黄河水决,古后土祠为所沦荡,秋风楼及门殿存焉。康熙元年,河再决,并没秋风楼。于是脽上旧迹尽泯矣。"[③]此后,在庙前村重建该祠,"同治元年,河决,祠复圮。九年知县戴儒珍重建于闫村村北,为后土新祠"[④]。据《蒲州荣河县创立承天效法厚德光大后土皇地祇庙像图》[⑤](后文简称《庙貌碑》)可知后土祠在明及以前的基本情况:正殿为坤柔殿,东西两侧各有殿宇三座,东侧依次为天王殿、六丁殿和五岳殿;西侧依次为五道殿、六甲殿和真武殿。清代异地重建之祠已为乡社之所,毫无原来规制[⑥],坤柔殿东西两侧缩减为各一间殿宇,东五虎殿和西五虎殿,分别供奉作为后土圣母御前侍卫的五岳大帝和五虎上将。庙宇布局随意,体现出民间神祠的性质。

坤柔殿前的献殿东壁绘有壁画。壁画下部剥蚀不清,上部绘制威严的娘娘

---

① 赵逵夫:《北宋傩戏〈坐后土〉研究》,《中华戏曲》1997 年第 1 期。

② 赵逵夫:《北宋傩戏〈坐后土〉研究》,《中华戏曲》1997 年第 1 期。

③ (清)马鉴等修,寻銮炜纂:《荣河县志·坛庙》卷二,清光绪七年刻本。

④ (清)马鉴等修,寻銮炜纂:《荣河县志·坛庙》卷二,清光绪七年刻本。

⑤ 《蒲州荣河县创立承天效法厚德光大后土皇地祇庙像图》现存山西万荣后土祠内。碑文记载,庙貌图系金天会年间刻,明嘉靖、天启重刻,根据王世仁先生的考证,庙貌所绘者为北宋大中祥符时之状。参见王世仁:《记后土祠庙貌碑》,《考古》1963 年第 5 期。

⑥ 王世仁:《记后土祠庙貌碑》,《考古》1963 年第 5 期。

殿,门外两侧各有四根大柱,每根柱子间都悬挂灯笼,灯笼上写有“后土圣母”四字。整个建筑绘制技法明显受到西方绘画影响,着重表现了焦点透视关系和明暗变化。殿门上方两侧各绘有一身长蝙蝠翅膀作飞翔状的童子。按照西方传统做法,焦点部分应有主神像,可惜表现娘娘殿内的壁画完全剥落。山门两侧,各有一男性,身前身后分别有一童子。右侧有一扇打开的窗户,屋内一对年轻夫妇中间有一小童,女子用手轻抚其背部,流露出幸福的眼神。窗外有两位神将,身负幼童,像是给这家送子后再去往下一家,表现了后土送子这一职能。整幅壁画蝙蝠和童子的组合具有“多子多福”的寓意。

河津县连伯村后土庙始建年代已无法稽考(现存建筑为清代遗构),庙内台阶有一方至元二十九年(1292)的石碑,表明元代就已存在。元仁宗皇庆年间(1312—1313)重修该庙:

> ……中有后土神宇一所,正殿三楹,中塑坤柔圣母,所以神地道也。左大夏禹王,右周始祖后稷,以平成播种之功……皇庆年重修。①

万历十二年(1584)再次重修:

> ……乃于正殿东厕(侧),益以晋赵氏子孙九郎,以为祈祷雨泽之应。西厕(侧)益以汉寿亭侯关将军,以为护国安民之助。东廊有酆都教主、地藏、十王、三曹诸冥府,使吾人死有所归也。西廊有子孙、痘疹、乳铺三圣母,使吾人生有所自也。②

从碑文看,元明两次重修反映了当地民间信仰的变化。元代河津县内有国家正祀庙宇——禹王庙,其东临稷山(为后稷故里),这里的大禹和稷王信仰十分深厚。明万历十二年重修时,“西厕(侧)益以汉寿亭侯关将军,以为护国安民之助”,是关羽信仰在当地民间盛行的集中表现。关羽作为后土的配祀神在浮山县东要村后土庙也有记载:“庙堂中则后土光泽之像,左有商成汤,右则汉义勇……”③可见,这种图像配置是在流行于晋南的汤王信仰和关帝信仰共同作用下形成的。

汾阳县上庙村太符观始建年代不详,现存昊天玉皇上帝殿、后土圣母殿和五岳殿等主体建筑,皆为明清重修。根据现存碑刻《太符观创建醮坛记》可知,

---

① 明万历十八年(1590)《连伯里重修后土庙底创》碑,冯俊杰:《山西戏曲碑刻辑考》,北京:中华书局,2002年,第276页。

② 冯俊杰:《山西戏曲碑刻辑考》,北京:中华书局,2002年,第276页。

③ (清)贾西修,张华纂:《浮山县志》卷三七《东要村重建后土庙记》,清乾隆十年刻本。

至迟在金承安五年(1200)此观即已存在。后土圣母殿内现存明代彩塑29尊,主尊为后土圣母,大小侍女20尊,其余8尊为司业不同的圣母,分别为子孙娘娘、通颖娘娘、婚配娘娘、智慧娘娘、护幼娘娘、瘢疹娘娘、如意娘娘和奶母娘娘。圣母服饰皆为凤冠霞帔,着圆领红色大袖衣,上绣龙凤纹饰。后土手持笏板端坐于神台,身后墙壁上绘龙椅靠背,显示出其与众不同的独特身份。值得注意的是,太符观内正殿昊天殿面阔三间,作为配殿的后土殿面阔为五间,建筑等级反而超过了正殿,显示出后土在晋中南地区的特殊地位。

临汾东羊后土庙也是一个很好的例子。此庙本是东岳庙后殿,20世纪70年代山门和正殿被毁后改称后土庙。该后土庙创建年代不详,庙门上方牌匾有"天启二年重建"的墨书题记,再根据庙内雕像风格判断,确为明代作品。主尊为后土圣母,东西两侧分别为碧霞元君和娲皇圣母,三位女神同坐于巨大的龙凤神龛内,她们的发式采用特髻,上以金孔雀和珠翠点缀。虽皆着命妇服装和头冠,但在孔雀数量和衣饰的繁复程度上,主尊级别明显高于配祀神。三位女神有着相同的职能——主宰生儿育女。这种图像配置在山西仅此一处。

总之,元中期以来,随着帝王不再至汾阴亲祀后土,国家祭祀程式化礼仪约束逐渐松弛,明清晋中南民间神祠道观中后土图像配置已无规律可循,其配祀神更多受到各地地方信仰影响而改变,具有随意性,充分体现出民间信仰的功利性特点。

## 二、后土图像流变原因述论

前文考察了晋中南地区后土图像及其配置在历史之维中的变迁,下文对变迁原因略作述论。

根据《蒲州府志》和《平阳府志》等地方志记载,"汾阴脽上"原为轩辕黄帝扫地而祭之所。黄帝封后土为地祇,后土祭祀制度从此确立。在今万荣后土祠内有一通《历朝立庙致祠实迹》碑,碑刻:"轩辕氏扫地为坛于脽上,二帝八元有司,三王方泽岁举。"[①]"扫地为坛"为最早祭祀后土仪式。黄帝之所以选址于此祭祀后土,主要原因有二:

其一,"汾阴脽上"位于汾河和黄河交汇之处,由于两河的长期冲积,其地隆起,形如高丘,像人的臀部(如《汉书·武帝纪》:"(元鼎四年)立后土祠于汾阴脽

① 参见《历朝立庙致祠实迹碑》,刊刻于1014年,现保存于山西万荣后土祠内。

上。”唐颜师古注：“脽者，以其形高起如人尻脽。”[①]；北魏郦道元《水经注·汾水》：“水南有长阜，背汾带河，阜长四五里，广二里余，高十丈。汾水历其阴，西入河。《汉书》谓之汾阴脽。应劭曰：脽，丘类也。汾阴男子公孙祥望气，宝物之精上见。”[②]等等），当地民间流传着“汾阴地形加之气候温和，适宜万物生长，人类便在此开始繁衍，脽上即是中华民族摇篮的篮底”的说法。

其二，据《平阳府志》记载，脽上为“巨灵坐处”。巨灵是远古时期汾阴出现的一位英雄人物，他制服了肆虐的洪水之后，坐下休息，其所坐之处形成了高阜，如人之股部，即“脽上”。由于巨灵的奇功异勋，各种祥瑞之气皆向此地聚集，以报巨灵。故脽上一直被视为钟灵毓秀之地。

汉代，受到神仙方术思想影响，汾阴再度被认为与地神有着某种重要联系。如《史记·封禅书》载，汉文帝时的方士新垣平说：“周鼎亡在泗水中，今河溢通泗，臣望东北汾阴直有金宝气，意周鼎其出乎？兆见不迎则不至。”[③]西汉元鼎四年（前113），汉武帝巡幸汾阴，以汾阴脽堆“隆崛岉而特起，忽盘纡而斗绝”，遂于此立后土祠，并定其为国家祀庙。而就在武帝立祠后的第二年，即公元前112年，“六月，得宝鼎后土祠旁”[④]。宝鼎的出现不仅证明了汉王朝的合法性，而且还是一种祥瑞征兆，正所谓“王者兴则出，衰则去”[⑤]。这种巧合更增加了汾阴这块风水宝地的神秘感。人们认为，宝鼎既是天授神权的象征，也是与神交通的媒介，是黄帝仙术的一部分。[⑥] 汾阴昭示祥瑞的奇异现象在文献中多有记载，如：

> 夏四月，诏曰：“朕用事介山，祭后土，皆有光应。其赦汾阴、安邑殊死以下。”[⑦]
>
> 朕躬祭后土地祇，见光集于灵坛，一夜三烛。幸中都宫，殿上见光。[⑧]
>
> 于是天子东幸汾阴。汾阴男子公孙滂洋等见汾旁有光如绛，上遂立后

① （汉）班固：《汉书·郊祀志》，北京：中华书局，1962年，第1222页。

② （北魏）郦道元原著，陈桥驿、叶光庭、叶扬译注：《水经注全译·汾水》，贵阳：贵州人民出版社，2008年，第149页。

③ （汉）司马迁：《史记·封禅书第六》，北京：中华书局，1962年，第1383页。

④ （汉）班固：《汉书·郊祀志第五上》，北京：中华书局，1962年，第183页。

⑤ （宋）李昉等编，华飞等校点：《太平广记》卷二二九《器玩一》，北京：团结出版社，1994年，第1054页。

⑥ 参见王子今：《史记的文化发掘：中国早期史学的人类学探索》，武汉：湖北人民出版社，1997年，第705—720页。

⑦ （汉）班固：《汉书·郊祀志第五上》，北京：中华书局，1962年，第184页。

⑧ （汉）班固：《汉书·郊祀志第五上》，北京：中华书局，1962年，第195页。

土祠于汾阴脽上，如宽舒等议。[①]

定后土于汾阴，遗庙巍然，灵光可烛。[②]

据《汉书》记载统计，汉武帝于公元前113年至公元前100年短短的14年中，曾6次至汾阴亲祀后土，礼同郊祀。此后汉宣帝、元帝、成帝等亦曾多次“行幸河东，祠后土”[③]。

唐开元十年(722)，“帝(玄宗)自东都将还京，因幸并州。说见帝曰：‘太原王业所基，陛下巡幸，振耀威武，以申永思。繇河东入京师，有汉武脽上祠，此礼废阔，历代莫举，愿为三农祈谷，诚四海之福。’帝纳其言，过祠后土乃还”[④]。因在汾阴获宝鼎，“十一年二月，上亲祠于坛上，亦如方丘仪。礼毕，诏改汾阴为宝鼎”[⑤]。之后，玄宗又于开元二十年(732)，“如汾阴，祠后土”[⑥]。

北宋真宗时期，皇帝亲祀后土再次掀起高潮，“大中祥符四年，亲幸汾阴告祀。先一年修祠，倍益增丽”[⑦]。这一次的修建，盛况空前，“陈尧叟、李宗谔自河中府来朝，言初经度祀事至礼毕，凡土木工三百九十万余”[⑧]。据《庙貌碑》载，其建筑规模十分宏大，“南北长七百三十二步东西，阔三百二十步”，以中轴线对称分布，共十进院落，其中正殿坤柔殿面阔九间，重檐庑殿顶，从形制上看，或正如王世仁先生所言：“宋代祠庙，特别是属于国家级祭祀之祠庙，大抵已有定制，而后土祠当属第一等之大祠庙。”[⑨]

至金元时，因汾阴远离都城，交通不便，改由皇帝遣官礼祭，国家正祀后土开始衰落。明代恢复方泽于都城北郊，圜丘于都城南郊之古制，汾阴后土祠即改由民间管理，遂失昔日辉煌。清代以来后土庙(祠)作为祭祀后土场所，以山西数量最多。据地方志和其他文献初步统计，山西境内后土庙(祠)共有104座，其中79座位于平阳府(今运城市和临汾市辖境)。由此可以说，在晋中和晋南地区形成了一个“后土信仰圈”，是后土圣母祭祀的主要区域。在此区域内，

---

① (汉)班固：《汉书·郊祀志第五上》，北京：中华书局，1962年，第1222页。

② (后晋)刘昫等：《旧唐书·志第四》，北京：中华书局，1975年，第928页。

③ 根据《汉书》的记载，汉武帝分别在公元前113年、前107年、前105年、前104年、前103年和前100年到汾阴亲祀后土；汉宣帝为两次，分别在公元前61年和公元前55年；汉元帝为三次，分别为公元前45年、前39年和前37年；汉成帝为四次，分别在公元前13年、前11年、前9年、前7年。

④ (宋)欧阳修、宋祁：《新唐书·列传第五十》，北京：中华书局，1975年，4408页。

⑤ (后晋)刘昫等：《旧唐书·志第四》，北京：中华书局，1975年，第928页。

⑥ (宋)欧阳修、宋祁：《新唐书·列传第五十》，北京：中华书局，1975年，第136页。

⑦ (清)周景柱纂修：《蒲州府志》卷四《坛庙》，清乾隆十九年刻本。

⑧ (清)毕沅编著：《续资治通鉴·宋纪二十九》，北京：中华书局，1957年，第657页。

⑨ 王世仁：《记后土祠庙貌碑》，《考古》1963年第5期。

以汾阴为中心，呈现出文化放射性特点：汾阴及其周边地区，庙宇数量最多，图像配置大体一致，主要表现圣母送子和驱鬼逐疫职能。而在信仰圈外围，庙宇数量明显减少，受各地区民间信仰影响，其配祀神具有随意性，呈现出后土地位逐渐被地方神祇取代的迹象。

总之，晋中南后土图像与配祀神变化与该地是否纳入国家正祀关系紧密，国家信仰或意志（以昭示皇权天授、政权合法与征兆祥瑞为主要内容，程式化国家正祀礼仪为表征）逐渐退出的过程，也是民间信仰或意志（以迎福、纳祥、祈子与驱鬼逐疫等为主要内容，地方神祇配祀后土及后土职能转变为表征）渐趋进入的过程。

## 三、结语

在以汾阴为中心的晋中南“后土信仰圈”内，后土与对偶神、配祀神图式与形象在时空之维中不断衍化的过程，反映出后土祭祀中国家信仰、皇族意志渐趋淡出，民间信仰力量逐步进入的此消彼长关系。

［原载《南京艺术学院学报》（美术与设计）2019 年第 4 期］

# 第五章
## 中华后土文化的传承与影响

# 民间叙事的神话范例

## ——以后土信仰与民间口头叙事为例

尹虎彬

华北为燕赵旧地，历史文化悠久。易州历史上佛教、道教比较发达，这些都对当地民间信仰产生了深远影响。明末清初这里受京畿文化影响，民间宗教寺庙星罗棋布。明代以来，河北定期集市随着商品经济的发展逐渐活跃起来，易州则以洪崖山为中心形成了地方宗教文化中心，逐渐形成了后土崇拜的地方传统，它是古代国家正祀演变为民间祭祀的产物，其时间当为金元以后，特别是明末随着道教走向民间而形成的。明代以后正统的道教衰落并走向民间，这时，许多国家正祀被民间加以改造，设立偶像和庙宇就日益兴盛了。明代中叶以后，民间宗教兴盛。地方化是民间信仰的现实选择，这是由民间信仰的功能决定的。功能就是需求。信仰的稳定性是民众共同参与的结果。河北民间宗教里的神明都是本地人，都有俚俗尽知的口头传说。

后土祭祀的仪式活动形成了一个信仰共同体，它以共同信奉后土为精神基础，以一年一度的后山庙会为纽带，以定期朝山进香为义务。在河北以洪崖山后土皇帝庙为中心的方圆数百里范围内，后土为民间崇拜的主神。后山庙自清代以来香火很盛，历史上经历过抗日战争、解放战争、改革开放等重大历史变迁。三月十五后土庙会，其组织很严密，仪式活动有统一指挥，是按照顺序进行的，是附近各县各乡民间会统联合组织的后土普祭活动。①

现在我们可以对后土崇拜作一个最简单的定义：它是一种膜拜仪式。我在此进一步以膜拜仪式（Cult）这一术语来特指民间的神灵与祭祀传统。膜拜仪式是一种含有仪式和神话成分的现场活动。对后土的祭奠在河北民间季节性的重复中处于中心地位，民间社会对神灵的祭奠具有循环的特性。与此相关，我将在以下的论述中说明本论文的一个重要的理论假设：神灵与祭祀是民间叙事传统的原动力。在地方性层次上的后土祭祀，对宝卷、民间叙事传统的影响是很重要的。我们可以在较为广泛的社会历史背景下，通过后土崇拜的地方传统，来了解一个地方性的民间叙事文本的实现过程。

## 一

后土崇拜仪式与仪式表演是由神社来承担的。在河北音乐会和佛事会等民间会统，他们拥有成套乐器和经卷，固定的演练场所，依托于村里寺庙做仪式活动。当一村有数个会统之时，各个会统有各自的外围组织和空间管辖范围。作为承担崇拜仪式与仪式表演的神社，这个性质决定了它的职能范围，其中有相当部分与祭祀典礼仪式有关，音乐在其中起到沟通人神的作用。礼制、礼祭、礼教带有宗教性、等级性和伦理主义。它的活动，诸如娱鬼、游庙、拜庙、丧事坐棚、求雨，都与祭祀相关。其社会职能是敬神礼佛祭天地，且为村民超度亡灵、净宅。民间乐社设立神堂，拥有神像、经卷、乐器，演奏音乐以娱神灵，逢年节举行踩街拜庙等仪式活动，所有这些都表明乐社的核心职能是为民间宗教信仰服务的。神社的血缘根基与传承模式适应了儒家式社会的特点。②

河北民间会统，分布密集，有几代以上传人。它们之间具有共同的行为模式、组织制度，具有同宗村社的文化背景。中国传统文化的血缘根基，决定了中国的宗教传承机制："既无另设宗教组织的必要，也就没有入教的手续以及教徒非教徒之分，宗法等级组织下的成员都是传统宗教的信徒。"传统的礼教把祭礼

---

① 冀中音乐会，分布于河北定县（今定州市）、易县、涞水、定兴、徐水、新城、雄县、清苑等数十个县市的村镇中。音乐工作者对冀中管乐的调查始于1930年前后（如刘天华），此后，1946年华北联大、1950年杨荫浏、1986年中国音乐研究所、1993年6月至1995年4月中国音乐研究所与英人钟思第（Stephen Johnes）又陆续做过连续调查。详见乔建中：《民间鼓吹乐研究：首届中国民间鼓吹乐学术研讨会论文集·序》，济南：山东友谊出版社，1999年。另见曹本冶、薛艺兵：《河北易县、涞水两地的后土崇拜与民间乐社》，《中国音乐学》2000年第1期。

② 张振涛：《民间乐师研究报告》，《中国音乐学》1998年第1期。

当作教化的手段，强化宗法制度中的“敬天法祖”的价值取向。民间信仰以这种血缘根基的宗法制度为基础，属于多神信仰；以天地崇拜为中心的自然崇拜，都将祖先崇拜作为核心内容。可以说，民间信仰借以表达的文本、神灵及其偶像、对偶像的膜拜，这些信仰的行为都与祖先崇拜不直接关联，它的性质关乎神圣世界。在这种神圣崇拜的背后，动机却是实用的、世俗的、具体的，那就是敬祖追远。中国人对于天堂和地狱、三世轮回的信仰，不如对祖先诚笃，不如对后代更为用心。敬奉祖先、繁衍子孙，是为了自己也被后人奉为祖先。

这项研究涉及这样的问题，在一个活形态的民间传统之中，宝卷是如何被表演和传递的。因此，研究宝卷不得不探讨与宝卷有关的民间组织，研究它们如何拥有并且利用宝卷，研究艺人的训练和演唱过程。从这样一个实际存在的过程中，我们感到宝卷不再仅仅是书写文本，不仅仅是供阅读的，毋宁说它是用来表演的，它是表演的底本。活态宝卷的消失就是从它的音乐的消失开始的，无人能唱的宝卷只能束之高阁。宝卷的生命是表演，真实的表演，这种表演的音乐形式当初是由宗教寺庙走入民间，之后降格为民众仪式生活的一部分，为人们的信仰行为和传统的乡村生活服务。

民间会统后土祭祀活动直接促进了易县、涞水跨村落的宝卷传递。最早的后土宝卷是《承天效法后土皇帝道源度生宝卷》，为易州韩家庄善会刊刻。后山传说里讲到，满城县韩家庄有个韩十三娘，她是后山庙九龙殿的九天玄女之一。由此可见，该村刊刻宝卷与后土崇拜和祭祀应该有一定关系。韩家庄本后土卷与秘密宗教的传播有关。这一点可以从易县各村落曾经流传的其他宝卷里获得证据。易县流井乡马头村后山庙，不仅有《后土宝卷》，还有不少秘密宗教宝卷。从这些黄天教经卷的流传，我们可以断定秘密宗教在后山一带的传播。涞水县高洛村明末清初建庙。康熙末乾隆初年高洛村已有神社，有香头，且有宝卷。所以，这一带康熙年间民间宗教活动很活跃。我们注意到一村之内数个会统之间的经卷会通过这两种方式传递：请经和馈赠。

后土宝卷流布与后土祭祀有关，这也与民间秘密宗教有一定联系。后山庙附近的民间佛事会和音乐会也藏有《后土宝卷》，它们大多数是1990年以后，为适应后山庙会或后土祭祀活动的恢复而重新抄录的，这一现象的意义在于，我们可以从中看到宝卷流布的大致情况，它是与民间会统的后土崇拜的仪式活动相关联的。只抄写半部宝卷的现象说明，这时的宝卷只是为了应付表演的需要，为后土祭祀活动中请神时使用。[①] 我们注意到后土宝卷的流布是与后土庙

① 参见薛艺兵：《河北易县、涞水的〈后土宝卷〉》，《音乐艺术》2000年第2期。

的分布以及后土祭祀圈相互重合的。一部宝卷由本地向次级区域的传播，是由祭祀推动的，在那里，一个大的节日每年都要在固定的一个寺庙里举行活动。河北后土宝卷的传递呈现出这样一种流布过程：后土祭祀圈以洪崖山为中心点，它聚集了附近村落群体，又向四周扩散更为统一的传统，即后土信仰的传统。宝卷演唱有仪式般的保护和拯救的功能。宝卷的演唱倾向于具有表演的背景，此背景的导向一是仪式的，二是娱乐的。这两者在表演背景中共存，仪式和娱乐互相并不排斥。可以说，河北民间的后山老奶奶的叙事传统，兼具仪式和神话的直接功能。

后土宝卷主题是无生老母信仰的余絮。传统的教派宝卷主题包括：传授经卷的教主的自传性陈述，对这些神谕经卷的自悟，列举教派名称及会众，创世、普渡、末世神话，禅定（内参），仪式，道德说教，地狱描绘，社会观念。宝卷主题范围是介于俗信和经典佛教之间的中间地带。宝卷具有强烈之神话意识，讲述创世或诸神之故事，其中的神明以梦的形式脱离神形变化为凡人。除此之外，宝卷甚至还号召人们脱凡入圣。这些宝卷中渗透了道德伦理观念，包括儒家之伦理，为中下层民众所信仰。[①]

早期的后土宝卷，它的主题是宣扬秘密宗教的。如无生老母、八卦教教义。河北易县、涞水的民间《后土宝卷》，其主题遗留了上述一些内容。明代的无为教把无生老母信仰具体化、定型化，塑造出无生老母这位最高女神的形象，不同主题的宝卷，其中老母有着不同的形象。归圣主题讲老母丹霞洞修炼三十二载之后，真灵性升天界，其后便作为后土老母化善门，苦海撑船，度化婴儿和姹女。化愚度贤主题讲述后土老母脱化一贫婆下凡，这一伪装及其自述的身世谎言，在宝卷中已成为独立的叙事成分，它反复出现。伪装和谎故事为一特定主题，这也出现在希腊史诗之中，体现出民间神化故事内容在一定程度上有普遍性。

宝卷是在传统诗学的框架之内被编织出来的，造卷的人是按照传统的范例进行编制，他的创造性表现在他能够在多大程度上最有效地利用传统给定的形式，向民众灌输教派思想或民间信仰。宝卷具备了一般宗教经卷的语言、篇章结构特点，利用了中国古典诗歌的艺术手段，同时也具有地方性、民间性和口头传统的叙事模式。从文本的层面来说，宝卷和民间叙事文本，两者之间是互为文本的，两者存在着借用、传递、标准化、地方化的动态影响过程。对这个过程的认识必须借助于对文化语境的认识来完成。

---

① Daniel L. *Overmyer*, *Precious Volumes*: *An Introduction to Chinese Sectarian Scriptures from the Sixteenth and Seventeenth Centuries*, Harvard University Press, 1999. p.281.

地方性知识就是宝卷的语境，它是我们在田野工作中反复取证时获得的认识。它包括小范围的观察，如仪式行为、民俗事象，包括神话、宗教、地方社会、信仰群体、仪式生活、口头传统。这些地方性的内部知识，无疑会拓展我们对宝卷文本的认识，即宝卷不仅是字传的、语言层面的篇章，也是心理的、行为的、仪式的传承文本。

我们从河北民间会统拥有的后土宝卷入手，首先研究宝卷的版本，揭示它的文本来源，搞清文本的背景、演变和流布特征。从民间叙事学的角度，研究宝卷的主题和语篇结构。主题研究是为了在宝卷和民间口头叙事文本之间建立一个可以比较的共同层面。更进一步的探讨还在于，宝卷与口头叙事互为文本的历史意义。这一意义的阐释仍然可以从主题的研究入手。主题分析可以解释一个特定传统内部历史演变的要素。文化传承包括文字的、图像的、口述的、仪式行为的诸多要素，互文性研究把这些要素综合起来，研究文本的传统意义。这一研究也是为理解宝卷与神话、信仰、仪式关系而服务的。

## 二

民间口头传统中的后土表明，该神曾经是自然神、文化英雄和祖先神。民间传说不曾改变自然崇拜和祖先崇拜神话。后土由古代神话里的神，进入正统道教神龛里，变为四御之一，被民间宗教收为老母神，再到民间信仰里的娘娘神，这一系列语义学上的转变，是中国民间宗教的独有现象。关于祖先和英雄的区别不同于英雄和神的区别，越往后推移，祖先与英雄的界限越模糊。后土灵验的民间叙事是与后土膜拜仪式相关的口头叙事，它多以历史或现实的事件为背景，讲述后土老母灵验的故事，讲述者对神灵的取态上是严肃和神圣的，所叙述之事与当地社会生活有关，同时也表达一种传统的价值观念。民间叙事以传统神话为范例，对传统母体进行再利用，表达地方性的民间的观念意识，涉及实际发生的历史事件，以神灵干预的形式来维护现实社会秩序，并与宝卷文本有重合的主题范围，但是，它还包括宝卷一般不常表现的迷信如占验风水、巫术等内容。民间叙事具有较强的神话和仪式的意味，这是它区别于一般传说的地方。地灵故事这个名称是民间的说法。但是，它不是那种虚构故事，它的特点是真实，带有现场性和膜拜仪式性，具有严肃的意义。总之，它在人们的信仰活动和行为方面划定了一个文化的空间。总之,地灵故事与后土膜拜互为表里。[①]

神话是真实的演说,是一定社会确认其自身现实的一种方式,地灵故事是由神话形成的原则(膜拜仪式与叙事的结合)所控制的,其构建的传统可以描绘为"主题"。创造这类传统故事的中心原则就是主题。地灵故事表现了当地民间的社会价值观念,以一定社会的方式肯定、证实其固有的现实,它与社会行为规范密切相关,表明它具有神话和仪式的功能。地灵故事的神话学范例[②]起源于丰富的、复杂的、微妙潜隐的传统。地灵故事最为核心的观念,是求食、求子。这反映了儒家文明的血缘根基。神话里的后土,退番兵,助英雄杀敌,具有国土、邦国守护神的军事职能。后土神在古代能分夷狄,近现代能抵御外来侵略,当代则促进民族团结和国家统一。因此,关于后土神慈悲灵验的传说归根到底是人的传说。而且上述传说时代感极强,具有现实性,当然,它所反映的核心意义、典型场景仍然继承了传统的类型化、模式化的表达方式。现代传说里的后土显然超越了民族和宗教信仰的界限。在西方人看来,文化与区域相连,各地的风俗和语言就标志着各种文化。传说反映出后土为大地之神,是国土之神,能护国佑民;同时它又超越族群、宗教、地方性文化的界限,从而普济四方。

陕西蒲城尧山圣母崇拜与河北后土崇拜,两者在类型上相互可以比较,属于同一个层面的文化现象,这主要指两者都处于该地方民间信仰中心,围绕主神而形成的跨村落的民间会统。汉族、北方内陆、旱作农业。有几个比较的共

---

① 2001年和2002年,我先后8次到河北易县、涞水洪崖山一带进行实地调查。田野工作是就河北民间后土信仰、仪式活动与口头传统叙事文学采集证据的过程,该专题调查采用定点、定时、定题目的调查,以事先拟订的理论假设为指导,注意了解河北易县、涞水县交界的洪崖山周围的历史遗留庙宇、碑文、地方历史记载以及口述历史、传说的相关资料。我通过该项调查发现,这一带大小40多座佛教和道教的寺庙宫观的遗迹,部分残留碑刻20余通,其中非常重要的、与后土相关的残碑10通。该项调查最重要的部分是对涞水和易县至今仍然活跃的民间佛事会和音乐会的调查。这一部分工作属于人类学意义上的回访性质,因为我所调查的对象即河北民间乐社,从1990年以来成为国内外民族音乐学者的调查基地,我是从民俗学角度进入这个基地的,先后采访了十几个村落的民间会统,了解他们的仪式活动和经卷表演情况。我对20多位民间艺人进行了访谈。我先后8次进行的考察经过如下:2001年8月13日至29日赴涞水县南高洛、东明义、冀家沟、李家坟、匡山村,易县的流井、马头村、豹泉村、神石庄、南洛平村、孔村进行初步摸底考察。2001年9月12日至26日,11月28日至12月13日,2002年2月20日至27日,2002年4月17日至28日,2002年6月15日至25日,先后6次对易县、定兴县和涞水县的几个村落的音乐会进行重点调查,其中的重要收获是发现并抄录《后土宝卷》7种,总计10万余字的抄写文本,这些文本属于民间会统的表演的底本,是活态的宝卷。2002年6月30日至12月25日,专门立项搜集河北易县、定兴县和涞水县流传的后土奶奶灵验传说,搜集100则传说文本,其中精选并整理出典型性的文本45个。以上材料属于研究者获得的第一手资料,它包括田野访谈、宝卷文本的采集和抄录、口头传统叙事文本的采集和整理文本,当地的人文地理风貌以及历史遗留碑文、地方史志、民间口述历史和传说文本。全部调查资料是以录音、照片、抄本、口头叙事的记录文本的形式保存的。

② 何谓范例,范例乃一种对象,它是从类似的好多对象中抽取出来的,作为一种模式。

同点：女神崇拜、庙宇、神社、膜拜仪式、祭祀圈、对神灵圣迹的演述。[①] 当然，两者也是有差别的。易县近畿，处在道教、秘密宗教、历史事件多发地带，外部冲击大，这构成了它的地方性色彩。从神灵崇拜故事来说，两地的叙事有许多共同的主题，这反映出民间造神的诗性智慧大体属于一个想象力范畴。神的身上有一种神圣的光芒，它能够折射出民众的诗性智慧。神是民众按照自己的想象造出来的，是适合于社会变化的，协调人与自然、人与人关系的产物，这种神的故事就是农民的意识形态。神话是一种特殊的演说。神话借助神灵的力量来解决人与自然的矛盾，解决生产生活的问题。地灵故事继承了神话的传统的范例，适应现实社会变化中的需要，有些部分是很古老的，如求子、祈雨、春祈秋报等，因为这些是最基本的需求。从禁忌的主题之中，我们看到迷惑、恐惧、威胁、危机，看到选择，看到制度，习俗惯制。

尧山圣母信仰，以庙宇为依托，以祭祀和社火为主要内容，以神社为组织实体。关于尧山圣母传说，学者认为："当地人在讲述她的神迹和圣迹时是带着敬畏之意，讲述一位一直生活在他们身边的神，是一种指向自己的历史和现实的眼光；更重要的是，这些传说故事伴随着他们对这位女神的崇拜活动，与他们所生存的这个干旱农耕社会息息相关。"尧山圣母传说，主要说女神来历，村姑修炼成真，尧王爷的女儿，受皇封的夫人。她的灵验故事主要是显灵赐雨、救难、惩罚。我认为关于尧山圣母的叙事是神话，就像后土老母灵验故事也是神话一样，他们都是与神灵膜拜互为表里的，都是真实的社会图景，讲述者的取态也是严肃的。这些叙事是农民的诗性智慧，民间的意识形态。

神话的英雄只有一个，那些不同民族的神话中的英雄尽管千姿百态，实际上乃是同一个英雄被不同的文化赋予千差万别的面貌而已。[②] 信仰传承的类型化是民间信仰得以延续并保持稳定性的条件。刘魁立先生论述民俗学的历史类型学时指出它的原因：群体性约束，历史记忆的深层积淀，历史和地理环境，传统为保持自己的延续性所形成的传承模式。中时段——社会时间，决定了文化的基本结构，短时段——个体时间，与具体事件相关联。因此，地灵故事重复生产和变异，只表现在它所叙述的事件可能不同，但是，核心意义则是传统的。只要讲述这些神话的人们的基本需求没有改变，故事的核心观念就不会被弃之

① 秦建明、[法]吕敏编著：《尧山圣母庙与神社》，北京：中华书局，2003年，第59—60页。庞建春：《水利传说研究：以山陕旱作乡村社会水利传说为个案》，北京师范大学博士学位论文，2002年，第65页。

② [美]约瑟夫·坎贝尔：《千面英雄》，张承谟译，上海：上海文艺出版社，2000年版，第55页。

不用。[①]

# 三

我们已经注意到在宝卷之外,“洪崖山传说群”呈现出多层次的叙事类型,上古神话、历史传说、地方风物传说、后山奶奶故事、道教、佛教传说层次相对明显。在华北其他地方的刘秀传说里,救他的人有村姑,不与后土神、张生香、后山庙产生联系,因为这超出了祭祀圈。后土老母灵验的叙事传说却与后土信仰地域范围有关,这体现出它大于祭祀圈。后土祭祀圈的社会群落把村姑救驾改变为后土神救驾,因为他们与别的地方那位因救刘秀而死的村姑并无血缘的或地域的联系。反过来说,外地人不信仰后山奶奶,也就不会有后土救刘秀的故事,至少,救刘秀的是另外一个人物。

刘秀传说具有流传时间久、分布地域广和趋同特征,刘秀故事追述了封建国家的共同的历史,而其多种多样的地方标签表明,这些故事有着适应不同时代和地域性的能力。核心是关于历史人物刘秀的口述传统,通过这些版本,我们可以发现讲述者,他们对具体的叙事材料的运用,这些材料与他们生活的地方有直接联系,如华北的村落、庙宇、水井是地方文化传统的最基本象征物。历史人物传说大于其人物的故事,它同时也是关于地方性的、农村和农民的故事。宝卷利用这些传说,把后山大庙说成是刘秀建立的,这些都表现为将信仰转化为现实权威的愿望。易州在辽、金、元一度为异族统治,后来的八国联军、民间抵制西方外来宗教、日本占领等政治文化因素,都留下痕迹。民间对皇帝的叙事还有“帝王还家”的模式。刘秀认后土皇帝为干娘,说明皇帝权力与神权的合一。后山奶奶又是定兴县辛告村王家的姑奶奶,这是血缘关系的虚拟。刘秀可以被视为皇权转化而来的神。后山一带民间传说却不曾改造过自然神和文化英雄,这说明,由皇帝改造过来的神与其他的神是有区别的。这说明他们除了自然神、宗教神和文化英雄以外,还需要一种能由皇权转化而来的、能保护平民最高权力的神。后土救驾,刘秀封神,这两个故事说了一件事:神权和皇权的统一。

董晓萍和美国学者欧达伟研究了宝卷与秧歌的互为文本的意义。两种文本的联系纽带是地方性的宗教朝拜仪式。宝卷在20世纪初被扫荡,但是,这种

① 参见刘魁立:《刘魁立民俗学论集》,上海:上海文艺出版社,1998年,第97—98页。

宗教信仰的表达采取了另外的方式即戏曲形式。这两种文本同时涉及了民间信仰传承的一些核心的观念,这些要素可以在叙事学的主题层面上被分析。比如,僧道度劫的叙事模式来源于一种信仰的核心观念,它可以用宝卷的形式来表达,也可以用戏曲的形式来表达。《杨二舍花化缘》《刘秀走国》都有这样的主题:主人公受难——佛道度劫——历劫生还。这是宝卷最为常见的主题。它的故事文本通常是:主人公外出,途中受难,神灵显现(老母奶奶、观音、真龙、僧道仙人),主人公被营救(方式各异,如托梦指路、药丸、劝善化缘、造庙、诵经等),最后的归宿为大团圆、归圣、丰衣足食、入仕途、尽忠孝等。[①] 宝卷中的后土老母修行故事、刘秀走国、张斌求子这三个故事,基本上属于上述的模式。不仅如此,河北易县、涞水的口头传承的后土灵验叙事、刘秀走国传说,也同样采用了这样的叙事模式,传达同样的核心观念。信仰的传承本来是多种途径的,字传、口传、心理传承、行为传承。后土宝卷中后土老母演教度生的主题,直接来源于秘密宗教的无生老母神话,但是后来的民间宝卷里的后山奶奶被注入了民间观念。老母纺线、一口米饭救主、猛虎救驾、耕夫救驾等,这些主题来自民间的口头传说。但是,不能否认,元代以来的戏曲,其中关于刘秀的主题也多少影响到宝卷的叙事。上述的核心观念与早期的后土作为文化英雄、大地之神的后土,已经相距很远了。

后土宝卷、后土灵验叙事、刘秀传说、河北洪崖山神话传说群,它们属于不同的民俗学题材样式,但是,它们互为文本,具有共享意义范围和共同的历史根源。它们都以地方性的民间叙事为文本特征,以后土崇拜为核心内容,以传统的神话为范例。地方性的宝卷和民间叙事传统,它们是由本地的后土祭奠中发展起来的。历史上国家正祀的后土被民间化,又地方化,成为本地的村姑,由村姑变而为神。在民间的万神殿内,后土处于中心的位置,在宝卷或地灵故事中,她通常要化为道婆下到凡间,神灵开始解决一些当地人的困难,这一媒介的效力和真实性吸引了广大的人群,后土神殿成为重要的仪式场所,在那里吟诵后土的颂歌。对于宝卷的实际表演而言,核心的信仰表现为讲述神的故事,把她作为一位神祇来召唤,她的力量便可以显现,以庇护共同体的人们。后土在宝卷里是汉张姑,她在后山修炼 40 年,她的死亡赋予其最终的力量:死亡就是坐化,真性离开凡体,这件事的作用在当地来说就是故事的"生发点"。它导致了神格化,导致了膜拜,导致了祭奠,最终导致了叙事,这种叙事在宝卷是伴随仪

① 参见董晓萍、[美]欧达伟(R. David Arkush):《乡村戏曲表演与中国现代民众》,北京:北京师范大学出版社,2000 年,第 134—135 页。

式而演唱的,以请神降临。神灵与祭祀是民间叙事传统的原动力。以上这些话,强调了民间叙事文本的地方传统。我们还必须把文本作为文本来看待。现在,我们至少可以在较为广泛的社会历史背景下,了解一个地方性的民间叙事文本的实现过程。

## 结　语

以往人们对宝卷的探讨属于文本研究,具有历史学的旨趣,突出了宝卷的历史文献价值。按照20世纪民俗学的学科观点来看,这种研究多少忽略了该题材样式的社会文化意义,文本背后的文化传统和现实关系被抹杀了。现代民俗学要求深入具体文化的现场,其田野工作带有学科发展所提出的新的理论假设,其根本目的是贯彻这一假设去获得经验性的可靠材料。后土宝卷作为本论文的研究对象之一,研究价值是多方面的,最重要的一点,它是活形态的文本。河北易县洪崖山一带为宝卷叙事的自然地理和文化景观,这里的后土皇帝在当地叫后山奶奶,它仍然享有人间香火。在河北洪崖山周围参与后山朝顶活动的民间神社,它们是后土崇拜仪式的组织者,同时也是地方村落社会的社火仪式的承担者。宝卷是它们的神圣文本。这是祖先的遗产,它包括表演传统、民间口头传统,今天仍然继续产生着关于后土和后土崇拜的神话叙事,成为民间意识形态的一部分。对研究者来说,我试图超越文本研究的局限,把宝卷的文本与民众的现实信仰、这种信仰的外在行为联系起来考察。我把文本和它的表演、表演者、表演场合、社会生活和民间组织综合起来进行考察的企图,是出于这样一种动机,即文化是一个整体系统,而文本的功能只有通过这个系统的整体结构才能真正被认识。这样看来,宝卷研究就不仅是文本的阅读。一旦把民间组织、人们的信仰观念、行为规范、社会制度等因素联系起来研究宝卷时,我们就会看到,宝卷已经不是原来意义上的宝卷,它是社会文化系统中的文本,这使得我们对宝卷的认识必然会发生一系列的变化。当我们透过文本来探讨它的传统意义时,传统的意义大于文本。这时我们便不可能孤立地只研究某个文本。后土宝卷与其他民俗学文本,如刘秀走国、后土灵验的民间叙事、地方传说和古代神话,民间神社的仪式、仪式音乐,民间艺人,地方的神灵祭祀传统,这些因素共同构成了彼此依存的系统,只有在这个系统内,各个文化要素才具有生命力。

(原载《民俗研究》2004年第3期,有改动)

# 后土信仰的嬗变及其生态意义

陈　伟　樊淑敏

天地信仰是中国古代宗教信仰中最根本的信仰之一，在古人的世界里，以天地为中心的自然不是被征服的客体，而是有生命、有情感的主体，是被人虔诚礼拜的对象，后土则是其中与土地关系最为密切、与生命和环境密切相关的一个神祇。以宗教仪式为载体的后土信仰，典型地体现了儒、道文化与宗教信仰在维持古代社会生态平衡方面的作用。对后土信仰进行生态学的分析，对于我们今天建设和谐社会有可资借鉴的作用。

## 一、后土信仰的嬗变

在中国古代，后土的地位与天帝等同，并称"皇天后土"，早在原始先民那里已经形成宗教崇拜，官方自先秦开始祭祀后土，到汉代达到顶峰，后来道教也将其奉为尊神，而且在民间有广泛的信仰群体。后土信仰是一个相当复杂又值得关注的文化现象。

最早对后土的崇拜，是始于对纯自然的"土地"的崇拜，也就是对后土作为土地的物质属性的崇拜，是原始先民在强大的自然力制约下，对"土"的化育能力的膜拜。这样的崇拜，早在人类的幼年时期就已经出现。我们知道，处于野蛮时期的人类，面对的主要对象，就是天地日月星辰、风云雷电和山川湖泊等自然物、自然现象。这一时期的人们，日常生活中的主要大事，就是基本生活资料的生产，土地作为人类赖以生存的万物之源，人们的劳动、生息、繁殖，无不依赖于它的滋养，人们的日常生活、基本需求都离不开它。人的愿望与需要在大自然的力量面前,是相当脆弱的,自然和自然深处的力量严重制约着人们的生存。初具智力和意志的先民们,“把直接可以为感官所感觉的自然物或自然力,作为崇拜对象,但是人类并不是崇拜一切自然现象,而是崇拜那些对人类最有影响力的自然物”①。这种对有影响力的自然物的崇拜,是后土信仰的一个原动力,是原始人在强大的自然力面前,调整自己的心理状态,缓解恐惧情绪的心理疗药,同时也在很大程度上保证了人对自然的敬畏和膜拜。

之后出现了人格神,将神人格化的前提是人的主体能动性的提高,人们认识到人与神一样也可以给人类带来福祉,由此对自身表示出关切与敬畏。《礼记·祭法》说:“夫圣王之制祀也,法施于民则祀之,以死勤民则祀之,以劳定国则祀之,能御大灾则祀之,能捍大患则祀之。非是族也,不在祀典。”②这里也存在万物有灵的意识与观念,在原始初民看来,万事万物和人一样是有灵魂的,“大凡生于天地之间者,皆曰命,其万物死者皆曰折,人死曰鬼”③,这儿的“折”是弃、败的意思,这个“鬼”就是归的意思,也就是说万事万物同人一样也是有血有肉、有思想、有行为的,于是出现了将自然神人格化的趋势。

而人格化就不可避免地涉及性别的问题,对后土的性别界定历来争议较大,当然这种争议不外乎两类,一种认为是男性神(如郑玄、蔡邕等),一种认为是女性神(如丁山、薛艺兵等)。持男性神观点的学者认为,后土即社神,也指掌管土地的官员,《左传·昭公二十九年》记载:“故有五行之官,是为五官,……水正曰玄冥,土正曰后土。”杜预注解道:“土为群物主,故称后也。”④《礼记·祭法》说:“共工氏之霸九州也,其子曰后土,能平九州,故祀以为社。”郑玄注曰:“此黄精之君,土官之神……后土,亦颛顼氏之子,曰犁,兼为土官。”⑤两处记载都表明,后土是上古时期管理土地的男性官员。其中的共工氏的儿子后土,有定边御疆的才略,是一位有功绩于人民的英雄,他通过自己的功劳获得道德完善,从而成为与土地有关的人的楷模,并因此成了社神。而这种把后土当作男性神来崇拜的现象,也体现了夫权社会以男性崇拜为中心的主流文化的影响。

认为后土是女性人格神的学者,首先从文字学的角度来阐述:“后”在甲骨文和金文中,都是女性形状,有的还带有明显的双乳。国学大师王国维说,“后”字从女从母从子,像产子之形;东汉刘熙《释名·释地》也说,“地,底也,言其底

---

① 宋兆麟:《巫与巫术》,成都:四川民族出版社,1989年,第75页。

② (清)阮元校刻:《十三经注疏·春秋左传正义》,北京:中华书局,1980年,第4450页。

③ (清)阮元校刻:《十三经注疏·礼记正义》,北京:中华书局,1980年,第3446页。

④ 《春秋左传集解》第四册,上海:上海人民出版社,1977年,第1054页。

⑤ (清)阮元校刻:《十三经注疏·礼记正义》,北京:中华书局,1980年,第2970页。

下载万物也”,“土,吐也,吐生万物也”。生人者称为母,而生育万物的大地,自然而然可以称为地母了。地母,是“原始社会农耕民族所信仰的神灵,是大地之女神,农耕民族感觉到大地是其最根本的依靠者,并觉得万物皆由大地产出,并受其抚养,因视大地为万物之母”[①]。这一时期的人们注意到女性所具备的生育能力与大地创始万物的特点完全吻合,很容易把两者联系起来,把大地当作女性看待,对其无限的生殖能力加以崇拜,从而形成地母崇拜,后代后土娘娘的送子功能也是由此而生发开来的。唐代已经出现了妇人打扮的后土塑像,宋徽宗政和六年(1116),封后土为“承天效法厚德光大后土皇地祇”,是与男性神玉皇大帝相匹配的女性神,自此以后,后土的塑像皆为女性形象。

当代山西万荣县(汉代的汾阴,古代国家级后土祠所在地)的个别地方人士将后土和女娲混为一谈是不妥的。[②] 女娲是汉民族的造物主,是造人神话中的重要人物,始终是人格神。抟土造人,女娲与伏羲的传说,均是与生民有关的神话或历史的某种折射。而后土的原初意义是土地,是一个纯自然物,后土信仰是对土地的崇拜,是自然崇拜的产物。二者是完全不同的两个系统,是不可以混同的。

从汉武帝开始,后土祭祀正式进入国家祀典,成为政统文化的核心内容。汉之前的上古帝王在什么地方祭祀后土已很难确指。《文献通考》引孔颖达疏曰:

> 地神有二,岁有二祭。夏至之日祭昆仑之神于方泽(引者注:即泽中方丘),一也;夏正之日祭神州地祇于北郊,二也。……又曰:知方岳之神是昆仑者,按地统书《括地象》云:“地中央曰昆仑。”又曰“其东南方五千里曰神州”。[③]

夏至之日祭地祇于泽中方丘的“方丘”到底在哪儿,远古的传说并不很明确,故早期的祭地都采用后一种祭法,也就是夏至日,农历七月的时候,用泰折之坛祭地祇于京城的北郊。

到汉武帝时,因为在濒临黄河的汾阴(今属山西万荣县)发现了一个宝鼎,河东太守上书武帝,武帝即刻派有司勘验。而这时一汾阴籍的道士公孙滂洋正侍于皇帝左右,乘机上书说道,汾阴就是古地理书中的昆仑山所在地,是中国的中心,而发现宝鼎的地方则是远古祭地祇的“泽中方丘”,因其形如人臀,故曰脽

---

① 任继愈:《宗教词典》,上海:上海辞书出版社,1985 年,第 375 页。

② 参见杨洪杰:《后土文化与中华文明史》,《运城学院学报》2004 年第 6 期。

③ (元)马端临:《文献通考》,杭州:浙江古籍出版社,1980 年,第 693 页。

上。武帝深信其言，并举行了声势浩大的迎鼎仪式，将发现宝鼎之处改为宝鼎(今万荣县宝井乡)，并于次年改国号为元鼎。随后在汾阴脽上创建后土祠，亲自到此举行了一场大规模的祭地仪式，所以汾阴后土祠也称为汉武帝祠。汉武帝一生亲自到汾阴祭祀后土大约六次，后期还写下了著名的《秋风辞》。

宋以后后土被纳入道教系统，成为地位仅次于三清的四御神之一。而后土之所以被纳入道教系统，是宋朝皇室为了巩固自己的统治，而采取的一个合乎当时文化机制的政治手段。

众所周知，宋朝的开国皇帝赵匡胤原来是后周的一个臣子，其借助时机窃取天下的行为，在中国的正统文化中是被看作僭越的，是不“合法”的。到宋真宗的时代，这一棘手的问题终于得到了最终的解决。事情的缘起得从宋真宗的两个梦说起。《宋史》记载，梦中玉帝告诉宋真宗，赵氏的祖先是人皇九人中的一个，第二次下凡是轩辕皇帝，第三次下凡则是赵氏始祖。所谓人皇，乃神话中三皇(天皇、地皇、人皇)之一，传说他长有九头，有兄弟九人，分管九州岛。现在，人皇居然姓赵，那么赵姓的天下也就是上天赐予的，是名正言顺的了。所以，宋真宗当年(1012)即封其祖先为“圣祖上灵高道九天司命保生天尊大帝”，圣祖母号曰“先天大圣后”。大中祥符七年(1014)九月，真宗为感谢玉帝的托梦，在滋福殿设玉皇像，加封玉帝号为“太上开天执符御历含真体道玉皇大天帝”，八年正月，又一次制作其号为“太上开天执符御历含真体道昊天玉皇上帝”。

在此之前，玉皇大帝和政统的昊天上帝(政统的天帝)的关系是很模糊的。唐时将同姓的道家老子尊封为太上玄元皇帝，加以尊奉，宋王朝把后土列为地位仅次于三清的四御神之一(昊天金阙至尊玉皇大帝、中央紫微北极太皇大帝、勾陈上宫南极天皇大帝、承天效法后土皇地祇)，紫微、北极、勾陈都是星星的名字，道教抄袭《周礼》《礼记》来的。那么，他们的这三位天帝与昊天上帝是何种关系呢？道士们不说，也不敢说，因为其中的首席——玉皇大帝，在南朝陶弘景的《真灵位业图》里仅排在第十一位，地位太低了，唯其名称和昊天上帝有别，官方没有表态。当时士大夫阶层信仰道教的人越来越多，道教的势力很大，所以也没有什么人站出来替天帝主持“公道”。自此，各代朝廷仍然郊祭昊天上帝，道教则祭三清顺带玉皇，各干各的，历经隋唐五代也是井河两水互不相犯。

到宋真宗这里，终于解决了玉皇大帝和昊天上帝谁高谁低的问题，两人竟然是同一个人。而后宋真宗又敕封后土地祇，神号为“承天效法厚德光大后土皇地祇”，与玉皇大帝相匹配，合称为“天公地母”，所以后代的道教神祇中出现了后土。后土成为掌握阴阳生死、万物之美与大地山河之秀的女天帝，其神性身份下的职责，体现了宗教对世俗生活中芸芸众生的极大关注。

除了官方、道教对后土的尊奉之外，民间对后土的崇拜始终不曾间断。生活在大地上的人们始终以自己的方式表达着对土地的热爱，在帝王主持的正祭中，那万人聚集、人头攒动的场面，正是由民众个体敬仰汇聚而成的。

宋代之后，在皇家逐渐淡出后土祭祀舞台之后，民间兴起了祭祀后土的热潮，如民众为了祭祀的方便，在自己生活的地方建起了大大小小的后土行宫；在河北一带出现了与后土相关的地灵传说和民间祭奠；福建、广东一带的人，死后在坟墓中供奉后土的牌位；等等。可见，后土信仰已经从皇家的庄严肃穆中流播到民间的边角旮旯。

大约到了明代，随着后土这位大地之神不断被神化，渐渐远离了群众，失去了老百姓所需要的实用性功能，民间出现了一个边缘化的"土地神"，他就是权力很小，只管一方的"土地"[①]。"土地"神在民间俗称为土地公或土地爷，其配偶称为土地婆，"土地"神是民间最普遍信仰的神灵之一，每个村庄甚至每家每户都供奉这一神灵，大大小小的土地庙遍布城乡各地。但由于他在中国神系中地位卑微，是只管某一地面或某一地段的小神祇，其神位相当于古代官员级别中最底一层的地保，其职权、名声、神位，与总司大地的后土不可相提并论，因而始终未能得到官方的承认而进入主流文化，也几乎没有以他为地域性主神来崇拜的现象，不同地域信奉不同的土地神。而他的形象在电视剧《西游记》中也就成了呼之即来，挥之即去的侏儒模样，成了难登大雅之堂的边缘意识的产物。

进入 21 世纪后，各地的后土庙在当地政府"文化搭台，经贸唱戏"发展思路的推动下得到恢复和重建，后土祭祀活动也再度复兴，如山西万荣后土文化节的举办。现代人对后土的祭祀活动往往与经济贸易、观光旅游、文化娱乐、寻根溯源紧密结合在一起，带有更多的市场化倾向，是以经济利益为先导的官方主流与民间大众的又一次不谋而合，或是某种程度上对后土存在意义的新认可。

## 二、儒、道生态平衡观与后土信仰

生态平衡的实质是"和"，也就是人自身以及人与社会、人与自然的和谐与平衡，这一和谐境界的追求在后土信仰中有鲜明体现。后土信仰中既有儒家文

① 薛艺兵：《神圣的娱乐——中国民间祭祀仪式及其音乐的人类学研究》，北京：宗教文化出版社，2003 年，第 446 页。

化的影响,也包括道家文化的精神。儒家文化侧重强调的是社会生态平衡和稳定,也就是人与社会的和谐;道家文化侧重强调自然生态的平衡和健康,也就是人与自然的和谐。[①] 这种天人合一、和谐圆满的文化精神为历代社会价值体系的建构奠定了重要的基础。

儒家的"和"文化突出表现为"人和",即儒家的中庸思想,以尊尊、亲亲的社会伦理为核心内容,立足于政治教化,目的是维护人伦秩序的和谐。儒家学派强调"克己复礼"与"执两用中"。正如周敦颐所说:"唯中也者,和也,中节也,天下之达道也,圣人之事也。"(《通书·师第七》,《周子全书》)二程说:"'不偏之谓中;不易之谓庸。'中者,天下之正道。庸者,天下之定理。"(《中庸》)朱熹解读《中庸》时说:"喜怒哀乐,情也。其未发,则性也。无所偏倚,故谓之中。发皆中节,情之正也。无所乖戾,故谓之和。大本者,天命之性,天下之理皆由此出,道之体也。达道者,循性之谓,天下古今之所共由,道之用也。此言性情之德,以明道之不离之意。"(《四书章句集注》)

儒家中庸中和之道是把天人、主客、物我合于一,而最终落在"人和"上面,强调以礼节制情感,来完成社会秩序的和谐建构。《史记·乐书》说:"乐者,天地之和也,礼者,天地之序也。和,故百物皆化;序,故群物皆别。"[②]也就是说,通过乐、礼这样的形式可以达到事物之间的和谐相处和社会秩序的建立。儒家的"和"文化正是在以礼为度与以形式为媒介的相互作用中,来达到维持社会生态平衡的,因此,儒家的中和哲学成为历代王朝维护社会稳定的指导思想。

道家的"和"文化体现为"天和",也就是人与自然的和谐。道家认为万事万物统归于"道"。老子认为道是世界的本原,而道的实质是"守中""归本"。老子思想的核心是"道",是"自然","道生一,一生二,二生三,三生万物""万物负阴而抱阳,冲气以为和"(《老子本义》)。在老子看来,"守中"不仅是具有宇宙意义的命题,而且是自然万物的本原,是一切事物存在的根本。只有"归本""守中",才能自然而然,才能与道合一,才能达到返璞归真的境界。正如老子所说:"道之尊、德之贵,夫莫之命而常自然。"(《老子本义》)所以老子认为只有法自然,才能实现自我的超越,进入物我两忘的自由世界。

庄子则明确提出了"天和"的概念,庄子以为"和"分"天和"与"人和","夫明白于天地之德者,此之谓大本大宗,与天和者也;所以均调天下,与人和者也"

---

① 参见陈伟、种海燕:《儒家社会生态美学思想与道家自然生态美学思想比较》,《上海师范大学学报》(自然科学版)2006 年第 6 期。

② (汉)司马迁:《史记》卷二四,北京:中华书局,1960 年,第 1191 页。

(《庄子·天道》)。天和高于人和,因为“无为而尊者,天道也;有为而累者,人道也。主者,天道也;臣者,人道也。天道之与人道也,相去远矣”(《庄子·在宥》)。在此人和合于天和,只有这样才能达到“天地与我并生,万物与我为一”“独与天地精神往来”的至高至善至美至乐至和的崇高境界。实际上,庄子真正追求的不是纯自然的天和,而是合于天和的人和,也就是说,人只有归顺天然、纯任自然,才能真正进入自由的境界,获得自身的解放和超越。

可以说,道家的“天和”重在自然,讲求人与自然的和谐,讲求返璞归真。主张走向大自然,把人归化于自然,才能获得解脱。

儒、道“和”文化最大的共同之处是肯定主体与客体的和谐,肯定天和、人和的相互制约与彼此协调,追求本体论与方法论相统一而实现自我的内在超越,正如冯友兰先生所说:“中庸之道儒家的人赞成,道家的人也一样赞成。”[①]如果说儒家之“和”侧重以礼为度与形式的相辅相成,那么道家之“和”则重在自然,以及与自然的相反相成;如果说儒家之“和”在于调节人伦和谐,那么道家则讲求人与自然的和谐,讲求返璞归真。如果说儒家之“和”重“修身养性”的自我完善,那么道家则更注重走向大自然,把人归化于自然的解脱。虽然儒、道两家关于“和”的观念区别很大,但互为补充,共同奠定了中国的和文化并产生了深远的影响。

儒家和谐思想在后土信仰中的典型体现为历代帝王对后土祭祀的高度重视。祭祀作为维护古代社会秩序的主要途径,是古代社会中国家政治生活中的一项重要内容。《左传》说“国之大事,在祀与戎”,祭祀的目的是维持统治者的主导地位,强化社会秩序。而中国是一个崇尚伦理的国度,抽象化的行政法令对底层民众的影响力和号召力相对较弱,不能完全适应中国宗法社会的需求,故而儒家倡导的以礼乐治理天下,充分运用礼乐的教化功能来完成对封建秩序的构建,成为历代封建帝王孜孜不倦的追求。在儒家看来,以祭祀仪式为载体,以礼乐为媒介,完成对和谐社会的构造是国家政治生活中的一件大事。其中祭祀活动中最根本的信仰是天、地及其天地崇拜,从历代到泰山举行祭天仪式、到汾阴举行祭地仪式的帝王队列中,即可清楚地看到这一点。

但关于举行祭祀的资格和组织在古代是有严格规定的,在封建等级宗法制度的范畴下,天、地这类最为尊贵的神灵,只有国家以及代表国家政权的最高代表——帝王才有资格祭祀。这同时也体现了儒家所强调的等级制度。故而在封建时代相当一段时间内,后土成了历代帝王、官方的专祀。从汉到宋的1000

① 冯友兰:《中国哲学简史》,北京:北京大学出版社,1996年,第17页。

余年间,有10位皇帝(汉武帝、汉宣帝、汉元帝、汉成帝、汉哀帝、东汉光武帝、前秦苻坚、唐玄宗、宋真宗,宋徽宗)到河东汾阴祭祀过后土,临幸亲祀近20次之多。后土崇拜在我国一直延续到近代,在中国传统宗教中占有核心地位。明代之后的帝王为免去路途劳累之苦和劳民伤财,在京城北郊作坛以祭祀地祇,即今天北京的地坛。

历代帝王对后土祭祀的高度重视,是与几千年的儒家"和"文化分不开的,儒家倡导"和"文化的目的在于维护宗法制度,维持社会的稳定。中国是农本位国家,农业是国家的命脉所在,也是民众得以存活的根本所在。人们的生命、生存与土地早已融为一体。这是中原大地的帝王产生民本思想的根源,故而封建统治者对此表现出浓厚的兴趣。对民众而言,农业是他们赖以生存的根本,广大民众希望皇帝的祭祀能为自己带来丰收。这种利国利民的后土信仰在官方和民间达成了一致,很好地完成了儒家所倡导的社会生态的和谐。

道家和谐思想体现在后土信仰中则是对自然的关注,对土地本身的关注。宗教信仰者在设定信仰对象时,首先选中的是具体的自然物、自然现象,如天地山川、风云雷电、日月星辰等等,对具体的自然物、自然现象的关注,在增加"物"的神圣性的同时,很大程度上保证了"物"的生态不被破坏,保证了信仰者在面对此物时的宗教情怀(类似西方宗教的"终极实在")。这种对宇宙万物的敬畏和向往,很大程度上得益于道家"道法自然"的理论主张,对维持自然的生态平衡极其有利,而后土信仰就是一个很好的案例。

对土地的关注以及由此衍生的将后土神圣化,更加强化了人们的敬畏心理,不论与道家文化相关的道教将后土纳入麾下处于怎样的动机,其直接的结果是将后土形象更权威化,更神圣化,更增加了人们对土地的虔诚膜拜,也更好地保护了地球的不被破坏。

## 三、后土信仰的现实意义

中国的宗教从来不曾远离世俗人生,儒家文化中对俗世的关怀与道家文化中对自然的皈依,同时存在于中国的宗教信仰之中,使得中国的宗教能够比较灵活地适应社会和人生的需要,在维持古代社会和谐稳定方面发挥了较大的作用,这对于我们构建今天的和谐社会仍然有很大的启发。

具体而言,和谐社会的构成应包括三方面的内容,即:人自身的身心和谐、人际和谐、人与自然的和谐。

身心和谐是个很重要的问题，人的发展首先是人自身的健康发展，在现代社会的激烈竞争下要做到处变不乱、自强不息，就得有一个良好的自我调节心态。众所周知，宗教具有心理调适功能，可以通过特定的宗教信念和对现实问题的宗教性解释，调整人们的心理状态，缓解、减少或消除人们心中的痛苦、恐惧和悲观等情绪，达到感情慰藉。儒家文化也讲究"修身"，强调做人应"至善"，应具有"富贵不能淫，贫贱不能移，威武不能屈"的美好品格，同时需要有持之以恒的精神。而修身的真谛是"齐家""治国""平天下"，是在"成己"的前提下实现人际关系的和谐。

人际和谐是人与人之间关系处理得恰到好处。子曰："君子和而不同，小人同而不和。"(《论语·子路》)这里所说的"和"，不是单一、相同，而是包含着不同和差异，是多样性的统一，只有建立在不同或差异基础上的"和"，才能达到真正的和谐。现代社会的和谐基础是建立在法治基础上的德治，即强调法律面前的人人平等，强调"亲亲、尊尊"的人伦和谐。要达到整个社会的合理有序，首先要选择有利于和谐的思维路线，有共同的社会群体目标，有恰当的管理，注重效率与公平兼顾。而人与人的和谐关系，扩大了就是地区与地区、民族与民族、国与国之间的和谐。

人与自然是否和谐是人类社会是否能够可持续发展的基础。人类作为自然界的一个物种存在于地球之上，我们所依赖的生存和发展的基础实际上就是自然界，如果自然界的生态平衡被打破了、崩溃了，那么和谐社会是不可能建立的，所以说生态平衡是和谐社会的自然基础。而随着科技文明的洗礼，我们早已摆脱了原始的蒙昧状态，在主客对立的西方现代哲学基础上产生的"以人为本"的人类中心主义，让我们理所当然地认为，我们是自然的主宰，大自然的一切都是为人而生、为人而用的，自然过度地被我们滥用，相应地，自然也以灾难的形式反击我们的无度。所以，在已经意识到人与自然应该和平共处的今天，我们应该重建对自然的敬畏，重新以谦恭之心去理解自然的创造性力量，让自然回到和谐发展的状态，让自然以作为自然应遵循的自然法则去运行，建立自由、和谐的人与自然关系。只有这样，我们才能保证在未来的生活中，不被自己亲手制造的恶果所毁灭。

虽然很长一段时间以来，我们一直回避宗教的作用，但宗教信仰的巨大能量是我们无法忽视的事实。有观点指出，应该发挥宗教在促进社会和谐方面的积极作用，这是当代马克思主义研究的一个新课题。宗教具有调适心理、规范行为、传承文化等多种社会功能，宗教是社会文化体制的一部分，受制于社会，又反作用于社会,对于社会能否和谐运行产生着重要影响。[①] 也就是说,正确处理好宗教与社会各方面的关系,发挥宗教的能动性,利用它有利的一面,对社会主义和谐社会的构建有着积极的意义。而包括后土信仰在内的宗教崇拜则是唤醒我们重新审视人与社会、人与自然关系的宗教媒介,是值得拿来重新约束我们道德和行为的思想武器,是避免生态进一步恶化的一剂良药,是神文化留给我们的最值得借鉴的精神财富。

此外,后土在古代是与"社稷"有关的一个神灵。社,指土地之神;稷,指五谷之神。山川大地、五谷物产是养育人民、建立国家的物质基础,后来"社稷"就成了国家的代名词。可见,后土信仰所表达的情感,既有对土地的热爱,也有对国家的爱戴。在新的时代背景下,重新诠释和解读后土信仰,对于培养我们的爱国主义情感,增加全球华人的凝聚力,维护国家稳定、民族团结、世界和平,也有重要的意义。

(原载《江西社会科学》2007 年第 5 期)

① 叶小文:《发挥宗教在促进社会和谐方面的积极作用》,《求是》2006 年第 11 期。

# 南洋华人墓园的后土崇拜

王琛发

## 一

南洋华人在当地流传的后土崇拜，主要有两种形式。其中最直接者，可见于各地的义冢。在义冢范围内的所有先人葬地，凡有建造坟墓，例后必在墓旁安放后土神位；其后世子孙逢年过节到南洋俗称“义山”的义冢祭祀先人，首先都是要代表先人和本身向后土焚香礼敬，然后方才开始对先人的祭祀。即使在马来西亚和印尼等地出现了私营墓园，私人墓园的坟墓设计，还是按照传统旧例。

另一种形式的后土崇拜，可见于各地的神庙习俗，庙门前方往往有个向着遥远天际开放的大香炉，香炉上也总会有人写上“天地父母”四个大字，此四字的排列方式又往往可以形成由右到左的直排对句，念成“天父地母”。按正统的膜拜习惯，人们在正式拜神之前，总要在庙外遥望向天地交接之处膜拜，插香在“天地父母”的大香炉，然后方才入庙继续礼拜主祀和附祀诸神灵。

两种形式的后土崇拜，前者单就“后土”为崇拜对象，延续了中国古代流传在民间的后土崇拜，无论称呼或者崇拜神祇，都是直接指称“后土”。后者所提倡的“天地父母”，虽也源于崇拜最初由《尚书》与《左传》提到的“皇天后土”，实则考虑到庶民身份不适合以正式名堂感应“皇天后土”之规格。各地神庙提倡拜神前先拜“天地父母”，又是立基于天地会众历史上开拓南洋各地区的神道设教，其说法涉及复杂的会党论述与理论建设，背后主体到底还是强调“乾坤纲常”之存在为天道之行，也是神明之本。“天地父母”既已正名正位，由信仰“天地父母”之理所当然，可以引申出不宜公然表述“反清复明”，并且注解其正当性。

除了以上两种“后土”崇拜形式，清代青莲教在19世纪中叶兴起，一直至受到朝廷镇压前后，曾经有过好几个分支流传南洋，各自都表述本身是修行“先天大道”的正统，也多有设坛，推动了“地母娘娘”的信仰。可是，近代这种地母信仰文化，本是为了阐述先天丹道而降世，是以清代扶乩写出的《地母经》为本，其经典教导和信仰活动也是配合着秘密宗教借机公开对外宣教的方便，其中又是借经典讨论青莲各支共修的丹道内容。而且，此种地母信仰的整个神学论述体系，毕竟是有别于原来后土文化的解释体系，其传播也毕竟是局限在个别道堂供奉的神像崇祀，因此从清朝至民初，就不似前两者普及。更何况，其经典上的“地母”是生天生地的，不是坤卦大地母性的概念，经典谈的地母诞辰，也不同于后土诞的日期。

为求能围绕议题集中叙述，本文侧重讨论南洋墓园的后土崇拜。

## 二

人们在阴宅安置“后土”，可视为通过信仰的形式传递生命观与宇宙观，它反映出人们认识中的大地之母是人类不论生死途中的维护者，她哺育人生与收藏人身，最后是人身化去躯体，同归于土，融为一体，人们因此对此地母神明敬拜有加。后人逢年过节一再在祭墓时“联同”已逝先人展开对后土的崇拜，是通过信仰的实践去演练和神化人的生命来源、生长过程与归宿的源头；这背后的渊源，涉及华人世界在《周易》时代已经总结、传播与遗传着的祖先赋予土地的感性经验认知——“地势坤，君子以厚德载物”，认为如此才是生前死后安身立命的文化抉择。不能忘记，在清代陈昌治刻本《说文解字》，“厚”字原是从后土，也写成“垕”。

历来都有学者引用《尚书》《左传》《周礼》等古籍去考证后土的来历与演变。可是，从影响力的角度来说，道教在后来随着北宋徽宗的封号，发展出神圣化的后土封号，尊称为“承天效法厚德光大后土皇地祇”，实际上就是将后土视为“坤”卦所包含一切含义的总和，以及将其精神视为可沟通的神格。后来，道教发展出神圣化的后土封号“承天效法厚德光大后土皇神地祇”，又宣扬各种解说后土神圣的经典、宝诰，更促进后土信仰普及天下，这终归离不开前人所重视的“厚德载物”。后土包容承载一切，既包括每一当下的生者，也概括过去、未来的死者。

从文献去考察，南洋华人为祖先上墓延续着拜祭后土的习俗，其实又可以追溯到春秋战国时代长江流域的信仰。在《楚辞》流传着所谓后土主掌幽都的说法，东汉王逸《楚辞》注：“幽都，地下后土所治也。地下幽冥，故称幽都。”其中将“后土”与“地下幽冥”联系起来之说法，看来不仅影响读书人，也延及庶民。早在唐宋时期，古人建墓、上坟或举行丧礼时，祭祀后土已经是相沿成俗。

讨论南洋华人的殡葬传统也该注意，南洋现存的华人社会多是延续明末清初之际的社群历史，地方上也较多保存南明遗民南迁南海之南的地方记忆。在马来西亚马六甲的青云亭，庙址左侧墙边保存着 1685 年《甲必丹李公博懋勋颂德碑》，内文便提到说“因明季国祚沧桑，航海而南行，悬车此国”。因此，论及南洋华人殡葬涉及的后土崇拜，其实不妨考虑中国明代的殡葬规格与习俗的影响。

明代的礼秩具载于《大明集礼》和《大明会典》；《明史・礼志》提到，明朝品官与士庶人的丧礼是：“本之《仪礼・士丧》，稽诸《唐典》又参以朱子《家礼》之编。”按照有关仪礼，“告后土”是穿圹下葬之前的礼仪，而掩圹复土之后接着的礼仪亦是“祠后土”。对比新马两地的葬礼，不论“告后土”或“祠后土”，其习俗至今流风犹存。

再看风水书《三元总录》，此书由“大梁阴阳柳洪泉名钤篡辑”，在“明朝万历四十六年”书序，书中考虑当时宗法社会的需要，提出所谓的家族或宗族成员在共同的墓园，各自的分布应该各安其位，当然亦不会忘记建议山上应设“后土坛”。

按《三元总录》的说法，不论开山斩草仪、请神、葬后谢墓，都要崇祀后土。由此推演，墓葬过程实乃死者回归后土的路途，人们通过参与他者的死亡仪式和纪念祭祀，不断在殡、葬、祭的一再循环中接触后土信仰，并会在此循环中教育子孙后土的存在。

至于明代《道藏》内载《儒门崇理折衷堪舆完孝录》，其名称已经足以反映宋元以后的儒道对话，道教的生死礼仪不离儒学之价值，提到“择远亲或宾客一人吉服冠素告后土氏”，其做法比起东南亚民间习俗由家人上墓时兼祭后土，显然讲究得多。

明代也有某些“识者”是从封建等级观念出发，建议通过维护神明的尊崇维护人间纲纪，认为不该把后土作为一般尊祭亡魂的“附祀”对象。《儒门崇理折衷堪舆完孝录》卷八《祠后土》又提到：“按古礼，无所谓后土氏者，惟唐《开元礼》有之。温公《书仪本》《开元礼》《家礼》本书仪，丧礼开茔域，乃窆与墓祭俱祀后土。”又说：“《家礼》曰：祀以后土恐其僭窃。”《祠后土》一文得出结论：“然后土之称对皇天也，惟国家得称。士庶之家有似乎僭。考文公大全集，有祀土地祭之，今拟改后土氏为土地之神。”这样的说法，也影响到南洋华人义冢的设置，当地不论公众义冢或私人墓园，只在墓园设立“福德祠”而未设“后土坛”；上述的“告后土”和“祠后土”，对象亦转换为福德庙的土地神。连带影响了地方上的一些坟墓，墓旁设立的神位也不再是后土神位，改拜土地福神。

可是，南洋多数墓园的实践可以说明，当地的华人社群为了延续对“后土”的崇拜，其实是采取折中的做法。一方面，义冢或墓园的“福德祠”供奉的是尊称为“福德正神”的土地公，属于所有活着的个体共同的祭祀对象，大家到墓园上墓之前必须先拜福德土地；其说法来自“福而有德千家敬，正则为神万世尊”，咸望带领大众开拓地方的领袖在仙逝后可能成为当境土地，包括照顾过去未来本土先人的灵魂，以及照顾其生前带领的群众之后代子孙。一旦“福德祠”代替了“后土祠”，正如上面所说，“告后土”和“祠后土”的对象已经不再是“后土”，而是“告福德正神”和“祠福德正神”。另一方面，死者入土为安，死后的世界属“后土”所拥有和掌管，因此在墓前或墓后设立“后土”神位，由子孙替死者敬礼后土，是信仰上的解释，就不可能是僭各国称为“义山”的公共义冢，它们通常是由方言群社团所成立，在每个地区的存在，都见证了华人落脚在当地开拓的历史；因此，义冢形成的坟墓群其实是地方丧葬风俗的见证，每一大片墓园土地包括了不同时代建造的坟墓，在大地怀抱安息的先人都曾经是地方历史的集体建构者。

## 三

南洋在各方言群所经营的义冢墓园，在坟墓设计上有共同的特征，绝大部分坟墓也都会在各自的墓地范围奉祀“后土”。然而，对比各义冢供奉后土习俗的差别，还是可以发现各籍贯风俗有别。一般广东人义冢盛行的风俗是把“后土”安在墓前左侧，皆因广东人以左为尊。而福建省各方言县的后人，一般都把“后土”安在坟前右边，这也不见得有错，只能说是另一种观念。闽南人根据天阳地阴，认为右边是属阴的一边，是地母之性质，便把后土神位安置在墓前右方。

仔细关注，人们还可以发现，在很多公众义冢，例如在1800年以前开发的“槟榔屿广东暨汀州公冢”，有不少较大型的百年老墓例必从众，都是附加安置“后土”神位，可是一些坟墓设计安排的“后土”方位显然不同于墓群中的其他大部分坟墓，而是另有选择。这样的安排其实可以证明风水之说在200余年来对南洋华人的影响。如果以罗盘去参照这些个别墓地的坐向，并对照其“后土”所在的方位，就会发现它们讲究的风水吉凶的安排并非没有规律，基本上还是《三元总录》书中所记载的配位规格，是根据墓地的坐向去安排后土应该设立在墓旁的哪一方位，以期达到特定的吉利效果(见表5-1)。

南洋华人普遍盛行在先人坟墓旁边设立后土神位的做法，以及华人每逢上坟祭祀先人都首先要“联同”先人祭祀后土，其风俗历史可证明先辈的墓葬文化包括了浓厚的把大地视为人类之母的设想，关键问题不在人们如何安后土，以及如何选择安放后土的方位，而在于人们至今重视在坟墓安放后土神位反射出的族群共同心理。由此可见，司马光的《温公书仪》源自对《开元礼》的发展，而朱熹的《家礼》本自《书仪》，他们叙说规礼，主张凡遇丧礼，开茔域及窆与墓祭，俱应祀后土，其实可视为神道设教，是替死者对大地之哺育尽礼，也是提醒活人感恩大地之哺育。从民俗的角度来看，这又是中国古人讲究土葬的所谓“入土为安”的形式化兼形象化；人死后的躯体重新埋藏于地中，从土来又从土归，被形容是由母亲大地收抱怀中，因此，祭祀地母其实亦代表从地上到地下世界的安身立命。

中国南方各省不同方言群的义冢或墓葬形式至今流传南洋，其丧葬活动至今未有离开古人墓园葬祭礼仪务必实践的后土崇拜，我们或可以南洋至今流行的后土崇拜活动对照古籍，理解中国明代以来中华南方各地区实践的后土崇拜风俗。

**表5-1 后土方位配置表**

| 吉利效果 | 墓地坐向 | | | | | | | |
| --- | --- | --- | --- | --- | --- | --- | --- | --- |
| | 甲乾 | 乙坤 | 申辰子癸 | 丙艮 | 亥未卯庚 | 辛巽 | 寅戌午壬 | 巳丑酉丁 |
| 福德 | 巳 | 子 | 申 | 亥 | 寅 | 卯 | 午 | 酉 |
| 瘟病 | 丙 | 癸 | 庚 | 壬 | 甲 | 乙 | 丁 | 辛 |
| 进财 | 午 | 丑 | 酉 | 子 | 卯 | 辰 | 未 | 戌 |

续表

| 吉利效果 | 墓地坐向 | | | | | | | |
|---|---|---|---|---|---|---|---|---|
| | 甲乾 | 乙坤 | 申辰子癸 | 丙艮 | 亥未卯庚 | 辛巽 | 寅戌午壬 | 巳丑酉丁 |
| 长病 | 丁 | 艮 | 辛 | 癸 | 乙 | 巽 | 坤 | 乾 |
| 词讼 | 未 | 寅 | 戌 | 丑 | 唇 | 巳 | 申 | 亥 |
| 富贵 | 坤 | 甲 | 乾 | 艮 | 巽 | 丙 | 庚 | 壬 |
| 官爵 | 申 | 卯 | 亥 | 寅 | 巳 | 午 | 酉 | 子 |
| 自吊 | 庚 | 乙 | 壬 | 甲 | 丙 | 丁 | 辛 | 癸 |
| 话谈 | 酉 | 辰 | 子 | 卯 | 午 | 未 | 戌 | 丑 |
| 颅狂 | 辛 | 巽 | 癸 | 乙 | 丁 | 坤 | 乾 | 艮 |
| 口舌 | 戌 | 巳 | 丑 | 辰 | 未 | 申 | 亥 | 寅 |
| 田亩 | 乾 | 丙 | 艮 | 巽 | 坤 | 庚 | 壬 | 甲 |
| 进田 | 亥 | 午 | 寅 | 巳 | 中 | 酉 | 子 | 卯 |
| 谈话 | 壬 | 丁 | 甲 | 丙 | 庚 | 辛 | 癸 | 乙 |
| 荣昌 | 子 | 未 | 卯 | 午 | 酉 | 戌 | 丑 | 辰 |
| 孤寡 | 癸 | 坤 | 乙 | 丁 | 辛 | 乾 | 艮 | 巽 |
| 小亡 | 丑 | 申 | 辰 | 未 | 戌 | 亥 | 寅 | 巳 |
| 旺丁 | 艮 | 庚 | 巽 | 坤 | 乾 | 壬 | 甲 | 丙 |
| 长寿 | 寅 | 酉 | 巳 | 申 | 亥 | 子 | 卯 | 午 |
| 荡谅 | 甲 | 辛 | 丙 | 庚 | 壬 | 癸 | 乙 | 丁 |
| 吉兴 | 卯 | 戌 | 午 | 酉 | 子 | 丑 | 辰 | 未 |
| 独森 | 乙 | 乾 | 丁 | 辛 | 癸 | 艮 | 巽 | 坤 |
| 绝败 | 辰 | 亥 | 未 | 戌 | 丑 | 寅 | 巳 | 申 |
| 财旺 | 巽 | 壬 | 坤 | 乾 | 艮 | 甲 | 丙 | 庚 |

（原载台湾《中华礼仪》2012 年第 26 期，根据作者 2017 年公益讲座讲义修订）

# 柬埔寨华人的土地和祖灵信仰

## ——从“关系主义”人类学视角的考察

罗　杨

2011 年 3 月至 10 月，笔者在柬埔寨暹粒市吴哥王城内，围绕柬埔寨华人宗教这一主题，做了近八个月的人类学田野调查。柬埔寨在历史上既接受了从印度文明中传来的印度教和佛教，也融合了华人传播到此的土地与祖灵信仰。笔者试图用人类学的民族志方法阐释当地华人如何将这些不同的宗教信仰融为一体，又怎样处理它们之间的冲突矛盾，以及这些处理机制对于人类学研究异文化的启示。

参与观察、主位观和整体论是传统的人类学民族志不可或缺的三部分。为了更好地参与观察，笔者选择住在吴哥古城东南部皇家浴池村的一户村民家里，以此为立足点，调查范围除了这个村子里的两百多户一千余人，还包括与它毗邻且通过婚姻、共同的宗教节庆等密切相连的其他三个村子，甚至由于现实的联系和比较的需要，笔者也时常去与这片村子相距约十五公里的省会暹粒和三百多公里外的首都金边。笔者既借助数据统计、问卷调查等宏观方法，使调查落实于一个可靠的广泛基础，也在当地人中，寻找到几个对于调查题目掌握着最多地方知识的访谈人。如果按照美国著名人类学家克利福德·格尔茨(Clifford Geertz)的说法，人是悬挂在文化意义之网上的动物，[①]那么，普通民众好比只挂于这网的单根线上，而这些关键访谈人则如同攥着多方的线头。跟他们的言谈是民族志资料的主要来源，笔者着力以主位的观点，即“文化持有者的

---

① [美]克利福德·格尔茨:《文化的解释》，纳日碧力戈等译，上海:上海人民出版社，1999 年，第 5 页。

内部眼光"来阐释这些材料,而不是根据自身所处的文化赋予的思维逻辑去重构他者的观念。

参与观察和主位观是主要的调查方法,而形成这篇民族志主旨的则是整体论。人类学界对整体论有多种定义,笔者采纳的是王铭铭教授提出的"关系主义"的整体论。① 他所谓的"关系"并不是我们日常所指的人情世故等,而是包括他归纳的"内外、上下、左右、前后"几对关系。在"内外"关系中,某一地点自身是内,例如笔者所住的这个村子,但它自古以来总与外部的世界有着各种往来,村民们外出经商、娶亲、参加城里举办的宗教活动等都是他们与村落这个共同体之外的关系。"上下"关系是一种等级秩序,如下文将要提到村里的土地神并非孤立,而是身处一套与现实行政区划相对应的从低到高的神灵体系中。"左右"是群体内部的差异关系,如这个村约有一半村民是华柬混血及其后裔,所以可分为纯血统的柬埔寨人和中柬混血人,在中柬混血村民中又有祖籍地、姓氏等的区分;又如村里有佛教、印度教和华人信仰等不同宗教并存。"前后"则指的是历史与现实的关系,如村民对笔者讲述关于佛教和华人祖先争地盘的话语,实则是对历史上传播到此地的不同宗教信仰之间力量强弱变化的表述。所以,整体观并不是指在民族志中包罗万象,将当地社会中的政治、经济、文化等方方面面凑起来便成为了"整体",而是要从一滴水中映照出整个世界。如果以这种"关系"的视角考察包括柬埔寨在内的整个东南亚的宗教特征,或许可以为西方学者争议不休的关于东南亚宗教究竟是"一个融合的宗教体系"(a syncretistic religious system)还是不同的"分立体系"(separate systems)问题,提供一种新的研究路径。②

本文试图从柬埔寨华柬混合形成的族群及其衍生的丰富复杂的文化现象出发,尤其是围绕他们的社区、家庭、丧葬场地有关土地与祖灵信仰,呈现出当地人既有不同宗教认同的融合,但又承认不同信仰在一定差序中的并存,这种处理本文化与异文化关系的智慧。譬如当地村民家中一件普通的摆设——写有汉字的神龛,倘若将它置于上述几种关系格局中考察,将会发现它所承载的

---

① 王铭铭:《"藏彝走廊"与人类学的再构思》,北京:社会科学文献出版社,2008年,第186页。

② 认为东南亚宗教是一种融合的单一宗教体系的代表性学者及其研讨文章有:Thomas Kirsch, "Complexity in the Thailand Religious System: An Interpretation", *Journal of Asian Studies*, 1977; S. J. Tambiah, *Buddhism and the Spirit Cults in Northeast Thailand*, Cambridge: Cambridge University Press, 1970; Keys Charles, Asian Visions of Authority: *Religion and the Modern States of East and Southeast Aisa*, Honolulu: University of Hawaii Press, 1994.相反,认为东南亚宗教是由不同的信仰体系共同构成的主要学者有:Melford Spiro, *Burmese Supernaturalism*, New York: Routledge, 1996.值得注意的是,这两派学者内部又因对"融合"和"单一"的不同定义而有分歧。

丰富文化内涵，远非人类学中通常的“社区”“民族—国家”等追求单一及封闭内涵的概念所能包纳。

## 一、柬埔寨华侨华人概况

在进入对柬埔寨土地神和祖灵信仰的讨论之前，有必要对柬埔寨华侨华人的历史和现状做扼要介绍，这是理解后文所谈信仰的基础，也是上文所谈的四对关系的体现。

中柬之交，源远流长；华人流寓，历史悠久。从元到清，华人在柬埔寨的规模不断壮大。元人周达观公元1296年出使柬埔寨，根据他在《真腊风土记》中的记录，华人在婚姻方面积极与土著融合；经济上，柬埔寨上至王宫下到民间无不充满唐货；文化亦有相通之处。到元代，华人在柬定居已有历史。成书于明朝万历四十四年（1616）的《东西洋考》则说明华人在柬埔寨已有成形的聚居区，可以说当地华人社会已经形成。到清代，华人在柬埔寨已成为仅次于高棉人的第二大族群。

如果将宋元划为华人移居柬埔寨的滥觞期，明清为发展期，那么，1840年至1949年则是华人移居柬埔寨的兴盛期，[①]它奠定了柬埔寨现代华侨社会的基础。根据周中坚先生的统计数据，到1949年，柬埔寨华侨人数约为42万人，占总人口的10.8%。[②] 后由于柬埔寨国内政局动荡，华侨华人的数量明显减少。20世纪90年代，随着柬埔寨政局稳定、经济发展，华侨华人的数量逐步增长。目前所能找到的对柬埔寨华侨的最新统计数据有：王士录先生认为，截止到2002年，包括新移民在内，柬埔寨有华侨华人40多万；[③]日本学者野泽知弘根据柬埔寨各华人社团提供的非正式推算数字，得出柬埔寨约有70万华人，居住在柬埔寨的新华侨据说约有3万人。[④] 笔者曾采访过柬埔寨皇家科学院的桑茶邦（Sum Chhum Bun）副秘书长，他认为从血统关系看，现在约有一半的柬埔寨人都有华人血统，包括他自己祖上也有直系的华人亲属。

根据周中坚、野泽知弘等中外学者的归纳，柬埔寨华人社会可分为潮州籍、广肇籍、客家籍、海南籍、福建籍这5个方言集团。截至2002年，潮州籍占柬埔

---

① 史如林：《柬埔寨华侨史研究在中国》，《印度支那》1985年第2期。

② 周中坚：《战后50年柬埔寨华人的曲折历程》，《南洋问题研究》1996年第1期。

③ 王士录：《柬埔寨华侨华人的历史与现状》，《华侨华人历史研究》2002年第4期。

④ ［日］野泽知弘：《柬埔寨的华人社会——华人与新华侨的共生关系》，《南洋资料译丛》2011年第4期。

寨华人总数的80%,其祖籍主要系揭阳、潮阳、普宁、饶平等地。其后按多寡顺序分别是广肇籍(主要是南海、三水、东莞、新会、宝安、花县等地)、海南籍(主要是文昌、谅山、万宁等地)、客家籍(主要是兴宁、紫金、梅县、大埔等地)和福建籍(主要是泉州、同安、漳州、厦门等地)。

华人在柬埔寨社会中的地位可从美国学者斯坦伯格在其著作《柬埔寨》中的描述反映出来:“在高棉人眼里,华人男子是理想的郎君。同一个男性华人联姻,这对高棉人家庭意味着财产上的保险和社会经济地位的提高。从地位和声望来讲,由华人男性和高棉女性生育的后代,即华柬混血人,在民族等级方面要高过欧亚混血人(如法柬混血人)一筹。高棉人认为高棉人和华人结合而产生的后代融合了两个民族最有活力的优点;而非华人的血缘遗传搅乱了高棉人原有特性的纯洁性。不少柬埔寨人都夸口说自己是‘纯’华柬混血人。”①“纯”的“混血人”这种看似矛盾的表述,实则反映出柬埔寨人在自我与他者的内外与上下等级关系中,以他者为上、借助外部力量实现自我的强大;也表明柬埔寨与中国通过华人这一载体,至少通过两个族群之间长久以来的通婚,在血缘上实现了“你中有我,我中有你”的关系格局,这是一种历史的过程,也是早已嵌入柬埔寨社会中的关系结构。

## 二、相关研究综述

前辈学者对东南亚土地和祖灵信仰的研究成果是本论文的重要参考,主要是对“大伯公”“本头公”“拿督公”这类神灵的研讨,这可追溯至20世纪三四十年代。一方面,在新加坡,1939年关楚朴先生在《星洲日报》上发表《谈谈大伯公》一文,引发了韩槐准等先生在《南洋学报》上一系列激烈的学术争鸣,其中最具代表性的人物是许云樵先生和饶宗颐先生。许先生提出,首先,大伯公即土地神,它的名称由来是客家人称土地为伯公而起。在南洋开矿的客家人因为定居而信仰与土地相关的神灵,后这一信仰逐渐传播到从商流动的南洋闽南人等人群中。其次,华侨的大伯公信仰与其在祖籍地有所变异。譬如在祖籍地,土地神不能进入家宅,而南洋的华侨却将宅神、财神合在大伯公信仰中,家内家外都予以供奉。② 饶宗颐先生的主要论点是,伯公即土地神信仰非客家人独有,广

---

① [美]斯坦伯格:《柬埔寨的民族集团》,朱晓慧译,《民族译丛》1989年第2期。

② 参见许云樵:《再谈大伯公研究》,《南洋学报》1952年第8卷第2辑。

东、福建等地也有崇祀，且南洋商户来粤采购伯公神像者甚多。①

另一方面，在中国大陆，1935 年以陈达、陶孟和等为首的学者在中国太平洋学会的支持下，开始在南洋华侨社区以及这些华人的移出地粤东和闽南村镇展开社会学、人类学的实地调查，在最终形成的调查报告《南洋华侨与闽粤社会》中，陈达先生提出对大伯公信仰的另一种解释。② 首先，他认为这是由早年往南洋的潮梅人传回闽粤侨乡的信仰，这与许云樵、饶宗颐先生的看法相反："有些侨民如有不死而能保存者，实属幸之又幸。此种开荒不死之人，嗣后他人即名之为'开山大伯'。再加一公字者，实表示尊敬之意。所以在马来亚地方，华侨对于土地神皆称之为'大伯公'。及后华侨有回祖国者，遂亦沿用此名，称土地神为'大伯公'。"但他也指出土地神的崇奉在闽粤乡间已有悠久历史，这实则暗示大伯公信仰是侨乡与南洋之间一种跨文化的融合。与许云樵、饶宗颐先生的另一个不同在于，陈先生认为大伯公与祖灵相关，而不像前者把它等同于土地神。

对于大伯公信仰的讨论一直持续，如 20 世纪 60 年代天官赐的《大伯公是何方神圣?》，80 年代黄尧的《三位一体的神：大伯公、拿督公、土地公》和张少宽的《大伯公、拿督公与土地公关系的商榷》，都提供了自己的看法。关于大伯公这一系列神灵信仰的最新文章有 2000 年香港中文大学人类学系主任陈志明教授的《东南亚华人的土地神与圣迹崇拜——特论马来西亚的大伯公》③，高伟浓教授 2002 年发表的《东南亚华人的大伯公与土地神崇拜探析——以泰国为例》④，2004 年台湾辅仁大学宗教学系郑志明教授《客家社会大伯公信仰在东南亚的发展》一文⑤，以及专攻东南亚华人宗教的李天锡先生在 2004 年出版的《华侨华人民间信仰》一书中"大伯公信仰与土地神信仰"章节⑥。

这四位学者的论点与笔者所要讨论的主题直接相关，他们都在探寻这类文化信仰的延续与区域性变革，试图解决许云樵、饶宗颐与陈达等学者对大伯公信仰的分歧，即它一方面作为土地神，另一方面作为华人先驱神灵、祖灵，这两

---

① 参见饶宗颐：《谈伯公》，《南洋学报》1952 年第 8 卷第 2 辑。

② 参见陈达：《南洋华侨与闽粤社会》，北京：商务印书馆，2011 年，第 271 页。

③ 参见陈志明：《东南亚华人的土地神与圣迹崇拜——特论马来西亚的大伯公》，《广西民族学院学报》(哲学社会科学版)2001 年第 1 期。

④ 参见高伟浓：《东南亚华人的大伯公与土地神崇拜探析——以泰国为例》，郝时远主编：《海外华人研究论集》，北京：中国社会科学出版社，2002 年，第 313—336 页。

⑤ 参见郑志明：《客家社会大伯公信仰在东南亚的发展》，《华侨大学学报》2004 年第 1 期。

⑥ 参见李天锡：《华侨华人民间信仰》，北京：中国文联出版社，2004 年，第 211—224 页。

种角色是什么关系，它们如何关联起来的问题。首先，他们将这一问题置于华人祖先和土地神观念的历史脉络中考察。中国的民间信仰有把已故的杰出人物、先驱故者等尊为神明的特点；而一个地方的土地神通常是一位被神化的人物。结合这两点，先祖之灵尤其是某地的开山先驱常兼其所居地盘的土地神，久之，伯公与土地神两种观念合二为一。拜伯公既是在拜祖，也是祈求地方神的庇佑，维系着“祖”与“社”的互动关系。其次，这四位学者都指出，大伯公和土地神并不能完全等同，华人信仰传播到南洋各地后，在与土著文化接触的过程中，发生了同化和异化的现象。

最后值得一提的是“本头公”信仰，它主要出现在泰国，由于泰国历史上与柬埔寨的文化交融十分深入，所以它与笔者下文将探讨的柬埔寨的情况紧密相关。陈志明、高伟浓等学者均认为，“本头公”就是大伯公信仰，只是因为泰国华人多来自潮汕等地，潮人称伯公为“本土”公，“本土”发音如“本头”，所以泰国的大伯公称为本头公。郑志明则提出，泰国“本土公”信仰与潮汕地区“三山国王”的崇拜和中国的城隍信仰有关。它与作为土地神的大伯公的区别在于，它带有类似城隍的行政等级体系，是泰国华人宗教信仰多源汇合的产物，这点对于研究柬埔寨的这类神灵信仰很有裨益。

有关大伯公信仰的研究，因本文篇幅所限无法一一说明，但总体上它们都启发着笔者需要以人类学中“关系”的视角来审视东南亚的土地和祖灵信仰，即注重社区内部与外部因历史上的交往而带来的跨文化现象和它们现今的发展变迁，以及这种跨文化现象与社区内部其他文化现象之间的混合与区分。上述学者们的争议之处实则也可视作围绕这几种关系各自展开的论述。

## 三、柬埔寨华人的土地和祖灵信仰

### （一）娘达神灵

在柬埔寨，与大伯公信仰类似的是当地人称为“Neak Da”（本文音译为娘达）的神灵。“Da”在柬埔寨语中泛指上了年纪的男性长辈，这种称谓跟潮汕话中指祖父、伯父的大伯公相同。笔者访谈的很多柬埔寨本土学者认为，伴随着中国人在柬埔寨境内开荒定居的历程，它是由来柬埔寨的中国人传播到当地的。此外，柬埔寨娘达的一些起源传说和高伟浓先生收集的泰国本头公传说相似，其中也有诸如“三山国王”崇拜等要素。但需要说明的是，不能完全以中国文化中大伯公信仰的内涵去分析柬埔寨的娘达神灵，因为后者含有明显的印度宗教文明因素，并已经过柬埔寨自身文化的“本土化”而成为当地信仰体系的组成部分。

娘达在柬埔寨语中有两重意思：地域的（territorial）和祖先的（ancestral）。柬埔寨学者安久林（Ang Choulean）教授告诉笔者：“娘达一方面代表村里的土地，另一方面也是村里人的祖先，这两种意向混合在一起。娘达是土地，但这个土地不是野地，而是被人类文明驯化的土地。祖先有时无可考证到底是谁，却是真实的历史人物。他是真实存在过的人，是第一个把某片野地转变成为文明化耕地的人，他是村落的先锋。娘达的最基本观念便是土地和祖先。”由此可见，柬埔寨娘达信仰与上文许云樵、陈达、陈志明等学者考证的中国人的伯公信仰有相通之处，即“祖”与“社”。

根据西方历史学家大卫·钱德勒（David Chandler）、安久林教授等的研究，柬埔寨人对“娘达”的信仰可能兼有三种文化因素的综合。本土的万物有灵论为其基础，历史上印度化浪潮席卷柬埔寨时，万物有灵论先是跟印度教的一些教义融合，它们都有对于农作物丰收，尤其是雨水等的祈求。中国人传入的伯公信仰中也有与农业紧密相关的部分，如保佑农作物多产和风调雨顺等。这三种文化因素虽然来自不同国度，但本意相通，故而能彼此融合。

但恰是因为不同文化间的这种交融，使柬埔寨的伯公信仰呈现出既有柬埔寨万物有灵论、印度教文明和中国文明的痕迹，却又不等同于三者的独特风貌。首先，柬埔寨人的万物有灵观念使娘达神灵与很多潮汕侨乡以及客家地区一样，人们除了拜社区内部的娘达，也崇奉森林娘达、河流娘达等社区外部的娘达。娘达作为土地和祖灵的合体，对于社区内部最重要的意义在于它掌管着使庄稼丰收的雨水，但村民们相信，社区内的娘达神只能从社区之外的地盘上为其引来雨水。所以在这个意义上，娘达神本身便是沟通社区内外的纽带，且社区内部的繁荣，如庄稼丰收，需要借助社区之外的力量，比如雨水。其次，它与印度教的某些历史遗迹混合。譬如，在举世闻名的吴哥窟遗迹内，有一尊印度教大神毗湿奴的像，但现在这里的村民都把这尊印度教神像当作娘达神灵。美国著名人类学家施坚雅（G. William Skinner）在其名著《泰国华侨社会史的分析》中提到：“在素可泰，最令人惊异和十分重要的事例是中国人崇拜‘国柱’，泰国的国柱来自印度教神祇的石柱，是由柬埔寨传入泰国的。”[①]高伟浓先生也提到泰国一所本头公庙内两尊已有百年历史的石本头公，其实是印度教信仰的毗

① ［美］施坚雅：《泰国的华人社会》，《南洋问题资料译丛》1964 年第 3 期。

湿奴神，被华人“印为中用”，体现出华人造神不拘一格的特点。最后，再看娘达信仰与柬埔寨现今的国教南传佛教之间的关系。在吴哥窟遗址所在的暹粒市中心，人们崇拜两个被尊为整个城市守护神的娘达，但它们名叫“姊妹佛”，是两位站立的女性，塑造成佛陀的样子。佛祖竟然是女性，当地人告诉笔者，她们可能是华人中的“女大伯公”甚至是妈祖信仰[①]传入柬埔寨后与佛教融合的变体。此外，在实地访谈中，一些村民还向笔者讲述了某些地方的娘达神灵由于皈依佛教，托梦给当地人，让他们停止向它供奉酒肉。这些故事暗示历史上随着柬埔寨佛教力量的壮大，逐渐把其他信仰纳入佛教体系中的变化。

上文所引的学者对伯公信仰的研究，着重华侨华人“伯公”与南洋本土文化的融合方面，但笔者在柬埔寨也观察到它与当地文化的冲突。伯公所含的“土地”与“祖先”内涵与佛教在当地发展壮大间的矛盾可从以下的神话传说中看出。笔者采访了暹粒市沃达纳寺的副住持和尚，他的描述代表了在佛教眼里一个村落的形成：“有时三五个和尚一起，在森林中开出一片空地，当他们在那里住下后，人们也会移到那里，因为人们的生活离不开和尚，和尚也不能离开人们而活，他们靠村民供养。这样就形成佛教规划下柬埔寨村落的基本格局：民居围绕佛寺。”伯公作为“开山始祖”并由此转化为村落的保护神，这点便引发它与佛教间的一个矛盾，在和尚们看来，佛教才是把野地转化为文明化村落的开端，而不是某个俗人，归根结底，这是两种信仰间的地盘之争。

虽然南传佛教在现在的柬埔寨宗教领域占据主导，但作为土地和祖灵的娘达神并未丧失它的功能。因此，倘若依照民族—国家对于宗教的单一化定义，只从所谓的官方宗教即佛教去理解柬埔寨人生活的话，便会忽略掉对他们有重要影响的其他宗教观念。首先，类似于伯公在客家、潮汕地区的“土地神”角色，柬埔寨的娘达也是划定边界的地盘神，它掌管着这块地盘上的神界和人间，而佛教的功能更多在道德教化方面。例如，村里举行公共仪式前，村民们邀请各地的神灵前来，但它们进入这片地界前，要先得到本地娘达神的允许。外地人来这片地方如果不遵守当地的习俗，也会受到娘达神的惩罚，柬埔寨各地都流传着娘达神让那些在它地盘上撒野的人生病的故事。村内人倘若做坏事也同样会遭到它的惩罚。当地人用一个形象的例子说明了佛教和娘达神之间的差别：人们进入佛寺必须摘下帽子以示尊重，对于那些不脱帽子的人，佛祖会用因果报应使他下辈子没有好的转世，但娘达神会立即让他生病得到惩罚。这种差别是佛教和娘达神信仰彼此无法完全取代的原因，也是柬埔寨本土文化将这两

① 巫秋玉：《论泰国华人社会中的妈祖信仰》，《莆田学院学报》2008年第4期。

种外来文化纳入自身体系并使之并行不悖的方式。

郑志明教授在研究泰国的本头公时指出，它有类似中国城隍爷的行政体系；高伟浓先生提供的泰国的情况是，泰国本头公的权力和等级意识十分明显，有“省本头公”、“县本头公”、家内“本头公”之别。柬埔寨的娘达神灵同样有类似的等级体系。譬如，每个村落有一位娘达神，邻近的几个村子共有一位稍大的娘达神，整个暹粒城也有一位守护神。与城隍体系的功能相似，各个等级的娘达神也是整合相对应的各个社区的重要凝聚力。所以，娘达神既是一种融合的力量，如各村、各乡等通过定期的祭祀活动，加强了内部的联系和团结；相应地，它也是一种区分的象征，在强化某一共同体的同时也使之与其他群体的边界更加明显。因此，柬埔寨华人社会中的内外、上下、前后、左后关系通过娘达神清晰地呈现出来。

## （二）祖位与神位

在笔者做过调查的柬埔寨村落里，但凡祖上有中国血缘的家庭，屋内都供奉着一个写有汉字“神位”和“祖位”的神龛，哪怕主人完全不知道上面写的内容，也记不清楚祖上到底哪位亲戚来自中国，只记得家族历史上有过华人，于是按照中国人的习俗，在家里供上祖宗牌位。在调查过程中，笔者凭借这件陈设便轻松辨别出这家是纯柬埔寨人还是华柬混血的后裔。笔者采访了很多华柬混血的后裔，他们说：“祖上有中国人的家里就有这种祖先神位，即使远亲是中国人，只要后代们知道了，就会供奉。有时人们忘记了，这个祖先会让人生病，家里人问了算命先生之后就会放上。”

这种神龛可分为两种形制。一种是左边写着“祖位”，右边写着“神位”，“祖位”两边有一副对联——“世代源流远，宗枝奕叶长”，“神位”两旁写着“金枝初发叶，银树正开花”；另一种神龛上面没有“祖位”和“神位”字样，正中写着“五方五土龙神，前后地主财神”，两旁各有一行小字——“土能生白玉，地可出黄金”。神龛门楣上或写着“聚宝堂”，或写着“金玉满堂”。这些神龛都是村民们从城里专门制作或购买。城里华侨或华柬混血后裔开的商铺里，也都供着“祖位”和“神位”中式风格神龛。

这种神龛放置的位置有两种情况。一种是按照中国的传统置于地面，另一种是依照柬埔寨习俗将它悬挂在墙上。神龛放置方法暗含着华裔家庭在同一个房屋空间内并置不同文化因素的方式。华人祖先和柬埔寨本土的文化符号通过空间的差异纳入一个总体的秩序：华人祖先牌位靠墙或挂在墙上，柬埔寨文化信奉的佛像、过世纯柬埔寨血统的亲人骨灰罐放置在屋内柱子上。墙是中式房屋的最主要构件，而柱子是柬埔寨房屋的最重要标志。墙与柱，中柬文化的建筑之别被借以用来表达供奉之物的差异。无论墙上中式祖先牌位还是柱上柬埔寨先人的骨灰罐，水平位置均低于中央柱子上的佛像，柬埔寨人通过空间的中心与高低，又将佛与祖先们纳入一个等级秩序中，“华人”被纳入当地空间结构的多重表征里。华人的形象既因被编织进当地的空间结构而成为某种内部的“他者”，也因柬埔寨人对历史的感情而获接纳和尊重。正如郑一省教授所言：“东南亚的许多华人，或许已经生活了5—6代，他们在语言、穿着、生活方式和价值观等方面可能已经完全当地化了，但他们家中唯一仍然保留华人特征的可能就是摆在客厅的祖宗神位和信仰的其他神，这种对祖先的崇拜，源于母国，但远远超过母国。”①

它与上文分析的娘达信仰的功能有所重合，甚至也有将它与土地神混为一谈的情况，但也有职能的区分，娘达是管理整个社区的神，或者说负责屋外的领域，而家内神龛中供奉的五土龙神和祖灵负责家内的范围。

### （三）后土神

除了社区和家庭，华柬混血人的坟墓及其后代的祭祀也呈现出华人文化与柬埔寨土著习俗的关系，他们与当地人通婚而形成跨文化家庭，对其家庭成员的祭祀不可避免地带有两种文化的印迹，同时也有随时代变迁而出现的新的文化现象。

现在柬埔寨由于佛教的盛行，无论纯柬埔寨人、华柬混血还是纯华人，他们死后骨灰罐（纯柬埔寨人因信佛教而行火葬）或棺材一律纳入佛寺里，华人并没有专门的坟地。在墓葬形制上，纯柬埔寨人死后把骨灰罐放入佛寺中的印度式陵塔，华柬混血或华人有的行火葬，有的用棺材，但坟墓的样式是中国式的圆形封土堆。墓碑上刻的文字有纯中文，哪怕死者后代根本不认识汉字；也有的刻着柬埔寨文。还有一种是夫妻合葬墓，一方是华人的就在他/她那边刻汉字，一方是柬埔寨人就在墓碑那边刻柬埔寨文字。

关于这些华柬混血或华人坟墓的祭扫习俗，前来扫墓的后代们告诉笔者，在每年中国农历的春节、清明节和柬埔寨新年三个日子，全体家庭成员一同来祭拜。在坟墓正面同方向的左侧，有一块石头，上面刻着“土地之神”。家庭成员为死者摆上供品前，首先要在“土地之神”前面放上供品，根据死者家人的说

---

① 郑一省：《华侨华人与当地闽粤侨乡的民俗活动》，《东南亚研究》2003年第6期。

法，墓地本来是土地之神的地盘，在这里修建坟墓得经过他的同意。对墓主的祭拜之物也是中柬文化的混合，通常供一头整猪、柬埔寨菜肴、中式糕点、米饭和酒水饮料，最核心位置放的是现在柬埔寨任何仪式场合都必不可少的可口可乐。有意思的是，他们烧给祖先的物品，既有传统中国烧给死者的黄表纸，也有非常现代化和国际化的东西："天堂地府银行"的存折和银行卡，银行卡上还特别用英文注明"visa"字样，以示可在各国通用；美元，它是柬埔寨流通的货币，也是世界性的货币，但笔者发现没有柬埔寨本国的钱币，扫墓人解释说，死者是从中国来的，所以要用中国的钱，而美元是可以到处使用的；另外，竟有一本"冥府护照"！

对后土神的供奉和祭品，是内外的划分但更是内外之间的通联，就像当地人想象墓主不仅吃中式食物、用中国钱和"护照"表明自身的身份认同，更要喝美国的可乐、用世界货币和"visa"去和外面世界交往。内外之中又有上下的等级，虽然是在柬埔寨的土地上，但人们先要敬拜中国的土地之神，最重要的供品是外来的饮料，仿佛死者的"生命"需要借助自我之外的外来养分才得以维系。土地之神掌管的死者坟墓这块地盘似乎是从它的左邻右舍中划出的一块飞地，与佛教的骨灰塔林相区别，这也是不同信仰观念的差异，但却在同一空间场域中并行不悖。而上述三种关系既是一种历史的结果，也是对它的创新，当地人告诉笔者，几十年前柬埔寨的仪式上从没有可乐，给死者直接烧银行卡、办护照也是时代的产物。

## 四、结语

本文从社区、家庭和坟地三个层面分析了柬埔寨的土地神、祖灵及后土等神灵信仰，试图从人类学中内外之别、高低等级、差异与关联以及过去和现在这四对"关系"的角度，展现华人文化与柬埔寨土著文化以及传播到柬埔寨的诸如印度教和佛教等其他外来文化之间的融合与冲突，它们在历史与现实中的延续和变迁，勾勒出今天柬埔寨华人信仰的风貌，以此作为了解柬埔寨华人的一个渠道。

一个小小的村神，其丰富的文化内涵远远超越了一个村落乃至于柬埔寨一国的范畴，因为它牵涉中国人的信仰与印度的两种宗教、西方世界对柬埔寨文化的渗透等等因素。像东南亚这样处于不同文明交汇的十字路口地带，研究者们所扎进的任何地方都是一个包罗万象的世界，这个"世界"或许超越了诸多单一“社会”的界限,有其无法包纳的混杂现象。王铭铭教授提出“关系主义”的人类学视角,实则也是基于这样的反思提出的新的研究路径。[①] 通过这样的研究角度来看柬埔寨的土地和祖灵信仰便会发现,任何宗教或文化现象都不是封闭地自我生成的,而是在与他者的关系中形成的。每一种文化总是处在许多其他文化组成的更大范围的场域中,在彼此的参照、混融和冲突过程中形塑自身。这是柬埔寨华人处理不同文化之间关系的机制,也是对华侨华人这一跨文化群体的研究对人类学、社会学既有概念可能构成的重要挑战。

(原载《华侨华人历史研究》2013年第1期)

① 参见王铭铭:《超社会体系——对文明人类学的初步思考》,《中国人类学评论》第15辑,北京:世界图书出版公司,2010年,第1—53页;王铭铭:《再谈超社会体系》,《西北民族研究》2011年第3期。

# 多神崇拜与一神独尊

## ——河北民间后土地祇庙祭考

尹虎彬

华北饱经战乱,伤痕累累,历史遗迹多化为瓦砾。民俗学历来有研究遗留物的传统,因此,民俗学家在许多时候更像是个修复古物的人,把散落的陶片黏合起来,重新制造一尊陶罐。民间传统文化研究者就像修补陶罐一样,努力在生活文化中寻觅素材以建构文化的形式。中国民间传统文化,其盛衰起伏,一方面与现代国家和民族的历史命运交织在一起,另一方面也与民间传统文化自身的规律紧密关联。民间文化总是借助特定的传统形式获得新的生命,这种形式的突出特征就是它的类型化表达、集团性共享和在地化的适应性。更为重要的是,民间传统的每一次重生都因应时代而获得新的面貌。今天我要探讨的后土地祇信仰传统,其类型化的表达植根于古代神灵与祭祀的传统,以神话与仪式的交互作用来体现民间信仰的集团型、传承性、稳定性和变异性。神祇与英雄的口头叙事总是依附于传统,后土的灵验故事遵循了神话范例,刘秀走国没有脱离英雄叙事范式。大而言之,河北洪崖山后土地祇庙祭传统与北京妙香山、河北的丫髻山、涉县的女娲宫、淮阳的伏羲女娲庙的神灵与祭祀传统在文化空间和信仰表达形式上大致属于同样的类型。

传统具有再生和再造的机能。民间信仰在造神和崇祀的过程中不断地寄托着福禄寿喜愿景,反映了人们趋利避害的心理。包括庙会习俗在内的民间传统文本化的复兴,不仅是旧俗的简单恢复,更是民间力量的崛起、民间社会的兴盛和民众自主能力的增强的体现。民众获得了一定的自由空间,就会按照自己的方式行事。这就像官员可以利用权力来展示自己的政治抱负,知识精英按照自己的思想来构建传统一样。我们使用大量笔墨来描述一个普通人感到陌生的村落传统,一个看上去与我们自己的生活并无关联的生活文化,一种我们不敢苟同的世界观和生活方式,这一切表象背后的意义究竟何在?一言以蔽之——这一切不过是一介书生的反思而已。道理很简单,我们在田野调查过程里所进行的拍摄和记录,总是用自己的眼睛,而不是别人的眼睛,我们分析材料时用的是自己的头脑,调动了所有的知识储备,表达了自己的感悟和思想,包括对于民众和同行的评论。这一切难道还是在叙述"他者"吗?

由传统的形式看到传统的意义,从传统的一成不变的表象看到变化,探索现象背后隐藏的意义、通过民众的生活文化反观自己。我们在谈论神圣世界的事物时,也不要忽略了世俗性、实用理性的一面。不同的人在面对同样的对象时,因为动机不同而各取所需。民众通过民间社会组织志愿参与信仰仪式活动。知识分子主要是旁观者,他们没有真正融入信众的信仰世界里,成群结队的拜庙的队伍里没有他们的名分。总之,信仰行为的主角还是民众,他们通过供奉神灵和参与村落捐资募化而积累公德。如雨后春笋般出现的神庙最能说明民间资本的价值取向、民众力量的崛起和民间社会的活力。

我们今天所探讨的后土信仰,其地方传统由于历史的作用,具有层累的文化积淀,融合了多元的宗教和多神崇拜的传统,因此,这里的后土崇拜也具有多重的历史文化特性,其历史根基深厚,地方化历史过程比较长,民间社会基础牢固,能够历经劫难而香火不灭。总之,洪崖山后土信仰具有历史内涵的多重性,植根民间社会的稳定性、民间叙事的多样性、文化取态的多元性、并存选择的灵活性。后土地祇,既凝聚了敬天礼地的信仰根基,也满足了人们寻根问祖的需求。

说到学术史,前辈学者在河北乡村进行的调查,如李世瑜在河北万全县、李景汉在定县进行的社会调查①,日本人的满铁调查资料②,以及近来来自英国和中国艺术研究院的一批学者所做的一系列调查研究③,在许多方面深深地影响了我在易县、涞水两地的田野研究,提供了丰富的背景材料。该研究主要关注民间神社与仪式,这是中外汉学家、文化人类学家业已涉足并不断深化的课题。

---

① Willem A. Grootaers, Li Shih-yü and Chang Chi-wen, "Temples and History of Wanchüan (Chahar): The Geographical Method Applied to Folklore", *Monumenta Serica*, vol.13, 1948;李景汉编著:《定县社会概况调查》,上海:上海人民出版社,2005年。

② 参见黑龙江省档案馆编:《满铁调查报告》(影印本),桂林:广西师范大学出版社,2008年。

③ 自1986年起,薛艺兵、吴奔与英国伦敦大学亚非学院音乐系钟思第教授联合中国艺术研究院音乐研究所在冀中地区对民间音乐会所展开长达十年的普查研究。

我认为“多神崇拜与一神独尊”是民间信仰的一个普遍模式，它的神图里有一百多个神，佛道都有，还有很多是民间一些名不见经传的神，但只有一两个神是灵验的，我想以后会有人探讨为什么会有这样一个规律。我研究的重点是观察这些神社在上香的时候做了什么，在民间的社火仪式当中做了什么。我归结了三个落脚点。最大的一个落脚点是庙祭传统。庙会(emple fair)，实际上是“庙祭”，通过庙祭的形式，把周围的村落组合起来，形成一个信仰的共同体。同时一个村落还有自己的祭祀仪式，也就是坛祭传统。一个村落有一个后土神，这个后土神是这个村落祭拜后土时膜拜的对象，这种祭拜也是一年一度的。第三个落脚点是个人的膜拜。比如求子、求福、求寿等等，这种信仰是普遍存在的。这三个落脚点证明了民间信仰在不同层面上普遍存在。

我再简要介绍一下村落、庙宇和庙会。在华北，如河北的民间宗教或民间社会，隋唐是一个历史节点。隋唐以来，华北很多地方开始建村。很多最古老的村子历史的追溯也只到唐代，更多的村子建于明代以后。这里我们可以借鉴王庆成老师研究中对“村”的界定。他提出“村”要具备两个核心：一是要有井，旱作地区掘井才能有水，在华北大片平原地区，流传有很多马刨泉的传说，就说明了这里井多；另一个核心是庙。有水，还要有神来保佑。所以华北村落在明代以来有非常丰富的民间文化传统，有很多的庙，每个庙有每个庙的功能，一个村落是一个完整的文化空间，营造了一个历史传承的氛围。开门见山地说，就是我们经常所说的文化空间，是最好的一个个案。这张图是我 1988 年在河北易县发现的。最初河北易县政府档案局印了一本《后土皇帝庙》，只有 54 页，残缺不全，里面所有照片都是翻印的，十分不清晰。54 页的小册子能有什么内容呢？它什么都没有，但这是传统最后留下来的东西，但这二三十年来，大家的重构把这个小册子丰富起来了，这是一个人为打造的过程。图中的这个山叫“洪崖山”，又叫“后山”，是一座道教名山。隋唐以来，这里逐渐成为道教和佛教的中心，最后发展成民间宗教中心。

我曾经做过的一个描述：

> 今天的后山庙会，其神圣空间的多重维度是历史地形成的。从道仙传说对洪崖胜境和洞天福地的想象，从前山后岭的庙宇分布和宝卷描绘对后山十景的渲染，这些持续不断的打造，使得这里的自然风物成为人化的自然，成为信众向往的地方。这里依山傍水，最南边的是马头水库，向西远眺矗立着马头峪，马头峪下面有建新村。水库左岸大片台地上坐落着老马头村，水库下游一片平地上的那些住家就是新马头村。这三个村子，它们的

后面都背靠着一座山，它是道教名山洪崖山，远看像展翅的凤凰，又叫凤凰山，当地俗称后山。由此往北，山峦起伏，山溪顺流南下，形成河流，注入水库。水库上游有片河谷和山谷汇集而成的平地，这片地由村口一直向北延伸到黄崖，黄崖前面有个小庄；由黄崖到山门是一条通向后山的溪边小路。山门到盘道根又是一条上行的山路。盘道根南面，坐北朝南，有一片新建的黄琉璃瓦屋顶的建筑群，叫前殿。右边坡道上新建上山的空中索道，叫"洪崖山后土皇帝庙索道"。从盘道根经过中盘和一株枯树——花树，就到了欢喜台，上山十里，山路崎岖十八盘。后山，它的主体部分，即前山后岭，遍布着五十多座大大小小的庙宇。从后山阳坡上头的塔梁儿，经过中殿，就是太阳殿、三爷殿、龙王殿，远看那棵白果树后面就是老道房、玉皇大帝宝殿，过仙人桥，拾级而上就是后山正殿，后面是退宫殿，再往山后去，经过东风根、老道坟，就到了后殿，俗称后山奶奶老家。

后山庙会的地理空间要从河南岸的村口开始，河滩地辟为庙会专用收费停车场，由村口到黄崖，道路两边散落着村民私立的小庙，还有各色店铺，有地摊、行商、小贩，有二三百家。从山门到盘道根，只有杂耍、地摊和乞丐。十八盘，上山十里，山路两边被乞丐占据。在后山庙会，这些外地来的各色人等，都可以根据自己的身份占据不同的地盘，根据自己的能力来获取利益。而山上的几十座庙宇，其经营权为老马头村村民的专有权利。山上的庙宇，叫老庙，具有传统的权威，按照老百姓所说的，这些庙是"真实的"。那些山门以外的庙，私人立的小庙，被许多人认为是"不真实的"，是"骗人的"小庙。可见，庙宇除了根据神明不同而分类外，还有许多其他的种类。

每年农历三月一日到三月十五日，是庙会的日子，那这个庙会都有谁参加呢？易县、涞水、定兴，是核心区域，周边还有满城、徐水、融城、涿州、房山，附近这些县的居民都会到这个地方来朝顶进香。周围这些村落是这个庙常年的供奉者，但每个村子都有自己的音乐会或花会。这就是后土神灵祭祀的信仰区域范围。洪崖山周围有很深厚的宗教传统，我们在洪崖山找到几个碑，其中比较有名的一个碑是明代的，记载了六门堂凌虚观，还讲到这个地方唐代就有道士。从遗迹来看，那是一个很大的道观。洪崖山的庙宇，有名的有五十多间，这五十多间庙并不属于一个教，而是层累的。从金代开始，先是道教的庙，再有佛教的庙，后来又有一些祭祖的庙、祭神灵的庙、祭英雄的庙。庙会的一个最基本的条件就具备了，也就是寺庙广建。

关于后土皇帝庙，民国时期的《易县志稿》记载："后土皇帝庙，俗称圣女庙，在县北三十五里洪崖山上，上山十里，山径九道十八盘。[按，今庙祀女神，乡民信仰杂以神怪之说。佥云，女神为山居老夫，曾免汉光武帝于难，故祠祀至今。考光武帝追铜马、五幡贼于县南徐水上，兵败投崖，遇救，退保范阳，见于《水经注》。然救之者为突骑王丰，老妇之说实不足凭。惟既称后土皇帝庙，当为祀黄帝轩辕氏者。《史记》黄帝与蚩尤战于涿鹿，又会诸侯于釜山，今县南五十余里釜山，相传为黄帝会诸侯之所，是则黄帝在易有祠里，或然也。]今乡民望走极盛，每岁三月，远近数县人民麇集进香，为邑中庙会之最盛者。"[①]这里祭祀的是一位女神，这个女神救了汉光武帝，而这个地方是轩辕黄帝战胜蚩尤的地方，这是一个分歧，这个分歧衍生出后面很多变化。另一份民国资料是南高洛村的《后土宝卷》，作者是民国当地的文人，叫寿鹏飞，他对后土皇帝的记录是："后土皇帝始自东汉，重兴，有两千余年，灵异非常，每逢春秋大祭、圣诞之日香火甚盛。至我民国三民主义铲除迷信，各庙香火渐衰，又接民国戊寅年中日事变以来，民心一日数惊，民无圣心顾瞻。每逢三月十五日，只可望西北遥拜，以达圣恩。……又应人间男女，有求必应。净手抄录以达圣恩，又可补我村弘阳圣会之箧。"三月十五日的庙会仪式上，首先要念这部宝卷的《请神祭》请诸神下凡："后土卷，初展开，虔诚敬意。"第一炷香请的是后土老母，这是第一尊神，又请眼光母、子孙娘娘、三清老祖、紫微勾陈、玉皇大帝，这都是道教的神灵，里面还提到守门四圣，也就是一进山门的四个庙，这是一个大的庙群中所应有的。后面是半空寺，祭掌教佛祖，再之后有背坐庵，祭救苦观音，还有开山弥勒佛祖、达摩祖，然后还有灶公灶母等家宅神、门都尉。

最后，我们今天讲的这个庙会背后的意义是什么？就是变化。只看庙祭传统，这个庙祭传统二三百年来发展到今天有了一个很大的变化。第一个变化来自地方精英。地方精英用自己的思想和想法重构了传统。一个例子是，易县文化馆的王公李先生，在当地做了三十多年的田野调查，收集了大量的民间传说、宝卷，给我提供了很多帮助。他一辈子做的就是层层建构后山文化。为什么说他建构？首先，他出了几本书，是关于后山神话的，里面几百个神话，形成一个完整的神灵体系，很多文本是从古史传说里找到的母题、情节、人名，他对此重新做了编织。我总结出了其中的技巧：第一是神话建立具有宏观结构上的逻辑性和完整性；第二是在文本内容上载记的神话具有高度重合性；第三是叙事上表现出多线索、角色关系复杂和情节交错的特点。另外，在文笔上，他还模仿了

① 寿鹏飞总纂：《易县志稿》，北京：学苑出版社，1990年，第298页。

《故事新编》。而民间传说的叙事非常简单，因为民间传递的信息非常简单，一个母题，一个角色，一个非常事件，一个单纯叙事。他的研究，从 20 世纪 80 年代到现在有差不多 30 年的时间，发表的大量论文或出版物最后影响到了官方。这里的一个契机是 2000 年以后，非物质文化遗产引进到中国，文化部采用这个政策进行全国范围内的文化普查，中国民间传统文化从那一刻开始发生很大的变化。2003 年，保定涞水县南高洛村因为接待亚非 21 个国家而名声大振，之后河北省非物质文化遗产保护中心把后山文化作为全省十大重点抢救文化之一，南高洛因民间古乐成为“民间古乐之乡”。2004 年 6 月，《河北日报》根据新华社的消息报道，后山文化是黄帝部族东迁后聚居发展祭祀的根据地。2008 年，我在当地发现了一个经卷，叫《禘祖经经卷》，其中有一篇后土卷敬录随笔：“夫今尚近神佛而远祖先也。自金大定二十八年后土佛庙立成，而祖庙即锁迹矣。是之谓舍祖先有违规训，而敬神佛可得果报。此实乃急功近利之举也。素为人子之道，必当祭献有序。是宜首祭祖先，而神佛其次矣。想当是先有祖先而后有神佛，其众生或可修成神佛，而断不能修成祖先也。其神佛实可敬，而祖祭定不可废之者，我华夏源远流长，贤才辈出，此非先驱之余脉祖宗之阴德耶。察此禘祖经卷，近乎为孤本，是为拜摹，以备流传者。”这是南高洛村老高山一个叫单福义的秀才自己写的，讲黄帝的事迹，他的叙事非常有韵味，有史诗的活力，再比如：“黄帝会诸侯于釜山之阳，战九黎于涿鹿之野，黄土坡擒蚩尤，诛黎蚩，收涿鹿，领督亢，踏燕山，临东海以及仓颉图百象，始制文字；后祖织丝帛，乃服衣裳。”当地人欷光和贾瑞增还写了诗《我们只有一个祖先》：“我们祖先是轩辕，大定天下在后山。后山庙数千年，黄帝的家在上边儿。秦以前历代王公来朝拜，还要封禅祭天，黄帝嫘祖就在长谷托养蚕绞丝，给予民以有衣穿，至今后山古乐还在相传。”

这其实是对民间传统文化的一个利用的过程，背后是利益的驱动。中国文人都有一种怀古的情结，这些易县的干部或精英，把当地的民间信仰同黄帝联系起来，因为黄帝是始祖，人文始祖，是国家的神，民族的祖。而后山奶奶格调太低了，她是个女神，民间的神。这两个神解决两个问题：黄帝是一个民族的神，是全民族的历史认同；民间所信奉的神灵是一个民间的村姑演变成的女神，解决人生的苦恼，她解决不了一个民族的认同，国家传统的认同。在这个问题上，老百姓选择的是奶奶神，而国家、当地精英选择的是黄帝，这也印证了一个理念：精英从来是为国家说话的，代表民族国家。

最后，我想给大家介绍我在后山采录的一个包庙的人，他叫卢子起(音)，今年五十七岁。在采访中他口若悬河：

> 后山奶奶庙，奶奶老家，就在这场地，这儿有一个老奶奶修仙的洞口，洞内有一百多米，多少年的历史，你得讲上来了，这个地方是老奶奶出家、修好、修炼、受苦受难、积善成德的地界，奶奶还有个纺车。王莽赶刘秀，刘秀跑，跑到这儿，向奶奶跪下，叫老奶奶救他。老奶奶叫刘秀躺下，装死人，盖上破被子，蒙上门帘儿，跟死人一样。老奶奶一口大米饭喷到刘秀身上，当下有零星变成蛆。王莽追上一看是个死人，快被熏死了。王莽还是追赶刘秀。实际这里边躺的就是刘秀。老奶奶救刘秀，刘秀认她当干娘，这算刘秀命大。老奶奶救他了，到了汉朝，皇上封的后土皇娘……洞口搭着梯子上来，洞口很大。现在为什么大了，现在许愿的多，磕头的多，捐款的多。现在为什么比过去好走了，都捐款，修路，那叫功德，功德无量。任丘一万，房山八千，几百几十的不算。为什么好走了，功德在修庙修道。哎，知道了吧，这叫后山庙，后山奶奶后山老家，统统叫后山。

他的叙事很有韵律，用了很多传统的段子，如王莽赶刘秀，把后山庙的历史也讲了一遍，是很好的艺术创作，体现出一种表演才能，所以他能打动人，可以多赚点钱。所以我想民间庙会到了现在，所有的意义，最实实在在的意义，是民富。据我的调查，马头村所有的村民，人均可耕种面积小，曾经是一个非常穷的村子，兴庙这二十多年，赚了大钱，同时带动很多制造业。在中国，神灵与祭祀历史悠久，我们有自己的信仰。但是，这种信仰的虔诚程度，非要用香的高矮、香火的大小来衡量么？我想不是这样的。

（原载《民族艺术》2014 年第 1 期，有删改）

# 日本华侨公墓与后土、土地神信仰

## ——旅日华侨社会的历史和记忆的表象

[日]松尾恒一　徐铭译

目前，有关在日华侨的问题，社会学、人类学将其作为日本社会的形成、族群问题来加以讨论。历史学则主要论述从前近代至近代的过渡期，日本废除闭关锁国政策以后，华人以横滨、神户为据点开始商业活动以后的问题。

关注华人当前活动的社会学、社会人类学、文化人类学研究，多从日本社会族群问题的角度入手。但是关注与近现代相连的从前近代开始的历史连续性和转变也是有必要的。社会学、社会人类学的研究目标倾向于华人的亲族结构、社会组织、交际网络、身份认同的问题等等，倾向于从宏观角度来把握和理解。而本文则主要采用访谈调查的手段，尝试以对个人信仰、精神层面予以重视的民俗学研究手法来进行研究。

持以上观点，笔者已对在日华侨一年中的祖先祭祀的例行仪式“普度胜会”进行了相关讨论。[①] 本文是关于普度胜会这一论文的续论，对在日本扎根并形成社会群体的华人的公共墓地，特别是对墓地的土地神“后土”加以关注，考察这一信仰及其在华人社会和历史过程中的意义。

① 参见[日]松尾恒一：《在日华侨的祖先祭祀，普度胜会的传承与现在》，*HERITEX*，2015年第1期。

# 一、华人华侨墓地的地区性差异及在日本的变迁
# ——以长崎、神户、京都、横滨等地为例

## （一）华人墓地开辟情况概说

近世时期（江户时代）闭关锁国政策实施期间，从当时屈指可数的与外国进行交流的窗口——长崎，通过郑成功所率船队于1658年（万治元年）来到日本的隐元禅师，以长崎崇福寺为根据地开始了弘法活动，不久被幕府政权公开认可，于1660年（万治三年）开创京都万福寺，这些寺院一直经营至今。

随着都城于平城京（奈良市）、平安京（京都市）、镰仓（镰仓市）、室町（京都市）等地区之间的迁移，权力中心于古代时期（约700）至中世时期（约1500）也不断转移，其间佛教时有传入，体现各个时期建筑样式的寺院以政权所在地为中心建立起来。与隐元禅师有关或由其开创的寺院与此前的寺院相比较，具有以下两方面决定性的差异。

其一是与寺院建筑样式有关，将明、清时期具有浓厚民间信仰色彩的关帝、妈祖等神灵与布袋像的弥勒如来等本尊佛合在一起祭祀。

其二与第一点相关，这些寺院集合了以现今华人华侨为主的华人信仰，不仅仅是僧侣，华人华侨也会参与到寺院的祭祀活动，并深入祭祀活动的运营当中。

另外，崇福寺、万福寺与华侨的公共墓地毗连，寺院在照看墓地、清明节等节日的祖先祭祀方面发挥着重要作用。这一点相当于日本的檀那寺所起的作用。

然而，对以神户、大阪为中心的关西华侨们来说，关帝庙成为他们在精神层面、信仰层面的巨大支柱（关帝庙的庙堂被华侨用作葬礼仪式及祭祀共同祖先之普度胜会的举办场所），与庙相邻而建的中华会馆成为他们在日本进行各种活动时的重要交流场所。

目前，在日本生活着20万华侨，其中约有1万人在神户谋生，神户在关西圈华侨社会中发挥着中心作用。

神户港开放于1868年（明治元年）[①]，是年6月，从长崎而来的数十名华人

① 以下关于神户地区华侨社会的形成、华侨墓地——中华义庄、中华会馆的沿革等，均参见中华会馆编：《落地生根：神户华侨与神阪中华会馆之百年》（东京：研文出版社，2000年）一书。

华侨到访神户，到秋天为止，240名华侨逗留于此。20年后，到1887年（明治二十年），南京町在神户荣町逐渐形成，进而作为华侨交流场所的中华会馆于1893年（明治二十六年）建成。中华会馆毁于战争，经重建而延续至今。战后，通过三江、台湾、福建、广东等五帮协作体制来进行管理运营。

为他们修建公墓就是居留神户不久之后的事情。1871年（明治四年），兵库县将宇治野村（现为中山手街七丁目）的600坪（约1984平方米）土地租借给他们作公墓用地，1873年，他们又购入1627坪（约5379平方米）土地，形成"中华义庄"公墓。此后，中华义庄于1924年（大正十三年）迁移到现今所在地——神户市长田区滝谷町。

虽然华侨移居神户不久便开辟了华人公墓，但是因最初从中国来的海外第一代华人怀有浓浓的思乡之情，他们的遗体大多按他们生前遗愿被送回家乡。载有棺椁的船被称为"归还船"，一年两次从日本回到家乡。由此可知，中华义庄是临时埋葬场所，最初起到了棺椁临时安放地的作用。

但是，考虑到经济方面的原因，并不是所有华人都可以实现这一愿望，而且在日本出生的第一代华人的子女，第二代华人及其子孙一辈的思乡之情也不如第一代那样强烈，大多数关西华侨死后葬于中华义庄，于是中华义庄渐渐成为清明节等节日以家族为中心的亲族之间祖先祭祀的场所，临时安放灵棺的小屋则于1980年被拆除。

在关西圈尚有隐元禅师于江户时代前期在京都开创的万福寺。今天，万福寺也成为京都华人生活的据点，邻近万福寺建有主要埋葬京都华侨的"京都华侨陵园"，该华侨公墓建于1947年（据陵园入口处石碑《1989—2004年"京都华侨陵园修建纪念碑》碑文中所记）。此前，神户的中华义庄是京都华侨的埋葬地。因清明节等祭日去扫墓路途遥远，为满足京都华侨的迫切愿望[①]，在万福寺建立了"京都华侨陵园"。

华侨在关东地区的据点为横滨，华人公墓位于横滨市中区大芝台，设立于1873年（明治六年），过去埋葬在横滨外国人墓地的华人华侨被移灵于该地而成为公墓。和神户一样，其正式名称为"中华义庄"，大约在20年之后的1892年（明治二十五年）建于中华义庄内的"地藏王庙"让人倍感亲切，从此在多数情况下用"地藏王庙"来指代整个墓地。

---

① 1936年（昭和十一年），在京都府知事铃木敬一向内务大臣潮惠之辅呈报的由京都华侨于万福寺举行普度胜会的公文《关于在日中华民国人的法事实行函件》里，记载着京都华侨因神户中华义庄相距甚远，望在万福寺附近开辟墓地为中心思想的迫切心愿。这一资料的复印本由陈正雄氏提供。

近世时期，在江户幕府闭关锁国政策下，作为与中国进行交易的窗口的长崎的公墓历史更为久远，稻佐的悟真寺设有唐人墓地。其中，现在可以确认的最早的古墓是1627年（宽永四年）建造的。与神户、横滨墓地的不同之处在于，虽然其大半都是唐人之墓，但当时与日本有贸易往来的荷兰人的墓也建于此，其作为“国际性墓地”[最早的墓是庆安二年（1649）一位名为布劳浩比乌斯的人的墓]的特点，即来自欧洲的死者也不得不葬在佛寺中的唐人墓地，可以说明并反映当时的国际情势下日本应对外国人的方式。

以上对直到现在以商业活动为主的华人活动地区，长崎、神户、京都、横滨等地的华人墓地的开辟情况进行了简要概括，其与日本墓地有如下几点不同。

其一，初期开辟的墓地是按中国一般的习俗，以土葬方式来埋葬的。日本在佛教传入的同时，引进了火葬之法，但土葬习俗也长期存在，法律上虽然规定要火葬，但有的地方至今仍然延续土葬方式。

其二，虽然日本和中国都传承了土葬习俗，但其埋葬方法却有很大差异，日本将棺木完全埋入土中，与此相对，在中国是向棺木覆土而葬，这一点在神户中华义庄、京都万福寺陵园的古墓可以看到具体形态，其一眼望去与日本不同的形态往往会引起日本人的关注。

其三，这些华人墓地同样适用日本法律必须火葬的要求，将骨灰埋在地里，上面立有石碑，形式与日本墓几乎相同。其大多数是将墓碑立于中央，由“コ”形状的石栅栏（壁）所围绕，但也存在少数具有倒“U”型石壁的中国墓型，这对日本人来说是十分罕见的形式。

其四，除上述形态上的差异之外，从祭祀、信仰等视角来看，我们不能忽略的是，其供奉墓地土地神的“后土”“后土神”，无论是在神户，还是京都、横滨，都是共通的（在长崎的唐人墓地是“土神”），但在墓地内所进行的祭祀方法及形式，却能看到各自的差异性。下面就从2013年以来所调查的长崎、神户、京都、横滨等地的差异性，及其差异与华侨的信仰和家乡习俗之间存在何种关系，抑或在日本随年代推移而产生的变化等角度，对其民俗方面的特质进行探讨。

本文对中国墓地及下文所考察的祭祀祖先等民俗的理解，均基于从2012年开始的对第一代华侨ORS氏（1915年生于福建福清，2000年来日本，现居住在神户，应本人要求，用字母缩写）、江祖顺氏等居住于神户、京都、横滨等地的华侨们进行的访谈调查。尤其是为神户、京都等地所举行的祭祀祖先的“普度胜会”制作冥宅的ORS氏，具有佛教、道教等丰富的民俗知识，笔者从该氏获得了特别多的指教和启发。关于中国民俗的事例，如未作事先说明，均是ORS氏所讲授的福建福清的习俗。另外,有关京都华侨陵园的墓地,从京都华侨第二代、其父出生于广东的陈正雄氏处获得很多的指导及启示。今后,有必要通过对多数日本华侨的出生地——广东、台湾等地的民俗进行详细调查,来探讨其对日本的影响,这非常具有可操作性。

## (二)后土与祖先祭祀仪式

"后土"是于墓地祭祀的土地神。在福建地区建墓之际,埋葬前要举行"破土"(亦称"动土")仪式来供奉"后土"。

从这一点来考虑,供奉后土应是建造公墓的第一步,而实际上,在横滨、神户等地的中华义庄,供奉着整个公墓的后土神,神户中华义庄的后土神是在墓地开辟后而立的,故需要再次考察其动机及意义。如图5-1、图5-2所示,从横滨中华义庄事务所内张贴的位置图可以清晰看到,在横滨公墓区最后面建有带屋顶的"本山后土之神"碑。其左右两侧,并列建有1923年(大正十二年)9月关东大地震遇难者纪念碑。据推测,这一后土神是1873年(明治六年)横滨外国人墓地迁移此处的同时开始供奉的。[①] 另在横滨中华义庄,地藏王庙建于义庄入口处,地藏王庙的门右侧供奉有"门官土地福神"。这是管建房子的土地神[②],应与墓地土地神的后土区别开。

在神户的中华义庄,现在约在整个墓地的中央位置建有"后土"碑,从碑文可以得知,1924年(大正十三年)在现今所在地的神户市长田区滝谷町开辟陵园之初尚未见,此后经过半世纪之后的1976年,由一个来自广东中山的家庭所建。在这一后土碑的稍前位置建有"光绪二十六年(1900)'大清国孩童总墓'碑"和"阪神淡路大地震华侨留学生遇难者纪念碑"。

现今位于滝谷町的中华义庄从最初只分"右""左"区划,到战后随着华侨定居更为普遍,对墓地的需求也相应地急剧增加,作为扩充而修建、完备了A至E区(1978)及建成了J区(1982),虽然截至目前仍在持续扩大,但是因其即将与周边宅基地的边界相接壤(据2014年笔者调查),目前的规模已经达极限(图5-3)。

在开辟之初的"右""左"区划内,可看到相当数量的土葬墓,但1970年以后

① 另外,关于横滨中华义庄及横滨华人送葬仪式沿革、历史,参见中华会馆编:《地藏王庙 横滨指定文化遗产 地藏王庙修复工程报告书》,横滨:财团法人中华会馆,1997年。

② 参见[日]川口幸大:《村庄的社会变化与作为祭祀空间的房屋之变迁》,大阪大学中国文化论坛编:《中国革命·社会变容与世界》,大阪:大阪大学中国文化论坛,2014年,第17—30页。

新规划的区域内，基本上是收纳火葬之后的家族骨灰的家族墓，各区域的大小、规格由中华义庄所管理、决定。在京都，在万福寺管理下，制作墓石的石材店是指定的两家，在神户可以自由选择任意一家石材店，但在中华义庄事务所里放有三家左右县内石材经营者的有关墓石样式目录的宣传册，好像大多数都是在这些店家之间进行选择。无论是京都还是神户，都是由日本的石材经营者来制造墓石，也许正因为这样，一眼望去，日本公墓里的墓石都大同小异。

在战后 A 至 E 区的建设过程中，后土神被立于旧区“右”区域内后方。按照中国原有的方式，后土神应是在选定墓地的同时而进行供奉的，但是对于中华义庄来说，公墓开辟后历经半个世纪，家乡的信仰、习俗才由同一国家出生的人带进来。另外，中华义庄的地神堂所供奉的“土地公”——“福德正神”，亦可以视为整个陵园的守护神。[①]

另外值得注意的是各家墓地内立有后土碑进行供奉的现象，在神户的中华义庄和附属于万福寺的京都华侨陵园两处，这一景象随处可见。这一事例在横滨的中华义庄，就笔者所确认的范围内，没能得到证实。我们可以确定的是，这一点是神户、京都华侨墓地的显著特征。（图 5-4）

其形态在神户和京都均是顶部呈较缓的圆弧状，纵向呈长方形，刻有“后土”，立于墓碑的前方靠左，在这两点上几乎一致。差别是京都的刻字是红色，而神户的多数是金色。

说到扫墓，一年之中四月的清明节是几乎每家都要前来祭扫的最隆重的一天，这一点，长崎、京都、横滨的公墓都是相同的。除此之外，一周年忌日来扫墓的情况也比较多，也能看到清明节之外的日子前来祭扫、献有鲜花的墓碑，这在长崎、京都、横滨都是相同的。另据调查，在神户中华义庄，年末至正月前来祭拜的人亦不在少数（据 2014 年 6 月笔者对中华义庄的调查）。

---

① 参见中华会馆编：《落地生根：神户华侨与神阪中华会馆之百年》，横滨：研文出版社，2000 年，第 314 页。

现今除冲绳地区之外[①]，几乎在整个日本列岛均能看到在起源于佛教的春、秋彼岸日及农历七月的盂兰盆节举行祭祀活动，一年共有三次。与日本人结婚的华侨和在日本出生的第三代、第四代华侨，都接受了这些日本习俗，除了清明节，据说在彼岸日及盂兰盆节前去扫墓的家庭亦很多。

目前，笔者亲眼所见及所调查的华侨清明节是2014年京都华侨陵园的清明节。首先，清早各家在墓前供奉食物、鲜花等祭品。在自家墓地内祭拜祖先之墓前，先向后土奉献祭品。之后，11点左右，万福寺僧侣在陵园入口处做法事，众京都华侨列席观礼。

所做法事在入口前面以诵《三宝赞》为中心，分两次进行。

第一次是在入口处的门前，面向墓地的正面设祭坛，供奉佛灯、纸钱（金箔纸、银箔纸）、猪、鸡、大虾、日本茶、日本酒（一升装）、罐装啤酒等，僧侣做法事。接下来第二次，将祭坛移至右边，以左方为正面，做同样的法事。在两次法事之间，以京都华侨总会会长及副会长为首的一众人等依次烧香、合掌祭拜。僧侣做完法事之后，由华侨们在祭坛旁边燃烧纸钱，进而在陵园入口右侧供奉着杨柳观音的汉松堂内，备有撤下来的供品及相当于供品标准的酒食，供包括孩子在内的全体华侨同仁一起享用。（图5-5至图5-7）

以上为仪式的简要介绍，那么，为何改变祭坛方向？为何僧侣要分两次做同样的法事呢？

第一次是面向陵园墓地进行诵经，显然是以祭拜祖先之灵并进行追悼为目的的。那么，变换祭坛方向所进行的第二次法事究竟意欲何为呢？关于这一点，万福寺的僧侣认为是依旧传承的惯例，对其含义、目的均无明确的认知，但京都华侨中的老年人说到了其中的含义。据他们所述，这第二次法事是为了祭拜陵园的土地神。

虽然在后面还会详细论述，但根据在中国一直生活到三四十岁的第一代华

---

① 在琉球王朝时代，冲绳地区在技术、知识、信仰等方面受到中国影响极大，以本岛为主的整个区域都过清明节。笔者亲眼所见及所调查的是本岛丰见城的清明节（2011年）和八重山地区西表岛祖纳的清明节（2013年）。西表岛的清明节当天，同一祖先的一族人跨越地区，从岛内、冲绳本岛甚至本土前来祭拜，在祖先石碑前，以该地区一族的族长为首献上祷文。日本本土在正月扫墓的地区很少，但在冲绳，农历正月十六被称为“祖先的正月”，家人在墓前与祖先之灵共饮共食，这一习俗极有可能是受中国的影响。另外，在冲绳，地域共同体的有关农耕、捕鱼、海上安全等向圣地“御岳”的祈祷仪式和供奉家神的地面祭祀仪式，多数均由被称为“诺罗（noro，巫女）”或“茨卡萨（tsukasa，祭司）”的女性祭司或家里的女儿来举行。可能因深受中国影响而出现的、通过男性谱系来传承的一族的祭祀形式，和源于琉球王朝的由女性来为地域共同体祈求平安的祭祀形式，这两个系统并存，故探明琉球受中国和日本本土影响的实际形态与琉球的独特性是今后的研究课题。

侨所说，后土神本来是祭祀于墓区之外的左后方。[①]

由此可知，京都老华侨之间流传的说法正中问题的本质；将祭坛移向右侧，僧侣面向左方做法事，这个方向正是供奉后土神的方向。

如前所述，京都华侨陵园虽然有在自家墓区内祭祀后土的家庭，但并没有建立整个墓地的后土神。然而，人们的意识里还深深留有对后土神的信仰，有可能是在京都华侨和万福寺僧侣的协商下才有如此改变祭坛方向并施以两次法事的做法。

## 二、福建地区的墓地与后土
## ——出生于福建福清的ORS氏[②]之记忆一

以上，对横滨、神户、京都、长崎地区华人公墓的沿革、概要，特别是墓地土地神的"后土神""土神"进行了简单梳理。

对埋葬有遗体、祭祀着祖先的墓地内的土地神的信仰，日本并非完全不存在[③]，但却没有在祖先墓碑之外还立有像"后土"这样的石碑，与祖先之灵一同祭祀土地神的事例，可以说，这是日本和中国在祖先祭祀、祖灵观等方面的比较大的不同之处。

中国的后土神信仰可追溯到公元前，例如，《尚书·武成》篇"告于皇天后土，所过名山大川"（后汉郑注"后土，社也"）。另外，《周礼·春官宗伯》"王大封则先告后土"（郑注"后土，土神也"），可知作为土地神的"后土"信仰自古就有。虽然我们有必要探讨这一信仰在民间究竟多大程度上被接受，但本文主要是对当代在日华人华侨的信仰形式进行考察。

虽然笔者对日本的华人社会，特别是信仰、仪礼方面的研究刚刚理出头绪，但目前为止已经多次对横滨华侨总会会长、京都华侨总会的第二代华侨陈正雄

---

① 据2013年至2014年对神户第一代华侨ORS氏等出生于福建省的多数华侨所进行的访谈调查。

② 郭玉聪、朱新建：《在日第二代、第三代华侨华人的中国文化意向研究——神户华侨华人与在日福清华侨华人之比较》，《爱知学院大学教养部纪要》2006年第54卷第1号。该文是基于对现在第二代、第三代占半数的神户华侨华人对祖国及家乡的意向及身份认同的综合性调查写作的，非常具有参考意义。在考证本小节所提到的出生于福建福清第一代的ORS氏意识的共通性及偏差等问题上，该文提供了重要的信息。

③ 例如，在深受被称为"伊弉诺（Izanagi）流派"的阴阳思想、密教、净土信仰等影响的，丰富的民俗宗教得以传承的高知县物部地区，由伊弉诺流派的祈祷师所举行的送葬仪式，在埋葬地做法事时，用金钱从他界（净土）购买土地。参见[日]松尾恒一：《物部的民俗与伊弉诺流派》，东京：吉川弘文馆，2011年，第278—301页。

氏，还对神户第一代华侨ORS氏、江祖顺氏，长崎第二代华侨郭定仪氏（长崎华侨总会事务局长，1937年生，佐贺人，父母出生于福建福清）、杨君子氏（1943年生，长崎人，父母、祖父母皆出生于福建福清），对京都万福寺、长崎崇福寺、兴福寺的僧侣及工作人员进行了访谈调查，尚未听到“墓地的土地神”之外的说法。

特别是第二代以后，即便是在墓地建立了后土碑的人们或家庭成员，他们中也没有人能对其信仰的含义及祭祀的必要性具有明确的认识，几乎所有人都没有从父辈、祖父辈得到特殊的教授或说明，他们的认识仅仅只是停留在传承层面。

## （一）长崎华人墓地与土神

近代以来，从神户、京都、横滨乃至具有超过两个世纪华人社会历史的长崎，在墓地合并祭祀土神碑的习俗甚至扩展到日本人的墓地，不管是日本人还是华人，可以确认这一习俗始于华人墓地。（图5-8、图5-9）

在寺町制造墓石的“横尾石材工业”石材店里，陈列着圆形、象棋形等各种墓石样品。

另外，位于悟真寺的稻佐国际墓地旁边的石材店，其广告板上明确写有土神碑的价钱。

圆形土神　10万日元/象棋形土神　5万日元。

虽然笔者也曾去这一石材店做过访谈调查（2014年8月），但并没有获得有关土神的特殊的认识及传承方面的信息。据说，墓地内的土神碑只不过是根据立碑人的需要而立的，仅此而已。

从这一情况来看，墓地内的土神祭祀已作为长崎地区的民俗而扎根下来，并流传至今。

以华侨为主的华人扫墓祭日是在清明节，那天来到祖先墓地前献上供品，接着向土神献供品、祭拜，这是一般性的程序，但据说，对于这一顺序，大家并没有特别的意识。[①]

长崎历史最为悠久的稻佐国际墓地由悟真寺进行管理，关于土神，悟真寺做了如下说明：

1.在墓地建成之际，悟真寺的僧侣会举行将祖先魂魄皈依墓碑的“开眼供养”仪式，作为仪式的一环，会对土神举行“向水”的洒水法事。

① 根据笔者于2014年8月对家族墓地位于崇福寺的华侨杨君子氏所做的访谈调查。

2.原则上土神位于墓碑右侧,但实际修建受墓地区划情况所限,因此并没有严格的规定。

3.清明节扫墓之际,悟真寺的僧人会伴随家属举行诵经仪式。一般情况下,家属会先祭拜祖先之墓,然后祭拜土神,但顺序上并没有特别的规定。①

但是,也有居民称,日本人在祭拜祖先之前必先清扫土神碑、献上供品、烧香祭拜,这一做法从祖父母那代就传承至今。②

## (二)神户、京都的后土信仰

而在神户、京都的华人墓地(中华义庄、京都华侨陵园),清明节祭祀"后土"时,习惯上是先向后土神献花、香烛及供品,接着向祖先之墓敬献供品。③

接下来本文想探讨的问题是,日本近代以后,长崎、神户、横滨等地在墓地祭祀"后土""土神"等民俗神行为方面产生地区差异的同时,在现代社会究竟具有何种内涵及意义呢?本文很难得出具体结论,但作为一次考察,希望介绍关于第一代神户华侨ORS氏对中国的后土及祖先祭祀的说明以及对日本华侨墓地的后土的违和感,并进行深入探讨。

ORS氏1951年出生于福建福清,因从事以神户普度胜会所用的冥宅为主的纸扎工艺而于2000年首次来到日本,2006年加入日本籍。

本文之所以特别关注ORS氏所讲述内容,是因为其在对神户、大阪华侨来说极其重要的祖先祭祀仪式——普度胜会上发挥了重要的作用。

对于冥宅、地狱十王殿、金山及银山等普度胜会会场的布置建造来说,需要具有比一般人更多的道教、佛教等专门知识以及对家乡习俗的了解,ORS氏拥有这方面的丰富知识和精湛的纸扎技艺。据拥有与福建祖先祭祀相关的丰富的宗教、民俗知识的ORS氏所述,神户中华义庄及京都万福寺华侨陵园的后土神祭祀方式有极大的差异。

图5-10所示的是两处墓地建立后土碑的标准位置,而右图据ORS氏和同样出生于福建福清的第一代华侨江祖顺氏所述,是福建地区墓地中一般的墓地配置图。

据说,在福建,后土位于"∩"字型外壁的左后方,与内侧墓碑一样朝向正面

① 根据笔者于2014年8月所做的访谈调查。

② 根据在黄檗宗兴福寺持有墓地,生于长崎、居于长崎的儿岛正数氏的指教。

③ 根据神户第一代华侨ORS氏、江祖顺氏,京都第二代华侨陈正雄氏的指教。

而立，这才是正确的。

与此相对，在日本华侨墓地，后土位于“コ”字型区域内的中央处墓碑的左侧，比墓碑稍微靠前。再者，并非与墓碑一样朝向正前方，而是靠区域内一旁的内侧，即朝向右方而立，以上两点是让其感到差异很大之处。另外，在朝向正面立于墓碑旁这一点上，长崎的多数“土神”与ORS氏及江祖顺氏所描述的一致。但是，据长崎华侨们及悟真寺僧人们所述，土神立于祖先墓碑的右侧才是正确位置(事实上，土神立于墓碑的右侧和左侧的数量大致相同，好像大多数人并不太在乎左边还是右边)。

不过，长崎悟真寺的多数唐人墓地都是像日本人墓地一样属于“コ”字型区划，在区域内与祖先一并祭祀土神的墓之中，可见一座规模比较大、“∩”字型墙壁围绕、在墙壁左外侧立有后土碑的坟墓(图5-11)。但是，在“∩”字型墙壁内侧，祖先墓碑的右侧亦立有土神碑。

ORS氏在看到这张照片时认为，不论是“∩”字型区划，还是后土的位置，都与福建的墓地极为接近，但祖先墓碑旁边立土神碑在福建是无法想象的。

遗憾的是，无法确认该坟墓的墓志铭，也就无法确认是出生于何处的华人、何时建成等问题，但可推测是由最近10—30年内由第一代华侨所建。目前为止，在对悟真寺、崇福寺、兴福寺的僧人及长崎华侨、长崎日本人的调查中，没有人既对墓地中的土神有所了解，又知道作为土地神的“后土”这一名称，据此可以推测，“后土”基本上在长崎没有扎下根来。悟真寺墓地中立有后土碑的“∩”字型墙壁的墓地，应是依据家乡习俗而建，同时也受到长崎习俗的影响而合祀土神。

## 三、福建地区墓地的建造
## ——出生于福建福清的ORS氏之记忆二

现在，日本华侨是在公墓内买入墓地，委托日本的石材店来建墓。而在福建，墓地的建造是从挑选墓地开始的。

这里主要是为了能够考察华侨在移民地是如何一面保留着家乡习俗的记忆，一面在异国他乡经营生活等问题，所以下文将回顾ORS氏所述的关于墓地建造的过程。[①]

墓地有三代墓地、五代墓地等规模上的差异，过去在一般情况下是由左官屋建造，现在则是由石材店来建造。石材店与主人边商量，边画图纸。建墓之地由风水师根据主人的出生日期及方位来选定。

动工之际，先要举行“破土”仪式，由祭祀土地公——“后土”开始，接着敬献香烛、供奉三牲、燃烧纸钱等。无论是三代墓地还是五代墓地，都要花费半年到一年的时间。在每月的 2 日、16 日，工匠（来自左官屋或石材店）会为祭祀“后土”而敬献香烛、供奉三牲等祭品。

完工之时，由道士挑选良辰吉日举行庆贺仪式，上午由道士做法事，对墓地所在山之后土、附近各个墓地进行祭拜。当天晚上邀请亲朋好友到家里举办宴会庆祝。

以上这样一个从墓地选定到祭祀后土的过程，至少在明代就出现了。《大明会典》卷一〇〇《礼部五十八》“择地祭后土”里，可以看到如下记载：

> 三月而葬。择地之可葬者。土色光润。草木茂盛之处。即为美地。又须慎五患使他日不为道路。不为城郭。不为沟池。不为贵势所夺。不为耕犁所及。乃可。世人多徇俗师阴阳之说。既择年月日时。又择山水形势。以为子孙贫贱富贵寿夭贤愚。尽繫于此。至有终身不葬。或累世不葬。弃捐不葬者。悖礼伤义。无过于此。既得地。乃择日开茔域。祠后土。南向设神位。设盏注酒馔于其前。又设盥盆帨巾于其东南。告者吉服入立于神位之前。北向。执事者在其后。东上。皆再拜。告者与执事者皆盥帨。执事者一人取酒注西向跪。一人取盏东向跪。告者斟酒反注。取盏酹于神位前。俯伏。兴。少退立。祝执版立于告者之左。东向跪读曰。维某年岁月朔日辰。某敢告于后土氏之神。今为某亲营建宅兆。神其保佑。俾无后艰。谨以清酌脯醢。祗荐于神。尚享。讫。复位。告者再拜。祝及执事者皆再拜。乃彻。遂穿圹。作灰隔。造冥器。刻志石。备大舆。作神主。以俟发引。[②]

如上所述，埋葬之地应在察看山水走势之后进行选择，民间依据阴阳思想

---

① 对现代福建福州现存的从风水师选地到造墓的整个过程进行调查的论文有小熊诚《冲绳与福建的龟甲墓之对比——以外部设计的比较为中心》（神奈川大学国际常民文化研究机构编：《从东亚的生活用具、物质文化看比较文化史》，横滨：神奈川大学国际常民文化研究机构，2013 年，第 43—61 页）。与下面 ORS 氏口述的造墓过程基本一致，但该文中没有关于后土或土地神的描述。

② （明）申时行修、赵用览纂：《大明会典》卷二二八，明万历十五年内府刻本。

而选择建墓之地及日期，然后建立后土祠。

可以认为，在现在民俗行为之中，委托风水师或道士，据阴阳思想而选定墓地并祭祀后土的建墓方法，即埋葬死者与祖先祭祀、与对坟墓所在地的土地神——后土的祭祀是无法分割的一整套观念，在明代就已确立，并作为民俗行为而传承至今。

## 四、结语：作为华人华侨身份认同的墓地后土神

作为华人墓地建造过程的一环，先得到墓地所在地的土地神——后土的许可然后对其进行祭祀，并且在墓地建造完成之后也要祭祀后土。从这一行为方式来考虑，原本的顺序应该是在公墓开辟之时就祭祀后土，像横滨中华义庄那样有作为整个陵园的后土的存在是合乎常理的。然而，在京都万福寺的华侨陵园之中，虽然每家立有后土，但作为整个陵园的后土并不存在。另外，神户中华义庄中虽然有保佑整个陵园的后土神位存在，但是在陵园建造之后的 1976 年，祖籍广东省的吴姓一家又施赠立起后土之神石碑。

可是，在横滨中华义庄的后土碑的两侧并列有关东大地震纪念碑。另外，与神户中华义庄整个陵园的后土碑紧邻着，建有“大清国孩童总墓”及“阪神淡路大地震华侨留学生遇难者纪念碑”。纪念碑将大家共同经历的大灾大难的历史记忆记录下来，亦成为共同纪念的标志。（图 5-12）

横滨华侨是以近代出生于广东、台湾的华侨（近年以来出生于福建的华侨或在日中国人的比重有所增加）为中心而形成的社会群体，除横滨华侨总会、广东华侨同乡会之外，还结成有“要明鹤同乡会”“南番顺同乡会”（两者籍贯均为广东）等各个地区的同乡会。在横滨中华义庄的后土碑两侧，还建有这些同乡会各自所立的关东大地震遇难者纪念碑。例如在清明节之际，由广东高要、高明、鹤山出生的人所组成的要明鹤同乡会大约 20 名成员（2015 年，同乡会全体会员男女约各 190 名，共计约 380 名）于上午集结，并按如下顺次进行祭祀。

> 地藏王庙→六角堂“黄鹤楼”（骨灰安放所）→要明鹤同乡会关东大地震纪念碑→后土→孩童总墓

于各纪念碑、后土碑、墓碑供上三牲（鱼、鸡、猪）、水果、香烛、纸钱（金箔纸、银箔纸）（图 5-13），接着，正午过后，在横滨中华街的要明鹤同乡会馆聚餐，一同

享用预定好的中国菜。[1] 同乡会成员在中华义庄之内都各自拥有祖先墓地，自家墓地的扫墓要在临近清明节的周末等方便的日子，或者要在清明节当日同乡会集体扫墓前完成[据 2015 年 4 月 5 日对横滨中华义庄内清明节活动的调查以及 2015 年 9 月 4 日在横滨要明鹤同乡会馆对干事长（广东华侨二代）所作的访谈调查]，为大家所知的是，清明节时拜谒同乡会纪念碑、后土、孩童总墓是要优先于祭拜自家墓地的集体活动。

在日本，农历七月的盂兰盆节、春分日及秋分日（彼岸日）、忌日时扫墓是全国广为得见的一般性习俗，除了深受明清以后中国文化影响的琉球、冲绳地区之外，其他地方并不会在清明节扫墓。关于要明鹤同乡会成员，在日本的第二代、第三代以后的华侨，虽然受日本习俗影响很大，但一年之中基本上都是进行两次扫墓，分别是在清明节和忌日之时，几乎没听说有华侨会在盂兰盆节和春、秋分日进行扫墓活动的。[2]

在神户、京都，由于公墓地理条件的制约，本来是建于区划之外的后土被建在了区划内，虽然在对家乡习俗谙熟于心的第一代华侨看来，这样的分布都有违和感，但现在新开辟的多数华人墓地还是将其立于区划之内。第三代以后的华侨多数不会说汉语，由于与日本人结婚，除了清明节之外，在春季、秋季彼岸日及盂兰盆节也会扫墓祭拜，有为数不少的家庭都亲近并接受了日本的习俗。对后土的含义及其对于墓地的必要性等问题，很多华侨都没有明确的认知。尽管如此，在神户、京都新建的墓地一并立有后土的事例也不少。日本石材工匠和僧侣并不会像在福建地区那样在墓地建造期间或完工之际举行后土祭祀仪式及庆祝宴会，但建造这样与日本截然不同的墓地及立后土碑这一做法，为华人华侨同根同源的身份认同发挥了很大的作用。

历经前近代时期以来的数个世纪，在一直保持着中日交流活动的长崎可以看到日本其他地方所没有的“土神”，在日本人墓地却很常见。长崎与外国交流极深乃至民俗层面的事例已有所介绍，在冲绳被称为“土帝君”的土地神也可被

---

① 对广东要明鹤同乡会历史及有关活动进行整理的文章，参见[日]武吉彩华：《关于广东要明鹤同乡会》，《言语与文化论集》2007 年第 13 辑。

② 另外，横滨华侨在起源于广东的南派舞狮的基础上，增加了 20 世纪 80 年代由新加坡华侨传习的北派舞狮等独特技艺，创新出了被称为“横滨华侨狮子舞”的独特舞狮技艺，其高超技艺已达到了能够参加中国舞狮世界大赛、马来西亚“云顶世界舞狮锦标赛”的水准。其发展过程，详细内容请参见张玉玲《华侨文化的创造与身份认同——中华学校、舞狮、关帝庙、历史博物馆》（东京：YUNITE，2008 年。特别是第 3 章“民族身份认同感的阶段性发展　横滨华侨所传承的舞狮”），据说在要明鹤同乡会之中，狮舞在同乡会内部传承，并在同乡会所举办的新年庆祝会上表演。在同一区域之内，存在华侨总会、学校、同乡会、家庭等诸多华侨群体，因此也有必要关注其各自对传统的继承和改变以及文化创新方面的差异。

视为是通过与中国的交流而传入并扎根下来的。①

不仅仅是东亚，在东南亚信奉与祖灵相关的土地神——后土②，与当地习俗的混同及抵触、交流、平行等等都是应该被追问的大课题。华侨们与移民地之间是带着何种关系来构建生产生活的，而且给移民地的社会及文化带来哪些影响等一系列问题作为生活层面和民俗学的课题亦显得尤为重要。

日本与中国的文化交流即使是从汉字的传入来算也已超过1500年，在长期交流过程中，即便在日本国内接受影响的地区也存在差异性。

同时，在日华侨因福建、广东、台湾等出生地的不同，其商业活动行为也有差异，这在日本国内的社会组织、共同体存在形式方面也有所体现。故而必须考虑到这样的存在形式的差异也极可能造成其对日本文化影响方式的差异，因此日本地域研究不仅要关注日本国内的差异性，也有必要引入国际化的视野。

另外，土地神的问题在中国与"社"及"社稷"等为国家统治服务的信仰和祭祀、仪礼也会有所交叉，同时亦与民俗、民间信仰相关联，今后亦有必要从宏观视角来进行历史方面的相关研究。

## 后　记

本论文是日本科学研究费基础S级课题"宗教文本遗产的探查与综合性研究——人文学档案网络的构建"（国立名古屋大学阿部泰郎教授主持）的研究成果，并根据中国民俗学会2015年年会（辽宁大学，10月24日）上讲演内容修改而成。在此对调查、研究提供支持的日本学术振兴会深表感谢。另外，对以长崎三山公帮为首的各位福建华侨、崇福寺及神户关帝庙有关人士和以福建同乡会、京都华侨总会、黄檗宗大本山万福寺、横滨华侨陵园、广东要明鹤同乡会等爽快给予协助的相关人士，表示诚挚的感谢。以《大明会典》为主的有关中国"后土"的历史资料得益于徐铭讲师（日本明海大学）的指点。在参加中国民俗学会年会之际，得到了刘晓峰教授（清华大学、中国民俗学会副会长）、王霄冰教授（中山大学）、张楠编辑（《徐州工程学院学报》编辑部）、姚琼讲师（浙江工商大学东亚研究院）等中国研究同仁的诸多指教，特此致以由衷的谢意。

---

① 有关冲绳土帝君受中国影响的内容，参见滏德忠：《中国的土地公与冲绳的土帝君》，《史苑》第37卷2号，1977年。

② 近年有关中国的研究中，罗杨《柬埔寨华人的土地和祖灵信仰——从"关系主义"人类学视角的考察》（《华侨华人历史研究》2013年第1期）一文也提及"后土神"。

图 5-1　中华义庄位置图

图 5-2　横滨中华义庄：中央为“本山后土之神”两侧建有由广东同乡会等所立的日本关东大地震遇难者纪念碑（2014 年 6 月，摄影：松尾恒一）

图 5-3　中华义庄平面图

图 5-4　神户、大阪的中华义庄(2014 年 6 月，摄影：松尾恒一)

图 5-5　京都华侨万福寺清明节

参加由万福寺僧人所举行的法事的京都华侨　(2014 年 4 月，摄影：松尾恒一)

图 5-6　京都华侨万福寺清明节祭坛上的供品　(2014 年 4 月，摄影：松尾恒一)

图 5-7　京都华侨万福寺清明节

包括孩子在内，华人一同在汉松堂聚餐（2014 年 4 月，摄影：松尾恒一）

图 5-8　长崎墓地之中土神：圆形土神，崇福寺（2014 年 7 月，摄影：松尾恒一）

图 5-9　日本象棋形状的土神，崇福寺（2014 年 7 月，摄影：松尾恒一）

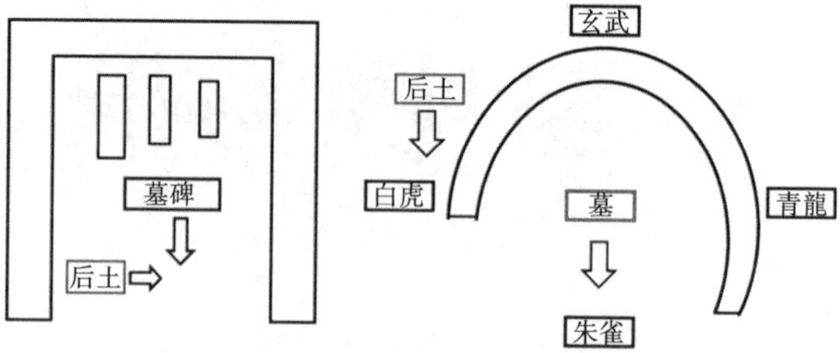


图 5-10 两处墓地配置示意图

图 5-11 墙壁左外侧立有后土碑的坟墓

图 5-12 后土碑两侧所立的同乡会关东大地震遇难者纪念碑之一的"要明鹤同乡会碑",前面设有香炉台和插花台(2015 年 8 月的情形,由广东要明鹤同乡会提供)

图 5-13 横滨中华义庄内,清明节同乡会成员所供供品(猪肉、章鱼、水果、纸钱、香烛)(2015 年 4 月 5 日,摄影:松尾恒一)

[原载日本《国立历史民俗博物馆研究报告》2015 年第 199 集,后由徐铭译为中文转载于《徐州工程学院学报》(社会科学版)2016 年第 2 期,根据作者本人提供的文字稿有所改动]

# 后土信仰与中国民间信仰

李志鸿

无生老母是明清民间信仰教派构造出来的一位至高无上的尊神。在历史上，民间信仰教派与全真道交涉颇多，不仅传承全真道的丹道，亦传承全真道的斋醮仪式。当代一些华北全真道更是将无生老母与十二老母的塑像置于自己的宫观内。“十二老母朝无生”神话在华北有着广泛的信仰基础。

改革开放以来，民间信仰重新在乡村社会活跃起来。民间信仰现实活动呈现出如下特点：一是公开建造庙宇、佛堂等宗教活动场所；二是部分教派信仰人数增长迅速；三是各教派开始着手整理本门的经卷，以作传播教理教义之用；四是当代民间信仰与民众的民俗生活结合得越发紧密。

## 一、明清民间信仰无生老母与后土信仰

清道光朝直隶官员黄育楩所撰《破邪详辩》，对明清民间信仰的历史、经卷有大量的描述，其中对无生老母与十二老母的记载颇多：

> 邪教有《混元红阳临凡飘高经》二本，共二十四品……《充天六祖临凡品》并《灵山如意佛临凡品》，总言二辈充天祖等共六祖，番天母等共三十位老无生，一同临凡，三辈如意佛等共三位，遮天母等共十二母老无生，又有骊山观音一同临凡，谁有功劳谁坐灵山。①

① 黄育楩：《破邪详辩》，中国社会科学院历史研究所清史研究室编：《清史资料》第3辑，北京：中华书局，1982年，第98页。

> 邪教有《护国威灵西王母宝卷》，内云：金枝大仙投生郃基，名曰姜嫄，即高辛帝妃，生前为后稷之生母，没后为月殿之老母。以后又言西王母考察儒释道三圣人，又言西王母即无生老母化身。①

如以上所说，无生老母本与番天母、遮天母、骊山观音等十二位老母坐定灵山。可怜元人（黎民百姓）在凡间受尽苦难，特临凡（下降凡尘）来普度众生，同归灵山。在无生老母的传说中，有“化身”神话。以为十二老母等诸多老母都是无生老母的化身，如“西王母即无生老母化身”“无生老母在灵山失散，改了号名，叫离山老母”“无生化为观音，观音化为吕祖，是一女身”。又说，信徒“要敬奉碧霞元君，始能见无生老母”。这样的神话设计，将无生老母与众多老母、娘娘等神佛系为一身。这是民间宗教“全神”观念的体现。

以上所引宝卷中，《混元红阳临凡飘高经》是弘阳教经卷，《灵应泰山娘娘宝卷》《普度新声救苦宝卷》是西大乘教经卷，可见无生老母与十二老母神话应该渊源于明清时期的民间信仰教派。其中，与弘阳教关系最为密切。弘阳教是明清时期在华北影响很大的民间教派，其宝卷中记载有关“无生老母”神话多种。弘阳教创教人韩太湖，号宏阳，直隶曲周县人，生于明隆庆四年（1570），早岁读书，解医道。至今在河北地区仍然有韩祖庙，香火不绝。

明刊本弘阳教《混元红阳悟道明心经》记载，“虚空老母排銮驾”“无生老母香烟受”以及“后土老母”“八母无生”“十四无生”“折地”“折天”“透天”“收天”等六十余位老母同下天宫，临凡救世。宝卷中所提及“过了天宫到安养”“离了安养东土去”，应该指的是“安养国”。在佛教教义里，阿弥陀佛是西方极乐世界的教主，他的世界没有丝毫的苦处，只有无穷的快乐，往生到那里的人便安稳舒服，所以又叫作“安养国”。阿弥陀佛，就是安养国里的教主。民间信仰借用了佛教这一概念，将“无生老母”等同于佛教的阿弥陀佛，视为极乐世界的主宰，所以有“无生老母”“过了天宫到安养”“离了安养东土去”之说。可见，许多地区供奉无生老母的“安阳宫”其实应该是“安养宫”。

## 二、河南的无生老母与后土信仰

自从民间信仰提出无生老母这个神以后，许多教派也都以无生老母为自己的最高神。明清两代的几百种民间信仰，绝大多数都直接或间接地奉无生老母

① 黄育楩：《破邪详辩》，中国社会科学院历史研究所清史研究室编：《清史资料》第3辑，北京：中华书局，1982年，第72页。

为最高神。无生老母在河南、陕西、山西、山东以及河北大部分地区有十分广泛的信仰，人们习惯称无生老母为“老母”“老娘”“老无生”。民间传说老母的道场是灵山，在华北、中原及汉中有很多地方都有灵山，老母的殿堂一般叫“安阳宫”“老母洞”，里面大多数都供奉着十三个老母，即俗话说的“十二老母朝无生”。

道教与民间信仰有着同生共长的关系。在河南开封、南阳地区，民间信仰复兴则表现为“十二老母朝无生”神话的盛行。后唐天成元年(926)，在曹门外始建东岳庙。元太宗五年(1233)，开封兴建“重阳观”。元初扩建，更名“朝元宫”，是纪念道教全真教主王喆而建。明洪武六年(1373)改名为延庆观，沿用至今。虽然延庆观剩下的规模狭隘，但其历史地位显赫，明、清两代都是河南道教道纪司所在地。延庆观在清末已经式微。清末民初开封城隍庙仍然有盛大的庙会活动，今黄河水利学院即开封城隍庙旧址。1949 年后，开封道教、民间信仰遭到破坏，庙址被占用，教徒星散，教势陡然凋敝。1999 年 8 月，经开封市宗教局、龙亭区委统战部、龙亭区宗教局同意，鲍永贵道长负责筹备恢复无梁庙为道教活动场所。这是开封市第一处经政府批准正式开放的道教活动场所。由于原有的东岳庙、城隍庙均已被征用、拆毁。而延庆观、龙亭、禹王台等则开辟为旅游场所，不隶属于开封市道教协会，道教的活动空间大为受限。

与此相反的是，无生老母在民间有着广泛的影响。在开封禹王台公园内供有“无生老母”和“七十二全神”。禹王台公园位于开封东南隅，原是古代梁园遗址，距今已 2500 多年，是开封市历史最久的游览胜地。因开封屡遭黄河水患，为怀念大禹治水的功绩，于明嘉靖二年(1523)在台上建禹王庙，故吹台被改称为禹王台。此后，明、清两代对台上的建筑物进行多次修葺。禹王台公园内建有“碧霞元君祠”。碧霞元君祠建于明成化十八年(1482)。碧霞元君又名泰山老母，开封临近黄河，古代经常闹水患天灾，人们在这里修建碧霞元君祠供奉泰山老母，以求助于她，希望她赐予开封风调雨顺，五谷丰登。“碧霞元君祠”内又供有“无生老母”等“十二老母”。

所谓“七十二全神”，是指共聚天地间有代表性的佛道神仙形象的一张图。最上排是中华民族的始祖、盘古、女娲等。其中，地母娘娘往往与千手千眼佛、大仙奶奶、二仙奶奶、三仙奶奶、眼光老母、麦奶奶、灵山老母、泰山老母、送子老母、保生老母等一同供奉。

在禹王台公园内的碧霞祠里，聚集了大量的香客，这些香客以老年妇女为主，她们来自开封以及安阳、辉县等地。在她们看来，“无生老母”信仰属于“道门”，不是佛教，也不同于道教：

信仰无生老母的是“道门”，不是佛教，佛教的叫“菩萨”“佛祖”，和道教也不太一样。“道门”叫“老娘”。无生老母是最高的神，管着其他神。无生老母要和十二老母一起供，叫“十二老母朝无生”。我今年60多了。经常去各处烧香。河南很多地方供有无生老母。比较有名的是北灵山、西灵山、中灵山、南灵山、东灵山。刚才那些人是安阳来的。安阳比较远，他们是包车来的，来这里烧香就是一种缘。[①]

河南南阳黄石山上有一土地庙。庙里供奉有无生老母神像。面带微笑，满头白发，身披霞帔，两手持八卦，与考笔老母、南海老母一同供奉。在半山顶的安阳宫里，也供奉着无生老母。[②] 在南阳市独山的祖师宫里，无生老母则与十二老母一同供奉。

## 三、民间信仰宣卷仪式中的后土信仰

所谓“宝卷”，其始，主要是由唐、五代佛教变文、变相及讲经文孕育产生的一种传播宗教思想的艺术形式。它多由韵文、散文相间组成，多数宝卷可讲可唱，引人视听。[③] 讲唱宝卷的仪式被称为“宣卷”。至少到明代初年，宝卷已经开始与民间信仰相结合，成为民间信仰传播宗教思想的一种形式。据统计，国内外公私收藏的宝卷计有1500余种，5000余种版本。[④] 20世纪二三十年代，顾颉刚、郑振铎、向达等学者开始搜集、研究宝卷。此时的研究主要是将宝卷作为民间俗文学来看待的，研究方式主要是进行文献学上的编目。日本学者泽田瑞穗著《增补宝卷的研究》[⑤]，是海外汉学界收集最丰者。在宝卷目录研究上，车锡伦堪称集大成者，其著《中国宝卷总目》是目前收录最全的宝卷目录。20世纪50年代开始，已经有学者开始对宝卷演唱活动进行调查。[⑥] 80年代之后，宝卷的田野调查卓有成绩。[⑦] 随着宝卷调查研究的深入，学者对宝卷研究进行了反

---

① 据2012年5月11日10:00—13:00，笔者在开封禹王台公园碧霞祠内对香客N氏的采访。

② 据安阳宫重修碑载，该宫重修于1990年。

③ 马西沙：《〈中华珍本宝卷〉前言》，《世界宗教研究》2013年第2期。

④ 车锡伦：《中国宝卷总目》，北京：燕山出版社，2000年，第19页。

⑤ [日]泽田瑞穗：《增补宝卷的研究》，东京：国书刊行会，1975年。

⑥ 江苏省音乐工作组编：《江苏南部民间戏曲说唱音乐集》，北京：音乐出版社，1955年；张颔：《山西民间流传的宝卷抄本》，《火花》1957年第3期。

⑦ 1991年，《酒泉宝卷》由甘肃人民出版社出版。江浙的宝卷调查也有成果问世。1992年，段平《河西宝卷的调查研究》、方步和《河西宝卷真本校注研究》先后在兰州大学出版社出版。

思[①]，对“宝卷学”[②]也进行了阐述。

目前所知，与后土信仰、地母信仰相关的宝卷有以下诸种：《先天元始土地宝卷》《承天效法后土皇帝道源度生宝卷》《地母宝卷》《土皇宝卷》以及《地母真经》等（见下表）。在马西沙先生主编的《中华珍本宝卷》第二辑中收有《先天元始土地宝卷》[③]，据宝卷叙述，土地神得到太白金星指引至三清宫，元始天尊将如意钩赐予土地神作拄杖。土地神持如意钩，将南天门打开，使六方震动。玉帝派神兵天将前去捉拿，均被土地神杀败。于是，玉帝调四大天王、八大金刚及齐天大圣孙行者前来助战。最后，玉帝像收服孙悟空那般，制服了土地神。此宝卷堪称“大闹天宫”的土地神版本。

在1994年出版的《宝卷初集》中，收有《承天效法后土皇帝道源度生宝卷》。该宝卷是河北音乐会宣讲宝卷的重要文本。尹虎彬先生曾经对河北后土信仰分布状况、核心庙宇的信仰变迁、后土信仰与道教、民间宗教的关系进行了研究。同时，将《承天效法后土皇帝道源度生宝卷》作为心理的、行为的、仪式的传承文本，考察宝卷与口头叙事传统的互为文本的历史意义，反映了一种信仰及其文本的历史的、文化上的内在联系。尹虎彬认为，地方性的宝卷和民间叙事传统是在本地的后土信仰传统中发展起来的。宝卷的演唱是包括在民间神灵与祭祀的现场活动中，神灵与祭祀是民间叙事传统的原动力。

**表5-2　后土信仰宝卷概况**

| 序号 | 宝卷名称 | 刊印年代 | 收藏者 | 流传区域 | 著录情况 | 备注 |
|---|---|---|---|---|---|---|
| 1 | 《先天元始土地宝卷》 | 清初刊折本 | 北京大学图书馆 | | | |
| 2 | 《承天效法后土皇帝道源度生宝卷》(二卷) | 清刊折本 | 傅惜华 | 河北易州 | 《中国宝卷总目》著录 | 存下卷一册，卷末署“燕山化众刊经善士刘浩，郭玉、张文广、琅佑”。又署“易州韩家庄刊像功德魏天福、常瑞” |

① 参见车锡伦：《中国宝卷研究的世纪回顾》，《东南大学学报》（哲学社会科学版）2001年第3期。

② 参见濮文起：《宝卷学发凡》，《天津社会科学》1999年第2期。

③ 参见马西沙主编：《中华珍本宝卷》第二辑第十九册，北京：社会科学文献出版社，2014年。

续表

| 序号 | 宝卷名称 | 刊印年代 | 收藏者 | 流传区域 | 著录情况 | 备注 |
| --- | --- | --- | --- | --- | --- | --- |
| 3 | 《地母宝卷》(一册)(又名《莲花僧宝卷》) | 民国十二年(1923)抄本 | | 上海 | 《中国宝卷总目》著录 | |
| 4 | 《地母宝卷》(一册)(又名《莲花僧宝卷》) | 民国甲子(十三年,1924)陈宝玉抄本 | | 郑州 | 《中国宝卷总目》著录 | |
| 5 | 《土地宝卷》 | | | | 《中国宝卷总目》著录 | 《河西宝卷续选》(段平编,台北:新文丰出版公司,1994年)收整理本,底本不详 |
| 6 | 《土皇宝卷》(一册)(全名《后土坤元上帝宝卷》) | | 中国社科院文学所图书馆 | | 《中国宝卷总目》著录 | 黄巩村旧抄本 |
| 7 | 《地母真经》(一册) | 清光绪九年(1883)陕西汉中大佛寺刊本 | 欧大年 | | 《中国宝卷总目》著录 | |

在南方流传的民间教派,则十分推崇地母娘娘信仰,《地母经》在该地区广泛流传。侯冲教授曾经对所见十余种《地母经》印本进行研究,指出最早的《地母经》刊本是清同治年间陕西城固县刊本,但诸本内容不一。闽西罗祖教的宝卷中有《地母经》,此为闽西罗祖教藏本,又称《无上生天地母老太佛》。有当代手抄经折本及当代油印本多种。闽西罗祖教用此经为施主消灾祈福。

而闽西罗祖教宣卷仪式中,则必须奉请“地母娘娘”。我们可以看出,地母娘娘和“天下名山显应浮邱王郭三仙、熊刘二仙、王马元帅、五谷真仙、五公菩萨、十八位伽蓝、天上人间地府三界内外一切有感尊神、财神老爷、千贤万圣、本省本府本县本乡本村神主、社稷真官、门神户尉、井灶神君、本家历代先祖先妣一脉宗亲千千诸神万万圣”等等神众属于闽西罗祖教宣卷仪式所迎请的“地方神明”系列。

闽西归根道仪式抄本《三教合宗》,则记载有赞文多种,其中就有地母宝诰。

地母宝诰为:"志心皈命礼,地母化生,普天肃静,河海静默,山岳吞云,万灵振扶,召集群真,天无杂气,地无妖尘,明慧洞清,大道玄玄,虚空地母,无量慈尊。"

现在莆田民间的金幢教流传众多宝卷,其中有《地母真经》。这些经典文本除《九莲经》、《西来集》(又名《慈悲悬华宝忏法卷》)、《证明来路》(又名《皈依文》)、《收殡经》、《开金堂教叙》、《古佛宗派》、《蔡公出世》、《三极根源行脚事迹集》、《续三极根源事迹集》、《住世老爷降凡家谱》等历史上已见记载的文献外,亦传行一些史上未载经典《宝忏一藏白话问》《大忏解》《各种忏文》《皈依解》《指三会》《目连经》《南斗经》《北斗经》《地母真经》《解三玄》等等。显而易见,《地母真经》涵括其中。可以说,这些经卷不仅叙述了金幢教的本门发展史,而且是该教门为广大民众提供仪式服务的重要典籍。正因为仪式生活的鲜活性,大量教门的新科仪本也正在不断创造中。此堪为当代民间宗教复兴的一重要特征。

## 结　语

后土信仰,在民间社会影响重大,与无生老母信仰也关联甚深。后土在民间又被称为"地母娘娘""后土老母"等等。无生老母是明清民间宗教教派构造出来的一位至高无上的尊神。在历史上,民间信仰教派与全真道交涉颇多,不仅传承全真道的丹道,亦传承全真道的斋醮仪式。当代一些华北全真道更是将无生老母与十二老母的塑像置于自己的宫观内。"十二老母朝无生"神话在华北有着广泛的信仰基础。

在"十二老母朝无生"神话中,有"化身"之说。该神话认为,后土老母等十二老母都是无生老母的化身,如"西王母即无生老母化身","无生老母在灵山失散,改了号名,叫离山老母","无生化为观音,观音化为吕祖,是一女身"。又说,信徒"要敬奉碧霞元君,始能见无生老母"。不仅如此,"后土老母""八母无生""十四无生""折地""折天""透天""收天"等诸位老母同下天宫,临凡救世,是"十二老母朝无生"神话的另一番表述。这样的神话设计,将无生老母与众多老母、娘娘等神佛系为一身。这是民间宗教"全神"观念的体现。我们不难发现,在民间社会,广大民众正是通过膜拜以无生老母为核心的后土老母、地母娘娘等"十二老母"诸位众神,念诵以后土信仰为核心的《先天元始土地宝卷》《承天效法后土皇帝道源度生宝卷》等众多宝卷,将对后土的崇拜落实到神圣的宣卷仪式之中。可以看出,后土信仰在中国民间宗教中的传承与转化,是渊源久远的后土信仰深入民间的展现。

(原载《世界宗教文化》2018 年第 3 期)

# 后土信仰的当代价值

梁 琛 赵 芃

后土信仰源自先民对天和地的自然崇拜，先民认为“天”是万物主宰，“地”是万物的根源。所以，人们用世间最尊贵的“皇”字敬天，用“后”字尊地。“皇天后土”意味着对于天的尊敬，对于土地的崇拜。“后土”的“后”，本来也是指君王，“后”本是相对开国之君而言的，指的是开国君王之后的君位继承。因为在远古氏族部落中，一般发号施令者为女性的权威，所以“后”为有权威的女性长辈。在甲骨文的卜辞中，“后”还经常用来代指氏族中的女性首领，因而被引申为帝王的正妻等含义。随着人类对土地滋养万物功能认识的不断深入，在“万物有灵”观念的驱使下，逐渐产生了对“土地”的顶礼膜拜。人们像敬重帝王一样敬重土地，并在“土”字前冠以帝王之辞“后”，后即“厚”也，古字“后”“厚”通用，即“后土”。后土信仰在当代社会发展中具有一定的价值和积极意义。重塑后土观念，不但有利于人们追根问祖，弘扬中华优秀传统文化精粹，有利于增强对于土地的敬畏热爱之情，有利于践行绿色发展理念，强化对于生态保护的责任感，还有利于丰富文学艺术创作，为人民群众提供更多的精神文化食粮，不断满足人民群众日益增长的精神文化需求。

## 一、后土信仰有利于人们追根问祖，弘扬中华优秀传统文化精粹

后土信仰是源自中华民族五千多年文明历史所孕育的中华优秀传统文化。不忘后土，有利于人们追根问祖，追根思源，弘扬中华优秀传统文化精粹。从《山海经》等先秦两汉文献看，后土应属男性神。《山海经·海内经》云：“炎帝之

妻,赤水之子听訞生炎居,炎居生节并;节并生戏器,戏器生祝融,祝融降处于江水,生共工,共工生术器,术器首方颠,是复土穰,以处江水。共工生后土,后土生噎鸣,噎鸣生岁十有二。"[①]《左传·昭公二十九年》曰:"共工氏有子曰句龙,为后土,……后土为社。稷,田正也。"[②]《国语·鲁语上》载:"共工氏之伯九有也,其子曰后土,能平九土,故祀以为社。"[③]汉代蔡邕《独断》载:"社神,盖共工氏之子句龙也,能平水土。帝颛顼之世举以为土正,天下赖其功。尧祠以为社。"[④]句龙氏以句龙为图腾,为炎帝神农氏之后,能平水土,被选为部落联盟的土正,被祀为后土,即土地之主,成为人们祭祀的土神或社神,长期被人们所歌颂,历数千年而不衰。社神和稷神合称社稷,成为中国历朝国家保护神,且是中国历朝的国家标志的名称。[⑤] 中华文明源于后土文化,后土信仰作为中国最古老的"根祖文化",为人们提供了一种典型原始文化样态,成为中华优秀传统文化精粹之一。

后土信仰成为华夏民族文化之源。历史上,人们又赋予后土女神之称,并将其尊称为"皇母""圣母""地母""土母""女娲""大地之神""四海朝拜的女神"等,历尽历代帝王奉祀。《太平御览》卷七八引《风俗通》曰:"俗说天地开辟,未有人民,女娲抟黄土作人,剧务,力不暇供,乃引絙于泥中,举以为人。故富贵者,黄土人。"[⑥]在中华文化几千年的发展演变中,后土女娲观念逐渐渗透到人们的灵魂深处,使中华民族逐渐对后土女娲信仰有了认同感,从而产生了一种民族凝聚力。[⑦] 后土信仰对中华文明的进步和发展产生过重大影响,特别是对有文字记载之前的中华文明史起到了重要作用。后土信仰产生和发展见证了中华文明的发展史。《孝经纬》曰:"社,土地之主也。土地阔不可尽敬,故封土为社,以报功也;稷,五谷之长也,谷众不可编祭,故立稷神以祭之。"[⑧]社稷的本义是土神和谷神,后引申为国家,这源自古代建国与后土之间的相依相成关系。《周礼·大祝》:"建邦国,先告后土,用牲币。"郑玄注:"后土,社神也。"[⑨]"后土"与国家兴衰也密切相关。"王者父事天,母事地,推人事父母之事,故亦天地之

① 袁珂校注:《山海经校注》,上海:上海古籍出版社,1980年,第471页。

② 杨伯峻编著:《春秋左传注》,北京:中华书局1981年,第1503页。

③ (吴)韦昭注:《国语·鲁语》,北京:商务印书馆,1958年,第56页。

④ (汉)蔡邕:《独断》,清乾隆嘉庆间嘉善谢氏刻抱经堂丛书本。

⑤ 参见何光岳:《句龙氏后土的来源迁徙及社的崇拜》,《中南民族学院学报》(哲学社会科学版)1990年第6期。

⑥ (宋)李昉:《太平御览·女娲氏》,北京:中华书局,1960年,第365页。

⑦ 参见陈振民:《后土文化探论》,《运城高等专科学校学报》2002年第1期。

⑧ (唐)欧阳询撰,汪绍楹校:《艺文类聚》卷三九《礼部中·社稷》,北京:中华书局,1965年,第706页。

⑨ (汉)郑玄注,(唐)贾公彦疏:《周礼注疏》,北京:北京大学出版社,1999年,第674页。

祀。山川以下，报功之义也。社稷报生万物之功；社报万物，稷报五谷。"[①]又曰："于惟太社，官名后土。是曰句龙，功著上古。德配帝皇，实为灵主。克明播植，农正具举。尊以作稷，丰年是与。义与社同，方神北宇。建国承家，莫不修叙。"[②]所以《白虎通义》云："王者自亲祭社稷何，社者土地之神也，土生万物天下之所主也。尊重之，故自祭也。"[③]由此而产生了对于土地的祭祀崇拜。黄帝最早祭拜后土，"轩辕扫地而安九土"。后土信仰在中国传统文化中具有代表性，不但内容丰富、形式多样，而且具有形象的物质载体，成为中华优秀传统文化精粹。后土信仰承载中国传统文化的核心精神，奠基中华文明的原始先祖——后土女娲。传说中女娲氏创立四时、教民结网、发明文字、钻木取火、制定婚礼、采桑养蚕、炼石补天、创造舞乐等，对增强人们对祖国传统文化的自豪感和自信心，弘扬中华民族爱国敬业、勤劳勇敢、不畏艰险的优良传统具有重要的价值和意义。

后土信仰蕴含着中华民族优秀道德人格力量。"地势坤，君子以厚德载物。""坤，地也，故称乎母。"后土又称为"圣母娘娘"，是掌握土地的最尊之神。历代皇帝祭祀后土就是为了祈保土地肥沃、五谷丰登、百姓富足、江山永固。汉字"土"在甲骨文和金文中的写法有点像母亲的乳房，因而也称之为"地乳"。土就是母。后土就是代表母亲的权威、尊严、温柔和宽厚、善良。万荣后土祠正殿柱上楹联："后配六合之天，至上至尊，圣德自应崇代代；土为万物之母，资生资育，世人所以称娘娘。"[④]土地如母亲，无私奉献，宽厚柔顺。后土文化通过祭祀所表现出来的礼仪秩序、伦理道德，在帝王亲自的示范和自上而下的倡导下，具有了对民众的表率作用，指导和规范民众的道德行为，要求人们遵从传统道德。[⑤] 帝王屡次祭祀后土，是对忠祖孝亲观念的弘扬和倡导，敬天法地、孝亲顺长、忠君爱国、尊师重教等，其行为影响天下百姓，形成了中华民族特有的道德行为定势和道德行为习惯，从而形成尊重天地、效法自然以及敬天法祖、忠于国而孝于亲的优良传统。[⑥] 后土信仰反映了人民群众祈福求寿、消灾辟祸、保佑安康、延续子嗣、子孝女贤的朴素愿望。后土信仰对于人们崇尚"孝道"，尊老爱幼、孝老爱亲，弘扬中华民族优秀传统美德起到积极作用。后土文化中"祈嗣于

① 黄晖：《论衡校释·祭意》，北京：中华书局，1990 年，第 1057—1058 页。
② （清）严可均辑：《全三国文》卷一七，北京：商务印书馆，1999 年，第 168 页。
③ （汉）班固撰，陈立疏证，吴则虞点校：《白虎通疏证》，北京：中华书局，1994 年，第 91 页。
④ 陈振民、薛文亮主编：《后土文化源流》，内部印行，2002 年，第 54—55 页。
⑤ 参见赵民胜、王丽：《道德视域中的后土文化探析》，《太原大学学报》2015 年第 2 期。
⑥ 参见赵民胜、王丽：《道德视域中的后土文化探析》，《太原大学学报》2015 年第 2 期。

后土，祈雨于龙君，祈福于财神，祈贵于文昌魁星，恒情类然”[①]，有利于满足人们对福寿康宁、子孙繁盛、子女平安、子孝女贤的精神需求，实现人民群众对于美好生活的向往。

## 二、后土信仰有利于人们增强“亲地”意识，践行绿色发展理念

后土信仰彰显了中国古代对于土地的崇拜。土地是人类生存之本，具有神圣性。人们崇拜土地，因为土地是万物的负载者，土地作为农耕时期人类生活的命脉备受人们的爱戴和珍惜。《周礼·大宗伯》：“王大封，则先告后土。后土，土神也，黎所食者。封是土地之事，故先以礼告后土神，然后封之也。”[②]《白虎通义·社稷》载：“王者所以有社稷何？为天下求福报功。人非土不立，非谷不食，土地广博，不可遍敬也；五谷众多，不可一一而祭也，故封土立社，示有土尊，稷，五谷之长，故封稷而祭之也。”[③]《吕氏春秋·上农》曰：“有年瘗土，无年瘗土。”高诱注：“祭土曰瘗；年，谷也。有谷祭土，报其功也；无谷祭土，禳其神也。”[④]瘗土，祭祀土神。有年瘗土是为了报谢土神，无年瘗土是为了禳除灾祸。《太平御览·社稷》曰：“国以民为本，人以食为天，故建国君民，先命立社。地广谷多，不可遍祭，故于国城之内，立坛祀之，亲之也，日用甲，遵之也。”[⑤]对土地的崇拜在今天仍然有现实意义，大地赐予人类的各种恩惠，人们应该“尊天而亲地”，即不但尊天，更应该增强“亲地”意识，以各种美德回报于“神地”之恩惠。“亲地”应敬畏土地。世间万物源于土，归于土，土为万物之母，土乃万物之根本。大地的泥土，为人类带来无限生机，人类的生存、衣食住行均来自大地的恩赐。土地博大而厚重，能承载世间万物。对土地的敬畏，对土地的感恩，是人类从远古就形成的情感。“亲地”应保护耕地。耕地是人类赖以生存和发展的基础，面对中国耕地严重不足的严峻形势，应采取各种措施，预防和消除危害耕地及环境的因素，稳定和扩大耕地面积，维持和提高耕地的物质生产能力。“国家实行耕地轮作休耕制度，重点在地下水漏斗区、重金属污染区、生态严重退化地区开展试点，安排一定面积的耕地用于休耕，对休耕农民给予必要的粮食或现

① 张柳星修，郭廷瑞纂：《荣河县志》卷八《礼俗八》，1936年铅印本。
② （汉）郑玄注，（唐）贾公彦疏：《周礼注疏》，北京：北京大学出版社，1999年，第485页。
③ （汉）班固撰，陈立疏证，吴则虞点校：《白虎通疏证》，北京：中华书局，1994年，第83页。
④ （汉）高诱注：《吕氏春秋·上农》，上海：上海书店，1986年，第334页。
⑤ （宋）李昉：《太平御览·社稷》，北京：中华书局，1960年，第2413—2414页。

金补助。”[①]珍惜、合理利用土地和切实保护耕地，是实现中华民族伟大复兴中国梦和人民生活富裕美好的前提条件。“亲地”还应善待土地。土地就是人类生命之源，与人类的生存息息相关。土地资源是人类的生命线。“开展国土绿化行动，推进荒漠化、石漠化、水土流失综合治理，强化湿地保护和恢复，加强地质灾害防治。”[②]善待土地应保持土地的自然耕作能力，不能过度利用和开发土地，通过恢复植被、建设水源涵养区达到控制土壤沙化、降低水土流失的目的。给土地留有必须的尊严，给子孙后人留下生存空间是当代经济发展，实现人与自然和谐共生的基本价值取向。

后土信仰具有“五土”“五行”思想，蕴含着生态自然机理，对于我们保护生态环境、践行绿色发展理念具有借鉴意义。关于“五土”的生态自然思想，蔡邕《独断》载：“先儒以神祭五土之神。五土者，一曰山林，二曰川泽，三曰丘陵，四曰坟衍，五曰原隰。曰社者，所在土地之名也。凡土之所在，人皆赖之，故祭之也。”[③]《周礼・地官・大司徒》曰：“以天下土地之图，周知九州之地域广轮之数，辨其山林、川泽、丘陵、坟衍、原隰之名物。而辨其邦国都鄙之数，制其畿疆而沟封之，设其社稷之壝而树之田主，各以其野之所宜木，遂以名其社与其野。”[④]其中，社稷，后土即田正之神；壝，坛与埴埒也；田主，田神后土田正之所依也，诗人谓之田祖。所宜木，谓若松柏栗也。关于“五行”的生态自然思想，《三教源流搜神大全》卷一《后土皇地祇》曰：“天地未分，混而为一，二仪初判，阴阳定位，故清气腾而为阳天，浊气降而为阴地。为阳天者，五太相传，五天定位，上施日月，参差玄象。为阴地者，五黄相乘，五气凝结，负载江海，山林屋宇，故曰天阳地阴，天公地母也。《世略》所谓土者，乃天地初判黄土也，故谓土母焉。”[⑤]“山林、川泽、丘陵、坟衍、原隰”等五土，以及“金木水火土”等“五行”思想与今天我们倡导的“绿水青山”生态保护体系具有相似性，是人类赖以生存和发展的生态底线，需要人们备加爱护和珍惜。当今世界，绿色发展已经成为一个重要趋势，“必须树立和践行绿水青山就是金山银山的理念”[⑥]，应当像对待自己的生命一样善待

---

① 《中共中央关于制定国民经济和社会发展第十三个五年规划的建议》，北京：人民出版社，2015年，第58页。

② 习近平：《决胜全面建成小康社会　夺取新时代中国特色社会主义伟大胜利——在中国共产党第十九次全国代表大会上的报告》，北京：人民出版社，2017年，第52页。

③ （汉）蔡邕：《独断》，清乾隆嘉庆间嘉善谢氏刻抱经堂丛书本。

④ （汉）郑玄注，（唐）贾公彦疏：《周礼注疏》，北京：北京大学出版社，1999年，第241—242页。

⑤ （明）佚名编撰：《三教源流搜神大全》，北京：中华书局，2019年，第25页。

⑥ 习近平：《决胜全面建成小康社会　夺取新时代中国特色社会主义伟大胜利——在中国共产党第十九次全国代表大会上的报告》，北京：人民出版社，2017年，第23页。

生态环境。党的十九大报告指出:“完善天然林保护制度,扩大退耕还林还草。严格保护耕地,扩大轮作休耕试点,健全耕地草原森林河流湖泊休养生息制度,建立市场化、多元化生态补偿机制。”①对于我们发掘后土信仰的当代价值,更好地理解土地在现代生活中的功能与作用,保护生态环境,实现以效率、和谐、可持续为目标的经济增长和社会发展方式具有重要指导意义。

后土信仰有利于强化生态保护责任。后土又是古代掌管有关土地事务的官,即“土正”。《礼记·月令》:“其帝黄帝,其神后土。”郑氏曰:“此黄精之君,土官之神,自古以来著德立功者也。黄帝,轩辕氏也。后土,亦颛顼氏之子,曰犁,兼为土官。”②《左传·文公十八年》载:“舜臣尧,举八恺,使主后土,杜注:‘后土地官。禹作司空,平水土,即主地之官。’以揆百事,莫不时序,地平天成。”③后土信仰有利于人们强化生态保护责任,对土地产生敬畏之心,从而敬奉土地,热爱土地,保护耕地。党十九大报告指出:“实施重要生态系统保护和修复重大工程,优化生态安全屏障体系,构建生态廊道和生物多样性保护网络,提升生态系统质量和稳定性。完成生态保护红线、永久基本农田、城镇开发边界三条控制线划定工作。”④后土信仰可以唤起和引导人们更加敬奉土地,爱惜土地,担负起保护土地的历史责任,像对待生命一样对待生态环境,像保护生命一样保护生态环境。深入实施山水林田湖草一体化生态保护和修复,优化以土地为核心的生态安全格局,开展国土绿化行动,保护耕地林地草地湿地,健全耕地草原森林河流湖泊休养生息制度,真正使后土信仰中有关土地生态责任的思想深入人心,重新认识土地在人们生存和发展中的重要价值和地位,以更加科学的手段和方法保护土地,合理利用土地,修复生态自然资源,让土地发挥更多的效能造福国人。

## 三、后土信仰为文学艺术创作提供了丰富素材,有利于丰富人民群众的精神食粮

后土信仰对于繁荣和丰富文学艺术创作,不断满足人民群众精神文化生活

① 习近平:《决胜全面建成小康社会　夺取新时代中国特色社会主义伟大胜利——在中国共产党第十九次全国代表大会上的报告》,北京:人民出版社,2017年,第52页。

② (清)孙希旦撰,沈啸寰、王星贤点校:《礼记集解》上册,北京:中华书局,1989年,第461页。

③ 杨伯峻编著:《春秋左传注》,北京:中华书局,1981年,第638页。

④ 习近平:《决胜全面建成小康社会　夺取新时代中国特色社会主义伟大胜利——在中国共产党第十九次全国代表大会上的报告》,北京:人民出版社,2017年,第51—52页。

具有重要意义。党的十九大报告指出:“满足人民过上美好生活的新期待,必须提供丰富的精神食粮。”[①]后土信仰作为上古轩辕黄帝时期就出现的一种“大地之神”崇拜,经历了从国家祭祀到民间信仰的过程,并且产生和演绎了众多神话传说、民间故事、建筑绘画等文化艺术作品,对于丰富人民群众的精神文化需求起到了一定作用。后土信仰比较浓郁的晋南地区,特别是其发源地万荣县庙前村浓厚的民俗民风,为后土信仰的发展和繁荣提供了丰富的原始素材。后土信仰历史悠久,影响广泛,作品繁多,其蕴含的深层次文化长期以来在山西人民精神世界的构建乃至中国人民精神世界的孕育及其文化艺术创作中起到了不可忽视的作用。[②] 为人们价值观、世界观、人生观、道德观的形成和各种文化艺术作品的创作提供了丰富的思想源泉,奠定了雄厚的文化基础。后土信仰的相关内容至今还记载于很多文献资料之中,为人们开展后土信仰研究和以后土信仰为题材的文学艺术创作提供了条件。包括史料史书,如《山海经》《国语》《左传》《论语》《礼记》等;文章碑刻,如《历朝立庙致祠实迹》《唐玄宗祠汾阴后土碑》《宋真宗汾阴二圣配飨铭》《祀后土玉册文》《祀汾阴坛颂》《谏幸汾阴疏》《创建后土庙碑记》《重修太宁庙记》《汾阴后土庙记》《汾阴祠记》,清潘国华《重建汾阴后土祠记》,清戴儒珍《迁建汾阴祠记》等;神话传说,如《盘古开天辟地》《龙马负图处》《伏羲与女娲》《女娲补天》《老君补天》《女娲与共工之战》《送子娘娘》等;楹联,如万荣后土祠正殿柱上楹联“后配六合之天,至上至尊,圣德自应崇代代;土为万物之母,资生资育,世人所以称娘娘”,万荣陈振民“问祖寻根,原出后土,唯期世代子孙,牢记汾阴后土祭;谋功建业,概寄秋风,更愿阳刚士女,熟读汉武秋风辞”,万荣柴化安“轩辕脽上,扫地为坛,炎黄子孙,问祖不忘后土庙;汉武河中,赋辞题句,华夏儿女,咏怀常上秋风楼”;诗词,如汉刘彻《秋风辞》、唐李适《后土祠》、唐杨巨源《后土祠送田彻》、宋赵恒《汾阴礼成》、元段成己《汾水秋风》、明张四维《汾阴祠怀古》、明薛瑄《后土祠》、清陈觐圣《后土庙自康熙元年河决被冲修志有感》、清刘允升《后土祠》等。[③] 民俗文化中的节日仪式,如后土祠农历三月十八传统庙会——社日,至今还保留的“祈年”、“求子”、社戏演出、社鼓竞技等民间祭祀活动[④],为人们开展文学艺术创作提供丰富的资料和范例,对于繁荣文学艺术创作起到一定的积极作用。

---

① 习近平:《决胜全面建成小康社会　夺取新时代中国特色社会主义伟大胜利——在中国共产党第十九次全国代表大会上的报告》,北京:人民出版社,2017 年,第 43—44 页。

② 参见任莹:《山西后土信仰的调查与研究》,《今日中国论坛》2013 年第 9 期。

③ 参见薛文亮、王晓华主编:《后土文化渊薮》,内部印行,2003 年,第 2—206 页。

④ 参见加俊:《节日仪式中的后土信仰与公共秩序》,《中北大学学报》(社会科学版)2013 年第 1 期。

后土信仰还有利于海峡两岸开展文化交流，不断丰富两岸人民群众日益增长的精神文化需要。后土之神在台湾普遍被称为"地母"，通常称呼为"地母至尊""虚空地母"等。"地母"一词在台湾的流行，源自祖国传统文化宝典《三教源流搜神大全》称后土皇地祇为"土母"及"天公地母"之称，还可能与台湾民间卜吉祥择日所用《玉匣记》《地母经》流行有关。台湾地母神尊被称为"虚空地母无量慈尊"，此称即出于《地母经》。[①] 台湾地母信仰和大陆后土信仰有着千丝万缕的联系，在文化渊源、经典解读、民间祭祀、物化载体、建筑美学、艺术绘画等方面有着很广泛的交流和合作空间，后土信仰可以成为海峡两岸同根共祖的情结，后土信仰交流和创作可以为两岸人民提供更多的精神食粮。

后土信仰还有利于开展文化旅游，大力发展文化产业。后土信仰在几千年的发展过程中积累和沉淀了很多文化艺术成果，为我们开展以音乐、影视、戏剧、舞蹈、雕塑、绘画、小说、故事、传说为主要形式的文学艺术创作，丰富旅游文化产品创造了条件。将中华优秀传统文化中的后土文化，衍化为旅游产品，将后土文化打造成地方文化名片和经济文化增长点，不断繁荣和丰富人民群众日益增长的精神文化生活的需要，也是后土信仰在当代的价值所在。

总之，后土信仰在当代社会具有重要的政治、经济、文化、伦理和国际交流与合作的价值。后土信仰所蕴含的文化精粹、生态机理、旅游资源等，对于弘扬中华优秀传统文化，保护生态环境，敬奉土地，热爱土地，合理利用土地，实现生态可持续发展，繁荣文学艺术创作，发展旅游文化产业，不断满足人民群众日益增长的物质和文化需要，实现中华民族伟大复兴的中国梦等都具有积极的现实意义。

（原载《世界宗教文化》2018 年第 3 期）

① 参见萧登福：《后土与地母》，《运城学院学报》2005 年第 1 期。